Thomas Geiser
Roland Müller

**Arbeitsrecht in der Schweiz**

**SⓘL** Stämpflis juristische Lehrbücher

# Thomas Geiser

Professor an der Universität St. Gallen

# Roland Müller

Professor an den Universitäten St. Gallen und Bern

# Arbeitsrecht in der Schweiz

*3. Auflage*

Unter Mitarbeit von Mathias Mauchle, André Tanner und Mato Bubalović

 Stämpfli Verlag

Zitiervorschlag:
Geiser/Müller, SjL Arbeitsrecht in der Schweiz, 3. Auflage, Rz. ...

Bibliografische Information der Deutschen Nationalbibliothek
Die Deutsche Nationalbibliothek verzeichnet diese Publikation in der Deutschen
Nationalbibliografie; detaillierte bibliografische Daten sind im Internet über
http://dnb.d-nb.de abrufbar.

© Stämpfli Verlag AG Bern · 2015

Dieses Werk ist in unserem Buchshop unter
www.staempfliverlag.com erhältlich

ISBN Print     978-3-7272-8695-7
ISBN Judocu  978-3-0354-1231-4

# Vorwort

Arbeitsrecht zählt zu den spannendsten Rechtsgebieten. Jeder kommt früher oder später damit in Kontakt, sei es als Arbeitnehmer oder als Arbeitgeberin. Und wer sich vertieft mit Arbeitsrecht auseinandersetzt, wird bald mit entsprechenden Fragen von Kolleginnen oder Kollegen konfrontiert. Zudem betrifft Arbeitsrecht alle sozialen Schichten, von der Aushilfe bis zum Führungspersonal mit Einsitz im Verwaltungsrat. Dennoch ist Arbeitsrecht weitgehend Teil des Sozialrechtes. Der Gesetzgeber geht davon aus, dass in der Regel der Arbeitnehmer als schwächere Vertragspartei des Schutzes bedarf.

In der vorliegenden, dritten Auflage wird die neuste Lehre und Rechtsprechung im Bereich des Arbeitsrechtes berücksichtigt. Zudem werden die Neuerungen in den folgenden Themengebieten vertieft behandelt: Implikationen durch den Erlass der VegüV, Auswirkungen der Gesetzesbestimmungen zur Sanierung und zum Sozialplan sowie Fragen und Perspektiven im Zusammenhang mit dem freien Personenverkehr mit der EU.

Im ersten Teil wird wie bis anhin das Arbeitsrecht umfassend erörtert; im zweiten Teil folgen Fälle aus der Praxis mit Fragen und Antworten. Komplett überarbeitet wurde in der neuen Auflage der Fragenteil, in welchem zwischen verschiedenen Schwierigkeitsniveaus gewählt werden kann. Konkret stehen dem Leser Musterprüfungen auf Bachelor- und Masterstufe sowie zwei Anwaltsprüfungen zur Verfügung. Damit eignet sich das Werk einerseits hervorragend zum Selbststudium und andererseits stellt es eine wertvolle Hilfe zur Lösung von arbeitsrechtlichen Problemen dar.

Der Schwerpunkt in den Ausführungen wurde bewusst auf den Einzelarbeitsvertrag gelegt, der im Obligationenrecht geregelt ist. Das kollektive Arbeitsrecht und der öffentlich-rechtliche Arbeitnehmerschutz werden summarisch dargestellt. Zum Sozialversicherungsrecht findet sich ein Überblick. Auf das öffentlich-rechtliche Anstellungsverhältnis wird nur am Rande eingegangen.

Nicht nur die Studierenden an Universitäten und Fachhochschulen, sondern auch die Personalverantwortlichen in Unternehmen sind heute mehr denn je darauf angewiesen, sich innert kurzer Zeit das massgebende Wissen zur Beantwortung von arbeitsrechtlichen Fragen anzueignen. Möge dieses Buch dazu beitragen und vielen zu einer wertvollen Hilfe werden.

Ein besonderer Dank gilt Mathias Mauchle, André Tanner und Mato Bubalović, welche am Forschungsinstitut für Arbeit und Arbeitsrecht der Universität St. Gallen (FAA-HSG) tatkräftig bei der Ausarbeitung der dritten Auflage des Lehrbuches mitgeholfen haben.

Im vorliegenden Werk wird jeweils von der «Arbeitgeberin» und dem «Arbeitnehmer» gesprochen. Dies scheint für die Arbeitgeberinnen bereits deshalb angebracht, da es sich bei ihnen in der Mehrzahl der Fälle um juristische Personen handelt. Die konsequente Verwendung der männlichen Form beim Arbeitnehmer erfolgt ausschliesslich aus Gründen der einfacheren Lesbarkeit. In wörtlichen Zitaten wurde die Schreibweise der entsprechenden Quellen übernommen. Im Sinne der Gleichstellung sind jedoch – soweit nicht explizit nur Personen des einen Geschlechts gemeint sein können – immer sowohl Personen weiblichen als auch männlichen Geschlechts gemeint. In diesem Zusammenhang sei auch Annick Bosshart gedankt, welche den Text des Buches auf seine Geschlechtergerechtigkeit hin analysiert und zahlreiche Hinweise zur Thematik geliefert hat.

Die Autoren sind auch den Lesern und Leserinnen dieses Werkes dankbar für Kritik, Anregungen sowie Hinweise auf aktuelle Problemstellungen und interessante Urteile. Entsprechende Mitteilungen werden gerne direkt von den Autoren oder unter info.faa@unisg.ch entgegengenommen.

St. Gallen/Staad, Juli 2015

Prof. Dr. Thomas Geiser

Prof. Dr. Roland Müller

# Inhaltsübersicht

# Inhaltsverzeichnis

# Literaturverzeichnis

AMONN, KURT/WALTHER, FRIDOLIN. Grundriss des Schuldbetreibungs- und Konkursrechts. 9. Aufl., Bern 2013.

ANDERMATT, ADRIAN. Das Recht an im Arbeitsverhältnis geschaffenen immaterialgüterrechtlich geschützten Erzeugnissen. Diss. St. Gallen, Bern 1999 (zit.: ANDERMATT, Immaterialgüterrechtlich geschützte Erzeugnisse).

ANDERMATT, ARTHUR et al. Handbuch zum kollektiven Arbeitsrecht. Basel 2009 (zit.: ANDERMATT, Handbuch).

AUBERT, GABRIEL. Kommentar der Artikel 319–362 OR. In: Commentaire romand, Code des Obligations I, THÉVENOZ, LUC/WERRO, FRANZ (Hrsg.). Basel 2012.

AUBERT, GABRIEL. Die neue Regelung über Massenentlassungen und den Übergang von Betrieben, In: AJP 1994, 702 ff.

AUBERT, GABRIEL. Quatre cent arrêts sur le contrat de travail. Lausanne 1984.

BERGER, BERNHARD. Allgemeines Schuldrecht. Bern 2012.

BIGLER, WALTER F. Kommentar zum Arbeitsgesetz. 3. Aufl., Bern 1986.

BLESI, ALFRED. Die Freistellung des Arbeitnehmers. 2. Aufl., Zürich 2010.

BOHNY, PETER. Das arbeitsvertragliche Konkurrenzverbot. In: P. FORSTMOSER (Hrsg.). Schweizer Schriften zum Handels- und Wirtschaftsrecht. Band 123, Zürich 2001.

BRAND, DANIEL/DÜRR, LUZIUS/GUTKNECHT, BRUNO/PLATZER, PETER/SCHNYDER, ADRIAN/STAMPFLI, CONRAD/WANNER, ULRICH. Der Einzelarbeitsvertrag im Obligationenrecht: Kommentar zu den Artikeln 319–346a, 361/362. Schweizerischer Gewerbeverband (Hrsg.). Muri/Bern 1991.

BRÄNDLI, SANDRA/STENGEL, MANUEL. Währungsfragen im Zusammenhang mit dem Lohn von Grenzgängern – Eine Betrachtung aus arbeitsrechtlicher Sicht. In: TANNER, A.-C./SIEBENECK, C./BRÄNDLI, B. (Hrsg.). Schweiz und Europa – Auswirkungen auf Wirtschaft, Recht und Gesellschaft. Bern 2011.

BRINER, ROBERT G. Vertraglicher Regelungsbedarf beim abhängigen Schaffen von Computerprogrammen im Lichte des neuen URG. In: AJP 2/1993, 576 ff.

BRÜHWILER, JÜRG. Arbeits- und sozialversicherungsrechtliche Probleme des vorzeitigen Altersrücktritts. In: H. SCHMID (Hrsg.). Der vorzeitige Altersrücktritt – Möglichkeiten und Grenzen. St. Gallen 1994 (zit.: BRÜHWILER, Altersrücktritt).

BRÜHWILER, JÜRG. Die betriebliche Personalvorsorge in der Schweiz: Eine arbeits- und sozialversicherungsrechtliche Studie zum Rechtszustand nach Inkrafttreten des BVG unter besonderer Berücksichtigung des Verhältnisses zwischen Personalvorsorge und Arbeitsvertrag. Bern 1989 (zit.: BRÜHWILER, Personalvorsorge).

BRÜHWILER, JÜRG. Kommentar zum Einzelarbeitsvertrag, OR Art. 319–343. 3. Aufl., Basel 2014 (zit.: BRÜHWILER, Kommentar EAV).

BRUNNER, ALEXANDER/GASSER, DOMINIK/SCHWANDER, IVO (Hrsg.). Schweizerische Zivilprozessordnung (ZPO): Kommentar. Zürich 2011 (zit.: Kommentar ZPO BEARBEITER).

BRUNNER, CHRISTIANE/BÜHLER, JEAN-MICHEL/WAEBER, JEAN-BERNARD/BRUCHEZ, CHRISTIAN. Kommentar zum Arbeitsvertragsrecht. 3. Aufl., Basel 2005.

BRUNNER, CHRISTIANE/BÜHLER, JEAN-MICHEL/WAEBER, JEAN-BERNARD/BRUCHEZ, CHRISTIAN. Commentaire du contrat de travail (selon le code des obligations). In: SGB SCHWEIZERISCHER GEWERKSCHAFTSBUND (Hrsg.). Documents de l'Union syndicale suisse. 3$^e$ éd., Lausanne 2004.

BRUNNER, KURT. Das Rechtsverhältnis zwischen Versicherer und Vermittlungsagent und seine Drittwirkungen. Diss. Zürich 1981.

BUNDESAMT FÜR STATISTIK. Selbständige Erwerbstätigkeit in der Schweiz. In: BFS Aktuell, Neuchâtel 2006.

BUNDESAMT FÜR WIRTSCHAFT UND ARBEIT. Arbeitsrecht und Arbeitslosenversicherung. Mitteilungsblatt, Bern.

BUSSE, THOMAS. Wirksamkeitsvoraussetzungen der Konkurrenzklausel: Ein Rechtsvergleich aus schweizerischer und deutscher Sicht. Diss. Basel 1990.

CARRUZZO, PHILIPPE. Le Contrat individuel de travail. Commentaire des articles 319 à 341 du Code des obligations. Zurich 2009.

CENTRE PATRONAL. Handbuch des Arbeitgebers. Bern ab 2000.

CIRIGLIANO, LUCA. Ausgewählte Fragen des neuen Sanierungsrechts. In: Jusletter vom 29. September 2014 (zit.: CIRIGLIANO, Jusletter 29. September 2014).

COTTI, LUKAS. Das vertragliche Konkurrenzverbot: Voraussetzungen, Wirkungen, Schranken. In: P. GAUCH (Hrsg.). Arbeiten aus dem juristischen Seminar der Universität Freiburg Schweiz. Reihe/Band 207, Diss. Freiburg Schweiz 2001.

DUC, JEAN-LOUIS/SUBILIA, OLIVIER. Commentaire du contrat individuel de travail: avec un aperçu du droit collectif et public du travail. Lausanne 1998.

EGLI, DANIEL. Die Verdachtskündigung nach schweizerischem und deutschem Recht. Diss. Zürich/Bern 2000 (zit.: EGLI, Verdachtskündigung).

EGLI, HANS-PETER. Das arbeitsrechtliche Verfahren nach Art. 343 OR. In: ZZZ 1/2004, 21 ff. (zit.: EGLI, ZZZ 2004).

EGLI, HANS-PETER. Verhältnis zwischen den Bestimmungen über Überstunden und Überzeit. In: AJP 1/2001, 120 ff. (zit.: EGLI, AJP 1/2001).

EHRENZELLER, BERNHARD/SCHINDLER, BENJAMIN/SCHWEIZER, RAINER J./ VALLENDER, KLAUS A. (Hrsg.). St. Galler Kommentar zur Schweizerischen Bundesverfassung. Zürich 2014 (zit.: BV-Komm BEARBEITER).

EIDGENÖSSISCHE KOMMISSION GEGEN RASSISMUS EKR (Hrsg.). Recht gegen rassistische Diskriminierung: Analyse & Empfehlungen. Bern 2009 (zit. EKR, Diskriminierung).

ELROD, JULIAN LUKE. Der Arbeitnehmerbegriff des BVG im Rahmen der schweizerischen Rechtsordnung. Diss. Zürich 1989.

EPINEY, ASTRID. Zur rechtlichen Tragweite der Art. 121a, Art. 197 Ziff. 9 BV. In: Jusletter vom 2. Juni 2014 (zit.: EPINEY, Jusletter 2. Juni 2014).

FAVRE, CHRISTIAN/MUNOZ, CHARLES/TOBLER, ROLF A. Le Contrat de Travail Code Annoté. Lausanne 2001.

FAVRE, CHRISTIAN/GULLO EHM, DANIELA/MUNOZ, CHARLES/TOBLER, ROLF A. Arbeitsrecht, Obligationenrecht (Art. 319–362 OR), Gleichstellungsgesetz, Arbeitsgesetz, kommentierte Gesetzesausgabe mit bundesrechtlicher und kantonaler Rechtsprechung. Lausanne 2006.

FELLMANN, WALTER/MÜLLER, KARIN. Kommentar zu Art. 530–544 OR. In: H. HAUSHEER/H.P. WALTER (Hrsg.). Berner Kommentar zum schweizerischen Privatrecht. Bern 2006 (zit.: BK-FELLMANN/MÜLLER).

FORSTMOSER, PETER/KÜCHLER, MARCEL. Update zur 11. Auflage 2012 – Stand 1.2.2015. In: MEIER-HAYOZ, A./FORSTMOSER, P. (Hrsg.). Schweizerisches Gesellschaftsrecht. Mit Einbezug des künftigen Rechnungslegungsrechts und der Aktienrechtsreform. Online-Update 2015.

FRANZ WALDNER, CAROLINE. Die Heimarbeit aus rechtlicher und historischer Sicht. Diss. Basel 1993.

FRITZ, MAX. Les nouvelles dispositions sur le congé dans le droit du contrat de travail, Un commentaire pour praticiens. Zürich 1988.

GASSER, CATHERINE A. Philipp Lotmar und das Schweizerische Arbeitsrecht. In: P. CARONI (Hrsg.). Forschungsband Philipp Lotmar (1859–1922). Frankfurt a.M. 2003.

GAUCH, PETER/SCHLUEP, WALTER R./SCHMID, JÖRG/EMMENEGGER, SUSAN. Schweizerisches Obligationenrecht, Allgemeiner Teil. Bd. 1, 10. Aufl., Zürich 2014.

GEISER, THOMAS. Berechnung der Kündigungsfristen im Arbeitsvertragsrecht. In: recht 1/2012, 1 ff. (zit.: GEISER, recht 1/2012).

GEISER, THOMAS/HÄFLIGER, BENEDIKT. Entwicklungen im Arbeitsrecht. In: SJZ 2011, Nr. 14, 336 ff.

GEISER, THOMAS/UHLIG, KAI-PETER. Der Gesamtarbeitsvertrag im Konzern. In: ZBJV 146/2010, 1 ff.

GEISER, THOMAS/MÜLLER, ROLAND. Wenn kranke Angestellte ins Fitness gehen. Tagesanzeiger vom 1.6.2010 (zit.: GEISER/MÜLLER, Tagesanzeiger vom 1.6.2010).

GEISER, THOMAS. Ausgewählte neuere Rechtsprechung zum Arbeitsrecht. In: AJP 2/2009, 131 ff. (zit.: GEISER, AJP 2/2009).

GEISER, THOMAS/HÄFLIGER, BENEDIKT. Entwicklungen im Arbeitsrecht. In: SJZ 2009, Nr. 14, 335 ff.

GEISER, THOMAS. Mitwirkung in den Betrieben. Aktuelle Gesetzgebung, Gerichtspraxis und internationaler Kontext. In: EHRENZELLER, BERNHARD/FURER, HANS/GEISER, THOMAS (Hrsg.). Die Mitwirkung in den Betrieben. St. Gallen 2009 (zit.: GEISER, Mitwirkung).

GEISER, THOMAS/VON KAENEL, ADRIAN/WYLER, RÉMY (Hrsg.). Arbeitsgesetz. Stämpflis Handkommentar. Bern 2005.

GEISER, THOMAS. Probleme des Gesamtarbeitsvertragsrechts in der Schweiz. In: ARV 3/2004, 137 ff. (zit.: GEISER, ARV 2004).

GEISER, THOMAS. Arbeitsrechtliche Fragen bei Sanierungen. In: V. ROBERTO, (Hrsg.). Sanierung der AG. 2. Aufl., Zürich 2003, 145 ff. (zit.: GEISER, Sanierung).

GEISER, THOMAS. Fragen im Zusammenhang mit der Lohnfortzahlungspflicht bei Krankheit. In: AJP 12/2003, 323 ff. (zit.: GEISER, AJP 2003).

GEISER, THOMAS/UHLIG, KAI-PETER. Arbeitsverhältnisse im Konzern. In: ZBJV 139/2003, 757 ff.

GEISER, THOMAS. Die Änderungskündigung im schweizerischen Arbeitsrecht. In: AJP 1/1999, 60 ff. (zit.: GEISER, AJP 1999).

GEISER, THOMAS. Kündigungsschutz bei Krankheit. In: AJP 5/1996, 550 ff. (zit.: GEISER, AJP 5/1996).

GEISER, THOMAS. Massenentlassung. Anwendungsbereich, Voraussetzungen und Verfahren. In: AJP 11/1995, 1412 ff. (zit.: GEISER, AJP 1995).

GEISER, THOMAS. Die Treuepflicht des Arbeitnehmers und ihre Schranken. Diss. Basel/Bern 1983. (zit.: GEISER, Treuepflicht).

GERBER, SIMON. Die Scheinselbständigkeit im Rahmen des Einzelarbeitsvertrages: Motive – Abgrenzung – Erscheinungsformen – Rechtsfolgen. St. Gallen/Bern 2003.

GERHARD, FRANK/MAIZAR, KARIM/SPILLMANN, TILL/WOLF, MATTHIAS (Hrsg.). Vergütungsrecht der Schweizer Publikumsgesellschaften, GesKR-Kommentar zur Verordnung gegen übermässige Vergütungen bei börsenkotierten Aktiengesellschaften (VegüV). Zürich/St. Gallen 2014 (zit.: GesKR-Kommentar VegüV-BEARBEITER).

GERSZT, ARIE. «Goldene Fallschirme» im Schweizerischen Recht. Der Versuch einer systematischen Näherung. In: Forschungsinstitut für Arbeit und Arbeitsrecht (FAA-HSG), Diskussionspapiere, Nr. 103. St. Gallen 2004.

GLOOR, WERNER. Kopftuch an der Kasse – Religionsfreiheit im privaten Arbeitsverhältnis. In: ARV 2006, 1 ff. (zit.: GLOOR, ARV 2006).

GRUNER, ERICH. Die Arbeiter in der Schweiz im 19. Jahrhundert: Soziale Lage, Organisation, Verhältnis zu Arbeitgeber und Staat. München 1980.

GUHL, THEO/MERZ, HANS/KUMMER, MAX/KOLLER, ALFRED/DRUEY, JEAN-NICOLAS. Das Schweizerische Obligationenrecht. 9. Aufl., Zürich 2000.

GYGI, FRITZ/RICHLI, PAUL. Wirtschaftsverfassungsrecht. 2. Aufl., Bern 1997.

HAUSHEER, HEINZ/REUSSER, RUTH/GEISER, THOMAS. Berner Kommentar zum schweizerischen Privatrecht. Bd. II, 1. Abteilung, 2. Teilbd. Bern 1999.

HAUSHEER, HEINZ/WALTER, HANS PETER (Hrsg.). Berner Kommentar zum schweizerischen Privatrecht. Update, Arbeitsrecht, Bd. 4, Art. 330–336d OR. Bern 2005.

HEIZ, ROMAN. Das Arbeitsverhältnis im Konzern. Ausgewählte individualarbeitsrechtliche Aspekte. Diss. St. Gallen 2004.

HELBLING, PETER/POLEDNA, TOMAS. Personalrecht des öffentlichen Dienstes. Bern 1999.

HELLER, HEINZ. Traditionelle und neue Ansätze des Managements von Überstunden und Überzeit. In: AJP 5/2014, 609 ff. (zit.: HELLER, AJP 2014).

HESELHAUS, SEBASTIAN/HÄNNI, JULIA. Die eidgenössische Volksinitiative «Gegen Masseneinwanderung» (Zuwanderungsinitiative) im Lichte des Freizügigkeitsabkommens und der bilateralen Zusammenarbeit mit der EU. In: SZIER 2013, 19 ff. (zit.: HESELHAUS/HÄNNI, SZIER 2013).

HOFMANN, URS. Verzicht und Vergleich im Arbeitsrecht: Über den Schutz des Arbeitnehmers durch zwingendes Recht. Diss. Zürich/Bern 1985.

HOLENSTEIN, CHRISTOPH. Die Benutzung von elektronischen Kommunikationsmitteln (Internet und Intranet) im Arbeitsverhältnis. Diss. Zürich/Bern 2002.

HOMBURGER, ERIC/SCHMIDHAUSER, BRUNO/HOFFET, FRANZ/DUCREY, PATRIK (Hrsg.). Kommentar zum schweizerischen Kartellgesetz vom 6. Oktober 1995 und zu den dazugehörenden Verordnungen. Zürich 1996 (zit.: Kommentar KG BEARBEITER).

HONSELL, HEINRICH (Hrsg.). Kurzkommentar Obligationenrecht, Basel 2014 (zit.: KUKO OR-BEARBEITER/IN).

HONSELL, HEINRICH/VOGT, NEDIM PETER/SCHNYDER, ANTON K./BERTI, STEPHEN V. (Hrsg.). Basler Kommentar zum Internationalen Privatrecht. 3. Aufl., Basel 2013 (zit.: BsK-IPRG BEARBEITER).

HONSELL, HEINRICH/VOGT, NEDIM PETER/WIEGAND, WOLFANG (Hrsg.). Basler Kommentar zum Schweizerischen Privatrecht, Obligationenrecht I, Art. 1–529 OR. 5. Aufl., Basel 2011 (zit.: BsK-BEARBEITER).

HUG, WALTHER. Kommentar zum Arbeitsgesetz. Bern 1971.

HUGUENIN, CLAIRE. Obligationenrecht Allgemeiner Teil. Zürich 2004.

HUMBERT, DENIS. Der neue Kündigungsschutz im Arbeitsrecht. Diss. Zürich 1990/Winterthur 1991.

HUMBERT, DENIS/VOLKEN, ALFONS. Fristlose Entlassung (Art. 337 OR) unter besonderer Berücksichtigung der Verdachtskündigung und der Erklärung der fristlosen Entlassung. In: AJP 5/2004, 564 ff. (zit.: HUMBERT/VOLKEN, Fristlose Entlassung).

HUTTERLI, CLAUS. Der leitende Angestellte im Arbeitsrecht. Schriften zum schweizerischen Arbeitsrecht. Heft 17. 3. Aufl., Diss. Zürich/Bern 1984.

KIESER, UELI/REICHMUTH, MARCO. Bundesgesetz über die Familienzulagen (FamZG), Praxiskommentar. Zürich/St. Gallen 2010 (zit.: Praxiskommentar FamZG-KIESER/REICHMUTH).

KOLLER, ALFRED. Empfangstheorie und «Ferien-Kündigung». Zum Wirksamwerden einer Kündigung, welche vom Arbeitgeber während der Ferien des Arbeitnehmers ausgesprochen wird. In: ZBJV 3/1999, 136 ff. (zit.: KOLLER, ZBJV 3/1999).

KOLLER, ALFRED. Schweizerisches Obligationenrecht: Allgemeiner Teil, 3. Aufl., Bern 2009 (zit.: KOLLER, Obligationenrecht).

KÜNZLI, JÖRG. Soziale Menschenrechte: Blosse Gesetzgebungsaufträge oder individuelle Rechtsansprüche. In: AJP 5/1996, 527 ff.

LOCHER, THOMAS. Grundriss des Sozialversicherungsrechts. 3. Aufl., Bern 2003.

LORANDI, FRANCO. Arbeitsverträge im Konkurs des Arbeitgebers. In: SJZ 2000, 150 ff. (zit.: LORANDI, SJZ 2000).

LORANDI, FRANCO. Sanierung mittels Konkursaufschub oder Nachlassstundung – Alte und neue Handlungsoptionen. In: TH. SPRECHER/B. UMBACH-SPAHN/D. VOCK (Hrsg.). Sanierung und Insolvenz von Unternehmen V, Das neue Schweizer Sanierungsrecht, Europa Institut Zürich, Band 153. Zürich/Basel/Genf 2014 (zit.: LORANDI, Sanierung).

MALACRIDA, RALPH/SPILLMANN, TILL. Corporate Governance im Interregnum. In: GesKR 2013, 485 ff. (zit.: MALACRIDA/SPILLMANN, GesKR 2013).

MAURER, ALFRED. Schweizerisches Sozialversicherungsrecht. Bd. 1, Bern 1983 (zit.: MAURER, SVR I).

MAURER, ALFRED. Schweizerisches Sozialversicherungsrecht. Bd. 2, Bern 1982 (zit.: MAURER, SVR II).

MAYER-MALY, THEO. Arbeiter und Angestellte. Wien 1969.

MEIER-GUBSER, STEFANIE. Arbeitsrechtliche Aspekte der Verordnung gegen übermässige Vergütungen bei börsenkotierten Aktiengesellschaften. In: AJP 2013, 1567 ff. (zit.: MEIER-GUBSER, AJP 2013).

MEYER, BEAT. Das Anstellungsverhältnis des Handelsreisenden. Diss. Zürich 1978.

MÜLLER, MARTIN L. Verordnung gegen übermässige Vergütungen bei börsenkotierten Aktiengesellschaften (VegüV). Lösungsansätze für die arbeitsrechtliche Umsetzung. In: AJP 4/2014, 477 ff. (zit.: MÜLLER, AJP 4/2014).

MÜLLER, ROLAND/HOFER, CÉLINE/STENGEL, MANUEL. Arbeitsort und Arbeitsweg. In: AJP 4/2015, 564 ff. (zit.: MÜLLER/HOFER/STENGEL, AJP 4/2015).

MÜLLER, ROLAND/THALMANN, PHILIPP. Streitpunkt Arbeitszeugnis. Basel 2012.

MÜLLER, ROLAND/VON GRAFFENRIED, CAROLINE. Unterschiede zwischen privatrechtlicher und öffentlich-rechtlicher Anstellung. In: recht 5/6 2011, 156 ff.

MÜLLER, ROLAND/STENGEL, MANUEL. Berufskleidung im Arbeitsrecht – Vorschriften, Kostentragung, Depot. In: AJP 2/2011, 222 ff. (zit.: MÜLLER/ STENGEL, AJP 2011).

MÜLLER, ROLAND. Arztzeugnisse in arbeitsrechtlichen Streitigkeiten. In: AJP 2010, 167 ff. (zit.: MÜLLER, AJP 2/2010).

MÜLLER, ROLAND. Aktuelle Rechtsprechung zur Haftung des Arbeitnehmers. In: ArbR 2006 (zit.: MÜLLER, ArbR 2006).

MÜLLER, ROLAND. Betriebliches Disziplinarwesen. In: SSA 21, Bern 1983 (zit.: MÜLLER, Disziplinarwesen).

MÜLLER, ROLAND. Der Verwaltungsrat als Arbeitnehmer. Zürich 2005 (zit.: MÜLLER, VR als Arbeitnehmer).

MÜLLER, ROLAND. Konkursprivileg für leitende Arbeitnehmer. In: SJZ 2004, Nr. 23, 553 ff. (zit.: MÜLLER, SJZ 2004).

MÜLLER, ROLAND. Übertragung neuer Aufgaben und Zuweisung eines neuen Arbeitsortes ohne Änderung des Arbeitsvertrags. In: AJP 8/1999, 454 ff. (zit.: MÜLLER, AJP 8/99).

MÜLLER, ROLAND/RIEDER, STEFAN. Retentionsrecht des Arbeitnehmers – Konsequenzen für den Arbeitgeber. In: AJP 3/2009, 267 ff. (zit.: MÜLLER/ RIEDER, AJP 3/09).

MÜLLER, ROLAND/LIPP, LORENZ/PLÜSS, ADRIAN. Der Verwaltungsrat. Ein Handbuch für Theorie und Praxis. 4. Aufl., Zürich 2014.

MÜLLER, ROLAND/OECHSLE, THOMAS. Die Pflicht zur Arbeitszeiterfassung. In: AJP 7/2007, 847 ff.

MÜLLER, ROLAND A. Arbeitsgesetz. 7. Aufl., Zürich 2009. (zit.: MÜLLER, ArG).

MÜLLER, ROLAND A. Rechtsnatur und Auslegung eines Sozialplans. In: ARV 2007, 156 ff. (zit.: MÜLLER, ROLAND A., ARV 2007).

NIGGLI, MARCEL ALEXANDER/UEBERSAX, PETER/WIPRÄCHTIGER, HANS (Hrsg.). Basler Kommentar zum Bundesgerichtsgesetz. 2. Aufl., Basel 2011 (zit.: BsK-BGG BEARBEITER).

NIGGLI, MARCEL ALEXANDER. Rassendiskriminierung: ein Kommentar zu Art. 261$^{bis}$ StGB und Art. 171c MStG. 2. erg. u. überarb. Aufl., Zürich 2007 (zit.: NIGGLI, Rassendiskriminierung).

NUSSBAUMER, THOMAS. Die Haftung des Verwaltungsrates nach Art. 52 AHVG. In: AJP 9/1996, 1071 ff. (zit.: NUSSBAUMER, AJP 9/1996).

OERTLE, MATTHIAS. Arbeitsrecht im Konflikt mit der Verordnung gegen übermässige Vergütungen. In: GesKR 2014, 44 ff. (zit.: OERTLE, GesKR 2014).

OSER, DAVID/MÜLLER, ANDREAS (Hrsg.). Praxiskommentar zur Verordnung gegen übermässige Vergütungen bei börsenkotierten Aktiengesellschaften (VegüV). Zürich 2014 (zit.: Praxiskommentar VegüV-BEARBEITER).

PÄRLI, KURT. Neues beim arbeitsrechtlichen Diskriminierungsschutz – mit einem Seitenblick auf die Entwicklung in der Europäischen Union. In: Jusletter vom 7. Februar 2011.

PÄRLI, KURT. Die arbeitsrechtliche Kündigungsfreiheit zwischen Mythos und Realität. In: AJP 6/2010, 715 ff. (zit.: PÄRLI, AJP 2010).

PIETRUSZAK, THOMAS. Die Informationspflicht des Arbeitgebers gemäss Art. 330b OR – zu Hintergrund, Inhalt und Rechtsfolgen der neuen Regelung. In: Jusletter vom 29. Mai 2006.

POLCAN, VANESSA. Die Bedeutung der Verwarnung im Arbeitsrecht. In: Forschungsinstitut für Arbeit und Arbeitsrecht (FAA-HSG), Diskussionspapiere, Nr. 114. St. Gallen 2007.

POLCAN, VANESSA/STENGEL, MANUEL. Innerbetriebliche Krisenbewältigung – Individualarbeitsrechtliche Handlungsmöglichkeiten der Arbeitgeberin. In: KNUPP, C./HAUNREITER, D./WÜRMLI, M./JUCHLI, P. (Hrsg.). Schriften der Assistierenden der Universität St. Gallen, Bd. 4: Auswirkungen von Krisen auf Wirtschaft, Recht und Gesellschaft. St. Gallen 2009.

PORTMANN, WOLFGANG/STÖCKLI, JEAN-FRITZ/DUNAND, JEAN-PHILIPPE (Hrsg.). Jahrbuch des Schweizerischen Arbeitsrechts (JAR). Bern.

PORTMANN, WOLFGANG/STÖCKLI, JEAN-FRITZ. Schweizerisches Arbeitsrecht. 3. Aufl., Zürich 2013.

REHBINDER, MANFRED/STÖCKLI JEAN-FRITZ. Kommentar zu Art. 331–355 und Art. 361–362 OR. In: H. HAUSHEER/H.P. WALTER (Hrsg.). Berner Kommentar zum schweizerischen Privatrecht. Bern 2014 (zit.: BK-REHBINDER/STÖCKLI).

REHBINDER, MANFRED/STÖCKLI JEAN-FRITZ. Einleitung und Kommentar zu Art. 319–330b OR. In: H. HAUSHEER/H.P. WALTER (Hrsg.). Berner Kommentar zum schweizerischen Privatrecht. Bern 2010 (zit.: BK-REHBINDER/STÖCKLI).

REHBINDER, MANFRED. Schweizerisches Arbeitsrecht. 15. Aufl., Bern 2002 (zit.: REHBINDER, Arbeitsrecht).

RIEMER, HANS MICHAEL/RIEMER-KAFKA, GABRIELA. Das Recht der beruflichen Vorsorge in der Schweiz. 2. Aufl., Bern 2006.

RIEMER-KAFKA, GABRIELA. Schweizerisches Sozialversicherungsrecht. 4. Aufl., Bern 2014.

RIEMER-KAFKA, GABRIELA/SHERIFOSKA, RAIMA. Religion am Arbeitsplatz. In: ARV 2012, 305 ff. (zit.: RIEMER-KAFKA/SHERIFORSKA, ARV 2012).

RIHM, THOMAS. Arbeitsrechtliche Aspekte der neuen VegüV unter Berücksichtigung der Aktienrechtsreform 2014. In: BJM 2015, 3 ff. (zit.: RIHM, BJM 2015).

RUDOLPH, ROGER. Fokus Arbeitsrecht: Sorgenkind Konkurrenzverbot. In: TREX 2010, 88 ff. (zit.: RUDOLPH, TREX 2010).

RUDOLPH, ROGER. Die neuere bundesgerichtliche Rechtsprechung zum sachlichen Kündigungsschutz. In: Jusletter vom 20. Juni 2011 (zit.: RUDOLPH, Jusletter 2011).

RUDOLPH, ROGER/VON KAENEL, ADRIAN. Arbeitsplatzbezogene Arbeitsunfähigkeit: Eine rechtliche Auslegeordnung zu einem um sich greifenden Phänomen. In: SJZ 106/2010, 361 ff. (zit. RUDOLPH/VON KAENEL, SJZ 2010).

RUDOLPH, ROGER/VON KAENEL, ADRIAN. Fokus Arbeitsrecht: Aktuelle Fragen zur Arbeitszeit. In: TREX 2014, 166 ff. (zit.: RUDOLPH/VON KAENEL, TREX 2014).

SCARTAZZINI, GUSTAVO/HÜRZELER, MARC. Bundessozialversicherungsrecht. 4. Aufl., Basel 2012.

SCHMID, JÖRG. Die Geschäftsführung ohne Auftrag. Fribourg 1992.

SCHNEIDER, JACQUES-ANDRÉ/GEISER, THOMAS/GÄCHTER, THOMAS (Hrsg.). Bundesgesetze über die berufliche Alters-, Hinterlassenen- und Invalidenversicherung sowie über die Freizügigkeit in der beruflichen Alters-, Hinterlassenen- und Invalidenversicherung. Bern 2010 (zit.: SCHNEIDER et al./BEARBEITER).

SCHNYDER, ANTON K. Das neue IPR-Gesetz: Eine Einführung in das Bundesgesetz vom 18. Dezember 1987 über das Internationale Privatrecht (IPRG). 2. Aufl., Zürich 1990.

SCHOOP, RENÉ. Die Entwicklung des Kündigungsschutzes im schweizerischen Recht. In: C. BRUNNER-CLOSSET (Hrsg.). Kündigungsschutz im Arbeitsrecht. Lausanne 1979, 23 ff.

SCHÜRER, HANS UELI. Arbeitsrecht in der Gerichtspraxis. Bd. 1 und 2. Zürich 1995 bis 2000.

SCHÜRER, HANS UELI. Arbeitsrecht in der Gerichtspraxis: Eine kommentierte Sammlung der wichtigsten Gerichtsentscheide zum Arbeitsrecht für Praxis und Unterricht. Zürich 1995 und 1997.

SCHWANDER, IVO. Einführung in das internationale Privatrecht. 3. Aufl., St. Gallen 2000.

SCHWEINGRUBER, EDWIN. Kommentar zum Arbeitsvertrag des Schweizerischen Obligationenrechts. 2. Aufl., Bern 1974.

SCHWEIZERISCHER ARBEITGEBERVERBAND. Sammlung arbeitsrechtlicher Entscheide (SAE) 1980–1997. Zürich 1998.

SCHWEIZERISCHER GEWERKSCHAFTSBUND. Handbuch zum kollektiven Arbeitsrecht. Basel 2009 (zit.: BEARBEITER, Handbuch).

SCHWENZER, INGEBORG. Schweizerisches Obligationenrecht, Allgemeiner Teil. 5. Aufl., Bern 2009.

SENTI, CHRISTOPH. Reglemente als Ergänzung zum Arbeitsvertrag. In: AJP 9/2004, 1083 ff.

SENTI, MARTIN. Die Schweiz in der Internationalen Arbeitsorganisation (ILO): der Einfluss der internationalen Sozialstandard-Regimes auf den nationalstaatlichen Handlungsspielraum. Bern 2000.

STAEHELIN, ADRIAN. Obligationenrecht, Der Arbeitsvertrag, Art. 319–330a OR. In: P. GAUCH/J. SCHMID (Hrsg.). Zürcher Kommentar zum schweizerischen Zivilrecht. Teilbd. V 2c. 4. Aufl., Zürich 2006.

STAHLHACKE, EUGEN. Kündigung und Kündigungsschutz im Arbeitsverhältnis. München 1970.

STENGEL, MANUEL. Der Vertrauensarzt im privatrechtlichen Arbeitsverhältnis. Diss. St. Gallen, Zürich/St. Gallen 2014.

STOBER, ROLF. Wirtschaftsverwaltungsrecht in Europa. Köln 1993.

STOCKER, WERNER. Hat der Nichtraucher überhaupt «Rechte»? In: BJM 1980, 169 ff.

STÖCKLI, JEAN-FRITZ. Das Streikrecht in der Schweiz. In: BJM 1997, 169 ff.

STÖCKLI, JEAN-FRITZ. Gesamtarbeitsvertrag und Normalarbeitsvertrag, Art. 356–360 OR. In: H. HAUSHEER (Hrsg.). Berner Kommentar zum schweizerischen Privatrecht. Bd. VI, 2. Abteilung, 2. Teilbd., 3. Abschnitt. Bern 1999.

STÖCKLI, JEAN-FRITZ. Sozialplanpflicht mit Zwangsschiedsgerichtsbarkeit. In: ArbR 2010, 99 ff. (zit.: STÖCKLI, ArbR 2010).

STREIFF, ULLIN/VON KAENEL, ADRIAN/RUDOLPH, ROGER. Arbeitsvertrag, Praxiskommentar zu Art. 319–362 OR. 7. Aufl., Zürich 2012.

TERCIER, PIERRE/FAVRE, PASCAL G. Les contrats spéciaux. 4. Aufl., Genf 2009.

TOBLER, CHRISTA. Schutzklauseln in der Personenfreizügigkeit mit der EU. In: Jusletter vom 16. Februar 2015 (zit.: TOBLER, Jusletter 16. Februar 2015).

TORGGLER, HELLWIG (Hrsg.). Praxishandbuch Schiedsgerichtsbarkeit. Wien 2007.

TRECHSEL, STEFAN (Hrsg.). Schweizerisches Strafgesetzbuch: Praxiskommentar. Zürich 2008 (zit.: TRECHSEL/BEARBEITER).

TSCHUDI, HANS PETER. Die Sozialverfassung der Schweiz: Der Sozialstaat. Zürich 1986 (zit.: TSCHUDI, Sozialverfassung).

TSCHUDI, HANS PETER. Geschichte des schweizerischen Arbeitsrechts. Basel 1987 (zit.: TSCHUDI, Geschichte).

TUOR, PETER/SCHNYDER, BERNHARD/SCHMID, JÖRG/RUMO-JUNGO, ALEXANDRA. Das Schweizerische Zivilgesetzbuch. 13. Aufl., Zürich 2009.

UEBERSAX, PETER. Die verfassungsrechtliche Zuwanderungssteuerung – Zur Auslegung von Art. 121a BV. In: Jusletter vom 14. April 2014 (zit.: UEBERSAX, Jusletter 14. April 2014).

VALLENDER, KLAUS A./VEIT, MARC D. Skizze des Wirtschaftsverfassungs- und Wirtschaftsverwaltungsrechts. ZBJV-Sonderband 135[ter], Bern 1999.

VALLENDER, KLAUS A. Grundzüge der neuen Wirtschaftsverfassung. In: AJP 6/1999, 677 ff.

VISCHER, FRANK. Der Arbeitsvertrag, Separatum aus «Schweizerisches Privatrecht». 2. Aufl., Basel 1994. (zit.: VISCHER, Arbeitsvertrag).

VISCHER, FRANK/MÜLLER, ROLAND M. Der Arbeitsvertrag. 4. Aufl., Basel 2014.

VISCHER, FRANK. Der wilde Streik. In: WuR 1981, 20 ff. (zit.: VISCHER, WuR 1981).

VISCHER, FRANK. Streik und Aussperrung in der Schweiz. In: WuR 1981, 5 ff. (zit.: VISCHER, WuR 1981).

VISCHER, FRANK. Streik und kollektives Arbeitsrecht. In: recht 1987, 138 ff. (zit.: VISCHER, recht 1987).

VISCHER, FRANK. Fragen aus dem Kollektivarbeitsrecht. In: AJP 5/1995, 547 ff. (zit.: VISCHER, AJP 1995).

VISCHER, FRANK. Wirkungen des Verbandsaustritts des Arbeitgebers auf die Geltung des Gesamtarbeitsvertrages. In: F. HASENBÖHLER/A. K. SCHNYDER, Zivilprozessrecht, Arbeitsrecht, Kolloquium zu Ehren von Prof. Adrian Staehelin. Zürich 1996.

VISCHER, FRANK/ALBRECHT, ANDREAS C. Der Arbeitsvertrag: Art. 356–360f OR. Zürcher Kommentar zum Schweizerischen Zivilgesetzbuch, Band 5 Obligationenrecht, Teilband V 2c. 4. Aufl., Zürich 2006.

VITALI, MARCO. Die Verdachtskündigung im System von Art. 337 ff. OR. In: ArbR 2000, 97 ff.

VOEGELI, CLAUDE. Le licenciement abusif. In: Kündigungsschutz im Arbeitsrecht. Genf 1979.

VÖLKER, MATHIAS. Die Scheinselbstständigkeit im schweizerischen Arbeitsrecht. Zürich 2004.

VON DER CRONE, HANS CASPAR/BRUGGER, DANIEL. Salärgovernance. In: SZW 2014, 241 ff. (zit.: VON DER CRONE/BRUGGER, SZW 2014).

VON KAENEL, ADRIAN. Der neue Art. 333*b* OR. In: Jusletter vom 29. September 2014 (zit.: VON KAENEL, Jusletter 29. September 2014).

VON KAENEL, ADRIAN. Freistellung und Verpflichtungen des Arbeitgebers aus Arbeitsvertrag bei Beendigung des Arbeitsverhältnisses. In: Schweizerisches Institut für Verwaltungskurse, Tagungsdokumentation zum Seminar «Arbeitsrechtstagung». St. Gallen 1998.

VON TUHR, ANDREAS/PETER, HANS/ESCHER, ARNOLD/SCHULIN, HERMANN. Allgemeiner Teil des Schweizerischen Obligationenrechts. 3. Aufl., Zürich 1984.

WANZKE, CLAUDIA. Das Arbeitszeugnis. Schreiben, prüfen, Geheimcodes knacken. München 2008.

WATTER, ROLF/VOGT, HANS-UELI (Hrsg.). Basler Kommentar zur Verordnung gegen übermässige Vergütungen bei börsenkotierten Aktiengesellschaften (VegüV). Basel 2015 (zit.: BsK-VegüV-BEARBEITER).

WIDMER, CORINNE. Die Haftung der Gewerkschaft im Arbeitskampf. In: ArbR 2007, 65 ff.

WILDHABER, ISABELLE. Die neue Sozialplanpflicht – für die Praxis ein Buch mit sieben Siegeln. In: AJP 3/2015, 427 ff. (zit.: WILDHABER, AJP 3/2015).

WOLF, STEPHAN/GENNA GIAN SANDRO. Art. 12–16 zum PartG, in: T. GEISER/ P. GREMPER (Hrsg.). Zürcher Kommentar zum Partnerschaftsgesetz. Zürich 2007.

WYLER, RÉMY/HEINZER, BORIS. Droit du travail. 3. Aufl., Bern 2014.

ZINSLI, JÖRG MATTHIAS. Zur Dauer der minimalen Lohnfortzahlungspflicht des Arbeitgebers bei Erkrankung eines Arbeitnehmers. In: ArbR 1990, 29 ff.

# Internetquellenverzeichnis

## Bund

Behördenverzeichnis ch.ch
www.ch.ch/verzeichnis/index.html?lang=de

Bundesamt für Sozialversicherungen
www.bsv.admin.ch

Bundesbehörden
www.admin.ch

Bundesgericht
www.bger.ch

EJPD
www.ejpd.admin.ch

Integrationsbüro EDA/EVD
www.eda.admin.ch/dea/de/home.html

Staatssekretariat für Bildung, Forschung und Innovation SBFI
www.sbfi.admin.ch

Staatssekretariat für Migration SEM
www.bfm.admin.ch

Staatssekretariat für Wirtschaft
www.seco.admin.ch

Vgl. dort insbesondere:
von der Schweiz ratifizierte ILO-Übereinkommen (unter: Themen /
Arbeit / Internationale Arbeitsfragen)
allgemeinverbindlich erklärte GAV (unter: Themen / Arbeit / Arbeitsrecht)

Systematische Sammlung des Bundesrechts
www.admin.ch/ch/d/sr/sr.html

Zentraler Firmenindex mit Links zu den kantonalen Handelsregistern
www.zefix.ch

## Interessenverbände

Gewerkschaft Syna
www.syna.ch

Gewerkschaft Unia
www.unia.ch

International Labour Organisation (ILO/IAO)
www.ilo.org

Vgl. insbesondere: www.ilo.org/global/statistics-and-databases/lang--en/index.htm
dort u.a.:
Database of national laws on labour, social security and related human rights (NATLEX)
Database on International Labour Standards (ILOLEX)

International Trade Union Confederation
www.ituc-csi.org

Schweizerische Metall-Union (SMU)
www.smu.ch

Schweizerischer Arbeitgeberverband
www.arbeitgeber.ch

Schweizerischer Gewerkschaftsbund (SGB)
www.sgb.ch

Schweizerischer Verband für visuelle Kommunikation (VISCOM)
www.viscom.ch

Swissmem: Vertretung der Verbände ASM und VSM
www.swissmem.ch

Travail.Suisse
www.travailsuisse.ch

Verband der Schweizer Druckindustrie (VSD/IGS)
www.druckindustrie.ch

Verband der Schweizer Unternehmen (Economie Suisse)
www.economiesuisse.ch

Verband des Personals Öffentlicher Dienste (VPOD)
www.vpod.ch

Zentralverband Öffentliches Personal Schweiz (ZV)
www.zentral.ch

## Versicherungsrecht

Schweizerische Unfallversicherungsanstalt (SUVA)
www.suva.ch

Schweizerischer Versicherungsverband
www.svv.ch

# Europa

Council of Europe (Europarat)
www.coe.int

EU-Recht
http://eur-lex.europa.eu

Europäische Sozialcharta (ESC)
www.coe.int/socialcharter

Europäische Union (EU)
http://europa.eu

Europäischer Gerichtshof (EuGH)
http://curia.eu

Informationsstelle für Europäisches Arbeitsrecht (InfEA)
www.jura.uni-saarland.de/FB/LS/Weth/InfEA

# Diverses

Eidgenössisches Büro für die Gleichstellung von Frau und Mann
www.gleichstellung-schweiz.ch

Entscheide nach Gleichstellungsgesetz
www.gleichstellungsgesetz.ch

Forschungsinstitut für Arbeit und Arbeitsrecht (FAA-HSG)
www.faa.unisg.ch

Gerichte Kanton St. Gallen
www.gerichte.sg.ch

Institut für Föderalismus, Universität Freiburg, LexFind
http://www.lexfind.ch

Juristische Suchmaschinen
www.justools.ch
www.swisslex.ch

Treffpunkt Arbeit – Informationen zur Arbeitslosigkeit
www.treffpunkt-arbeit.ch

# Abbildungsverzeichnis

# Abkürzungsverzeichnis

| | |
|---|---|
| a.M. | anderer Meinung |
| Abs. | Absatz |
| aBV | Bundesverfassung der Schweizerischen Eidgenossenschaft vom 29. Mai 1874 [SR 101] |
| AG | Aktiengesellschaft |
| AHV | Alters- und Hinterlassenenversicherung |
| AHVG | BG vom 20. Dezember 1946 über die Alters- und Hinterlassenenversicherung [SR 831.10] |
| AJP | Aktuelle Juristische Praxis |
| ALV | Arbeitslosenversicherung |
| AN | Arbeitnehmer |
| ANAG | BG vom 26. März 1931 über Aufenthalt und Niederlassung der Ausländer [SR 142.20] |
| aOR | BG vom 14. Juni 1881 über das Obligationenrecht (altes OR) |
| AppGer. | Appellationsgericht |
| ArbR | Mitteilungen des Instituts für Schweizerisches Arbeitsrecht |
| ArG | BG vom 13. März 1964 über die Arbeit in Industrie, Gewerbe und Handel (Arbeitsgesetz) [SR 822.11] |
| ArGer | Arbeitsgericht |
| ArGV 1 | VO 1 vom 10. Mai 2000 zum Arbeitsgesetz [SR 822.111] |
| ArGV 2 | VO 2 vom 10. Mai 2000 zum Arbeitsgesetz (Sonderbestimmungen für bestimmte Gruppen von Betrieben oder Arbeitnehmern und Arbeitnehmerinnen) [SR 822.112] |
| ArGV 3 | VO 3 vom 18. August 1993 zum Arbeitsgesetz (Gesundheitsvorsorge) [SR 822.113] |
| ArGV 4 | VO 4 vom 18. August 1993 zum Arbeitsgesetz (Industrielle Betriebe, Plangenehmigung und Betriebsbewilligung) [SR 822.114] |
| ArGV 5 | VO 5 vom 28. September 2007 zum Arbeitsgesetz (Jugendarbeitsschutzverordnung) [SR 822.115] |
| Art. | Artikel |
| ARV | Zeitschrift für Arbeitsrecht und Arbeitslosenversicherung |
| AS | Amtliche Sammlung des Bundesrechts |
| ASM | Arbeitgeberverband der Schweizer Maschinenindustrie |

| | |
|---|---|
| ATSG | BG vom 6. Oktober 2000 über den Allgemeinen Teil des Sozialversicherungsrechts [SR 830.1] |
| AVE | Allgemeinverbindlicherklärung |
| AVEG | BG vom 28. September 1956 über die Allgemeinverbindlicherklärung von Gesamtarbeitsverträgen [SR 221.215.311] |
| AVG | BG vom 6. Oktober 1989 über die Arbeitsvermittlung und den Personalverleih (Arbeitsvermittlungsgesetz) [SR 823.11] |
| AVIG | BG vom 25. Juni 1982 über die obligatorische Arbeitslosenversicherung und die Insolvenzentschädigung [SR 837.0] |
| AVV | VO vom 16. Januar 1991 über die Arbeitsvermittlung und den Personalverleih (Arbeitsvermittlungsverordnung) [SR 823.111] |
| AZG | BG vom 8. Oktober 1971 über die Arbeit in Unternehmen des öffentlichen Verkehrs (Arbeitszeitgesetz) [SR 822.21] |
| BA | Bundesamt |
| BBG | BG vom 13. Dezember 2002 über die Berufsbildung [SR 412.10] |
| BBl | Bundesblatt |
| Bd. | Band |
| betr. | betreffend |
| BFS | Bundesamt für Statistik |
| BG | Bundesgesetz |
| BGE | Entscheidungen des Schweizerischen Bundesgerichts |
| BGer | Bundesgericht |
| BJM | Basler Juristische Mitteilungen |
| BK | Berner Kommentar |
| BPG | Bundespersonalgesetz vom 24. März 2000 [SR 172.220.1] |
| BR | Bundesrat |
| BS | Bereinigte Sammlung der eidgenössischen Gesetze (1848–1947) |
| BsK | Basler Kommentar |
| bspw. | beispielsweise |
| BtG | Beamtengesetz vom 30. Juni 1927 (BtG) [SR 172.221.10] |
| BV | Bundesverfassung [SR 101] |
| BVG | BG vom 25. Juni 1982 Invalidenvorsorge über die berufliche Alters-, Hinterlassenen- und Invalidenvorsorge [SR 831.40] |
| BVO | VO vom 6. Oktober 1986 über die Begrenzung der Zahl der Ausländer (BVO) [SR 823.21] |
| BVV | VO zum BVG |

XLIV

| | |
|---|---|
| bzgl. | bezüglich |
| bzw. | beziehungsweise |
| CHF | Schweizer Franken |
| CNG | Christlichnationaler Gewerkschaftsbund der Schweiz |
| DesG | BG vom 5. Oktober 2001 über den Schutz von Design [SR 232.12] |
| d.h. | das heisst |
| DSG | BG vom 19. Juni 1992 über den Datenschutz [SR 235.1] |
| dt. | deutsch(e) |
| E. | Erwägung |
| EAV | Einzelarbeitsvertrag |
| EEG/EES | BG vom 12. Februar 1949 über die eidgenössische Einigungsstelle zur Beilegung von kollektiven Arbeitsstreitigkeiten [SR 821.42] |
| EG | Europäische Gemeinschaft |
| EGMR | Europäischer Gerichtshof für Menschenrechte |
| EHRA | Eidgenössisches Amt für das Handelsregister |
| Eidg. | eidgenössisch, eidgenössische, eidgenössischer |
| ELG | BG vom 6. Oktober 2006 über Ergänzungsleistungen zur Alters-, Hinterlassenen- und Invalidenversicherung [SR 831.30] |
| EMRK | Europäische Menschenrechtskonvention |
| EntsG | BG vom 8. Oktober 1999 über die flankierenden Massnahmen bei entsandten Arbeitnehmerinnen und Arbeitnehmern und über die Kontrolle der in Normalarbeitsverträgen vorgesehenen Mindestlöhne (Entsendegesetz) [SR 823.20] |
| EO | Erwerbsersatzordnung |
| EOG | BG vom 25. September 1952 über den Erwerbsersatz für Dienstleistende und bei Mutterschaft (Erwerbsersatzgesetz) [SR 834.1] |
| EOV | Verordnung vom 24. November 2004 zum Erwerbsersatzgesetz [SR 834.11] |
| ESC | Europäische Sozialcharta |
| etc. | et cetera = usw. |
| EU | Europäische Union |
| evtl. | eventuell |
| EVG | Eidgenössisches Versicherungsgericht |
| f., ff. | folgende, fortfolgende |
| FabrikG | BG vom 18. Juni 1914 betreffend die Arbeit in den Fabriken (Fabrikgesetz) [SR 821.41] |

| | |
|---|---|
| FamZG | BG vom 24. März 2006 über die Familienzulagen (Familienzulagengesetz) [SR 836.2] |
| Finma | Eidgenössische Finanzmarktaufsicht |
| FN | Fussnote(n) |
| FusG | BG vom 3. Oktober 2003 über Fusion, Spaltung, Umwandlung und Vermögensübertragung (Fusionsgesetz) [SR 221.301] |
| FZA | Abkommen vom 21. Juni 1999 zwischen der Schweizerischen Eidgenossenschaft einerseits und der Europäischen Gemeinschaft und ihren Mitgliedstaaten andererseits über die Freizügigkeit (Freizügigkeitsabkommen) [SR 0.142.112.681] |
| FZG | BG vom 17. Dezember 1993 über die Freizügigkeit in der beruflichen Alters-, Hinterlassenen- und Invalidenvorsorge (Freizügigkeitsgesetz) [SR 831.42] |
| GAV | Gesamtarbeitsvertrag |
| gem. | gemäss |
| GerG | Gerichtsgesetz [des Kantons St. Gallen] vom 2. April 1987 [sGS 941.1] |
| GestG | BG vom 24. März 2000 über den Gerichtsstand in Zivilsachen (Gerichtsstandsgesetz) [SR 272] |
| ggü. | gegenüber |
| GlG | BG vom 24. März 1995 über die Gleichstellung von Frau und Mann (Gleichstellungsgesetz) [SR 151.1] |
| h.L. | herrschende Lehre |
| HArG | BG vom 20. März 1981 über die Heimarbeit (Heimarbeitsgesetz) [SR 822.31] |
| HGF | Handels- und Gewerbefreiheit (heute Wirtschaftsfreiheit) |
| HRG | BG vom 23. März 2001 über das Gewerbe der Reisenden (HRG) [SR 943.1] |
| HSG | Universität St. Gallen |
| i.c. | in casu |
| i.d.F | in der Fassung |
| i.d.R. | in der Regel |
| i.d.V. | in der Version |
| i.S./i.S.v. | im Sinne (von) |
| i.V.m. | in Verbindung mit |
| IAO | Internationale Arbeitsorganisation |
| ILO | International Labour Organisation |

| | |
|---|---|
| insb. | insbesondere |
| IPRG | BG vom 18. Dezember 1987 über das internationale Privatrecht [SR 291] |
| IV | Invalidenversicherung |
| IVG | BG vom 19. Juni 1959 über die Invalidenversicherung [SR 831.20] |
| JAR | Jahrbuch des Schweizerischen Arbeitsrechts |
| Jh. | Jahrhundert |
| KESB | Kindes- und Erwachsenenschutzbehörde |
| KG | BG vom 6. Oktober 1995 über Kartelle und andere Wettbewerbsbeschränkungen (Kartellgesetz) [SR 251] |
| KV | Kantonsverfassung |
| KVG | BG vom 18. März 1994 über die Krankenversicherung [SR 832.10] |
| lit. | litera (Buchstabe) |
| LugÜ | Lugano-Übereinkommen: Übereinkommen über die gerichtliche Zuständigkeit und die Vollstreckung gerichtlicher Entscheidungen in Zivil- und Handelssachen, abgeschlossen in Lugano am 30. Oktober 2007 [SR 0.275.12] |
| m.a.W. | mit anderen Worten |
| MitwG | BG vom 17. Dezember 1993 über die Information und Mitsprache der Arbeitnehmerinnen und Arbeitnehmer in den Betrieben [SR 822.14] |
| MMG | BG vom 30. März 1900 betreffend die gewerblichen Muster und Modelle (Muster- und Modellgesetz) (aufgehoben durch das DesG [SR 232.12]) |
| MVG | BG vom 19. Juni 1992 über die Militärversicherung [SR 833.1] |
| m.w.H. | mit weiteren Hinweisen |
| N | Note(n) |
| NAV | Normalarbeitsvertrag |
| NE | Neuenburg (Kanton) |
| Nr. | Nummer |
| o.Ä. | oder Ähnliche(s) |
| OG | BG vom 16. Dezember 1943 über die Organisation der Bundesrechtspflege (Bundesrechtspflegegesetz) [SR 173.110] |
| OGer | Obergericht |
| OR | BG vom 30. März 1911/18. Dezember 1936 betreffend die Ergänzung des Schweizerischen Zivilgesetzbuches (Fünfter Teil: Obligationenrecht), mit seitherigen Änderungen [SR 220] |

| | |
|---|---|
| PatG | BG vom 25. Juni 1954 über die Erfindungspatente [SR 232.14] |
| Pra | Die Praxis des Bundesgerichts |
| Rz. | Randziffer |
| SBFI | Staatssekretariat für Bildung, Forschung und Innovation |
| SECO | Staatssekretariat für Wirtschaft (früher BWA/BIGA) |
| SemJud | La Semaine Judiciaire |
| SJZ | Schweizerische Juristen-Zeitung |
| sog. | sogenannte(r) |
| SR | Systematische Sammlung des Bundesrechts |
| SSA | Schriften zum schweizerischen Arbeitsrecht |
| SSG | BG vom 23. September 1953 über die Seeschifffahrt unter der Schweizer Flagge (Seeschifffahrtsgesetz) [SR 747.30] |
| StipG | BG vom 6. Oktober 2006 über Beiträge an die Aufwendungen der Kantone für Stipendien und Studiendarlehen im tertiären Bildungsbereich (Ausbildungsbeitragsgesetz) [SR 416.0] |
| str. | strittig |
| SUVA | Schweizerische Unfallversicherungsanstalt |
| SVR | Sozialversicherungsrecht |
| SZIER | Schweizerische Zeitschrift für internationales und europäisches Recht |
| SZW | Schweizerische Zeitschrift für Wirtschafts- und Finanzmarktrecht |
| TREX | L'expert fiduciaire – Der Treuhandexperte |
| TVG | Deutsches Tarifvertragsgesetz |
| u.a. | unter anderem |
| u.E. | unseres Erachtens |
| u.U. | unter Umständen |
| UeBst. | Übergangsbestimmung |
| URG | BG vom 9. Oktober 1992 über das Urheberrecht und verwandte Schutzrechte (Urheberrechtsgesetz) [SR 231.1] |
| usw. | und so weiter |
| UVG | BG vom 20. März 1981 über die Unfallversicherung [SR 832.20] |
| v. | vom |
| v.a. | vor allem |
| v.u.Z. | vor unserer Zeit |
| VegüV | VO vom 20. November 2013 gegen übermässige Vergütungen bei börsenkotierten Aktiengesellschaften [SR 221.331] |

| | |
|---|---|
| vgl. | vergleiche |
| VO | Verordnung |
| VR | Verwaltungsrat |
| VSM | Verein Schweizerischer Maschinen-Industrieller |
| VUV | VO vom 19. Dezember 1983 über die Verhütung von Unfällen und Berufskrankheiten (Verordnung über die Unfallverhütung) [SR 832.30] |
| VZAE | VO vom 24. Oktober 2007 über Zulassung, Aufenthalt und Erwerbstätigkeit [SR 142.201] |
| WBF | Eidg. Departement für Wirtschaft, Bildung und Forschung |
| WuR | Wirtschaft und Recht |
| z.B. | zum Beispiel |
| ZBJV | Zeitschrift des Bernischen Juristenvereins |
| ZBl | Schweizerisches Zentralblatt für Staats- und Verwaltungsrecht |
| ZGB | Schweizerisches Zivilgesetzbuch vom 10. Dezember 1907 [SR 210] |
| ZPO | Zivilprozessordnung |
| ZZZ | Schweizerische Zeitschrift für Zivilprozess- und Zwangsvollstreckungsrecht |

# Teil I: Grundriss des Arbeitsrechts

# § 1 Einleitung und Überblick

## A. Normenhierarchie und Behörden im Arbeitsrecht

### 1. Normenhierarchie

#### a) Übersicht

Wie in anderen Rechtsgebieten auch, wird das Arbeitsrecht massgeblich durch supranationale Normen beeinflusst, welche teilweise direkt anwendbare Normen enthalten und damit dem schweizerischen Recht vorgehen. Der Normalarbeitsvertrag (NAV) ist grundsätzlich dispositiver Natur und steht deshalb in der Hierarchie unter dem Einzelarbeitsvertrag (EAV). Nur NAV mit zwingenden Mindestlöhnen auf Antrag einer tripartiten Kommission gehen dem EAV vor.

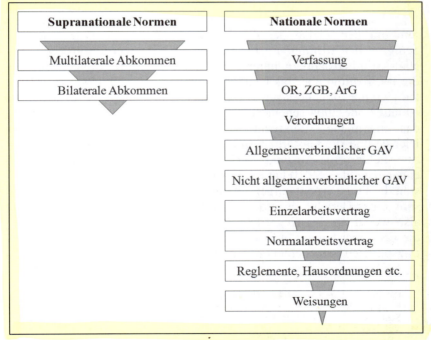

*Abbildung 1:*     *Übersicht der supranationalen und nationalen Normen im Arbeitsrecht*

## b)  Internationales Recht

### aa)  *Multilaterale Abkommen*

aaa)  International Labour Organization (ILO)

2      Die 1919 gegründete und im Jahr danach in Genf eingerichtete ILO ist seit 1946 eine Spezialorganisation der UNO. Gemäss ihren Statuten verfolgt sie das Ziel der *Schaffung gerechter Arbeitsbedingungen*, was vor allem mittels völkerrechtlicher Übereinkommen und Empfehlungen versucht wird. ILO-Übereinkommen begründen binnenstaatlich direkt Rechte und Pflichten, sofern sie ratifiziert wurden und unmittelbar anwendbare Normen enthalten.[1]

2a     Die Schweiz ist seit 1920 Mitglied der ILO. Sie hat bisher 60 Abkommen ratifiziert. Unmittelbar kommen die Abkommen selten zum Tragen, beträchtlichen Einfluss entfalten sie aber als Rahmen und Motor der nationalen Gesetzgebung.[2]

bbb)  Europäische Sozialcharta (ESC)

3      Die Europäische Sozialcharta wurde vom Europarat unter anderem mit den Zielen der *Förderung des Lebensstandards* und des *Schutzes der sozialen Rechte* geschaffen. Sie wurde 1965 von fast allen Mitgliedsländern unterzeichnet; die Schweiz folgte 1976,[3] hat die Ratifikation aber bis heute nicht vollzogen. Seit 1984 beschäftigten sich die Eidgenössischen Räte mit dem Geschäft, bevor der letzte Anlauf Ende 2004 scheiterte.[4] Zu Diskussionen Anlass gaben jeweils das allgemeine Streikrecht (auch für Angestellte im öffentlichen Dienst) und die Gastarbeiterproblematik (Export von Sozialversicherungsgeldern ins Ausland, Recht auf medizinische Fürsorge, Familiennachzug etc.). 2010 hat ein Postulat der aussenpolitischen Kommission die Frage erneut aufgenommen und den Bundesrat mit der Abfassung eines Berichts beauftragt. Die Debatte um eine Ratifikation hält also weiter an. Im Gegensatz zu den ILO-Übereinkommen statuiert die ESC aber keinen Individualrechtsschutz, sondern nur ein die Vertragsparteien verpflichtendes Kontroll- und Berichtsystem. Die EU hat

---

[1]  Ratifiziert, aber gemäss h.L. nicht unmittelbar anwendbar, ist das am 25. März 1976 in Kraft getretene ILO-Übereinkommen Nr. 87 über die Vereinigungsfreiheit und den Schutz des Vereinigungsrechts (AS 1976, 689) [SR 0.822.718.7].

[2]  Vgl. hierzu M. SENTI.

[3]  BBl 1980 I 560 ff., 1983 II 1241 ff.

[4]  Die notwendige Verlängerung der Behandlungsdauer der entsprechenden parlamentarischen Initiative wurde vom Nationalrat am 17. Dezember 2004 abgelehnt.

weite Bereiche der ESC in eigenes Recht überführt. Durch die bilateralen Verträge mit der EU zeitigt die Charta so auch in der Schweiz indirekt Wirkung.

ccc) UN-Menschenrechtspakte

Die Schweiz hat sowohl den UNO-Pakt I[5] als auch den UNO-Pakt II[6] unterzeichnet und ratifiziert. Ersterer verpflichtet die Schweiz unter anderem, das «Streikrecht» zu gewährleisten, «soweit es in Übereinstimmung mit der innerstaatlichen Rechtsordnung ausgeübt wird» (Art. 8 Abs. 1 lit. d UNO-Pakt I). Explizit vorbehalten sind nur Angehörige der Streitkräfte, der Polizei oder der öffentlichen Verwaltung (Art. 8 Abs. 2 UNO-Pakt I). Ob diese Bestimmungen unmittelbar anwendbar sind, hat das Bundesgericht offengelassen und lediglich festgehalten, dass überzeugende Gründe dafür sprechen.[7] Die herrschende Lehre geht hingegen davon aus, dass sich dieser Pakt allein an den Gesetzgeber richtet.[8] Auch mit Blick auf Art. 7 lit. d UNO-Pakt I, der zugunsten der Arbeitnehmer die Vergütung gesetzlicher Feiertage vorsieht, hat das Bundesgericht eine direkte Anwendbarkeit des Pakts bestritten.[9] Dieser Entscheid offenbart das u.E. dünne Eis, auf dem sich die Deutung des Pakts als eines blossen Gesetzgebungsauftrags bewegt.[10]

Der UNO-Pakt II gibt jedermann das Recht, sich frei mit anderen zusammenzuschliessen «sowie zum Schutz seiner Interessen Gewerkschaften zu bilden und ihnen beizutreten» (Art. 22 Abs. 1 UNO-Pakt II). Dies kann als eigener Anhaltspunkt für die Garantie eines Streikrechts angesehen werden.

ddd) Lugano-Übereinkommen

Das Lugano-Übereinkommen wurde ursprünglich am 16. September 1988 in Lugano abgeschlossen. Es trat für die Schweiz am 1. Januar 1992 in Kraft und regelt die gerichtliche Zuständigkeit und die Vollstreckung gerichtlicher Entscheidungen in Zivil- und Handels-

---

[5] Internationaler Pakt über wirtschaftliche, soziale und kulturelle Rechte (UNO-Pakt I) [SR 0.103.1].
[6] Internationaler Pakt über bürgerliche und politische Rechte (UNO-Pakt II) [SR 0.103.2].
[7] BGE 125 III 281.
[8] STÖCKLI, BJM 1997, 172 f.; relativierend KÜNZLI, AJP 1996, 527 ff.
[9] BGE 136 I 290.
[10] Vgl. GEISER/HÄFLIGER, SJZ 107 (2011), Nr. 14, 336 ff.

sachen. Als Staatsvertrag gilt es nur für die dem Abkommen beigetretenen Staaten[11] und geht als solcher dem IPRG vor.

7 Schweizer Arbeitnehmer und Arbeitgeberinnen sind dann vom LugÜ betroffen, wenn Arbeitsverhältnisse einen internationalen Bezug aufweisen und die örtliche Zuständigkeit für einen Prozess eruiert werden muss.

8 2007 wurde das Übereinkommen revidiert. Nach erfolgter Ratifikation trat das revidierte LugÜ für die Schweiz am 1. Januar 2011 in Kraft.

9 Die hauptsächlichen materiellen Neuerungen betreffen die Zuständigkeitsvorschriften für den Vertragsgerichtsstand und den Konsumentenvertrag. Im Weiteren ergeben sich wesentliche Änderungen bei der Grundzuständigkeit im Gesellschaftsrecht, bei der Rechtshängigkeit und den konnexen Verfahren sowie beim Exequaturverfahren. Weniger weitreichende Änderungen ergeben sich unter anderem in Bezug auf den Arbeitsvertrag.

10 Die Normen zu den arbeitsvertraglichen Streitigkeiten finden sich in einem eigenen Abschnitt (Art. 18–21, Abschnitt 5). Nach Art. 18 umfasst der Anwendungsbereich der besonderen Bestimmungen für Arbeitsverträge auch in einem Vertragsstaat befindliche «Zweigniederlassungen, Agenturen oder sonstige Niederlassungen» einer Arbeitgeberin, deren Hauptsitz nicht in einem Vertragsstaat liegt. Die Art. 19 und 20 differenzieren zwischen den Gerichtsständen des klagenden Arbeitnehmers und den Gerichtsständen für Klagen der Arbeitgeberin. Art. 21 regelt die Möglichkeit abweichender Gerichtsstandsvereinbarungen.

11 Art. 19 des LugÜ sieht Gerichtsstände für den klagenden Arbeitnehmer an seinem Arbeitsverrichtungsort oder am Ort der einstellenden Niederlassung vor. Art. 20 statuiert für Klagen der Arbeitgeberin (vorbehältlich der Widerklage gegen eine Klage des Arbeitnehmers) einen zwingenden Gerichtsstand am Wohnsitz des Arbeitnehmers. Gemäss Art. 21 Abs. 1 sind Gerichtsstandsvereinbarungen nur zulässig, wenn sie nach Entstehung einer Streitigkeit getroffen werden oder dem Arbeitnehmer ermöglicht wird, andere als in Abschnitt 5 vorgesehene Gerichtsstände anzurufen (Abs. 2). Eine Regelung des

---

[11] Die meisten europäischen Staaten sind dem Abkommen beigetreten.

4

Gerichtsstands für entsandte Arbeitnehmerinnen und Arbeitnehmer, wie sie sich in der EU-Entsenderichtlinie[12] findet, enthält das LugÜ nicht.[13]

#### bb) *Bilaterale Abkommen*

Die Schweiz hat mit einer ganzen Reihe von Staaten bilaterale Abkommen getroffen. Von besonderer Bedeutung sind die bilateralen Abkommen mit der EU. Gegenstand dieser Abkommen sind die EU-Freizügigkeiten, insbesondere der *Freie Personenverkehr* und das öffentliche Beschaffungswesen.[14]

12

### c) **Nationales Recht**

#### aa) *Bundesverfassung*

Die Arbeitsverfassung erscheint auch in der neuen Bundesverfassung nicht als geschlossene Regelung, sondern findet sich in verschiedenen Bereichen. Ebenso wie die Wirtschaftsverfassung, welche der Verfassungsgeber als marktorientierte Privatwirtschaft konzipierte,[15] anerkennt auch die Arbeitsverfassung stillschweigend die Privatautonomie.

13

Elemente der Arbeitsverfassung finden sich unter anderem in folgenden Bestimmungen:

14

| | |
|---|---|
| Art. 8 Abs. 3 BV | Auftrag zur Verwirklichung der Lohngleichheit für gleichwertige Arbeit von Frau und Mann |
| Art. 27 BV | Garantie der Wirtschaftsfreiheit, d.h. insbesondere der Berufswahlfreiheit, des freien Zugangs zu privatwirtschaftlichen Tätigkeiten sowie deren freie Ausübung |
| Art. 28 BV | Garantie der Koalitionsfreiheit und des Streikrechts, mit Vorbehalt |
| Art. 41 BV | Sozialziele, ohne unmittelbaren Anspruch oder definierte Zuständigkeit |

---

[12] Richtlinie (EG) 96/71, ABl. der EG L018 vom 21.1.1997. Deren Artikel 6 sieht einen Gerichtsstand am Ort, an den der Arbeitnehmer entsendet wird, vor.
[13] BBl 2009, 1796.
[14] Vgl. Rz. 979 f.
[15] VALLENDER/VEIT, 22.

| Art. 95 Abs. 3 BV | Organmitglieder erhalten keine Anfangs- oder Abgangsentschädigungen und keine Prämien für Firmenverkäufe |
| --- | --- |
| Art. 100 Abs. 1 BV | Auftrag des Staates zur Vollbeschäftigungspolitik |
| Art. 110 Abs. 1 lit. a BV | Ermächtigung zur Regelung des Arbeitnehmerschutzes |
| Art. 110 Abs. 1 lit. b BV | Kompetenz zur Regelung der Mitbestimmung in betrieblichen und beruflichen Angelegenheiten |
| Art. 110 Abs. 1 lit. d BV | Ermächtigung zur Allgemeinverbindlicherklärung von Gesamtarbeitsverträgen |
| Art. 111 f. BV | Auftrag zur Sicherstellung der Alters-, Hinterlassenen- und Invalidenvorsorge |
| Art. 113 BV | Ermächtigung zur Regelung der obligatorischen, beruflichen Vorsorge |
| Art. 114 BV | Kompetenz zur Regelung der obligatorischen Arbeitslosenversicherung |
| Art. 116 Abs. 2 BV | Ermächtigung zur Regelung von Familienzulagen |
| Art. 116 Abs. 3 BV | Auftrag zur Errichtung einer Mutterschaftsversicherung |
| Art. 117 BV | Ermächtigung zur Regelung der Kranken- und Unfallversicherung |
| Art. 122 BV | Kompetenz zur Regelung des Privatrechts, inkl. Arbeitsrecht |

Abbildung 2:   Elemente der Arbeitsverfassung in der BV

### bb)   Arbeitsvertragsrecht

#### aaa)   Arbeitsverträge im OR

15        Der *Einzelarbeitsvertrag* ist im Obligationenrecht bei den einzelnen Vertragsverhältnissen ausführlich geregelt (Art. 319 ff. OR). Insbesondere enthält das OR Bestimmungen zu Themen wie Entstehung des Arbeitsvertrags, Pflichten des Arbeitnehmers sowie der Arbeitgeberin, Ferien und Freizeit, Personalvorsorge und zur Beendigung des Arbeitsverhältnisses. Daneben enthält es auch Vorschriften zu besonderen Verträgen:

– Lehrvertrag (Art. 344 ff. OR)
– Handelsreisendenvertrag (Art. 347 ff. OR)
– Heimarbeitsvertrag (Art. 351 ff. OR)
– Gesamtarbeitsvertrag (Art. 356 ff. OR)

Einige der Regelungen im OR sind *dispositiver Natur*, d.h., die 15a
Vertragsparteien können von ihnen abweichen. Andere Normen sind
*zwingend*. Hier ist nochmals zu differenzieren: *Absolut zwingende
Normen* sind diejenigen, von denen weder zuungunsten des Arbeitnehmers noch zuungunsten der Arbeitgeberin abgewichen werden
darf. *Relativ zwingende Normen* sind diejenigen, von denen nicht zuungunsten des Arbeitnehmers, wohl aber zuungunsten der Arbeitgeberin abgewichen werden darf. Das OR listet die absolut zwingenden
Bestimmungen in Art. 361, die relativ zwingenden in Art. 362 auf. Zu
beachten ist allerdings, dass diese beiden Kataloge unvollständig sind.

Eine bemerkenswerte Besonderheit des schweizerischen Ar- 15b
beitsvertragsrechts im Vergleich mit andern Ländern ist, dass dessen
Regeln grundsätzlich auf sämtliche Arbeitsverträge Anwendung fin-
den, unabhängig von Stellung und Lohnhöhe des Arbeitnehmers. Der
CEO einer Grossbank kann sich hier demnach auf dieselben Schutzbestimmungen berufen wie ein Bauarbeiter. Dies erscheint angesichts
der massiven Differenzen in der Lebensrealität der verschiedenen
Arbeitsverhältnisse als inadäquat. Unseres Erachtens ist daher eine
Beschränkung der Anwendbarkeit, wie sie der öffentlich-rechtliche
Arbeitnehmerschutz vorsieht,[16] auch für die Schutzbestimmungen des
OR zu erwägen. Als mögliche Begrenzung käme das Kriterium infrage, das der Gesetzgeber jüngst im Schuldbetreibungs- und Konkurs-
recht herangezogen hat: Dort wird bei der Bestimmung der Konkurs-
klassen auf den gemäss obligatorischer Unfallversicherung maximal
versicherten Jahresverdienst abgestellt (Art. 219 Abs. 4 SchKG[17]). *De
lege ferenda* könnte diese Lohngrenze auch als Schranke für die Anwendung der arbeitsrechtlichen Schutzbestimmungen berücksichtigt
werden.

bbb) Arbeitsverträge in Spezialgesetzen

Neben den obligationenrechtlichen Grundlagen finden sich Re- 16
gelungen in verschiedenen Spezialgesetzen:

– Leiharbeitsverhältnis: BG vom 6. Oktober 1989 über die Arbeitsvermittlung und den Personalverleih (Arbeitsvermittlungsgesetz,
  AVG) [SR 823.11]

---

[16]  Vgl. Rz. 931 ff.
[17]  Bundesgesetz vom 11. April 1889 über Schuldbetreibung und Konkurs (SchKG)
      [SR 281.1].

– Heuervertrag der Schiffsleute: BG vom 23. September 1953 über die Seeschifffahrt unter der Schweizer Flagge (Seeschifffahrtsgesetz, SSG), Art. 68–86 und 162. [SR 747.30]

– Handelsreisendenvertrag: BG vom 23. März 2001 über das Gewerbe der Reisenden (Handelsreisendengesetz, HRG) [SR 943.1]

– Normalarbeitsvertrag: Dieser stellt eine Besonderheit dar. Es handelt sich dabei nicht um einen Arbeitsvertrag, sondern um eine kantonale Verordnung.[18]

ccc) Kollektives Arbeitsrecht

17    Das kollektive Arbeitsrecht[19] definiert das Zusammenwirken der Tarifpartner:

– Mitwirkung: BG vom 17. Dezember 1993 über die Information und Mitsprache der Arbeitnehmerinnen und Arbeitnehmer in den Betrieben (Mitwirkungsgesetz, MitwG) [SR 822.14]

– Betriebsordnungen[20]: BG vom 13. März 1964 über die Arbeit in Industrie, Gewerbe und Handel (Arbeitsgesetz, ArG; Art. 37 ff.) [SR 822.11]

– Allgemeinverbindlicherklärung: BG vom 28. September 1956 über die Allgemeinverbindlicherklärung von Gesamtarbeitsverträgen (AVEG) [SR 221.215.311]

– Beilegung Arbeitsstreitigkeiten: BG vom 12. Februar 1949 über die Eidgenössische Einigungsstelle zur Beilegung von kollektiven Arbeitsstreitigkeiten (EEG/EES) [SR 821.42]

– Einigungswesen: BG vom 18. Juni 1914 betreffend die Arbeit in den Fabriken (Fabrikgesetz, FabrikG) [SR 821.41]

– Gesamtarbeitsvertrag: BG vom 30. März 1911 betreffend die Ergänzung des Schweizerischen Zivilgesetzbuches (Fünfter Teil: Obligationenrecht, OR; Art. 356 ff.) [SR 220]

cc)    *Öffentlich-rechtliche Bestimmungen*

18    Verschiedene öffentlich-rechtliche Bestimmungen treffen indirekt oder direkt privatrechtliche Arbeitsverhältnisse oder bilden die Grundlage für eine öffentlich-rechtliche Beschäftigung:

---

[18]  Vgl. Rz. 859 ff.
[19]  Vgl. Rz. 730 ff.
[20]  Vgl. Rz. 870 ff.

- BG vom 6. Oktober 2006 über Beiträge an die Aufwendungen der Kantone für Stipendien und Studiendarlehen im tertiären Bildungsbereich (Ausbildungsbeitragsgesetz) [SR 416.0]

- BG vom 16. Dezember 2005 über die Ausländerinnen und Ausländer [SR 142.20]

- BG vom 13. Dezember 2002 über die Berufsbildung (Berufsbildungsgesetz, BBG) [SR 412.10] und die dazugehörige Vollzugsverordnung [SR 412.101]

- BG vom 6. Oktober 2000 über den Allgemeinen Teil des Sozialversicherungsrechts (ATSG) [SR 830.1]

- Bundespersonalgesetz vom 24. März 2000 (BPG) [SR 172.220.1] inkl. der zugehörigen Rahmenverordnung zum Bundespersonalgesetz (Rahmenverordnung BPG) [SR 172.220.11] sowie Inkraftsetzungsverordnung BPG für die SBB [SR 172.220.112]

- BG vom 8. Oktober 1999 über die minimalen Arbeits- und Lohnbedingungen für in die Schweiz entsandte Arbeitnehmerinnen und Arbeitnehmer und flankierende Massnahmen (Bundesgesetz über die in die Schweiz entsandten Arbeitnehmerinnen und Arbeitnehmer) [SR 823.20]

- BG vom 29. April 1998 über die Landwirtschaft (Landwirtschaftsgesetz, LwG) [SR 910.1] und Vollzugsverordnung [SR 910.11]

- BG vom 6. Oktober 1995 über die Fachhochschulen (Fachhochschulgesetz, FHSG) [SR 414.71]

- BG vom 6. Oktober 1995 über den Binnenmarkt (Binnenmarktgesetz, BGBM) [SR 943.02]

- BG vom 6. Oktober 1989 über die Arbeitsvermittlung und den Personalverleih (Arbeitsvermittlungsgesetz, AVG) [SR 823.11] und Arbeitsvermittlungsverordnung (AVV) [SR 823.111]

- BG vom 8. Oktober 1971 über die Arbeit in Unternehmen des öffentlichen Verkehrs (Arbeitszeitgesetz, AZG) [SR 822.21]

- BG vom 13. März 1964 über die Arbeit in Industrie, Gewerbe und Handel (Arbeitsgesetz, ArG) [SR 822.11], welches insb. Bestimmungen zum Gesundheitsschutz der Arbeitnehmenden enthält, und die zugehörigen VO 1 bis 5 (ArGV 1 bis 5) [SR 822.111; SR 822.112; SR 822.113; SR 822.114; SR 822.115]

- BG vom 30. September 1954 über die Vorbereitung der Krisenbekämpfung und Arbeitsbeschaffung [SR 823.31]

– BG vom 3. Oktober 1951 über die Bildung von Arbeitsbeschaffungsreserven der privaten Wirtschaft [SR 823.32]

*dd) Sozialversicherungsrecht*

19     Sozialversicherungsrechtliche Bestimmungen finden sich insbesondere in folgenden Gesetzen:

– BG vom 18. März 1994 über die Krankenversicherung (KVG) [SR 832.10]
– BG vom 17. Dezember 1993 über die Freizügigkeit in der beruflichen Alters-, Hinterlassenen- und Invalidenvorsorge (Freizügigkeitsgesetz, FZG) [SR 831.42]
– BG vom 19. Juni 1992 über die Militärversicherung (MVG) [SR 833.1]
– BG vom 25. Juni 1982 über die berufliche Alters-, Hinterlassenen- und Invalidenvorsorge (BVG) [SR 831.40]; siehe auch Art. 331 ff. OR sowie Art. 89*a* ZGB
– BG vom 25. Juni 1982 über die obligatorische Arbeitslosenversicherung und die Insolvenzentschädigung (Arbeitslosenversicherungsgesetz, AVIG) [SR 837.0]
– BG vom 20. März 1981 über die Unfallversicherung (UVG) [SR 832.20]
– BG vom 6. Oktober 2006 über Ergänzungsleistungen zur Alters-, Hinterlassenen- und Invalidenversicherung (ELG) [SR 831.30]
– BG vom 19. Juni 1959 über die Invalidenversicherung (IVG) [SR 831.20]
– BG vom 25. September 1952 für Dienstleistende und bei Mutterschaft (Erwerbsersatzgesetz, EOG) [SR 834.1]
– BG vom 20. Juni 1952 über die Familienzulagen in der Landwirtschaft (FLG) [SR 836.1]
– BG vom 20. Dezember 1946 über die Alters- und Hinterlassenenversicherung (AHVG) [SR 831.10]

*ee) Gleichstellung von Frau und Mann; Datenschutz*

20 – BG vom 24. März 1995 über die Gleichstellung von Frau und Mann (Gleichstellungsgesetz, GlG) [SR 151]
– BG vom 19. Juni 1992 über den Datenschutz (DSG) [SR 235.1]

## 2. Behörden und Organisationen

### a) Überblick

Auch bei den Behörden bestehen Hierarchien. Zu unterscheiden 21
sind drei Ebenen: die internationale, die nationale und die kantonale.

**Internationale Organisationen**

| Organisation für wirtschaftliche Zusammenarbeit und Entwicklung (OECD) | Vereinte Nationen (UNO) | Europarat |
|---|---|---|
| | Internationale Arbeitsorganisation (ILO) | |

**Nationale Behörden**

| EDA | EVD | EDI | Bundeskanzlei |
|---|---|---|---|
| Integrationsbüro | Staatssekretariat für Wirtschaft Bundesamt für Berufsbildung und Technologie | Eidg. Büro für die Gleichstellung von Frau und Mann | Eidg. Datenschutz-beauftragter |

**Kantonale Behörden (St. Gallen)**

| Bildungs-departement | Volkswirtschafts-departement | Departement des Inneren | Staatskanzlei |
|---|---|---|---|
| Amt für Berufsbildung | Amt für Wirtschaft Amt für Arbeit | Kompetenzzentrum für Integration, Gleichstellung und Projekte | Fachstelle für Datenschutz |

**Kantonale Behörden (Bern)**

| Erziehungsdirektion | Volkswirtschaftsdirektion | Staatskanzlei |
|---|---|---|
| Amt für Hochschulen Mittelschul- und Berufsbildungsamt | beco Berner Wirtschaft Wirtschaftsförderung | Fachstelle für die Gleichstellung von Frauen und Männern |

*Abbildung 3:   Übersicht der Organisationen und Behörden (national und in den Kantonen St. Gallen und Bern)*

11

### b) Internationale Organisationen

22    Die Schweiz ist Mitglied der *Vereinten Nationen* und hat die beiden UNO-Pakte ratifiziert.[21] Die *Internationale Arbeitsorganisation* (ILO) ist eine Spezialorganisation der UNO.[22] Sie verfolgt das Ziel der Schaffung weltweit gerechter Arbeitsbedingungen.

23    Die *Organisation für wirtschaftliche Zusammenarbeit und Entwicklung* (OECD) befasst sich im Bereich des Arbeitsrechtes insbesondere mit der Entwicklung bzw. Durchsetzung fundamentaler Arbeitsnormen. Der *Europarat* hat die Europäische Sozialcharta (ESC) geschaffen, deren Ziele die Förderung des Lebensstandards und der Schutz der sozialen Rechte sind. Obwohl die ESC von der Schweiz nicht ratifiziert wurde, arbeitet das Staatssekretariat für Wirtschaft (SECO) mit dem Europarat zusammen.

### c) Nationale Behörden

24    Das *Staatssekretariat für Wirtschaft* (SECO) entstand 1999 durch Zusammenschluss der beiden ehemaligen Bundesämter für Wirtschaft und Arbeit (BWA) sowie für Aussenwirtschaft (BAWI). Es befasst sich also sowohl mit der Binnen- als auch mit der Aussenwirtschaft. Es fungiert als Ansprechpartner für Kantone, Unternehmen, Wirtschaftsorganisationen und Sozialpartner und vertritt die Schweizer Interessen in der Ständigen Mission der Schweiz bei den internationalen Wirtschaftsorganisationen sowie im Integrationsbüro.

25    Das seit 1961 bestehende *Integrationsbüro* ist eine gemeinsame Dienststelle des Eidgenössischen Departements für auswärtige Angelegenheiten (EDA) und des Eidgenössischen Volkswirtschaftsdepartements (EVD). Es wurde vom Bundesrat unter anderem damit beauftragt, die Koordination integrationsrechtlicher Angelegenheiten wahrzunehmen und Verträge mit der EU auszuhandeln.

26    Das *Staatssekretariat für Bildung, Forschung und Innovation* (SBFI) ist das Kompetenzzentrum des Bundes für Fragen der Berufsbildung, der Fachhochschulen und der Innovationspolitik. Es arbeitet zu diesem Zweck eng mit den Berufsverbänden, den Kantonen, den Universitäten und Fachhochschulen zusammen.

---

[21] Vgl. Rz. 4 f.
[22] Vgl. Rz. 2.

Gerade im Bereich des Arbeitsrechtes haben Gleichstellungsfra- 27
gen eine grosse praktische Bedeutung. Besonders wichtig ist im Zusammenhang mit Arbeitsverhältnissen auch der Datenschutz als Teil
des Persönlichkeitsrechts der Arbeitnehmer. Auf Bundesebene sind
hierfür das *Eidgenössische Büro für die Gleichstellung von Frau und
Mann* bzw. der *Eidgenössische Datenschutzbeauftragte* zuständig.

### d) Kantonale Behörden am Beispiel St. Gallen

Das *Amt für Arbeit* ist für den kantonalen Vollzug des Arbeits- 28
losenversicherungsrechts und die öffentliche Arbeitsvermittlung zuständig. Dem Amt sind die Regionalen Arbeitsvermittlungszentren
(RAV) des Kantons St. Gallen unterstellt und es wirkt als Bewilli-
gungsstelle für private Vermittler.

Das *Amt für Wirtschaft* bezweckt die Standortförderung mit 29
Standortmanagement und Standortpromotion. Es erteilt zudem die
Arbeitsbewilligungen für Ausländer. Das kantonale Arbeitsinspektorat
ist ebenfalls hier angegliedert. Dieses ist für die Überwachung der
öffentlich-rechtlichen Vorschriften betreffend die Arbeits- und Ruhezeiten sowie für die Arbeitsplatzsicherheit und die Gesundheitsvorsorge zuständig.

Dem *Amt für Berufsbildung* ist das Lehrlingsamt angegliedert. 30
Dieses bewilligt die Lehrverträge und gibt Lehrlingen sowie Lehrbe-
trieben Auskünfte. Die *Fachstelle für Gleichberechtigungsfragen* ist
für Gleichstellungsfragen, das *kantonale Kontrollorgan für den Datenschutz* für Datenschutzfragen zuständig.

### e) Kantonale Behörden am Beispiel Bern

Das *beco (Berner Wirtschaft)* ist der Volkswirtschaftsdirektion 31
unterstellt. Zu seinen Aufgabenbereichen gehören die Führung der
Arbeitslosenkasse, die Arbeitsvermittlung, die Kontrolle der Arbeitsbedingungen sowie die Wirtschaftsförderung.

Die *Wirtschaftsförderung Kanton Bern* (WFB) bezweckt die Un- 32
terstützung von Berner Unternehmen. Im Zentrum der angebotenen
Dienstleistungen stehen Beratung, Kontaktvermittlung zur Verwaltung
und Finanzierungshilfen. Sie ist dem *beco* angegliedert.

33      Das *Mittelschul- und Berufsbildungsamt* (MBA) ist zuständig für die Mittelschulen (Maturitätsschulen, Handels- und Fachmittelschulen) und die Berufsbildung im Kanton Bern.

34      Im Kanton Bern gibt es drei Hochschulen: die Universität, die Berner Fachhochschule und die Pädagogische Hochschule. Es handelt sich dabei um autonome Institutionen. Sie werden in ihren öffentlichen Aufgaben aber vom Kanton gesteuert und beaufsichtigt. Die Grundlagen dafür erarbeitet das *Amt für Hochschulen*.

35      Die kantonale *Fachstelle für die Gleichstellung von Frauen und Männern* (FGS) ist das Kompetenzzentrum für Gleichstellungsfragen im Kanton Bern. Für die Überwachung des Datenschutzes ist die kantonale *Datenschutzaufsichtsstelle* zuständig.

# B. Inhalt des Arbeitsrechts

## 1. Abhängige Arbeit als Gegenstand

Das Arbeitsrecht als Sonderrecht regelt nur die *abhängige Ar-*    36
*beit*, d.h. die weisungsabhängige Arbeitsleistung unter Eingliederung
in eine fremde Organisation aufgrund eines privatrechtlichen Vertrags.[23] Die sogenannten freien Dienste, wie das Dienstleistungsge-
werbe und die freien Berufe, unterliegen dagegen dem Auftrags- oder
dem Werkvertragsrecht. Mit 86 % der Erwerbstätigen stehen die abhängig Beschäftigten aber im Vordergrund. 13 % sind selbstständig
erwerbend und 1 % arbeiten bei Familienmitgliedern.[24]

## 2. Statistische Angaben zu den Erwerbstätigen

Im Jahr 2014 waren in der Schweiz 4.63 Mio. Personen erwerbs-    37
tätig,[25] 53 % davon waren Männer, 47 % Frauen. Sieben von zehn
Personen waren zwischen 25 und 54 Jahre alt.[26] Die Zahl der potenziellen Erwerbspersonen (15–64-jährige Bevölkerung) steigt zurzeit
noch an, wird jedoch aus demografischen Gründen in den kommenden
Jahrzehnten vermutlich abnehmen.[27]

Ende 2014 waren im Handelsregister der Schweiz 156'577 Ein-    38
zelunternehmungen (natürliche Personen) gegenüber 206'040 AG und
159'580 GmbH (juristische Personen) eingetragen.[28]

## 3. Soziales Marktwirtschaftsprinzip

Heute wird vom System einer *sozialen Marktwirtschaft*, d.h. ei-    39
ner freien Marktwirtschaft mit sozialen Zügen ausgegangen. Der Staat
garantiert die Freiheit der wirtschaftenden Parteien, greift aber soweit
in den Wirtschaftsablauf ein, als der Gedanke der sozialen Gerechtig-

---

[23] REHBINDER, Arbeitsrecht, Rz. 2.
[24] Schweizerische Arbeitskräfteerhebung (SAKE) des Bundesamtes für Statistik (BFS).
[25] Personen im Alter ab 15 Jahren, die während der Referenzwoche mindestens eine
Stunde gegen Entlöhnung gearbeitet haben oder trotz zeitweiliger Abwesenheit von
ihrem Arbeitsplatz (wegen Krankheit, Ferien, Mutterschaftsurlaub, Militärdienst usw.)
weiterhin eine Arbeitsstelle als Selbstständigerwerbende oder Arbeitnehmer hatten
oder unentgeltlich im Familienbetrieb mitgearbeitet haben.
[26] Erwerbstätigenstatistik (ETS) des BFS.
[27] Vgl. Szenarien zur Bevölkerungsentwicklung der Schweiz 2010–2060 des BFS.
[28] Statistik des Eidgenössischen Amtes für das Handelsregister (EHRA).

keit dies erfordert. Es gilt die Devise: so viel Freiheit wie möglich, so viel Zwang wie unbedingt notwendig.[29]

40      Der Arbeitsmarkt ist aus drei Gründen ein *unvollkommener Markt*:

– Der Arbeitnehmer als Anbieter der Leistung kann eine *anormale Marktreaktion* an den Tag legen. Beispielsweise wird er bei sinkendem Lohn unter Umständen mehr statt weniger Arbeit anbieten, um eine Einkommenseinbusse abzuwenden.

– Der Arbeitnehmer ist existenziell auf das Anbieten der Leistung angewiesen, weil sie meist seine *einzige Einkommensquelle* darstellt.

– Der Arbeitnehmer ist häufig weniger verkehrsgewandt als die Arbeitgeberin. Er ist deshalb im individuellen Arbeitsvertragsverhältnis die schwächere Partei und muss durch eine sonderrechtliche Behandlung geschützt werden.[30] Das Arbeitsrecht ist heute *Sozialrecht*, das diesen Schutz gewährleisten sollte und damit immer auch im Spannungsverhältnis zur Wettbewerbsfähigkeit der Wirtschaft steht.

## 4.    Individualarbeitsrecht und öffentliches Arbeitsrecht

41      Das *Individualarbeitsrecht* regelt die Rechtsbeziehung zwischen Arbeitnehmer und Arbeitgeberin als Teilnehmer am Privatrechtsverkehr. Das *öffentliche Arbeitsrecht*[31] begründet grundsätzlich öffentlich-rechtliche Pflichten zwischen dem Staat und Privaten. Das Recht der Arbeitsverbände und ihre Beziehungen zum jeweiligen Sozialpartner wird durch das *kollektive Arbeitsrecht*[32] geregelt.

---

[29]   STOBER, 43.
[30]   GYGI, 217, 221.
[31]   Siehe hierzu § 4.
[32]   Siehe hierzu § 3.

## C. Geschichte des Arbeitsrechts

### 1. Geschichtlicher Überblick

Die rechtliche Regelung der Arbeit gehört zu den ältesten Insti-    42
tutionen;[33] abhängige Arbeit gibt es seit Beginn der Menschheitsge-
schichte.[34] Das heutige Arbeitsrecht als Sonderrecht ist aber ein *junges
Rechtsgebiet*. Es entstand erst in der modernen Industriegesellschaft.
Die wirtschaftliche und persönliche Abhängigkeit der Lohnarbeitneh-
mer wurde durch den wirtschaftlichen Liberalismus des frühen 19. Jahrhunderts[35] verstärkt – mit untragbaren sozialen Folgen. Der Staat sah
sich veranlasst, mit sozialpolitischen Massnahmen einzugreifen und
das Arbeitsverhältnis einem Sonderrecht zu unterstellen. Arbeitsschutzrecht, soziale Ausgestaltung des Arbeitsvertrags, Sozialversicherungen und besondere Arbeitsgerichtsbarkeit wurden eingeführt.[36]

> **England:** England war bis Ende des 19. Jahrhunderts industriell füh-
> rend. Die Industrialisierung führte zur Verstädterung und Verschärfung
> der Klassenunterschiede. Die soziale Frage wurde zu einem der drän-
> genden Probleme jener Zeit. Besonders die sozialen Missstände in der
> Textilindustrie zwangen das klassische Land des Liberalismus zu
> Schutzgesetzen: 1833 wurde das erste Fabrikgesetz erlassen. Darin
> wurde die Kinderarbeit auf acht Stunden pro Tag begrenzt und staatli-
> che Inspektionen sorgten für die Durchsetzung des Gesetzes. Nachdem
> das Gewerkschaftsverbot 1824 aufgehoben wurde, entstand unter der
> Führung von O'Connor die erste politische Arbeiterbewegung, die
> Charisten. Sie riefen zu Demonstrationen und Streiks auf. 1847 wurde
> der Zehnstundentag in Fabriken zuerst für Frauen und Jugendliche,
> später allgemein eingeführt. Die Bewegung der Charisten flaute ab.

> **Frankreich:** Die Industrialisierung und Kapitalisierung erfolgte in den
> Jahren 1830 bis 1847. Die Wirtschaftskrise 1846/47 führte zu einer
> Radikalisierung des neuen Proletariats und die Forderung nach staatli-
> cher Arbeitssicherung kam auf. In der Februarrevolution 1848 verkün-
> dete Arbeitsminister Louis Blanc das Recht auf Arbeit und errichtete
> Nationalwerkstätten zur Arbeitslosenversorgung. Erst 1864 wurde das
> Koalitionsrecht garantiert.

---

[33] Vgl. römische und germanische Epoche, mittelalterliches Zunftsystem.
[34] TSCHUDI, Geschichte, 1.
[35] Vgl. v.a. Manchesterschule (begründet durch Textilfabrikanten um R. Cobden, 19. Jh.).
[36] REHBINDER, Arbeitsrecht, Rz. 4.

**Deutschland:** Deutschland war vor allem nach 1871 führend in der Sozialgesetzgebung. Die Wirtschaftskrise erfasste Deutschland erst im Jahre 1873. Zur positiven Bekämpfung des erstarkten Sozialismus erliess Bismarck 1883 eine fortschrittliche Sozialversicherungsgesetzgebung.

## 2. Geschichte des Arbeitsrechts in der Schweiz

### a) Zunftordnung und technische Revolution

43     Zwei Faktoren beeinflussten im 18. und 19. Jahrhundert das Arbeitsrecht: Einerseits wurde in der Helvetischen Republik von 1798 bis 1802 unter dem Einfluss des Gedankenguts der Französischen Revolution die alte Zunftordnung aufgelöst und statt kooperativer Bindungen wurde der *Vertrag* Grundlage des Arbeitsverhältnisses. Die Handels- und Gewerbefreiheit wurde zum herrschenden Prinzip, bis die alte Zunftordnung nach dem Sturz der Helvetik wieder auflebte. Erst 1874 fand die Handels- und Gewerbefreiheit, die heutige Wirtschaftsfreiheit, Aufnahme in die Bundesverfassung.

44     Andererseits hatte die *technische Revolution* grossen Einfluss auf das Arbeitsrecht. Die Industrialisierung begann in der Schweiz bereits im 18. Jahrhundert, erfolgte zu Beginn aber in Form von Heimarbeit.[37] Diese traf die ganze Familie, Eltern wie Kinder. Heimarbeiter waren zudem schlecht entlöhnt und konnten sich nur dadurch ernähren, dass sie daneben noch kleine Landwirtschaftsbetriebe führten.

> «Auf diese Art wird sehr billig gearbeitet; daher werden solche Familien sehr oft mit Arbeit überladen, so dass sie manchmal gezwungen sind, die Arbeitszeit bis in vorgerückte Nachtstunden auszudehnen, um ja den Wünschen des Arbeitgebers entsprechen zu können, der ihnen sonst mit Entzug der Arbeit drohen könnte.»

> «Wenn auch den Kindern gewöhnlich früher Feierabend gestattet wird, so sind es doch Vater und Mutter, die – natürlich nur periodisch – manchmal bis nach 12 Uhr nachts arbeiten, um eventuell am Morgen schon vor 5 Uhr wieder zu beginnen (...).»

> «Es ist Tatsache, dass während Saisons die Heimarbeiterinnen manchmal derart mit Arbeit überladen werden, dass die Haushaltung vernach-

---

[37]   Vgl. zur Heimarbeit und industriellen Revolution FRANZ WALDNER, 21 ff.

lässigt werden muss, dass die Kinder nicht richtig beaufsichtigt werden können, – ja durch die Nachtarbeit werden in vielen Fällen die Mütter so stark geschwächt, dass sie eventuell nicht mehr imstande sind, ihre Säuglinge zu ernähren. (...) Dazu nimmt man sich öfters nicht einmal die Mühe, ein richtiges Essen zu bereiten, und wir finden nicht selten Familien, die während einer ganzen Woche keine nahrhaften Speisen geniessen.»

«Alle diese Zustände lassen dann bald als Folgen eine Erblassung und Abmagerung sowohl der Heimarbeiterinnen als auch ihrer Kinder bemerken, die sich manchmal als Vorboten chronischer Krankheiten (Lungenkrankheiten) charakterisieren.»[38]

Ende des 18. Jahrhunderts begann die Umwandlung der Verlagsunternehmen mit Heimarbeit zu *Fabrikbetrieben*. Die Situation in der Schweiz war nicht grundlegend verschieden von derjenigen anderer Industriestaaten, wenn auch nie so katastrophal. Der Liberalismus ermöglichte den wirtschaftlichen Aufschwung, führte aber auch zu hartem Konkurrenzdruck durch die ausländische Industrie, zu brutaler Ausbeutung und fürchterlicher Not der Arbeiterschaft im 19. Jahrhundert.[39]    45

Die Regelung der schuldvertraglichen Arbeitsverhältnisse erfolgte auf rein *individueller Basis* und die Bedingungen wurden einseitig von der Arbeitgeberin diktiert. Die Löhne stiegen im Laufe des Jahrhunderts nur langsam an und aufgrund der schlechten wirtschaftlichen Situation waren deshalb auch Frauen und Kinder zu Fabrikarbeit und Gefährdung ihrer Gesundheit gezwungen. Diese Ausbeutung von Kindern und Frauen war weit verbreitet. Arbeitszeit wie Arbeitsrhythmus waren ausschliesslich vom Unternehmer bestimmt und diktierten einen 15- bis 16-Stunden-Arbeitstag, neben dem noch der Haushalt besorgt werden musste. Mit zunehmender Automatisierung wurde die Arbeit in der Textilindustrie immer unqualifizierter und der Frauenanteil stieg an. Es entstanden eigentliche Frauendomänen, beispielsweise in der Weberei.[40]    46

---

[38] SCHULER, Die Nachtarbeit der Frauen in der Schweiz, Bericht der Schweizer Sektion an das internationale Arbeitsamt, in: E. Joris und H. Witzig (Hrsg.), Frauengeschichten, Dokumente aus zwei Jahrhunderten zur Situation der Frauen in der Schweiz, Zürich 1987, 103 f.

[39] TSCHUDI, Geschichte, 2 f.

[40] SCHULER, FN 38, 20 f.

### b)   Kinderschutz

47      Im Jahre 1816 hat der Kanton Zürich die erste Verordnung zum Jugendschutz erlassen. Sie enthielt ein Verbot der Kinderarbeit bis neun Jahre und Arbeitszeitbeschränkungen auf 12 bis 14 Stunden pro Tag bis zur Konfirmation. Sie wurde aber nicht durchgesetzt.

48      Erst die *Zürcher Verordnung von 1837* mit einem Verbot der Kinderarbeit bis zum zwölften Altersjahr und einer Arbeitszeitbeschränkung auf 14 Stunden pro Tag hatte tatsächlich Wirkung, weil Schullehrern und Pfarrherren das Recht eingeräumt wurde, die Fabriken zu betreten und Kontrollen durchzuführen.[41]

### c)   Kantonale Fabrikgesetze

49      Der von der Textilindustrie beherrschte Kanton Glarus hat 1864 das *erste Fabrikgesetz in Kontinentaleuropa* erlassen.[42] Verschiedene günstige Umstände haben zusammengewirkt: Die Industrieorte waren klein, sodass man sich persönlich kannte und das Proletariat nicht aus der Gesellschaft ausgeschlossen wurde, die Landsgemeindedemokratie erlaubte den Arbeitnehmern, ihre Interessen wahrzunehmen, und einflussreiche Persönlichkeiten leisteten Aufklärungs- und Vorbereitungsarbeiten.[43] Das Fabrikgesetz verbot Nachtarbeit sowie Kinderarbeit bis zum 13. Altersjahr und die Arbeitszeit wurde für alle Arbeitnehmer auf zwölf Stunden pro Tag beschränkt.

50      Mehrere Kantone folgten dem Beispiel von Glarus und erliessen Fabrikgesetze. Diese beschränkten sich jedoch meist auf das Verbot der Kinderarbeit. Nur die beiden Basel (BL 1868, BS 1869) legiferierten auch im Bereich der Erwachsenenarbeit.[44]

### d)   Eidgenössisches Fabrikgesetz von 1877

51      Anlässlich der Verfassungsrevision von 1874 wurden neben der Grundlage für ein einheitliches Obligationenrecht (Art. 64 aBV,

---

[41]   TSCHUDI, Geschichte, 6.
[42]   Als erster Kanton hatte Glarus schon 1846 durch eine Verordnung die Arbeitszeit für erwachsene Arbeiterinnen und Arbeiter in der Baumwollindustrie auf 15 Stunden pro Tag bei einschichtigem Betrieb beschränkt; 1854 wurde die Verordnung auf sämtliche fabrikmässigen Betriebe ausgedehnt.
[43]   TSCHUDI, Geschichte, 7.
[44]   TSCHUDI, Geschichte, 8.

20

Art. 122 BV) auch öffentlich-rechtliche Kompetenzen zur Regelung der Arbeit (Art. 34 aBV, Art. 110 BV) neu in die BV aufgenommen:

> «Der Bund ist befugt, einheitliche Bestimmungen über die Verwendung von Kindern in den Fabriken und über die Dauer der Arbeit erwachsener Personen in denselben aufzustellen. Ebenso ist er berechtigt, Vorschriften zum Schutze der Arbeiter gegen einen die Gesundheit und Sicherheit gefährdenden Gewerbebetrieb zu erlassen.»

Bereits 1877 wurde gestützt darauf das erste *Eidgenössische Fabrikgesetz*[45] erlassen. Sein rasches Zustandekommen wurde durch die bedenklichen Zustände in der Industrie und durch das Ungenügen oder Fehlen einer Arbeitsschutzgesetzgebung in den meisten Kantonen gefördert. Zudem konnte es sich auf die in der Praxis erprobten Gesetze der Kantone Glarus und Basel-Stadt stützen. Obwohl vor allem seitens der Textilindustrie Opposition gegen die im internationalen Vergleich fortschrittliche Regelung erwuchs und das Referendum ergriffen wurde, nahm das Volk das Fabrikgesetz in der Volksabstimmung knapp an. 52

Das Fabrikgesetz beinhaltete Bestimmungen zur Arbeitszeit (Beschränkung auf Elfstundentag), zum Schutz der Frauen (Verbot bestimmter gefährlicher Arbeiten sowie Nacht- und Sonntagsarbeit, eine verlängerte Mittagspause für einen Haushalt besorgende Arbeiterinnen und ein achtwöchiges Beschäftigungsverbot vor und nach der Niederkunft) und zum Schutz von Jugendlichen (Beschäftigungsverbot bis zum 14. Altersjahr). Von Bedeutung waren auch Vorschriften zur Betriebshygiene und zur Unfallverhütung. Der Vollzug wurde den Kantonen unter Oberaufsicht des Bundes übertragen. Da aber diesen zum Teil qualifizierte Fachleute für den Vollzug der Bestimmungen über die Arbeitshygiene und die Unfallverhütung fehlten, wurden *eidgenössische Fabrikinspektorate* geschaffen, die einen einheitlichen Vollzug gewährleisten sollten.[46] 53

Der Schutz vor Krankheiten und Unfällen war im Fabrikgesetz noch ungenügend. 1911 wurden deshalb in ein neues, parallel zur Anwendung gelangendes *Kranken- und Unfallversicherungsgesetz* Bestimmungen über die Krankheits- und Unfallverhütung aufgenommen. Die SUVA wurde mit der Durchführung dieses Gesetzes betraut, 54

---

[45] BG vom 23. März 1877 betreffend die Arbeit in Fabriken, AS 1877 III 241.
[46] TSCHUDI, Geschichte, 15.

was zu einem Dualismus zwischen ihr und den Durchführungsorganen des Fabrikgesetzes führte.[47]

### e)   Dienstvertragsrecht im Obligationenrecht

55    Die Vertragsfreiheit stand im Mittelpunkt der Regelung des *Dienstvertrages* im OR von 1881,[48] das nur zwölf Artikel dem Dienstvertrag widmete. Zwingende Bestimmungen waren nur wenige enthalten; so beispielsweise die Lohnzahlungspflicht der Arbeitgeberin bei Krankheit und Militärdienst und die Pflicht zur Fürsorge der Arbeitgeberin für den in die Hausgemeinschaft aufgenommenen, erkrankten Dienstpflichtigen.[49]

56    Bereits 1902, an der Jahresversammlung des Schweizerischen Juristenvereins, forderte Philipp Lotmar[50] eine generelle Fürsorgepflicht der Arbeitgeberin im Dienstvertragsrecht. Er setzte sich stark für den Schutz des Schwächeren, nämlich des Arbeitnehmers, ein[51] und vertrat die Ansicht, dass im Rahmen des Dienstvertrags «Ungleiches ungleich behandelt»[52] werden müsse, um zu gerechten Lösungen zu kommen. Damit waren natürlich Einschränkungen in der Vertragsfreiheit verbunden, was eine starke Opposition hervorrief.[53]

57    Die grosse Freiheit in der Vertragsgestaltung führte zu einer schweren Benachteiligung der Arbeitnehmer. Das Dienstvertragsrecht wurde deshalb 1911 vollständig umgestaltet und auf 44 Artikel erweitert.[54] Die Vertragsfreiheit wurde wohl weiterhin anerkannt, jedoch zum Schutze des Arbeitnehmers durch zahlreiche, zwingende Bestimmungen eingeschränkt und einige Dienstverhältnisse, z.B. das Lehrverhältnis,[55] wurden Sondervorschriften unterstellt. Dieses Dienstvertragsrecht wurde in der Nachkriegszeit nur in wenigen Punkten revidiert und durch Spezialgesetze ergänzt.

58    *Gesamt- und Normalarbeitsverträge* wurden ebenfalls erstmals im OR von 1911 geregelt. Gegen Ende des Ersten Weltkrieges wurde eine Neuordnung gefordert, da sich die Situation der Arbeitnehmer

---

[47]   TSCHUDI, Geschichte, 12 f., Koordination erst durch das UVG vom 20. März 1981.
[48]   BG vom 14. Juni 1881 über das Obligationenrecht (altes OR).
[49]   BBl 1967 II 241.
[50]   1850–1922; damals Professor an der Universität Bern.
[51]   GASSER, 102 ff.
[52]   Arbeitgeberin und Arbeitnehmer.
[53]   GASSER, 103.
[54]   SR 220.
[55]   BBl 1967 II 242 f.

verschlechtert hatte und zum Politikum wurde. So wurden gleichzeitig mit der spezialgesetzlichen Regelung über die Allgemeinverbindlicherklärung auch neue Bestimmungen betreffend GAV ins OR aufgenommen.[56]

**f)    Fabrikgesetz von 1914**

1914 wurde ein neues, total revidiertes Fabrikgesetz von beiden Räten verabschiedet.[57] Wichtige Neuerungen waren der Kündigungsschutz bei unverschuldeter Erwerbsunfähigkeit durch Unfall oder Krankheit und bei obligatorischem Militärdienst. Neue Bestimmungen wurden ferner betreffend Gesundheitsvorsorge, Unfallverhütung und Lohnschutzbestimmungen[58] erlassen. Im Zentrum der Auseinandersetzungen stand aber die Arbeitszeitdauer.    59

Aufgrund des Ausbruchs des Ersten Weltkrieges wurde das Fabrikgesetz nicht in Kraft gesetzt. Nach dem Krieg hatten sich die politischen und sozialen Verhältnisse total verändert. Die niedrigen Löhne der Vorkriegszeit wurden der Teuerung nicht angepasst und die ungenügende Sozialpolitik führte zur Verarmung weiter Bevölkerungskreise. Die Unzufriedenheit der Arbeiterschaft führte zum Generalstreik von 1918, bei dem unter anderem ein Achtstundentag gefordert wurde. Der Streik war nicht erfolgreich, aber infolge wurden in verschiedenen Industrien Vereinbarungen über die Reduktion der Arbeitszeit auf 48 Stunden pro Woche abgeschlossen. Das bereits veraltete Fabrikgesetz musste deshalb nochmals abgeändert werden und konnte am 1. Januar 1920, die 48-Stunden-Woche enthaltend, in Kraft treten.    60

**g)    Eidgenössisches Arbeitsgesetz**

Die Entstehung des heute noch gültigen *Arbeitsgesetzes*[59] nahm nahezu 50 Jahre in Anspruch. Grundlage ist die Aufnahme einer Bestimmung in die BV, die den Bund zur Gesetzgebung im Gebiete des Gewerbewesens ermächtigte (Art. 34[ter] aBV, Art. 110 BV). Die Vorbereitungen zu einem Arbeitsgesetz für Handel und Gewerbe versandeten jedoch bald. Im Jahre 1947 wurden zusätzlich die Wirtschafts-    61

---

[56]    BBl 1967 II 243 f.
[57]    BG vom 18. Juni 1914 betreffend die Arbeit in den Fabriken [SR 821.41].
[58]    Z.B. Lohnzuschlag bei Überstundenarbeit und bei Sonntags- und Nachtarbeit.
[59]    BG vom 13. März 1964 über die Arbeit in Industrie, Gewerbe und Handel (Arbeitsgesetz) [SR 142.20].

23

und Sozialartikel in die BV aufgenommen, die den Bund zu Arbeitnehmerschutzbestimmungen in allen Wirtschaftszweigen ermächtigten. Im Arbeitsgesetz wurden deshalb nicht nur Regelungen betreffend Handel und Gewerbe aufgenommen, sondern zusätzlich das revisionsbedürftige Fabrikgesetz von 1914/19 einbezogen. Durch das neue Gesetz wurde der Arbeitnehmerschutz umfassend geregelt und das gesamte kantonale Schutzrecht ersetzt. Von grosser praktischer Bedeutung sind auch die ergänzenden Verordnungen.[60]

62     Nach einer ersten, in der Volksabstimmung 1996 abgelehnten Revision zur Liberalisierung des Arbeitsgesetzes wurde bereits am 20. März 1998 eine neue Vorlage von der Bundesversammlung verabschiedet.[61] Auch gegen diese entschärfte Fassung wurde seitens der Gewerkschaften und von Arbeitslosenkomitees das Referendum ergriffen, die Revision am 29. November 1998 dann aber vom Stimmvolk angenommen. Die neuen Bestimmungen und die dazugehörigen Ausführungsverordnungen traten per 1. August 2000 in Kraft.[62]

## h)    Arbeitsvertragsrecht im OR

63     Das *Dienstvertragsrecht* von 1911 stand während 60 Jahren in Kraft. Es wurde in dieser Zeit lediglich in vier Punkten – Wohlfahrtseinrichtungen, Lehrvertrag, Ferien und Treuepflicht der Arbeitnehmer[63] – ergänzt. Durch das Bundesgesetz vom 25. Juni 1971 wurden dann der 10. Titel und der Titel 10[bis] des OR revidiert und der Begriff «Dienstvertrag» durch «Einzelarbeitsvertrag» ersetzt. Revisionspunkte waren insbesondere Sonderbestimmungen betreffend den Lehrvertrag sowie den Handelsreisenden- und Heimarbeitsvertrag. Wichtige Neuerungen waren die klare Festlegung eines Katalogs von absolut (Art. 361 OR) und relativ zwingenden Vorschriften (Art. 362 OR) sowie die Einführung von zeitlichem und zum Teil auch sachlichem Kündigungsschutz.[64]

64     Das *Arbeitsvertragsrecht* wurde in der Folge wiederholt an die veränderten wirtschaftlichen und sozialen Gegebenheiten angepasst. Durch die gesetzlich verbesserte Position der Arbeitnehmer und die stärkere Abhängigkeit von technischen und organisatorischen Gege-

---

[60]  TSCHUDI, Geschichte, 54 ff.
[61]  BBl 1998 II 1409 ff.
[62]  AS 2000, 1569 ff.
[63]  TSCHUDI, Geschichte, 64.
[64]  TSCHUDI, Geschichte, 66 ff.

benheiten des Betriebs kam es zu Verschiebungen in der Beziehung von Arbeitgeberinnen und Arbeitnehmern.

## i) Bedeutende Neuerungen nach 1971

Namentlich folgende Neuerungen wurden bis zum Druck der 65
3. Auflage dieses Buches beschlossen:[65]

- 1988: Revision des Kündigungsrechtes
- 1990: Verbot der Lohnzession
- 1993: Bestimmungen über Massenentlassungen
- 1999: Änderungen durch bilaterale Verträge mit der EU
- 2000: Einfaches und rasches Verfahren für arbeitsrechtliche Streitigkeiten bis Streitwert CHF 30'000
- 2004: Einschränkung Verpfändung, Vorbezug und Rückzahlung bei Unterdeckung der Vorsorgeeinrichtung
- 2005: Mutterschaftsurlaub und -entschädigung
- 2006: Informationspflicht der Arbeitgeberin
- 2010: Eidgenössische Zivilprozessordnung
- 2012: Anpassung Entsendegesetz betreffend die flankierenden Massnahmen zur Personenfreizügigkeit
- 2013: Verordnung gegen übermässige Vergütungen bei börsenkotierten Aktiengesellschaften
- 2013: Revision des Sanierungsrechts

Namentlich folgende Neuerungen sind im Zeitpunkt der Druck- 66
legung noch nicht in Kraft:[66]

- Schutz des Arbeitnehmers bei Whistleblowing (Stand: Botschaft zur entsprechenden Teilrevision des Obligationenrechts verabschiedet)
- Verschärfung des Schutzes bei missbräuchlichen und ungerechtfertigten Kündigungen (Stand: Vorentwurf)

---

[65] Neben den aufgeführten Neuerungen wurden in den vergangenen Jahrzehnten auch verschiedene Spezialgesetze revidiert oder neu erlassen, die im Arbeitsrecht von Bedeutung sind; so u.a. das Gleichstellungsgesetz [SR 151.1], das Mitwirkungsgesetz [SR 822.14].
[66] Daneben sind weitere arbeitsrechtlich relevante Gesetzesänderungen in Vorbereitung. Dazu gehört etwa die Revision der Verjährungsfristen im Privatrecht.

# D. Anwendbarkeit des schweizerischen Arbeitsrechts

## 1. International

### a) Zuständigkeit

67     Das IPRG[67] regelt vorab die *Zuständigkeit bei grenzübergreifenden Fragestellungen*, z.B. wenn ein im Ausland angestellter Arbeitnehmer vorübergehend oder dauernd in der Schweiz Arbeit verrichtet.[68] Im Allgemeinen können die Parteien einen Gerichtsstand frei vereinbaren, wenn damit nicht einer Partei ein Gerichtsstand des schweizerischen Rechts missbräuchlich entzogen wird (Art. 5 IPRG).

68     Besondere Bestimmungen zum Schutz der im Arbeitsvertrag in der Regel schwächeren Partei unterscheiden zwischen Klagen aus dem Arbeitsverhältnis sowie Klagen des Arbeitnehmers im Besonderen. Zuständig sind demnach im Allgemeinen die schweizerischen Gerichte am Wohnsitz des Beklagten oder am Arbeitsort, während der Arbeitnehmer zusätzlich die Möglichkeit einer Klage an seinem schweizerischen Wohnsitz oder gewöhnlichen Aufenthalt hat (Art. 115 IPRG). Seit der Einführung der flankierenden Massnahmen des freien Personenverkehrs mit der EU wird neu auch für nur temporär in die Schweiz entsandte Arbeitnehmer für Fragen der Arbeits- und Lohnbedingungen ein Schweizer Gerichtsstand garantiert (Art. 115 Abs. 3 IPRG).

69     Im *Ausland ergangene Entscheide* werden anerkannt, wenn sie im Staat des Wohnsitzes oder des gewöhnlichen Aufenthalts des Beklagten ergangen sind (Art. 149 Abs. 1 IPRG). Für Ansprüche aus dem Arbeitsvertrag werden mangels eines Schweizer Wohnsitzes des Arbeitnehmers auch Entscheide am Arbeits- oder Betriebsort anerkannt (Art. 149 Abs. 2 lit. c IPRG).

70     Die Zuständigkeit im europäischen Raum bestimmt sich häufig nach dem Lugano-Übereinkommen (LugÜ).[69] Die Regeln für Klagen aus individuellen Arbeitsverträgen finden sich dort in den Art. 18 ff.

---

[67]   BG vom 18. Dezember 1987 über das Internationale Privatrecht [SR 291].
[68]   Vgl. SCHNYDER, 104 ff.
[69]   Das Übereinkommen gilt im Verhältnis zu den Mitgliedstaaten der EU sowie zu Norwegen und Island. Mit dem Fürstentum Liechtenstein hat die Schweiz aber noch einen Nachbarn, der das Abkommen bisher nicht ratifiziert hat.

LugÜ. Während die Arbeitgeberin den Arbeitnehmer nach Art. 20 LugÜ grundsätzlich nur an dessen Wohnsitz verklagen darf, stellt Art. 19 LugÜ dem Arbeitnehmer neben dem Wohnsitz des Beklagten einen weiteren Gerichtsstand zur Verfügung: das Gericht des Ortes, an dem der Arbeitnehmer gewöhnlich seine Arbeit verrichtet. Sofern der Arbeitnehmer seine Arbeit gewöhnlich nicht in ein und demselben Staat verrichtet, kann vor dem Gericht des Ortes, an dem sich die Niederlassung befindet, die den Arbeitnehmer eingestellt hat, geklagt werden. Schliesslich beschränkt Art. 21 LugÜ die Möglichkeit einer Gerichtsstandsvereinbarung bei Individualarbeitsverträgen auf den Zeitpunkt nach Entstehung der Streitigkeit, soweit damit nicht dem Arbeitnehmer weitere Gerichtsstände eingeräumt werden.

### b) Anwendbares Recht

Neben der gerichtlichen Zuständigkeit ist die Frage des *anwend-* 71 *baren Rechts* zu klären, denn davon hängt z.B. ab, ob und wie einem kranken Mitarbeiter an seinem Arbeitsort im Ausland gekündigt werden kann.[70] Grundsätzlich untersteht der Arbeitsvertrag dabei dem Recht des Staates, in dem der Arbeitnehmer gewöhnlich seine Arbeit verrichtet (Art. 121 Abs. 1 IPRG), wodurch die Anwendung des Rechts seiner Arbeitsumwelt sichergestellt wird. Verrichtet er seine Arbeit aber gewöhnlich in mehreren Staaten, so kommt das Recht der Niederlassung oder subsidiär des gewöhnlichen Aufenthalts der Arbeitgeberin zur Geltung (Art. 121 Abs. 2 IPRG). Eine vertragliche Rechtswahl ist aus schutzrechtlichen Gründen entsprechend eingeschränkt; insbesondere die Wahl des Ortes einer vorübergehenden Tätigkeit ist nicht statthaft (Art. 121 Abs. 3 IPRG).

Auch wenn ausländisches Recht anwendbar ist, werden Bestim- 72 mungen von besonderer Bedeutung, sogenannte *lois d'application immédiate* vorbehalten (Art. 18 IPRG). Darunter fallen vor allem öffentlich-rechtliche Schutzgesetze, sofern sie nach ihrem eigenen Geltungsbereich zwingend auf den Tatbestand anwendbar sind. Auch besonders wichtige Schutznormen des Privatrechts, deren Durchsetzung im Interesse der Schweiz als Forumsstaat liegt, gehören dazu.[71]

---

[70] Vgl. SCHNYDER, 111 f.
[71] SCHWANDER, Rz. 512. Für in die Schweiz entsandte Arbeitnehmer hat der Gesetzgeber in Art. 2 EntsG gewisse arbeitsrechtliche Regelungen ausdrücklich als lois d'application immédiate bestimmt. Vgl. Rz. 981 ff.

**Beispiel:** X wohnt in Rorschach und arbeitet in einer Betriebsstätte in Rorschach der Y GmbH mit Sitz in Friedrichshafen (D). Die Y GmbH ist eine Tochtergesellschaft einer englischen Grossbank. Als X kündigt, weigert sich die Y GmbH, ihm die ausstehenden Spesen zu bezahlen, worauf X eine Klage in Erwägung zieht.

**Zuständigkeit:** Nach Art. 19 LugÜ kann X die Klage am Sitz der Arbeitgeberin und an seinem Arbeitsort Rorschach anhängig machen.

**Anwendbares Recht:** Das zuständige Gericht in Rorschach wendet das Schweizer IPRG zur Abklärung des materiell anwendbaren Rechts an. Nach Art. 121 Abs. 1 IPRG untersteht der Arbeitsvertrag dem Recht des Staates, in dem der Arbeitnehmer gewöhnlich seine Arbeit verrichtet. Der Anknüpfungsbegriff des gewöhnlichen Arbeitsortes bezieht sich auf den Ort, an dem der Arbeitnehmer wiederholt Arbeitsverrichtungen für die betrieblichen Zwecke der Arbeitgeberin leistet.[72] Vorliegend wäre demnach schweizerisches Recht anwendbar.

*Variante 1:* X arbeitet als Aussendienstmitarbeiter teilweise in Friedrichshafen, teilweise in der Schweiz.
Verrichtet der Arbeitnehmer seine Arbeit in verschiedenen Staaten, so stehen gemäss Art. 121 Abs. 2 IPRG der Ort der Niederlassung und subsidiär der Wohnsitz bzw. der gewöhnliche Aufenthaltsort der Arbeitgeberin als Anknüpfungsbegriffe zur Bestimmung des anzuwendenden Rechts zur Verfügung.[73] In diesem Fall wäre deutsches Recht anwendbar.

*Variante 2:* Zusätzlich findet sich im Arbeitsvertrag folgende Klausel: «Das Arbeitsverhältnis und sämtliche daraus resultierenden Streitigkeiten unterstehen englischem Recht».
Art. 121 Abs. 3 IPRG beschränkt die Rechtswahl auf das Recht des Staates, in dem der Arbeitnehmer seinen gewöhnlichen Aufenthalt (gem. Art. 20 IPRG) oder in dem die Arbeitgeberin ihre Niederlassung, ihren Wohnsitz oder gewöhnlichen Aufenthalt hat (gem. Art. 20 oder 21 IPRG). Demzufolge ist die Rechtswahlklausel des Arbeitsvertrags nichtig, womit wiederum schweizerisches Recht anwendbar ist.

---

[72] BSK-IPRG BRUNNER, Art. 121 IPRG, N 18.
[73] BSK-IPRG BRUNNER, Art. 121 IPRG, N 19 ff.

## 2. Intertemporal

### a) Allgemeines zum Übergangsrecht

*Intertemporales Recht* ist primär Rechtsanwendungsrecht (Kollisionsrecht), das nicht Sachnormen (Regeln über den Inhalt von Rechtsbeziehungen), sondern Verweisungsnormen (welches Recht gilt?) enthält.[74] Das in Art. 1 bis 50 SchlT ZGB enthaltene intertemporale Recht ist zu einem festen Bestandteil der schweizerischen Rechtsauffassung geworden. Es gilt daher nicht nur dort, wo das Gesetz ausdrücklich darauf verweist, sondern in jedem Fall, in dem der Gesetzgeber keine Sonderbestimmungen erlassen hat.

73

### b) Regel der Nichtrückwirkung

In Art. 1 SchlT ZGB wird die intertemporale Regel der Nichtrückwirkung aufgestellt. Ein neues Gesetz oder eine neue Gesetzesbestimmung soll jene Tatsachen[75] nicht erfassen, die vor dem Inkrafttreten eingetreten sind. Es gilt im *Grundsatz «alte Tatsache = altes Recht»*. Ist also eine Tatsache unter der Herrschaft eines früheren Gesetzes eingetreten, so wird sie grundsätzlich auch nach dessen Aufhebung gemäss diesem beurteilt. Das gilt sowohl für ihre Rechtsgültigkeit als auch für Art und Umfang der durch sie hervorgebrachten Wirkungen.

74

### c) Ausnahmefälle der Rückwirkung

Trotz der durch die Regel der Nichtrückwirkung garantierten Rechtssicherheit soll auch eine Rechtsentwicklung möglich bleiben, um ungerechte oder den Interessen des Staates widersprechende Lösungen zu vermeiden. Daher sieht das Gesetz *drei allgemeine Ausnahmen* vor, die ohne besondere Bestimmung anwendbar sind:

75

– Wurde eine Bestimmung des neuen Rechts im Interesse der öffentlichen Ordnung oder aus Gründen der Sittlichkeit aufgestellt, so wirkt sie auch auf die vor ihrem Inkrafttreten eingetretenen Tatsachen zurück, sofern die Anwendung des alten Rechts mit der öffentlichen Ordnung oder Sittlichkeit unvereinbar ist (*ordre public*; Art. 2 SchlT ZGB).

76

---

[74] TUOR/SCHNYDER/SCHMID/RUMO-JUNGO, 1180 ff.
[75] Vorgang, der eine Rechtswirkung hervorbringt.

77    – Rechtsverhältnisse, deren Inhalt nicht durch Vertrag, sondern *durch das Gesetz* selbst umschrieben wird, werden nach neuem Recht beurteilt, selbst wenn sie vor dem Inkrafttreten des neuen Rechts begründet wurden (Art. 3 SchlT ZGB).

78    – Blosse Erwartungen, vage Hoffnungen auf Rechtserwerb und *Anwartschaften,* aus denen noch kein rechtlich geschützter Anspruch entstanden ist, gelten nicht als wohlerworbene Rechte und halten demnach gegenüber dem neuen Gesetz, das sie nicht anerkennt, nicht stand (Art. 4 SchlT ZGB).

> **Beispiel:** Eine vereinbarte Lohnzession fällt mit Inkrafttreten des Verbotes der Lohnzession dahin (BGE 117 III 52 ff.).

# E. Verfahren bei arbeitsrechtlichen Streitigkeiten

## 1. Überblick

Die Schweizerische Zivilprozessordnung (ZPO) sieht für arbeitsrechtliche Streitigkeiten einige Sonderregeln vor. Diese Normen bezwecken in erster Linie den Sozialschutz. Sie sollen dem Arbeitnehmer die Durchsetzung seiner Ansprüche gegen die in der Regel wirtschaftlich stärkere Arbeitgeberin erleichtern. 79

Gleichwohl sind die Verfahrensvorschriften paritätisch ausgestaltet, d.h., auch die Arbeitgeberin kann sich darauf berufen. 80

Vor Inkrafttreten der ZPO hatten das OR und verschiedene Spezialgesetze das vereinfachte Verfahren bereits vorgesehen. Die ZPO übernimmt in diesem Punkt also ein Institut, das bereits vor ihrer Einführung bestand. 81

## 2. Zuständigkeit

### a) Örtliche Zuständigkeit

Für arbeitsrechtliche Klagen ist das Gericht am *Wohnsitz* (gemäss ZGB) *oder Sitz* der beklagten Partei oder alternativ dasjenige am Ort der *gewöhnlichen Arbeitsverrichtung* zuständig (Art. 34 Abs. 1 ZPO). 82

Der gewöhnliche Arbeitsort ist der Ort, an dem eine Partei überwiegend ihre Arbeit verrichtet. Dabei spielt die absolute Zeitdauer keine Rolle; wichtig ist die relative Zeitdauer im Vergleich zur Dauer des Arbeitsverhältnisses und der anderen Arbeitsorte. 83

Die Bestimmung der örtlichen Zuständigkeit ist *relativ zwingend*, d.h., sie darf nur zugunsten des Arbeitnehmers anders vereinbart werden. Das Recht auf den gesetzlichen Gerichtsstand kann er nicht durch Einlassung verlieren und im Voraus geschlossene, abweichende Gerichtsstandsvereinbarungen sind nichtig (Art. 35 Abs. 1 lit. d ZPO). *Nach* Entstehung einer Streitigkeit schriftlich abgeschlossene Gerichtsstandsvereinbarungen sind zulässig (Art. 35 Abs. 2 i.V.m. Art. 17 Abs. 1 ZPO). 84

### b)    Sachliche Zuständigkeit

85    Die Regelung der sachlichen und funktionellen Zuständigkeit obliegt im Rahmen der bundesrechtlichen Schranken den Kantonen (Art. 4 Abs. 1 ZPO). Streitwertberechnungen haben immer nach den Regeln der Zivilprozessordnung zu erfolgen (Art. 4 Abs. 2 ZPO).

86    Dem Entscheidverfahren ist von Bundesrechts wegen grundsätzlich ein Schlichtungsverfahren vorgelagert.[76] Das gilt auch für arbeitsrechtliche Streitigkeiten.[77] Die Kantone sind aber bezüglich der Organisation ihrer Schlichtungsbehörden frei.[78] Eine Ausnahme besteht insoweit, als das Bundesrecht in gewissen Fällen eine paritätische Ausgestaltung der Schlichtungsbehörden vorschreibt.[79] Mehrere Kantone sehen spezielle Schlichtungsstellen für Arbeitsverhältnisse vor.[80] Auf ein Schlichtungsverfahren können die Parteien in vermögensrechtlichen Angelegenheiten mit einem Streitwert von mindestens CHF 100'000 verzichten. Die klagende Partei kann einseitig auf die Schlichtung verzichten, wenn die beklagte Partei Sitz oder Wohnsitz im Ausland hat, der Aufenthaltsort der beklagten Partei unbekannt ist oder in Streitigkeiten nach dem Gleichstellungsgesetz[81] (Art. 199 ZPO).

### c)    Schiedsgerichtsbarkeit

87    Aus dem Umstand, dass der Arbeitnehmer nicht im Voraus auf den gesetzlichen Gerichtsstand verzichten kann,[82] ergibt sich u.E. auch, dass die Vereinbarung eines Schiedsgerichts für den Arbeitnehmer nicht verbindlich ist. Die Bestimmung will verhindern, dass der Arbeitnehmer auf den sich ihm aus dem ordentlichen Gericht ergebenden Rechtsschutz verzichtet. Das Gesetz schliesst aber nicht aus, dass die Parteien nach Entstehung der Rechtsstreitigkeit eine Gerichtsstandsvereinbarung treffen.[83] Entsprechend muss es auch möglich sein, in diesem Zeitpunkt ein Schiedsgericht zu vereinbaren. Zu be-

---

[76]    Art. 197 ZPO.
[77]    Und zwar unabhängig vom Streitwert, also auch bei Verfahren mit einem Streitwert von über CHF 30'000.
[78]    BBl 2006 7330.
[79]    Art. 200 ZPO.
[80]    Z.B. Kantone Zug, St. Gallen.
[81]    Bundesgesetz vom 24. März 1995 über die Gleichstellung von Frau und Mann (Gleichstellungsgesetz, GlG) [SR 151.1].
[82]    Art. 35 ZPO.
[83]    Art. 35 Abs. 2 ZPO.

achten ist allerdings, dass diesfalls der nachfolgend dargestellte soziale Schutz entfällt, weil die entsprechenden Bestimmungen nicht auch beim Schiedsgerichtsverfahren gelten.

Auch nach Entstehen der Streitigkeit setzt die Gültigkeit einer Schiedsvereinbarung allerdings voraus, dass die Streitsache schiedsfähig ist. Dies ist nach Art. 354 ZPO dann der Fall, wenn ein Anspruch infrage steht, über den die Parteien frei verfügen können. Eine solche Verfügbarkeit ist bei zwingenden gesetzlichen oder gesamtarbeitsvertraglichen Ansprüchen des Arbeitnehmers während des Arbeitsverhältnisses und eines Monats nach dessen Beendigung nicht gegeben. Denn nach Art. 341 OR kann der Arbeitnehmer während dieser Dauer nicht auf die genannten Ansprüche verzichten. Unklar ist, ob die Schiedsfähigkeit zum Zeitpunkt der Schiedsvereinbarung oder des Prozesses gegeben sein muss. Unseres Erachtens muss sie schon bei der Vereinbarung gegeben sein. Auch nach Entstehen der Streitigkeit ist also eine Schiedsvereinbarung bezüglich zwingender Ansprüche des Arbeitnehmers frühestens einen Monat nach Beendigung des Arbeitsverhältnisses möglich. Bei nicht zwingenden Ansprüchen besteht diese Einschränkung jedoch nicht. 88

Soweit eine nach bisherigem Recht gültig abgeschlossene Schiedsvereinbarung aufgrund der Regelung in der ZPO nicht mehr zulässig ist, muss für die Frage, ob sie mit Inkrafttreten der ZPO ihre Wirksamkeit verliert, differenziert werden. Art. 407 Abs. 1 ZPO sieht vor, dass übergangsrechtlich das für die Schiedsvereinbarung günstigere Recht gilt.[84] Die Gültigkeit soll folglich grundsätzlich aufrechterhalten werden. Soweit beim arbeitsrechtlichen Streit aber der Streitwert von CHF 30'000 nicht überschritten wird, gelten für das Verfahren vor den staatlichen Gerichten die nachfolgenden Schutzbestimmungen. Im Schiedsverfahren gelten diese Schutznormen nicht. Soweit es um solche Rechtsstreitigkeiten geht, wurde die Unverzichtbarkeit des ordentlichen Richters nach Art. 35 ZPO um der öffentlichen Ordnung willen aufgestellt. Entsprechend gelangt die Bestimmung auch rückwirkend zur Anwendung.[85] 88a

Beim Schiedsverfahren sind folgende Besonderheiten[86] zu beachten: 89

– Es besteht keine Sachverhaltsfeststellung von Amtes wegen.

---

[84] Art. 2 SchlT ZGB.
[85] Art. 2 SchlT ZGB.
[86] Vgl. z.B. TORGGLER, 37 ff.

– Das Verfahren ist nicht kostenlos. Häufig sind Schiedsverfahren sehr teuer.

– Das Schiedsverfahren bietet mehr Diskretion. Die Urteile gelangen, wenn die Parteien dies wünschen, nicht an die Öffentlichkeit.

– Häufig wird vereinbart, dass das Schiedsgericht als einzige Instanz urteilen soll. Der Prozess kann somit schneller erledigt sein als im staatlichen Gerichtsverfahren.

90      Für die Arbeitnehmer ist also die Vereinbarung eines Schiedsgerichts regelmässig nicht von Vorteil. Ausnahmsweise kann es sich aber rechtfertigen, die Zuständigkeit eines Schiedsgerichts zu vereinbaren. Dies ist dann der Fall, wenn es um sehr hohe Streitsummen geht und aus diesem oder anderen Gründen die Öffentlichkeit ausgeschlossen werden soll. Zu denken ist an Streitigkeiten von Topmanagern.

## 3.    Vereinfachtes Verfahren

91      Generell gilt für Streitigkeiten bis zu einem Streitwert von CHF 30'000 das vereinfachte Verfahren. Dies gilt auch für arbeitsrechtliche Streitigkeiten. Für Ansprüche aus dem Gleichstellungsgesetz[87] und dem Mitwirkungsgesetz[88] gilt das vereinfachte Verfahren ohne Rücksicht auf den Streitwert (Art. 243 ZPO).

92      Das vereinfachte Verfahren kennzeichnet sich durch folgende Besonderheiten (Art. 243 ff. ZPO):

– Die Klage kann auch mündlich zu Protokoll gegeben werden.

– Eine Begründung der Klage ist nicht erforderlich.

– Wenn die Klage keine Begründung enthält, stellt das Gericht sie der beklagten Partei zu und lädt die Parteien zugleich zur Verhandlung vor.

– Enthält die Klage eine Begründung, setzt das Gericht der beklagten Partei zunächst eine Frist zur schriftlichen Stellungnahme.

---

[87] Bundesgesetz vom 24. März 1995 über die Gleichstellung von Frau und Mann (Gleichstellungsgesetz, GlG) [SR 151.1].

[88] Bundesgesetz vom 17. Dezember 1993 über die Information und Mitsprache der Arbeitnehmerinnen und Arbeitnehmer in den Betrieben (Mitwirkungsgesetz) [SR 822.14].

– Das Gericht hat die notwendigen Verfügungen zu treffen, mit dem Ziel, dass die Streitsache möglichst am ersten Termin erledigt werden kann.

– Die Sachverhaltsfeststellung erfolgt von Amtes wegen.

## 4. Kostenlosigkeit

Sowohl im Schlichtungs- als auch im Entscheidverfahren werden in arbeitsrechtlichen Verfahren bis zu einem Streitwert von CHF 30'000 *keine Gerichtskosten* (Entscheidgebühr, Porti, Übersetzungskosten, Kosten von Gutachten, Zeugengelder) erhoben (Art. 113 Abs. 2 lit. d, Art. 114 lit. c ZPO).[89] Für die Streitwertberechnung in diesem Zusammenhang ist massgeblich, was in erster Instanz streitig war. Von der Freistellung nicht betroffen sind aber die *Parteientschädigungen*, hauptsächlich die Auslagen für die Rechtsverbeiständung, welche grundsätzlich von der unterliegenden Partei zu tragen sind. Allerdings können diese für das Schlichtungsverfahren nicht geltend gemacht werden (Art. 113 Abs. 1 ZPO).     93

Vor Bundesgericht ist das arbeitsrechtliche Verfahren seit der Einführung des BGG nicht mehr kostenlos. Art. 65 Abs. 4 BGG sieht aber für Streitigkeiten aus einem Arbeitsverhältnis bis zu einem Streitwert von CHF 30'000[90] eine speziell niedrige[91], nicht nach dem Streitwert zu bemessende Kostenbeteiligung vor.     94

## 5. Untersuchungsmaxime und freie Beweiswürdigung

Im vereinfachten Verfahren wird der Sachverhalt *von Amtes wegen* festgestellt (Art. 247 Abs. 2 lit. b Ziff. 2 ZPO). Die Parteien sind dennoch verpflichtet, sich am Sammeln des Prozessstoffs zu beteiligen und Beweismittel zu nennen. Im Unterschied zu Verfahren mit Verhandlungsmaxime trifft die Parteien jedoch *keine Substanziierungslast*. Das Gericht hat darauf hinzuwirken, dass ungenügende Angaben zum Sachverhalt von den Parteien ergänzt und vorhandene     95

---

[89] Bei der Streitwertberechnung ist zu berücksichtigen, dass auch Arbeitszeugnisse einen Wert haben und deshalb i.d.R. mit einem durchschnittlichen Monatslohn aufzurechnen sind (vgl. MÜLLER/THALMANN, Kap. IX.6.).

[90] Massgeblich ist der Streitwert im Zeitpunkt der Rechtshängigkeit vor erster Instanz: BGE 115 II 30, 41; BsK-BGG GEISER, Art. 65 BGG, N 22.

[91] CHF 200–1'000.

Beweismittel bezeichnet werden (Art. 247 Abs. 1 ZPO). Der Richter erforscht somit auch bloss ansatzweise behauptete rechtserhebliche Tatsachen. Neue Tatsachen und Beweismittel sind vom Gericht sodann bis zur Urteilsberatung zu berücksichtigen.

96    Bestreitet eine Partei die von der Gegenpartei aufgestellte Behauptung nicht, wird sie vom Richter nicht einfach als wahr angenommen, sondern er hat eine Äusserung hinsichtlich Anerkennung oder Bestreitung zu verlangen. Ferner berücksichtigt der Richter auch Beweismittel, die nicht von den Parteien genannt werden, die ihm aber als tauglich erscheinen. Er selbst bietet Zeugen auf, ordnet die Edition von Urkunden an und lässt Gutachten erstellen.

97    Das Prozessthema darf durch die richterliche Fragepflicht und die Untersuchungsmaxime jedoch nicht erweitert werden. Ergibt sich in einem Prozess über die Auszahlung von Krankenlohn zufällig aus den Akten, dass der Auslagenersatz nicht korrekt gewährt worden ist, darf der Richter nicht danach forschen oder dem Arbeitnehmer gar zu einer Klageerweiterung raten. Auch die Beweislastverteilung, d.h., welche Partei die Folgen der Beweislosigkeit zu tragen hat, bleibt durch die Untersuchungsmaxime unberührt.[92]

98    Der Grundsatz der *freien Beweiswürdigung*[93] schliesst allfällige kantonal-rechtliche Beweisregeln aus und verbietet z.B. die Einführung eines Summarverfahrens, in dem blosse Glaubhaftmachung genügen würde. Der Richter würdigt die Beweise nach freier Überzeugung unter Berücksichtigung des gesamten Vorbringens der Partei und ihres Verhaltens.[94]

---

[92]  Vgl. EGLI, ZZZ 2004, 40 ff.
[93]  Art. 157 ZPO.
[94]  Vgl. EGLI, ZZZ 2004, 21 ff.

# § 2 Einzelarbeitsvertrag (EAV)

## A. Begriff

### 1. Verträge über Arbeitsleistung

Der Arbeitsvertrag ist ein privatrechtlicher Schuldvertrag, dessen Hauptleistung die Arbeit ist. Er gehört deshalb zusammen mit dem Auftrag und dem Werkvertrag zu den *Verträgen über Arbeitsleistung*. Die Aufzählung im Gesetz ist allerdings nicht abschliessend, denn es gibt auch im Gesetz nicht geregelte Verträge auf Arbeitsleistung (Innominatverträge). 99

### 2. Begriffsnotwendige Elemente

#### a) Übersicht

Die vier begriffsnotwendigen Elemente des Arbeitsvertrags ergeben sich indirekt aus Art. 319 OR: 100

– Angebot einer Arbeitsleistung
– bestimmte oder unbestimmte Zeit (Dauerschuldverhältnis)
– Eingliederung in eine fremde Arbeitsorganisation (Subordinationsverhältnis)
– Entgeltlichkeit

#### b) Arbeitsleistung

Der Arbeitnehmer ist verpflichtet, eine positive Leistung zu erbringen, d.h., seine *Arbeitskraft* in Form körperlicher oder geistiger Tätigkeit zur Verfügung zu stellen. Auch kaum wahrnehmbare Tätigkeiten wie das Überwachen oder Kontrollieren von Maschinen sind Arbeitsleistungen. Geschuldet ist aber lediglich der Einsatz von Arbeitskraft und nicht ein bestimmter Arbeitserfolg – wie etwa beim Werkvertrag. 101

Grundsätzlich wird davon ausgegangen, dass die Arbeitgeberin unter gleichzeitiger Weiterzahlung des Lohnes auf die Arbeitsleistung 102 verzichten kann,[95] der Arbeitnehmer also *keinen Anspruch auf tatsächliche Beschäftigung* hat. Die Freistellung wird aber problematisch, wenn die Beschäftigung für den Erhalt der Berufsfähigkeit von Bedeutung ist[96] oder wenn eine lange Freistellung das wirtschaftliche Fortkommen gefährdet.[97] In diesen Fällen kann sich aus der Fürsorgepflicht der Arbeitgeberin (Art. 328 OR) eine Pflicht zur Weiterbeschäftigung ergeben, soweit dem nicht schwerwiegendere Interessen wie z.B. ein gestörtes Vertrauensverhältnis entgegenstehen.[98] Beim Lehrvertrag ist die Beschäftigung selbst Vertragszweck, sodass der Erfüllungsanspruch des Lehrlings nicht nur auf Lohn, sondern auch auf Arbeit geht.

### c)   Dauerschuldverhältnis

103    Das Arbeitsverhältnis muss von einer *gewissen Dauer* sein, kann aber auf bestimmte oder auf unbestimmte Zeit begründet werden. Diese kann sehr kurz sein, beispielsweise im Rahmen eines einmaligen Festes. Üblich ist ein Abschluss auf unbestimmte Zeit, wobei das Arbeitsverhältnis durch Kündigung endet.

104    Auch *Teilzeitarbeit* – das Angebot von weniger als der vollen Arbeitskraft – begründet ein Arbeitsverhältnis, sofern sie regelmässig erfolgt (Art. 319 Abs. 2 OR). Unklar ist die Situation bei unregelmässiger Teilzeitarbeit, die aber nach herrschender Lehre im Rahmen einer einheitlichen vertraglichen Verbindung – dem Rahmenvertrag – auch als einheitlicher Arbeitsvertrag zu behandeln ist.[99]

105    Von der Teilzeitarbeit ist die *Temporärarbeit* sowie die *Gelegenheits- oder Aushilfsarbeit* zu unterscheiden, für die mit jedem Arbeitseinsatz ein neuer, zumeist befristeter Arbeitsvertrag geschlossen wird.[100] Der Arbeitnehmer entscheidet sich so jeweils neu, ob er die Arbeit annehmen will. Wiederholte Aushilfs- oder Gelegenheitsarbeitsverträge können allerdings explizit oder stillschweigend Rahmenverträge werden. Entscheidend ist diese Qualifikation vor allem zur Beurteilung einer möglichen Umgehung von Kündigungsschutzbe-

---

[95]    Z.B. während der Kündigungsfrist.
[96]    Z.B. Profifussballer oder Berufspilot.
[97]    Z.B. bei Kadermitgliedern mit langer Kündigungsfrist.
[98]    STREIFF/VON KAENEL/RUDOLPH, Art. 319 OR, N 17.
[99]    JAR 1988, 132.
[100]   BK-REHBINDER/STÖCKLI, Art. 319 OR, N 25 ff.; JAR 1986, 68.

stimmungen. Ein Aneinanderreihen von Aushilfsverträgen – sogenannte *Kettenverträge* – zu diesem Zwecke ist unzulässig.[101]

Unter Kettenverträgen wird das Aneinanderreihen von mehreren    106
befristeten Verträgen verstanden. Kein Kettenvertrag liegt vor, wenn
ein befristeter Arbeitsvertrag um eine weitere befristete Vertragsdauer
fortgesetzt wird. Hier wird kein neuer Arbeitsvertrag begründet, sondern ein bestehender Vertrag um eine bestimmte Zeitspanne verlängert. Es fragt sich in diesem Zusammenhang, wie viele Male ein befristeter Vertrag verlängert werden kann, ohne dass dies zu einem
unbefristeten Arbeitsverhältnis führt. Jedenfalls darf mit dem Abschluss von sich ablösenden befristeten Verträgen nicht eine Umgehung der Kündigungsschutzbestimmungen oder anderer gesetzlicher
von einer gewissen Mindestdauer abhängigen Ansprüche bezweckt
werden. In solchen Fällen wird das Arbeitsverhältnis in ein unbefristetes umgedeutet,[102] welches bereits so lange gedauert hat wie die
Summe der einzelnen Anstellungsperioden.[103] Es ist im Einzelfall zu
entscheiden, ob der Abschluss von Kettenarbeitsverträgen sachlich
gerechtfertigt ist oder der Umgehung des Gesetzes dient.[104] Wird jeweils eine völlig andere Arbeit vereinbart, muss hingegen nicht von
einer Umgehung ausgegangen werden.

Unseres Erachtens sollte ein befristeter Vertrag nur zwei Mal    107
verlängert werden können. Danach ist generell ein unbefristeter Vertrag anzunehmen. Zudem bedarf die erneute Befristung eines Vertrags
einer inhaltlichen Rechtfertigung.

## d)    Eingliederung in eine fremde Arbeitsorganisation

Durch den Eintritt in das Arbeitsverhältnis entsteht ein *Abhän-*    108
*gigkeitsverhältnis*. Der Arbeitnehmer steht persönlich, organisatorisch,
zeitlich und wirtschaftlich unter der Direktionsgewalt der Arbeitgeberin[105] (Art. 321*d* OR), was Lehre und Rechtsprechung als Unterordnung bzw. Subordination bezeichnen. Für das Bundesgericht ist dies
eines der wesentlichen, unverzichtbaren Merkmale des Arbeitsver-

---

[101] STREIFF/VON KAENEL/RUDOLPH, Art. 319 OR, N 19; JAR 1989, 94 und 97.
[102] Und zwar unabhängig davon, ob zwischen den einzelnen Verträgen Unterbrüche bestehen oder nicht: BGE 101 Ia 463, E. 2.
[103] BBl 1984 II 594.
[104] VISCHER/MÜLLER, 302 f.; BBl 1984 II 594 (implizit).
[105] REHBINDER, Arbeitsrecht, Rz. 45; vgl. dazu auch BGE 125 III 78 E. 4.

hältnisses[106] und im Vergleich mit anderen Verträgen auf selbstständige Dienstleistung (v.a. Auftrag, Werkvertrag) bedeutsam. Ob ein solches Abhängigkeitsverhältnis vorliegt, beurteilt sich nach dem Gesamtbild.[107]

109     Folgende Merkmale sind unter anderem entscheidend:

- Grad der Weisungsgebundenheit
- Verpflichtung, bestimmte Arbeitszeiten einzuhalten
- Beschäftigungsdauer
- Verpflichtung zur Tätigkeit an einem bestimmten Arbeitsplatz

110     Nicht ausschlaggebend, sondern lediglich Indizien sind die Bezeichnung des Vertrages, die Art der Vergütung und die steuer- oder sozialversicherungsrechtliche Behandlung.

### e) Entgeltlichkeit

111     Die Arbeitgeberin ist zur *Zahlung eines Lohns*[108] verpflichtet. Dieser kann entweder in Form von Zeitlohn (Bemessung nach Zeitabschnitten) oder Akkordlohn (Bemessung nach der geleisteten Arbeit) erfolgen. Der Arbeitsvertrag ist zwingend entgeltlich (Art. 319 Abs. 1 OR). Ein unentgeltlicher Einsatz ist aber auch nicht in jedem Fall ein einfacher Auftrag. Es kann sich auch um einen gemischten Vertrag handeln, für welchen die Schutznormen des Arbeitsvertrags analog anzuwenden sind.[109]

> **Beispiel:** Die Arbeit eines Behinderten in einer geschützten Werkstatt, dem es an Selbstständigkeit und Freiheit der Arbeitseinteilung fehlt, ist als gemischter Vertrag mit Elementen von Auftrag und Arbeitsvertrag zu qualifizieren.[110]

---

[106] BGE 125 III 81 («una delle caratteristiche essenziali e imprescindibili del rapporto di lavoro»).

[107] BK-REHBINDER/STÖCKLI, Art. 319 OR, N 42 ff.

[108] In Form von Geld- oder Naturallohn.

[109] VISCHER/MÜLLER, 5 f.; für die Anwendung von Auftragsrecht spricht sich BK-REHBINDER/STÖCKLI, Art. 319 OR, N 12 aus.

[110] STREIFF/VON KAENEL/RUDOLPH, Art. 319 OR, N 2; JAR 1990, 110; Art. 394 OR steht der Annahme gemischter Verträge nicht entgegen (BGE 109 II 464).

## f) Rechte am Arbeitsergebnis

Die *absoluten Rechte am stofflichen Arbeitsergebnis* stehen der Arbeitgeberin unabhängig vom Wertverhältnis Stoff und Arbeit zu, weil sie die Arbeitsleistung auf ihr Risiko veranlasst hat.[111] Wie ein Beauftragter hat auch der Arbeitnehmer deshalb die Pflicht, alles aufgrund seiner Tätigkeit Entstandene herauszugeben (Art. 321*b* Abs. 2 OR). Im Gegensatz zum Auftragsverhältnis ergibt sich die Ablieferungspflicht aber in der Regel schon originär aus dem Sachenrecht und stellt damit nicht nur eine obligatorische Verpflichtung dar.

*Rechte an Erfindungen*[112] entstehen ebenfalls meist bei der Arbeitgeberin (Art. 332 OR). Es wird allerdings nach dem Verhältnis zur dienstlichen Tätigkeit unterschieden:

– *Aufgabenerfindungen* (Art. 332 Abs. 1 OR) sind Erfindungen, die in Ausübung einer dienstlichen Tätigkeit und in Erfüllung der vertraglichen Pflichten erfolgen.[113] Die Arbeitgeberin erwirbt die Rechte an schutzfähigen Erfindungen originär (Art. 3 Abs. 1 PatG). Dem Arbeitnehmer bleibt nur die Erfinderehre,[114] d.h. der Anspruch auf Patentanmeldung und Nennung als Erfinder. Zu den Aufgabenerfindungen gehören aber auch Erfindungen, die nicht schutzfähig, insbesondere nicht Neuerungen im Sinne des Patentgesetzes sind, der Arbeitgeberin aber ein faktisches Monopol verschaffen.[115] Eine Vergütung ist nicht geschuldet.

– *Gelegenheitserfindungen* (Art. 332 Abs. 2 bis 4 OR) stehen im Zusammenhang mit der dienstlichen Tätigkeit, entstehen aber nicht in Erfüllung einer vertraglichen Verpflichtung. Da die Erfindertätigkeit meist nicht Inhalt des Arbeitsvertrags ist, entstehen die Rechte an der Erfindung in der Person des Arbeitnehmers. Durch vorherige schriftliche Abrede mit dem Arbeitnehmer kann sich die Arbeitgeberin aber den Erwerb der Erfindungen vorbehalten.[116]

112

113

114

115

---

[111] REHBINDER, Arbeitsrecht, Rz. 279.

[112] Eine Erfindung ist eine von einer oder mehreren Personen geschaffene Regel zur Anwendung von Naturkräften, die im Zeitpunkt der Patentanmeldung einen erkennbaren technischen Fortschritt bewirken konnte und in diesem Zeitpunkt dem Fachmann nicht nahelag (BGE 85 II 138).

[113] Z.B. alles, was im Blick auf Forschungsziele erfunden wird (STREIFF/VON KAENEL/RUDOLPH, Art. 332 OR, N 7).

[114] Diese ergibt sich aus dem Persönlichkeitsrecht (Art. 6 PatG).

[115] Z.B. JAR 1989, 193; vgl. REHBINDER, Arbeitsrecht, Rz. 281; kritisch dazu STREIFF/VON KAENEL/RUDOLPH, Art. 332 OR, N 8.

[116] Sog. Erfinderklausel gem. Art. 332 Abs. 2 OR; BRUNNER/BÜHLER/WAEBER/BRUCHEZ, Art. 332 OR, N 7.

Ohne schriftliche Vereinbarung ergibt sich grundsätzlich keine Anbietungspflicht. Das Vertrauensverhältnis zwischen der Arbeitgeberin und dem Arbeitnehmer kann allerdings eine Berücksichtigung der Arbeitgeberin gebieten[117] und das Konkurrenzverbot eine Einschränkung der Verwertungsmöglichkeiten.[118] Gibt die Arbeitgeberin die Erfindung nicht frei, so schuldet sie dem Arbeitnehmer eine angemessene Vergütung. Dieser Anspruch ist relativ zwingend.[119]

116    – *Rechte an freien Erfindungen*, die in keinem Zusammenhang mit der dienstlichen Tätigkeit stehen, entstehen in der Person des Arbeitnehmers. Mangels Zusammenhang mit dem Arbeitsverhältnis besteht auch keinerlei Verpflichtung, sie der Arbeitgeberin zu melden oder anzubieten.[120] Eine Einschränkung der Verwertungsmöglichkeiten kann sich auch hier durch ein Konkurrenzverbot ergeben.[121] Auch ist eine Vereinbarung, künftige Erfindungen der Arbeitgeberin zu übertragen, zulässig. Dafür ist allerdings in analoger Anwendung von Art. 332 Abs. 4 OR zwingend eine Entschädigung auszurichten.[122]

117      Das *Recht an Designs* (früher Muster und Modelle)[123] erwirbt originär die Arbeitgeberin.[124] Die Rechtslage wurde derjenigen der Erfindungen angepasst,[125] indem Art. 332 OR neu auch diese umfasst.[126] Früher galt für Muster und Modelle das Schöpferprinzip, nach dem diese Rechte wegen ihrer persönlichkeitsrechtlichen Bestandteile

---

[117] STREIFF/VON KAENEL/RUDOLPH, Art. 332 OR, N 14; für eine aus der Treuepflicht abgeleitete Pflicht: REHBINDER, Arbeitsrecht, Rz. 281.

[118] STREIFF/VON KAENEL/RUDOLPH, Art. 332 OR, N 14.

[119] Die Entschädigung berechnet sich unter Berücksichtigung des wirtschaftlichen Wertes der Erfindung sowie der beidseitigen Aufwendungen und der beruflichen Position des Arbeitnehmers (STREIFF/VON KAENEL/RUDOLPH, Art. 332 OR, N 15).

[120] STREIFF/VON KAENEL/RUDOLPH, Art. 332 OR, N 18; a.M. BK-REHBINDER/STÖCKLI, Art. 332 OR, N 14.

[121] STREIFF/VON KAENEL/RUDOLPH, Art. 332 OR, N 18.

[122] VISCHER/MÜLLER, 256.

[123] Designs sind «Gestaltungen von Erzeugnissen oder Teilen von Erzeugnissen, die namentlich durch die Anordnung von Linien, Flächen, Konturen oder Farben oder durch das verwendete Material charakterisiert sind» (Art. 1 DesG).

[124] REHBINDER, Arbeitsrecht, Rz. 285.

[125] REHBINDER, Arbeitsrecht, Rz. 285.

[126] Art. 332a OR, welcher die Regelungen bezüglich Muster und Modelle beinhaltete, wurde durch Anhang Ziff. II 1 des DesG aufgehoben.

ausschliesslich im geistigen Schöpfer entstehen.[127] Diese Auffassung wurde in der Botschaft als veraltet angesehen.[128]

Die Rechte an *urheberrechtlich geschützten Werken* wie z.B. Schöpfungen der Literatur und Kunst sind im Arbeitsvertragsrecht nicht geregelt. Auch im neuen Urheberrechtsgesetz unterblieb eine diesbezügliche Regelung aufgrund unüberbrückbarer Differenzen im Gesetzgebungsverfahren.[129]    118

Bei urheberrechtlich geschützten Werken[130] sind unseres Erachtens in Analogie zu den Erfindungen drei Arten zu differenzieren:    119

– *Frei geschaffene Werke*: Ausschliesslich der Urheber (Arbeitnehmer) hat das Recht daran und ihm selbst steht die freie Verwertbarkeit zu.    120

– *Gelegenheitswerke*: Bei diesen verhält es sich gleich wie bei frei geschaffenen Werken. Es besteht aber die Möglichkeit, im Arbeitsvertrag zu regeln, dass Rechte an Gelegenheitswerken der Arbeitgeberin anzubieten sind. Diese Pflicht wäre gegebenenfalls zu entschädigen.    121

– *Im Rahmen der Arbeitstätigkeit geschaffene Werke*: Der Mitarbeiter schafft im Rahmen seiner Arbeitstätigkeit ein urheberrechtlich geschütztes Werk, wobei die Schaffung von der Arbeitgeberin angeordnet wurde. Geht man vom Schöpferprinzip als fundamentalem Prinzip des Urheberrechts aus, so ist ein originärer Rechtserwerb der Arbeitgeberin unmöglich. Die Arbeitgeberin hat nur die Möglichkeit, die Rechte aufgrund einer Verfügung des Arbeitnehmers zu erlangen. Unseres Erachtens ist bei den im Rahmen der Arbeitstätigkeit geschaffenen Werken für die Beurteilung, wem das Urheberrecht zusteht, dahin gehend zu unterscheiden, ob eine individuelle schöpferische Leistung seitens des Arbeitnehmers vorliegt oder ob dieser nur die Vorgaben der Arbeitgeberin umgesetzt hat. Im ersten Fall steht das Urheberrecht dem Arbeitnehmer zu, im zweiten hingegen der Arbeitgeberin.[131]    122

---

[127] REHBINDER, Arbeitsrecht, Rz. 285.
[128] BBl 2000 2765.
[129] REHBINDER, Arbeitsrecht, Rz. 285.
[130] Vgl. zum Ganzen: ANDERMATT, Immaterialgüterrechtlich geschützte Erzeugnisse, insb. 92 ff.
[131] Sofern allerdings der Arbeitnehmer unter das von ihm geschaffene Werk den Namen des Arbeitgebers schreibt, dürfte es für ihn kaum möglich sein, sich selbst als «echten» Urheber zu beweisen.

123    Eine spezifische Regelung findet sich allerdings für die Rechte an *Computerprogrammen*[132] (Art. 17 URG). Die Arbeitgeberin wird demnach nur an Dienstwerken, aber originär berechtigt. Sobald ein Arbeitnehmer ohne entsprechende vertragliche Verpflichtung an der Erschaffung eines Computerprogramms mitwirkt, kann die Arbeitgeberin nur mit dessen Zustimmung über das Programm verfügen. Unklar bleibt der Umfang der Berechtigung der Arbeitgeberin und deren Rechtsnatur.[133]

---

[132]  BRINER, AJP 1993, 576 ff.
[133]  BRINER, AJP 1993, 578.

# B. Abgrenzung zu anderen Dienstleistungsverträgen

## 1. Überblick

Die Unterscheidung von Arbeitsvertrag und anderen Vertrags-  124
typen ist im Einzelfall hoch relevant. Das Arbeitsvertragsrecht unterscheidet sich entscheidend von anderen Vertragsverhältnissen, da es
zahlreiche zwingende Normen (Art. 361 und 362 OR), wichtige Regelungen bezüglich des Sozialschutzes und Vorschriften betreffend die
Zuständigkeit von Spezialgerichten für Streitigkeiten aus dem Arbeitsverhältnis enthält. Die verschiedenen «Dienstleistungsverträge»
sind nicht zu verwechseln mit dem früheren Dienstvertrag, welchen es
in der Schweiz nicht mehr gibt.[134] Die Kriterien für einen Arbeitsvertrag lassen sich aus Art. 319 OR wie folgt ableiten: Arbeitsleistung,
Dauerschuldverhältnis, Subordination und Entgeltlichkeit.[135]

*Abbildung 4:   Übersicht der Verträge auf Arbeitsleistung*

## 2. Abgrenzung zum Werkvertrag

Gegenstand des Werkvertrages (Art. 363 ff. OR) ist die Liefe-  125
rung eines körperlichen oder geistig-künstlerischen Werkes.[136] Im
Gegensatz zum Arbeitsvertrag steht nicht der Einsatz von Arbeit,[137]
sondern ein bestimmtes Ergebnis, ein *Arbeitserfolg*, im Vordergrund.
Der *Werklohn* wird oft als Pauschalpreis im Voraus oder aber auch
nach Massgabe der Arbeitsleistung (Regiearbeit) vereinbart. Er ist
ohne gegenteilige Vereinbarung erst nach Ablieferung des Werkes
fällig (Art. 372 Abs. 2 OR). Ein weiterer Unterschied besteht in der
*Gefahrtragung*. Der Unternehmer hat die Pflicht zur Sachgewährleis-

---

[134]  In Deutschland aber ist der Arbeitsvertrag eine Form des Dienstvertrags.
[135]  Vgl. auch Rz. 100 ff.
[136]  Vgl. BGE 110 II 380.
[137]  BK-REHBINDER/STÖCKLI, Art. 319 OR, N 47.

tung (Art. 367 ff. OR), während ein Arbeitnehmer, soweit er sorgfältig gearbeitet hat (Art. 321e OR), einen vom Ergebnis unabhängigen Lohnanspruch besitzt.

126    Massgebend für die Abgrenzung vom Arbeitsvertrag ist vor allem die *Selbstständigkeit* bei der Arbeitsausführung. Die Eingliederung in eine fremde Arbeitsorganisation spricht deutlich für einen Arbeitsvertrag. Es besteht allerdings auch ein Weisungsrecht des Bestellers, das aber weniger weit als dasjenige der Arbeitgeberin geht.[138] Weitere mögliche Indizien für das Vorliegen eines Werkvertrages sind die *freie Zeiteinteilung* und die Verwendung von *eigenen Geräten und Materialien*.[139]

**Beispiel für einen Werkvertrag:**

– Künstlerische Tätigkeiten stehen im Vordergrund. Ein Maler muss ein Porträt erstellen.

**Beispiel für einen Arbeitsvertrag:**

– Ein Clown nimmt zwar keine fachlichen Weisungen entgegen, muss sich aber in den Betriebsablauf eines Zirkus einfügen.

## 3.    Abgrenzung zum einfachen Auftrag

127    Ein Auftrag (Art. 394 ff. OR) liegt vor, wenn sich eine Person vertraglich verpflichtet, eine bestimmte *Geschäftsbesorgung oder Dienstleistung* im Interesse und nach dem Willen des Auftraggebers *zu übernehmen*. Er ist die subsidiäre Vertragsform der Verträge auf Arbeitsleistung (Abs. 2). Inhalt kann entweder die Vornahme einer Rechtshandlung oder ein faktisches Handeln sein. Ein *Entgelt* ist nur zu entrichten, wenn dies von den Vertragsparteien verabredet oder üblich ist (Abs. 3).

128    Auch der Auftrag unterscheidet sich vom Arbeitsvertrag vor allem durch das Mass der Unterordnung. Es bleibt dem Beauftragten überlassen, wie er den Auftrag erfüllen will; ein *Subordinationsverhältnis fehlt*. Allerdings bestehen auch gewisse Weisungsbefugnisse des Auftraggebers, was die Abgrenzung unter Umständen erschwert. Entscheidend kann weiter sein, wie frei der Beauftragte in

---

[138]    BK-REHBINDER/STÖCKLI, Art. 319 OR, N 48.
[139]    STREIFF/VON KAENEL/RUDOLPH, Art. 319 OR, N 4.

seiner *Zeiteinteilung* ist[140] und ob die Bezahlung, bspw. bei freien Berufen, nach einer berufsständischen *Honorarordnung* erfolgt.[141]

Der Beauftragte hat auf Verlangen stets Rechenschaft über seine Geschäftsführung abzulegen (Art. 400 Abs. 1 OR), aber es ist eine *jederzeitige Kündigung* von beiden Seiten möglich (Art. 404 Abs. 1 OR). Strittig ist allerdings, ob die Norm von Art. 404 Abs. 1 OR zwingenden Charakter hat. Das Bundesgericht bestätigt dies in weitgehend konstanter Rechtsprechung.[142]

**Beispiele für einen Auftrag:**

– Die Tätigkeit eines selbstständigen Anwalts, selbst wenn dieser ausschliesslich für einen einzigen Mandanten arbeitet.

– Ein Arzt, der einen Patienten operiert.

**Beispiele für einen Arbeitsvertrag:**

– Ärzte sind neben ihrer Privatpraxis regelmässig in einem Altersheim tätig.[143]

– Der Gehilfe eines Rechtsanwaltes, obwohl er ein «Beraterhonorar» ohne Sozialabzüge erhält, hängt bei seinen Einsätzen völlig von den Weisungen des Rechtsanwaltes ab.[144]

## 4. Abgrenzung zum Agenturvertrag

Agent ist, wer sich verpflichtet, dauernd für einen oder mehrere Auftraggeber *Geschäfte zu vermitteln* oder in ihrem Namen und auf ihre Rechnung *abzuschliessen*. Arbeitnehmerähnliche Personen, wie freie Journalisten, freie Mitarbeiter von Unterrichtsanstalten, Franchisenehmer, Tankstellenpächter etc., werden oft dem Agenturrecht unterstellt,[145] denn ihre Arbeit wird zu einem erheblichen Teil fremdbestimmt (bezüglich Ort und Zeit, des Preises etc.). Diese persönliche, organisatorische und zeitliche Abhängigkeit ist eher ein Element des Arbeitsvertrags.[146] Oft erhalten sie ihr Entgelt ausserdem von wenigen Vertragspartnern.

129

130

---

[140] STREIFF/VON KAENEL/RUDOLPH, Art. 319 OR, N 6.
[141] STREIFF/VON KAENEL/RUDOLPH, Art. 319 OR, N 6.
[142] BsK-WEBER, Art. 404 OR, N 9.
[143] JAR 1989, 91.
[144] JAR 1983, 70.
[145] JAR 1983, 64; BGE 118 II 157.
[146] BK-REHBINDER/STÖCKLI, Art. 319 OR, N 53.

131     Das Agenturvertragsrecht enthält deshalb auch *Sozialschutzbe-stimmungen*, wie z.B.:

–   Entgeltanspruch bei unverschuldeter Verhinderung der Arbeitsleis-tung (Art. 418*m* Abs. 2 OR)

–   Ferienanspruch des Agenten, wenn er einkommensmässig und damit zeitlich derart an den Auftraggeber gebunden ist, dass die Nichtgewährung einer Erholungszeit als Eingriff in die Persönlich-keitsrechte des Agenten zu qualifizieren wäre und der Ferienan-spruch sich damit aus der allgemeinen Fürsorgepflicht des Auf-traggebers ergibt (Art. 418*f* OR)

–   Zeugnisanspruch (ergibt sich aus Art. 418*f* OR)

–   Kündigungsschutz gemäss dem Arbeitsvertragsrecht (Art. 418*q* und 418*r* OR)[147]

132     Schwierig ist die Abgrenzung des Agenten vom Handelsreisen-den, der als Sonderform dem Arbeitsvertragsrecht unterstellt ist. Die Pflicht zur detaillierten Berichterstattung spricht für einen Arbeitsver-trag, die Freiheit der Zeiteinteilung indessen dagegen.[148] Indizien für einen Agenturvertrag können ein eigenes Geschäftslokal, eigene Re-klame, eigenes Geschäftspapier, Handelsregistereintrag, Steuerdekla-ration als Selbstständigerwerbender etc. sein.[149]

## 5.    Abgrenzung zum Gesellschaftsvertrag

133     Im Unterschied zum schuldrechtlichen Arbeitsvertrag stehen die Vertragspartner eines Gesellschaftsvertrages nicht in einem *Interes-sengegensatz* (Art. 530 ff. OR); vielmehr schliessen sich mehrere Per-sonen zur Erreichung eines gemeinsamen Zweckes zusammen.[150] Da auch der Arbeitsvertrag gesellschaftliche Elemente, z.B. eine Gewinn-beteiligung enthalten kann, entscheidet auch hier das Mass der Unter-ordnung. Gegen das Vorliegen eines Arbeitsvertrags spricht das Feh-len eines besonderen Entgelts für die Entrichtung einer Arbeitsleistung und das Tragen des Unternehmerrisikos (Verlustbeteiligung).[151] Um-

---

[147]   BK-Rehbinder/Stöckli, Art. 319 OR, N 70.
[148]   Streiff/von Kaenel/Rudolph, Art. 319 OR, N 8.
[149]   BK-Rehbinder/Stöckli, Art. 319 OR, N 53; z.B. JAR 1987, 298; JAR 1992, 105.
[150]   Es besteht aber auch die Möglichkeit der Gründung einer AG (Art. 625 OR) bzw. GmbH (Art. 775 OR) durch eine Person.
[151]   JAR 1989, 87.

stritten ist ebenfalls, in welchem Verhältnis der Verwaltungsrat zur Gesellschaft steht. Neben einem Auftrag oder Arbeitsvertrag wird auch ein eigenes, *organschaftliches Verhältnis* in Erwägung gezogen.[152]

## 6. Abgrenzung zum Innominatvertrag

Bei den im Gesetz nicht vorgesehenen sog. Innominatverträgen wird gemeinhin zwischen gemischten Verträgen und Verträgen sui generis unterschieden.[153] Ein *gemischter Vertrag* liegt vor, wenn der Gesamtvertrag aus Elementen mehrerer gesetzlicher Verträge besteht. So können nach neuerer Rechtsprechung beispielsweise Architektenverträge gemischte Verträge darstellen, die Elemente des Werkvertrags und des Auftrags enthalten.[154] Ein *Vertrag sui generis* (dt. «eigener Art») ist gegeben, wenn eine klare Zuordnung der einzelnen Elemente zu den gesetzlichen Verträgen nicht möglich ist. Oft werden Franchiseverträge als Verträge sui generis betrachtet. Mit dem Franchisevertrag verpflichtet sich ein Händler oder Unternehmer zum selbstständigen Vertrieb von Waren und Dienstleistungen nach einer vorgegebenen Vertriebskonzeption.

133a

Früher hat das Bundesgericht Verträge sui generis bei Verträgen auf Arbeitsleistung abgelehnt.[155] Es begründete dies mit Art. 394 Abs. 2 OR, wonach Verträge über Arbeitsleistung, die keiner besonderen Vertragsart des Obligationenrechts entsprechen, dem Auftragsrecht unterstehen. Bereits seit vielen Jahren fasst das Bundesgericht Art. 394 Abs. 2 OR aber als dispositiv auf und anerkennt die Möglichkeit von Verträgen sui generis auch, wo eine Arbeitsleistung geschuldet wird.[156]

133b

Ein Innominatvertrag auf Arbeitsleistung kann Elemente des Arbeitsvertrags enthalten, hat aber zumindest daneben auch wesentliche typenfremde Elemente. Die Anwendung von Arbeitsvertragsrecht kommt gleichwohl in Betracht: einerseits unmittelbar mit Bezug auf

133c

---

[152] MÜLLER/LIPP/PLÜSS, 39; MÜLLER, VR als Arbeitnehmer, 40 ff.
[153] TERCIER/FAVRE, Rz. 296 ff. Vgl. im arbeitsrechtlichen Zusammenhang auch BGE 104 II 108, E. 1. Beachte: Die Terminologie in der Lehre ist nicht einheitlich. Zuweilen werden auch nur die Verträge sui generis als Innominatverträge bezeichnet und die gemischten Verträge als eigene Kategorie davon unterschieden.
[154] Bestätigt in BGE 134 III 361.
[155] Vgl. BGE 104 II 108 und 106 II 157.
[156] Vgl. BGE 109 II 462 und 112 II 41.

arbeitsvertragliche Elemente, andererseits durch Analogie, sofern diese sachgerecht erscheint.

134       Ebenfalls ein Innominatvertrag ist der Dienstverschaffungsvertrag. Im AVG[157] finden sich allerdings einige Regeln zu einer Unterart desselben, dem Verleihvertrag. Beim Dienstverschaffungsvertrag verpflichtet sich eine Vertragspartei, der anderen die Arbeitsleistung eines oder mehrerer Dritter zu verschaffen.[158] Im Gegensatz zum Auftrag und zum Werkvertrag begründet der Dienstverschaffungsvertrag ein *Weisungsrecht* des Vertragspartners *gegenüber dem beigezogenen Dritten*. Die zur Dienstverschaffung verpflichtete Partei haftet deshalb nur dafür, dass die zur Verfügung gestellten Arbeitskräfte generell für die vorgesehene Arbeit geeignet sind.[159]

> **Beispiel:** Die Temporärjob AG vermittelt gewerbsmässig Sekretariatsmitarbeiter auf Zeit. Die Handels AG benötigt dringend eine Sekretärin und schliesst deshalb mit der Temporärjob AG einen Vertrag über die Verschaffung einer Sekretärin für eine beschränkte Zeit. Hier handelt es sich um einen typischen Verleihvertrag.

## 7. Problematik der Scheinselbstständigkeit

134a      Von Scheinselbstständigkeit spricht man, wenn die Parteien keinen Arbeitsvertrag beabsichtigt haben, das eingegangene Rechtsverhältnis jedoch bei genauer Prüfung alle notwendigen Elemente eines Arbeitsvertrages erfüllt und von Behörden oder Gerichten im Falle einer Auseinandersetzung auch als Arbeitsvertrag qualifiziert wird. Damit sollen i.d.R. die Schutzbestimmungen des Arbeitsrechtes umgangen werden. Die Konstellation kann auch aus Sicht der Arbeitgeberin problematisch sein, da die steuer- und sozialversicherungsrechtliche Qualifikation des Verhältnisses von der obligationenrechtlichen abweichen kann: Erweist sich erst nachträglich, dass nach Steuer- oder Sozialversicherungsrecht unselbstständige Arbeit vorliegt, so ergeben sich daraus allenfalls umfangreiche Nachzahlungspflichten.

134b      Nicht zuletzt aufgrund der Entwicklungen der Arbeitswelt in den letzten Jahren erscheint dieses Problem heute sehr häufig. Die Ab-

---

[157] Bundesgesetz vom 6. Oktober 1989 über die Arbeitsvermittlung und den Personalverleih (Arbeitsvermittlungsgesetz) [SR 823.11].
[158] BK-REHBINDER/STÖCKLI, Art. 319 OR, N 56.
[159] BK-REHBINDER/STÖCKLI, Art. 319 OR, N 57.

grenzung von echter und scheinbarer Selbstständigkeit ist oft schwierig. Indizien für das Vorliegen von Scheinselbstständigkeit sind:

– Die Person ist auf Dauer und im Wesentlichen nur für einen Auftraggeber tätig.

– Die Person tritt nicht unternehmerisch am Markt auf (keine Buchführung, kein Marketing usw.).

– Die Person hat einen festen zugewiesenen Arbeitsplatz und feste Arbeitszeiten.

– Andere Personen im gleichen Unternehmen verrichten eine ähnliche Arbeit als Arbeitnehmer.

– Die Person hatte schon früher einen Arbeitsvertrag mit dem gleichen Vertragspartner.

Entspricht die faktische Stellung der arbeitleistenden Person derjenigen eines mittels Arbeitsvertrag Beschäftigten, so ist eine analoge Anwendung arbeitsrechtlicher Bestimmungen möglich.[160] Für die sozialversicherungsrechtliche Beurteilung des Verhältnisses ist die *Wegleitung über den massgebenden Lohn in der AHV, IV und EO*[161] des Bundesamts für Sozialversicherungen massgebend.[162]

134c

---

[160]  BGE 118 II 157, E. 4 = JAR 1994, 109 f. Vgl. deshalb auch die Ausführungen zum Schwarzarbeitsgesetz hinten unter Rz. 299 ff.

[161]  Die Wegleitung kann unter der folgenden Adresse heruntergeladen werden: http://www.bsv.admin.ch/vollzug/documents/view/361/lang:deu/category:22

[162]  Ausführlich zum Problem der Scheinselbstständigkeit: GERBER und VÖLKER.

# C. Parteien im Einzelarbeitsvertrag

## 1. Problematik

135    Grundsätzlich ist ein Arbeitsvertrag ein Vertrag zwischen zwei Parteien, nämlich einer Arbeitgeberin und einem Arbeitnehmer. Dies gilt auch, wenn auf einer Seite eine Personenmehrheit[163] oder eine juristische Person beteiligt ist. Primär tauschen die Parteien des Arbeitsvertrags vermögenswerte Leistungen (Arbeit und Lohn) aus. Die besondere Natur der Leistung des Arbeitnehmers, nämlich Verrichtung abhängiger Arbeit, und die häufige wirtschaftliche Abhängigkeit des Arbeitnehmers von der Arbeitgeberin geben dem Arbeitsvertrag einen personenrechtlichen Einschlag.[164] Sie führen zu den Nebenpflichten der Vertragsparteien, nämlich der Fürsorge- und Schutzpflicht der Arbeitgeberin und der Sorgfalts- und Treuepflicht des Arbeitnehmers.[165]

## 2. Arbeitgeberin

136    Die Arbeitgeberin ist jene Partei des Arbeitsvertrags, die sich vom Arbeitnehmer eine Arbeitsleistung versprechen lässt.[166] Sie selbst verpflichtet sich in erster Linie zur Zahlung eines Lohns,[167] was ihre Hauptpflicht darstellt.[168] Die Rechtsstellung der Arbeitgeberin wird neben dem Anspruch auf Arbeitsleistung insbesondere durch das Weisungsrecht und die Fürsorgepflicht charakterisiert.[169]

137    In der Mehrzahl der Fälle sind Arbeitgeberinnen juristische Personen.[170] Sie handeln in Bezug auf die Ausübung der arbeitsvertraglichen Rechte durch Organe und Stellvertreter.[171] Das Weisungsrecht steht der Arbeitgeberin als solche zu und nicht etwa Betriebsleitern oder Direktionsmitgliedern, welche es lediglich ausüben. Gleich verhält es sich mit dem Kündigungsrecht, welches die Organe und Ver-

---

[163]    PORTMANN/STÖCKLI, Rz. 45.
[164]    ZK-STAEHELIN, Vorbem. zum 10. Titel, N 8.
[165]    ZK-STAEHELIN, Vorbem. zum 10. Titel, N 8.
[166]    BK-REHBINDER/STÖCKLI, Art. 319 OR, N 13.
[167]    Art. 319 sowie 322 OR.
[168]    Vgl. Rz. 373 ff.
[169]    BK-REHBINDER/STÖCKLI, Art. 319 OR, N 14; PORTMANN/STÖCKLI, Rz. 47.
[170]    Vgl. Rz. 38.
[171]    PORTMANN/STÖCKLI, Rz. 48.

treter lediglich ausüben können.[172] Insofern ist die konkrete Arbeitgeberin auch nur diejenige, die das Weisungsrecht und das Kündigungsrecht selbst innehat. Vorgesetzte, leitende Arbeitnehmer, Filialleiter und dergleichen, denen das Weisungsrecht nur in einem beschränkten Umfang übertragen wurde, sind demgegenüber keine Arbeitgeberinnen.[173]

## 3. Arbeitnehmer

Früher wurde zwischen Angestellten und Arbeitern unterschieden. Zur Abgrenzung gab es mehrere Methoden: Die Arbeit der Angestellten war eine geistige, diejenige der Arbeiter eine manuelle. Diese Unterscheidung ist heute veraltet. Der heutige Arbeitnehmer verpflichtet sich zur Arbeitsleistung, wobei er sich einen Anspruch auf Lohn einräumen lässt.[174] Gleichgültig ist, ob die Arbeit innerhalb oder ausserhalb der Betriebsstätte der Arbeitgeberin erfolgen muss; zentral ist die Eingliederung in eine fremde Arbeitsorganisation und das damit verbundene Subordinationsverhältnis.[175] Die Rechtsstellung des Arbeitnehmers ist neben der Arbeitspflicht und dem Lohnanspruch insbesondere durch die Sorgfalts- und Treuepflicht[176] sowie das Weisungsrecht[177] gekennzeichnet.

138

## 4. Weitere Beteiligte

Neben den Vertragsparteien können noch andere Personen in den Arbeitsvertrag involviert sein. In der Praxis sind diesbezüglich insbesondere folgende Beteiligte relevant:

139

– Von hoher Bedeutung im Arbeitsverhältnis sind die staatlichen Sozialversicherungen, die an eine Erwerbstätigkeit geknüpft sind. AHV, IV, UV, ALV und die Erwerbsersatzordnung knüpfen sowohl bei der Finanzierung als auch bei der Leistungserbringung an den Arbeitsvertrag an. Dies gilt auch für die freiwilligen privaten

140

---

[172] Gl.M. PORTMANN/STÖCKLI, Rz. 48.
[173] So auch BK-REHBINDER/STÖCKLI, Art. 319 OR, N 15.
[174] Art. 319 OR.
[175] BK-REHBINDER/STÖCKLI, Art. 319 OR, N 17.
[176] Art. 321a OR.
[177] PORTMANN/STÖCKLI, Rz. 46.

Krankentaggeldversicherungen, deren Abschluss heute in vielen Unternehmen vorgesehen wird.[178]

141   – Beim Personalverleih[179] überträgt die Temporärfirma als Arbeitgeberin der Kundenfirma als Einsatzbetrieb ein Weisungsrecht gegenüber dem ausgeliehenen Arbeitnehmer.

142   – Beim Heimarbeitsvertrag ist der Heimarbeitnehmer berechtigt, Familienangehörige für seine Arbeit beizuziehen.[180] Diese werden dadurch aber nicht Vertragsparteien.

143   – Die Arbeitgeberin, die obligatorisch zu versichernde Arbeitnehmer beschäftigt, muss eine in das Register für die berufliche Vorsorge eingetragene Vorsorgeeinrichtung errichten oder sich einer solchen anschliessen.[181] Diese sogenannten Pensionskassen spielen eine grosse Rolle im Arbeitsverhältnis, obwohl sie weder Arbeitgeberinnen- noch Arbeitnehmerstatus haben.

## 5.   Sonderfall Konzern

143a     Ein Konzern liegt vor, wenn eine rechnungslegungspflichtige juristische Person (Muttergesellschaft) ein oder mehrere rechnungslegungspflichtige Unternehmen (Tochtergesellschaften) kontrolliert, sei es direkt oder indirekt über die Mehrheit der Stimmen oder über das Recht, die Mehrheit der Mitglieder des obersten Leitungs- oder Verwaltungsorgans zu bestellen oder abzuberufen, oder wenn sie aufgrund der Statuten, der Stiftungsurkunde, eines Vertrags oder vergleichbarer Instrumente einen beherrschenden Einfluss auf die Tochtergesellschaften ausüben kann.[182] Hier können Unklarheiten darüber bestehen, welche der Konzerngesellschaften Arbeitgeberin ist. Oft wird auch das Weisungsrecht einer Tochtergesellschaft gegenüber ihren Arbeitnehmern an die Muttergesellschaft (Holdinggesellschaft) oder eine Schwestergesellschaft (Managementgesellschaft) delegiert, um eine zentrale Führung durchsetzen zu können. Aus diesen unübersichtlichen Verhältnissen können sich Unsicherheiten hinsichtlich der Beteiligten am Arbeitsvertrag und ihrer Rechtsstellungen ergeben.[183]

---

[178]   Ausführlich zur Sozialversicherung im Arbeitsrecht unten § 5.
[179]   Vgl. dazu Rz. 171 ff.
[180]   Art. 351 OR.
[181]   Art. 11 Abs.1 BVG.
[182]   Art. 963 OR.
[183]   Vgl. Urteil des BGer 4C.158/2002 vom 20. August 2002 = JAR 2003, 181 ff.

Da die Konzerngesellschaften oft in verschiedenen Ländern ansässig sind, drohen auch Irrtümer über das anwendbare Recht sowie steuerliche und sozialversicherungsrechtliche Pflichten.

Das schweizerische Recht enthält keine umfassende Konzerngesetzgebung. Die Rechte und Pflichten der Beteiligten bei Arbeitsverhältnissen im Konzern folgen somit grundsätzlich denselben Kriterien wie bei andern Arbeitsverhältnissen. Zur Vermeidung von Rechtsunsicherheiten ist daher eine klare vertragliche Festlegung der Beteiligten und ihrer Stellung von hoher Bedeutung. 143b

Für die Anstellung eines Arbeitnehmers im Konzern kommen grundsätzlich vier Varianten in Betracht: Einerseits kann der Arbeitnehmer bloss einen Arbeitsvertrag mit einer der verschiedenen Konzerngesellschaften (Muttergesellschaft *oder* Tochtergesellschaft) abschliessen.[184] Neben den beiden Optionen mit einem einzigen Vertrag ist in der Praxis aber auch eine Anstellung auf der Basis mehrerer Verträge üblich: dies entweder in Form zweier Arbeitsverträge (mit Muttergesellschaft *und* Tochtergesellschaft), oder indem ein Rahmenvertrag mit der Muttergesellschaft abgeschlossen wird, der die Bedingungen für einen oder mehrere Arbeitsverträge mit der Tochtergesellschaft vorgibt. In allen Fällen hat nur diejenige Gesellschaft eine unmittelbare Weisungskompetenz, die mit dem Arbeitnehmer einen Arbeitsvertrag abgeschlossen hat. Das Weisungsrecht einer anderen Gesellschaft des Konzerns erfordert eine Delegation (die selbstverständlich unter Umständen bereits im Arbeitsvertrag vereinbart ist). 143c

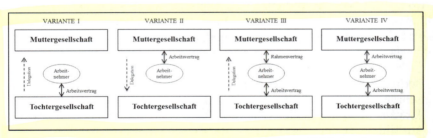

Abbildung 5:   *Anstellungsvarianten und Delegationsmöglichkeiten im Konzern*

---

[184]   Siehe zu dieser Problematik: Urteil des BGer 4C.158/2002 vom 20. August 2002. Ausführlich zu den Arbeitsverhältnissen im Konzern: GEISER/UHLIG, ZBJV 139/2003.

# D. Besondere Arbeitsverhältnisse

## 1. Lehrvertrag

144     Der Lehrvertrag ist ein Arbeitsvertrag mit der Besonderheit, dass die Arbeit in erster Linie der beruflichen Ausbildung der lernenden Person dient.[185] Durch den Lehrvertrag verpflichtet sich die Arbeitgeberin, die lernende Person für einen bestimmten Beruf fachgemäss auszubilden, und die lernende Person ihrerseits verpflichtet sich, zu diesem Zweck Arbeit im Dienst der Arbeitgeberin zu leisten (Art. 344 OR). Hauptinhalt des Lehrvertrages (Art. 344–346a OR) ist die berufliche *Ausbildung.* Der Lehrvertrag wird somit zum Zweck der Ausbildung abgeschlossen; m.a.W. erfüllt sich der Lehrzweck auf der Grundlage eines Arbeitsvertrags.[186] Die Lehrarbeit dient primär nicht dem wirtschaftlichen Zweck des Unternehmens, sondern der beruflichen Ausbildung der lernenden Person. Ein Lohn braucht nicht zwingend vereinbart zu sein. Die Entgeltlichkeit ist auch dadurch gegeben, dass die Arbeitgeberin die Lehrperson ausbildet.[187]

144a     Nicht jeder Arbeitsvertrag, bei dem es um die fachliche Ausbildung des Arbeitnehmers geht, ist auch ein Lehrvertrag. Letzterer liegt nur vor, wenn das Vertragsverhältnis eine *umfassende und systematische Berufsausbildung* bezweckt. Typisch dafür ist das duale System: Im Lehrverhältnis werden praktische Fähigkeiten vermittelt, während zwar nicht zwingend als Leistung der Arbeitgeberin, sondern unter Umständen von Dritten theoretisches Wissen abgestimmt auf die praktische Tätigkeit vermittelt wird. Typischerweise steht am Ende der Lehre eine Abschlussprüfung. Diese führt in aller Regel zu einem nach dem Berufsbildungsgesetz anerkannten Fachzeugnis. Das ist aber für das Vorliegen eines Lehrvertrages nicht begriffsnotwendig. Es gibt auch sogenannte freie Lehrverhältnisse, die zwar zu einem formellen Berufsabschluss führen, der aber nicht staatlich anerkannt ist. Solche Lehrverhältnisse bilden aber die Ausnahme. Demgegenüber ist ein Anwaltspraktikum kein Lehrverhältnis, weil es keine umfassende Ausbildung bietet, sondern nur eine bestehende vervollständigt.

---

[185] BGE 132 III 753, E. 2.1.
[186] Nach: BGE 132 III 753, E. 2.1; BGE 102 V 228, E. 2a; VISCHER/MÜLLER, 373; STREIFF/VON KAENEL/RUDOLPH, Art. 344 OR, N 2.
[187] BGE 132 III 753, E. 2.

Grundlagen des Lehrvertrages sind nicht nur das Arbeitsvertragsrecht, sondern auch das Berufsbildungsgesetz (BBG) sowie die eidgenössischen und kantonalen Ausführungserlasse. Die Kantone treffen unter der Oberaufsicht und mit finanzieller Beteiligung des Bundes Massnahmen zur Berufsberatung, zur Aus- und Weiterbildung. Das Lehrverhältnis wird somit zu einem guten Teil auch vom öffentlichen Recht beherrscht. Gesamtarbeitsverträge schliessen in der Regel die Lehrverhältnisse von ihrem Anwendungsbereich aus. Andere Regelungen sind aber möglich. Nach Ansicht eines Teils der Lehre ist der GAV dann aber nur verbindlich, wenn seine Anwendung von der kantonalen Behörde, die auch den Lehrvertrag genehmigt (Art. 14 Abs. 3 BBG), gutgeheissen wird.[188] Die kantonale Behörde muss allerdings die Anwendung des GAV immer genehmigen, wenn dieser für den Lernenden günstiger ist als die Regelungen des OR oder des BBG.

145

Der Lehrvertrag bedarf zu seiner Gültigkeit der Schriftform (Art. 344a Abs. 1 OR) und muss – soweit es sich um eine unter das BBG fallende Lehre handelt – auch von der kantonalen Behörde genehmigt werden (Art. 14 Abs. 3 BBG). Im Vertrag sind Art und Dauer der beruflichen Bildung sowie der Lohn, die Probezeit, die Arbeitszeit und die Ferien zu regeln (Art. 344a Abs. 2 OR). Im Rahmen der durch das BBG geregelten Lehren sind zwei Bildungstypen möglich: eine drei- bis vierjährige Ausbildung, die zum eidgenössischen Fähigkeitszeugnis führt; oder eine zweijährige Ausbildung, die mit dem eidgenössischen Berufsattest abschliesst (Art. 17 BBG). Die Probezeit beträgt ein bis drei Monate; mangels anderer Abrede wird im Gegensatz zum Einzelarbeitsvertrag[189] eine Probezeit von drei Monaten vermutet (Art. 344a Abs. 3 OR). Bei entsprechender Vereinbarung der Parteien kann die Probezeit mit Zustimmung der kantonalen Behörde ausnahmsweise auf sechs Monate verlängert werden (Art. 344a Abs. 4 OR). Zudem ist es nicht zulässig, Konkurrenzverbote zu vereinbaren (Art. 344a Abs. 6 OR).

146

Nach einem Teil der Lehre bezieht sich das Schriftformerfordernis nur auf die vertragswesentlichen Elemente, d.h. den Geschäftskern des Lehrvertrages.[190] Demgegenüber beziehen das Bundesgericht und ein anderer Teil der Lehre das Schriftformerfordernis auf alle in

146a

---

[188] So BK-REHBINDER/STÖCKLI, Art. 344 OR, N 5.
[189] Art. 335b OR. Vgl. aber Rz. 281 ff.
[190] Parteibezeichnung, Vertragsart, Art und Dauer der Ausbildung. So PORTMANN/STÖCKLI, Rz. 841; BSK-PORTMANN, Art. 344a OR, N 1; VISCHER/MÜLLER, S. 376.

Art. 344*a* Abs. 2 OR aufgeführten Punkte.[191] Fehlt es an einem schriftlichen Lehrvertrag, kommen die Bestimmungen des BBG dennoch zur Anwendung, falls es sich um ein diesem unterstehendes Lehrverhältnis handelt (Art. 14 Abs. 6 BBG). Damit ist aber nicht entschieden, wie es sich mit dem Vertragsverhältnis verhält. Der Formmangel bewirkt dessen Ungültigkeit, sodass ein faktisches Arbeitsverhältnis vorliegt und die Regel von Art. 320 Abs. 3 OR zur Anwendung gelangt. Äussert sich der schriftliche Vertrag nicht zum Lohn, liegt somit kein gültiger Vertrag, sondern ein faktisches Lehrverhältnis vor, das jederzeit von jeder Partei aufgelöst werden kann. Für die Zeit seiner faktischen Dauer ist aber der für ein Lehrverhältnis übliche Lohn geschuldet.[192]

147    Damit Lehrlinge in einem Betrieb ausgebildet werden können, muss ein vom Kanton zugelassener Berufsbildner (früher Lehrmeister genannt) in diesem Betrieb tätig sein. Für die Qualifikation als Berufsbildner muss vom Ausbildungsverantwortlichen ein entsprechender Kurs absolviert werden. Zudem sind die Lehrverträge vom zuständigen kantonalen Amt für Berufsbildung zu genehmigen (Art. 14 Abs. 3 BBG). Als Konsequenz davon muss die Auflösung des Lehrvertrages umgehend der kantonalen Behörde mitgeteilt werden (Art. 14 Abs. 4 BBG).

148    Während der Probezeit kann das Lehrverhältnis jederzeit mit einer Frist von sieben Tagen gekündigt werden (Art. 346 Abs. 1 OR), ansonsten besteht ein fixer Arbeitsvertrag für die ganze Dauer der Lehre, welcher nur aus in OR 337 aufgeführten Gründen (fristlos) aufgelöst werden kann. Diese Gründe werden für den Lehrvertrag in Art. 346 Abs. 2 OR konkretisiert:

–    Der für die Bildung verantwortlichen Fachkraft fehlen die erforderlichen beruflichen Fähigkeiten oder persönlichen Eigenschaften zur Bildung der lernenden Person (lit. a).

–    Die lernende Person verfügt nicht über die für die Bildung unentbehrlichen körperlichen oder geistigen Anlagen oder ist gesundheitlich oder sittlich gefährdet (lit. b).

–    Die Bildung kann nicht oder nur unter wesentlich veränderten Verhältnissen zu Ende geführt werden (lit. c).

---

[191] BGE 132 III 756 f., E. 2.3; STREIFF/VON KAENEL/RUDOLPH, Art. 344a OR, N 2.
[192] BGE 132 III 753 ff.

Wird der Lehrvertrag während der Probezeit aufgelöst bzw. gekündigt, so hat der Berufsbildner bzw. die Arbeitgeberin umgehend die kantonale Behörde und gegebenenfalls die Berufsfachschule zu benachrichtigen (Art. 14 Abs. 4 BBG). 149

Die dem Lehrvertrag inhärente Kombination von betrieblichem Arbeitsverhältnis und schulischer Bildung kann bei schulischem Misserfolg zu Problemen führen: Muss in der Berufsschule ein Jahr wiederholt werden, so fragt sich, ob dadurch auch das lehrvertragliche Verhältnis verlängert wird. Dies stünde im Widerspruch zur jeweils fix vereinbarten Vertragsdauer. Grundsätzlich muss die vereinbarte Dauer auch bei Verlängerung der Schuldauer massgeblich bleiben. Eine Verlängerung des Vertragsverhältnisses erfordert daher das Einvernehmen der Parteien. 149a

## 2. Handelsreisendenvertrag

### a) Arbeit ausserhalb der Geschäftsräume

Beim Handelsreisendenvertrag (Art. 347–350a OR) handelt es sich um einen speziellen Einzelarbeitsvertrag, für welchen aber die Bestimmungen des *allgemeinen Arbeitsvertragsrechts subsidiär* anwendbar sind. Es handelt sich dabei um eine Vertragsart, die in der Praxis sehr oft auftritt. Der Handelsreisende verpflichtet sich, gegen Lohn Geschäfte jeder Art *ausserhalb* der Geschäftsräume der Arbeitgeberin *auf deren Rechnung* zu vermitteln oder abzuschliessen. Entscheidend ist, dass der Handelsreisende die Reisetätigkeit vorwiegend ausübt, d.h., mehr als die Hälfte seiner Arbeitszeit dafür aufwendet (Art. 347 Abs. 2 OR). Die von den Parteien gewählte Bezeichnung des Vertragsverhältnisses spielt hingegen für die rechtliche Qualifikation Rolle. Unerlässliche Voraussetzung ist hingegen das *Bestehen Arbeitsvertrags.*[193] Als Arbeitgeberin kommt bei diesem speziel- Arbeitsverhältnis nur die Inhaberin eines Handels-, Fabrikations- eines anderen nach kaufmännischer Art geführten Gewerbes[194] ge. 150

Wenn sich die konkreten Aufgaben und Arbeitsweisen eines Arbeitnehmers bei laufendem Arbeitsverhältnis ändern, kann es vorkommen, dass die Frage, ob die gesetzlichen Merkmale eines Han- 150a

---

[193] BRUNNER, 49.
[194] D.h. der Inhaber einer eintragungspflichtigen Firma gemäss Art. 934 OR.

delsreisenden vorliegen, plötzlich anders zu beantworten ist als bei Beginn des Arbeitsverhältnisses. Der Wandel der tatsächlichen Umstände kann dazu führen, dass ein normaler Arbeitnehmer plötzlich als Handelsreisender zu qualifizieren ist oder dass ein Handelsreisender die Merkmale für eine solche Qualifikation nicht mehr erfüllt. Da sich das Vorliegen eines Handelsreisendenvertrags nach dem tatsächlichen Arbeitsverhältnis beurteilt, ändern sich diesfalls die Rechtsgrundlagen des Vertragsverhältnisses. Die Spezialbestimmungen für den Handelsreisendenvertrag sind dann und nur dann anwendbar, wenn ein Arbeitnehmer *faktisch* als Handelsreisender im Sinne des Gesetzes tätig ist. Oft ist den Parteien eine solche Änderung der Rechtslage nicht bewusst.

### b) Abgrenzung von ähnlichen Rechtsverhältnissen

*aa)* *Übersicht über die abzugrenzenden Rechtsverhältnisse*

151     Abzugrenzen ist der Handelsreisende vom:

– Angestellten im Innendienst, der nur gelegentlich Reisen unternimmt

– Reisenden, der die Geschäfte auf eigene Rechnung abschliesst

– Agenten, der nicht weisungsgebunden (z.B. nicht wie der Handelsreisende an bestimmte Arbeitszeiten oder an eine Reiseroute gebunden) dauernd für einen oder mehrere Arbeitgeberinnen tätig ist[195]

– Mäkler, der in selbstständiger Stellung die Gelegenheit zum Vertragsschluss nachweist oder den Abschluss eines Vertrags vermittelt

– Kommissionär, der im eigenen Namen auf Rechnung des Auftraggebers mit beweglichen Sachen oder Wertpapieren handelt, ohne in einem Subordinationsverhältnis zu stehen

– Hausierer, der selbstständig oder unselbstständig mit mitgeführten Waren handelt

– Beauftragten, der in selbstständiger Stellung Dienstleistungen für den Geschäftsherrn erbringt

---

[195] REHBINDER, Arbeitsrecht, Rz. 399 ff.

### bb) Abgrenzung vom Agenten

Handelsreisende wie auch Agenten vermitteln oder schliessen 152
Verträge als Vertreter eines Geschäftsherrn in dessen Namen und auf
dessen Rechnung. Ihre Tätigkeit unterscheidet sich dadurch, dass der
Agent in selbständiger, der Handelsreisende in *unselbstständiger Stellung* – nämlich als Arbeitnehmer – *steht.* Entscheidend ist also, dass
bei Letzterem in arbeitsorganisatorischer Hinsicht ein Subordinationsverhältnis vorliegt. Indizien dafür sind die Ausgestaltung des Weisungsrechts des Geschäftsherrn, die Vorschriften über Arbeitszeiten,
Arbeitsmethode, Reiserouten etc. Ein eigenes Geschäftsdomizil, Ein-
trag im Handelsregister, freie Einteilung der Arbeitszeit, Tätigkeit für
verschiedene Geschäftsherren sowie die Anstellung von Hilfskräften
deuten dagegen auf einen Agenturvertrag hin.[196]

### cc) Abgrenzung vom Mäkler

Der Mäkler weist gegen eine Vergütung die Gelegenheit zum 153
Vertragsschluss nach oder vermittelt den Abschluss des Vertrags
(Art. 412 OR). Vom Arbeitsvertrag des Handelsreisenden unterscheidet sich der Mäklervertrag durch das fehlende Unterordnungsverhältnis. Der Handelsreisende steht in einem *dauernden Anstellungsverhältnis* mit umfangreichen Pflichten des Arbeitnehmers und der Arbeitgeberin. Die Mäklertätigkeit hingegen beschränkt sich auf eine
gelegentliche Tätigkeit.[197]

### dd) Abgrenzung vom Kommissionär

Der Kommissionär handelt im eigenen Namen mit beweglichen 154
Sachen und Wertpapieren auf Rechnung des Auftraggebers (Art. 425
OR). Bei der Kommission besteht kein *arbeitsvertragliches Unterordnungsverhältnis.* Vom Handelsreisendenvertrag unterscheidet sie sich
zudem durch die Dauer der Verpflichtung, die Beschränkung des Auf-
tragsinhaltes auf den Handel mit beweglichen Sachen oder Wertpapieren und durch das Auftreten des Kommissionärs als indirekter Stellvertreter.[198]

---

[196] MEYER, 15 f.
[197] MEYER, 17.
[198] MEYER, 17.

### ee) Abgrenzung vom Hausierer

155 Der Hausierer führt Waren mit sich und versucht, diese an Ort und Stelle, ohne vorherige Bestellung, an den Kunden zu verkaufen. Der Handelsreisende vermittelt hingegen nur anhand von Unterlagen, Mustern und Proben Verträge oder schliesst solche ab. Er führt nur aufgrund *ausdrücklicher Bestellung des Kunden* Ware mit sich. Der Hausierer kann – im Gegensatz zum Handelsreisenden – selbstständig oder auch unselbstständig auftreten. Die Unterscheidung ist vor allem aus Gründen öffentlich-rechtlicher, kantonaler Bewilligungserfordernisse für Hausierer relevant.[199]

### ff) Abgrenzung vom Beauftragten

156 Auch in der Abgrenzung zum Beauftragten ist das wesentliche Unterscheidungsmerkmal die arbeitsvertragliche Abhängigkeit des Handelsreisenden. Der Beauftragte wird im Sinne des Auftraggebers tätig, ist aber kein Angestellter, der eine vertraglich vereinbarte Zeit der Arbeitgeberin zur Verfügung stellen muss und von dieser abhängig ist.[200]

### c) Zustandekommen

157 Das Arbeitsverhältnis des Handelsreisenden ist grundsätzlich durch schriftlichen Vertrag zu regeln (Art. 347a Abs. 1 OR). Wird die Form verletzt, kommt trotzdem ein Arbeitsvertrag zustande (Art. 320 Abs. 2 OR); es gelten aber nur die gesetzlichen Vorschriften und üblichen Arbeitsbedingungen (Art. 347a Abs. 2 OR). Anderslautende Abreden sind ex tunc nichtig und unbeachtlich.[201] Die Schriftform ist auch bei nachträglichen Vertragsänderungen zu beachten (Art. 12 OR).

### d) Lohnformen

158 Die Entlöhnung des Handelsreisenden setzt sich meist aus einer *Zeitlohnkomponente* und einer Erfolgsentschädigung in Form einer *Provision* zusammen. Besteht der Lohn vorwiegend oder ausschliess-

---

[199] MEYER, 13.
[200] MEYER, 13.
[201] ZK-STAEHELIN, Art. 347a OR, N 3; STREIFF/VON KAENEL/RUDOLPH, Art. 320 OR, N 3.

lich aus einer Provision, so muss dies schriftlich vereinbart werden und ein angemessenes Entgelt für die Tätigkeit ergeben (Art. 349a Abs. 2 OR). Vorbehalten bleiben individuelle Vereinbarungen während der Probezeit: Für eine Probezeit von höchstens zwei Monaten kann der Lohn durch schriftliche Abrede frei bestimmt werden (Art. 349a Abs. 3 OR).

Vorbehältlich abweichender Parteivereinbarung entsteht der Anspruch auf Provision mit dem rechtsgültigen Abschluss eines durch die Tätigkeit des Handelsreisenden zustande gekommenen Geschäfts.[202] Auch Nachbestellungen, Eigengeschäfte oder Geschäfte, die durch die Zusammenarbeit mehrerer Vertreter zustande kommen, sind provisionspflichtig.[203] Wurde dem Handelsreisenden ein bestimmtes Reisegebiet oder ein bestimmter Kundenkreis zugeteilt, so ist er schlechthin für alle dort abgeschlossenen Geschäfte, unabhängig von seinem Zutun berechtigt.[204] Vermittelt er ein Geschäft mit mehrmaliger Leistung (sukzessive Erfüllung), so kann schriftlich vereinbart werden, dass der Provisionsanspruch erst mit Fälligkeit jeder Rate bzw. mit der Leistung der Teilerfüllung entsteht (Art. 322b Abs. 2 OR). Eine für den Arbeitnehmer schlechtere Vereinbarung ist nichtig (Art. 362 OR).

159

Die Provision ist grundsätzlich am *Ende jedes Monats* auszubezahlen. Bei Geschäften, die mehr als ein halbes Jahr dauern, kann die Fälligkeit der Provision durch schriftliche Vereinbarung bis zur Durchführung des Auftrags hinausgeschoben werden (Art. 323 Abs. 2 OR). Im Übrigen gelten die Bestimmungen der Art. 322 ff. OR subsidiär.

160

Eine spezielle Form der Provision kann sich bei Versicherungsverträgen ergeben. So können die Parteien vereinbaren, dass sich die Provision nicht am Wert des einzelnen vom Handelsreisenden abgeschlossenen Versicherungsvertrages orientiert, sondern an den laufenden Erträgen aus dem abgeschlossenen Geschäft. Das Problem einer solchen Abrede besteht darin, dass nach Art. 339 OR bei Beendigung des Arbeitsverhältnisses alle Forderungen fällig werden. Wurde aber durch diese spezielle Form der Provision eine wiederkehrende Vergütung vereinbart, welche sich noch über Jahre hinziehen könnte, so muss bei Vertragsbeendigung oder spätestens nach zwei Jahren

160a

---

[202] MEYER, 63.
[203] MEYER, 64 f.
[204] MEYER, 65.

(Art. 339 Abs. 2 OR) eine Kapitalisierung der voraussichtlichen Beträge stattfinden, welche dem Handelsreisenden sodann auszubezahlen sind.

### e) Retentionsrecht

161 Der Handelsreisende verfügt über ein *eigenes Retentionsrecht* zur Sicherstellung der Ansprüche gegenüber seiner Arbeitgeberin.[205] Gegenstand dieses Rechts sind alle beweglichen Sachen und Wertpapiere, die dem Handelsreisenden von der Arbeitgeberin überlassen wurden, sowie überdies, wenn eine Inkassovollmacht besteht, eingegangene Zahlungen von Kunden (Art. 349e OR). Nicht dem Retentionsrecht unterliegen nicht verwertbare Gegenstände (z.B. Fahrausweise). Kommt die Arbeitgeberin ihren Verpflichtungen gegenüber dem Handelsreisenden nicht nach, können die retinierten Gegenstände auf dem Weg der Zwangsvollstreckung verwertet werden (Art. 151 ff. SchKG).

### f) Besonderer Kündigungsschutz

162 Wird der Handelsreisende vorwiegend auf Provisionsbasis entlöhnt, unterliegt sein Einkommen starken saisonalen Schwankungen, und hat er seit Abschluss der letzten Saison für die Arbeitgeberin gearbeitet, so darf ihm während der folgenden, laufenden Saison nur auf das *Ende des zweiten auf die Kündigung folgenden Monats* gekündigt werden (Art. 350 Abs. 1 OR). In der Zwischensaison gilt die gleiche Kündigungsfrist für den Handelsreisenden gegenüber seiner Arbeitgeberin, wenn ihn diese bis zum Ende der letzten Saison beschäftigt hat (Art. 350 Abs. 2 OR).

163 Da das allgemeine Arbeitsvertragsrecht bereits für überjährige Arbeitsverhältnisse eine Kündigungsfrist von zwei Monaten vorsieht (Art. 335c Abs. 1 OR), findet diese Sonderbestimmung nur dort Anwendung, wo bei unterjährigen Arbeitsverhältnissen kürzere Fristen gelten oder beim überjährigen Arbeitsverhältnis vertraglich kürzere Fristen vereinbart wurden. Allfällig vereinbarte längere Kündigungsfristen gehen vor, obwohl die Bestimmung als absolut zwingend bezeichnet wird (Art. 361 OR).

---

[205] Zum Retentionsrecht des Arbeitnehmers im Allgemeinen siehe MÜLLER/RIEDER, AJP 3/09.

### g) Besondere Folgen der Kündigung

Auch für die Auflösung des Handelsreisendenvertrags gelten subsidiär die allgemeinen Bestimmungen zum Einzelarbeitsvertrag. Speziell geregelt ist jedoch der *Provisionsanspruch* im gekündigten Arbeitsverhältnis. Demnach sind dem Handelsreisenden bei Beendigung des Vertragsverhältnisses die Provisionen für alle abgeschlossenen bzw. vermittelten Geschäfte sowie für alle bis zur Beendigung eingehenden Bestellungen, ohne Rücksicht auf den Zeitpunkt ihrer Annahme und Ausführung durch die Arbeitgeberin zu entrichten (Art. 350a OR).   164

Der Arbeitnehmer seinerseits hat auf den Zeitpunkt der Beendigung, vorbehältlich seines Retentionsrechts, sämtliche ihm zur Verfügung gestellten Muster und Modelle, Preistarife, Kundenverzeichnisse und anderen Unterlagen zurückzugeben (Art. 350a Abs. 2 OR).   165

### h) Bundesgesetz über die Handelsreisenden

Zusätzlich zu den Bestimmungen im OR, welche das privatrechtliche Verhältnis zwischen den Vertragsparteien regeln, enthält das Handelsreisendengesetz[206] Bestimmungen über die Bewilligungspflicht und -erteilung für Handelsreisende. Es handelt sich dabei um öffentlich-rechtliche Ordnungs- und Schutzbestimmungen für wirtschaftspolizeiliche, wirtschaftspolitische und fiskalische Zwecke.[207]   166

### i) Anwendbarkeit des Arbeitsgesetzes

Auf Handelsreisende ist das Arbeitsgesetz gemäss Art. 3 lit. g ArG nicht anwendbar. Dementsprechend finden Regelungen betreffend Überzeit und Pausen beim Handelsreisendenvertrag keine Anwendung und die Arbeitgeberin ist auch nicht zur Erfassung der Arbeitszeit des Handelsreisenden verpflichtet.   167

## 3. Heimarbeitsvertrag

Auch der Heimarbeitsvertrag ist immer noch von Bedeutung, obgleich immer weniger Streitfälle die Gerichte beschäftigen. Es gibt auch heute noch Arbeitnehmer und Arbeitnehmerinnen, die das Bedürfnis   168

---

[206] Bundesgesetz vom 23. März 2001 über das Gewerbe der Reisenden (HRG) [SR 943.1].
[207] MEYER, 138.

haben, von zu Hause aus arbeiten zu können.[208] Zu unterscheiden ist der Heimarbeitsvertrag aber von der Arbeit zu Hause, die heute z.B. bei Informatikern verbreitet ist und durch die neuen Kommunikationsformen über das Internet begünstigt wird. Bei dieser Arbeit dürfen mangels anderer Abrede auch keine Familienmitglieder hinzugezogen werden.

169    Der Heimarbeitnehmer (Art. 351–354 OR) ist verpflichtet, die von der Arbeitgeberin übertragenen Arbeiten *in seiner Wohnung* oder in einem anderen von ihm *selbst bestimmten Arbeitsraum* auszuführen. Im Gegensatz zum Einzelarbeitsvertrag muss er die Arbeit nicht persönlich ausführen, sondern kann von Gesetzes wegen (Art. 351 OR) seine Familienangehörigen beiziehen.[209] Der Begriff *Familienangehörige* ist u.E. weit auszulegen. Auch Personen, die nicht direkt in einem verwandtschaftlichen Verhältnis zum Arbeitnehmer stehen, z.B. Pflegekinder oder andere Personen, die im gleichen Haushalt leben, dürfen zur Heimarbeit beigezogen werden.

170    Der Heimarbeitsvertrag enthält sowohl Elemente des Arbeitsvertrags (Sozialschutz, Subordinationsverhältnis) als auch des Werkvertrages.[210] Es kann allerdings eine bestimmte Arbeitszeit und Entlöhnung nach Zeit statt nach dem Arbeitsergebnis vereinbart werden.[211] Industrielle und gewerbliche Heimarbeitnehmer unterstehen den öffentlich-rechtlichen Arbeitsschutzbestimmungen des Heimarbeitsgesetzes (HArG).

170a    Es lassen sich drei Formen der Heimarbeit unterscheiden: Bei der *Einzelarbeit* wird die Tätigkeit zu Hause in den eigenen vier Wänden ausgeübt. Der Arbeitsrhythmus wird durch den Heimarbeitnehmer selbst bestimmt, die Abrechnung erfolgt autonom und direkt mit der Arbeitgeberin. Bei der *Teamarbeit* wird die Tätigkeit im gemeinsamen Arbeitsraum in der Nähe des Wohnortes der Mitarbeiter im Team mit anderen Arbeitskollegen ausgeübt. Die Leitung der Heimarbeitsgruppe obliegt einem Teammitglied. Die Arbeit kann unselbstständig (im Anstellungsverhältnis) oder selbstständig (im Auftragsverhältnis) erfolgen. Eine Mischform stellt die *Kombiarbeit* (auch: alternierende Heimarbeit) dar: Der Hauptteil der Arbeit wird im Team erbracht und

---

[208]  Z.B. wegen der Kinderbetreuung.

[209]  Vgl. dazu FRANZ WALDNER, 149 f.; STREIFF/VON KAENEL/RUDOLPH, Art. 351 OR, N 2.

[210]  Z.B. die Nachbesserungspflicht, wenn die Arbeit verschuldeterweise mangelhaft ist (Art. 352 Abs. 2 OR).

[211]  REHBINDER, Arbeitsrecht, Rz. 412.

zusätzlich durch Einzelarbeit ergänzt. Auftraggeber für die Einzelarbeit ist die Heimarbeitsgruppe.

## 4. Personalverleih

Die Rechtsverhältnisse beim Personalverleih lassen sich wie folgt darstellen:

171

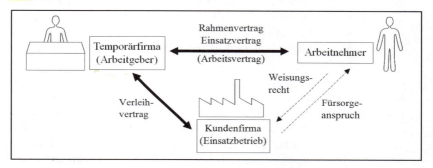

*Abbildung 6:    Übersicht der Rechtsverhältnisse beim Personalverleih*

Personalverleih ist der Oberbegriff für das Dreiecksverhältnis zwischen Arbeitgeberin (Verleiherin), Einsatzbetrieb (Entleiher) und Arbeitnehmer.[212] Dabei stellt die Arbeitgeberin den Arbeitnehmer mit dessen Einverständnis für eine bestimmte Zeit einem Dritten zur Leistung von Arbeit zur Verfügung.[213] Aufgrund ihrer konkreten Stellung als Arbeitgeberin während des Verleihs steht dem Einsatzbetrieb das Weisungsrecht, aber auch die Fürsorgepflicht zu.[214] Wird kein Weisungsrecht übertragen, so kann es sich nicht um Personalverleih handeln. Die Delegation eines Weisungsrechts ist also ein wesentliches Element des Personalverleihs.[215]

172

Der obligationenrechtliche Arbeitsvertrag wird für den Fall des Personalverleihs durch das Arbeitsvermittlungsgesetz (AVG) genauer

173

---

[212]  Seit dem 1. Januar 2012 gilt im Personalverleih der Bundesratsbeschluss über die Allgemeinverbindlicherklärung des Gesamtarbeitsvertrages für den Personalverleih vom 13. Dezember 2011 (GAV Personalverleih).

[213]  REHBINDER, Arbeitsrecht, Rz. 419.

[214]  REHBINDER, Arbeitsrecht, Rz. 419.

[215]  Dies heisst nicht, dass dem Verleiher selbst kein Weisungsrecht mehr zusteht. Die Delegation betrifft das Weisungsrecht bezüglich der konkreten Arbeitsausführung. Daneben behält der Verleiher seine Weisungskompetenz.

geregelt.[216] Es gibt demnach folgende Formen von Personalverleih (Art. 27 AVV[217]):

174    – *Temporärarbeit,* bei welcher sich der Zweck und die Dauer des Arbeitsvertrages zwischen der Arbeitgeberin und dem Arbeitnehmer auf einen einzelnen Einsatz bei einem Einsatzbetrieb beschränkt (Abs. 2);

175    – *Leiharbeit,* bei welcher der Zweck des Arbeitsvertrages zwischen der Arbeitgeberin und dem Arbeitnehmer hauptsächlich im Überlassen des Arbeitnehmers an Einsatzbetriebe liegt, wobei die Dauer des Arbeitsvertrages von den einzelnen Einsätzen bei Einsatzbetrieben unabhängig ist (Abs. 3);

176    – *gelegentliches Überlassen*; bei diesem liegt der Zweck des Arbeitsvertrages zwischen der Arbeitgeberin und dem Arbeitnehmer hauptsächlich darin, dass der Arbeitnehmer unter der Weisungsbefugnis der Arbeitgeberin arbeitet und der Arbeitnehmer nur ausnahmsweise einem Einsatzbetrieb überlassen wird. Die Dauer des Arbeitsvertrages ist von allfälligen Einsätzen in Einsatzbetrieben unabhängig.

177    Für die Temporärarbeit und die Leiharbeit, nicht aber für die gelegentliche Überlassung, hat die Arbeitgeberin gemäss AVG verschiedene Voraussetzungen zu erfüllen: Zum Abschluss gültiger Arbeitsverträge bedarf sie grundsätzlich einer *öffentlich-rechtlichen Betriebsbewilligung* (Art. 12 f. AVG). Ohne diese wird der Arbeitsvertrag ungültig (Art. 19 Abs. 6 AVG) und der Verleihvertrag nichtig (Art. 22 AVG). Die Bewilligungsvoraussetzungen werden in Art. 13 AVG geregelt: Zur Erteilung der Bewilligung bedarf der Betrieb des Handelsregistereintrags und eines zweckmässigen Geschäftslokals. Weiter darf der Betrieb kein anderes Gewerbe betreiben, welches die Interessen von Arbeitnehmern oder Einsatzbetrieben gefährden könnte. Die für die Leitung verantwortlichen Personen müssen Schweizer Bürger oder Ausländer mit Niederlassungsbewilligung sein, über einen guten Leumund verfügen und Gewähr für fachgerechte Verleihtätigkeit bieten (Art. 13 Abs. 2 AVG). Ferner muss zur Sicherung der Lohnansprüche eine *Kaution* hinterlegt werden (Art. 14 AVG).

---

[216]   Das AVG ist sowohl auf die Temporärarbeit wie auch auf die Leiharbeit anwendbar, unklar ist jedoch die Anwendbarkeit für die gelegentliche Überlassung (ZK-VISCHER, Art. 333 OR, N 20).

[217]   Verordnung vom 16. Januar 1991 über die Arbeitsvermittlung und den Personalverleih (Arbeitsvermittlungsverordnung) [SR 823.111].

Die Bewilligung wird unbefristet erteilt und berechtigt zum Personalverleih in der ganzen Schweiz; für den Verleih ins Ausland sowie mit Personen aus dem Ausland gelten weitere Einschränkungen (Art. 15 sowie 21 AVG).   178

Die Bewilligung wird entzogen, wenn die Verleiherin die Bewilligung durch unrichtige oder irreführende Angaben erwirkt hat, wiederholt in schwerwiegender Weise gegen arbeitsrechtliche Bestimmungen verstösst oder generell die Bewilligungsvoraussetzungen nicht mehr erfüllt (Art. 16 AVG). Zudem besteht für die Verleiherin gegenüber der Bewilligungsbehörde eine umfassende Auskunftspflicht (Art. 17 AVG).   179

Ferner werden der Verleiherin durch Art. 18 AVG weitere, besondere Pflichten auferlegt:   180

– Sie muss bei der öffentlichen Ausschreibung von Arbeitsangeboten ihren Namen und ihre genaue Adresse angeben.

– Sie muss in der Ausschreibung klar darauf hinweisen, dass der Arbeitnehmer für den Personalverleih angestellt wird.

– Die Bewilligungsbehörde kann die Verleiherin verpflichten, ihr statistische Angaben über ihre Tätigkeit zu liefern.

– Daten über den Arbeitnehmer darf die Verleiherin ohne dessen ausdrückliche Zustimmung nur bearbeiten, soweit und solange sie für die Verleihung erforderlich sind.

Der Arbeitsvertrag bedarf der *Schriftform* (Art. 19 Abs. 1 AVG) und hat gewisse *Mindestinhalte* zu regeln (Abs. 2):   181

– die Art der zu leistenden Arbeit (lit. a)

– den Arbeitsort sowie den Beginn des Einsatzes (lit. b)

– die Dauer des Einsatzes oder die Kündigungsfrist (lit. c)

– die Arbeitszeiten (lit. d)

– den Lohn, die Spesen und Zulagen sowie die Abzüge für die Sozialversicherung (lit. e)

– die Leistungen bei Überstunden, Krankheit, Mutterschaft, Unfall, Militärdienst und Ferien (lit. f)

– die Termine für die Auszahlung des Lohns, der Zulagen und der übrigen Leistungen (lit. g)

Für den Fall, dass die oben erwähnten Punkte nicht im Vertrag geregelt werden, gelten die orts- und berufsüblichen Arbeitsbedingun-   182 gen oder die gesetzlichen Vorschriften, ausser es seien für den Arbeitnehmer günstigere Arbeitsbedingungen vereinbart worden (Art. 19 Abs. 3 AVG).

183    In Abweichung zu den Regelungen im OR sind für die ersten sechs Monate einer Anstellung *kürzere Kündigungsfristen* vorgesehen (Art. 19 Abs. 4 AVG). Diese gelten allerdings nur bei Temporärarbeit (Art. 49 AVV):

– Während der ersten drei Monate der ununterbrochenen Anstellung kann mit einer Frist von mindestens zwei Tagen gekündigt werden (Art. 19 Abs. 4 lit. a AVG).

– In der Zeit vom vierten bis und mit dem sechsten Monat der ununterbrochenen Anstellung kann mit einer Frist von mindestens sieben Tagen gekündigt werden (Art. 19 Abs. 4 lit. b AVG).

184    Art. 20 AVG regelt,[218] dass sich Verleiherinnen, welche Arbeitnehmer an Einsatzbetriebe entsenden, die ihrerseits einem für allgemeinverbindlich erklärten GAV unterstehen, auch an die Lohn- und Arbeitszeitbestimmungen des für den Einsatzbetrieb als allgemeinverbindlich erklärten GAV halten müssen.

185    Nach Art. 22 Abs. 1 AVG muss der Verleihvertrag mit dem Einsatzbetrieb schriftlich abgeschlossen werden; es müssen darin Angaben gemacht werden bezüglich:

– Adresse der Verleiherin und der Bewilligungsbehörde (lit. a)

– die beruflichen Qualifikationen des Arbeitnehmers und die Art der Arbeit (lit. b)

– den Arbeitsort und den Beginn des Einsatzes (lit. c)

– die Dauer des Einsatzes oder die Kündigungsfristen (lit. d)

– die für den Arbeitnehmer geltenden Arbeitszeiten (lit. e)

– die Kosten des Verleihs, einschliesslich aller Sozialleistungen, Zulagen, Spesen und Nebenleistungen (lit. f)

186    Zudem sind Vereinbarungen, die es dem Einsatzbetrieb erschweren oder verunmöglichen, nach Ende des Einsatzes mit dem

---

[218]    Gemäss Art. 2 Ziff. 4 des BB vom 17. Dezember 2004 über die Genehmigung und Umsetzung des Protokolls über die Ausdehnung des Freizügigkeitsabkommens auf die neuen EG-Mitgliedstaaten zwischen der Schweizerischen Eidgenossenschaft einerseits und der EG und ihren Mitgliedstaaten andererseits sowie über die Genehmigung der Revision der flankierenden Massnahmen zur Personenfreizügigkeit, in Kraft seit 1. April 2006.

Arbeitnehmer einen Arbeitsvertrag abzuschliessen, nichtig (Art. 22 Abs. 2 AVG). Zulässig sind hingegen Vereinbarungen, wonach der Verleiher vom Einsatzbetrieb eine Entschädigung verlangen kann, wenn der Einsatz nur kurz gedauert hat und der Arbeitnehmer innert 3 Monaten nach Einsatzende einen Arbeitsvertrag mit dem Einsatzbetrieb schliesst (Art. 22 Abs. 3 AVG).

Bei Streitigkeiten aus dem Arbeitsverhältnis gelten auch im Bereich des Personalverleihs die Regeln der ZPO.[219] Art. 34 Abs. 2 ZPO nennt als zusätzlichen Gerichtsstand für Klagen einer stellensuchenden Person oder eines Arbeitnehmers, die sich auf das AVG stützen, den Ort der Geschäftsniederlassung der vermittelnden oder verleihenden Person.     187

Das AVG sieht eine unentgeltliche, öffentliche Arbeitsvermittlung (kantonale Arbeitsämter) vor. Diese unterstützt die Stellensuchenden und Arbeitgeberinnen bei der Suche bzw. Besetzung von Arbeitsstellen. Zudem sieht das Gesetz Massnahmen zur Bekämpfung von Arbeitslosigkeit vor (Art. 24 ff. AVG).     188

Die eidgenössische Arbeitsmarktbehörde SECO, welche im Hinblick auf einen ausgeglichenen Arbeitsmarkt mit den kantonalen Arbeitsämtern zusammenarbeitet, beaufsichtigt den Vollzug des AVG durch die Kantone (Art. 31 ff. AVG).     189

Der Personalverleih umfasst folgende *Rechtsverhältnisse*:

– Einen *Rahmenvertrag*: Bei der Temporärarbeit schliesst der Arbeitnehmer mit der Verleiherin (der Temporärfirma) statt eines festen Arbeitsvertrags zuerst einen Rahmenvertrag ab, welcher die allgemeinen Arbeitsbedingungen enthält.     190

– Einen *Einsatzvertrag*: Kommt es zu einem Einsatz, so wird ein individueller Einsatzvertrag mit den jeweiligen Arbeits- und Lohnzahlungspflichten geschlossen. Da der Rahmenvertrag erst mit dem Abschluss des Einsatzvertrages seine Wirkungen entfaltet, kann er als bedingter Vertrag qualifiziert werden.[220]     191

– Einen *Verleihvertrag* (Dienstverschaffungs-, Vermittlungsvertrag): Zwischen der Temporärfirma und der Einsatzfirma muss zwingend ein schriftlicher Vertrag abgeschlossen werden, in welchem alle wesentlichen Angaben zum konkreten Einsatz enthalten sein müssen (Art. 22 Abs. 1 AVG). Der Verleihvertrag stellt einen Dienst-     192

---

[219] Vgl. §1 E.
[220] BGE 117 V 252; BGE 114 V 340; JAR 1991, 332.

verschaffungsvertrag dar.[221] Aus dem Vertrag haftet die Verleiherin gegenüber dem Entleiher nicht für die ordentliche Arbeitsleistung, sondern nur für die generelle Eignung des Arbeitnehmers für die vorgesehene Arbeitsleistung (cura in eligendo).[222]

> **Beispiel:** Die Verleiherin von Fotomodellen, Mannequins und Dressmen ist grundsätzlich als Arbeitgeberin mit den sich daraus ergebenden Pflichten zu betrachten. Daran ändert auch ein freies Widerrufsrecht der Modelle nichts. Es wird ein Personalverleihvertrag angenommen.[223]

192a Zwischen Arbeitnehmer und Einsatzfirma besteht kein Vertrag. Aus dem Arbeitsvertrag und dem Verleihvertrag ergeben sich jedoch vertragliche oder vertragsähnliche Rechte und Pflichten. So enthält der Arbeitsvertrag Elemente zugunsten des Einsatzbetriebs.[224] Der Verleihvertrag hingegen enthält neben dem Recht, Weisungen zu erteilen,[225] u.a. auch Fürsorgepflichten des Einsatzbetriebs gegenüber dem Arbeitnehmer,[226] sodass ihm in diesem Rahmen der Charakter eines echten Vertrags zugunsten des Arbeitnehmers zukommt. Hinsichtlich der Arbeitssicherheit treffen den Einsatzbetrieb gegenüber geliehenen Arbeitnehmern die gleichen Pflichten wie gegenüber eigenen (Art. 10 VUV[227]). Gleiches gilt nach Art. 9 ArGV 3 für die Gesundheitsvorsorge.

## 5. Gruppenarbeitsverträge

193 Eine Besonderheit stellen Arbeitsverträge von Personengruppen, z.B. einer Musikkapelle, einer Reinigungsequipe oder einer Akkordgruppe im Baugewerbe dar. Das Vertragsverhältnis zwischen der Arbeitgeberin und der Gruppe kann unterschiedlicher Gestalt sein:

194 – In einer *Betriebsgruppe* schliessen sich Arbeitnehmer zwecks gemeinsamer Arbeit zusammen bzw. werden Gruppen von der Ar-

---

[221] Vgl. Rz. 134.
[222] VISCHER/MÜLLER, 405.
[223] JAR 1990, 103.
[224] Z.B. Sorgfalts-, Treue- und Verschwiegenheitspflichten; vgl. BGE 119 V 360 ff. E 3.
[225] Vgl. Urteil des Kantonsgerichts St. Gallen, in: SJZ 91 (1995), 455; JAR 1989, 257.
[226] Z.B. Schutz der Persönlichkeit des Arbeitnehmers, Unfallverhütung; vgl. Art. 10 VUV.
[227] Verordnung über die Verhütung von Unfällen und Berufskrankheiten (Verordnung über die Unfallverhütung, VUV) vom 19. Dezember 1983 [SR 832.30].

beitgeberin formiert. Es bestehen aber weiterhin mehrere, voneinander unabhängige, unmittelbare Arbeitsverträge.

– Eine *Eigengruppe* liegt dann vor, wenn sich die Arbeitnehmer bereits vor Abschluss der Arbeitsverträge selbst zusammenschliessen und die Arbeitsleistung als Gruppe anbieten. Bei der Eigengruppe handelt es sich in der Regel um eine einfache Gesellschaft. Die Verträge können sowohl mit den einzelnen Mitgliedern wie auch mit dem Gruppenleiter als Vertreter abgeschlossen werden.[228]    195

– Ein *gestufter Arbeitsvertrag* (*Kaskaden-Arbeitsvertrag*[229]) liegt vor, wenn die Gegenpartei nur mit dem Gruppenleiter und dieser wiederum eigene Verträge mit den einzelnen Gruppenmitgliedern abschliesst, ihnen gegenüber also als Arbeitgeber auftritt.[230]    196

Von Bedeutung sind diese besonderen Vertragsverhältnisse vor allem bezüglich Haftung, Kündigungsmöglichkeit[231] und Weisungsrecht.    197

## 6. Öffentlich-rechtliches Arbeitsverhältnis

### a) Einführung

Arbeitsverhältnisse können nicht nur auf einer privatrechtlichen, sondern auch auf einer öffentlich-rechtlichen Grundlage basieren. Beim privatrechtlichen Anstellungsverhältnis entsteht dieses entweder zwischen zwei Subjekten des Privatrechts oder zwischen einem Subjekt des Privatrechts und einem Subjekt des öffentlichen Rechts. Es basiert grundsätzlich auf einer privatrechtlichen Grundlage. Das öffentlich-rechtliche Arbeitsverhältnis hingegen basiert grundsätzlich auf öffentlich-rechtlicher Gesetzgebung; das Obligationenrecht wird allenfalls subsidiär für anwendbar erklärt.[232] Schon von daher ist es verständlich, dass sich diese beiden Arten von Arbeitsverhältnissen grundlegend voneinander unterscheiden.    198

Das privatrechtliche Arbeitsverhältnis ist grundsätzlich einheitlich gesetzlich geregelt. Die Gesetzesgrundlagen finden sich im Obli-    199

---

[228] REHBINDER, Arbeitsrecht, Rz. 92.
[229] BGE 112 II 41 ff.
[230] STREIFF/VON KAENEL/RUDOLPH, Art. 319 OR, N 12.
[231] Vgl. Rz. 533 ff.
[232] Vgl. z.B. Art. 6 Abs. 2 BPG.

gationenrecht sowie im Arbeitsgesetz.[233] Sie werden durch den Arbeitsvertrag[234] konkretisiert. Zum privatrechtlichen Arbeitsverhältnis findet sich auch sehr viel Literatur und Rechtsprechung. Das öffentlich-rechtliche Arbeitsverhältnis hingegen ist nicht einheitlich geregelt. Es kann auf kantonaler oder bundesrechtlicher Grundlage beruhen. Dementsprechend finden sich sehr viele unterschiedliche kantonale Regelungen sowie eine solche für die dem Bundespersonalgesetz unterstellten Betriebe.[235] Zudem findet sich auch relativ wenig Literatur und aussagekräftige Rechtsprechung zum Thema öffentlich-rechtliches Arbeitsverhältnis.

200    Im Folgenden werden die wesentlichen Unterschiede zwischen dem privatrechtlichen und öffentlich-rechtlichen Arbeitsverhältnis überblicksartig aufgezeigt. Eine ausführliche Behandlung unterbleibt. Es müsste dafür nämlich detailliert auf kantonale und bundesrechtliche Erlasse eingegangen werden, was Rahmen und Zweck dieses Buches sprengen würde.[236]

### b)    Wesentliche Unterschiede

#### aa)    Vertragsparteien

201    Beim privatrechtlichen Arbeitsverhältnis stehen sich zwei Subjekte des Privatrechts (oder aber eines des Privatrechts und eines des öffentlichen Rechts) gegenüber, die einen Vertrag schliessen. Zentral ist dabei, dass die Vertragsparteien «auf gleicher Stufe» stehen, d.h., keine der Vertragsparteien handelt hoheitlich. Vertragsänderungen können somit auch nur über einen Konsens[237] vorgenommen werden. Zudem sind Private grundsätzlich nicht an Grundrechte[238] oder ans Rechtsstaatsprinzip gebunden. Sie unterliegen in Zusammenhang mit

---

[233]  Und den dazugehörenden Verordnungen und ggf. NAV.

[234]  Den Individual- wie auch Gesamtarbeitsvertrag.

[235]  Gemäss Art. 2 BPG die Bundesverwaltung, die Parlamentsdienste, die SBB, die dezentralisierten Verwaltungseinheiten, grundsätzlich das Bundesverwaltungs- und Bundesstrafgericht und das Bundesgericht sowie die Bundesanwaltschaft.

[236]  Im Anhang findet sich eine Übersicht über wesentliche Unterschiede am Beispiel des privatrechtlichen Arbeitsverhältnisses sowie jenen des BPG und des Kantons St. Gallen. Ein konkretes Fallbeispiel zu den Unterschieden findet sich bei MÜLLER/ VON GRAFFENRIED, recht 5/6 2011, 156 ff.

[237]  Die Vertragsfreiheit – in diesem Zusammenhang insbesondere die Möglichkeit der Änderungskündigung – wird dadurch nicht berührt.

[238]  Mit Ausnahme von Art. 8 Abs. 3 BV.

Arbeitsverträgen nur punktuellen Einschränkungen.[239] Beim öffentlich-rechtlichen Arbeitsverhältnis hingegen ist eine Partei zwingend der Staat.[240] Dieser ist in seiner Tätigkeit – somit auch als Arbeitgeberin – immer an das Legalitätsprinzip gebunden. Andererseits hat der Staat auch hoheitliche Befugnisse. Unter gewissen Umständen hat er dadurch die Kompetenz zu einseitigen Änderungen des Arbeitsverhältnisses.

### bb)  Kategorien von Arbeitnehmern

Während beim privatrechtlichen Arbeitsverhältnis keine Kategorisierung von Arbeitnehmern mehr gemacht wird, sind beim öffentlich-rechtlichen Arbeitsverhältnis[241] insbesondere in den Kantonen noch Kategorien von Arbeitnehmern anzutreffen. Es kann beispielsweise zwischen Magistratspersonen, Beamten und Angestellten unterschieden werden.[242]

202

### cc)  Begründung des Arbeitsverhältnisses

Während ein privatrechtliches Arbeitsverhältnis immer auf einem privatrechtlichen Arbeitsvertrag zwischen zwei Vertragsparteien beruht, wird bei der öffentlich-rechtlichen Anstellung differenziert. Möglich ist die Begründung des Arbeitsverhältnisses durch einen verwaltungsrechtlichen Vertrag oder aber durch eine mitwirkungsbedürftige Verfügung. Handelt es sich um einen eigentlichen (öffentlich-rechtlichen) Vertrag, sind beide Parteien gebunden. Auch die Arbeitgeberin kann diesfalls die Arbeitsbedingungen nicht ohne den Willen des Arbeitnehmers ändern. Häufig werden insbesondere Magistratspersonen auf feste Amtsdauer gewählt.

203

### dd)  Unterschiede während des Arbeitsverhältnisses

Hier bestehen insbesondere Unterschiede im Zusammenhang mit der Handhabung von *Überstunden*. Eine konkrete Regelung, wann solche vorliegen, geleistet und entschädigt werden müssen, findet sich für öffentlich-rechtliche Arbeitsverhältnisse häufig in Verordnungen. Die einzelnen Regelungen bzgl. Anordnung von Überzeit, Entschädi-

204

---

[239]  Z.B. bzgl. missbräuchliche Kündigung, Kündigung zur Unzeit, Diskriminierungsverbot.

[240]  Oder eine diesem zurechenbare Organisation.

[241]  Teilweise auch bei Personen, die privatrechtlich angestellt werden.

[242]  So im Kanton St. Gallen.

gung oder Kompensation sind je nach Kanton verschieden. Beim privatrechtlichen Arbeitsverhältnis wird zudem zwischen Überstunden und Überzeit unterschieden.[243] Eine diesbezügliche Unterscheidung findet sich in kantonalen Gesetzen nicht,[244] es ist aber darauf hinzuweisen, dass das Arbeitsgesetz trotzdem teilweise auch für öffentlich-rechtliche Arbeitsverhältnisse gilt.

205    Im Weiteren kann die *Probezeitregelung* anders als beim privatrechtlichen Arbeitsverhältnis festgelegt werden.[245] Bei diesem beträgt die gesetzlich vorgesehene Probezeit einen Monat (Art. 335*b* Abs. 1 OR). Es kann aber auch auf eine Probezeit verzichtet werden oder sie kann auf maximal drei Monate verlängert werden (Art. 335*b* Abs. 2 OR). Beim öffentlich-rechtlichen Arbeitsverhältnis finden sich kantonal unterschiedliche Regelungen. Beim Bund beträgt die Probezeit grundsätzlich drei Monate, wobei sie in begründeten Fällen verlängert werden kann. Sie darf aber sechs Monate nicht überschreiten. Bei befristeten Arbeitsverhältnissen oder bei Übertritten in andere Verwaltungseinheiten kann die Probezeit verkürzt bzw. es kann auf eine Probezeit verzichtet werden (Art. 27 BPV).

206    Zentral ist im Weiteren die Bindung des Staats als Arbeitgeberin an das Rechtsstaatsprinzip. Der Staat darf seine Arbeitnehmer nicht willkürlich behandeln. Seine Handlungen haben stets verhältnismässig zu sein und dem Rechtsgleichheitsgebot zu entsprechen. Für Private gilt – mit Einschränkungen[246] – Vertragsfreiheit.

207    Etwas unübersichtlich ist die Frage geregelt, ob bzw. in welchem Umfang das ArG und die darin enthaltenen Schutzbestimmungen für die Arbeitnehmer auf öffentlich-rechtliche Arbeitsverhältnisse anwendbar sind. Ausgangspunkt bildet, dass der Schutz der Bundesangestellten in den entsprechenden Spezialgesetzen erfolgt ist, namentlich im Bundespersonalgesetz und den dazugehörigen Verordnungen. Entsprechend erschien die Anwendbarkeit des Arbeitsge-

---

[243]    Überstunden sind jene Zeit, welche die vertraglich vereinbarte – oder mangels Vereinbarung – übliche bzw. gemäss NAV vorgeschriebene Arbeitszeit übersteigt. Überzeit ist jene Zeit, welche die arbeitsgesetzliche Höchstarbeitszeit von 45 bzw. 50 Stunden überschreitet. Während der im OR vorgesehene Lohnzuschlag für Überstunden geändert oder wegbedungen werden kann, hat Überzeit beim privatrechtlichen Arbeitsverhältnis zwingend mit einem Lohnzuschlag von 25 % entschädigt zu werden (ausser der Arbeitnehmer sei mit einer Kompensation der Überzeit einverstanden). Vgl. auch Rz. 313 ff.

[244]    Z.B. Staatsverwaltungsgesetz SG; Verordnung über den Staatsdienst SG.

[245]    Konkrete Beispiele finden sich in der Übersicht im Anhang.

[246]    Z.B. zwingendes Recht.

setzes in diesem Bereich als nicht nötig. Für die Angestellten der kantonalen und kommunalen Verwaltungen erachtete sich der Bundesgesetzgeber als gar nicht zuständig, weil die Organisationshoheit diesbezüglich bei den Kantonen liegt. Entsprechend nimmt Art. 2 Abs. 1 lit. a ArG die Verwaltungen des Bundes, der Kantone und der Gemeinden ausdrücklich vom Anwendungsbereich des ArG aus. Allerdings erwies sich die Sache als nicht ganz so einfach, weil sowohl der Bund wie auch die Kantone neben der eigentlichen Zentralverwaltung auch Betriebe haben, die teilweise privaten Unternehmen sehr nahestehen. Augenfällig ist das beispielsweise bei den Kantonalbanken. Aus diesem Grund sieht Art. 2 Abs. 2 ArG vor, dass der Bundesrat auf Verordnungsebene diesen Anwendungsbereich näher umschreiben kann. Das ist in den Art. 4, 4a und 7 der Verordnung 1 zum Arbeitsgesetz[247] erfolgt.

Gemäss Art. 1 Abs. 1 lit. a und Abs. 2 ArG gilt für die öffentlich-rechtlichen Betriebe Folgendes:  208

– Das Arbeitsgesetz gilt *nicht* für die *Zentralverwaltungen* des Bundes, der Kantone und Gemeinden.

– Auf alle *nicht* zur *jeweiligen Zentralverwaltung gehörenden Betriebe* ist das *ArG* demgegenüber grundsätzlich *anwendbar*. Dabei kommt es nicht darauf an, ob es sich bei der Arbeitgeberin direkt um den Bund bzw. Kanton oder die Gemeinde handelt oder ob es eine selbstständige öffentlich-rechtliche Körperschaft oder Anstalt ist.

– Bei den nicht zur Zentralverwaltung gehörenden Betrieben ist aber ein wesentlicher *Teil der Arbeitsverhältnisse vom Anwendungsbereich der Arbeitszeitvorschriften ausgenommen*. Diese Bestimmungen sind nicht anwendbar auf die öffentlich-rechtlichen Arbeitsverhältnisse, wenn die Arbeitgeberin eine öffentlich-rechtliche Anstalt ohne eigene Rechtspersönlichkeit oder eine öffentliche Körperschaft ist und die Mehrheit der Angestellten öffentlich-rechtlich angestellt ist.[248]

– *Art. 4 und 4a ArGV 1 dehnt den Anwendungsbereich* sodann *auf bestimmte öffentlich-rechtliche Betriebe* nach deren Tätigkeitsgebiet *aus*. Dort gilt das ArG folglich auch, wenn es nach den oben stehenden Regeln nicht anwendbar wäre.

---

[247] SR 172.220.11.
[248] Art. 7 ArGV 1.

209      Zusammenfassend kann folglich festgehalten werden (ohne die Ausnahmen nach Art. 4 und 4*a* ArGV 1):

- Auf die Angestellten in der *Zentralverwaltung* ist das *ArG nicht anwendbar*, unabhängig davon, wie sie angestellt sind.
- Auf *unselbstständige Anstalten* (keine eigene Rechtspersönlichkeit) *und die Körperschaften* des öffentlichen Rechts (Zweckverbände usw.) ist das *ArG anwendbar*. Erfolgen die Anstellungen überwiegend privatrechtlich, bestehen keine Ausnahmen. Erfolgen die Anstellungen überwiegend öffentlich-rechtlich, gelten die Arbeitszeitbestimmungen für die öffentlich-rechtlich Angestellten nicht, sondern nur für die privatrechtlich Angestellten.
- Bei *selbstständigen Anstalten* (nicht aber Körperschaften) *gilt das ArG integral*, einschliesslich der Arbeitszeitbestimmungen auch für die öffentlich-rechtlich Angestellten. So ist beispielsweise die Universität St. Gallen eine selbstständige Anstalt und damit untersteht sie uneingeschränkt dem ArG.

### ee)    Unterschiede bei der Beendigung des Arbeitsverhältnisses

210      Von zentraler Bedeutung ist der Unterschied bei der Beendigung des Arbeitsverhältnisses. Im privatrechtlichen Arbeitsverhältnis herrscht dem Grundsatz nach die aus der Vertragsfreiheit resultierende Kündigungsfreiheit. Die Arbeitgeberin, die einem Arbeitnehmer ordentlich kündigen will, kann dies grundsätzlich tun, ohne dass sie dafür eines speziellen Grundes bedarf. Grundlegend anders ist die Situation beim öffentlich-rechtlichen Arbeitsverhältnis. Einem Arbeitnehmer kann nur ordentlich gekündigt werden, wenn dafür ein Grund vorliegt. Solche Gründe finden sich z.B. in Art. 10 BPG. Zentral ist in diesem Zusammenhang folgender Unterschied: Eine missbräuchliche oder ungerechtfertigte fristlose Kündigung durch die private Arbeitgeberin kann zwar Entschädigungsansprüche auslösen, ist aber trotzdem gültig. Kündigt der Staat ohne Grund oder unter Verletzung von Formvorschriften, kann die gekündigte Partei geltend machen, die Kündigung sei nichtig. Die Folgen sind hier, dass die Arbeitgeberin der gekündigten Partei wenn möglich die bisherige oder eine andere zumutbare Arbeitsstelle anbieten muss.

### c)  Zweckmässigkeit des öffentlich-rechtlichen Anstellungs-verhältnisses

Es kann sich die Frage stellen, wann ein öffentlich-rechtliches  211
oder privatrechtliches Anstellungsverhältnis gewählt werden sollte.[249]
Das öffentlich-rechtliche Arbeitsverhältnis hat Vor- und Nachteile,
und zwar sowohl aus Perspektive des Arbeitnehmers als auch der Ar-beitgeberin.[250]

Sinnvoll ist in jedem Fall dann ein öffentlich-rechtliches Ar-  212
beitsverhältnis, wenn Personen mit hoheitlichen Befugnissen ausge-stattet sind. Unseres Erachtens sind Hinweise dafür, dass ein öffent-lich-rechtliches Arbeitsverhältnis gewählt werden sollte, folgende:

– Der Arbeitnehmer übt hoheitliche Funktionen aus (z.B. ein Poli-zeikommandant).
– Es müssen einheitliche Arbeitsbedingungen gewährleistet werden (z.B. Lohnschema, Arbeitszeiten).
– Es bedarf der fachlichen Unabhängigkeit in Bezug auf den Kündi-gungsschutz (z.B. Ethikprofessor an einer Universität).
– Es soll ein Schutz vor Ausbeutung oder missbräuchlicher Ausnüt-zung von Assistenten an universitären Instituten gewährleistet werden.

Andererseits sollten jene Arbeitsverhältnisse auf einer privat-  213
rechtlichen Grundlage basieren, die einer derart speziellen Regelung
bedürfen, die in kein vorgegebenes Schema passt, sondern individuell
auf eine Stelle zugeschnitten werden müssen.

**Beispiele:**

– Arbeitsvertrag auf Provisionsbasis
– Lohn soll höher sein als in der Lohntabelle[251] vorgesehen
– befristete Aushilfen zum Erstellen eines Stichwortverzeichnisses
– Anstellungen bei öffentlich-rechtlichen Institutionen von mehreren Kan-tonen, beispielsweise einer interkantonalen Motorfahrzeugkontrolle

Wir empfehlen in jedem Fall zur Klarstellung die ausdrückliche  214
Qualifizierung als öffentlich-rechtliches oder privatrechtliches Ar-

---

[249]  Sofern überhaupt eine Wahlmöglichkeit besteht.
[250]  Für einen detaillierten Vergleich siehe die Tabelle im Anhang.
[251]  I.d.R. in einer Verordnung zu finden.

beitsverhältnis im Arbeitsvertrag. Dies ist deshalb notwendig, weil gesetzliche Regelungen teilweise unklar differenzieren.[252] Die vorstehend aufgezeigten Unterschiede belegen, dass im Einzelfall abgewogen werden muss, ob für den Arbeitnehmer oder die Arbeitgeberin ein privatrechtliches oder öffentlich-rechtliches Anstellungsverhältnis vorteilhafter ist.

### d) Das Arbeitsverhältnis nach BPG im Speziellen

215  Seit dem 1. Januar 2001 gilt das Bundespersonalgesetz (BPG), welches das Arbeitsverhältnis des Bundespersonals (Art. 2 BPG) regelt. Ausgenommen vom Geltungsbereich des BPG sind die von der Bundesversammlung gewählten Personen (Art. 2 Abs. 2 lit. a BPG) sowie Lehrlinge (welche dem BBG unterstehen; lit. b).

216  Die neuere Tendenz, das öffentliche Dienstrecht durch privatwirtschaftliche Instrumente zu regeln, zeigt sich im BPG beispielsweise anhand folgender Merkmale: Durch eine *Annäherung an das OR*, das auch als subsidiär anwendbar erklärt wird (Art. 6 Abs. 2 BPG), soll das Ziel grösserer Handlungsspielräume erreicht werden.[253] Neu tritt neben das einseitig-hoheitliche Verordnungsrecht auch der sozialpartnerschaftlich ausgehandelte GAV (Art. 38 BPG). Das Amtsdauersystem wird durch eine weitgehende Beschäftigungssicherheit ersetzt, welche die Arbeitgeberin verpflichtet, alle sinnvollen und zumutbaren Möglichkeiten auszuschöpfen, bevor ein Arbeitnehmer ohne sein Verschulden entlassen wird (Art. 19 und 30 ff. BPG). Das Lohnsystem wird in Richtung marktkonforme Leistungsentlöhnung ausgebaut; dieses ist in Art. 15 f. BPG sowie Art. 36 ff. BPV geregelt.

217  Mit der Umgestaltung der öffentlich-rechtlichen Anstellung wurde auch die Vorstellung über die sogenannte gesteigerte Treuepflicht der Beamten abgeschwächt. Die Angestellten sind verpflichtet, die Arbeit mit Sorgfalt auszuführen und die berechtigten Interessen des Bundes bzw. ihrer Arbeitgeberin zu wahren (Art. 20 Abs. 1 BPG). Die Konkretisierungen der Treuepflicht im BPG (Art. 21 ff.) unterscheiden sich im Wesentlichen nicht mehr von den auch in privaten Arbeitsverhältnissen geltenden Vorschriften.[254]

---

[252] Z.B. Art. 6 der Verordnung über den Staatsdienst SG. Zur Problematik der Qualifikation vgl. MÜLLER/VON GRAFFENRIED, 157 f.

[253] HELBLING, Entwicklung im Personalrecht des Bundes, in: HELBLING/POLEDNA, 15.

[254] VISCHER/MÜLLER, 416.

Das öffentlich-rechtliche Arbeitsverhältnis wird grundsätzlich durch Kündigung aufgelöst. Das unbefristete Arbeitsverhältnis kann von beiden Parteien gekündigt werden (Art. 12 Abs. 1 BPG), wobei bestimmte Mindestkündigungsfristen bestehen (Art. 30a BPV). Trotz der partiellen Anlehnungen des öffentlich-rechtlichen Dienstverhältnisses ans Privatrecht ist der Spielraum der Arbeitgeberin betreffend der Ausgestaltung des Arbeitsverhältnisses – mithin auch im Zusammenhang mit der Kündigungsmöglichkeit – deutlich eingeschränkt.[255] Sie kann nur bei Vorliegen einer der in Art. 10 Abs. 3 BPG aufgeführten Gründe ordentlich kündigen. Diese lassen sich unterteilen in Gründe, welche in der Person des Arbeitnehmers liegen (Verletzung wichtiger gesetzlicher oder vertraglicher Pflichten (lit. a), anhaltende Mängel in der Leistung oder im Verhalten (lit. b) sowie der Mangel an Eignung, Tauglichkeit oder Bereitschaft, die im Arbeitsvertrag vereinbarte Arbeit zu verrichten (lit. c)) und andererseits Gründe, die auf schwerwiegenden wirtschaftlichen oder betrieblichen Gründen beruhen (die Arbeitgeberin kann keine zumutbare Arbeit anbieten (lit. e), der Angestellte weigert sich, solche zu verrichten (lit. d), sowie der Wegfall einer gesetzlichen oder vertraglichen Anstellungsbedingung (lit. f)).[256] Zudem bleiben die fristlose Kündigung (Art. 10 Abs. 4 BPG), die missbräuchliche Kündigung (Art. 34c Abs. 1 lit. b BPG), die diskriminierende Kündigung nach GlG (Art. 34c Abs. 1 lit. d BPG) sowie die Vorschriften über die Kündigung zur Unzeit (Art. 34c Abs. 1 lit. c) vorbehalten.[257]

218

Art. 6 BPG behält den Abschluss von Gesamtarbeitsverträgen vor. Nach Art. 38 BPG müssen die SBB sowie weitere vom Bundesrat ermächtigte Arbeitgeberinnen mit den Personalverbänden Gesamtarbeitsverträge abschliessen. Zwar kann, wenn keine Einigung zustande kommt, eine Schlichtungskommission angerufen werden. Diese kann aber nur Vorschläge zur Lösung strittiger Punkte unterbreiten. Zum Abschluss eines GAV bedarf es der Zustimmung einer zum Abschluss ermächtigten öffentlich-rechtlichen Arbeitgeberin. Ein GAV gilt gemäss Art. 38 Abs. 2 BPG grundsätzlich für sämtliches Personal der betreffenden Arbeitgeberin.

219

---

[255] POLEDNA, Annäherungen ans Obligationenrecht, in: HELBLING/POLEDNA, 221.
[256] Nach VISCHER/MÜLLER, 417.
[257] Nach VISCHER/MÜLLER, 417.

220     Auch den Angestellten des Bundes ist das verfassungsmässige Streikrecht garantiert (Art. 28 Abs. 3 BV).[258] Der Bundesrat ist aber ermächtigt, das Streikrecht für bestimmte Kategorien von Angestellten auszuschliessen (Art. 24 Abs. 1 BPG). Ein generelles Streikverbot besteht für jene Angestellten, die wesentliche Aufgaben zum Schutz der Staatssicherheit, für die Wahrung von wichtigen Interessen in auswärtigen Angelegenheiten oder für die Sicherstellung der Landesversorgung mit lebensnotwendigen Gütern und Dienstleistungen erfüllen, wie bspw. Angehörige der zivilen und militärischen Führungsstäbe der Departemente oder der Strafverfolgungsbehörden des Bundes (Art. 96 BPV).

221     Bei Streitigkeiten aus dem Arbeitsverhältnis ist zuerst eine Einigung anzustreben. Sofern eine solche nicht zustande kommt, hat die Arbeitgeberin eine Verfügung zu erlassen (Art. 34 Abs. 1 BPG). Die Verfügung der Arbeitgeberin kann mit Beschwerde beim Bundesverwaltungsgericht angefochten werden (Art. 36 BPG). Die Beschwerde in öffentlich-rechtlichen Angelegenheiten ist für Streitigkeiten auf dem Gebiet der öffentlich-rechtlichen Arbeitsverhältnisse nur zulässig, wenn sie eine vermögensrechtliche Angelegenheit oder die Gleichstellung der Geschlechter betrifft (Art. 83 lit. g BGG). Für privatrechtlich angestellte Arbeitnehmer gilt der Zivilweg.

222     Die vermögensrechtliche und strafrechtliche Verantwortlichkeit bestimmt sich nach dem Verantwortlichkeitsgesetz des Bundes.[259] Im Gegensatz zum privatrechtlichen Arbeitsverhältnis, bei dem der Arbeitnehmer nach Art. 321e OR unter Umständen auch schon für leichte Fahrlässigkeit haftbar gemacht werden kann, kann der Bund grundsätzlich nur bei Vorliegen von grober Fahrlässigkeit oder Vorsatz auf den Mitarbeiter Regress nehmen (Art. 7 VG).

## 7.  Arbeitsleistung unter Ehegatten, eingetragenen Partnern und Konkubinatspartnern

223     Auch Ehegatten bzw. eingetragene Partner im Sinne des Partnerschaftsgesetzes können für die Arbeitsleistung des einen im Geschäft des andern einen Arbeitsvertrag vereinbaren, der ohne Weiteres gültig

---

[258]  Sowie Art. 11 Ziff. 1 EMRK; Art. 22 UNO-Pakt II und Art. 8 UNO-Pakt I, welche wie das ILO-Übereinkommen 87 über die Vereinigungsfreiheit kein generelles Beamtenstreikverbot dulden: Vgl. ANDERMATT, Handbuch, 46.

[259]  SR 170.32.

ist.[260] Die Rechte und Pflichten der Parteien richten sich in diesem Fall nach den gesetzlichen Grundlagen bzw. der vertraglichen Vereinbarung. Häufig schliessen Ehegatten bzw. eingetragene Partner aber nicht ausdrücklich einen Vertrag ab. Soweit die Arbeitsleistung sich im Rahmen dessen hält, was von einem Ehegatten als Beitrag an den Unterhalt der Familie (Art. 163 ZGB) bzw. einem eingetragenen Partner als Beitrag an den Unterhalt der Gemeinschaft (Art. 13 PartG) verlangt werden kann, ist die Leistung nicht gegen Lohn zu erwarten und die arbeitsvertraglichen Bestimmungen gelangen nicht zur Anwendung.[261]

Übersteigt die Arbeitsleistung dieses Mass, muss geprüft werden, ob gemäss Art. 320 Abs. 2 OR der Abschluss eines Arbeitsvertrags vermutet werden kann.[262] Die Rechtsprechung hat dies lange mit dem Argument abgelehnt, die Ehe dürfe nicht kommerzialisiert werden.[263] Im alten Eherecht wurde ausserdem danach differenziert, ob der Ehemann im Geschäft der Ehefrau mitarbeitete oder umgekehrt.[264] Das Bundesgericht änderte 1987 seine Praxis und ging in diesen Fällen von Arbeitsverträgen mit einem entsprechenden Lohnanspruch aus.[265] Mit der Revision des Eherechts 1984 hat der Gesetzgeber die Frage in Art. 165 ZGB ausdrücklich geregelt.[266] Gleiches muss auch für die eingetragene Partnerschaft gelten; die Grundsätze in Bezug auf die Unterhaltsleistungen können ohne Weiteres auf das Partnerschaftsrecht übertragen werden.[267]

Ohne ausdrückliche Vereinbarung sind *drei Fälle* zu unterscheiden:

– Hält sich die *Mitarbeit im Rahmen* dessen, was als Beitrag an den Unterhalt der Familie bzw. der Gemeinschaft erwartet werden kann, so entsteht dadurch kein besonderer Anspruch – weder aus Ehe- bzw. Partnerschaftsrecht noch aus Arbeitsvertrag.

– Hat ein Ehegatte oder eingetragener Partner *wesentlich mehr geleistet* als das, was als sein Beitrag an den Unterhalt der Familie

224

225

---

[260] HAUSHEER/REUSSER/GEISER, Art. 65 ZGB, N 40.
[261] Dennoch können sie einen Arbeitsvertrag vereinbaren.
[262] REHBINDER, Arbeitsrecht, Rz. 80.
[263] BGE 72 III 120; 74 II 208; 82 II 79; 90 II 445; 95 II 126 ff.; A.M. BK-REHBINDER/STÖCKLI, Art. 320 OR, N 19; ZK-STAEHELIN, Art. 320 OR, N 26 f.; STREIFF/VON KAENEL/RUDOLPH, Art. 320 OR, N 6.
[264] BGE 66 II 233; 82 II 94.
[265] BGE 113 II 418.
[266] Vgl. HAUSHEER/REUSSER/GEISER, Art. 165 ZGB, N 40.
[267] WOLF/GENNA, Art. 13 PartG, N 61.

bzw. an den Unterhalt der Gemeinschaft erwartet werden kann, so entsteht trotzdem noch kein Arbeitsvertrag. Der Ehegatte bzw. eingetragene Partner hat aber Anspruch auf eine angemessene Entschädigung (Art. 165 Abs. 1 ZGB).

– Ist die Mitarbeit so intensiv, dass damit *praktisch eine volle Arbeitskraft* ersetzt wird und besteht über eine blosse Entlöhnung hinaus die Notwendigkeit des mit dem Arbeitsverhältnis verbundenen Sozialschutzes, so bejaht ein Teil der Lehre den konkludenten Abschluss eines Arbeitsvertrags (Art. 320 Abs. 2 OR).[268]

226    Auch im Falle von *Konkubinatsverhältnissen* ist unbestritten, dass die Parteien einen Arbeitsvertrag für die Mitarbeit des einen im Unternehmen des andern abschliessen können. Ist dies aber nicht ausdrücklich geschehen, so hat das Bundesgericht – ursprünglich aus moralischen Gründen – die Annahme eines konkludent geschlossenen Arbeitsvertrags abgelehnt.[269] In einem neueren Entscheid hat es der Kritik in der Lehre folgend von dieser Praxis Abstand genommen.[270] Im konkret zu beurteilenden Fall wurde allerdings statt eines Arbeitsvertrags eine einfache Gesellschaft angenommen. Mit Blick auf die mit der Rechtsanwendung im Konkubinat verbundenen Unsicherheiten empfiehlt sich indessen der ausdrückliche Abschluss eines Arbeitsvertrags.

## 8. Arbeitsleistung in der Familie

227    Die Arbeit von mündigen Kindern im gemeinsamen Haushalt für Eltern oder Grosseltern verschafft ihnen *Anspruch auf Lidlohn* (Art. 334/334^bis ZGB), sodass für eine Anwendung von Art. 320 Abs. 2 OR kein Raum bleibt. Auch unmündigen Kindern wird entgegen dem Gesetzeswortlaut ein Lidlohnanspruch zuzugestehen sein.[271]

228    Art. 320 Abs. 2 OR bleibt anwendbar, wenn Kinder ausserhalb des gemeinsamen Haushalts im Betrieb der Eltern oder Grosseltern mitarbeiten. Umgekehrt kann auch die Mitarbeit der Eltern bei ihren Kindern zu seiner Anwendung führen, wenn die Umstände diesen Schluss nahelegen.[272]

---

[268] HAUSHEER/REUSSER/GEISER, Art. 165 ZGB, N 40; VISCHER/MÜLLER, 90 f.
[269] BGE 87 II 164 ff.
[270] BGE 109 II 228; VISCHER/MÜLLER, 92 (FN 54).
[271] STREIFF/VON KAENEL/RUDOLPH, Art. 320 OR, N 6.
[272] STREIFF/VON KAENEL/RUDOLPH, Art. 320 OR, N 6.

# E. Vertragsanbahnung

## 1. Aufnahme der Vertragsverhandlungen

Bereits vor Vertragsabschluss kommt es im Rahmen der Vertragsanbahnung zu Rechtsbeziehungen.[273] Diese Kontaktaufnahmen sind aber noch keine verbindlichen Offerten (Art. 3 OR), sondern lediglich Aufforderungen zu Vertragsverhandlungen.[274]   229

Eine solche Aufforderung erfolgt meist mittels Stelleninseraten. Deren rechtliche Relevanz lässt sich am Fall von diskriminierenden Inseraten verdeutlichen: Zwar zieht beispielsweise ein Ausschluss von Kandidatinnen im Stelleninserat keine unmittelbaren Rechtsfolgen nach sich. Bewirbt sich aber eine Frau und wird abgelehnt, so kann sie gestützt auf Art. 3 Abs. 2 GlG klagen und das Inserat als Beweismittel heranziehen.   229a

## 2. Auswahlverfahren

### a) Problematik

Die Entscheidung zum Abschluss eines Arbeitsvertrags zwischen Arbeitgeberin und Arbeitnehmer wird meist anhand von schriftlichen Bewerbungsunterlagen[275] und von mündlichen Angaben im Einstellungsgespräch vorgenommen. Die dabei gestellten Fragen müssen stets einen direkten Bezug zur Arbeitsstelle aufweisen (Art. 328*b* OR), andernfalls sind sie als unzulässige Persönlichkeitsverletzung zu qualifizieren.[276] Die Zulässigkeit der gestellten Fragen muss einzelfallbezogen beurteilt werden. So kommt es neben der auf den im konkreten Fall vorgesehenen Stellung[277] allenfalls auch auf die Dauer des Arbeitsverhältnisses sowie die zu verrichtende Arbeit an.[278]   230

---

[273] D.h. beispielsweise Kontaktaufnahme durch Stelleninserate oder direkte mündliche oder schriftliche Anfragen (STREIFF/VON KAENEL/RUDOLPH, Art. 320 OR, N 15).

[274] REHBINDER, Arbeitsrecht, Rz. 62.

[275] Z.B. Unterlagen wie vom Arbeitnehmer vorgelegte Zeugnisse, Lebenslauf, Personalfragebogen oder von der Arbeitgeberin vorgelegter Geschäftsbericht.

[276] BsK-PORTMANN, Art. 328b OR, N 7.

[277] BRÜHWILER, Art. 320 OR, N 8.

[278] Urteil des BGer 2A.621/2005 vom 30. Januar 2006, E.4.2.

### b) Auskunftspflicht

231 Im Rahmen der Auskunftspflicht ist zu klären, unter welchen Voraussetzungen der Bewerber auf Fragen der Arbeitgeberin *wahrheitsgetreu antworten* muss. Selbstverständlich besteht mangels Vertragsverhältnis *keinerlei Pflicht, Fragen zu beantworten*. Zu prüfen ist jeweils, ob die Frage – wenn überhaupt – *wahrheitsgemäss* und gegebenenfalls *vollständig* beantwortet werden muss. Die Auskunftspflicht kann also nur durch aktives Tun, nicht aber durch ein blosses Unterlassen verletzt werden. Blosses Schweigen kann allerdings auch ein Tun sein, wenn damit eine bestimmte Antwort gegeben wird.

232 Die Auskunftspflicht umfasst alle Umstände, die zulässigerweise vom Vertragspartner erfragt werden können und an deren Kenntnis der Vertragspartner ein *berechtigtes Interesse* hat.[279] Dieses besteht nur an Sachverhalten, die in *unmittelbarem Zusammenhang* mit dem Arbeitsplatz und der zu leistenden Arbeit stehen, wie zum Beispiel die Dauer des Arbeitsverhältnisses, das finanzielle Risiko für die Arbeitgeberin oder gesetzliche Vorschriften. Das Fragerecht der Arbeitgeberin findet seine Schranken am *Persönlichkeitsrecht des Arbeitnehmers*,[280] wobei sich leitende Arbeitnehmer aufgrund ihrer Vertrauensstellung weitergehende Befragungen gefallen lassen müssen. Auch Fragen aus dem Privatleben sind zulässig, wenn und soweit ein Bezug zwischen den Fragen, der beruflichen Eignung und Verfügbarkeit besteht (Art. 4 DSG).[281] Viele Firmenfragebögen gehen aber zu weit.

**Beispiele:**[282]

– Die Frage nach schulischer und beruflicher *Ausbildung* (inkl. Zeugnisse etc.), Lebenslauf, Militärlaufbahn, besonderen Kenntnissen (z.B. Fremdsprachen) ist zulässig.

– Die Frage nach *Lohn* und übrigen Leistungen der früheren Arbeitgeberin ist nicht zulässig.

– Die Frage nach dem *Personenstand* ist zulässig. Umstritten ist die Frage nach einer zukünftigen Heirat, welche ein Teil der Lehre u.E. zu Recht als unzulässig erachtet,[283] während ein anderer Teil der Lehre die

---

[279] REHBINDER, Arbeitsrecht, Rz. 68.
[280] Siehe auch WYLER/HEINZER, 324 f.
[281] BRÜHWILER, Art. 320 OR, N 8.
[282] Beispiele in Anlehnung an PELLEGRINI, Die Anfechtung des Arbeitsvertrags wegen Willensmängeln, Bern 1983, 127 ff.; BRÜHWILER, Art. 320 OR, N 8. Es handelt sich dabei um Beispiele. Im Einzelfall drängen sich natürlich weitere Abklärungen auf.
[283] BK-REHBINDER/STÖCKLI, Art. 320 OR, N 36.

Zulässigkeit aufgrund der arbeitsvertraglichen Fürsorgepflicht bejaht.[284]

– Die Frage nach einem *Konkubinatsverhältnis* ist nur zulässig für Tendenzbetriebe.

– Die Frage nach Name und Staatszugehörigkeit möglicher *Kinder ist unzulässig.* Zulässig ist lediglich die Frage nach der Anzahl und dem Geburtsdatum der Kinder, welche die Auszahlung von Kinderzulagen auslösen können.

– Die Frage nach der *Religions- und Parteizugehörigkeit* ist nur zulässig für Tendenzbetriebe (z.B. kirchlicher Bereich, Parteisekretariate).[285]

– Die Frage nach einem *Konkurrenzverbot* aus einem früheren Arbeitsvertrag ist zulässig.

– Die Frage nach der Höhe der *Verschuldung* ist nur zulässig, wenn bspw. die erhöhte Gefahr eines Griffes in die Ladenkasse besteht. In der Praxis wird von den Bewerbern oft ein Betreibungsregisterauszug verlangt.

– Die Zulässigkeit der Frage nach *bestehender Schwangerschaft* ist *umstritten.* Sie wird teilweise bejaht, da die Schwangerschaft eine finanzielle Belastung für die Arbeitgeberin darstellt. Sie soll die Schwangerschaft der Arbeitnehmerin nur hinnehmen müssen, wenn sie während eines bestehenden Arbeitsverhältnisses eintritt.[286] Gemäss einem Teil der Lehre ist die Frage nur zulässig, wenn arbeitsplatzspezifische Besonderheiten vorliegen.[287] Unseres Erachtens ist diese Frage unzulässig. Diese Auffassung lässt sich auch auf das Gleichstellungsgesetz stützen, welches Diskriminierungen aufgrund einer Schwangerschaft verbietet (Art. 3 GlG). Ausnahmen bestehen in seltenen Fällen: wenn die Arbeit eine direkte Gefährdung der Schwangeren bedeutet bzw. wenn Vorkehrungen zu deren Schutz zu treffen sind.

– Die Frage nach bestehenden *Krankheiten* ist zulässig, soweit durch die Krankheit die Arbeitstauglichkeit für den betreffenden Arbeitsplatz herabgesetzt wird. Frühere Krankheiten müssen nur angegeben werden, wenn sie nochmals auftreten könnten. Eine künftige, absehbare fehlende Einsatzbereitschaft (Kuren, Operationen) muss angegeben werden. Unzulässig hingegen ist die Erfragung blosser Unpässlichkei-

---

[284] Vgl. STREIFF/VON KAENEL/RUDOLPH, Art. 328b OR, N 11.
[285] JAR 1989, 158.
[286] BK-REHBINDER/STÖCKLI, Art. 320 OR, N 36.
[287] REHBINDER, Arbeitsrecht, Rz. 68.

ten wie Kopfschmerzen, Übelkeit etc. und dem allgemeinen Gesundheitszustand.

– Im Zusammenhang mit dem Militärdienst ist die Frage nach der *Diensttauglichkeit* grundsätzlich nicht zulässig. Jedoch ist die Frage nach den im laufenden bzw. im kommenden Jahr vom Arbeitnehmer zu leistenden Diensttagen zwecks Arbeitsplanung der Arbeitgeberin zulässig.

– Die Frage, ob der Arbeitnehmer *Raucher* oder *Nichtraucher* ist, ist grundsätzlich nicht zulässig.

– Die Frage nach schwerer Betäubungsmittel-, Alkohol- oder Medikamentenabhängigkeit ist bei *Suchtkrankheiten* zulässig, da die Arbeitskraft unmittelbar von dieser Intensität der Sucht betroffen ist.

– Die allgemeine Frage, ob Alkohol oder Drogen konsumiert werden, ist nicht zulässig.

– Die Frage nach einer *HIV-Infektion* ist grundsätzlich unzulässig. Ein Fragerecht besteht nur, wenn die Arbeit mit einer potenziellen Ansteckungsgefahr verbunden ist. Allerdings gibt es keinen Beruf, bei dem eine Ansteckungsgefahr besteht, wenn die ohnehin nötigen Vorsichtsmassnahmen eingehalten werden.[288]

– Die Frage nach *Vorstrafen* ist auf einschlägige Vorstrafen zu beschränken. Ein Kassier darf grundsätzlich nur nach Vermögensdelikten und ein Lastwagenfahrer nur nach Verkehrsdelikten befragt werden (ausser ein Lkw-Chauffeur nehme Gelder entgegen). Das Interesse der Resozialisierung der Straffälligen soll aber immer höher bewertet werden als das Interesse der Arbeitgeberin, sofern kein sachlicher Zusammenhang zwischen der beabsichtigten Beschäftigung und der Art der Straftat besteht. Deshalb ist das Verlangen nach Vorlage eines Strafregisterauszuges unzulässig. Nach der Einstellung soll es indessen aufgrund der Treuepflicht zulässig sein.[289] Wegen des Prinzips der Unschuldsvermutung darf auch bei einschlägigen Delikten nicht nach laufenden Ermittlungs- und Hauptverfahren gefragt werden.[290] Auch STREIFF/VON KAENEL/RUDOLPH nehmen unter Verweis auf einen älteren Entscheid des Gewerbegerichts Zürich eine Offenbarungspflicht für einschlägige Vorstrafen an; über nicht einschlägige Vorstrafen müsse der

---

[288]  REHBINDER, Arbeitsrecht, Rz. 68.

[289]  VISCHER/MÜLLER, 85: Bei Vorliegen besonderer Voraussetzungen, z.B. Bewerbung um eine leitende Tätigkeit, kann der unmittelbare objektive Bezug zum Arbeitsverhältnis auch bei gelöschten Vorstrafen gegeben sein, sodass auch dann eine Informations- und Beantwortungspflicht besteht.

[290]  BK-REHBINDER/STÖCKLI, Art. 320 OR, N 36; ebenso JAR 1991, 101.

Bewerber (gemäss einem Entscheid des Arbeitsgerichts Zürich) allerdings nicht informieren.[291]

### c) Mitteilungspflicht ohne Fragestellung

Unter Umständen ist der Bewerber verpflichtet, die künftige Arbeitgeberin *von sich aus* über das Fehlen von Eigenschaften oder Fähigkeiten zu *informieren*. Diese Mitteilungspflicht wird nicht durch jedes Verschweigen verletzt, denn die verschwiegenen Attribute müssen *objektiv wesentlich*, d.h. verkehrswesentlich, sein. Die Verkehrswesentlichkeit ist immer mit Blick auf die in Aussicht genommene Arbeitsstelle zu beurteilen.[292]     233

Grundsätzlich hat sich jede Partei über die für sie subjektiv wesentlichen Punkte selber zu informieren. Folglich besteht *keine spontane Mitteilungspflicht* in Bezug auf Sachverhalte, über die sich die Arbeitgeberin *selber informieren* kann. Ausnahmsweise kann eine solche Verpflichtung bestehen, wenn eine Eigenschaft für die Arbeitgeberin offensichtlich subjektiv wesentlich ist und von ihr als selbstverständlich vorausgesetzt wird. Es ist dann so vorzugehen, als wenn die Arbeitgeberin die Frage gestellt hätte.     234

Von diesen besonderen Fällen abgesehen, besteht eine spontane Mitteilungspflicht nur hinsichtlich der Eigenschaften und Sachverhalte, welche den Bewerber für die Arbeitsstelle als *absolut ungeeignet* erscheinen lassen.[293]     235

**Beispiele:**

– **Fehlende Berufsbildung:** Die Arbeitsleistung kann mangels Fähigkeiten überhaupt nicht erbracht werden. Die Eignung für die übernommene Arbeitsstelle gehört zu den selbstverständlichen Vertragsgrundlagen.[294]

– **Gesundheitsschädigung:** Wird die Erfüllung der zu übertragenden Aufgaben mit grosser Wahrscheinlichkeit infrage gestellt, besteht eine Mitteilungspflicht.[295] Keine Mitteilungspflicht besteht z.B. bei einer HIV-Infektion. Wenn aber eine Krankheit bereits soweit fortgeschritten ist, dass das Arbeitsverhältnis beeinträchtigt wird, ist eine Mitteilungs-

---

[291] STREIFF/VON KAENEL/RUDOLPH, Art. 328b OR, N 11; JAR 1980, 275; 1991, 101.
[292] BK-REHBINDER/STÖCKLI, Art. 320 OR, N 31.
[293] BK-REHBINDER/STÖCKLI, Art. 320 OR, N 32.
[294] STREIFF/VON KAENEL/RUDOLPH, Art. 328b OR, N 11.
[295] STREIFF/VON KAENEL/RUDOLPH, Art. 328b OR, N 11.

pflicht anzunehmen. Auch besteht keine Pflicht, die Arbeitgeberin über frühere Erkrankungen aufzuklären, insbesondere dann nicht, wenn der Arbeitnehmer davon ausgeht, er sei in der Zwischenzeit wieder vollauf gesund.[296]

– **Bestehende Schwangerschaft:** Eine bestehende Schwangerschaft ist zu offenbaren, wenn die Durchführung des Arbeitsvertrags mit einer Schwangeren völlig unmöglich ist (Tänzerin, Fotomodell). Keine Aufklärungspflicht besteht für eine Aufsichtsperson in einem Unterhaltungszentrum[297] oder Kindergärtnerin in öffentlich-rechtlichem Anstellungsverhältnis.[298]

– **Vorstrafen:** Diesbezüglich besteht keine Mitteilungspflicht, grundsätzlich auch nicht bei einschlägigen Vorstrafen (z.B. Veruntreuung im Fall der Einstellung als Kassier). Eine Mitteilungspflicht besteht nur im Fall, wo die Arbeitsstelle absolute Integrität gegenüber der Öffentlichkeit erfordert (z.B. Bankdirektor) und die Arbeitgeberin für den Bewerber erkenntlich davon ausgeht, dass keine Vorstrafen vorliegen.

### d) Wahrheitspflicht

236        Macht der Bewerber oder die Arbeitgeberin von sich aus *freiwillige Angaben*, so dürfen sie *weder unwahr noch irreführend* sein. Sonst liegt eine absichtliche Täuschung vor, die eine fristlose Kündigung nach sich ziehen kann.[299] Auch eine Berufung darauf, dass bestimmte freiwillig erteilte Angaben nicht hätten erfragt werden dürfen, ist nicht möglich.[300]

237        Grundsätzlich haben sich beide Parteien nach *Treu und Glauben* zu verhalten, was einem Recht auf Lüge auch bei einer *unzulässigen Frage* entgegensteht. Wenn der Arbeitnehmer jedoch die Antwort verweigert, wird er die Arbeitsstelle kaum erhalten und so das Risiko seines Persönlichkeitsschutzes tragen. Befürwortet wird deshalb ein sogenanntes *«Notwehrrecht der Lüge»*[301], das eine Anfechtung des Vertrags nach Entdeckung verhindern soll (Art. 52 OR).[302]

---

[296] JAR 1991, 100.
[297] JAR 1987, 106.
[298] ZBl 1988, 221.
[299] Urteil des BGer 4A_569_2010 vom 14. Februar 2011.
[300] BK-REHBINDER/STÖCKLI, Art. 320 OR, N 37.
[301] Eine Konstruktion REHBINDERs aus dem deutschen Recht.
[302] BK-REHBINDER/STÖCKLI, Art. 320 OR, N 10; STREIFF/VON KAENEL/RUDOLPH, Art. 320 OR, N 10.

Der Ausdruck «Notwehrrecht der Lüge» ist insofern unglück-     238
lich, als eine eigentliche Notwehrsituation nicht gegeben ist, weil der
Bewerber sich der Situation auch durch Verweigerung der Antwort
entziehen kann. Da er auf die Anstellung keinen Anspruch hat, vertei-
digt er mit der Lüge nicht ein ihm zustehendes und unmittelbar be-
drohtes Recht. Sinnvoller ist die *dogmatische Einordnung als Konsequenz des Rechtsmissbrauchs*. Daraus folgt kein Recht des Bewerbers
zu lügen. Hingegen hat die Arbeitgeberin diese Lüge durch ihr eigenes
rechtswidriges Verhalten – durch die persönlichkeits- und damit die
vorwirkende Fürsorgepflicht verletzende Frage – selber herbeigeführt.
Führt sie später die unwahre Antwort als Grund für eine Vertragsungültigkeit oder eine fristlose Kündigung auf, so basiert sie auf ihr eigenes, rechtswidriges Handeln. Es liegt der Fall eines unredlichen
Rechtserwerbs vor, dem nach Art. 2 ZGB die Ausübung zu verweigern ist.

**e)     Auskünfte Dritter**

Gelegentlich genügen der potenziellen Arbeitgeberin die einge-     239
reichten Bewerbungsunterlagen noch nicht, um über den Abschluss
eines Arbeitsvertrages entscheiden zu können. Deshalb werden Auskünfte Dritter als weitere Entscheidungshilfen eingeholt. Dabei stellt
sich vorab die Frage, ob und in welchem Umfang die potenzielle Arbeitgeberin solche Abklärungen überhaupt treffen darf. Zu prüfen ist
aber auch, welche Auskünfte die ehemalige Arbeitgeberin erteilen darf
und zu welchen Angaben andere Dritte (wie bspw. ehemalige Arbeitskollegen) berechtigt sind.

Die potenzielle Arbeitgeberin darf grundsätzlich Abklärungen     240
über die Person des Bewerbers treffen.[303] Häufig werden ihr nämlich
die Bewerbungsunterlagen und die Erkenntnisse aus dem Bewerbungsgespräch keine abschliessende Beurteilung ermöglichen. Wenn
der Arbeitnehmer in ungekündigter Stellung steht, darf allerdings die
bisherige Arbeitgeberin nicht ohne Einverständnis des Arbeitnehmers
angefragt werden. Entstehen daraus nachteilige Folgen,[304] haftet die
Anfragende dem Bewerber aufgrund unerlaubter Handlung oder aus
culpa in contrahendo.[305]

---

[303]  VISCHER/MÜLLER, 86.
[304]  Z.B. wenn die Arbeitgeberin vom Stellenwechsel noch nicht informiert ist.
[305]  STREIFF/VON KAENEL/RUDOLPH, Art. 320 OR, N 14; BK-REHBINDER/STÖCKLI,
       Art. 320 OR, N 8.

241    Wenn das Arbeitsverhältnis bei der alten Arbeitgeberin bereits gekündigt ist, stellt sich die Frage der Zulässigkeit von Referenzen. Solche Referenzen sind nichts anderes als mündliche Arbeitszeugnisse,[306] weshalb zu beachten ist, dass sie nur mit Zustimmung des Arbeitnehmers eingeholt werden dürfen und die ehemalige Arbeitgeberin nichts anderes sagen darf, als was im Arbeitszeugnis steht. Lediglich Klarstellungen sind zulässig. Sofern kein Arbeitszeugnis vorliegt, darf die ehemalige Arbeitgeberin nicht einmal bestätigen, dass zwischen ihr und dem Bewerber ein Arbeitsverhältnis bestanden hat.[307]

242    Wenn es sich beim angefragten Dritten nicht um die ehemalige Arbeitgeberin, sondern beispielsweise um einen ehemaligen Arbeitskollegen oder um die Einwohnerkontrolle handelt, gilt Folgendes: Dritte haben bei Auskünften das Datenschutzgesetz zu beachten. Behörden im Speziellen sind überdies an die Normen in einschlägigen Spezialgesetzen gebunden.

242a    Die zunehmende Verfügbarkeit persönlicher Information im Internet, insbesondere auf Social-Media-Plattformen (Facebook, Twitter etc.) wirft die Frage auf, wieweit der Einbezug entsprechender Informationen im Bewerbungsverfahren zulässig ist. Die Tatsache, dass es sich dabei um öffentliche Daten handelt, entbindet die Arbeitgeberin nicht von der Pflicht zur Beschränkung auf die Bearbeitung von persönlichen Informationen, die für die Fragen der Eignung und der Durchführbarkeit eines Arbeitsverhältnisses relevant sind (Art. 328*b* OR). Insofern schränkt Art. 328*b* OR die Datenbearbeitung stärker ein als das Datenschutzgesetz.[308] Recherchen zum Kandidaten auf entsprechenden Internetportalen können deshalb rechtlich problematisch sein.

> **Beispiele:** *Betreibungsregisterauszüge* dürfen eingeholt werden, wenn die Vermögens- oder Einkommenssituation des Bewerbers in einem engen Zusammenhang mit der zukünftigen Tätigkeit steht (z.B. Kassier, Buchhalter oder Mitglied der Geschäftsleitung). *Zentralstrafregisterauszüge* können nur vom Arbeitnehmer selbst eingeholt werden. Die Arbeitgeberin kann einen solchen Auszug verlangen, wenn dies für die zukünftige Tätigkeit erforderlich ist (z.B. Mitarbeiter bei der Nationalbank oder Security-Mitarbeiter auf einem Flugplatz).

---

[306]   Vgl. Rz. 695 ff.
[307]   Vgl. Art. 12 Abs. 2 lit. c DSG.
[308]   Vgl. Art. 12 Abs. 3 DSG.

## f) Ärztliche Untersuchungen

Oft verlangt die zukünftige Arbeitgeberin vor der Einstellung eine Untersuchung durch den Werk- oder Vertrauensarzt. Der Arzt darf mit Rücksicht auf den *Persönlichkeitsschutz* des Arbeitnehmers gegenüber der neuen Arbeitgeberin nur Angaben über die Tauglichkeit des Bewerbers für die infrage stehende Position machen, nicht aber über konkrete Krankheiten.[309]

243

Problematisch sind insbesondere auch Genom-Untersuchungen, da Pensionskassen und Krankentaggeldversicherungen unter Umständen ärztliche Prüfungen verlangen und die Arbeitgeberin eine allfällige Ablehnung bzw. einen Vorbehalt nicht erfährt. Pensionskassen können nur einen zeitlichen Vorbehalt (Befristung hinsichtlich Invalidität) erheben, den Bewerber aber nicht generell ablehnen.

244

Bei Krankentaggeldversicherungen ist das Problem gravierender, da bei fehlender Versicherung die Arbeitgeberin zur Zahlung eines allfälligen Schadens verpflichtet ist. Die einzige Lösung hierfür bietet eine Krankentaggeldversicherung ohne Risikoprüfung.[310]

245

## g) Grafologische Gutachten und psychologische Eignungstests

Da grafologische Gutachten in den Privatbereich des Bewerbers eingreifen, ist die *Einwilligung* des Betroffenen unabdingbar,[311] welche aber z.B. durch Einreichung eines handschriftlichen Lebenslaufes auch stillschweigend erteilt werden kann. Ebenso bedürfen psychologische Eignungstests einer Einwilligung und dürfen nur vorgenommen werden, soweit sie für den zu besetzenden Arbeitsplatz relevant sind.[312]

246

Bei leitenden Arbeitnehmern werden heute vielfach ganze Assessments auf Kosten der Arbeitgeberin verlangt. Nimmt ein Kandidat an einem Assessment teil, so hat er einen Rechtsanspruch auf Mitteilung des Ergebnisses. Dies ergibt sich aus dem datenschutzgesetzlichen Auskunftsrecht (Art. 8 Abs. 2 DSG). Die Beurteilung in Assess-

246a

[309] BK-REHBINDER/STÖCKLI, Art. 320 OR, N 5; REHBINDER, Arbeitsrecht, Rz. 62.
[310] Der Abschluss einer solchen Versicherung ist allerdings in der Regel mit sehr hohen Kosten verbunden.
[311] Nicht autorisierte Einholung und Erstellung eines grafologischen Gutachtens dürften regelmässig eine Verletzung des Zweckbindungsgebots (Art. 4 lit. 3 DSG) darstellen: PORTMANN/STÖCKLI, Rz. 72.
[312] BK-REHBINDER/STÖCKLI, Art. 320 OR, N 6.

ments fällt meist positiv aus. Wird in einem Punkt die Tauglichkeit des Bewerbers verneint, so wird allenfalls ein zweites Assessment zu diesem Punkt durchgeführt. Die Arbeitgeberin und der Kandidat dürfen bei der Durchführung eines Assessments voraussetzen, dass die Gegenpartei tatsächlich am Abschluss eines Arbeitsvertrags interessiert ist. Kommt für eine der Parteien ein Arbeitsverhältnis gar nicht in Betracht und veranlasst sie dennoch die Durchführung des Assessments, so macht sie sich aus culpa in contrahendo haftbar. Sie hat dann der andern Partei die entstandenen Kosten zu vergüten.

### h) Probearbeit

246b Zur Beurteilung der Eignung eines Kandidaten kann ein probeweiser Arbeitseinsatz verabredet werden. Auch bei einer solchen Form der Eignungsabklärung handelt es sich um ein vorvertragliches Vorgehen. Die Arbeitsleistung basiert also nicht auf einem Arbeitsvertrag. Deshalb ist ein Lohn nur dann geschuldet, wenn dies vereinbart ist. Auch ausländerrechtliche Arbeitsbewilligungspflichten brauchen bei einer geringfügigen Probearbeit vor dem eigentlichen Vertragsabschluss nicht beachtet zu werden.[313]

## 3. Pflichten der Arbeitgeberin

### a) Ersatz der Vorstellungskosten

247 Der Anstellung geht regelmässig ein Bewerbungsgespräch voraus. Dieses kann Kosten verursachen (Fahrt, Essen, Übernachtung). Es ist unklar, ob diese die Arbeitgeberin zu tragen hat, weshalb eine vorgängige Klärung und ausdrückliche Regelung zu empfehlen ist.

248 Eine *Anspruchsgrundlage* kann sich aus drei Gründen ergeben:

– War die Arbeitgeberin an der Bewerbung gar nicht (mehr) ernstlich interessiert, so hat sie dem Arbeitnehmer unnütze Kosten verursacht. Sie haftet aus culpa in contrahendo.[314]

– Wird der Arbeitnehmer angestellt, könnte man in einer Vorwirkung des Arbeitsvertrags eine Anspruchsgrundlage sehen. Dies ist aber im Gesetz nicht vorgesehen.[315]

---

[313] Urteil des BGer 6B_277/2011 vom 3. November 2011.
[314] GAUCH/SCHLUEP/SCHMID/EMMENEGGER, Rz. 950 ff. und Rz. 991a; STREIFF/VON KAENEL/RUDOLPH, Art. 320 OR, N 14.

– Ein Teil der Lehre geht bezüglich des Anstellungsgespräches von
einem Auftrag aus.[316] Die ablehnende Meinung wird damit begründet, dass die Arbeitgeberin den Arbeitnehmer nur aufgefordert
habe, eine Offerte einzureichen. Unseres Erachtens besteht i.d.R.
nur ein Ersatzanspruch, wenn ein solcher vereinbart worden ist.[317]

### b) Aufbewahrungs- und Herausgabepflicht an Bewerbungs-
unterlagen

Die Arbeitgeberin hat die eingereichten Bewerbungsunterlagen     249
sorgfältig aufzubewahren und nach Beendigung des Bewerbungsver-
fahrens mit Ausnahme des Bewerbungsschreibens herauszugeben.
Während die Bewerbungsunterlagen Eigentum des Bewerbers geblieben sind, stehen Personalfragebögen, grafologische Gutachten und
Persönlichkeitstests im Eigentum der Arbeitgeberin. Dem Bewerber
steht aufgrund des gesetzlichen Schutzes seiner Persönlichkeit
(Art. 28 Abs. 1 ZGB) ein Recht auf Vernichtung,[318] mangels Eigentum aber kein Herausgabeanspruch zu.[319] In diesem Zusammenhang
ist im Übrigen auf Art. 328*b* OR zu verweisen:

> «Der Arbeitgeber darf Daten über den Arbeitnehmer nur bearbeiten,
> soweit sie dessen Eignung für das Arbeitsverhältnis betreffen oder zur
> Durchführung des Arbeitsvertrags erforderlich sind. Im übrigen gelten
> die Bestimmungen des Bundesgesetzes vom 19. Juni 1992 über den
> Datenschutz.»

Schliesslich ist auf die Problematik der elektronischen Daten-     250
sicherungen einzugehen. Bewerbungen per E-Mail sind heute üblich.
Die elektronischen Sicherungen des E-Mail-Verkehrs (wie bei Grossbetrieben üblich) verunmöglichen teilweise eine vollständige Lö-
schung von elektronisch eingereichten Bewerbungsunterlagen. Unseres Erachtens erteilt deshalb derjenige Bewerber, der sich per E-Mail
bewirbt, konkludent das Einverständnis, dass die Bewerbungsunterlagen gespeichert und ggf. nicht mehr gelöscht werden. Auch Bewerbungen in Papierform werden heute von Arbeitgeberinnen regelmäs-

---

[315] STREIFF/VON KAENEL/RUDOLPH, Art. 320 OR, N 15.
[316] REHBINDER, Arbeitsrecht, Rz. 62; STREIFF/VON KAENEL/RUDOLPH, Art. 320 OR,
N 15; JAR 1990, 229.
[317] VISCHER/MÜLLER, 79; BRÜHWILER, Art. 320 OR, N 45.
[318] REHBINDER, Arbeitsrecht, Rz. 62.
[319] Der Arbeitgeberin bleibt es aber unbenommen, eine Liste mit den Namen abgelehnter
Bewerber zu führen.

sig eingescannt. Deshalb muss ein Bewerber, der dies verhindern will, ausdrücklich verlangen, dass seine Unterlagen nicht eingescannt werden. Sonst muss er zumindest mit der Möglichkeit des Einscannens rechnen. Das bedeutet, dass er auch diesbezüglich ohne gegenteiligen Vermerk sein konkludentes Einverständnis zum Einscannen seiner Unterlagen erteilt.

### c) Diskriminierungsverbot bei Begründung einer Ablehnung

250a    Erteilt die Arbeitgeberin einem Bewerber einen negativen Bescheid, so braucht sie diesen Entscheid nicht zu begründen. Ein Kandidat hat *kein Recht auf eine Begründung*. Wird dennoch eine Begründung gegeben, so darf der Ablehnungsgrund nicht gegen gesetzliche Diskriminierungsverbote verstossen. Dies gilt freilich auch dann, wenn das Motiv des negativen Entscheids nicht explizit ausgesprochen, aber aus den Umständen deutlich wird.

250b    Unzulässig ist insbesondere eine Ablehnung aufgrund des Geschlechts (Art. 3 Abs. 2 GlG), sofern eine solche nicht auf Massnahmen zur Verwirklichung tatsächlicher Gleichstellung (namentlich Quoten) beruht (Art. 3 Abs. 3 GlG) oder wegen anderer sachlicher Gründe geboten ist (z.B. der Ausschluss von Männern in Frauenberatungsstellen). Das bei hinreichender Bestimmtheit unmittelbar anwendbare Freizügigkeitsabkommen mit der EU[320] verbietet ferner eine Absage aus Gründen der Staatsangehörigkeit bei EU-Bürgern (Art. 7 lit. a FZA i.V.m. Art. 9 Anhang I FZA). Keinen Schutz vor Diskriminierung im Anstellungsverfahren bietet nach bisheriger Rechtspraxis die Strafnorm gegen Rassendiskriminierung von Art. 261[bis] StGB.[321] In der Lehre ist dies allerdings umstritten.[322] Eine andere Grundlage zur Abwehr rassistischer Diskriminierung könnte das in Art. 5 lit. e/i des *Internationalen Übereinkommens zur Beseitigung jeder Form von*

---

[320]    Abkommen vom 21. Juni 1999 zwischen der Schweizerischen Eidgenossenschaft einerseits und der Europäischen Gemeinschaft und ihren Mitgliedstaaten andererseits über die Freizügigkeit (FZA) [SR 0.142.112.681]. Zur unmittelbaren Anwendbarkeit: PÄRLI, Rz. 19.

[321]    Einstellungsverfügung der Staatsanwaltschaft des Kantons Graubünden, dokumentiert als Entscheid Nr. 1999-50 in der Sammlung Rechtsfälle der Eidgenössischen Kommission gegen Rassismus (EKR) unter www.ekr.admin.ch. Ein Gericht hat sich bisher allerdings, soweit ersichtlich, noch nicht mit der Frage befasst. Vgl. EKR, Diskriminierung, 33.

[322]    Gegen die Anwendbarkeit auf Anstellungsverfahren u.a. TRECHSEL/VEST, Art. 261[bis] StGB, Rz. 41. Für die Anwendbarkeit hingegen ausführlich NIGGLI, Rassendiskriminierung, Rz. 1513 ff.

*Rassendiskriminierung*[323] verankerte Recht auf Arbeit darstellen. Die Schweiz hat 2003 das Individualbeschwerdeverfahren dieses Vertrags anerkannt. Bisher wurde dieser Weg aus der Schweiz jedoch nicht erprobt.[324] Der Vertragsausschuss hat aber bei anderen Gelegenheiten wiederholt festgehalten, dass eine diskriminierende Einstellungspraxis von den Bestimmungen der Konvention erfasst wird.[325] Eine Beschwerde beim zuständigen Ausschuss könnte freilich nicht direkt das Verhalten der potenziellen Arbeitgeberin, sondern nur den mangelnden Rechtsschutz durch die Schweiz rügen.

Abgesehen von den gesetzlich verpönten Auswahlkriterien gilt jedoch die allgemeine Vertragsfreiheit. Die Arbeitgeberin ist in diesem Rahmen nicht verpflichtet, bei der Wahl des Vertragspartners auf sachliche Kriterien abzustellen.    250c

## 4. Pflichten des Bewerbers

Wie die Arbeitgeberin untersteht auch der Bewerber bei den Vertragsverhandlungen einer erhöhten Sorgfalts- und Rücksichtspflicht. Ein Verhandlungsverhältnis ist ein Rechtsverhältnis, welches die Parteien zu einem *Verhalten nach Treu und Glauben* verpflichtet.[326]    251

Der Bewerber hat demnach inhaltlich korrekte Bewerbungsunterlagen einzureichen sowie wahrheitsgetreu auf die ihm gestellten Fragen zu antworten, sofern er überhaupt Antworten gibt.[327] Bezüglich sogenannter Chiffre-Inserate, bei denen eine Arbeitgeberin für eine zurzeit noch besetzte Stelle einen neuen Arbeitnehmer sucht, gilt es anzumerken, dass ein Bewerber über seine Bewerbung auf die entsprechende Arbeitsstelle genauso zu schweigen hat, wenn dies die potenzielle Arbeitgeberin verlangt, wie sich diese umgekehrt darüber auszuschweigen hat, wenn sich ein zurzeit noch in ungekündigter Stelle befindlicher Arbeitnehmer bei ihr bewirbt. Schliesslich hat der Bewerber analog zur Pflicht der potenziellen Arbeitgeberin sämtliche ausgehändigten Unterlagen wieder an den Betrieb zurückzugeben, sofern kein Arbeitsverhältnis entstanden ist.    252

---

[323] SR 0.104.
[324] PÄRLI, Rz. 11 f.
[325] NIGGLI, Rassendiskriminierung, Rz. 1531.
[326] VISCHER/MÜLLER, 79.
[327] Bzgl. der Konsequenzen nicht wahrheitsgetreuer Antworten vgl. Rz. 236 ff.

# F.   Abschluss des Vertrags

## 1.   Allgemeine Arbeitsbedingungen (AAB)

253      Der EAV entsteht durch gegenseitige, *übereinstimmende Willenserklärungen* von handlungsfähigen Arbeitgeberinnen und Arbeitnehmern (Art. 1 OR, Art. 12 ff. ZGB). Reglemente oder allgemeine Arbeitsbedingungen (AAB) sind nur verbindlich, wenn sie dem Bewerber ausgehändigt oder zur Kenntnis gebracht und von ihm gebilligt worden sind.[328] Der Beweis dafür obliegt der Arbeitgeberin.

253a      Heute werden oft kurze Anstellungsverträge mit ausführlichen AAB kombiniert. Für AAB sind ganz unterschiedliche Bezeichnungen gebräuchlich. Es handelt sich dabei aber immer um sog. allgemeine Vertragsbedingungen (AVB). Bei deren Beurteilung sind grundsätzlich auch im arbeitsrechtlichen Kontext die besonderen Regeln zu beachten, die für AVB gelten.[329] Ausserdem gelten Abreden in den AAB, für die das OR Schriftform verlangt, selbstverständlich nur dann, wenn die AAB schriftlich vorliegen und im Vertragstext ausdrücklich eingeschlossen werden.[330]

253b      Werden die AAB in einem Unternehmen geändert, so stellt sich die Frage, ob bei vor der Änderung eingestellten Arbeitnehmern die alte oder die neue Version einschlägig ist. Der vertragliche Verweis auf AAB wird als *statisch* bezeichnet, wenn er sich auf die Bedingungen zum Zeitpunkt des Vertragsschlusses bezieht, als *dynamisch* hingegen, wenn die jeweils aktuelle Version massgeblich sein soll. Schweigt sich der Vertrag darüber aus, ob der Verweis als statisch oder dynamisch aufzufassen ist, so ist von einem statischen Verweis auszugehen.

253c      Auch bei expliziter Vereinbarung eines dynamischen Verweises ist nicht ohne Weiteres die neue Version gültig. Denn der Arbeitnehmer kann Verschlechterungen seiner Arbeitsbedingungen nicht vorgängig pauschal annehmen. Eine wesentliche Verschlechterung der Bedingungen erfordert die Zustimmung des Arbeitnehmers im Einzelfall.

---

[328]   REHBINDER, Arbeitsrecht, Rz. 55.
[329]   Vgl. zu diesen Regeln z.B. KOLLER, Obligationenrecht, 369 ff.
[330]   Schriftlich bedeutet im Zweifel, dass gemäss Art. 13 OR das Schriftstück die eigenhändige Unterschrift tragen muss.

**Beispiel:** Die Arbeitgeberin kann die Anzahl der Arbeitsstunden pro Woche nicht mittels einseitiger Änderung der allgemeinen Arbeitsbedingungen von 35 auf 42 Stunden erhöhen. Auch eine Berufung auf eine Vertragsklausel, wonach die «jeweils aktuellen allgemeinen Arbeitsbedingungen Vertragsbestandteil» sind, kann hierfür keine Grundlage bieten.

## 2. Änderung von allgemeinen Arbeitsbedingungen

Die Änderung von Arbeitsbedingungen bzw. Reglementen bedeutet, ebenso wie deren Einführung, eine Änderung der bestehenden Arbeitsverhältnisse.[331] Findet keine einvernehmliche Vertragsänderung statt, sind notwendigerweise Änderungskündigungen auszusprechen. Dabei sind in rechtlicher wie auch in praktischer Hinsicht folgende Aspekte zu berücksichtigen:    254

–   Bei einer Änderungskündigung sind je nach Anzahl der betroffenen Arbeitsverträge die Vorschriften über die Massenentlassung nach Art. 335d ff. OR einzuhalten,[332] was zu einer Informations- und Konsultationspflicht der Arbeitgeberin führt.    255

–   Es darf auf keinen Fall davon ausgegangen werden, dass die gesetzlichen oder vereinbarten Kündigungsfristen als Ankündigungsfrist für die Einführung genügen. Erstens wird für das Informations- und Konsultationsverfahren zusätzliche Zeit benötigt. Zweitens gelten auch bei der Änderungskündigung die Sperrfristen nach Art. 336c OR und drittens gilt es zu beachten, dass womöglich noch diverse betriebsinterne Massnahmen nötig sind, welche ebenfalls Zeit beanspruchen.[333]    256

–   Gemäss Art. 341 OR kann der Arbeitnehmer während der Dauer des Arbeitsverhältnisses nicht auf Forderungen verzichten, die sich aus den unabdingbaren Vorschriften des Gesetzes oder eines Gesamtarbeitsvertrages ergeben. Deshalb ist die rückwirkende Einführung eines (neuen) Reglements, beispielsweise weil die Arbeitgeberin mit der Einführung des Reglements auf den Beginn des Kalenderjahres in Verzug ist, immer dann heikel, wenn dadurch    257

---

[331]   SENTI, AJP 2004, 1086 f.
[332]   GEISER, AJP 1995, 1411 ff.
[333]   Es empfiehlt sich zudem aus verschiedenen Gründen, den Einführungstermin auf den Beginn des Kalender- oder Geschäftsjahres zu legen (für Genaueres vgl. SENTI, AJP 2004, 1087).

auf bestehende Ansprüche verzichtet wird – auch bei ausdrücklicher Zustimmung des Arbeitnehmers.[334]

## 3. Behördliche Bewilligungen

258    Einige Arbeitsverhältnisse bedürfen einer Bewilligung. Hierunter fällt unter anderem die Einstellung von *ausländischen Arbeitnehmern*.[335] Diese unterliegen den Vorschriften des Bundesgesetzes über die Ausländerinnen und Ausländer (insbesondere Art. 11 ff. AuG) oder den Bestimmungen der bilateralen Verträge mit der EU. Für Arbeitnehmer aus dem EU- und EFTA-Raum ist eine Aufenthaltsbewilligung nicht Voraussetzung für eine Arbeitsstelle, da sie als bestehend angenommen wird, wenn der Arbeitnehmer eine Stelle in der Schweiz gefunden hat.[336]

259    Ist eine notwendige Bewilligung nicht vorhanden, so resultiert keine Nichtigkeit. Vielmehr ist der Arbeitsvertrag trotz fehlender Bewilligung gültig.[337] Der Arbeitgeberin bleibt einzig die Möglichkeit der fristlosen Kündigung.

## 4. Vermutung des stillschweigenden Vertragsschlusses

260    Art. 320 Abs. 2 OR stellt die *unwiderlegbare Vermutung* auf, dass stillschweigend ein entgeltlicher Vertrag geschlossen wurde,[338] wenn die Arbeitgeberin Arbeit in ihrem Dienst auf Zeit entgegennimmt, deren Leistung nach den Umständen nur gegen Lohn zu erwarten ist.[339]

261    Damit werden *zwei Konstellationen* erfasst:

- Bei *Stillschweigen* über den Lohn soll kein Verzicht auf den Lohnanspruch vorliegen.

---

[334] SENTI, AJP 2004, 1087.
[335] REHBINDER, Arbeitsrecht, Rz. 75.
[336] GASSER, Überblick über die bilateralen Verträge im Bereich der Personenfreizügigkeit einschliesslich der Übergangsregelung, in: Bilaterale Verträge – Auswirkungen auf die Arbeitsverhältnisse, Weiterbildungsseminare HSG, Zürich 2002, 3.
[337] Vgl. Rz. 264, Beschäftigungsverbot; sowie BGE 114 II 84.
[338] Z.B. JAR 1989, 106; JAR 1990, 117.
[339] D.h. Tätigkeiten, mit denen üblicherweise der Lebensunterhalt verdient wird.

– Ein Arbeitsverhältnis und damit ein Lohnanspruch entsteht auch, wenn die Parteien sich über die wesentlichen Vertragsbedingungen (essentialia negotii) nicht geeinigt haben *(fehlender Konsens)*, aber Arbeit geleistet und entgegengenommen wird.[340]

Die Vermutung von Art. 320 Abs. 2 OR kommt nicht zum Zuge, wenn nachweislich die Unentgeltlichkeit der Arbeit vereinbart wurde.[341] Auf die Behandlung von Arbeitsleistungen innerhalb der Familie und im Konkubinat wurde bereits eingegangen.[342]    262

**Beispiel:** Die Arbeitgeberin schickt einem Bewerber einen bereits unterschriebenen Arbeitsvertrag. Darin wurde vermerkt, dass keine mündlichen Gegenabmachungen bestehen. Der Bewerber schickt den seinerseits nun unterschriebenen Arbeitsvertrag mit dem Vermerk zurück, dass das Arbeitsverhältnis auf drei Jahre unkündbar abgeschlossen wurde. Hierbei handelt es sich um eine Gegenofferte und nicht etwa um eine Annahme des Vertrages. Es wurde folglich kein gültiger Vertrag abgeschlossen. Beginnt nun der Arbeitnehmer dennoch bei der entsprechenden Arbeitgeberin zu arbeiten, handelt es sich um einen Anwendungsfall von Art. 320 Abs. 2 OR.

## 5.  Schranken der Vertragsfreiheit

Auch im Arbeitsrecht gilt der Grundsatz der Vertragsfreiheit in Form der Abschlussfreiheit, der Inhaltsfreiheit und der Formfreiheit. Sie wird jedoch mit Blick auf den *Arbeitnehmerschutz* beschränkt.    263

### a)  Abschlussfreiheit

Die Entscheidungsfreiheit über den Abschluss und den Partner eines EAV wird durch *gesetzliche Beschäftigungsverbote* beschränkt.[343]    264

**Beispiele:** Verbot eines Lehrvertrages nach Art. 10 BBG für Gewerbetreibende, denen die Befähigung zur Ausbildung von Lehrlingen fehlt; Art. 3 Abs. 3, Art. 16 Abs. 2 ANAG und BVO für Ausländer, denen die entsprechende Aufenthaltsbewilligung fehlt.

---

[340]  BK-REHBINDER/STÖCKLI, Art. 320 OR, N 17.
[341]  BK-REHBINDER/STÖCKLI, Art. 320 OR, N 18.
[342]  Siehe Rz. 227 f.
[343]  Z.B. das in Art. 29 Abs. 3 ArG veranktere Beschäftigungsverbot von Jugendlichen für bestimmte Arbeiten.

## b) Inhaltsfreiheit

265 Die Inhaltsfreiheit wird durch zwingende Vorschriften des Arbeitsvertragsrechts, des Arbeitsschutzrechts sowie durch den GAV und die Betriebsordnungen eingeschränkt. Die Gestaltungsfunktion des Arbeitsvertrags ist zunehmend auf *zwingende gesetzliche Regelungen* und *Kollektivverträge* übergegangen. Mit Blick auf den Sozialstaat wird dadurch die Vertragsfreiheit beschränkt, die tendenziell sozial Mächtige gegenüber Schwächeren begünstigt.[344]

266 Zusätzlich ergeben sich aus dem *Gebot der Gleichstellung von Frau und Mann* (Art. 8 Abs. 3 BV) gewisse Einschränkungen der Vertragsfreiheit. Der auch zwischen Privaten geltende Grundsatz der Lohngleichheit zwischen Mann und Frau wird im Gleichstellungsgesetz (GlG) konkretisiert. Wird also ein diskriminierend tiefer Lohn vereinbart, so ist dennoch der entsprechend höhere Lohn geschuldet (Art. 5 GlG).

> **Wichtig:** Das Lohngleichheitsgebot gilt im privatrechtlichen Bereich nicht bei Arbeitnehmern gleichen Geschlechts.[345] Werden also beispielsweise zwei männlichen Arbeitskollegen unterschiedliche Löhne bezahlt, ist keine Berufung auf das GlG möglich!

267 Nach Art. 10 GlG sind Kündigungen, die ohne begründeten Anlass auf eine innerbetriebliche Beschwerde über eine Diskriminierung oder auf die Anrufung der Schlichtungsstelle oder des Gerichts durch die Arbeitnehmerin oder den Arbeitnehmer folgt, anfechtbar (Abs. 1). Dieser Kündigungsschutz gilt für die Dauer eines innerbetrieblichen Beschwerdeverfahrens, eines Schlichtungs- oder Gerichtsverfahrens sowie sechs Monate darüber hinaus (Abs. 2). Die Anfechtung hat vor Ende der Kündigungsfrist beim Gericht zu erfolgen, wobei dieses die provisorische Wiedereinstellung der Arbeitnehmerin oder des Arbeitnehmers für die Verfahrensdauer anordnen kann, sofern es wahrscheinlich erscheint, dass die Voraussetzungen für die Aufhebung der Kündigung erfüllt sind (Abs. 3). Die Arbeitnehmerin oder der Arbeitnehmer hat zudem die Möglichkeit, auf die Weiterführung des Arbeitsverhältnisses zu verzichten und stattdessen eine Entschädigung nach Art. 336a OR geltend zu machen (Abs. 4). In der Praxis scheint dies aus Arbeitnehmersicht meist wenig sinnvoll, da das Verfahren

---

[344] REHBINDER, Arbeitsrecht, Rz. 77.

[345] Es sei denn, die Unterscheidung wäre diskriminierender Natur (bspw. wegen Herkunft, Hautfarbe, Lebensform etc.). Dann stützt sich der Anspruch auf Lohngleichheit aber *nicht* auf das Gleichstellungsgesetz!

nach Art. 10 GlG eine Besserstellung gegenüber demjenigen nach Obligationenrecht bewirkt.

Ein Arbeitsvertrag kann unter einer suspensiven oder resolutiven Bedingung abgeschlossen werden. Voraussetzung ist allerdings, dass die Bedingung objektiv und vom Willen der Parteien unabhängig ist. Zudem darf sie für keine Partei zu einer unzumutbaren Unsicherheit führen.

**268**

**Beispiele für eine Suspensivbedingung (aufschiebende Bedingung):**

– Anstellung eines ausländischen Bauarbeiters unter der Bedingung, dass die Arbeitsbewilligung erteilt wird;

– Anstellung eines Anwaltes unter der Bedingung, dass er die bevorstehende Anwaltsprüfung besteht.

**Beispiel für eine Resolutivbedingung (auflösende Bedingung):**

– Einstellung eines Arbeitnehmers mit vertraglichem Konkurrenzverbot gegenüber der früheren Arbeitgeberin, dessen Wirksamkeit fraglich ist. Erweist sich das Konkurrenzverbot als durchsetzbar, tritt die Resolutivbedingung in Kraft und der Vertrag fällt nachträglich dahin.

## c)  Formfreiheit

### aa)  Gesetzliche Form

Soweit das Gesetz nichts anderes bestimmt, kann der EAV *formfrei* abgeschlossen werden; dessen Gültigkeit bedarf im Allgemeinen also keines schriftlichen Vertrags. Mündliche Vereinbarungen oder auch konkludentes Verhalten genügen (Art. 320 Abs. 1 OR).

**269**

Für *einzelne Vertragsarten* ist die Schriftform Gültigkeitsvoraussetzung. Beim Handelsreisendenvertrag (Art. 347a Abs. 1 und 2 OR) und bei der Leiharbeit (Temporärarbeitsverhältnis, Art. 19 Abs. 1 und 3 AVG) ist die Schriftform vorgesehen, jedoch kein Gültigkeitserfordernis. Fehlt beim Handelsreisendenvertrag die Schriftform, so gelten die gesetzlichen oder üblichen Bedingungen und nicht das Vereinbarte. Aus Gründen der Rechtssicherheit und zum Schutze des Arbeitnehmers wird bei *zahlreichen Einzelabreden* die Schriftform vorgeschrieben, wobei im Einzelfall abzuklären ist, ob es sich um eine Gültigkeits- oder Ordnungsvorschrift handelt.

**270**

271     Derzeit gelten folgende Schriftformvorschriften:

| | | |
|---|---|---|
| – | Art. 321c Abs. 3 OR: | Abweichungen von der gesetzlichen Überstundenvergütung |
| – | Art. 322b Abs. 2 OR: | Provisionsanspruch pro rata temporis |
| – | Art. 323 Abs. 2 OR: | Aufschub der Fälligkeit der Provision |
| – | Art. 323b Abs. 1 OR: | Lohnsicherung |
| – | Art. 324a Abs. 4 OR: | Abweichende Vereinbarungen betreffend Lohn bei Verhinderung (Krankheit oder Unfall) des Arbeitnehmers |
| – | Art. 327a Abs. 2 OR: | Taggeld oder Pauschalvergütung für Auslagen |
| – | Art. 330 Abs. 2 OR: | Aufschub der Rückgabe einer Kaution an den Arbeitnehmer |
| – | Art. 330b OR: | Informationspflicht der Arbeitgeberin betreffend Vertragsparteien, Datum des Beginns des Arbeitsverhältnisses, Funktion des Arbeitnehmers, Lohn und allfällige Lohnzuschläge, wöchentliche Arbeitszeit |
| – | Art. 332 Abs. 2 OR: | Erwerb von Erfindungen und Designs durch die Arbeitgeberin, welche nicht in Erfüllung arbeitsrechtlicher Verpflichtungen gemacht worden sind |
| – | Art. 335 Abs. 2 OR: | Begründung der ordentlichen Kündigung |
| – | Art. 335b Abs. 2 OR: | Abweichende Vereinbarung betreffend Probezeit |
| – | Art. 335c Abs. 2 OR: | Abänderung der Kündigungsfristen |
| – | Art. 335f Abs. 3 und 4 OR: | Information der Arbeitgeberin bei Massenentlassungen |
| – | Art. 335g Abs. 1 und 2 OR: | Anzeige von Massenentlassungen an das Arbeitsamt |
| – | Art. 336b Abs. 1 OR: | Einsprache bei missbräuchlicher Kündigung |
| – | Art. 337 Abs. 1 OR: | Begründung der fristlosen Kündigung |
| – | Art. 339 Abs. 2 OR: | Aufschub der Fälligkeit der Provision bei Beendigung des Arbeitsverhältnisses |
| – | Art. 339c Abs. 1 und 4 OR: | Vereinbarung über Höhe und Fälligkeit der Abgangsentschädigung |
| – | Art. 340 OR: | Vereinbarung eines Konkurrenzverbotes |
| – | Art. 340b Abs. 3 OR: | Besondere Folgen einer Konkurrenzverbotsübertretung |
| – | Art. 344a Abs. 1 OR: | Lehrvertrag |

| | |
|---|---|
| – Art. 347*a* Abs. 1 OR: | Handelsreisendenvertrag betreffend Dauer und Beendigung des Arbeitsverhältnisses, Vollmachten, Entgelt und Auslagenersatz, unter Umständen anwendbares Recht und Gerichtsstand |
| – Art. 348*a* Abs. 2 OR: | Delcredere des Handelsreisenden |
| – Art. 348*b* Abs. 1 OR: | Tätigkeit des Handelsreisenden über die Vermittlung von Geschäften hinaus |
| – Art. 349 OR: | Ausschluss des exklusiven Kundenkreises beim Handelsreisenden |
| – Art. 349*a* Abs. 2 und 3 OR: | Ausschliessliche Entlöhnung des Handelsreisenden durch Provision; Lohn während der Probezeit |
| – Art. 349*c* Abs. 2 OR: | Entschädigungslosigkeit des Handelsreisenden bei unverschuldeter Verhinderung der Reisetätigkeit |
| – Art. 349*d* Abs. 1 OR: | Ungleiche Verteilung des Auslagenersatzes bei Tätigkeit des Handelsreisenden für mehrere Arbeitgeberinnen |
| – Art. 351*a* Abs. 2 OR: | Bekanntgabe des Lohnes und der Entschädigung für das vom Heimarbeitnehmer selbst zu beschaffende Material |
| – Art. 353*a* Abs. 2 OR: | Lohnabrechnung beim Heimarbeitsvertrag |
| – Art. 19 Abs. 1 und 3 AVG: | Anstellungsvertrag des Leiharbeitnehmers |
| – Art. 69 Abs. 2 SSG: | Heuervertrag |

**Beispiel:** Die allgemeinen Anstellungsbedingungen einer Arbeitgeberin besagen, dass allfällige Überstunden bereits mit dem Lohn abgegolten sind. In welchen Fällen sind die Formbedingungen eingehalten?

– Sind die Anstellungsbedingungen vom Arbeitnehmer separat unterschrieben, ist die Schriftform eingehalten.

– Sind die Anstellungsbedingungen nicht separat unterschrieben, werden jedoch im Einzelarbeitsvertrag explizit zum Vertragsbestandteil erklärt und dem Arbeitnehmer bei Vertragsschluss abgegeben, ist die Schriftform eingehalten.

– Sind die Anstellungsbedingungen weder unterschrieben noch wurden sie im Einzelarbeitsvertrag erwähnt, ist die Schriftform nicht eingehalten.

271a Die Folgen bei Nichteinhalten des Schriftformerfordernisses sind abhängig von der einschlägigen Bestimmung. Grundsätzlich ergibt sich die Konsequenz, dass in einem solchen Fall die dispositive gesetzliche Regelung gilt (bspw. betreffend die Vergütung von Überstunden). Dabei ist allerdings zwischen den einzelnen *Arbeitsvertragsarten* zu unterscheiden. Wenn beim Lehrvertrag (Art. 344 OR) die Formvorschriften nicht eingehalten werden, dann wird dieser zu einem normalen Einzelarbeitsvertrag (Art. 319 OR). Dies hätte bspw. die Auswirkung, dass anstatt des Lehrlingslohnes der übliche Lohn geschuldet wäre. Auch der Handelsreisendenvertrag (Art. 347 OR) wird bei Nichteinhaltung der vorgeschriebenen Schriftform zu einem normalen Einzelarbeitsvertrag (Art. 319 OR). Die ohne Einhaltung der Formvorschrift geschlossenen Verträge wären jedoch grundsätzlich weiterhin gültig. Die Nichteinhaltung von Formvorschriften kann indessen andere Konsequenzen nach sich ziehen. Als Beispiel sei die missbräuchliche Kündigung (Art. 336 ff. OR) ohne schriftliche Einsprache dagegen bis zum Ende des Arbeitsverhältnisses erwähnt. Der Anspruch des Arbeitnehmers, sich zur Wehr zu setzen, wäre verwirkt. Als weiteres Beispiel kann die Massenentlassung (Art. 335*d* ff. OR) ohne schriftliche Ankündigung an die zuständige kantonale Behörde angeführt werden. Die 30-tägige Frist würde in diesem Fall nicht zu laufen beginnen, womit in der Folge auch die Arbeitsverhältnisse nicht beendet würden (m.a.W. würde die Kündigung keine Wirkung zeitigen). Sanktionen bei Nichteinhaltung des Schriftformerfordernisses sieht Art. 330*b* OR nicht vor. Aus prozessualer Sicht wäre jedoch eine mögliche Folge, dass der Arbeitgeberin die Kosten auferlegt werden, wenn ein Arbeitnehmer sie aufgrund fehlender Angaben bspw. am falschen Ort einklagt. Für die Arbeitgeberin negativ auswirken kann sich auch eine ungenügende Wahrnehmung ihrer Informationspflicht. Gemäss Art. 330*b* Abs. 1 lit. d OR muss sie den Arbeitnehmer schriftlich über den Lohn und allfällige Lohnzuschläge informieren. Das Gesetz schreibt indessen nicht genauer vor, wie der Lohn anzugeben ist. Wenn nun bspw. in einem Arbeitsvertrag ein 40%-Pensum vereinbart und ein monatliches Gehalt ohne weitere Angaben festgelegt wurde, so kann der Arbeitnehmer nach Treu und Glauben davon ausgehen, dass der im Arbeitsvertrag angegebene Lohn für das vereinbarte 40%-Pensum gilt.

*bb)  Gewillkürte Schriftform*

Die Parteien können durch *Schriftformklauseln* den ganzen Ver-  272
trag oder einzelne Abreden von der Schriftform abhängig machen.
Davon zu unterscheiden ist die Abrede, den mündlich geschlossenen
Vertrag nachträglich schriftlich abzufassen. Diesfalls ist der mündliche Vertrag bereits gültig, die Schriftlichkeit dient nur noch zu Be-
weiszwecken.[346]

Aus der Formlosigkeit des Vertragsschlusses folgt, dass auch  273
*Vertragsänderungen formlos*, mündlich oder gar stillschweigend erfolgen können.[347] Bei Änderungen zulasten des Arbeitnehmers ist aber
Zurückhaltung geboten und derjenige, der eine Vereinbarung nicht
mehr gelten lassen will, muss dies unmissverständlich kundtun.[348]
Mehrfach unwidersprochen «ausgeübte» Änderungen können jedoch
als Zustimmung gewertet werden.[349] Erfolgt keine Einigung über die
Vertragsänderung, so kann eine *Änderungskündigung*[350] erfolgen. Das
heisst meist, dass die Arbeitgeberin dem Arbeitnehmer auf das Datum
nach Ablauf der Kündigungsfrist einen neuen Vertrag anbietet. Dieser
hat die Wahl, die Offerte anzunehmen und die Stelle zu behalten oder
sie auf Ende der Kündigungsfrist zu verlassen.[351]

*cc)  Informationspflicht nach Art. 330b OR*

Seit dem 1. April 2006 statuiert Art. 330*b* OR eine Informa-  274
tionspflicht für unbefristete oder auf länger als einen Monat eingegangene Arbeitsverhältnisse. Zweck der Regelung ist es, für beide Parteien erhöhte Rechtssicherheit zu schaffen sowie eine bessere Information des Arbeitnehmers und der Kontrollorgane.[352] Die Arbeitgeberin muss ohne Aufforderung seitens des Arbeitnehmers diesen spätestens einen Monat nach Beginn des Arbeitsverhältnisses über folgende
Punkte schriftlich informieren:

– Namen der Vertragsparteien (lit. a)

– Beginn des Arbeitsverhältnisses (lit. b)

---

[346]  ArGer ZH 1981 und 1982, Nr. 4 und 23, in: SCHÜRER, Bd. 1, I/4.3.
[347]  Auch bei schriftlichen Verträgen (BGE 105 II 78).
[348]  STREIFF/VON KAENEL/RUDOLPH, Art. 320 OR, N 5; vgl. auch BGE 109 II 327.
[349]  REHBINDER, Arbeitsrecht, Rz. 287.
[350]  Vgl. Rz. 666 ff.
[351]  STREIFF/VON KAENEL/RUDOLPH, Art. 320 OR, N 4.
[352]  BBl 2004, 6565 ff.; 6585 ff.; PIETRUSZAK, Rz. 6: Die Bestimmung hat mitunter zum
       Ziel, den tripartiten Kommissionen die Beobachtung des Arbeitsmarktes und insbeson-
       dere die Kontrolle der Löhne zu erleichtern.

– Funktion des Arbeitnehmers (lit. c)

– Lohn und Lohnzuschläge (lit. d)

– wöchentliche Arbeitszeit[353] (lit. e)

275     Diese Regelung gilt auch für Änderungen von mitteilungspflichtigen Vertragselementen während der Dauer des Arbeitsverhältnisses. Im Ergebnis wird damit bewirkt, dass faktisch das Schriftformerfordernis eingeführt worden ist,[354] allerdings hat Art. 330b OR bloss den Charakter einer Ordnungsvorschrift. Deshalb können Arbeitsverträge auch weiterhin gültig mündlich geschlossen werden und selbst bei Nichterfüllen der Informationspflicht wird ihre Gültigkeit nicht berührt.[355]

276     Art. 330b OR legt keine besonderen Sanktionen für den Fall, dass das Schriftformerfordernis nicht eingehalten ist, fest. Es ist deshalb auf die allgemeinen arbeitsvertraglichen Sanktionen zurückzugreifen.[356] Die Informationspflicht ist als Teilgehalt der Fürsorgepflicht zu qualifizieren, die als Gesamtheit der Nebenpflichten der Arbeitgeberin aufgefasst wird.[357] Deshalb ist von den Grundsätzen auszugehen, die im Zusammenhang mit der Verletzung der Fürsorgepflicht im Allgemeinen entwickelt wurden.[358] Die Informationspflicht ist als Aspekt der Fürsorgepflicht selbstständig klagbar und insbesondere durch Androhung von Busse oder Ungehorsamsstrafe vollstreckbar.[359] Bei beharrlicher Weigerung zur Erfüllung ohne Rechtfertigungsgrund hat der Arbeitnehmer die Möglichkeit der Verweigerung der Arbeitsleistung, unter den gleichen Voraussetzungen die Möglichkeit der fristlosen Kündigung, allenfalls Anspruch auf Schadenersatz; alles unter Vorbehalt des Anspruchs auf Erfüllung.

277     Zwar ist unter der Schriftlichkeit i.S.v. Art. 330b OR nicht jene von Art. 12 ff. OR zu verstehen,[360] der Arbeitnehmer besitzt aber jedenfalls eine schriftliche[361] Bestätigung des Arbeitsverhältnisses. Für nachträgliche Änderungen des Arbeitsvertrags genügt zur Einhaltung

---

[353]  BsK-PORTMANN, Art. 330b OR, N 17: Falls die wöchentliche Arbeitszeit nicht vereinbart oder bestimmbar ist, genügen Angaben wie «gleitende Arbeitszeit» oder «Arbeit auf Abruf».
[354]  VISCHER/MÜLLER, 89 f.
[355]  BsK-PORTMANN, Art. 330b OR, N 9.
[356]  BsK-PORTMANN, Art. 330b OR, N 22.
[357]  REHBINDER, Schweizerisches Arbeitsrecht, Rz. 54.
[358]  BsK-PORTMANN, Art. 330b OR, N 22.
[359]  BsK-PORTMANN, Art. 330b OR, N 23 ff.
[360]  BsK-PORTMANN, Art. 330b OR, N 7; es bedarf keiner Unterschrift.
[361]  U.E. ist auch ein Fax oder E-Mail genügend.

des Schriftlichkeitserfordernisses z.B. auch die Zustellung einer geänderten Lohnabrechnung.[362]

Sollte in dieser Bestätigung etwas stehen, was vorgängig mündlich anders vereinbart wurde, ist es sinnvoll, wenn der Arbeitnehmer sofort dagegen Einsprache erhebt und eine Korrektur verlangt. Allerdings darf bei unterlassenem Protest seitens des Arbeitnehmers nicht angenommen werden, er habe einen Änderungsantrag der Arbeitgeberin stillschweigend akzeptiert, da mit der Mitteilung gar keine Willenserklärung der Arbeitgeberin vorliegt.[363]

278

Für Arbeitsbedingungen, die besser sind als die mitgeteilten, ist grundsätzlich der Arbeitnehmer beweisbelastet. Deshalb kann sich die Missachtung der Informationspflicht für den Arbeitnehmer negativ auf seine Chancen, erfolgreich Beweis führen zu können, auswirken. In der Lehre wird eine Herabsetzung des Beweismasses für den Arbeitnehmer, bis zur Umkehrung der Beweislast, gefordert.[364] Unseres Erachtens geht dies zu weit.

279

Unseres Erachtens führt Art. 330*b* OR nicht zu einer Umkehr der Beweislast, jedoch ist bei der Verlegung der Gerichts- und Parteikosten darauf Rücksicht zu nehmen, dass die Arbeitgeberin ihre Pflicht nach Art. 330*b* verletzte und damit Anlass zum Verfahren gegeben hat.

280

## 6. Probezeit

Ohne gegenteilige Vereinbarung wird im *unbefristeten Arbeitsverhältnis* eine Probezeit von einem Monat vermutet (Art. 335*b* Abs. 1 OR), während im *befristeten entsprechend* der gesetzlichen Systematik[365] keine solche vorgesehen sein soll.[366] Es ist aber nicht ersichtlich, warum insbesondere bei längeren, befristeten Arbeitsverträgen nicht ebenfalls eine Probezeit vermutet werden soll. Im unbefristeten Verhältnis dient diese nämlich dazu, sich vor der längeren Bindung ein genaueres Bild vom Vertragspartner zu verschaffen. Da aber im langfristigen befristeten Arbeitsverhältnis eine Kündigung grundsätzlich

281

---

[362] BBl 2004, 6586; BsK-PORTMANN, Art. 330b OR, N 6.
[363] BsK-PORTMANN, Art. 330b OR, N 28.
[364] Gemäss VISCHER/MÜLLER, 89 f., hat die Arbeitgeberin bei Unterlassung der Mitteilung den vereinbarten Lohn zu beweisen.
[365] JAR 1994, 184.
[366] STREIFF/VON KAENEL/RUDOLPH, Art. 335b OR, N 2; VISCHER/MÜLLER, 307.

nur aus wichtigem Grund oder nach Ablauf von zehn Jahren (Art. 334 Abs. 3 OR) möglich ist, besteht auch hier dasselbe Bedürfnis. Es empfiehlt sich deshalb, diese Frage im Arbeitsvertrag ausdrücklich zu regeln.

282    Unseres Erachtens genügt der Hinweis auf die Gesetzessystematik nicht, um die Probezeitvermutung beim befristeten Arbeitsverhältnis auszuschliessen. Ohne gegenteilige Abmachung sollte also beim überjährigen befristeten Arbeitsverhältnis ebenfalls von einer Probezeit von einem Monat ausgegangen werden. Würde man nämlich der gegenteiligen Argumentation[367] folgen und beim befristeten Arbeitsverhältnis keine Probezeit vermuten, müsste man konsequenterweise auch die Auffassung vertreten, dass beim befristeten Arbeitsverhältnis überhaupt keine Probezeit möglich ist. Nach der Gesetzessystematik erscheint die Probezeit nämlich nur beim unbefristeten Arbeitsverhältnis. In Lehre und Rechtsprechung ist jedoch unbestritten, dass auch bei befristeten Arbeitsverhältnissen eine Probezeit möglich ist. Die Gesetzessystematik ist überdies ohnehin problematisch als Argument. Strikt betrachtet müsste man dann auch darauf schliessen, dass aus den Art. 335b und 335c OR folgt, dass in jenen Fällen, in denen ein Arbeitsverhältnis ohne Probezeit eingegangen wurde, gar keine Kündigungsmöglichkeit mehr besteht. Ausserdem wird auch beim Lehrvertrag, der ebenfalls nur befristet abgeschlossen werden kann, ohne Abmachung eine Probezeit vermutet (drei Monate; Art. 344a Abs. 3 OR). Schliesslich sind überhaupt viele Arbeitsverträge mit der Pensionierung befristet. Dennoch wird bei diesen eine Probezeit wie beim unbefristeten Arbeitsverhältnis angenommen.

283    Die Probezeit kann durch schriftliche Abrede, GAV oder NAV abweichend vom Gesetz geregelt und auch vollständig wegbedungen,[368] nicht aber über *drei Monate* hinaus verlängert werden (Art. 335b Abs. 2 OR).[369] Eine solche Vereinbarung kann auch während der Probezeit getroffen werden, nicht jedoch nach deren Ablauf. Deshalb ist es auch unzulässig, eine Rückversetzung in die Probezeit anzuordnen oder eine neue Probezeit zur Verhinderung einer Kündigung zu vereinbaren. *Durch Gesetz verlängert* sich eine laufende Pro-

---

[367] STREIFF/VON KAENEL/RUDOLPH, Art. 335b OR, N 2, mit Hinweis auf SCHWEINGRUBER, Art. 335b N 4, WYLER/HEINZER, 511 f., BRUNNER/BÜHLER/WAEBER/ BRUCHEZ, Art. 335b N 1; BBl 1984 II 597.

[368] Beim Lehrvertrag ist das ausgeschlossen: Art. 344a Abs. 2 OR; VISCHER/MÜLLER, 310 f. und 378.

[369] Lediglich beim Lehrvertrag ist ausnahmsweise mit Zustimmung der kantonalen Behörde eine Verlängerung bis zu 6 Monaten möglich (Art. 344a Abs. 4 OR).

bezeit aufgrund von Krankheit, Unfall oder Übernahme einer gesetzlichen Pflicht (Art. 335*b* Abs. 3 OR). Diese Aufzählung ist abschliessend,[370] weshalb Schwangerschaft und Ferien nicht zu einer Verlängerung führen. Auch die Gewährung von unbezahltem Urlaub kann die Probezeit nicht über drei Monate hinaus verlängern. Dafür lässt das Gesetz in Art. 335*b* OR keinen Raum. An dieser Tatsache ändert auch ein (allgemeinverbindlich erklärter) GAV nichts.

Bei einem Lehrvertrag und den öffentlich-rechtlichen Anstellungsverhältnissen kommt Art. 335*b* OR nicht zur Anwendung. Für den Lehrvertrag gilt Art. 344*a* OR und bei den öffentlich-rechtlichen Anstellungsverhältnissen ist das jeweils anwendbare Recht relevant.[371]     283a

Wenn eine längere als die zulässige Probezeit vereinbart wird, ist nur die betreffende Bestimmung nichtig (Art. 20 Abs. 2 OR, Teilnichtigkeit). Dies bedeutet, dass die gesetzeswidrige Klausel als nicht vereinbart gilt. Somit kommt die gesetzliche Regelung (einmonatige Probezeit, Art. 335*b* Abs. 1 OR) zum Zuge; es erfolgt keine Herabsetzung auf die gesetzlich zulässige Maximaldauer.     284

---

[370] STREIFF/VON KAENEL/RUDOLPH, Art. 335b OR, N 13.
[371] So z.B. beim Bundespersonal das Bundespersonalgesetz (BPG) vom 24. März 2000.

# G. Mängel des Arbeitsvertrags

## 1. Nichtigkeit

285    Nichtigkeit eines Arbeitsvertrags kann bei mangelnder Handlungsfähigkeit einer Partei, beim Verstoss gegen Beschäftigungsverbote und Formvorschriften sowie bei widerrechtlichem oder sittenwidrigem Inhalt oder bei Unmöglichkeit der Vertragserfüllung vorliegen.[372]

### a) Allgemeine Nichtigkeitsgründe

286    Nichtig sind Verträge mit *widerrechtlichem Inhalt* (Art. 20 OR). Im Bereich des Arbeitsvertragsrechts sind dazu insbesondere die vielfältigen, absolut oder relativ zwingenden Vorschriften (Art. 361, 362 OR) zu beachten. Aber auch Verträge, die strafbare Handlungen zum Inhalt haben oder die gegen öffentlich-rechtliche Normen verstossen, welche diese Rechtsfolge explizit vorsehen oder sich die Nichtigkeit implizit aus der Norm ableiten lässt,[373] sind nichtig.

287    Wenn der Inhalt des Arbeitsvertrags die Persönlichkeit des Vertragspartners verletzt oder diesen übermässig vertraglich bindet,[374] ist der Vertrag *sittenwidrig* und damit nichtig (Art. 27 Abs. 2 ZGB). Nichtigkeit wegen Verstosses gegen die guten Sitten liegt ausserdem vor bei Bindungen im höchstpersönlichen Bereich, der durch vertragliche Verpflichtungen nicht eingeengt werden darf.

288    Der Arbeitsvertrag kann aus faktischen (z.B. Fabrik abgebrannt) oder rechtlichen Gründen (umstritten) anfänglich objektiv unmöglich sein. Er fällt diesfalls ex tunc dahin (Art. 20 OR).

### b) Verstoss gegen Beschäftigungsverbote

289    Lange war *umstritten*, ob auch Abschlussverbote, beispielsweise eine fehlende Arbeitsbewilligung, zur Nichtigkeit führen.[375] Mit Be-

---

[372]    JAR 1990, 104; SAE 1997, 10.
[373]    BK-REHBINDER/STÖCKLI, Art. 320 OR, N 26.
[374]    BK-REHBINDER/STÖCKLI, Art. 320 OR, N 27; vgl. z.B. als Sondernorm das Konkurrenzverbot in Art. 340a Abs. 1 OR.
[375]    Ablehnend BK-REHBINDER/STÖCKLI, Art. 320 OR, N 25 ebenso wie JAR 1987, 96; für die Nichtigkeit hingegen STREIFF/VON KAENEL/RUDOLPH, Art. 320 OR, N 9, 11 sowie NE 1982, 55.

zug auf die Arbeitsbewilligung von Ausländern hat das Bundesgericht auf *Gültigkeit des Arbeitsvertrags* erkannt,[376] da die subjektive Unmöglichkeit oder Unzulässigkeit eines Vertrags grundsätzlich nicht zur Nichtigkeit führt. Das Arbeitsverbot trifft aber nur subjektiv den Arbeitnehmer, nicht objektiv die versprochene Arbeitsleistung.

Ferner kann die Frage der Nichtigkeit eines solchen Vertrages auch aufgrund des Zwecks der Verbotsnorm beantwortet werden. Die fremdenpolizeilichen Bestimmungen stehen im öffentlichen Interesse und dienen nicht dem Schutz der Arbeitgeberinnen. Die Nichtigkeit mit allen Konsequenzen dient nicht ihrer Durchsetzung und kann daher nicht Ziel der Verbotsnorm sein. Weiter sind auch die Konsequenzen für die Parteien zu beachten, denn Nichtigkeit würde dem ausländischen Arbeitnehmer allein das ganze Risiko aufbürden. Die Feststellung auf Nichtigkeit erweist sich also als unangemessen.   290

Unseres Erachtens hätte eine *vermittelnde Lösung* darin bestanden, wohl die Nichtigkeit anzunehmen, aber, wenn beide Vertragsparteien um die Ungültigkeit gewusst haben, Art. 320 Abs. 3 OR trotzdem anzuwenden.[377] Das Bundesgericht nimmt – wie dargestellt – die Gültigkeit eines Arbeitsvertrags auch bei fehlender Arbeitsbewilligung an. Sobald diese endgültig nicht erteilt wird, hält das Bundesgericht aber einen wichtigen Grund für eine fristlose Entlassung für gegeben.[378] Ein Teil der Lehre widerspricht dem, da die Beschaffung der Arbeitsbewilligung in der Sphäre der Arbeitgeberin liege.[379]   291

> **Beispiel:** Ein ausländischer Arbeitnehmer hat den Arbeitsvertrag unterschrieben, aber die Arbeitsbewilligung nachträglich nicht erhalten. Einzelne kantonale Gerichte haben Unmöglichkeit bejaht.[380] Das Bundesgericht hat in BGE 114 II 279 die Nichtigkeit verneint: Es hätte eine Bedingung in den Vertrag eingefügt werden müssen, da dies jedoch unterlassen wurde, sei Nichtigkeit stossend. Ausserdem würde das Prinzip der Schutzfunktion des Arbeitsvertrags verletzt. Das Fehlen der Arbeitsbewilligung stellt aber einen Grund für eine fristlose Auflösung des Vertrags dar.[381]

---

[376] BGE 114 II 280.
[377] So auch STREIFF/VON KAENEL/RUDOLPH, Art. 320 OR, N 11.
[378] BGE 114 II 280.
[379] VISCHER/MÜLLER, 95 f.; REHBINDER, Arbeitsrecht, Rz. 74; vgl. aber BGE 114 II 284.
[380] JAR 1983, 255.
[381] STREIFF/VON KAENEL/RUDOLPH, Art. 320 OR, N 13; vgl. JAR 1987, 96.

## 2. Anfechtbarkeit

292 Wie jeder andere Vertrag kann auch der Arbeitsvertrag nach den allgemeinen Vorschriften über *Willensmängel* durch Erklärung einer Partei aufgehoben werden. Es handelt sich dabei um die Bestimmungen über Irrtum (Art. 24 OR), Täuschung (Art. 28 OR), Drohung (Art. 30 OR) und Übervorteilung (Art. 21 OR).

> **Beispiel:** Eine Arbeitgeberin (X AG) macht vor dem Kantonsgericht SG[382] Grundlagenirrtum beim Abschluss des Arbeitsvertrages mit dem Arbeitnehmer geltend. Dieser hatte in seinem Lebenslauf eine Anstellung bei einer anderen Arbeitgeberin (Y AG) von Februar 2000 bis Januar 2003 vermerkt. In Tat und Wahrheit wurde jedoch das Arbeitsverhältnis am 9. September 2002 durch die Y AG fristlos beendet, dies nachdem ihm vorgeworfen wurde, seine damalige Arbeitgeberin und eine Kundin in strafrechtlich relevanter Weise geschädigt zu haben.
>
> Bei der Prüfung der Frage, ob bestimmte Eigenschaften oder Fähigkeiten verkehrswesentlich sind, ist relevant, ob der Arbeitnehmer verpflichtet gewesen wäre, auf das Fehlen dieser Eigenschaft oder Fähigkeiten von sich aus hinzuweisen, auch wenn die Arbeitgeberin nicht nach ihnen fragt. Zwar besteht grundsätzlich keine Mitteilungspflicht seitens des Arbeitnehmers. Ausnahmsweise ist diese jedoch gegeben, wenn der Bewerber für die betreffende Arbeitsstelle absolut ungeeignet ist, die vertragsgemässe Arbeitsleistung praktisch ausgeschlossen oder diese doch erheblich behindert ist.
>
> Vorliegend wurde der Arbeitsvertrag zwischenzeitlich erneuert/verlängert, wodurch eine Berufung auf Grundlagenirrtum bezüglich des (zweiten und damit aktuell gültigen) Arbeitsvertrages jedoch als nicht statthaft erachtet wurde.

293 Besonderes Gewicht im Zusammenhang mit der Unverbindlichkeit des Vertrags wegen Irrtum und Täuschung kommt den Offenbarungspflichten zu, namentlich der Mitteilungspflicht, der Auskunftspflicht und der Wahrheitspflicht bezüglich persönlicher Eigenschaften und Fähigkeiten des Vertragspartners. Die Frage der Wesentlichkeit eines Irrtums oder einer Täuschung beurteilt sich nach Treu und Glauben im Geschäftsverkehr und damit auch nach der Zulässigkeit der Frage nach einer Information.

---

[382] Bz 2009.36 vom 26.10.2009.

**Beispiele:**

– Ein Bewerber wird unter der Bedingung, dass die Arbeitsbewilligung erteilt wird, eingestellt. Der Arbeitnehmer bestätigt der Arbeitgeberin kurz darauf, dass er die Bewilligung erhalten habe. In Wirklichkeit hat er die Bewilligung aber gar nicht erhalten. Die Arbeitgeberin, welche dies drei Monate später merkt, kann den Vertrag anfechten.

– Ein Spital stellt einen Arzt an, der über keine medizinische Ausbildung verfügt, weil er entsprechende (gefälschte) Zeugnisse vorlegt.


## 3. Folgen mangelhafter Verträge

### a) Übersicht

Zur Nichtigkeit – und damit zum Dahinfallen des Arbeitsvertrages ex tunc – führen folgende Fälle:   293a

– Handlungsunfähigkeit einer der Vertragsparteien
– Widerrechtlichkeit
– Sittenwidrigkeit
– Unmöglichkeit

Zur Ungültigkeit – und damit zur Anfechtbarkeit des Arbeitsvertrages ex nunc – führen folgende Fälle:   293b

– Irrtum
– Täuschung
– Drohung
– Übervorteilung


### b) Teilnichtigkeit

Sind beim abgeschlossenen Arbeitsvertrag nur einzelne Bestimmungen nichtig,[383] so müsste gemäss Art. 20 Abs. 2 OR allenfalls Nichtigkeit des Ganzen angenommen werden, falls die Arbeitgeberin den Vertrag ohne die nichtigen Bedingungen nicht geschlossen hätte. Entgegen dieser Regel bleibt aber der *Arbeitsvertrag bestehen* und die nichtigen Bestimmungen werden im Sinne einer teleologischen Re-   294

---

[383] Z.B. Verstoss gegen zwingende Vorschriften.

115

duktion durch die vorgeschriebenen Mindestarbeitsbedingungen ersetzt.[384]

### c) Faktisches Vertragsverhältnis

295 Nichtigkeit oder Unverbindlichkeit hätten nach den allgemeinen Vorschriften des OR die Konsequenz, dass dem Vertragspartner nicht Lohn, sondern lediglich ein Anspruch aus ungerechtfertigter Bereicherung oder eventuell aus unerlaubter Handlung geschuldet wäre. Zum Arbeitnehmerschutz wird die Wirkung der Unverbindlichkeit des Arbeitsvertrags deshalb beschränkt und im Arbeitsvertragsrecht mit Art. 320 Abs. 3 OR eine *Sonderregelung* statuiert. Der Arbeitsvertrag ist demnach bis zum Zeitpunkt der Berufung auf die Ungültigkeit abzuwickeln, wie wenn er gültig zustande gekommen wäre (sogenanntes *faktisches Vertragsverhältnis*). Die Ungültigkeit wirkt somit erst ex nunc,[385] und der fehlerhafte Vertrag kann, sofern die Mängel im Zeitpunkt der Auflösung noch gegeben sind, aufgelöst werden, ohne arbeitsvertragliche Kündigungsfristen zu beachten.[386] Ein dadurch entstehender Schaden kann zusätzlich aus culpa in contrahendo geltend gemacht werden.[387] Von dieser Sonderregelung sollen jedoch nur *gutgläubige Arbeitnehmer* profitieren.

296 Derjenige Arbeitnehmer, der die Auflösung des Vertrags selbst durch Täuschung verursacht hat, soll nicht in den Genuss des Vorteils von Art. 320 Abs. 3 OR kommen.[388] Die Rückabwicklung erfolgt diesfalls nach *Bereicherungsrecht*.

297 Im Gesetz nicht geregelt ist der Fall, in dem Arbeitgeberin und Arbeitnehmer gleichermassen von der Ungültigkeit des Vertrags wissen und die Arbeit trotzdem aufgenommen wird. Hier soll Art. 320 Abs. 3 OR ebenfalls Anwendung finden, da es gegen Treu und Glauben verstösst, wenn die Arbeitgeberin gegenüber dem Arbeitnehmer den Einwand der Bösgläubigkeit erheben würde.[389]

---

[384] REHBINDER, Arbeitsrecht, Rz. 83; Beispiel: JAR 1990, 146 f.
[385] STREIFF/VON KAENEL/RUDOLPH, Art. 320 OR, N 8; REHBINDER, Arbeitsrecht, Rz. 84.
[386] ZK-VISCHER, Art. 320 OR, N 36.
[387] STREIFF/VON KAENEL/RUDOLPH, Art. 320 OR, N 12.
[388] STREIFF/VON KAENEL/RUDOLPH, Art. 320 OR, N 11.
[389] STREIFF/VON KAENEL/RUDOLPH, Art. 320 OR, N 11; ähnlich VISCHER/MÜLLER, 96, die die Nichtigkeit ex tunc jedenfalls dann für unangemessen halten, wenn auch die Arbeitgeberin den Rechtsmangel kannte.

## d) Rechtsfolgen vor Arbeitsantritt

Wird der Vertrag bereits vor Arbeitsbeginn angefochten oder erkennen die Parteien die Nichtigkeit, bevor der Arbeitnehmer die Arbeit aufnimmt, so wird der *Vertrag ex tunc hinfällig.* Die Vertragspartner können ihre Ansprüche aus Art. 26, 31 und 41 OR sowie einen allfälligen Schaden aus culpa in contrahendo geltend machen.[390]

298

## 4. Schwarzarbeitsgesetz

Unter Schwarzarbeit wird im Allgemeinen entlöhnte, selbstständige oder unselbstständige Arbeit verstanden, durch welche gegen Rechtsvorschriften (z.B. gegen Sozialversicherungs-, Ausländer- oder Quellensteuerrecht) verstossen wird.

299

Im Besonderen wird Schwarzarbeit im Zusammenhang mit Art. 321a OR verstanden, und zwar im speziellen Fall, in dem der Arbeitnehmer noch während des Arbeitsverhältnisses seine eigene Arbeitgeberin gegen Entgelt konkurrenziert.[391]

300

**Beispiele:**

– Beschäftigung von Arbeitnehmern, die bei den obligatorischen Sozialversicherungen (AHV, IV, EO, ALV, BVG etc.) nicht gemeldet sind

– nicht gemeldete Erwerbstätigkeit von Personen, die Leistungen einer Sozialversicherung (z.B. ALV oder IV) beziehen

– Beschäftigung von Ausländern ohne gültige Arbeitsbewilligung

– Beschäftigung von quellensteuerpflichtigen Arbeitnehmern ohne Meldung an die Steuerbehörden

– sogenannte Scheinselbstständigkeit, d.h. eine Erwerbstätigkeit im Rahmen eines Arbeitsverhältnisses, das fälschlicherweise nicht als solches bezeichnet wird, um obligatorische Arbeitnehmerversicherungen zu umgehen

Seit 2008 ist das Bundesgesetz gegen die Schwarzarbeit[392] in Kraft. Dieses bezweckt die Bekämpfung der Schwarzarbeit; hierfür sieht es verschiedene Massnahmen vor, unter anderem folgende:

301

---

[390] BK-REHBINDER/STÖCKLI, Art. 320 OR, N 46.
[391] Vgl. dazu Rz. 350 f.
[392] BG vom 17. Juni 2005 über Massnahmen zur Bekämpfung der Schwarzarbeit, BGSA [SR 822.41].

- Administrative Erleichterungen bei der Abrechnung der Sozialversicherungen in Form der Einführung eines vereinfachten Abrech-
nungsverfahrens bei den Sozialversicherungen für kleine wirtschaftliche Tätigkeiten (insb. für beschränkte Haushaltsarbeiten,
Reinigungstätigkeiten etc.; Art. 3 BGSA).
- Die Arbeitgeberin kann im vereinfachten Verfahren abrechnen,
wenn sie die Voraussetzungen nach Art. 2 BGSA erfüllt: Der einzelne Lohn darf die Eintrittsschwelle zur zweiten Säule[393] nicht
übersteigen, die gesamte jährliche Lohnsumme des Betriebs darf
den zweifachen Betrag der maximalen jährlichen Altersrente der
AHV[394] nicht übersteigen und die Löhne des gesamten Personals
müssen im vereinfachten Verfahren abgerechnet werden.
- Die Verpflichtung der Kantone, kantonale Behörden oder Kon-
trollkommissionen mit verstärkten Kontrollkompetenzen zu bezeichnen, mit der Möglichkeit des Einbezugs der Sozialpartner.
Diese Kontrollorgane können Betriebe und Arbeitsplätze während
der Arbeitszeit der dort tätigen Personen betreten, von Arbeitgeberinnen und Arbeitnehmern alle erforderlichen Auskünfte verlangen, sämtliche erforderlichen Unterlagen konsultieren und kopie-
ren und die Identität der Arbeitnehmer sowie deren Aufenthalts-
und Arbeitsbewilligung überprüfen (Art. 7 BGSA).
- Die Vernetzung und Kommunikation der Administrativdaten und
Kontrollresultate unter den zuständigen Behörden (Art. 11 und 12
BGSA).
- Die Verschärfung der Sanktionen im Bereich des Ausländerrechts
und der Sozialversicherungen. Als neue Sanktion können Arbeit-
geberinnen bei wiederholten oder schwerwiegenden Verstössen
während maximal fünf Jahren von künftigen Aufträgen des öffent-
lichen Beschaffungswesens auf kommunaler, kantonaler und eid-
genössischer Ebene ausgeschlossen werden. Vorgesehen sind auch
Kürzungen von Finanzhilfen. Zudem führt und publiziert das
SECO eine Liste der Betriebe, gegen welche eine rechtskräftige
Sanktion wegen Verstosses gegen das neue Gesetz vorliegt (Art. 13
BGSA).
- Ausländische Arbeitnehmer werden im Rahmen eines Weg- oder
Ausweisungsverfahrens von den Behörden darauf hingewiesen,
dass sie auch für nicht bewilligte Erwerbstätigkeit gegebenenfalls

---

[393] Derzeit CHF 21'150.
[394] Derzeit CHF 56'400.

Ansprüche gegenüber ihrer Arbeitgeberin haben und zur Durchsetzung solcher Ansprüche einen Vertreter bezeichnen können. Zudem steht den Arbeitnehmerverbänden ein Klagerecht auf Feststellung der Ansprüche von Arbeitnehmern zu, welche die Schweiz verlassen haben (Art. 14 und 15 BGSA).

# H. Pflichten des Arbeitnehmers

## 1. Übersicht

302 Die Pflichten des Arbeitnehmers lassen sich wie folgt zusammenfassen:

*Abbildung 7: Übersicht der Pflichten des Arbeitnehmers*

## 2. Arbeitspflicht

### a) Persönliche Arbeitspflicht

303 Der Arbeitnehmer hat die Pflicht, die *Arbeit persönlich zu leisten* (Art. 321 OR). Beim Arbeitsvertrag ist das persönliche Moment besonders wichtig, da die Arbeitgeberin den Arbeitsvertrag mit einem Menschen, der spezifische Eigenschaften und Fähigkeiten hat, abschliesst. Aufgrund der Pflicht zur persönlichen Arbeitsleistung muss der Arbeitnehmer im Verhinderungsfalle deshalb auch keinen Ersatz stellen.

304 Aufgrund einer Vereinbarung oder aus den Umständen kann sich aber ergeben, dass der Arbeitnehmer einen *Gehilfen* beiziehen darf. Beim Heimarbeitsvertrag ist dies ausdrücklich im Gesetz geregelt; bei anderen Verträgen, zum Beispiel mit dem Hauswart oder dem Posthalter, wird oft vereinbart, dass der Vertragspartner Hilfspersonen beiziehen kann.[395] Der Arbeitnehmer hat aber auch in diesen Fällen der Arbeitgeberin für die ordentliche Vertragserfüllung voll einzustehen (Art. 101 OR). Beim Temporärarbeitsverhältnis und beim Gruppenarbeitsverhältnis tritt die persönliche Arbeitspflicht in den Hintergrund.[396]

---

[395] STREIFF/VON KAENEL/RUDOLPH, Art. 321 OR, N 3.
[396] STREIFF/VON KAENEL/RUDOLPH, Art. 321 OR, N 5.

Auch die Arbeitgeberin kann ihren Anspruch auf Arbeitsleistung    305
wegen des höchstpersönlichen Charakters der Arbeitspflicht nicht auf
einen Dritten übertragen. So ist zum Beispiel die Leihe und Miete von
Arbeitskräften verboten, soweit sie nicht vereinbart oder üblich ist
(Art. 333 Abs. 4 OR).[397]

## b) Inhalt der Arbeitspflicht

Der Inhalt der Arbeitspflicht bestimmt sich nach den in *Kollek-*    306
*tiv- oder Einzelarbeitsverträgen* getroffenen Vereinbarungen, welche
nach Treu und Glauben auszulegen sind und durch das *Weisungsrecht
der Arbeitgeberin* konkretisiert werden.

Üblicherweise wird eine *Arbeitsgattung* im Vertrag festgelegt.    307
Die Arbeitspflicht umfasst dann alle Arbeiten, die üblicherweise zu
der betreffenden Stelle gehören, und weiteren Nebenpflichten wie zum
Beispiel das Aufräumen des Arbeitsplatzes. Die Arbeitgeberin kann
ihr Weisungsrecht in diesem Rahmen ausüben und so die Arbeitspflicht konkretisieren. Statt einer konkreten Arbeitsleistung kann sie
zum Beispiel lediglich die Arbeitsbereitschaft verlangen, wobei auch
die blosse Präsenzzeit entlöhnt werden muss.[398]

In *Notfällen* kann die Arbeitspflicht über das vertraglich Verein-    308
barte hinausgehen, soweit die Leistung für den Arbeitnehmer zumutbar ist.[399] Umstritten ist die Frage, ob der Arbeitnehmer bei Übernahme von höher qualifizierter Arbeit einen Anspruch auf Mehrlohn hat.
REHBINDER geht von einer stillschweigenden Vertragsänderung aus,
wenn die Möglichkeit der Zuweisung anderer Arbeit nicht im Voraus
vereinbart wurde.[400] Für STREIFF/VON KAENEL/RUDOLPH ist höherer
Lohn nur für einen lange dauernden Einsatz gerechtfertigt.[401]

Obwohl auch ein Streik einen betrieblichen Notfall darstellen    309
kann, ist die Arbeitspflicht bei einem rechtmässigen Streik beschränkt.
Dem Arbeitnehmer ist *Streikbrecherarbeit*, d.h. Arbeit, die er bisher
nicht verrichten musste, die aber den durch den Streik ausfallenden
Arbeitserfolg ersetzen soll, nicht gegen seinen Willen zuzumuten; die
Solidaritätspflicht gegenüber den streikenden Arbeitskollegen und

---

[397] REHBINDER, Arbeitsrecht, Rz. 94.
[398] Vgl. BGE 124 III 249.
[399] Z.B. JAR 1990, 356.
[400] BK-REHBINDER/STÖCKLI, Art. 321 OR, N 7.
[401] STREIFF/VON KAENEL/RUDOLPH, Art. 321 OR, N 7.

-kolleginnen ist höher zu gewichten. Selbstverständlich sind aber Notdienste in lebenswichtigen Betrieben in jedem Fall zu leisten.[402]

### c) Ort und Zeit der Arbeitsleistung

310     Der *Ort der Arbeitsleistung* bestimmt sich nach der Reichweite der Arbeitsorganisation, in welcher der Arbeitnehmer eingegliedert ist.[403] Die Versetzung in den Betrieb einer andern Arbeitgeberin ist nur mit seiner Zustimmung zulässig (Art. 333 Abs. 4 OR) – die Versetzung in einen anderen Betrieb derselben Arbeitgeberin nur, wenn sie für ihn zumutbar ist.[404]

311     Die *Arbeitszeit* bestimmt sich nach den Vereinbarungen in GAV oder EAV, wobei Länge und Lage durch zwingende öffentlich-rechtliche Regelungen (Art. 9 ff. ArG; bei Unternehmen des öffentlichen Verkehrs gemäss AZG) eingeschränkt werden. Die Arbeitszeit eines Betriebes kann starr festgelegt oder unterschiedlich flexibel ausgestaltet sein. Bei der *gleitenden Arbeitszeit* besteht Anwesenheitspflicht während einer bestimmten Blockzeit, die mit zusätzlicher Anwesenheit in der umgebenden Gleitzeit selbstständig auf die vorgeschriebene Arbeitszeit ergänzt wird.

312     Eine Definition der Arbeitszeit findet sich weder im OR noch im ArG, sondern lediglich in der Verordnung 1 zum Arbeitsgesetz. Gemäss Art. 13 Abs. 1 ArGV 1 ist die Arbeitszeit jene Zeit, während der sich der Arbeitnehmer zur Verfügung der Arbeitgeberin zu halten hat. Die Arbeitszeit ist also nicht gleichzusetzen mit der Präsenzzeit am Arbeitsort (ausser dies sei so vereinbart). Auch die Anreise zum Arbeitsort gilt grundsätzlich nicht als Arbeitszeit. Wenn Arbeit ausserhalb desjenigen Orts zu leisten ist, an dem der Arbeitnehmer normalerweise seine Arbeit verrichtet und dadurch die Wegzeit länger als üblich ausfällt, stellt die zeitliche Differenz zur normalen Wegzeit Arbeitszeit dar (Art. 13 Abs. 2 ArGV 1). Eine vertragliche Abrede, welche festlegt, dass der Arbeitsort stets der aktuelle Einsatzort sein soll, ist als Umgehung von Art. 13 Abs. 1 ArGV 1 zu qualifizieren.[405] Schwieriger beurteilt sich die Situation, wenn der Arbeitnehmer keinen üblichen Arbeitsort hat. In diesem Fall gilt die gesamte Wegzeit

---

[402]  BK-REHBINDER/STÖCKLI, Art. 321 OR, N 7.
[403]  MÜLLER/HOFER/STENGEL, AJP 4/2015, 565.
[404]  Vgl. JAR 1991, 114; BK-REHBINDER/STÖCKLI, Art. 321 OR, N 11: auch bei Betriebsverlegungen an einen anderen Ort.
[405]  STREIFF/VON KAENEL/RUDOLPH, Art. 321 OR, N 9.

als Arbeitszeit. Dasselbe gilt, wenn der Arbeitnehmer seinen Arbeitsplatz grundsätzlich bei sich zu Hause hat und zwischendurch Kunden aufsucht. Es spricht jedoch nichts dagegen, für diesen Fall eine vertragliche Regelung vorzusehen, welche beinhaltet, dass die erste Stunde Wegzeit pro Tag als Arbeitsweg gilt und damit nicht entschädigt wird, die darüber hinausgehende Wegzeit jedoch zur Arbeitszeit zu zählen ist.[406]

**Beispiele:**

– Ein Pilot hat gemäss Arbeitsvertrag zwei Arbeitsorte (z.B. Flughafen Zürich und Flughafen München). Die Anreise zum jeweiligen Arbeitsort gilt nicht als Arbeitszeit.

– Das abendliche Studium von Umsatz-, Gewinn- oder anderen Statistiken durch einen Arbeitnehmer mit höherer Funktion, der jedoch keine höhere leitende Tätigkeit ausübt, gilt grundsätzlich nicht als Arbeitszeit, sofern das Studium aus purem Eigeninteresse erfolgt. Falls der Arbeitnehmer die Statistiken allerdings zu studieren hat, um seine Arbeit seriös ausüben zu können, müsste man die dafür eingesetzte Zeit wohl als Arbeitszeit qualifizieren.

– Nimmt ein Arbeitnehmer spätabends seine geschäftlichen E-Mails nicht nur aus Interesse zur Kenntnis, sondern beantwortet diese auch, so stellt die dafür eingesetzte Zeit Arbeitszeit dar. Möchte die Arbeitgeberin dies nicht, so hat sie es dem Arbeitnehmer zu untersagen.

## d) Überstunden und Überzeit

Überstunden und Überzeit sind klar voneinander zu unterscheiden.[407] Die Überzeit bestimmt sich nach dem Arbeitsgesetz, während es sich bei Überstunden um einen Begriff nach OR handelt. Eine genaue Abgrenzung wird sogleich vorgenommen.   313

*Überstundenarbeit* ist jene Arbeit, die die vertraglich festgelegte oder übliche (sowie in GAV oder NAV festgesetzte) Arbeitszeit überschreitet.[408] Ein Teilzeitbeschäftigter leistet also Überstundenarbeit, wenn er die vereinbarte Präsenz übertrifft, auch wenn das Pensum eines Vollzeitbeschäftigten nicht erreicht wird. Eine Überschreitung von wenigen Minuten fällt grundsätzlich noch nicht unter den Begriff Überstunden, es sei denn, die Arbeitszeit werde gewöhnlich – zum   314

---

[406] MÜLLER/HOFER/STENGEL, AJP 4/2015, 572 f.
[407] Vgl. zur Abgrenzung auch EGLI, AJP 1/2001, 120 ff.
[408] BGE 116 II 70 (Pra 1990 Nr. 170).

Beispiel bei gleitender Arbeitszeit oder in Betrieben mit Stempeluhr – auf die Minute genau festgestellt.

315  Der Arbeitnehmer ist *verpflichtet*, Überstundenarbeit zu leisten, soweit sie *notwendig und zumutbar* ist (Art. 321c Abs. 1 OR), die *Leistungsfähigkeit* des Arbeitnehmers sie erlaubt und die *öffentlich-rechtlichen Arbeitszeitvorschriften* nicht verletzt werden. Den längeren Arbeitseinsatz muss die Arbeitgeberin nicht unbedingt explizit angeordnet haben, sondern die Verpflichtung kann sich auch zur Wahrung der berechtigten Interessen der Arbeitgeberin ergeben; er ist diesfalls durch den Arbeitnehmer zu notifizieren. Notwendig ist Überstundenarbeit nur, wenn sie, zum Beispiel durch Hilfskräfte oder bessere Organisation, nicht leicht hätte vermieden werden können. Ob sie zumutbar ist, entscheidet sich aufgrund der persönlichen Verhältnisse des Arbeitnehmers.[409]

316  Für die Leistung von Überstundenarbeit steht dem Arbeitnehmer ein *Entschädigungsanspruch* zu (Art. 321c Abs. 3 OR), soweit die Arbeitgeberin sie angeordnet beziehungsweise geduldet oder der Arbeitnehmer eigenmächtig geleistet und dies vor der nächsten Lohnzahlung mitgeteilt hat.[410] Die fällige Vergütung besteht aus dem vereinbarten Lohn plus eines *Zuschlags von mindestens 25 %*. Statt einer Entschädigung können die Parteien eine Abgeltung in Freizeit von mindestens gleicher Dauer vereinbaren (Art. 321c Abs. 2 OR).

317  Eine Kompensation ist nur im Einverständnis mit dem Arbeitnehmer möglich (Art. 321c Abs. 2).[411] Die Überstunden sind «innert eines angemessenen Zeitraums» zu kompensieren (Art. 321c Abs. 2 OR). Sofern dieser Zeitraum verstrichen ist, können die Überstunden nur noch ausbezahlt werden. Für die Kompensation von *Überzeit* sieht das Arbeitsgesetz eine Frist von 14 Wochen vor. Diese ist im Zusammenhang mit *Überstunden* allerdings nicht einschlägig. Mittels Abrede ist es den Vertragsparteien möglich, eine Frist zu vereinbaren. Wenn eine solche Abmachung fehlt, sollten die Überstunden unseres Erachtens im Folgejahr kompensiert werden. Was gilt, ist allerdings völlig offen. Jedenfalls verursacht diese Bestimmung in der Praxis kaum Probleme. Bei der Kompensation von Überstunden stellt sich

---

[409]  STREIFF/VON KAENEL/RUDOLPH, Art. 321c OR, N 2; z.B. JAR 1990, 156: kurzfristig angeordnete Überstunden.

[410]  Der Anspruch verwirkt nach REHBINDER, Arbeitsrecht, Rz. 105, wenn angeordnete Überstunden nicht bei der folgenden Lohnzahlung geltend gemacht werden. Zu Recht zurückhaltend VISCHER/MÜLLER, 196.

[411]  Sowie BGE 123 III 84, E. 5; FAVRE/MUNOZ/TOBLER, Art. 321c OR, N 2.1.

überdies die Frage, was gilt, wenn der Arbeitnehmer in vorangehenden Wochen weniger als das vereinbarte Pensum gearbeitet hat. Fraglich ist insbesondere, ob die Arbeitgeberin in diesem Fall geltend machen kann, dass später geleistete Mehrstunden eine Kompensation des negativen Gleitzeitsaldos darstellen. Dazu ist festzuhalten, dass Vorholzeit nicht als Überstunden zu qualifizieren ist.[412] Ebensowenig können Minusstunden als vorgezogene Kompensation qualifiziert werden. Eine Kompensation ist erst im Nachhinein möglich.

Die Entschädigungspflicht kann durch NAV, GAV oder *durch*    318
*schriftliche Abrede wegbedungen* werden (Art. 321c Abs. 3 OR). Oft geschieht dies im Rahmen einer Pauschalisierung, beispielsweise der Vereinbarung, die Entschädigung sei bereits im Lohn inbegriffen oder werde mittels eines fixen Lohnzuschlags abgegolten.[413] Aus der entgeltlichen Natur des Arbeitsvertrags ergibt sich, dass die Vergütung nicht gänzlich wegbedungen werden kann. Möglich ist aber dennoch eine pauschale Abgeltung der Überstunden mit dem Lohn.[414] Nach der Leistung von Überstunden kann der Arbeitnehmer zudem nicht gültig auf eine Entschädigung für bereits geleistete Überstunden verzichten (Art. 341 OR).[415]

Umfangsmässig wird die Möglichkeit einer abweichenden Vereinbarung zudem durch die öffentlich-rechtlichen Bestimmungen zur    319
*Überzeit* im ArG (Art. 12 f. ArG) begrenzt. Diese beginnt, sobald die gesetzliche Höchstarbeitszeit überschritten wird (Art. 9 ff. ArG, 45 bzw. 50 Stunden pro Woche). Die Leistung von Überzeit gemäss ArG schliesst die gleichzeitige Qualifikation als Überstunden gemäss OR nicht aus. Im Gegensatz zu Letzteren ist für die Überzeit aber *zwingend ein Lohnzuschlag* von 25 % zu entrichten, sofern kein Ausgleich in Freizeit erfolgt (Art. 13 Abs. 2 ArG).[416]

Obwohl zwingend, ist die Entschädigung für Überzeit nicht für    319a
alle Berufsgruppen ab der ersten Überzeitstunde geschuldet. Für Büropersonal sowie technische und andere Angestellte, mit Einschluss des Verkaufspersonals in Grossbetrieben des Detailhandels, ist die Entschädigung erst ab der 61. Überstunde geschuldet (Art. 13 Abs. 1 ArG).

---

[412] STREIFF/VONKAENEL/RUDOLPH, Art. 329a OR, N 10.
[413] STREIFF/VON KAENEL/RUDOLPH, Art. 321c OR, N 5.
[414] Dieser muss dann aber höher sein als allfällige Mindestlöhne.
[415] BGE 124 III 469.
[416] ZK-STAEHELIN, Art. 321c OR, N 24, will Art. 13 Abs. 2 ArG nicht mehr anwenden, da er überholt sei; z.B. JAR 1990, 335.

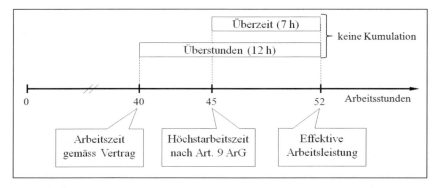

*Abbildung 8:    Darstellung von Überstunden und Überzeit anhand eines Industriebetriebs*

320     Die Arbeit von *Arbeitnehmern, die eine höhere leitende Tätigkeit ausüben,* ist dem Arbeitsgesetz nicht unterstellt (Art. 3 lit. d ArG, vgl. aber die Ausnahme in Art. 3*a* lit. b ArG),[417] weshalb für sie die darin enthaltene Überzeitregelung nicht anwendbar ist.

321     Die Frage nach der Entschädigung für Überstunden von leitenden Arbeitnehmern,[418] die längere Zeit umstritten war, wurde vom Bundesgericht in jüngerer Zeit durch mehrere Entscheide[419] weitgehend geklärt.[420] Für leitende Arbeitnehmer gilt der in einem Betrieb übliche zeitliche Umfang der Arbeit grundsätzlich nicht; von ihnen kann erwartet werden, dass sie «etwas mehr leisten als das übliche Pensum».[421]

322     Leitende Arbeitnehmer haben nach dieser bundesgerichtlichen Rechtsprechung nur dann einen Anspruch auf Überstundenentschädigung, wenn entweder:[422]

– vertraglich eine feste Arbeitszeit vereinbart wurde,

– zusätzliche Aufgaben über die vertraglich vereinbarten Pflichten hinaus übertragen werden,

---

[417]    BGE 126 III 337.
[418]    Vgl. dazu auch EGLI, AJP 1/2001, 125.
[419]    BGE 129 III 171, in: JAR 2004, 183; Urteil des BGer 4C.320/1996 vom 6. Februar 1997, E. 5a, in: JAR 1998, 145 f.
[420]    STREIFF/VON KAENEL/RUDOLPH, Art. 321c OR, N 6.
[421]    BGE 129 III 171, E. 2.1.
[422]    STREIFF/VON KAENEL/RUDOLPH, Art. 321c OR, N 6; in Anlehnung an HUTTERLI, 52.

–   die ganze Belegschaft während längerer Zeit in wesentlichem Umfang Überstunden leistet oder
–   die Bezahlung von Überstunden ausdrücklich vereinbart wurde.

In der Regel haben leitende Arbeitnehmer die Möglichkeit, ihre Arbeitszeit frei einzuteilen und auch zu kompensieren, was den Nachweis von Überstunden erschwert. Wenn ihre Arbeitszeit betriebliche Regelzeiten überschreitet und in Verträgen keine Stundenzahl fixiert wurde, ist ein solcher Nachweis kaum möglich.[423]    323

In keinem Fall werden die Entschädigungen für Überstunden und Überzeit kumuliert, man hat also keinen Anspruch auf 2 × 25 % Zuschlag (25 % Zuschlag für Überzeit + 25 % Zuschlag für Überstunden = 50 % Zuschlag). Die Geltendmachung von Überstunden ist während der Verjährungsfrist[424] unter Vorbehalt des Rechtsmissbrauchs[425] jederzeit möglich. Der erworbene Anspruch auf Abgeltung bereits geleisteter Überstunden ist i.S.v. Art. 341 Abs. 1 OR unverzichtbar.[426]    324

### e)   Verletzung der Arbeitspflicht

Bei *schuldhafter Nichterfüllung* der Arbeitspflicht hat die Arbeitgeberin sechs Möglichkeiten:    325

–   *Lohnverweigerung*: Die Arbeitgeberin kann ihre Lohnzahlung verweigern (Art. 82 OR).
–   *Klage auf Erfüllung*: Die Arbeitgeberin kann auf Erfüllung klagen (Art. 107 Abs. 2 OR), was eine Realexekution oder einen Schadenersatzanspruch zur Folge hat (Art. 97 OR).
–   *Schadenersatzanspruch*: Die Arbeitgeberin kann vom Arbeitnehmer den Ersatz des durch die Nichterfüllung entstandenen Schadens verlangen (Art. 321e Abs. 1 OR).
–   *Entschädigung nach Art. 337d OR*: siehe unten.

---

[423]   STREIFF/VON KAENEL/RUDOLPH, Art. 321c OR, N 6.
[424]   Mit Ablauf von fünf Jahren verjähren die Forderungen aus dem Arbeitsverhältnis von Arbeitnehmern (Art. 128 Ziff. 3 OR).
[425]   Gemäss BGer ist Rechtsmissbrauch wegen verspäteter Geltendmachung nur unter ausserordentlichen Umständen anzunehmen, BGE 129 III 171, E. 2.4.
[426]   BGE 129 III 171, E. 2.4.

- *Ordentliche Kündigung*: Die schuldhafte Nichterfüllung kann als Grund gelten, sogar einem Mitglied einer betrieblichen Einrichtung zu kündigen (Art. 336 Abs. 2 lit. b OR).

- *Fristlose Kündigung*: Eine fristlose Kündigung kommt infrage, wenn der Arbeitnehmer trotz wiederholter Aufforderung seiner Arbeitspflicht nicht nachkommt.

326    Neben den allgemeinen Verzugsregeln findet sich im Arbeitsvertragsrecht eine spezielle Norm betreffend das *ungerechtfertigte Nichtantreten oder Verlassen der Arbeitsstelle ohne wichtigen Grund* (Art. 337d OR). Das Bundesgericht setzt voraus, dass sich der Arbeitnehmer bewusst, absichtlich und endgültig weigert, seine Arbeit weiter zu erbringen.[427] Die Beweislast betreffend das Verlassen der Arbeitsstelle trägt die Arbeitgeberin. Im Zweifel ist der Arbeitnehmer zunächst aufzufordern, seine Arbeit unverzüglich aufzunehmen oder ein Arbeitsunfähigkeitszeugnis einzureichen. Gleichzeitig ist anzudrohen, dass es sich ansonsten um eine fristlose Kündigung ohne wichtigen Grund durch den Arbeitnehmer handelt. Für den Fall, dass der Arbeitnehmer der Aufforderung nachkommt, bleiben der Arbeitgeberin noch folgende Möglichkeiten: schriftliche Verwarnung mit Androhung der Kündigung im Wiederholungsfall oder eine ordentliche Kündigung. Kommt der Arbeitnehmer der Aufforderung nicht nach, so endet das Arbeitsverhältnis in tatsächlicher und rechtlicher Hinsicht mit dem definitiven Verlassen der Arbeitsstelle. Eine fristlose Kündigung durch die Arbeitgeberin wäre in diesem Fall nutzlos und nicht opportun.[428] Grundsätzlich ist dann der Arbeitnehmer zum Ersatz des vollen, verursachten Schadens verpflichtet.[429] Da aber die genaue Berechnung des Schadens in der Praxis oft zu Schwierigkeiten führt, ist eine pauschale Abgeltung in Höhe eines Viertels des Monatslohns (unbeachtlich des 13. Monatslohns) vorgesehen. Abweichende Ansprüche müssen von der Arbeitgeberin (höherer Anspruch) oder Arbeitnehmer (tieferer Anspruch) nachgewiesen werden. Es handelt sich damit also um eine Umkehr der Beweislast für Forderungen bis zur Höhe eines Viertels eines Monatslohns.[430] Ihren Anspruch hat die Arbeitgeberin innert 30 Tagen gerichtlich geltend zu machen, ansonsten gilt er als verwirkt.[431]

---

[427]  Urteil des BGer 4C_339/2006, E. 2.1; BGE 121 V 277, E. 3a; BGE 112 II 41, E. 2.
[428]  CENTRE PATRONAL, März 2014, Nr. 183.
[429]  STREIFF/VON KAENEL/RUDOLPH, Art. 337b OR, N 2.
[430]  STREIFF/VON KAENEL/RUDOLPH, Art. 337d OR, N 4.
[431]  STREIFF/VON KAENEL/RUDOLPH, Art. 337d OR, N 4.

Gelingt der Arbeitgeberin der Nachweis, dass der Arbeitnehmer      326a
entgegen den Angaben im eingereichten Arztzeugnis tatsächlich seiner
Arbeit ganz oder teilweise hätte nachkommen können, so ist der Tatbestand von Art. 337*d* OR damit noch nicht erfüllt.[432] Gemäss Bundesgericht muss dem Arbeitnehmer nachgewiesen werden, dass er
sich seiner Arbeitsfähigkeit bewusst war. Gelingt dieser Nachweis
nicht, so ist der entsprechende Sachverhalt nicht als Verlassen der
Arbeitsstelle zu qualifizieren. Allenfalls läge ein Fehler beim Arzt
vor.[433] Tritt der Arbeitnehmer aus wichtigem Grund (z.B. Krankheit)
die Arbeitsstelle nicht an, so hat die Arbeitgeberin die Möglichkeit, in
der Probezeit ordentlich zu kündigen. Wurde die Probezeit wegbedungen, so ist nach Art. 336*c* OR[434] keine andere Kündigung möglich.

In diesem Zusammenhang stellt sich auch die Frage, ab wel-        327
chem Zeitpunkt gekündigt werden kann. In der Lehre werden verschiedene Meinungen vertreten. Dass die Kündigung bereits vor Stellenantritt erklärt werden kann, entspricht heute der herrschenden Lehre.[435]

Ist die *Arbeitsleistung mangelhaft*, entsteht ebenfalls ein Scha-    328
denersatzanspruch (Art. 321*e* Abs. 1 OR) und die Möglichkeit einer
ordentlichen Kündigung.[436] Die Kürzung des Lohns ist jedoch nicht
statthaft, weil dieser unbeachtlich der Güte der Arbeit geschuldet ist.
Die Haftung des Arbeitnehmers aufgrund Schlechterfüllung seiner
Arbeitspflicht ist eine Verschuldenshaftung, jedoch mit einem besonderen Haftungsmassstab.[437]

## 3. Pflicht zur Befolgung von Weisungen der Arbeit- geberin

### a) Begriff und Umfang des Weisungsrechts

Da die Arbeitgeberin das Risiko für den Misserfolg der Arbeit        329
trägt, soll sie auch die Möglichkeit haben, durch Weisungen Einfluss

---

[432] CENTRE PATRONAL, März 2014, Nr. 183.
[433] Urteil des BGer 4A_140/2009, E. 5.4.
[434] Kündigung zur Unzeit.
[435] REHBINDER, Arbeitsrecht, Rz. 320; PORTMANN/STÖCKLI, Rz. 675 (implizit); STREIFF/
VON KAENEL/RUDOLPH, Art. 335b OR, N 11.
[436] REHBINDER, Arbeitsrecht, Rz. 152.
[437] Vgl. Rz. 466 ff., Haftung des Arbeitnehmers.

auf die Ausführung zu nehmen.[438] Dieses Recht ist ein Ausfluss des typischen *Unterordnungsverhältnisses* zwischen Arbeitgeberin und Arbeitnehmer.

330    Die Arbeitgeberin hat die Befugnis, über die Ausführung der Arbeit und das Verhalten der Arbeitnehmer im Betrieb allgemeine Anordnungen zu erlassen und ihnen besondere *Weisungen* zu erteilen (Art. 321*d* OR). Diese Konkretisierung des Arbeitsverhältnisses erfolgt somit nicht auf vertraglicher Basis, sondern durch einseitige, empfangsbedürftige Anordnung der Arbeitgeberin.

331    Die Weisungskompetenz steht insbesondere auch dem Verwaltungsrat zu.[439] Dieser ist nicht etwa verpflichtet, seine Weisungen durch ein Mitglied der Geschäftsleitung durchsetzen zu lassen, sondern jeder Verwaltungsrat kann direkt selbst Weisungen erlassen. Dies schliesst beispielsweise die Möglichkeit ein, trotz Rauchverbot rauchende Arbeitnehmer in einer Produktionshalle zurechtzuweisen oder einen Mitarbeiter anzuweisen, eine Schutzvorrichtung (z.B. Helm) zu tragen.

### b)    Arten von Weisungen

*aa)   Weisungen über die Ausführung der Arbeit*

332    Weisungen über die Ausführung der Arbeit können unterschieden werden in:

– *Zielanweisungen*: Sie bestimmen den Leistungsinhalt näher. Art, Ort, Umfang und Organisation der zu leistenden Arbeit werden konkretisiert.

– *Fachanweisungen*: Sie betreffen die Art und Weise der Arbeitsleistung. Arbeitsmethode, Handhabung von Maschinen und Material werden konkretisiert.

*bb)   Verhaltensanweisungen*

333    Verhaltensanweisungen sind alle Anordnungen der Arbeitgeberin, die nicht die Ausführung der Arbeit betreffen. Sie dienen der Eingliederung der Arbeitnehmer in den Betrieb.

---

[438] Die Arbeitgeberin hat nicht nur das Recht, sondern sogar die Pflicht, Weisungen zu erteilen. Ansonsten kann sie im Fall von Art. 55 OR wegen fehlender cura in instruendo den Befreiungsbeweis nicht erbringen.

[439] Art. 716*a* Abs. 1 Ziff. 1 OR.

**Beispiel:** Vorschriften über Arbeitszeit, -bekleidung, Gesundheits-, Sicherheits- oder feuerpolizeiliche Anordnungen.

### cc) Allgemeine Anordnungen

Allgemeine Anordnungen richten sich an alle oder einzelne persönlich nicht bestimmte Arbeitnehmer und setzen Richtlinien für eine Vielzahl von Situationen fest. Es handelt sich also um *generell-abstrakte Anordnungen* im Gegensatz zu den individuell-konkreten Weisungen. Meistens handelt es sich um Verhaltensanweisungen, wie zum Beispiel Sicherheitsvorschriften, Rauchverbote etc. Da sie ihre Rechtsgrundlage im Arbeitsvertrag haben, haben sie nur in dessen Rahmen Bestand. Damit sie wirksam werden, muss der Arbeitnehmer ausserdem die Möglichkeit haben, sie im Voraus tatsächlich zur Kenntnis zu nehmen.

334

Von diesen weisungsrechtlichen Anordnungen sind allgemeine Anordnungen in *Betriebsordnungen* (Art. 37 ff. ArG) zu unterscheiden. Die Betriebsordnungen haben normative Wirkung,[440] können also – wie ein GAV – selbst gegenüber widersprechenden, einzelvertraglichen Regelungen Geltung beanspruchen. Der Erlass kann deswegen nicht einseitig von der Arbeitgeberin bestimmt werden, sondern erfolgt in Zusammenarbeit mit der Belegschaft.

335

### dd) Ausserdienstliche Anweisungen

Grundsätzlich ist das Weisungsrecht auf die Arbeitstätigkeit ausgerichtet und sollte sich nicht auf die ausserdienstliche Sphäre beziehen.[441] In *Ausnahmefällen* kann dies aber eine Konkretisierung der Treuepflicht gegenüber der Arbeitgeberin sein;[442] insbesondere in *Tendenzbetrieben* (Betriebe mit religiöser oder ideologischer Ausrichtung).

336

### c)   Grenzen des Weisungsrechts

### aa) Treu und Glauben

Der Arbeitnehmer hat die Weisungen der Arbeitgeberin nach Treu und Glauben zu befolgen (Art. 321d Abs. 2 OR). Diese Pflicht

337

---

[440]  BK-REHBINDER/STÖCKLI, Art. 321d OR, N 4.
[441]  STREIFF/VON KAENEL/RUDOLPH, Art. 321d OR, N 3.
[442]  VISCHER/MÜLLER, 175 f., 199.

besteht, soweit die geforderte Handlung durch die *Arbeits- und Treue-pflicht* gedeckt, dem Arbeitnehmer nach Art und Inhalt der Arbeits-pflicht *zumutbar* und *nicht schikanös* ist. Insbesondere Anordnungen, die das Verhalten des Arbeitnehmers betreffen, müssen sich auf den unmittelbaren Zusammenhang mit der Arbeitsleistung beschränken.[443]

**Beispiele:**

– Wird ein Arbeitnehmer angewiesen, ein Haarnetz zu tragen, weil er in einem Industriebetrieb an Maschinen arbeitet, welche die Gefahr bergen, dass sich die Haare darin verwickeln, so ist diese Verhaltensweisung als zulässig zu erachten.

– Wird einer Arbeitnehmerin verboten, ein Kopftuch zu tragen, weil die Arbeitgeberin befürchtet, dass auch andere Arbeitnehmerinnen mit dem gleichen Anliegen kommen könnten, so ist diese Verhaltensanweisung unzulässig.[444]

### bb) Persönlichkeitsrecht

338      Das zivilrechtliche *Persönlichkeitsrecht* (Art. 27 f. ZGB) wird im Arbeitsvertragsrecht als Fürsorgepflicht konkretisiert (Art. 328 OR) und beschränkt das Weisungsrecht der Arbeitgeberin. In diese Rechte und insbesondere in grundrechtlich geschützte Rechtspositionen eingreifende Weisungen sind nur insoweit zulässig, als sie das Arbeitsverhältnis erfordert. Andererseits kann die Fürsorgepflicht der Arbeitgeberin gebieten, Weisungen zu erlassen.

338a      In jüngerer Zeit hat das Tragen von Kopftüchern aus religiösen Gründen vermehrt zu Diskussionen Anlass gegeben. Aus arbeitsrechtlicher Sicht rechtfertigt sich ein Kopftuchverbot, wenn es der Erfüllung des Arbeitsvertrages zugutekommt, wobei das Verbot nur so weit gehen darf, als es zur Erreichung des betriebsbezogenen legitimen Zieles erforderlich ist. Infrage kommen mithin sicherheits- und hygienebedingte Gründe. Ein mit einer Uniformpflicht (bspw. bei Fluggesellschaften) begründetes Kopftuchverbot ist nur dann zulässig, wenn das Kopftuch bei publikumsorientierten Arbeitstätigkeiten negative Kundenreaktionen und erhebliche finanzielle Einbussen hervorruft. Diese sind durch die Arbeitgeberin indes hinreichend zu belegen

---

[443] BK-Rehbinder/Stöckli, Art. 321d OR, N 39, Streiff/von Kaenel/Rudolph, Art. 321d OR, N 3.

[444] Vgl. Urteil des BezGer Arbon vom 17. Dezember 1990, in: SJZ 87 (1991), 176–178.

– die blosse Befürchtung, Kundenverluste erleiden zu müssen, genügt nicht.[445]

Eine weitere Beschränkung ist der an die Fürsorgepflicht anknüpfende *Gleichbehandlungsgrundsatz*, wonach eine willkürliche Schlechterstellung unzulässig ist.    339

**Beispiele:**

– **Sexuelle Belästigung:** Die Versetzung eines Arbeitnehmers, der eine Arbeitnehmerin belästigt, ist durch die Fürsorgepflicht geboten.[446]

– **Schikane:** Persönlichkeitsverletzend ist eine Weisung, die das angestammte Tätigkeitsgebiet des Arbeitnehmers beschränkt oder verändert und ihn so grundlos beruflich zurücksetzt oder bei gleichem Lohn seinen ehemaligen Angestellten unterstellt.[447]

– **Ungleichbehandlung:** Es liegt ein Verstoss gegen den Gleichbehandlungsgrundsatz vor, wenn von mehreren gleichgestellten Arbeitnehmern immer derselbe zu bestimmten Vorarbeiten angewiesen wird.[448]

– **Rauchen am Arbeitsplatz:** Die Freiheit des Rauchers steht dem Schutz des durch Rauch geschädigten Mitarbeiters gegenüber. Eine Interessenabwägung muss im Einzelfall erfolgen,[449] wobei im Zweifel der Schutz des Passivrauchers wichtiger sein sollte.[450]

– **Leibesvisitationen:** Grundsätzlich können Leibesvisitationen *nicht* gestützt auf das Weisungsrecht einseitig von der Arbeitgeberin verfügt werden. Allerdings ist die Leibesvisitation nach schweren Diebstählen im Betrieb zulässig.[451]

– **Politische Tätigkeit:** Problematisch sind vor allem politische Ämter, die zu häufiger Abwesenheit am Arbeitsplatz führen. Es stellt sich dabei die Frage, ob die Arbeitgeberin z.B. die Annahme eines politischen

---

[445] GLOOR, ARV 2006, 8 und 10 ff.; RIEMER-KAFKA/SHERIFOSKA, ARV 2012, 316; vgl. hierzu auch Rz. 638 f.: Das Bezirksgericht Arbon erachtete die Entlassung einer Arbeitnehmerin, weil sie trotz gegenteiliger Weisung aus religiösen Gründen ein Kopftuch trug, als missbräuchlich. Mangels arbeitsbezogener Gründe wurde das Verbot als Verstoss gegen den Persönlichkeitsschutz gewertet. Das Argument der Arbeitgeberin, sie wolle einen sich als schweizerisch präsentierenden Betrieb, genügte im konkreten Fall nicht (gem. den Erwägungen schien die Arbeitnehmerin keinen Kundenkontakt gehabt zu haben; SJZ 87 [1991], 196 ff. [= JAR 1991, 254 ff.]).

[446] Vgl. ZK-VISCHER, Art. 321d OR, N 5 und Art. 328 OR, N 18.

[447] JAR 1984, 99.

[448] BK-REHBINDER/STÖCKLI, Art. 321d OR, N 34.

[449] Art. 19 ArGV 3 bestimmt, dass die Arbeitgeberin im Rahmen der betrieblichen Möglichkeiten für den Schutz der Passivraucher vorzusorgen habe.

[450] STOCKER, BJM 1980, 169 ff.; ausführlich dazu POLCAN, 22 ff.

[451] STREIFF/VON KAENEL/RUDOLPH, Art. 328 OR, N 14; BK-REHBINDER/STÖCKLI, Art. 321d OR, N 42.

Amts von ihrer Zusage abhängig machen kann. Grundsätzlich sind die politischen Rechte der Arbeitnehmer höher zu gewichten, weshalb tendenziell die *Zustimmung* der Arbeitgeberin *nicht nötig* ist. Dies lässt sich auch aus Art. 324*a* OR ableiten, wonach die Abwesenheit wegen Ausübung eines politischen Amtes keine verschuldete Leistungsunmöglichkeit darstellt.[452] Einzig die Treuepflicht kann der Ausübung von politischen Ämtern *Grenzen* setzen.

### cc)   Zwingendes Recht, GAV und Betriebsordnung

340   Unwirksam sind Weisungen, die widerrechtlich, unmöglich oder unsittlich sind. Unzulässig sind aber auch Weisungen, die den durch öffentlich-rechtliche Arbeitnehmerschutznormen (v.a. Arbeitsgesetz und Arbeitszeitgesetz) bezweckten Schutz vereiteln. Ebenso unwirksam sind Weisungen, die einer normativen Vereinbarung wie GAV oder Betriebsordnung widersprechen.

### dd)   Bestimmungen des Einzelarbeitsvertrags

341   Das Weisungsrecht dient der Konkretisierung des im Arbeitsvertrag Vereinbarten, der umgekehrt auch die Schranken des Weisungsrechts zeichnet. Wie im Zusammenhang mit der Arbeitspflicht bereits ausgeführt wurde, ist die Arbeitgeberin bei der Bestimmung von Inhalt, Zeit und Ort der Arbeit an die Vereinbarungen des Arbeitsvertrags gebunden. Ihre Weisungen müssen sich an die *Vertragsgrenzen* halten.

> **Beispiel:** Ein zum Zwischenverdienst in einer Werkhalle angestellter Arbeitnehmer verstösst nicht gegen seine Befolgungspflicht von Weisungen, wenn er sich weigert, in einem nicht zum Betrieb gehörenden privaten Pferdestall Stroh abzuladen. Die Anordnung, im Pferdestall Stroh abzuladen, stellt keine berechtigte Weisung der Arbeitgeberin i.S.v. Art. 321*d* OR dar, da sie keinem dringenden, betrieblichen Bedürfnis entspricht, zumindest insofern, als eine entsprechende Möglichkeit nicht im Arbeitsvertrag festgehalten ist.[453]

### ee)   Fachlich weisungsfreie Arbeitnehmer

342   Die Tätigkeit von *hoch qualifizierten Arbeitnehmern*, die wissenschaftliche oder künstlerische Leistungen erbringen, verlangt nach

---

[452]   VISCHER/MÜLLER, 176 f.
[453]   BGer Urteil 8C.370/2009 vom 10. September 2009.

einer gewissen Unabhängigkeit und Weisungsfreiheit.[454] Die Arbeitgeberin tritt bezüglich Fachanweisungen, welche die Arbeitspflicht näher konkretisieren, parallel zur Qualifikation oder Spezialisierung der Arbeitnehmer, immer mehr in den Hintergrund. Häufig werden die Grenzen des Weisungsrechts im fachlichen Bereich durch entsprechende Bestimmungen im Arbeitsvertrag näher bestimmt.[455] Zielanweisungen über den Gegenstand der Arbeitsleistung, die eine Eingliederung in die Organisation der Arbeitgeberin ermöglichen, müssen sich aber auch fachlich weisungsfreie Arbeitnehmer unterziehen. Aufgrund der grösseren Unabhängigkeit muss er auch einer *verstärkten Arbeits- und Treuepflicht* genügen.

### d) Nichtbefolgung rechtmässiger Weisungen

Die Nichtbefolgung rechtmässiger Weisungen kann durch die Arbeitgeberin geahndet werden. Als *allgemeine Disziplinarmassnahmen* stehen ihr dabei die gesetzlichen Mittel der Verwarnung,[456] des Verweises, der Schadenersatzforderung oder der Entlassung zur Verfügung. In schweren Fällen kann sogar ein Grund für eine fristlose Kündigung vorliegen.[457]
343

Zu beachten ist indessen, dass die Arbeitgeberin, wenn sie sich für die Ahndung einer Disziplinwidrigkeit seitens des Arbeitnehmers beispielsweise mittels eines Verweises entschieden hat, sich darauf behaften lassen muss. Für ein und dieselbe Disziplinwidrigkeit kann nachträglich nicht doch eine fristlose Kündigung ausgesprochen werden, selbst wenn dadurch beispielsweise der Grund für eine solche fristlose Kündigung gesetzt worden wäre.[458]
344

*Besondere Disziplinarmassnahmen,*[459] die sogenannten Ordnungsstrafen der Betriebsjustiz wie Geldbussen, Nacharbeit, Versetzung o.Ä. bedürfen einer besonderen Rechtsgrundlage in der Betriebsordnung. Eine angemessene Regelung muss die mit Ordnungsstrafe bedrohten Handlungen hinreichend beschreiben und ein rechtsstaat-
345

---

[454] Vgl. z.B. die in Art. 3 ArG aufgeführten Berufsgruppen.

[455] BK-REHBINDER/STÖCKLI, Art. 321d OR, N 24 ff.

[456] Bei der Verwarnung handelt es sich um eine Kombination aus Verweis und Drohung (MÜLLER, Disziplinarwesen, 75), welche für den Wiederholungsfall eine konkret umschriebene Konsequenz beinhaltet, welche bis zur (fristlosen) Kündigung reichen kann (ausführlich dazu – einschliesslich praktischer Beispiele: POLCAN, insb. 2 und 28 f.).

[457] Vgl. Rz. 600 ff.

[458] JAR 1998, 234 sowie STREIFF/VON KAENEL/RUDOLPH, Art. 337 OR, N 15.

[459] Vgl. MÜLLER, AJP 1999, 454 ff.; MÜLLER, Disziplinarwesen, 89 ff.

lichen Anforderungen genügendes Verfahren der Strafverhängung vorsehen.[460]

346    Gemäss Art. 37 Abs. 4 ArG kann die Betriebsordnung zwischen der Arbeitgeberin und einer Arbeitnehmervertretung vereinbart (sog. vereinbarte Betriebsordnung) oder einseitig von der Arbeitgeberin nach Anhören der Arbeitnehmer erlassen werden (sog. erlassene Betriebsordnung). Allgemeine Disziplinarmassnahmen können in einer einfachen Disziplinarordnung festgelegt werden (auch ohne bestehende Betriebsordnung). Besondere Disziplinarmassnahmen (sog. Ordnungsstrafen der Betriebsjustiz) wie bspw. Geldbussen, Nacharbeit, Versetzung etc. bedürfen hingegen der Regelung in einer Betriebsordnung. Die Festlegung von besonderen Disziplinarmassnahmen bzw. Ordnungsstrafen ist nicht nur in vereinbarten Betriebsordnungen, sondern auch in einseitig von der Arbeitgeberin erlassenen Betriebsordnungen möglich.[461]

### e)    Rechtswidrige Weisungen

347    Die Rechtswidrigkeit einer Weisung der Arbeitgeberin bewirkt, dass der Arbeitnehmer die Befolgung *ohne rechtliche Konsequenzen ablehnen* kann. Problematisch ist, wenn die Unzulässigkeit der Weisung nicht eindeutig feststeht. Umstritten ist, ob die Arbeitgeberin eine Missachtung einer rechtlich zweifelhaften Weisung in Kauf zu nehmen hat[462] oder ob sich der Arbeitnehmer auf die Rechtmässigkeit verlassen muss.

## 4.    Sorgfalts- und Treuepflicht

### a)    Sorgfaltspflicht

348    Der Arbeitnehmer hat die ihm übertragene Arbeit *sorgfältig auszuführen*, die Instrumente der Arbeitgeberin fachgerecht zu bedienen und diese sowie zur Verfügung gestellte Materialien *sorgfältig zu behandeln* (Art. 321a Abs. 1 f. OR). Diese Sorgfaltspflicht ist eine *Vertragspflicht*, deren Verletzung sich auf das Arbeitszeugnis oder auf eine Kündigung auswirken kann. Ein Teil der Lehre sieht darin jedoch lediglich einen Haftungsmassstab der Schadenersatzpflicht wegen

---

[460]  REHBINDER, Arbeitsrecht, Rz. 153.
[461]  GEISER/VON KAENEL/WYLER, Art. 38 ArG, N 23.
[462]  BK-REHBINDER/STÖCKLI, Art. 321d OR, N 46.

mangelhafter Arbeitsleistung (Art. 321e OR).[463] Die Pflichten des Arbeitnehmers sind jedoch die elementaren Anforderungen an die Erfüllung der Arbeitspflicht und nicht nur im Zusammenhang mit der Haftung zu sehen.

## b) Treuepflicht

### aa) *Überblick*

Unter der Treuepflicht (Art. 321a OR) ist der Arbeitnehmer gehalten, die berechtigten Interessen der Arbeitgeberin in guten Treuen zu wahren. Sie ist keine absolute, sondern eine *relative Pflicht*, die nur insoweit besteht, wie sie zur Erreichung und Sicherung des Arbeitserfolges – bestimmt durch die Umschreibung der Arbeitspflicht – nötig ist.[464] Um also den konkreten Umfang festzustellen, muss die Frage nach dem Aufgaben- und Verantwortungskreis des Arbeitnehmers beantwortet werden. Gesetz, Rechtsprechung und Lehre konkretisieren die allgemeine Treuepflicht in verschiedene Einzelpflichten – vor allem Unterlassungspflichten, aber auch Pflichten zu positivem Tun.[465]

349

**Beispiel:** Wenn die Arbeitgeberin wegen vermehrter Kündigungen eine schlechte Stimmung im Betrieb vermeiden will, stellt sich die Frage, ob sie den gekündigten Arbeitnehmern verbieten kann, über ihre Kündigung zu sprechen. Grundsätzlich kann dem Arbeitnehmer nicht verboten werden, über die Tatsache seiner Kündigung zu sprechen. Es trifft ihn aber die Treuepflicht, weshalb er die Interessen der Arbeitgeberin in guten Treuen zu wahren hat. Das kann ihn unter Umständen verpflichten, sich im Betrieb und während der Kündigungsfrist an ein Kommunikationskonzept der Arbeitgeberin zu halten. So kann ihm also verboten werden, mit den anderen Arbeitnehmern über seine Kündigung zu sprechen.

### bb) *Verbot der Schwarzarbeit*

Grundsätzlich darf der Arbeitnehmer ausserhalb der Arbeitszeit für sich oder Dritte entgeltliche oder unentgeltliche Arbeit leisten. Der Arbeitnehmer verletzt aber die Treuepflicht, wenn:

350

---

[463] REHBINDER, Arbeitsrecht, Rz. 123.
[464] GEISER, Treuepflicht, 57.
[465] Entscheide zur Treuepflicht vgl. STREIFF/VON KAENEL/RUDOLPH, Art. 321a OR, N 7.

351 – er eine die *Arbeitgeberin konkurrenzierende Nebentätigkeit ohne Einwilligung* derselben ausübt. Dies ist ausdrücklich für die entgeltliche Schwarzarbeit[466] geregelt (Art. 321*a* Abs. 3 OR), gilt aber aufgrund der allgemeinen Treuepflicht auch für unentgeltliche Nebentätigkeiten. Die Vorbereitung konkurrenzierender Tätigkeiten für die Zeit nach Beendigung des Arbeitsverhältnisses ist aber zulässig.[467]

**Beispiele:**

– Derjenige Arbeitnehmer, der zwar in ungekündigter Stellung, jedoch bei voller Erbringung seiner Arbeitsleistungen eine Einzelfirma gründet, die ihre Tätigkeit erst nach Auflösung des Arbeitsverhältnisses aufnehmen und die frühere Arbeitgeberin nicht konkurrenzieren soll, begeht keine Treuepflichtverletzung (BGE 117 II 72).

– Ein als Lieferant Angestellter führt mehrmals wöchentlich abends ohne Wissen der Arbeitgeberin auf eigene Rechnung noch Lieferaufträge mit seinem privaten kleinen Lkw aus.

352 – die Nebentätigkeit, welche die Kräfte des Arbeitnehmers so strapaziert, dass er seiner *Arbeitspflicht nicht voll nachzukommen* vermag.[468]

**Beispiele:**

– Verletzung der Treuepflicht, wenn ein Lastwagenfahrer abends noch Taxi fährt und damit die vorgeschriebenen Ruhezeiten verletzt.[469]

– Der zu 100 % angestellte Verkaufsmitarbeiter darf abends nicht täglich in einer Bar arbeiten.

– Zulässig ist die unentgeltliche Beratertätigkeit für einen Dritten während der Kündigungszeit.[470]

*cc) Geheimhaltungspflicht*

353 *Während des Arbeitsverhältnisses* ist der Arbeitnehmer zu *absoluter Geheimhaltung* verpflichtet (Art. 321*a* Abs. 4 OR 1. Halbsatz). Die Geheimhaltungspflicht umfasst alles, was die Arbeitgeberin ge-

---

[466] Der Begriff «Schwarzarbeit» ist in diesem Zusammenhang möglicherweise missverständlich. Er ist nicht zu verwechseln mit der Schwarzarbeit im Sinne des BGSA; vgl. vorne, Rz. 299 ff.

[467] Vgl. BGE 117 II 72.

[468] STREIFF/VON KAENEL/RUDOLPH, Art. 321a OR, N 10 f.

[469] JAR 1985, 246.

[470] JAR 1990, 337.

heim halten will, d.h. nicht nur Fabrikations- und Geschäftsgeheimnisse, sondern auch persönliche und finanzielle Informationen der Arbeitgeberin. Es ist unerheblich, ob die Geheimnisse dem Arbeitnehmer anvertraut wurden oder ob er sie durch Zufall oder unerlaubte Handlung erfahren hat.[471] Wer ein Fabrikations- oder Geschäftsgeheimnis verrät, das er infolge einer gesetzlichen oder vertraglichen Pflicht bewahren sollte, kann sich strafbar machen.[472]

*Nach Beendigung* des Arbeitsverhältnisses verbleibt eine *abgeschwächte Geheimhaltungspflicht*, soweit es zur Wahrung der berechtigten Interessen der Arbeitgeberin erforderlich ist (Art. 321a Abs. 4 2. Halbsatz OR). Ziel ist ein Ausgleich zwischen dem wirtschaftlichen Fortkommen des Arbeitnehmers, der seine erlangten Fähigkeiten und Erfahrungen verwerten können soll, und den Interessen der früheren Arbeitgeberin. Deren Geheimhaltungsinteresse wird im Verlauf der Zeit immer kleiner. Das völlige Erlöschen hängt aber u.a. von der Art des Arbeitsverhältnisses, von der Stellung und Funktion des Arbeitnehmers und der wirtschaftlichen und technischen Entwicklung ab. Oft wird die Geheimhaltungspflicht durch EAV oder GAV betreffend Inhalt und Umfang begrenzt.[473]

### dd) Schmiergeldverbot

Im Rahmen der Treuepflicht darf der Arbeitnehmer auch *keine Vergünstigungen* annehmen, die ihm mit dem Zweck, einem Dritten durch pflichtwidriges Verhalten Vorteile zum Nachteil der Arbeitgeberin zu verschaffen, übergeben werden. Die Annahme üblicher Gelegenheitsgeschenke, die nach Verkehrsauffassung nicht geeignet sind, die Treuepflicht des Arbeitnehmers zu beeinflussen, sind dagegen zulässig.[474] Die Abgrenzung zwischen Trink- und Schmiergeld bleibt aber schwierig.

Bestechung ist ein Straftatbestand gemäss dem Bundesgesetz gegen den unlauteren Wettbewerb (Art. 4 lit. b UWG). Diese Strafbarkeit trifft aber grundsätzlich nur den aktiv Bestechenden und nicht den passiv Bestochenen.

354

355

356

---

[471] STREIFF/VON KAENEL/RUDOLPH, Art. 321a OR, N 12.
[472] Art. 162 StGB.
[473] REHBINDER, Arbeitsrecht, Rz. 131 f.
[474] BK-REHBINDER/STÖCKLI, Art. 321a OR, N 4.

### ee) Pflicht zu loyalem Verhalten

357 Der Arbeitnehmer darf Mitarbeiter *nicht zu Pflichtverletzungen verleiten* bzw. für einen Konkurrenzbetrieb *abwerben* und Kunden nicht zum *Vertragsbruch* bewegen. Das erwartete Mass an Loyalität hängt aber von der Stellung des Arbeitnehmers im Betrieb ab; vom leitenden Arbeitnehmer wird deutlich mehr erwartet als von solchen in untergeordneter Stellung.[475]

### ff) Informationspflicht

358 Der Arbeitnehmer muss die Arbeitgeberin über Störungen im Arbeitsvollzug, drohende Schäden, Missstände und Unregelmässigkeiten im Betrieb informieren.[476]

### gg) Einfluss der Treuepflicht auf die Arbeitspflicht

359 Aufgrund seiner Treuepflicht muss der Arbeitnehmer in Notfällen auch Arbeiten übernehmen, die er normalerweise nicht zu verrichten hat. Die Treuepflicht kann also Auswirkungen auf *Zeit, Ort und Art der Arbeit* haben.

### hh) Rechenschafts- und Herausgabepflicht

360 Die *Rechenschaftspflicht* (Art. 321*b* Abs. 1 OR) besagt, dass der Arbeitnehmer die Arbeitgeberin über alle das Geschäft betreffenden Feststellungen rechtzeitig, vollständig und wahrheitsgemäss zu informieren hat.

> **Beispiel:** Art. 321*b* OR bestimmt, dass der Arbeitnehmer gegenüber der Arbeitgeberin über alles, was er bei seiner vertraglichen Tätigkeit für diese von Dritten erhält, wie namentlich Geldbeträge, Rechenschaft abzulegen hat und ihr alles sofort herauszugeben hat. Trinkgelder und Gelegenheitsgeschenke sind jedoch zumeist nicht für die Arbeitgeberin bestimmt und müssen dieser auch nicht gemäss Art. 321*b* OR herausgegeben werden. Gemäss Bundesgericht ist es daher auch zulässig, wenn die Arbeitgeberin eine Weisung erlässt, wonach Geldspenden, die das gesamte Personal für geleisteten Einsatz belohnen soll, in die Personalkasse einzulegen seien, die dem gesamten Personal zugutekomme. Eine solche Weisung ordne nicht eine über Art. 321*b* OR hinaus-

---

[475] STREIFF/VON KAENEL/RUDOLPH, Art. 321a OR, N 4 f.
[476] REHBINDER, Arbeitsrecht, Rz. 126.

gehende Herausgabepflicht an die Arbeitgeberin betreffend Geldbeträge an, die nicht für sie bestimmt seien, sondern regle in zulässiger Art das Vorgehen bei Geldspenden zuhanden des Personals. Im selben Entscheid hält das Bundesgericht fest, dass ein leitender Angestellter, hält er eine Anweisung der Arbeitgeberin für unrechtmässig, seinen Untergebenen nicht ohne Rücksprache mit der Arbeitgeberin seine Meinung kundtun und die Mitarbeitenden so indirekt zur Nichtbefolgung der Weisung anhalten darf.[477]

Unter dem Titel der *Herausgabepflicht* hat der Arbeitnehmer alles herauszugeben, was er von Dritten für die Arbeitgeberin in Empfang genommen hat. Eine gesetzliche Konkretisierung findet sich in der Regelung der Rechte der Arbeitgeberin an den hervorgebrachten Immaterialgütern.[478]   361

> **Beispiel:** Waren, Werkzeuge und Geldbeträge sind herausgabepflichtig; Trinkgelder sind für den Arbeitnehmer bestimmt und müssen deshalb nicht herausgegeben werden.

Unter Umständen kann der Arbeitnehmer entgegengenommene Geldbeträge mit seinen fälligen Ansprüchen verrechnen (Art. 126 OR) oder das Retentionsrecht (Art. 895 ff. ZGB) an entgegengenommenen Gegenständen geltend machen.[479] Für den Handelsreisenden ist dies ausdrücklich geregelt (Art. 349*e* OR).   362

### ii) *Rückzahlungspflicht für Ausbildungskosten*

Bei einer Kündigung stellt sich die Frage, ob und wann den Arbeitnehmer allenfalls eine Rückzahlungspflicht für Ausbildungskosten trifft, wenn diese von der Arbeitgeberin finanziert worden sind. Die kantonale Gerichtspraxis dazu ist uneinheitlich.[480] Klar sein dürfte, dass Auslagen, die durch die Ausführung der Arbeit notwendig entstehen (Art. 327*a* Abs. 1 und 3 OR), und Kosten für Ausbildungen, die für die Bedürfnisse der Arbeitgeberin erfolgen, von dieser zu tragen sind[481] und somit nicht zurückgefordert werden können. Andere Ausbildungskosten können u.E. während maximal drei Jahren[482] (zwi-   363

---

[477] BGer Urteil 4A_613/2010 vom 25. Januar 2011.
[478] Vgl. Rz. 112 ff.
[479] REHBINDER, Arbeitsrecht, Rz. 133; STREIFF/VON KAENEL/RUDOLPH, Art. 321b OR, N 1 ff.
[480] Vgl. STREIFF/VON KAENEL/RUDOLPH, Art. 327a OR, N 7.
[481] Vgl. ArGer ZH in ZR 1998 Nr. 75.
[482] In Analogie zum Konkurrenzverbot (Art. 340*a* Abs. 1 OR).

schen Ausbildung und Kündigung) zurückgefordert werden, wobei zu berücksichtigen ist, wie lange der Arbeitnehmer nach der Ausbildung noch im Unternehmen gearbeitet hatte. Eine Abstufung nach Jahren oder allenfalls Semestern erscheint sachgerecht.

**Beispiel:** Der Arbeitnehmer besucht eine 500-stündige Ausbildung, die ihm von der Arbeitgeberin finanziert wird. Ein Jahr später kündigt der Arbeitnehmer bereits wieder. Demnach kann die Arbeitgeberin zwei Drittel der Ausbildungskosten zurückverlangen.

*jj)*     *Whistleblowing[483]*

364     Derzeit ist der Schutz von Whistleblowern in Vorbereitung. Am 20. November 2013 hat der Bundesrat eine Botschaft[484] mit einem Entwurf[485] zur Teilrevision des Obligationenrechts verabschiedet. Der Entwurf «Schutz bei Meldung von Unregelmässigkeiten am Arbeitsplatz» sieht vorerst nur vor, wann eine Meldung eines Arbeitnehmers, der auf Unregelmässigkeiten am Arbeitsplatz hinweist, rechtmässig ist. Der Arbeitnehmer hat demnach grundsätzlich zuerst an die Arbeitgeberin zu gelangen (Art. 321a[bis] E-OR), anschliessend an eine Behörde (Art. 321a[ter] E-OR; Art. 321a[quater] E-OR) und erst in letzter Instanz an die Öffentlichkeit (Art. 321a[quinquies] E-OR). Die Arbeitgeberin soll dadurch die Möglichkeit erhalten, zuerst selbst gegen Unregelmässigkeiten am Arbeitsplatz vorzugehen. Unter bestimmten Voraussetzungen kann der Arbeitnehmer seine Meldung nachträglich der Behörde weiterleiten oder in gewissen Fällen auch direkt Meldung machen. Direkt an die Öffentlichkeit zu gelangen, ist hingegen nicht zulässig. Der Arbeitnehmer darf sich zusätzlich durch eine der Geheimhaltungspflicht unterstehende Person betreffend seine Rechte beraten lassen (Art. 321a[sexies] E-OR). Der geplante Art. 336 Abs. 2 Bst. d E-OR sieht vor, dass die Kündigung des Arbeitsverhältnisses durch die Arbeitgeberin missbräuchlich ist, wenn sie ausgesprochen wird, weil eine Meldung nach Art. 321a[bis] – Art. 321a[quinquies] E-OR gemacht worden ist oder wenn sich der Arbeitnehmer nach

---

[483]  Vgl. zur Thematik RIEDER, STEFAN. Whistleblowing als interne Risikokommunikation, Ausgestaltung eines unternehmensinternen Whistleblowing-Systems aus arbeits- und datenschutzrechtlicher Sicht. Diss. St. Gallen, Zürich/St. Gallen 2013.
[484]  BBl 2013 9513.
[485]  BBl 2013 9589.

Art. 321a[sexies] E-OR beraten lassen hat.[486] Am 5. Mai 2015 hat der Nationalrat den Entwurf an den Bundesrat zurückgewiesen.[487]

Aus materieller Sicht kann der Arbeitnehmer die aus Art. 321a OR fliessende allgemeine Treuepflicht verletzen, wenn eine gemachte Meldung nicht als Gegenstand von Whistleblowing qualifiziert wird (z.B. Störung des Betriebsfriedens durch Meldung trivialer Sachverhalte) oder wenn mit der Meldung andere Arbeitnehmer böswillig beschuldigt werden. Heikel wird es, wenn ein Whistleblower sowohl zulässige als auch unzulässige Meldungen in einer Erklärung an die Meldestelle abgibt, bei den unzulässigen Meldungen jedoch explizit darauf hinweist, dass es sich bloss um Vermutungen handelt. Der Arbeitgeberin wird es unter diesen Voraussetzungen schwerfallen, dem Arbeitnehmer nachzuweisen, dass er gewusst habe, dass sein Verdacht nicht stimmte. Zudem müsste die Arbeitgeberin nachweisen, dass auch die übrigen Meldungen lediglich dazu dienten, einem Mitarbeiter zu schaden und in keiner Weise geeignet waren, die Interessen des Unternehmens zu schützen. Würde die meldende Person (der Whistleblower) gestützt auf die Begründung des Missbrauchs des Meldesystems entlassen, liefe die Arbeitgeberin daher erhebliche Gefahr, wegen missbräuchlicher Kündigung belangt zu werden.

### c)  Grenzen der Treuepflicht

#### aa)  Berechtigte Interessen des Arbeitnehmers

Grenzen der Treuepflicht sind die *berechtigten Interessen des Arbeitnehmers*, der sich weder gesundheitlich noch finanziell für die Arbeitgeberin aufopfern muss. Sie misst sich an der Arbeitspflicht, d.h., dass der Arbeitnehmer alles zu unterlassen hat, was den Arbeitserfolg vereitelt oder sich sonst wie nachteilig auf die Arbeitgeberin und ihren Betrieb auswirkt.

Zur Wahrung der berechtigten Interessen der Arbeitgeberin gehört auch die Wahrung der Zielsetzung und des Images des Unternehmens. Der Arbeitnehmer muss auch im *ausserdienstlichen Bereich* alles unterlassen, was dem Unternehmensziel entgegenwirkt.

---

[486]  Siehe auch Rz. 624 ff. zum sachlichen Kündigungsschutz.
[487]  Für den aktuellen Stand vgl. Curia Vista Nr. 13.094: http://www.parlament.ch/d/suche/seiten/geschaefte.aspx?gesch_id=20130094.

## bb) Grundrechte des Arbeitnehmers

367     Grundsätzlich soll der Arbeitnehmer in der Ausübung seiner Grundrechte nicht eingeschränkt werden. Jedoch tangiert bspw. die Meinungsäusserungsfreiheit des Arbeitnehmers die Interessen der Arbeitgeberin nach strikter Unterstützung der Firmenziele. Die sich daraus ergebende Grundrechtsbeschränkung durch die Treuepflicht darf aber nur so weit gehen, als sie durch den Vertragszweck gedeckt ist. Insbesondere in Tendenzbetrieben ist dieser Massstab grosszügiger.

> **Beispiel:** Ein angestellter Ingenieur arbeitet an einem Projekt für eine Zivilschutzanlage. Darf er nun in einem Komitee mitwirken, das sich gegen die Zivilschutzanlage ausspricht; darf er einen Aufruf gegen dieses Projekt unterzeichnen? Es hängt von der Stellung des Arbeitnehmers im Betrieb ab, wieweit der Arbeitnehmer in der Wahrnehmung seiner politischen Rechte ausserhalb des Betriebes eingeschränkt werden kann, wieweit der Arbeitnehmer in der Öffentlichkeit mit dem Betrieb identifiziert wird, ob die Meinungsäusserung die notwendige Zurückhaltung und Sachlichkeit aufweist und ob es sich um ein einmaliges Tun oder um eine aktive Bekämpfung des Projektes handelt.

## cc) Vertragliche Begrenzung oder Erweiterung

368     Durch vertragliche Vereinbarung kann die Treuepflicht des Arbeitnehmers begrenzt oder erweitert werden. Absolute Schranke bildet die übermässige Beschränkung der Persönlichkeitsrechte des Arbeitnehmers (Art. 328 OR).

## d)     Sorgfalts- oder Treuepflichtverletzung

369     Die Verletzung der Sorgfalts- oder Treuepflicht führt zu einer *Schlechterfüllung* des schuldvertraglichen Arbeitsverhältnisses. Eine Kürzung des Lohnes kommt aber nicht infrage, da er grundsätzlich nicht von der Güte der Arbeitsleistung abhängt. Der Arbeitnehmer untersteht aber einer *Verschuldenshaftung* (Art. 321e Abs. 1 OR), deren Mass sich nach den speziellen Begebenheiten des Arbeitsverhältnisses bemisst (Abs. 2). Das Mass der geforderten Sorgfalt bestimmt sich nach dem inhärenten Berufsrisiko, hinsichtlich der Fachkenntnisse, des Bildungsgrades und den Fähigkeiten des Arbeitnehmers. Soweit sie diese kannte oder kennen musste, muss die Arbeitgeberin sich dies entgegenhalten lassen.

Das Unternehmerrisiko soll jedoch weiterhin von der Arbeitge- 370
berin getragen werden. In Situationen, in denen ein Schaden typischerweise und schon durch geringes Versehen entstehen kann – sogenannte *schadensgeneigte Arbeit* –, führt dies, v.a. bei leichter Fahrlässigkeit, zu einer Verminderung der Haftung des Arbeitnehmers.[488]

Neben dem Schadenersatzanspruch hat die Arbeitgeberin bei 371
schuldhafter Schlechterfüllung auch die Möglichkeit einer *ordentli-*
*chen Kündigung*. Die Verletzung der Sorgfalts- und Treuepflicht kann
ein Grund sein, der es rechtfertigt, sogar ein Mitglied einer betrieblichen Einrichtung zu entlassen (Art. 336 Abs. 2 lit. b OR). Hingegen
besteht bei blosser Verletzung von Nebenpflichten normalerweise *kein*
*Grund für eine ausserordentliche, fristlose Auflösung* des Arbeitsvertrags.[489] Selten kann aber das Vertrauensverhältnis derart schwer gestört sein, dass es der anderen Vertragspartei unzumutbar ist, das Arbeitsverhältnis bis zum Ablauf der ordentlichen Kündigungsfrist einzuhalten.

> **Beispiel:** A tritt eine auf zwei Jahre befristete Stelle als Geschäftsfüh-
> rer im Hotel von Z an. Bereits kurz danach sucht er per Inserat «für so-
> fort oder nach Übereinkunft» eine neue Stelle, worauf Z ihn fristlos
> entlässt. Das Bundesgericht erkennt eine aufgrund der Kaderposition
> und der langen Restlaufzeit des Vertrags schwere Treuepflicht-
> verletzung. Trotzdem soll eine Verwarnung, die A die Konsequenzen
> vor Augen führt und ihn zur Einhaltung des Vertrags bewegt, genügen.
> Eine Weiterführung wäre nicht unzumutbar gewesen; eine fristlose
> Entlassung ist deshalb nicht gerechtfertigt (vgl. BGE 117 II 560).

---

[488] Vgl. zur Haftung des Arbeitnehmers Rz. 466 ff.
[489] REHBINDER, Arbeitsrecht, Rz. 152.

# I. Pflichten der Arbeitgeberin

## 1. Übersicht

372    Die Pflichten der Arbeitgeberin lassen sich unterteilen in eine Lohnzahlungs- und Fürsorgepflicht. Die Fürsorgepflicht umfasst den Schutz der Persönlichkeit und des Vermögens sowie die Förderung des wirtschaftlichen Fortkommens des Arbeitnehmers.

*Abbildung 9:    Übersicht der Pflichten der Arbeitgeberin*

## 2. Lohnzahlungspflicht

### a)    Begriff

373    Die Zahlung des Lohnes in Geld oder Naturalien ist die *Haupt-pflicht der Arbeitgeberin* (Art. 319 Abs. 1 OR) und somit das Gegen-stück zur Arbeitspflicht des Arbeitnehmers. Er besteht meist aus ei-nem im Voraus vereinbarten Fixum und weiteren Lohnbestandteilen, wie Umsatzbeteiligung, Gratifikation, Provision, Schicht-, Schmutz-, Kinder- oder Familienzulagen etc.

374    Gemäss Art. 323*b* Abs. 1 OR ist der Geldlohn dem Arbeitneh-mer in gesetzlicher Währung innert der Arbeitszeit auszurichten; so-fern nichts anderes verabredet oder üblich ist; dem Arbeitnehmer ist eine schriftliche Abrechnung zu übergeben. Auch bei Betrieben in Grenznähe (z.B. Industriebetrieb im St. Galler Rheintal mit vielen österreichischen Grenzgängern) darf der Lohn nur dann in Euro aus-bezahlt werden, wenn die betroffenen Arbeitnehmer damit einverstan-den sind. Dasselbe gilt auch für den sogenannten Naturallohn, der

gemäss Art. 322 Abs. 2 OR nur dann ohne Weiteres einen Lohnbestandteil bildet, wenn der Arbeitnehmer in Hausgemeinschaft mit der Arbeitgeberin lebt.

Zum *Naturallohn* gehören z.b. Kost und Logis, Trinkgelder und Abgabe von Waren aus dem eigenen Betrieb. Im Zusammenhang mit dem Naturallohn ist das *Truckverbot* zu beachten (Art. 323*b* Abs. 3 OR), wonach der Lohn nicht zwingend zugunsten der Arbeitgeberin eingesetzt werden darf. Gesichert wird die freie Verwendbarkeit des Lohnes, die nicht eingeschränkt werden darf.[490]

375

> **Trucksystem:** Eine im Frühkapitalismus übliche Entlöhnungsform. Anstelle von Bargeld erhielten die Arbeiter Naturalien oder Warengutscheine, deren Bezug bzw. Einlösung an bestimmte Läden gebunden war. Da den Arbeitern zu teure oder minderwertige Ware angeboten wurde, stellte das Trucksystem eine Ungerechtigkeit sondergleichen dar.

> **Beispiele:**
> – Eine Verpflichtung, in der hauseigenen Kantine zu essen[491] oder in einem Geschäft der Arbeitgeberin einzukaufen, ist nichtig.[492]
> – Die Verpflichtung des Mode-Verkäufers, sich ausschliesslich in Kleidern des betreffenden Ladens zu kleiden, ist nichtig, wenn er die Kleider selbst bezahlen muss; dies unbeachtlich eines hohen Rabattes.[493]
> – Die Zuteilung von Aktienoptionen als erfolgsabhängiger Lohn kann gegen das Truckverbot verstossen; auch im Fall leitender Arbeitnehmer.[494]

Entscheidend ist immer die Frage, ob Geldlohn oder Naturallohn vereinbart wurde. Das Truckverbot steht der Vereinbarung von Naturallohn nicht entgegen. Wenn Geldlohn vereinbart worden ist, darf der Arbeitnehmer aber nicht verpflichtet werden, diesen in Naturalien umzuwandeln oder Naturalien an Erfüllung statt oder auch nur erfüllungshalber anzunehmen.

376

Unseres Erachtens ist eine vollständige Abgeltung in Naturallohn nur bei Teilzeitarbeit möglich,[495] nicht aber bei einer 100-pro-

377

---

[490] Urteil des BGer 4C.239/2004 vom 1. Oktober 2004.
[491] BGE 130 III 26 ff.
[492] BRUNNER/BÜHLER/WAEBER/BRUCHEZ, Art. 323b OR N 7; STREIFF/VON KAENEL/ RUDOLPH, Art. 323b OR, N 7.
[493] ArGer Zürich ZR 89, Nr. 28.
[494] Urteile des BGer 4C.239/2004 und 4C.237/2004 vom 1. Oktober 2004.

zentigen Anstellung. Die Arbeitgeberin muss in jedem Fall gewisse Lebenskosten des Arbeitnehmers in Geld bezahlen.[496]

## b) Lohnhöhe

### aa) Vereinbarung

378    Die Höhe des Lohnes wird durch *vertragliche Abrede* zwischen Arbeitgeberin und Arbeitnehmer bestimmt. Eingegrenzt wird die Verfügungsspanne durch Gesamtarbeitsverträge, deren Mindestlohnvorschriften nicht unterschritten werden dürfen (höhere Lohnabreden sind kraft Günstigkeitsprinzip zulässig).[497] Normalarbeitsverträge enthalten übliche Löhne für einzelne Branchen, von denen aber gegen oben und unten abgewichen werden kann (Art. 322 Abs. 1 OR).[498]

379    Die Festsetzung von Mindestlöhnen ist in mehrfacher Hinsicht nicht unproblematisch. Sieht ein GAV einen Mindestlohn vor, ist es eine Frage der Auslegung, ob dieser Minimallohn ein monatliches Mindesteinkommen oder eine Mindestentschädigung pro Arbeitsstunde garantieren soll. Weitere Auslegungsprobleme ergeben sich bezüglich der Lohnhöhe insofern, als unklar sein kann, ob der vereinbarte Mindestlohn als Netto- oder Bruttolohn zu verstehen ist und ob der 13. Monatslohn eingeschlossen ist.

380    Beispiele für als allgemeinverbindlich erklärte GAV, die Mindestlöhne vorsehen, sind:

–   Landesgesamtarbeitsvertrag für das Metallgewerbe
–   Landesmantelvertrag für das Bauhauptgewerbe
–   Landesgesamtarbeitsvertrag für das Gastgewerbe

### bb) Üblicher Lohn

381    Der Arbeitsvertrag kommt auch gültig zustande, wenn die Parteien nichts über die Lohnhöhe vereinbaren und kein Gesamt- oder Normalarbeitsvertrag zur Anwendung kommt. Es ist diesfalls der *übliche Lohn* geschuldet, der in derselben oder einer ähnlichen Branche

---

[495]    Z.B. einen Teilzeit-Hausabwart, der eine Wohnung als Entlöhnung benutzen darf.
[496]    Z.B. müssen Steuern auch für Naturallohn, Franchisen bei Krankenkassen oder Selbstbehalte in Geld bezahlt werden.
[497]    BGE 122 III 110, E. 4b; FAVRE/MUNOZ/TOBLER, Art. 322 OR, N 1.1.
[498]    Ausgenommen Mindestlohnvorschriften in NAV, die durch die flankierenden Massnahmen zur Personenfreizügigkeit mit der EU eingeführt wurden. Siehe Rz. 989.

am selben Ort für die entsprechende Tätigkeit unter Berücksichtigung der persönlichen Verhältnisse bezahlt wird[499] (Art. 322 Abs. 1 OR). Die Üblichkeit bezieht sich auch auf die Lohnart, Zulagen, Gratifikationen und allfälligen Naturallohn.

### cc) Staatlicher Mindestlohn

Grundsätzlich kennt die Schweiz keine staatlich fixierten Mindestlöhne.[500] Die eidgenössische Volksinitiative «Für den Schutz fairer Löhne (Mindestlohn-Initiative)» wurde am 18. Mai 2014 vom Schweizer Stimmvolk abgelehnt.[501] Seit der Einführung der flankierenden Massnahmen zur Personenfreizügigkeit mit der EU können bei wiederholter Unterbietung der orts-, berufs- oder branchenüblichen Löhne in einem NAV Mindestlöhne vorgesehen werden (Art. 360a ff. OR).

382

Auf kantonaler Ebene haben die Kantone Neuenburg und Jura als Erste die Einführung eines Mindestlohns beschlossen. In Neuenburg wurde der Mindestlohn in der Verfassung verankert.[502] Mit mindestens CHF 20.00 pro Stunde verdient ein Arbeitnehmer bei 42 Wochenarbeitsstunden rund CHF 3'640 pro Monat.[503] Im Kanton Jura entstand das neue Mindestlohngesetz[504] nach dem Volks-Ja zur Initiative «Un Jura aux salaires décents (Anständige Löhne im Jura)». Die vorgesehenen CHF 19.25 pro Stunde ergeben bei 42 Arbeitsstunden pro Woche rund CHF 3'500 im Monat. Im März 2015 hat auch das Parlament des Kantons Tessin einer Mindestlohn-Initiative zugestimmt. Danach soll jedoch kein genereller Mindestlohn, sondern ein Mindestlohn nach Branchen und Tätigkeiten festgelegt werden. Die Volksabstimmung über den Verfassungstext, wonach jede Person

382a

---

[499] REHBINDER, Arbeitsrecht, Rz. 156; VISCHER/MÜLLER, 106 f.; PORTMANN/STÖCKLI, Rz. 227.

[500] Die Bestimmung des BG über die Heimarbeit, die den Bundesrat berechtigt hatte, im Bereich der Heimindustrie Mindestlöhne aufzustellen, wurde 1980 aufgehoben.

[501] Die Initiative sah in Art. 110a (neu) BV und Art. 197 Ziff. 8 (neu) UeBst. BV einen Mindestlohn von CHF 22.00 pro Stunde vor. Dies würde bei einer Wochenarbeitszeit von 42 Stunden rund CHF 4'000 im Monat entsprechen.

[502] Art. 34a KV NE; angenommen in der Volksabstimmung vom 27. November 2011, in Kraft seit 1. Januar 2012, Botschaft vom 10. Oktober 2012 (BBl 2012 8520 ff.), Gewährleistungsbeschluss vom 11. März 2013 (BBl 2013 2617).

[503] Die CHF 20.00 pro Stunde bilden den Basisstundenlohn. Noch nicht berücksichtigt sind dabei Zuschläge wie bspw. Feiertags- und Ferienzuschläge, welche den im Stundenlohn angestellten Arbeitnehmern auszurichten sind.

[504] Loi sur le salaire minimum cantonal, Projet du 3 février 2015, No. 825.1.

Anspruch auf einen Mindestlohn habe, der einen würdigen Lebensstandard garantiert, wurde auf Juni 2015 terminiert.

382b    Per Gesamtarbeitsvertrag können Mindestlöhne fixiert werden. Diese haben allerdings grundsätzlich nicht den Charakter staatlicher Mindestlöhne. Ist ein Gesamtarbeitsvertrag jedoch allgemeinverbindlich erklärt, so stellt sich die Frage der Staatlichkeit eines auf diese Weise festgelegten Mindestlohnes durchaus. Bei Mindestlöhnen in allgemeinverbindlich erklärten GAV handelt es sich wohl um staatliche Mindestlöhne, da die GAV auch gegenüber Aussenstehenden als rechtliche Rahmenbedingungen gelten.[505]

382c    Bis zur Einführung der flankierenden Massnahmen im Zusammenhang mit dem freien Personenverkehr zwischen der Schweiz und der EU konnten in Normalarbeitsverträgen lediglich dispositive Vorgaben, jedoch keine Mindestlöhne festgelegt werden. Seit der Einführung der flankierenden Massnahmen können nun auf Antrag der tripartiten Kommission auch verbindliche Mindestlöhne in NAV[506] festgelegt werden.[507]

383     Für bestimmte Arbeitnehmerkategorien gelten zudem staatliche Vorschriften, die der freien Lohnfestsetzung Schranken setzen. Es sind dies:

– das Lohngleichheitsprinzip zwischen Mann und Frau
– der Lohngleichheitsanspruch für Heimarbeitnehmer
– Mindestlohnvorschriften in Arbeitsbewilligungen für Ausländer
– Vorschriften in Submissionsverordnungen
– Lohnvorschriften aufgrund bilateraler Verträge

aaa) Lohngleichheitsprinzip

384     1981 wurde das Prinzip der Lohngleichheit Bestandteil der BV (Art. 8 Abs. 3 BV). Es bezieht sich immer auf das Verhältnis Frau – Mann und kann nicht unter Arbeitnehmern gleichen Geschlechts angewandt werden. Der Verfassungsartikel gibt der einzelnen Arbeitneh-

---

[505] Vgl. hierzu auch Rz. 445a und 847.
[506] Vgl. Zusammenstellung der bestehenden NAV mit zwingenden Mindestlöhnen auf der Homepage des Bundesamtes für Statistik (BFS): http://www.bfs.admin.ch/bfs/portal/de/index/themen/03/05/blank/data/00.html.
[507] Vgl. hierzu das BG über die flankierenden Massnahmen bei entsandten Arbeitnehmerinnen und Arbeitnehmern und über die Kontrolle der in Normalarbeitsverträgen vorgesehenen Mindestlöhne (Entsendegesetz, EntsG) [SR 823.20].

merin bzw. dem einzelnen Arbeitnehmer im öffentlich- wie auch im privatrechtlichen Arbeitsverhältnis einen *unmittelbaren, unverzichtbaren Anspruch* gegenüber der Arbeitgeberin auf gleichen Lohn für gleichwertige Arbeit. Verstösst eine Lohnabrede dagegen, ist sie nichtig.

Lohndiskriminierung tritt in *zwei Formen* auf:                                      385

– Die *direkte Diskriminierung* zeichnet sich durch eine explizite Ungleichbehandlung aus, z.b. wenn eine Frau gegenüber einem Mann für gleichwertige Arbeit schlechter bezahlt wird.

– Die *indirekte Diskriminierung* besteht darin, dass eine Vorschrift Frau und Mann formell zwar gleich behandelt, jedoch auf geschlechtsdiskriminierenden Kriterien beruht. Dies ist z.b. der Fall, wenn ein Kriterium die Frauen oder Männer stärker trifft und zu einer niedrigeren Entlöhnung führt, ohne dass die Ungleichbehandlung objektiv gerechtfertigt wäre.

**Beispiel:** Es wird vereinbart, dass Personen, die mehr als zwei Tage Militärdienst pro Jahr leisten, 10 % weniger Lohn erhalten. Von dieser Regel sind Männer überdurchschnittlich stark betroffen.

Schwierigkeiten bereitet die Feststellung, wann eine *Arbeit*        386
*gleichwertig* sein soll.[508] Die Praxis beschränkt die Vergleichbarkeit von Löhnen auf gleiche oder gleichwertige Tätigkeiten der betrieblichen bzw. unternehmerischen Ebene. Ein Vergleich innerhalb einer Branche ist nur möglich, wenn ein GAV einheitliche Bewertungskriterien festlegt. Zur Beweisführung von Lohndiskriminierungen werden deshalb *Arbeitsbewertungsverfahren* durchgeführt bzw. bestehende Verfahren untersucht. Eine unterschiedliche Entlöhnung verletzt das Lohngleichheitsprinzip nicht, wenn sie allein auf objektiven, nicht geschlechtsspezifischen Kriterien, wie Ausbildungsjahr, Alter, Berufserfahrung, Qualifikationsgrad und Gesundheitszustand, beruhen.[509] Mit dem zusätzlichen Einbezug von sozialen und psychischen Komponenten könnten Lohndifferenzen abgebaut werden.[510]

---

[508] Begriff entnommen aus dem Übereinkommen Nr. 100 vom 29. Juni 1951 über die Gleichheit des Entgelts männlicher und weiblicher Arbeitskräfte für gleichwertige Arbeit (Inkraftsetzung 16. Juni 1972, AS 1973 1602) [SR 0.822.720.0].

[509] BGE 124 II 409; Urteil des BGer 4A_115/2011 vom 28. April 2011.

[510] Kurzfassung Schlussbericht, 12.

387      Lange wurden *relativ wenig Lohngleichheitsklagen*[511] erhoben, da Diskriminierung von den Betroffenen zu beweisen war – es fehlte ihnen an der Einsicht in die von den Arbeitgeberinnen festgelegten Lohnsysteme – und sie kaum vor Rachekündigungen geschützt waren. Nach der Regelung im OR sind missbräuchliche Kündigungen nämlich gültig und ziehen lediglich einen Ersatzanspruch nach sich.

388      Das *Gleichstellungsgesetz* (GlG) von 1995 soll die Durchsetzung der Ansprüche erleichtern, indem prozessrechtlich eine Verbandsklage z.B. von Gewerkschaften (Art. 7 GlG) und eine Beweislasterleichterung (Art. 6 GlG) festgeschrieben wird. Demnach wird die Beweislast umgekehrt, wenn eine Diskriminierung glaubhaft gemacht wurde. Aber auch die Schutzbestimmungen wurden insoweit ausgebaut, dass eine während des Verfahrens oder sechs Monate danach ohne begründeten Anlass ausgesprochene Kündigung anfechtbar ist (Art. 10 GlG).

### bbb) Lohngleichheitsanspruch für Heimarbeitnehmer

389      Heimarbeitnehmer haben nach *Heimarbeitsgesetz* (HArG) Anspruch auf denjenigen Lohn, der im eigenen Betrieb oder im betreffenden Wirtschaftszweig für gleichwertige Arbeit von in die Arbeitsorganisation eingegliederten Arbeitnehmern bezahlt wird *(Paritätslohn)*. Wie beim Lohngleichheitsprinzip zwischen Mann und Frau handelt es sich auch hier um einen unmittelbar zivilrechtlich durchsetzbaren Anspruch (Art. 4 Abs. 1 HArG i.V.m. Art. 342 Abs. 2 OR).

### ccc) Mindestlöhne für ausländische Arbeitnehmer

390      Im Zusammenhang mit der Erteilung von Arbeitsbewilligungen an bestimmte Kategorien von ausländischen Arbeitnehmern wurden im ANAG[512] *Paritätslöhne* festgelegt. Damit sollte ein Lohndumping durch ausländische Arbeitskräfte verhindert und letztlich der Arbeitsfriede gesichert werden.[513] Der Paritätslohn konnte direkt vom Arbeitnehmer eingeklagt werden.[514] Das Bundesgesetz über die Ausländerinnen und Ausländer ersetzte das ANAG und die BVO. Der Gedanke

---

[511] Z.B. BGE 117 Ia 262 (Basler Kindergärtnerinnen) und das darauffolgende Verwaltungsgerichtsurteil BS; vgl. auch BGE 124 II 409 ff.; 124 II 436 ff.; JAR 1999 238 ff.
[512] Art. 16 Abs. 2 ANAG i.V.m. Art. 9 BVO.
[513] STREIFF/VON KAENEL/RUDOLPH, Art. 322 OR, N 8.
[514] BGE 122 III 111.

der Gleichbehandlung der Ausländer in Bezug auf Lohn- und Arbeitsbedingungen wurde auch im AuG beibehalten.[515]

Nach Inkrafttreten des freien Personenverkehrs mit der EU unterliegt der grösste Teil der ausländischen Arbeitnehmer keiner Bewilligungspflicht mehr. Um den inländischen Arbeitsmarkt trotzdem vor Lohndumping zu schützen, sind *flankierende Massnahmen* vorgesehen, nach denen erstmals allgemeinverbindliche Mindestlöhne vorgeschrieben werden können.[516]

391

Ebenfalls unter eine Art Mindestlohnvorschriften fällt das «bilaterale Diskrimierungsverbot». In der Schweiz stellen sich mit der ständigen Auf- und Abwertung des Schweizer Frankens gegenüber dem Euro verschiedene Fragen bezüglich der Auszahlung des Lohnes in Euro.

391a

Fraglich kann in diesem Zusammenhang bspw. sein, ob die Arbeitgeberin den im Arbeitsvertrag mit dem Arbeitnehmer in Schweizer Franken vereinbarten Lohn in Euro ausbezahlen darf. Gemäss Art. 323*b* Abs. 1 OR ist der Geldlohn dem Arbeitnehmer in gesetzlicher Währung innert der Arbeitszeit auszubezahlen, sofern nichts anderes vereinbart oder üblich ist. Entsprechend kann der Lohn grundsätzlich nur in CHF ausbezahlt werden, wenn nicht im Arbeitsvertrag etwas anderes vereinbart ist. Fraglich kann dennoch sein, was für Grenzgänger gilt. Wohnen diese in Frankreich, Deutschland, Österreich oder Italien, leben sie in einem Land, in dem der Euro gesetzliche Währung ist. Lautet die Schuld der Arbeitgeberin aber auf eine Währung, welche am Zahlungsort nicht gesetzliche Währung ist, kann die geschuldete Summe nach Art. 84 Abs. 2 OR dennoch in Landeswährung bezahlt werden – vorliegend also in Euro –, allerdings zum Wechselkurs zur Verfallzeit, d.h. zum jeweils am Zahltag aktuellen Kurs. Geldschulden sind überdies nach Art. 74 OR grundsätzlich Bringschulden. Von daher wäre der Erfüllungsort für die Lohnforderung eigentlich der Wohnort des Arbeitnehmers. Gemäss Art. 323*b* OR ist der Lohn aber während der Arbeitszeit auszurichten. Damit wird der Arbeitsort Erfüllungsort, sodass auch bei Grenzgängern der Erfüllungsort für die Lohnforderung die Schweiz ist, wo der Franken gesetzliche Währung ist. Ist im Arbeitsvertrag der Lohn in Schweizer Franken vereinbart, darf er somit nicht in Euro ausbezahlt werden.

391b

---

[515] Art. 22 AuG; BBl 2002, 3781.
[516] Vgl. Rz. 983.

391c    In der Praxis hat sich überdies schon die Frage gestellt, ob der Lohn variabel je nach Wechselkurs zwischen Schweizer Franken und Euro vereinbart werden kann. Löhne können grundsätzlich auch variabel sein. Demzufolge spricht nichts dagegen, den Lohn von einer bestimmten Währungsentwicklung abhängig zu machen. Mit derartigen Vereinbarungen wird allerdings ein Teil des unternehmerischen Risikos auf den Arbeitnehmer übertragen. Das ist heikel und Lehre sowie Rechtsprechung kennen hier gewisse Schranken. Diese gelten für eine Verknüpfung des Lohnes mit dem Wechselkurs ebenso wie für andere entsprechende Vereinbarungen.

391d    Vermehrt Anlass zu Diskussionen gab auch die Frage, ob Grenzgänger aus dem benachbarten Ausland, die in der Schweiz arbeiten, im Unterschied zu Schweizern in Euro bezahlt werden dürfen. Grundsätzlich besteht bzgl. der Lohnfestsetzung Vertragsfreiheit. Insofern können ohne Weiteres die einzelnen Arbeitnehmer unterschiedlich entlöhnt werden, auch wenn sie die gleiche Arbeit verrichten. Es gibt nämlich keinen allgemeinen Gleichbehandlungsgrundsatz im Arbeitsrecht. Es bestehen lediglich spezifische Diskriminierungsverbote. Art. 2 FZA[517] verbietet ausdrücklich eine Diskriminierung europäischer Ausländer. Daraus ergibt sich, dass Grenzgänger, die in der Schweiz arbeiten, nicht zu schlechteren Arbeitsbedinungen angestellt werden dürfen als Schweizer. Dies beinhaltet notabene das Verbot, europäische Grenzgänger schlechter zu bezahlen als Arbeitnehmer mit Wohnsitz in der Schweiz, wie das Kantonsgericht Basel-Landschaft mit Entscheid vom 17. Dezember 2012 festgestellt hat.[518]

---

[517] Abkommen vom 21. Juni 1999 zwischen der Schweizerischen Eidgenossenschaft einerseits und der Europäischen Gemeinschaft und ihren Mitgliedstaaten andererseits über die Freizügigkeit (FZA) [SR 0.142.112.681].

[518] Das Kantonsgericht Basel-Landschaft sowie seine Vorinstanz haben erwogen, dass die Arbeitgeberin bei der Kürzung des Lohnes ihrer Arbeitnehmer nicht an deren ausländischen Wohnsitz anknüpfen darf. Tiefere Lebenshaltungskosten im Ausland stellen keinen sachlichen Rechtfertigungsgrund für eine Lohnreduktion dar. Eine diesbezügliche GAV-Bestimmung wird durch das FZA verdrängt und ist nicht anwendbar. Der Wechselkurs Euro – Schweizer Franken gehört zum Betriebsrisiko, welches nicht auf die Arbeitnehmer überwälzt werden darf. Mangels Rechtfertigungsgrund stellte deshalb die an den Arbeitnehmer gerichtete Offerte zur Vertragsanpassung mit tieferem Lohn eine unzulässige Diskriminierung gemäss Art. 2 FZA i.V.m. Art. 9 Abs. 1 Anhang I FZA dar (Entscheid des Kantonsgerichts Basel-Landschaft vom 17. Dezember 2012 [400 12 152]).

### ddd) Submissionsverordnungen

In Submissionsverordnungen finden sich ebenfalls Bestimmun-   392
gen, dass der Submittent die orts- oder branchenüblichen Löhne zu
bezahlen hat. Hier hat der Arbeitnehmer aber kein direktes Klagerecht
gegen den Submittenten, d.h. die Arbeitgeberin.

## c) Lohnformen

### aa) Zeitlohn

Die *Entlöhnung nach Zeitabschnitten* ohne Berücksichtigung   393
von Quantität und Qualität des Arbeitsergebnisses ist Zeitlohn. Der
Zeitraum der Lohnberechnung richtet sich üblicherweise nach Monaten; möglich sind aber auch Jahre, Wochen oder Stunden.

### bb) Akkordlohn

Beim Akkordlohn wird die *geleistete Arbeit* vergütet, unabhän-   394
gig von der aufgewendeten Zeit. Nur die Grösse des Arbeitsergebnisses ist Massstab einer Entlöhnung ohne garantiertes Minimum. Als
Bezugsgrösse kann die Leistung eines einzelnen Arbeitnehmers (Ein-
zelakkord) oder einer ganzen Gruppe (Gruppenakkord) herangezogen
werden. Oft werden Mischformen zwischen Akkord- und Zeitlohn,
z.B. Akkordlohn mit Mindestlohngarantie vereinbart.

Der Akkordansatz muss dem Arbeitnehmer zwingend vor Ar-   395
beitsbeginn bekannt gegeben werden (Art. 326a OR) und er hat *An-*
*spruch auf die Zuweisung* von so viel Arbeit, wie er bewältigen kann
(Art. 326 Abs. 1 OR). Nur ausnahmsweise darf die Arbeitgeberin
Zeitlohnarbeit anstelle der Akkordarbeit zuweisen, wenn es ohne Verschulden der Arbeitgeberin an Akkordarbeit fehlt oder die Betriebs-
verhältnisse es vorübergehend verlangen (Art. 326 Abs. 2 OR).

### cc) Erfolgsvergütungen

Erfolgsvergütungen stehen zwischen Zeit- und Akkordlohn.   396
Trotz ihrer leistungsorientierten Berechnungsgrundlage gehören sie
aber, mit Ausnahme der Vermittlungs- und Abschlussprovisionen,[519]
zum Zeitlohnsystem.

---

[519]  BK-REHBINDER/STÖCKLI, Art. 322 OR, N 32.

397     Wird die Erfolgsbeteiligung am Gesamterfolg des Unternehmens ausgerichtet, so spricht man von *Anteil am Geschäftsergebnis* (Art. 322*a* Abs. 1 OR). Durch die Beteiligung darf nicht das Betriebsrisiko auf den Arbeitnehmer überwälzt werden, der Arbeitnehmer mithin nicht im Verlustfalle seinen Lohnanspruch verlieren. Eine Entlöhnung mit Anteil am Geschäftsergebnis muss also immer mit einer Minimallohngarantie verbunden sein.[520]

398     Es gibt *drei Formen* der Beteiligung:

- *Umsatzbeteiligung:* Sie richtet sich nach dem gesamten Absatz von Waren oder Leistungen des Unternehmens;
- *Gewinnbeteiligung:* Prozentsatz des jährlichen Reingewinnes, der oft als Tantieme an leitende Arbeitnehmer bezahlt wird;
- *Prämien:* Belohnungen für besonders befriedigende Arbeitsleistungen, z.B. Verbesserung des Ergebnisses gegenüber dem Budget.

---

[520] STREIFF/VON KAENEL/RUDOLPH, Art. 322a OR, N 2; VISCHER/MÜLLER, 134 f.; a.M. ZK-SCHÖNENBERGER/STAEHELIN, Art. 322a OR, N 1.

398a

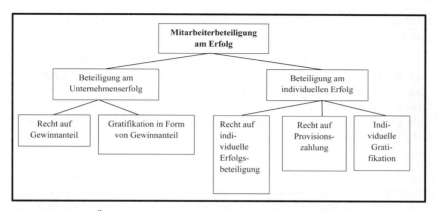

*Abbildung 10:   Übersicht der Mitarbeiterbeteiligungen am Erfolg*

398b

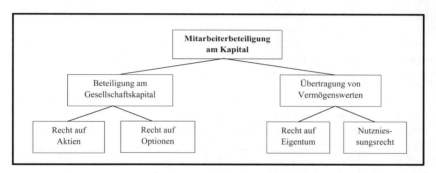

*Abbildung 11:   Übersicht der Mitarbeiterbeteiligungen am Kapital*

Bezüglich variabler Vergütungssysteme hat die Eidgenössische Finanzmarktaufsicht (FINMA) ein Rundschreiben[521] verfasst, welches zehn Grundsätze aufstellt, um einen gewissen Mindeststandard bei Vergütungen der Finanzinstitute zu statuieren. Das Hauptaugenmerk liegt dabei auf einem sowohl transparenten als auch nachhaltigen Vergütungssystem. Zweiteres soll vor allem durch ein System zustande kommen, welches die Entlöhnung oder zumindest Teile davon vom wirtschaftlichen Erfolg des Unternehmens abhängig macht. Dies wird ermöglicht, indem die Vergütung zeitlich verzögert ausgerichtet wird.

398c

---

[521]  Rundschreiben 2010/1, Vergütungssysteme.

Abhängig vom Geschäftsgang wird dann die Entlöhnung nach oben oder nach unten angepasst.

398d Vorsicht ist hier in den Fällen geboten, in welchen die aufgeschobenen Vergütungen als Lohnbestandteil und nicht als Gratifikation zu qualifizieren sind. Der Lohn ist nach Art. 323 OR am Ende jedes Monats auszurichten.[522] Handelt es sich dabei um einen Anteil am Geschäftsergebnis, ist dieser auszurichten, sobald er festgestellt ist, spätestens jedoch sechs Monate nach Ablauf des Geschäftsjahres.[523]

399 Das Gesetz sieht bezüglich der Entschädigung vor, dass die Berechnung des Geschäftsergebnisses nach den gesetzlichen Vorschriften und allgemein anerkannten Grundsätzen vorzunehmen ist (Art. 322a Abs. 1 OR), wenn ein Arbeitnehmer vertraglich Anspruch auf einen Anteil am Umsatz hat. Die Arbeitgeberin hat dem Arbeitnehmer die nötigen Aufschlüsse über die Berechnung zu geben und Einsicht in die Geschäftsbücher zu gewähren, soweit dies zur Nachprüfung erforderlich ist (Art. 322a Abs. 2 OR). Zudem ist dem Arbeitnehmer auf dessen Verlangen eine Abschrift der Erfolgsrechnung des entsprechenden Geschäftsjahres auszuhändigen, wenn ein Anteil am Gewinn vereinbart ist (Art. 322a Abs. 3 OR).

400 Die *Provision* ist im Gegensatz zum Anteil am Geschäftsgewinn die Beteiligung eines einzelnen Arbeitnehmers an dem von ihm vermittelten oder abgeschlossenen Geschäft (Art. 322b Abs. 1 OR).[524] Der Provisionsanspruch entsteht im Zeitpunkt des Geschäftsabschlusses, fällt aber dahin, wenn der Dritte den Vertrag nicht erfüllt oder das Geschäft ohne Verschulden der Arbeitgeberin nicht ausgeführt wird (Art. 322b Abs. 3 OR). Provisionen müssen ein angemessenes Entgelt für die geleistete Arbeit ergeben, wenn ein Arbeitnehmer ausschliesslich oder vorwiegend auf diese Weise entschädigt wird. Das Bundesgericht hat Art. 349a Abs. 2 OR der h.L. folgend auch ausserhalb des Handelsreisendenvertrags für anwendbar erklärt.[525]

---

[522] Abs. 1.

[523] Abs. 3.

[524] Da Art. 322b Abs. 1 OR relativ zwingender Natur ist (vgl. Art. 362 Abs. 1 OR), kann vertraglich vereinbart werden, dass Provisionen auch bei Vertragsabschluss geschuldet sind (vgl. Urteil des BGer 4A_402/2013 vom 9. Januar 2014).

[525] BGE 139 III 214, E. 5.1; im vorliegenden Fall erachtete das BGer ein durchschnittliches monatliches Nettoeinkommen von CHF 2'074 für eine Vollzeitstelle als ungenügend (E. 5.2); zur Entlöhnung des Handelsreisenden vgl. Rz. 158 ff.

## dd) *Gratifikation*

Die Gratifikation ist eine *freiwillige Sondervergütung* der Ar-  401
beitgeberin und wird meist zu bestimmten Anlässen wie Weihnachten,
Abschluss des Geschäftsjahres oder Geschäftsjubiläum ausgerichtet
(Art. 322d Abs. 1 OR). Sie ist keine Schenkung, sondern eine Anerkennung für geleistete oder Ansporn für künftige Tätigkeit. Ein Anspruch auf Gratifikation oder einen Anteil pro rata temporis bei Auflösung des Arbeitsverhältnisses besteht, wenn dies verabredet ist
(Abs. 2). Dies kann auch stillschweigend, z.B. durch mehrjährige vor-
behaltlose Zahlung erfolgen. Der Grundsatz der *Gleichbehandlung der
Arbeitnehmer* verbietet, dass ein einzelner Arbeitnehmer willkürlich
oder aus unsachlichen Motiven von der Zahlung ausgeschlossen
wird.[526]

Von einer Gratifikation zu unterscheiden sind Fälle, in denen die  402
Zulage den Charakter eines *festen Lohnbestandteiles* angenommen
hat, d.h., wenn im Arbeitsvertrag Höhe und bedingungslose Fälligkeit
im Voraus festgesetzt sind, wie beim 13. Monatslohn.[527] Aufgrund
von ungenauen oder widersprüchlichen Abreden ist oft umstritten, ob
eine Gratifikation oder ein fester Lohnbestandteil vorliegt. Bei unkla-
ren Formulierungen soll dann gemäss zürcherischer Gerichtspraxis
zuungunsten der für die Formulierung verantwortlichen Arbeitgeberin
ein 13. Monatslohn und nicht Gratifikation angenommen werden.[528]

## ee) *Bonus*

Der Bonus[529] ist eine im schweizerischen Gesetz nicht geregelte  403
Vergütung, für dessen Charakterisierung es nicht auf die verwendete
Bezeichnung, sondern auf deren rechtliche Ausgestaltung ankommt.
Das heisst, es muss jeweils mittels Auslegung abgeklärt werden, ob
der Bonus im Einzelfall Lohn oder Gratifikation ist. Falls die Höhe
einer Gratifikation zum Voraus vertraglich festgelegt wurde und sie
von keiner Bedingung abhängt, der Arbeitgeberin also kein Ermes-

---

[526] REHBINDER, Arbeitsrecht, Rz. 180.
[527] Ein Zwölftel des in den letzten zwölf Monaten ausbezahlten Lohnes (STREIFF/VON
KAENEL/RUDOLPH, Art. 322d OR, N 9); ohne andere Vereinbarung auch pro rata temporis.
[528] JAR 1993, 138.
[529] Bonus ist der amerikanische Ausdruck für Gratifikation (BsK-PORTMANN, Art. 322d
OR, N 2; VISCHER/MÜLLER, 132 f.).

sensspielraum zusteht, liegt gemäss höchstrichterlicher Rechtsprechung keine Gratifikation, sondern Lohn vor.[530]

404    Bei umstrittener Regelung einer Vergütung erfolgt die Auslegung bei der Frage, ob Lohn oder Gratifikation vorliegt, oft zulasten der Arbeitgeberin (in dubio contra stipulatorem), da die ungenaue oder widersprüchliche Formulierung meist von dieser stammt.[531] Dies wirkt sich für den Arbeitnehmer nicht nur positiv auf die Basis der Berechnung von Überstunden- und Ferienentschädigung etc. aus,[532] sondern bringt auch den Vorteil, dass er trotz fehlender Vereinbarung einen Pro-rata-Anspruch hat.[533]

405    Eine Sondervergütung wird vom Bundesgericht sodann als Lohnbestandteil betrachtet, wenn sie die einzige Entschädigung für die Arbeitsleistung darstellt oder im Verhältnis zur sonstigen Entschädigung nicht mehr akzessorisch erscheint. Wird ein kleiner Lohn vereinbart, dafür aber eine grosse Gratifikation ausgerichtet, erweist sich die Gratifikation trotz der vereinbarten Freiwilligkeit als das eigentliche Entgelt für die Arbeit und wird dadurch zumindest teilweise zum Lohn im Rechtssinn. Da bei einem niedrigeren Einkommen − im Gegensatz zu einem hohen − bereits ein kleiner Einkommensunterschied an Bedeutung gewinnt, kann bei einem hohen Einkommen die Gratifikation zum Lohn prozentual grösser sein als bei einem niedrigen.[534, 535] Wo die Grenze zu ziehen ist, erscheint allerdings fraglich.[536]

406    Vereinzelt wird es für ungenügend erachtet, die Sondervergütung allein gestützt auf die Höhe des unbestrittenen Lohnes und den darauf erhobenen prozentualen Vergleich der entsprechenden Vergü-

---

[530] BGE 109 II 447, E. 5; 129 III 276, E. 2; kritisch STREIFF/VON KAENEL/RUDOLPH, Art. 322d OR, N 9 sowie BsK-PORTMANN, Art. 322d OR, N 16.

[531] ZK-STAEHELIN, Art. 322d OR, N 6; mit Bsp.: STREIFF/VON KAENEL/RUDOLPH, Art. 322d OR, N 10.

[532] Arbeitsgericht Zürich, Entscheide 2004, 12.

[533] KGer BL in JAR 2003, 231 ff.

[534] BGE 129 III 276.

[535] Auch die Urteile des BGer 4A_509/2008 und 4A_511/2008 vom 3. Februar 2009 stellen auf den prozentualen Anteil an der versprochenen bzw. früher geleisteten Entschädigung ab.

[536] Im Urteil 4A_26/2012 vom 15. Mai 2012 äusserte sich das Bundesgericht bzgl. der Akzessorietät der Zahlung dahin gehend, dass eine durchschnittliche «Gratifikationsquote» von 44 % im Vergleich zum Grundlohn (maximal waren es allerdings bis zu 63 %) nicht ausreiche, um einen Lohnbestandteil zu begründen. Daran ändere auch der Umstand nichts, dass entsprechende Zahlungen bereits seit über neun Jahren, jedoch unter Vorbehalt ausbezahlt wurden.

tung als Lohn oder Gratifikation zu qualifizieren.[537] Es wird deshalb vorgeschlagen, im Streitfall den Lebensstandard des entsprechenden Arbeitnehmers zur Abgrenzung zwischen Lohn und Gratifikation herbeizuziehen und damit zu bestimmen, wo dessen Sparquote zu laufen beginnt. Spätestens ab dort, wo die Sondervergütung reine Sparquote darstellt, soll schliesslich von einer Gratifikation ausgegangen werden. Für den Fall, dass der vereinbarte Lohn ein Mass erreicht, das die wirtschaftliche Existenz des Arbeitnehmers vollends gewährleistet bzw. seine Lebenshaltungskosten erheblich übersteigt, ist die Höhe der Sondervergütung im Verhältnis zum Lohn kein Kriterium mehr, um über deren Qualifikation zu entscheiden.[538] Dabei wird richtigerweise erkannt, dass damit unter Arbeitnehmern in der gleichen Lohnklasse mit aber unterschiedlichen Lebensstandards Ungleichheiten entstehen. Solche sind zwar auch in anderen Konstellationen[539] unvermeidbar. Unseres Erachtens kann der Lebensstandard des entsprechenden Arbeitnehmers genau aufgrund dieser Ungleichheiten nicht als Indikator hinzugezogen werden.

> **Beispiel:** Wird festgelegt, dass CHF 20'000 pro Arbeitnehmer als Bonus zur Verfügung stehen, wobei die eine Hälfte nach konkret vorgegebenen, objektiv messbaren Leistungen bemessen wird und die andere absolut freiwilliger Natur ist, weil die Beurteilung der Erfüllung der Vorgaben allein im Ermessen der Arbeitgeberin liegt, gilt es, gemäss oben genannter Kriterien die ersten CHF 10'000 als Lohn zu qualifizieren und die zweiten CHF 10'000 als Gratifikation.

Für die Ausarbeitung von Verträgen, Reglementen etc. empfehlen wir den Arbeitgeberinnen zur Rechtssicherheit aller Beteiligten, aufgrund des Grundsatzes «in dubio contra stipulatorem», aber insbesondere zu ihrer eigenen, die undefinierte Terminologie des «Bonus» aus Prinzip zu vermeiden und anstelle dessen für die einzelnen Vergütungen konkrete, definierte und sie klar charakterisierende Rechtsbegriffe wie Lohn-, Erfolgsbeteiligung, Gratifikation etc. zu verwenden.

407

#### ff) Tantiemen

Der Vollständigkeit halber und weil der Verwaltungsrat auch Arbeitnehmer sein kann, wird an dieser Stelle abschliessend kurz die

408

---

[537] POLCAN/STENGEL, 236 f.
[538] BGE 139 III 155, E. 5.3.
[539] Vgl. dazu POLCAN/STENGEL, FN 47.

Rechtsnatur der Tantieme sowie deren Verhältnis zum Anteil am Geschäftsergebnis resp. der Gewinnbeteiligung aufgezeigt.

409     Gemäss Art. 677 OR handelt es sich bei der Tantieme um Gewinnanteile für die Mitglieder des Verwaltungsrates.[540] Diese Gewinnanteile dürfen nur dem Bilanzgewinn entnommen werden und sind überdies erst zulässig, nachdem eine Zuweisung an die gesetzliche Reserve gemacht und eine Dividende von 5 % oder von einem durch die Statuten festgesetzten höheren Ansatz an die Aktionäre ausgerichtet worden ist. Die Genehmigung der Tantiemen erfolgt in der Generalversammlung im Rahmen des Beschlusses über die Verwendung des Bilanzgewinnes. Da Zuwendungen aus dem Bilanzgewinn aber keinen steuerlich abziehbaren Aufwand für die Gesellschaft darstellen, was bei anderen Formen von Leistungsentschädigung durchwegs der Fall sein dürfte, ist die Verbreitung der Tantieme gering.[541]

410     Indem sich die Tantieme nach dem bilanzmässigen Reingewinn bemisst, unterscheidet sie sich klar von der Gewinnbeteiligung nach Art. 322a OR, bei welcher allein der geschäftsmässige Vermögensgewinn massgeblich ist.[542] Die Erfolgsbeteiligung eines Direktors ohne Sitz im Verwaltungsrat bestimmt sich deshalb im Zweifelsfall nicht nach Art. 677 OR, sondern nach der Bestimmung über den Anteil am Geschäftsergebnis resp. der Gewinnbeteiligung.[543]

411     Für ungerechtfertigt und in bösem Glauben bezogene Tantiemen besteht während fünf Jahren seit Erhalt der Leistung die gesetzliche Pflicht zur Rückerstattung.[544]

### gg)   *Weitere Formen*

411a   In Bezug auf die Lohnzahlung und deren Formen finden laufend neue Entwicklungen statt. Dementsprechend treten diesbezüglich auch immer wieder neue Probleme auf. In der Praxis sind z.B. folgende Vergütungsformen zu finden:

– Motivation fee
– Retention fee

---

[540] Vgl. BsK-KURER, Art. 677 OR, N 2.
[541] MÜLLER, Der Verwaltungsrat, 111.
[542] POLCAN/STENGEL, 238.
[543] BERGER, Rz. 1257; PORTMANN/STÖCKLI, Rz. 646.
[544] Art. 678 OR; vgl. auch Rz. 419a ff. zur VegüV sowie Rz. 688 ff. zur Abgangsentschädigung.

- Startup fee
- Friendly benefits

Die Abgrenzung zwischen den verschiedenen Lohnformen ist dabei keineswegs klar und die Übergänge sind fliessend.  411b

**Beispiel:** Startup fee. Ein Arbeitnehmer wird neu eingestellt und erhält dafür CHF 200'000. Nach sechs Monaten kündigt er wieder. Muss er nun die startup fee zurückbezahlen? In der Regel dürfte dies nicht der Fall sein. Zumal dies aus Gründen der Kündigungsparität auch nicht vereinbart werden kann. Es empfiehlt sich deshalb auf eine startup fee zu verzichten.

### d) Ort, Zeit und Währung der Lohnzahlung

Sofern nichts Ausdrückliches bestimmt wurde, ist der *Ort der Lohnzahlung* den Umständen zu entnehmen (Art. 74 Abs. 1 OR).[545] Sofern keine anderen Fristen oder Termine vereinbart, durch NAV oder GAV vorgeschrieben oder üblich sind, hat der Arbeitnehmer jeweils *auf Ende eines Monats* Anspruch auf den ihm zustehenden Lohn (Art. 323 OR). Der Geldlohn ist dem Arbeitnehmer mangels anderer Abrede in *gesetzlicher Währung* innert der Arbeitszeit auszurichten (Art. 323b OR). Es handelt sich hierbei um eine Bringschuld (Art. 74 Abs. 3 Ziff. 1 OR). Demnach trägt die Arbeitgeberin das Übermittlungsrisiko.  412

Die Parteien sind frei, auch andere als die gesetzliche Währung zu vereinbaren. Haben die Parteien eine Fremdwährung bestimmt, steht der Arbeitgeberin immer noch gemäss Art. 84 Abs. 2 OR die Wahl offen, die Schuld in Schweizer Franken zu begleichen, sofern es sich nicht um eine echte Fremdwährungsschuld handelt. Dies unter der Voraussetzung, dass sich der Erfüllungsort in der Schweiz befindet.[546]  412a

Die Vereinbarungen bezüglich Schuld- und Zahlungswährung können sowohl beim Vertragsabschluss als auch während des laufenden Arbeitsverhältnisses geregelt resp. abgeändert werden. Fehlt es vollständig an einer Abrede betreffend Währung, ist davon auszuge-  412b

---

[545] REHBINDER, Arbeitsrecht, Rz. 186.
[546] Ausführlich zu der Problematik: BRÄNDLI/STENGEL, Währungsfragen im Zusammenhang mit dem Lohn von Grenzgängern.

hen, dass der hypothetische Parteiwille auf die Währung des nach Vertragsstatut festzulegenden Zahlungsortes geht.

413     Ein Lohnrückbehalt zur Sicherung der aus dem Arbeitsverhältnis entstehenden Forderungen ist gestattet, darf aber im Einzelfall 10 % und insgesamt nicht mehr als einen Wochenlohn betragen (Art. 323a OR). Diese Grenzen können durch NAV oder GAV erhöht und der Charakter des Lohnrückbehalts erweitert werden.

### e)     Lohnabtretung

414     Im Sinne einer Schutznorm für den Arbeitnehmer, dem die Mittel für seinen Unterhalt erhalten bleiben sollen, verbietet das Arbeitsvertragsrecht die *Abtretung und Verpfändung* künftiger Lohnforderungen (Art. 325 Abs. 2 OR) sowie die *Verrechnung* mit Forderungen der Arbeitgeberin (Art. 323b Abs. 2 OR). Lohnzessionen und Lohnverpfändungen sind nur zur Sicherung familienrechtlicher Unterhalts- und Unterstützungspflichten und selbst dann nur im Umfang des pfändbaren Anteils des Lohns (Art. 325 Abs. 1 OR), also auch nur für maximal ein Jahr (Art. 93 Abs. 2 SchKG), gestattet. Gehen sie betragsmässig darüber hinaus oder wurden sie zu anderen Zwecken eingegangen, ist die Vereinbarung nichtig.

415     Während für die Unterstützungsansprüche von Verwandten im Allgemeinen nicht ins Existenzminimum eingegriffen werden darf, geniessen *Kinder und Ehegatten* sowie eingetragene Partner diesbezüglich Vorrechte. Können diese Unterhaltsforderungen nicht unter Wahrung des Existenzminimums befriedigt werden, so müssen sich Schuldner und Alimentenberechtigte proportional in gleichem Masse einschränken lassen.[547] Dabei wird der Verdienst des Ehegatten insoweit berücksichtigt, als jener nach Art. 163 ZGB und der bisherigen Aufgabenteilung beitragspflichtig ist.

### f)     Familienzulagen

415a     Mit Familienzulagen sollen die den Eltern durch den Unterhalt ihrer Kinder entstehenden Kosten teilweise ausgeglichen werden (vgl. Art. 2 FamZG). Nach dem Bundesgesetz über die Familienzulagen (in Kraft seit 1. Januar 2009[548]) gelten für alle Kantone mindestens fol-

---

[547]  BGE 107 III 75, 105 III 53, STREIFF/VON KAENEL/RUDOLPH, Art. 325 OR, N 7.
[548]  AS 2008 131.

gende Zulagen, die pro Kind und Monat ausgerichtet werden müssen: Kinderzulage von CHF 200 für Kinder bis 16 Jahre sowie Ausbildungszulage von CHF 250 für Personen ab 16 Jahren bis zum Ausbildungsabschluss, jedoch längstens bis zum Ende des Monats, in dem das 25. Altersjahr vollendet wird (Art. 3 Abs. 1 und Art. 5 FamZG). Anspruchsberechtigt sind Arbeitnehmer, Nichterwerbstätige mit bescheidenem Einkommen sowie (seit dem 1. Januar 2013[549]) Selbstständigerwerbende (vgl. Art. 11 und 19 FamZG).[550] Die Kantone können höhere Mindestansätze sowie auch Geburts- und Adoptionszulagen vorsehen (Art. 3 Abs. 2 FamZG). Ausserhalb der gesetzlich geregelten Familienzulagenordnung bestehen ferner in Einzelarbeitsverträgen oder Gesamtarbeitsverträgen Familien- oder Haushaltszulagen.[551]

Aus arbeitsrechtlicher Sicht sind Familienzulagen insbesondere relevant, weil der Anspruch Arbeitnehmern zusteht. Den Familienzulagen kommt – wenngleich auf öffentlichem Recht beruhend – Lohncharakter zu.[552] Indes ergibt sich sowohl aus dem FamZG als auch aus dem ZGB eine Zweckbindung der Familienzulagen; namentlich soll gewährleistet sein, dass die Familienzulagen tatsächlich für den Unterhalt des Kindes verwendet werden.[553] Art. 9 Abs. 1 FamZG ermöglicht daher eine Auszahlung der Familienzulagen an Dritte (wie bspw. an Personen oder Stellen, die für das Kind sorgen), sofern die Zulagen nicht für den Unterhalt des Kindes verwendet werden.[554] Des Weiteren sieht Art. 8 FamZG vor, dass anspruchsberechtigte Personen, die aufgrund eines Gerichtsurteils oder einer Vereinbarung zur Zahlung von Unterhaltsbeiträgen für Kinder verpflichtet sind, die Familienzulagen *zusätzlich* zu den Unterhaltsbeiträgen zu entrichten haben. Diese Bestimmung entspricht teilweise Art. 285 Abs. 2 ZGB, wonach Kinderzulagen, Sozialversicherungsrenten und ähnliche für den Unterhalt des Kindes bestimmte Leistungen zusätzlich zum Unterhaltsbeitrag zu zahlen sind, soweit das Gericht es nicht anders bestimmt.

415b

---

[549] AS 2011 3973.

[550] Für Beschäftigte in der Landwirtschaft gilt das BG über die Familienzulagen in der Landwirtschaft (SR 836.1).

[551] BRÜHWILER, Kommentar EAV, Art. 322 OR, N 1; vgl. etwa den GAV der Schweizerischen Uhren- und Mikrotechnikindustrie, wo unter dem Titel Kinderzulagen ein Arbeitgeberbeitrag von CHF 60 pro Monat an die Krankenkassenprämien vorgesehen ist.

[552] STREIFF/VON KAENEL/RUDOLPH, Art. 322 OR, N 9.

[553] Vgl. BBl 2004 6887, 6906.

[554] Vgl. hierzu die ausführliche Kommentierung in Praxiskommentar FamZG-KIESER/REICHMUTH, Art. 9 FamZG, N 6 ff.

415c    Sowohl das FamZG als auch das ZGB sehen folglich vor, dass ein Elternteil, der zur Zahlung von Unterhalt für sein Kind verpflichtet ist, für das Kind erhaltene Familienzulagen zusätzlich zum Unterhaltsbeitrag zu bezahlen hat. Es gilt mithin der *Grundsatz der Kumulation* von Unterhaltsbeitrag und Familienzulage. Im Zivilrecht gilt dies freilich nur, soweit das Gericht nichts anderes bestimmt.[555] Indes schränkt die zwingende öffentlich-rechtliche Regelung von Art. 8 FamZG das Zivilrecht insofern ein, als eine Anrechnung der Familienzulage an den Unterhaltsbeitrag ausgeschlossen ist. Die Familienzulage muss in jedem Fall zusätzlich zum Unterhaltsbeitrag bezahlt werden, sofern es sich um eine Familienzulage nach Art. 3 FamZG bzw. eine auf dieser Bestimmung beruhende (u.U. höhere) kantonale Familienzulage handelt.[556] Vom Anwendungsbereich von Art. 8 FamZG ausgenommen sind hingegen zusätzliche kantonale Leistungen, die nicht von Art. 3 FamZG erfasst werden, sowie Leistungen, die durch Einzel- oder Gesamtarbeitsverträge vorgesehen sind. Diesbezüglich ist eine gerichtlich angeordnete Ausnahme vom Kumulationsgrundsatz möglich.[557]

415d    Im Rahmen der laufenden Revision des Kindesunterhaltsrechts ist vorgesehen, in einem neuen Art. 285a E-ZGB die zivilrechtliche Regelung an diejenige des FamZG anzupassen. Namentlich sollen die nunmehr gesondert geregelten Familienzulagen in jedem Fall zusätzlich zum Unterhaltsbeitrag zu bezahlen sein. Dem Gericht wird damit die Möglichkeit entzogen, von einer zusätzlichen Ausrichtung der Familienzulagen abzusehen. Ferner wurde die Terminologie an das FamZG angepasst, indem neu nicht mehr von Kinderzulagen, sondern von Familienzulagen die Rede ist. Die Referendumsfrist der Vorlage läuft am 9. Juli 2015 ab.[558]

### g)    Auslagenersatz (Spesen)

416    Die Arbeitgeberin hat dem Arbeitnehmer alle durch die Ausführung der Arbeit entstehenden *Auslagen zu ersetzen* (Art. 327a ff. OR).

---

[555] Vgl. BGE 128 III 305, E. 4.

[556] Vgl. Art. 3 Abs. 2 FamZG, wonach die Bestimmungen des FamZG, mithin auch Art. 8 FamZG, für kantonale Familienzulagenordnungen mit höheren Mindestansätzen als nach Art. 5 FamZG sowie für kantonal geregelte Geburts- und Adoptionszulagen gelten.

[557] Zum Ganzen wie auch zur Frage, ob eine Veränderung bei der Familienzulage zu einer Anpassung des Unterhaltsbeitrags führen kann, vgl. Praxiskommentar FamZG-KIESER/REICHMUTH, Art. 8 FamZG, N 6 ff.

[558] BBl 2015 2723; BBl 2014 529, 578 f.

Notwendig sind solche, die in unmittelbarem, direktem Zusammenhang mit der Arbeitsausführung stehen und nach Verkehrsauffassung nicht vom Arbeitnehmer zu tragen sind.

**Beispiele:**

– *Ersetzt werden* Briefporto, Telefongebühren, Geschäftsessen, Fahrtkosten zu auswärtigen Arbeitsorten.

– *Nicht ersetzt werden* reine Arbeitskleidung, Verpflegung, Fahrtkosten zur Arbeitsstelle, Umzugskosten.

Bezüglich der Kleidung, die während der Arbeit getragen wird, muss eine begriffliche Definition vorgenommen werden. *Arbeitskleidung* ist jede Art von Kleidung, die während der beruflichen Tätigkeit getragen wird. Es handelt sich demnach um einen Überbegriff. 416a

*Berufskleidung* bezeichnet diejenige Arbeitskleidung, welche typischerweise zur Ausübung einer bestimmten beruflichen Tätigkeit getragen wird. Dabei kann es sich entweder um *Schutzkleidung*, um eine *Dienstkleidung/Uniform* oder aber «nur» um Berufskleidung handeln (und demnach unter keine der beiden Untergruppen fallen, wie bspw. der dunkle Anzug eines Anwaltes). Von Schutzkleidung ist dann die Rede, wenn der Arbeitnehmer von negativen Einflüssen bzw. Gefahren im Zusammenhang mit der Arbeitstätigkeit geschützt werden soll (bspw. Schutzmasken, Schutzanzüge, Handschuhe, spezielle Arbeitsschuhe, Helme, Schutzbrillen, Lärmschutz etc.). Eine Dienstkleidung/Uniform stellt eine im Dienst getragene, in Material, Form und Farbe einheitlich gestaltete Kleidung dar, die von allen Mitarbeitern getragen wird, um gegen aussen ein einheitliches, kennzeichnendes Bild zu zeugen (bspw. Uniform eines privaten Sicherheitsdienstes).[559] 416b

Berufskleidung stellt Material im Sinne von Art. 327 OR dar und ist damit grundsätzlich von der Arbeitgeberin entweder zu beschaffen oder aber der Arbeitnehmer ist angemessen zu entschädigen, so er denn die Beschaffung übernimmt. Dies gilt nicht für reine Arbeitskleidung, welche nicht Berufskleidung ist. 416c

Diese Bestimmung ist jedoch dispositiver Natur und es kann davon abgewichen werden, sofern es sich nicht um Schutzkleidung handelt. Bei Schutzkleidung kommt Art. 27 Abs. 1 ArGV 3 zur Anwendung, welcher besagt, dass die Arbeitgeberin dem Arbeitnehmer zumutbare und wirksame persönliche Schutzausrüstung zur Verfügung 416d

---

[559] Vgl. für eine ausführliche Darstellung: MÜLLER/STENGEL, AJP 2/2011.

stellen muss.[560] Überdies hat sie auch dafür zu sorgen, dass die Schutzausrüstung jederzeit bestimmungsgemäss verwendet werden kann.[561]

417 Um den Abrechnungsaufwand in Grenzen zu halten, sieht das Gesetz die Möglichkeit einer schriftlich vereinbarten *Pauschalisierung* vor (Art. 327a Abs. 2 OR). Die Vergütung muss sich im Durchschnitt als genügend erweisen, ansonsten die Vereinbarung nichtig ist und die tatsächlichen Auslagen zu ersetzen sind. Eine Gesamtvergütung für Lohn und Auslagen ist unüblich, im Allgemeinen aber zulässig, eine Überwälzung der Auslagen auf den Arbeitnehmer hingegen immer verboten.[562]

418 Eine Spezialregelung findet sich bezüglich des Ersatzes von Auslagen für ein *Motorfahrzeug* (Art. 327b OR). Der Arbeitnehmer hat demnach nur Anspruch auf Ersatz, wenn die Verwendung des Fahrzeuges für die Arbeit mit Einverständnis der Arbeitgeberin erfolgt. Neben den üblichen Aufwendungen für Benzin und Unterhalt sind auch die Kosten für Haftpflichtversicherung, staatliche Abgaben und Amortisation nach Massgabe des Gebrauchs für die Arbeit zu vergüten. Dies kann in Form einer Kilometerentschädigung erfolgen, wenn der Ansatz mindestens den effektiven Kosten entspricht.

419 Wegen der besonderen Höhe seiner Auslagen erfährt der *Handelsreisende* eine eigene, gesetzliche Regelung (Art. 349d OR). Demnach ist die Abrede, dass der Auslagenersatz ganz oder teilweise in der Provision eingeschlossen sei, absolut nichtig (Art. 349d Abs. 2 OR). Pauschalisierungen in Form von Tages-, Wochen- oder Monatssätzen sind aber auch hier möglich, soweit die genannten Bedingungen erfüllt sind (Art. 327a Abs. 2 OR).

### h) Sonderfall börsenkotierte Aktiengesellschaften («Minder-Initiative»)

#### aa) Hintergrund

419a Am 3. März 2013 stimmten Volk und Stände der Volksinitiative «gegen die Abzockerei» zu, die nach ihrem Initianten, Ständerat

---

[560] Ausführlich hierzu: MÜLLER/STENGEL, Berufskleidung im Arbeitsrecht – Vorschriften, Kostentragung, Depot, AJP 2/2011.
[561] AS 2015, 1082: Änderung der ArGV 3 vom 1. April 2015, in Kraft am 1. Oktober 2015, [SR 822.113].
[562] Vgl. dazu BK-REHBINDER/STÖCKLI, Art. 327a OR, N 1 ff.

Thomas Minder, auch «Minder-Initiative» genannt wird. Damit wurde die Schweizerische Bundesverfassung um Art. 95 Abs. 3 sowie die dazu gehörende Übergangsbestimmung Art. 197 Ziff. 10 ergänzt. Letztere sieht vor, dass bis zum Inkrafttreten der gesetzlichen Bestimmungen der Bundesrat innerhalb eines Jahres nach Annahme von Art. 95 Abs. 3 BV die erforderlichen Ausführungsbestimmungen zu erlassen hat. Seinem Auftrag entsprechend verabschiedete der Bundesrat am 20. November 2013 die direkt auf die Bundesverfassung gestützte Verordnung gegen übermässige Vergütungen bei börsenkotierten Aktiengesellschaften (VegüV). Die VegüV trat am 1. Januar 2014 in Kraft (Art. 33 VegüV).

Die Umsetzung der Initiative auf Gesetzesebene dürfte im Rahmen der «grossen» Aktienrechtsrevision erfolgen. Der Bundesrat schickte am 28. November 2014 einen Vorentwurf zur Änderung des Obligationenrechts (Aktienrecht) zusammen mit einem erläuternden Bericht in die Vernehmlassung.[563] Mit dem Vorentwurf sollen die gesellschafts- und arbeitsrechtlichen Bestimmungen der VegüV in das Obligationenrecht überführt werden, während die pensionskassen- und strafrechtlichen Regelungen in das BVG bzw. StGB Eingang finden sollen.[564] Ob die gegenüber der VegüV vorhandenen – und bereits kritisierten[565] – Verschärfungen im Vorentwurf den Gesetzgebungsprozess tatsächlich überstehen, bleibt abzuwarten. Mit einem Inkrafttreten ist jedenfalls kaum vor 2018 zu rechnen. Bis dahin gelten die Regelungen der VegüV.

419b

### bb) Geltungsbereich

Die VegüV findet nur auf Aktiengesellschaften nach den Art. 620–762 OR Anwendung, deren Aktien an einer Börse im In- oder Ausland kotiert sind (Art. 1 Abs. 1 VegüV).[566]

419c

Zusätzlich wird für die Anwendung der VegüV vorausgesetzt, dass der Vergütungsempfänger ein Mitglied des Verwaltungsrates, der

419d

---

[563] Vorentwurf vom 28. November 2014 zur Änderung des Obligationenrechts (Aktienrecht) und erläuternder Bericht vom 28. November 2014 zur Änderung des Obligationenrechts (Aktienrecht), http://www.admin.ch/ch/d/gg/pc/ind2014.html (Abgeschlossene Vernehmlassungen, Eidg. Justiz- und Polizeidepartement).

[564] Erläuternder Bericht vom 28. November 2014 zur Änderung des Obligationenrechts (Aktienrecht), 34 ff.

[565] RIHM, BJM 2015, 3 ff.; FORSTMOSER/KÜCHLER, RZ. 166d.

[566] Für eine detaillierte Darstellung des Geltungsbereichs vgl. BsK-VegüV-KNOBLOCH, Art. 1 VegüV, N 1 ff., GesKR-Kommentar VegüV-VOGT, Art. 1 VegüV, N 2 ff. sowie Praxiskommentar VegüV-SCHÄRER, Art. 1 VegüV, N 6 ff.

Geschäftsleitung oder des Beirates (sowie allenfalls eine den Aufgezählten nahestehende Person) ist oder war (vgl. Art. 14 Abs. 1 und
Art. 16 VegüV).

419e    Aus arbeitsrechtlicher Sicht ist die VegüV mithin nur relevant,
sofern es sich bei den Arbeitnehmern um Mitglieder des Verwaltungsrates, der Geschäftsleitung oder des Beirates handelt.[567]

### cc)    Vergütungsbezogene Bestimmungen

419f    Die VegüV unterscheidet zwischen unzulässigen und bedingt
zulässigen Vergütungen sowie grundsätzlich erlaubten Vergütungen
mit Abstimmungsvorbehalt durch die Generalversammlung. Für Mitglieder des Verwaltungsrates, der Geschäftsleitung und des Beirates
sind Abgangsentschädigungen, die vertraglich vereinbart oder statutarisch vorgesehen sind, verboten,[568] ebenso Vergütungen, die im Voraus ausgerichtet werden (hiervon zu unterscheiden sind zulässige
Antrittsprämien; vgl. Art. 14 Abs. 2 Ziff. 5 VegüV).[569] Ferner sind
Provisionen für die Übernahme oder Übertragung von Unternehmen
oder Teilen davon durch die Gesellschaft oder durch Unternehmen,
die durch die Gesellschaft direkt oder indirekt kontrolliert werden,
unzulässig (Art. 20 Ziff. 1–3 VegüV). Bedingt zulässig, da nur erlaubt, sofern statutarisch vorgesehen, sind Darlehen, Kredite, Vorsorgeleistungen ausserhalb der beruflichen Vorsorge und erfolgsabhängi-
ge Vergütungen (Art. 20 Ziff. 4 i.V.m. Art. 12 Abs. 2 Ziff. 1–2 VegüV); ferner die Zuteilung von Beteiligungspapieren sowie Wandel-
und Optionsrechten (Art. 20 Ziff. 5 i.V.m. Art. 12 Abs. 2 Ziff. 3 VegüV). Unabhängig von einer statutarischen Regelung sind die in
Art. 14 Abs. 2 VegüV nicht abschliessend festgehaltenen Vergütungs-
arten zulässig. Die Generalversammlung stimmt jährlich und mit bin-
dender Wirkung gesondert über die Gesamtbeträge der Vergütungen

---

[567]    Zur Frage, wann zwischen einer Aktiengesellschaft und einem Mitglied des Verwaltungsrates bzw. der Geschäftsleitung ein Arbeitsverhältnis vorliegt, vgl. STREIFF/VON
KAENEL/RUDOLPH, Art. 319 OR, N 6 f. und N 11; zum Verwaltungsrat im Besonderen
vgl. MÜLLER/LIPP/PLÜSS, 45 ff.

[568]    Zur Abgrenzung erlaubter von verbotenen Abgangsentschädigungen vgl. Praxiskommentar VegüV-OSER/MÜLLER, Art. 20 VegüV, N 36 ff.

[569]    Vgl. den erläuternden Bericht vom 28. November 2014 zur Änderung des Obligationenrechts (Aktienrecht), 39. Dieser verlangt in Anlehnung an den Zusatzbericht vom
8. Oktober 2013 zum Entwurf zur Verordnung gegen übermässige Vergütungen bei
börsenkotierten Aktiengesellschaften (VegüV), dass es sich bei der Antrittsprämie um
eine Entschädigung für den Verzicht auf Ansprüche/Anwartschaften gegenüber dem
bisherigen Arbeitgeber handelt. Differenzierter und nach hier vertretener Auffassung
richtig: Praxiskommentar VegüV-OSER/MÜLLER, Art. 20 VegüV, N 119 ff.

des Verwaltungsrates, der Geschäftsleitung und des Beirates ab (Art. 18 Abs. 1 und 3 VegüV).

Ist ein Mitglied des Verwaltungsrates, der Geschäftsleitung und des Beirates zusätzlich auch in einem direkt oder indirekt kontrollierten Konzernunternehmen tätig, sind Vergütungen verboten, wenn sie unzulässig wären, wenn sie direkt durch die kontrollierende Konzerngesellschaft ausgerichtet würden, wenn sie in den Statuten der kontrollierenden Konzerngesellschaft nicht vorgesehen sind oder von der Generalversammlung der kontrollierenden Konzerngesellschaft nicht gutgeheissen worden sind (Art. 21 VegüV).

Um übermässige Vergütungen durch ungewöhnlich lange Kündigungsfristen zu verhindern, gilt neu für unbefristete Verträge mit Verwaltungsrats- und Geschäftsleitungsmitgliedern eine maximale Kündigungsfrist von einem Jahr. Befristete Verträge dürfen höchstens ein Jahr dauern (Art. 12 Abs. 1 Ziff. 2 VegüV).[570]

Wer als Mitglied des Verwaltungsrates, der Geschäftsleitung oder des Beirates wider besseres Wissen (direkter Vorsatz) Vergütungen nach Art. 20 Ziff. 1–3 oder Art. 21 Ziff. 1 i.V.m. Art. 20 Ziff. 1–3 VegüV ausrichtet oder bezieht, wird mit Freiheitsstrafe bis zu drei Jahren und Geldstrafe bestraft. Die Geldstrafe kann bis zum Sechsfachen der Jahresvergütung, die zum Zeitpunkt der Tat mit der Gesellschaft vereinbart ist, betragen (Art. 24 Abs. 1 und 3 VegüV).

Arbeitsverträge, die bereits vor Inkrafttreten der VegüV bestanden, sind bis zum 1. Januar 2016 an die VegüV anzupassen (Art. 28 VegüV). Neue Verträge hingegen müssen bereits ab Inkrafttreten verordnungskonform sein (Art. 26 Abs. 1 VegüV).

*dd)* *Konfliktpotenzial zwischen VegüV und Arbeitsrecht*

Aus arbeitsrechtlicher Sicht bergen verschiedene Bestimmungen der VegüV Konfliktpotenzial, zumal die VegüV widersprechenden Bestimmungen des OR vorgehen soll (Art. 1 Abs. 2 VegüV). Zwar wird verlangt, diese Bestimmung restriktiv auszulegen bzw. ihr die Anwendung in Bezug auf zwingendes Arbeitsrecht gänzlich zu versa-

419g

419h

419i

419j

419k

---

[570] Gemäss KÄGI soll es mit Blick auf den Zweck der zeitlichen Limite auch zulässig sein, überjährige bzw. die statutarische Limite übersteigende Verträge abzuschliessen, solange die Vergütung im Fall einer vorzeitigen Beendigung (bzw. eines Verzichts auf die Arbeitsleistung) auf maximal die ordentliche Vergütung innerhalb der Limite beschränkt ist (BsK-VegüV-KÄGI, Art. 12 VegüV, N 67).

gen;[571] nichtsdestotrotz stellt sich bspw. die Frage, was geschieht, wenn die Generalversammlung die Vergütungen an die Mitglieder des Verwaltungsrates, der Geschäftsleitung und des Beirates ablehnt (vgl. Art. 18 VegüV; denkbar wäre auch eine Zustimmung bei späterer Anfechtung des GV-Beschlusses gemäss Art. 706 OR), während aus arbeitsrechtlicher Sicht der fundamentale Grundsatz gilt, dass Arbeit nur gegen Lohn zu leisten ist (vgl. Art. 319 Abs. 1 und Art. 322 Abs. 1 OR). Die Problematik des Genehmigungsvorbehaltes durch die Generalversammlung stellt sich auch bezüglich des Entschädigungsanspruches bei missbräuchlichen Kündigungen (vgl. Art. 336a OR) sowie gekündigter Arbeitsverhältnisse, für die bis zum Ablauf der Kündigungsfrist Lohn geschuldet ist (vgl. Art. 339 OR), die Kündigungsfrist jedoch ins nächste Geschäftsjahr hineinreicht und daher eine neuerliche Genehmigung durch die Generalversammlung erforderlich wäre. Fragen wirft auch die in der Verordnung statuierte Beschränkung der Kündigungsfrist auf maximal 12 Monate mit Blick auf den arbeitsrechtlich vorgesehenen Kündigungsschutz und die Sperrfristen für das Aussprechen einer Kündigung auf (vgl. Art. 336c OR). Verschiedene Abgrenzungsfragen stellen sich im Weiteren hinsichtlich verbotener Abgangsentschädigungen und finanzieller Entschädigungen für Konkurrenzverbote sowie bei Auflösungsvereinbarungen und Sozialplänen. Für eine ausführliche Darstellung sowie Lösungsvorschläge sei auf die weiterführende Literatur verwiesen.[572]

## 3. Lohnanspruch trotz fehlender Arbeitsleistung

### a) Grundsatz des zweiseitigen Vertrags

420    Der Arbeitsvertrag ist ein schuldrechtliches Austauschverhältnis von Lohnanspruch und Arbeitsleistung, weshalb grundsätzlich ohne Leistung auch kein Anspruch besteht (Art. 119 Abs. 2 OR).[573] Da der Arbeitnehmer vorleistungspflichtig ist, wird seine Lohnforderung erst

---

[571] So MÜLLER, AJP 4/2014, 486; vgl. auch GesKR-Kommentar VegüV-VOGT, Art. 1 VegüV, N 29 f. und 35, MEIER-GUBSER, AJP 2013, 1570 f. sowie Praxiskommentar VegüV-SCHÄRER, Art. 1 VegüV, N 35 ff.

[572] MALACRIDA/SPILLMANN, GesKR 2013, 485 ff.; MEIER-GUBSER, AJP 2013, 1567 ff.; MÜLLER, AJP 4/2014, 477 ff.; OERTLE, GesKR 2014, 44 ff.; RIHM, BJM 2015, 3 ff.; VON DER CRONE/BRUGGER, SZW 2014, 241 ff.

[573] Zum Verweigerungsrecht des Arbeitnehmers bei Lohnrückstand des Arbeitgebers vgl. BGE 120 II 209.

nach Erfüllung der Arbeit fällig, soweit nicht das Gesetz Ausnahmen vorsieht.

### b) Annahmeverzug der Arbeitgeberin

Die Vorschriften über den Annahmeverzug der Arbeitgeberin (Art. 324 OR) gehen den allgemeinen Regeln des OR (Art. 95 OR) vor, die dem sozial schwächeren Arbeitnehmer wenig hilfreich wären. Ein Annahmeverzug liegt vor, wenn sie den Arbeitnehmer nicht arbeiten lässt, Vorbereitungs- und Mitwirkungshandlungen unterlässt oder die nötigen Schutzmassnahmen nicht trifft.[574] Der Arbeitnehmer *behält diesfalls seinen Lohnanspruch*, ohne dass er die Leistung später nachholen müsste. Er hat jedoch zu beweisen, dass es sich um einen Annahmeverzug handelt, insbesondere er seine Arbeitskraft erfolglos angeboten hat und nicht vielmehr eine einvernehmliche Vertragsänderung oder -aufhebung vorliegt.

421

Formell trifft den Arbeitnehmer die Pflicht, sich möglichen Ersatzverdienst anrechnen zu lassen (Art. 324 Abs. 2 OR), doch ist diese Vorschrift nur von geringer Bedeutung. Der Ersatzerwerb müsste nämlich für den Arbeitnehmer zumutbar sein[575] sowie sofort aufgenommen und – zur Wiederaufnahme der Arbeit – wieder abgebrochen werden können.[576] In Analogie zur Auslegung einer Bestimmung im Mietrecht (Art. 264 Abs. 3 lit. b OR) muss sich der Arbeitnehmer deshalb einen unterlassenen Verdienst praktisch nur anrechnen lassen, wenn die Arbeitgeberin ausdrücklich auf eine konkrete Möglichkeit aufmerksam gemacht hat.

422

Ein Annahmeverzug tritt nicht nur aufgrund eines direkten Verschuldens der Arbeitgeberin, sondern auch durch in der *Risikosphäre der Arbeitgeberin* liegende Gründe ein;[577] insbesondere das Betriebs- und das wirtschaftliche Risiko hat sie alleine zu tragen. Höhere Gewalt oder Zufall hat sie zu tragen, wenn vom Arbeitnehmer im Rahmen der Treuepflicht auch ausnahmsweise erwartet wird, einzelne ausgefallene Stunden nachzuholen.[578]

423

---

[574] STREIFF/VON KAENEL/RUDOLPH, Art. 324 OR, N 3.
[575] REHBINDER, Arbeitsrecht, Rz. 188.
[576] VISCHER/MÜLLER, 153 f.
[577] «Infolge Verschuldens des Arbeitgebers (...) oder aus andern Gründen» (Art. 324 Abs. 1 OR).
[578] STREIFF/VON KAENEL/RUDOLPH, Art. 324 OR, N 5; VISCHER/MÜLLER, 149 f.

**Beispiele:**

– **Betriebsrisiko:** fehlende Rohstoffe, Personalmangel, Bewilligungsentzug

– **wirtschaftliches Risiko:** Ausbleiben von Aufträgen, Liquiditätsengpässe

– **höhere Gewalt:** Stromausfall durch Gewitter, Bergrestaurant von Lawine verschüttet, Flughafen überschwemmt

424    In der Lehre ist umstritten, wie eine *Arbeitsverhinderung durch Streik* zu qualifizieren ist.[579] Aufgrund der Sphärentheorie läge bei einem Streik kein Annahmeverzug der Arbeitgeberin für die Arbeit der arbeitswilligen Arbeitnehmer vor, da die Unmöglichkeit der Leistung auf ein Geschehen in der Sphäre der Arbeitnehmer zurückzuführen ist. Eine solche Kollektivstrafe kennt das schweizerische Recht aber nicht und die Anwendung der Sphärentheorie ist deshalb abzulehnen.[580] Die arbeitswilligen Arbeitnehmer haben also Anspruch auf den vollen Lohn, während er für die am Streik beteiligten Arbeitnehmer entfällt.[581]

## c)    Verhinderung des Arbeitnehmers

### aa)    *Grundsatz der Lohnfortzahlungspflicht*

425    Dauerte das unbefristete Arbeitsverhältnis schon mindestens drei Monate oder wurde ein befristeter Arbeitsvertrag für mehr als drei Monate begründet, so hat der unverschuldet verhinderte Arbeitnehmer einen zeitlich *beschränkten Lohnfortzahlungsanspruch* (Art. 324a Abs. 1 OR). Bei einem unbefristeten Arbeitsvertrag mit Kündigungsfrist von drei Monaten oder weniger bzw. einem befristeten Arbeitsverhältnis von höchstens drei Monaten Dauer besteht also vor dem ersten Tag des vierten Monats kein Lohnanspruch, wenn der Arbeitnehmer innert den ersten drei Monaten ohne Verschulden an der Arbeitsleistung verhindert ist.[582] Für den Fall, dass dem Arbeitnehmer ein Lohnanspruch zusteht, ist ihm derjenige Lohn zu zahlen, den er

---

[579]  Vgl. VISCHER/MÜLLER, 151.
[580]  STREIFF/VON KAENEL/RUDOLPH, Art. 324 OR, N 6.
[581]  Zum Verhältnis zur Arbeitslosenversicherung vgl. VISCHER/MÜLLER, 152 f.
[582]  BGE 131 III 623, E. 2.4. sowie SJZ 102 (2006), Nr. 14, 334.

normalerweise erhalten würde, was auch Zulagen, Provision und den entgangenen Naturallohn beinhaltet.[583]

Die Lohnfortzahlungspflicht stellt eine wichtige *Konkretisierung der Fürsorgepflicht* der Arbeitgeberin dar. Sie ist eine Ausnahme vom Prinzip, dass bei Ausbleiben einer Leistung die Gegenleistung verweigert werden darf, und entspricht damit der sozialpolitischen Ausrichtung des Arbeitsvertrags. Die Ungleichbehandlung von unbefristeten (drei Monate Karenz) und befristeten (keine Karenz) Arbeitsverhältnissen wird teilweise kritisiert,[584] entspricht aber der herrschenden Lehre.[585] Unseres Erachtens ist die Unterscheidung gerechtfertigt. Ein befristeter Arbeitsvertrag hat gleichermassen Vor- und Nachteile wie ein unbefristeter.[586]

426

Von entscheidender Bedeutung ist die Karenzfrist heute jedoch nur noch im Krankheitsfall, da die obligatorischen Versicherungen (UVG, EO) keine solche Beschränkung kennen.

427

*bb)   Verhinderungsgründe*

Als gesetzliche Verhinderungsgründe sind Krankheit,[587] Unfall, Schwangerschaft, Erfüllung gesetzlicher Pflichten und die Ausübung eines öffentlichen Amtes aufgeführt (Art. 324a Abs. 1 OR). Die Lohnzahlungspflicht besteht aber für alle Fälle der Verhinderung aus in der Person des Arbeitnehmers liegenden Gründen, die Aufzählung ist mithin nicht abschliessend. Die Lohnfortzahlung ist aber auf *subjektive Leistungshindernisse*, also Ereignisse, die den Arbeitnehmer speziell treffen, beschränkt.[588]

428

> **Beispiele:** Heirat des Arbeitnehmers, Geburt eigener Kinder, Tod eines nahen Verwandten oder Hausgenossen, Pflege von nahen Angehörigen wie z.B. eines kranken Kindes (lange umstritten, heute anerkannt)[589]

---

[583]   ZK-SCHÖNENBERGER/STAEHELIN, Art. 324a OR, N 48 ff.; STREIFF/VON KAENEL/ RUDOLPH, Art. 324a/b OR, N 9.

[584]   BRUNNER/BÜHLER/WAEBER/BRUCHEZ, Art. 324a OR, N 12, welche generell bei unbefristeten Verträgen eine von den Parteien beabsichtigte Vertragsdauer von über drei Monaten annehmen.

[585]   STREIFF/VON KAENEL/RUDOLPH, Art. 324a/b OR, N 2; BSK-PORTMANN, Art. 324a OR, N 7 ff.; VISCHER/MÜLLER, 157; BRÜHWILER, Art. 324a OR, N 15.

[586]   Z.B. die zeitliche Bindung der Vertragsparteien ist bei unbefristeten Arbeitsverträgen geringer.

[587]   Dazu ausführlich GEISER, AJP 2003, 323 ff.

[588]   STREIFF/VON KAENEL/RUDOLPH, Art. 324a/b OR, N 6.

[589]   STREIFF/VON KAENEL/RUDOLPH, Art. 324a/b OR, N 20; VISCHER, 158.

429       *Objektive Leistungshindernisse*, also Ereignisse, die in der Regel einen grösseren Personenkreis betreffen, fallen in die Risikosphäre des Arbeitnehmers. Er hat das Lohnrisiko selbst zu tragen, sofern sie nicht den Betrieb betreffen und damit vom Betriebsrisiko der Arbeitgeberin erfasst werden.[590]

429a     Im Frühjahr 2010 wurde der gesamte europäische Luftraum infolge eines Vulkanausbruches[591] und der darauf in der Luft liegenden Aschewolke gesperrt. Aufgrund dieser Sperrung konnten zahlreiche Menschen aus den Ferien nicht zurück in die Heimat fliegen und damit auch ihre Stelle nicht antreten. Eine solche Unterbrechung aller Verkehrswege eines Verkehrsmittels fällt grundsätzlich in die Risikosphäre des Arbeitnehmers. Die Arbeitgeberin trifft demnach keine Lohnfortzahlungspflicht.

429b     Anders sieht es für die Arbeitnehmer eines Luftfahrtunternehmens aus, welche in Ausführung ihrer beruflichen Tätigkeit ins Ausland geflogen sind und dann durch die Sperrung des Luftraumes dort festsassen. Dies ist der Risikosphäre der Arbeitgeberin zuzuordnen und sie trifft in diesen speziellen Fällen eine Lohnfortzahlungspflicht.

> **Beispiele:**[592] Staus, Stromausfall, Strasse gesperrt, Streichung eines Fluges fallen in die Risikosphäre des Arbeitnehmers, dieser hat demnach keinen Lohnanspruch

430      Sofern allerdings ein objektives Leistungshindernis speziell die Person des Arbeitnehmers betrifft, sodass dieser an jeglicher Arbeitsleistung verhindert ist, wird dieses wiederum zu einem subjektiven Leistungshindernis, mit der Folge, dass die Arbeitgeberin dann (aus sozialpolitischen Motiven) eine Lohnfortzahlungspflicht i.S.v. Art. 324 OR trifft.[593]

---

[590]  A.M. VISCHER/MÜLLER, 149 f.; PORTMANN, Rz. 442; sowie STREIFF/VON KAENEL/ RUDOLPH, Art. 324 OR, N 5 sowie Art. 324a OR, N 6, welche selbst im Fall von Naturkatastrophen, Generalstreik, Krieg o.Ä. den Lohnanspruch befürworten, weil sie auch derart aussergewöhnliche Vorfälle dem Unternehmerrisiko zurechnen. Immerhin erwägen sie in Fällen höherer Gewalt eine aufgrund der Treuepflicht entstehende Pflicht des Arbeitnehmers, ausgefallene Stunden nachzuholen.

[591]  Vulkan Eyjafjallajökull in Island.

[592]  Für weitere Beispiele siehe auch: REHBINDER, Arbeitsrecht, Rz. 194; VISCHER/ MÜLLER, 158 f.; WYLER/HEINZER, 202.

[593]  So REHBINDER, Arbeitsrecht, Rz. 194, STREIFF/VON KAENEL/RUDOLPH, Art. 324a/b OR, N 6.

**Beispiele:**

– Das Haus des Arbeitnehmers wird von einer Lawine verschüttet oder überschwemmt, sodass dieser mit Rettungs- oder Aufräumarbeiten beschäftigt ist.

– Der Arbeitnehmer kommt während einer Seuche in Quarantäne.

– Das Arbeitsgericht Zürich stellt in einem Urteil vom 20. März 1981[594] den Unterschied zwischen objektiver Verhinderung und «Gründen, die in der Person des Arbeitnehmers liegen» dar: Ein Italiener stammte aus einem Ort in Süditalien, der durch ein Erdbeben stark verwüstet wurde. Seine Eltern und Geschwister wohnten dort. Da er über deren Schicksal im Ungewissen war, reiste er am 26. November 1980 nach Italien, wo er alle wohlauf vorfand. Einen Tag später machte er sich auf den Rückweg, der wegen einer Autobahnsperre (aufgrund starker Schneefälle) 20 Stunden länger dauerte als üblich. Schliesslich klagte er den Lohn für die Zeit seiner Abwesenheit ein, da ihm die Arbeitgeberin für die Abwesenheit einen Abzug machte. Seine Klage wurde in der Hauptsache geschützt, da die Ungewissheit über das Schicksal seiner Angehörigen ein Grund sei, der in der Person des Arbeitnehmers liege. Für den letzten Tag wurde die Klage allerdings abgewiesen, weil die Schneefälle objektive Verhinderungsgründe darstellten.

Der *Beweis der Arbeitsverhinderung* obliegt dem Arbeitnehmer.    431
Bei Krankheit oder Unfall wird dazu im Arbeitsvertrag oft die Pflicht zur Beibringung eines Arztzeugnisses vereinbart, falls die Verhinderung mehr als zwei oder drei Arbeitstage dauert;[595] allerdings kann die Arbeitgeberin auch ohne Vereinbarung ein solches zum Beweis verlangen.[596] Auf alle Fälle ist die Beibringung von Arztzeugnissen aber nur eine Nebenpflicht, von der die Lohnzahlung nicht abhängig gemacht werden kann.[597]

Die Arbeitsverhinderung muss formell wohl *unverschuldet* sein,    432
aber ein leichtes Verschulden schadet dem Arbeitnehmer nicht. Er soll nicht immer unter der Anspannung stehen, seine Arbeitskraft unter allen Umständen erhalten zu müssen. Sportunfälle – auch bei riskanten Sportarten – sind als unverschuldet zu betrachten, sofern die Ar-

---

[594] In: SJZ 77 (1981), 234 ff. sowie JAR 1981, 118 ff.

[595] Bei solchen Klauseln handelt es sich um blosse Ordnungsvorschriften, nicht um Gültigkeitsvorschriften.

[596] Auch nachträglich kann ohne Weiteres ein Arztzeugnis verlangt werden (vorbehältlich Art. 2 ZGB, was im Einzelfall zu prüfen ist), allerdings stellt sich dann wohl die Frage der Zuverlässigkeit eines solchen nachträglichen Arztzeugnisses.

[597] STREIFF/VON KAENEL/RUDOLPH, Art. 324a/b OR, N 12.

beitgeberin nicht ein grobes Eigenverschulden des Arbeitnehmers nachweisen kann.[598] Sollte dies gelingen, will ein Teil der Lehre den Anspruch bei grobem Verschulden ganz wegfallen lassen,[599] wogegen die h.L. nur eine entsprechende Kürzung bei Vorsatz oder grober Fahrlässigkeit vorsieht.[600]

433    In aller Regel wird von der Rechtsprechung kein Verschulden des Arbeitnehmers angenommen.[601] Dies wird selbst bei Suizidversuchen so gehandhabt, da in derart gelagerten Fällen eine psychische Krankheit des Arbeitnehmers angenommen wird und ihn somit kein Verschulden trifft.

> **Beispiel:** Als verschuldet gilt, wenn jemand nachts, bei Schnee und mit Sommerpneus mit überhöhter Geschwindigkeit durch ein Dorf fährt und dabei verunfallt.

### cc)   Arztzeugnisse

433a    Der Beweis für eine Arbeitsverhinderung aufgrund Krankheit oder Unfall obliegt dem Arbeitnehmer und wird meistens durch ein Arztzeugnis erbracht. Allerdings ist weder im Obligationenrecht noch im Arbeitsgesetz oder in den Verordnungen dazu der Begriff des Arztzeugnisses zu finden. Einzig im Arbeitslosenversicherungsgesetz findet sich in Art. 28 Abs. 5 die Bestimmung: «Der Arbeitslose muss seine Arbeitsunfähigkeit beziehungsweise seine Arbeitsfähigkeit mit einem ärztlichen Zeugnis nachweisen. Die kantonale Amtsstelle oder die Kasse kann in jedem Fall eine vertrauensärztliche Untersuchung auf Kosten der Versicherung anordnen.»

433b    Mangels gegenteiliger Regelung bedürfen Arztzeugnisse keiner bestimmten Form. Um der Beweispflicht von Art. 8 ZGB zu genügen, werden Arztzeugnisse in der Praxis allerdings grundsätzlich schriftlich ausgestellt. Ein schriftliches Arztzeugnis ist als strafrechtlich relevante

---

[598]  REHBINDER, Arbeitsrecht, Rz. 195; VISCHER/MÜLLER, 160.
[599]  BK-REHBINDER/STÖCKLI, Art. 324a OR, N 15 f.
[600]  STREIFF/VON KAENEL/RUDOLPH, Art. 324a/b OR, N 29; VISCHER/MÜLLER, 160. Für Beispiele zu verschuldeter Arbeitsunfähigkeit vgl. STREIFF/VON KAENEL/RUDOLPH, Art. 324a/b OR, N 29.
[601]  Vgl. aber JAR 1981, 267, Entscheid des Arbeitsgerichts Zürich vom 26. Juni 1978: Das Gericht erachtete die monatelange Arbeitsunfähigkeit eines Arbeitnehmers aufgrund eines Unfalls bei einem Motocross-Rennen als selbstverschuldet, da der Arbeitnehmer mit seiner Teilnahme in Kauf nahm, sich zu verletzen. Zudem hatte in diesem Fall die Arbeitgeberin den Arbeitnehmer im Vorfeld darüber orientiert, dass Motocross-Unfälle weder von der Arbeitgeberin noch vom Versicherer gedeckt werden.

Urkunde zu qualifizieren, da sie bestimmt und geeignet ist, eine Tatsache von rechtlicher Bedeutung (die Arbeitsunfähigkeit) zu beweisen. Ein vorsätzliches Ausstellen eines falschen ärztlichen Zeugnisses ist dementsprechend in Art. 318 StGB auch unter Strafe gestellt (Falsches ärztliches Zeugnis).

Aus dem Arztzeugnis muss hervorgehen, seit wann die Arbeitsunfähigkeit besteht und wie lange sie dauern wird. Zudem muss ersichtlich sein, ob die Arbeitsunfähigkeit vollständig oder teilweise ist. Arztzeugnisse enthalten i.d.R. keine Diagnose, es sei denn, der Patient und Arbeitnehmer entbinde den Arzt ausdrücklich von der ärztlichen Schweigepflicht.[602]

433c

### dd) *Vertrauensarzt*

Bei der Arbeitgeberin können Zweifel aufkommen, ob das Zeugnis aus Gefälligkeit oder durch Täuschung ausgestellt worden sein könnte. Sie wird diesfalls einen *Arzt ihres Vertrauens*[603] zuziehen. Lehre und Rechtsprechung fordern als mögliche Grundlage der Pflicht des Arbeitnehmers zur Konsultation eines Vertrauensarztes entweder eine ausdrückliche Regelung in einem Vertrag oder leiten die Pflicht aus der Treuepflicht des Arbeitnehmers ab.[604] Die Tendenz zeigt richtigerweise sowohl in der Lehre als auch in der Rechtsprechung diesbezüglich in Richtung Treuepflicht als ausreichende Grundlage.[605] Voraussetzung für die Zulässigkeit einer vertrauensärztlichen Untersuchung ist jedoch, dass grundsätzlich eine gesundheitlich begründete Abwesenheit des Arbeitnehmers vorliegt, dass bereits ein Nachweis der Arbeitsunfähigkeit vorliegt (Arztzeugnis), dass objektive Anhaltspunkte vorliegen, welche das Vorhandensein einer Arbeitsunfähigkeit des Arbeitnehmers infrage stellen und dass die Massnahme verhältnismässig ist.[606] Vertragliche Regelungen, welche die Konsultationspflicht des Arbeitnehmers ausdehnen oder einschränken, sind nur dann zulässig, wenn die Konsultationspflicht für die Durchführung des Arbeitsvertrages nicht nur nützlich, sondern notwendig ist oder aber die entsprechende Klausel zugunsten des Arbeitnehmers ausge-

434

---

[602] Ausführlich hierzu: MÜLLER, AJP 2/2010, 167 ff.
[603] Der Begriff Vertrauensarzt ist in diesem Zusammenhang nicht i.S.v. Art. 57 KVG zu verstehen.
[604] BGE 125 III 70, E. 3c.
[605] Ausführlich zum Ganzen: STENGEL, 163 ff.; BGer 4A_140/2009 vom 12. Mai 2009.
[606] Vgl. zu den Ausnahmen zu den einzelnen Voraussetzungen: STENGEL, 182 (ohne Abwesenheit), 191 (ohne Nachweis) und 217 (Einwendungen des Arbeitnehmers).

staltet ist. Dies folgt u.a. aus dem relativ zwingenden Art. 328*b* OR. Eine Konsultationspflicht ohne objektive Anhaltspunkte zuungunsten des Arbeitnehmers ist damit grundsätzlich unzulässig und kann auch vertraglich nicht gültig vereinbart werden.[607] Die Begutachtung durch den Vertrauensarzt, deren Kosten die Arbeitgeberin trägt,[608] ist damit unter Umständen ein Mittel zur Überprüfung der behaupteten Arbeitsunfähigkeit und zur Abwehr von ungerechtfertigten Forderungen auf Lohnfortzahlung, von Störungen des Betriebsablaufes und des Betriebsfriedens.[609]

435     Die Arbeitgeberin erhält von ihrem Vertrauensarzt lediglich Bescheid über die Arbeitsfähigkeit, also keinen Befund und keine Diagnose. Auch bei mündlichen Anfragen der Arbeitgeberin darf der Arzt deshalb keinerlei Auskünfte über die Gründe der Arbeitsunfähigkeit des betreffenden Arbeitnehmers erteilen, um nicht die Persönlichkeit des Arbeitnehmers (Art. 328 OR) und die ärztliche Schweigepflicht zu verletzen.[610] Verweigert der Arbeitnehmer eine berechtigte Untersuchung und weist er auch auf keine andere Weise seine Arbeitsunfähigkeit nach, so kann dies als Entkräftung eines bestehenden Arbeitsunfähigkeitszeugnisses durch den Arbeitnehmer eingestuft werden, womit zumindest bis zu einer gerichtlichen Überprüfung die Lohnfortzahlungspflicht entfällt.[611]

436     Widersprechen sich zwei Arztzeugnisse – dasjenige des Arztes des Arbeitnehmers und dasjenige des Vertrauensarztes der Arbeitgeberin –, so stellt ein Gericht wohl auf das qualifiziertere ab. Das Luzerner Arbeitsgericht[612] hat beispielsweise den Entscheid des Vertrauensarztes, welcher sich lediglich auf einen Bericht einer Rehabilitationsklinik abstützt, als wenig objektiv betrachtet. Stattdessen ist es vom Befund des Hausarztes des Arbeitnehmers ausgegangen, welcher diesen immer wieder untersucht hatte. Das Gericht kann aber auch

---

[607] STENGEL, 177.
[608] Vgl. dazu STREIFF/VON KAENEL/RUDOLPH, Art. 324a/b OR, N 12.
[609] Vgl. SCHÖNENBERGER, Das Erschleichen der Lohnfortzahlung unter Berufung auf Krankheit, 158.
[610] STENGEL, 269 ff.; eine Liste von zulässigen Fragen an den Vertrauensarzt findet sich ebendort auf S. 270 f.
[611] RUDOLPH/VON KAENEL, SJZ 2010, 365; STENGEL, 240 f.; Urteil des OGer LU (1B_11_56) vom 30. Januar 2012, E. 4.5.1.
[612] Urteil vom 29. April 2004 vom Arbeitsgericht Kanton Luzern, Nr. 11/2003/511.

einen eigenen ärztlichen Befund erstellen lassen[613] und ist bei der Beurteilung und Berücksichtigung der Zeugnisse frei.

### ee) Dauer der Lohnfortzahlung

Grundsätzlich hat bei unverschuldeter Verhinderung des Arbeitnehmers die Arbeitgeberin für eine *beschränkte Zeit* den darauf entfallenden Lohn zu entrichten (Art. 324a Abs. 1 OR), im ersten Dienstjahr für drei Wochen (Art. 324a Abs. 2 OR). Ist sie jedoch für solche Fälle *obligatorisch versichert*, so hat sie den Lohn nicht zu entrichten, wenn die für die beschränkte Zeit geschuldeten Versicherungsleistungen mindestens vier Fünftel des darauf entfallenden Lohnes decken (Art. 324b Abs. 1 OR). Wenn nun der Arbeitnehmer z.B. im ersten Dienstjahr acht Wochen unverschuldet krank ist, hat anstelle der versicherten Arbeitgeberin die Versicherung für drei Wochen mindestens vier Fünftel des Lohnes an den Arbeitnehmer zu entrichten. In dieser sowie auch in anderen Konstellationen kann es daher für den Arbeitnehmer von Vorteil sein, wenn er oder seine Arbeitgeberin für ihn eine *private Taggeldversicherung* abgeschlossen hat. Das Gesetz schreibt nur eine Lohnfortzahlungsdauer von *mindestens drei Wochen* im ersten Dienstjahr explizit fest (Art. 324a Abs. 2 OR).[614] Danach soll der Lohn für eine *angemessen längere Dauer* entrichtet werden, wobei die Dauer des Arbeitsverhältnisses und die Umstände des Einzelfalles zu berücksichtigen sind. Bei unvollendetem Dienstjahr aufgrund Beendigung des Arbeitsverhältnisses hat der Arbeitnehmer die ganze Dauer der Lohnzahlungspflicht zugute.[615]

437

Durch Einzelabrede, GAV oder NAV können diese Fristen genauer spezifiziert bzw. verlängert werden. Da dies selten geschieht, haben die kantonalen Gerichte zur Wahrung der Rechtssicherheit Skalen erarbeitet, die im Regelfall gelten sollen. Leider entstanden so kantonal sehr unterschiedliche Regelungen, wobei die Berner Skala die grösste Bedeutung hat.[616]

438

---

[613] Vgl. dazu EGLI, AJP 2000, 1069. Eine mögliche Begutachtungsstelle ist z.B. die aussergerichtliche Gutachterstelle der FMH.

[614] Obwohl der Abs. 2 von Art. 324a OR nicht im Katalog der relativ zwingenden Bestimmungen aufgeführt ist, kommt ihm faktisch aufgrund von Art. 324a Abs. 4 OR der Charakter einer relativ zwingenden Bestimmung zu.

[615] STREIFF/VON KAENEL/RUDOLPH, Art. 324a/b OR, N 8.

[616] STREIFF/VON KAENEL/RUDOLPH, Art. 324a/b OR, N 7.

439      Die *drei bekanntesten* Skalen sind die Berner, Basler und Zürcher Skalen.[617] Die *Berner Skala* wird ausser in Bern auch von den Waadtländer, Genfer, Freiburger, Aargauer und Obwaldner und in der Regel von den St. Galler Gerichten angewendet. Die *Basler Skala* wird vor allem in Basel angewendet. Die *Zürcher Skala* wird neben Zürich auch in Graubünden angewendet. Die Praxis ist aber teilweise auch innerhalb der Kantone uneinheitlich.[618]

440      Obwohl diese Skalen die Gerichtspraxis stark beeinflussen[619] – und dies im Hinblick auf die Rechtssicherheit auch vorteilhaft ist –, sind sie nicht in jedem Fall anzuwenden.[620] Das Gesetz schreibt in Art. 324*a* Abs. 2 OR dem Richter nämlich vor, alle Umstände zu würdigen.

| Berner Skala | | Basler Skala | | Zürcher Skala | |
|---|---|---|---|---|---|
| Dienstjahr | Fortzahlung | Dienstjahr | Fortzahlung | Dienstjahr | Fortzahlung |
| 1 | 3 | 1 | 3 | 1 | 3 |
| 2 | 4 | 2-3 | 9 | 2 | 8 |
| 3-4 | 9 | 4-10 | 13 | 3 | 9 |
| 5-9 | 13 | 11-19 | 17 | 4 | 10 |
| 10-14 | 17 | 20 | 22 | 5 | 11 |
| 15-19 | 22 | 21+ | 26 | 6 | 12 |
| 20+ | 26 | | | etc. | etc. |

*Abbildung 12:*   *Lohnfortzahlung in Wochen gem. Berner, Basler und Zürcher Skala[621]*

---

[617] REHBINDER, Arbeitsrecht, Rz. 201; STREIFF/VON KAENEL/RUDOLPH, Art. 324a/b OR, N 7.

[618] ZINSLI, 33 ff.; REHBINDER, Arbeitsrecht, Rz. 201.

[619] STREIFF/VON KAENEL/RUDOLPH, Art. 324a/b OR, N 7.

[620] STREIFF/VON KAENEL/RUDOLPH, Art. 324a/b OR, N 7.

[621] Zwecks Vergleichbarkeit aller drei Skalen wird die Dauer der Lohnfortzahlung in Wochen angegeben. Die von den Gerichten verwendete Berner Skala gibt die Lohnfortzahlungsdauer jedoch grundsätzlich in Monaten an. Da ein Monat meist nicht exakt vier Wochen entspricht, sei darauf hingewiesen, dass die Umrechnung von Monaten in Wochen nicht ganz präzise sein kann. Die abgebildeten Skalen sind überdies nach oben nicht abschliessend.

Der Anspruch auf Lohnzahlung entsteht in *jedem Dienstjahr*    441
*neu*. Das hat zur Folge, dass der Arbeitnehmer bei längerer Krankheit
zuerst weiter Lohn bis zur Erschöpfung seines Anspruchs erhält; danach besitzt er keinen Anspruch, bis dieser mit Beginn eines neuen
Dienstjahres wieder voll und eventuell verlängert auflebt.

Im Zusammenhang mit den Mindestvorgaben im Gesetz    442
(Art. 324*a* OR) stellt sich die Frage, ob es sich um Zeitminima oder
Geldminima[622] handelt. Die daraus resultierende Problematik kann mit
folgendem Beispiel aufgezeigt werden:

> **Beispiel:** Hans ist zu 100 % bei der X. AG angestellt. Er steht im ers-
> ten Dienstjahr und verdient pro Woche CHF 2'000. Er erkrankt nun
> und der Arzt schreibt ihn während vier Wochen zu 50 % arbeitsun-
> fähig. Geht man von einem Zeitminimum aus, muss die Arbeitgeberin
> den Lohn für die 50 % Arbeitsunfähigkeit gemäss Art. 324*a* Abs. 2 OR
> nur während der ersten drei Wochen bezahlen. Hans erhält von seiner
> Arbeitgeberin somit für die krankheitsbedingt nicht geleistete Arbeit
> nur CHF 3'000. Handelt es sich um ein Geldminimum, muss die Ar-
> beitgeberin demgegenüber für den gesamten Verdienstausfall im Be-
> trag von CHF 4'000 aufkommen. Wäre Hans während dieser vier
> Wochen zu 100 % arbeitsunfähig gewesen, hätte seine Arbeitgeberin
> CHF 6'000 bezahlen müssen. Beim Geldminima erhält der Arbeitneh-
> mer in diesem Beispiel somit die ganze Einbusse von CHF 4'000 er-
> setzt, beim Zeitminima jedoch nur CHF 3'000. Damit fährt der Arbeit-
> nehmer beim Zeitminima um CHF 1'000 schlechter.

Die Annahme, es handle sich um Geldminima, geht davon aus,    442a
dass Art. 324*a* OR mit der Befristung der Lohnfortzahlungspflicht das
Risiko der Arbeitgeberin beschränken will. Sie soll im Falle einer
Arbeitsverhinderung nicht mehr bezahlen müssen als den Betrag von
drei Wochenlöhnen im ersten Dienstjahr (und nachher einen entsprechend höheren Betrag). Das über diese Beträge hinausgehende wirtschaftliche Risiko einer Arbeitsunfähigkeit trägt demgegenüber der
Arbeitnehmer selber. Die Annahme eines Zeitminimums hat demgegenüber zur Folge, dass die Tragung des wirtschaftlichen Risikos für
die Arbeitgeberin umso kleiner und für den Arbeitnehmer umso grösser wird, umso kleiner die Arbeitsunfähigkeit prozentual ist. Dies lässt
sich nicht begründen. Aus diesem Grund halten wir die Annahme für
zutreffend, dass es sich bei Art. 324*a* OR um Geldminima handelt.[623]

---

[622]   Vgl. hierzu: ZINSLI, Krankheit im Arbeitsverhältnis, Diss. Zürich, 1992.
[623]   STREIFF/VON KAENEL/RUDOLPH, Art. 324a/b OR, N 25.

443 Mehrere Verhinderungen während eines Dienstjahres sind unabhängig von ihrer Begründung *zusammenzurechnen*. Da dies aber zu Härtefällen führen kann, wird in GAV oft eine abweichende Regelung getroffen.[624] Insbesondere bei Schwangerschaft ist stossend, dass das achtwöchige Beschäftigungsverbot nach der Niederkunft (Art. 35 Abs. 3 ArG) mit dem Auslaufen des Anspruchs auf Lohnfortzahlung kollidieren kann. Auch die Möglichkeit, während der Schwangerschaft die Arbeit ohne Vorlage eines Arztzeugnisses jederzeit niederlegen zu können (Art. 35a Abs. 2 ArG), ist angesichts der zeitlichen Limiten der Lohnfortzahlung von beschränktem Nutzen.[625] Allerdings besteht ein gesonderter Anspruch auf 80 % des Lohns, wenn der Schwangeren oder der stillenden Mutter eine spezifische Tätigkeit oder Nachtarbeit aus gesundheitlichen Gründen untersagt wird (Art. 35 Abs. 2 f., Art. 35b Abs. 2 ArG). Dieser Anspruch wurde vor der ArG-Revision 1998 aus Gründen der Gleichberechtigung und trotz der damals fehlenden Mutterschaftsversicherung abgelehnt.[626]

### ff) Obligatorische Versicherungen

444 Die obligatorischen Sozialversicherungen nach EOG, MVG und UVG ersetzen die Lohnzahlungspflicht vollständig, wenn ihre Leistung mindestens 80 % des Lohns beträgt. Ist sie geringer, so hat die Arbeitgeberin während einer der unversicherten Lohnfortzahlung entsprechenden Zeitspanne die Differenz auf 80 % auszuzahlen (Art. 324b OR).[627] Die 80 % kommen dadurch zustande, dass diese nicht sozialabgabenpflichtig sind. Damit entspricht dies in etwa einer 100-prozentigen Lohnzahlung, welche jedoch sozialabgabenpflichtig ist.

445 Diese Ausnahme findet ausschliesslich Anwendung auf die gesetzlich vorgeschriebenen Versicherungen, also nicht auf nach GAV oder Einzelvereinbarung abgeschlossenen, auch wenn diese ähnliche Ziele verfolgen. Insbesondere der Abschluss einer Krankentaggeldversicherung fällt in diesen freiwilligen Bereich.

---

[624] STREIFF/VON KAENEL/RUDOLPH, Art. 324a/b OR, N 25.

[625] STREIFF/VON KAENEL/RUDOLPH, Art. 324a/b OR, N 16.

[626] Vgl. das Urteil des BGer in JAR 1993, 143; a.M. AppGer. GE JAR 1992, 138: Anspruch der Dauer unabhängig von andern Verhinderungsgründen anerkannt.

[627] STREIFF/VON KAENEL/RUDOLPH, Art. 324a/b OR, N 31.

Ist der GAV allerdings allgemein verbindlich erklärt, kommt     445a
Art. 324*b* und nicht Art. 324*a* OR zur Anwendung. Es handelt sich
dann um eine gesetzliche Pflicht.

*gg)  Abweichende Vereinbarungen*

aaa)  Allgemein

Die gesetzlichen Regelungen können durch GAV, NAV oder     446
schriftliche Abrede im EAV ersetzt werden, sofern die getroffenen
Regelungen für den Arbeitnehmer mindestens gleichwertig sind
(Art. 324*a* Abs. 4 OR). Im Vordergrund stehen versicherungsrecht-
liche Lösungen, deren Beurteilung auf Gleichwertigkeit ist aber nicht
einfach.[628, 629]

Da im Falle von Kurzabsenzen aufgrund des Aufwands regel-     447
mässig auf die Beibringung eines Arztzeugnisses verzichtet wird, häu-
fen sich solche Absenzen am Freitag und Montag. Es ist dies eine
Form des *Absentismus*: motivational bedingtes oder gar planmässiges
Fernbleiben von der Arbeit, das nicht durch Krankheit bedingt ist. Als
Reaktion wollen einige Arbeitgeberinnen vereinbaren, dass bei Kurzabsenzen während sogenannter *Karenztage* kein Lohn bezahlt wird.

Die Vorschriften über die Lohnfortzahlungspflicht der Arbeitge-     448
berin (Art. 324*a* OR) sind grundsätzlich relativ zwingend, dürfen also
nicht zuungunsten des Arbeitnehmers geändert werden (Art. 362 OR).
Die Vereinbarung einer andersartigen Regelung ist gültig, sofern diese
dem Arbeitnehmer im Ergebnis *mindestens gleichwertigen* Schutz vor

---

[628] STREIFF/VON KAENEL/RUDOLPH, Art. 324a/b OR, N 24.
[629] Wird im Arbeitsvertrag unter dem Titel «Krankheit» ohne weitere Kommentierung
vermerkt: «Lohnfortzahlung während den ersten drei Monaten 100 Prozent des Lohnes, danach besteht ein Versicherungsschutz für höchstens 670 weitere Tage im Umfang von 80 Prozent», könnte der Eindruck entstehen, dass die Arbeitgeberin den Arbeitnehmer gegenüber der gesetzlichen Regelung besserstellen will und schon während
den ersten drei Monaten des Arbeitsverhältnisses eine volle Lohnfortzahlung garantiert. Da Art. 324a OR relativ zwingender Natur ist, wäre eine solche Besserstellung
grundsätzlich durchaus zulässig. Würde sich diese «Klausel» jedoch nur auf die Dauer
des Arbeitsverhältnisses beziehen, hätte dies umgekehrt zur Folge, dass keine Lohnfortzahlungspflicht mehr besteht, wenn der Arbeitnehmer erst nach 760 Tagen krank
wird. Dies würde jedoch der zwingenden Vorschrift von Art. 324a OR widersprechen.
Aus diesem Grunde muss die Klausel dahin gehend ausgelegt werden, dass sich die
Monatsangabe nicht auf die Dauer des Arbeitsverhältnisses, sondern nur auf die Dauer
der Arbeitsverhinderung bezieht und die gesetzliche Voraussetzung eines bereits drei
Monate dauernden Arbeitsvertrages nicht aufhebt. Wäre etwas anderes gewollt, müsste
dies ausdrücklich vereinbart werden.

Verdienstausfall aufgrund unverschuldeter Verhinderung an der Arbeitsleistung bietet (Art. 324a Abs. 4 OR) und schriftlich erfolgt.[630]

449    Solche alternative Lösungen können beinhalten:

– *Anderer Träger:* Abschluss einer Taggeldversicherung, deren Prämien der Arbeitnehmer insoweit übernimmt, als zwingende Leistungen der Arbeitgeberin übertroffen werden;

– *Spezielle Modalität:* Einführung von unbezahlten Karenztagen in kleinem Umfang bei gleichzeitiger Ausdehnung der Dauer der Lohnfortzahlung.

450    Die gesetzliche Regelung der Lohnfortzahlungspflicht bildet eine Einheit, weshalb die Vereinbarung gleichwertiger Lösungen (Art. 324a Abs. 4 OR) auch für den Fall der Deckung durch eine *obligatorische Sozialversicherung* (Art. 324b OR) gelten muss; die Vereinbarung von Karenztagen für die Leistungen des Arbeitgebers ist also auch hier zulässig, solange die Bedingungen der Schriftlichkeit[631] und der Gleichwertigkeit erfüllt sind.

bbb) Gleichwertigkeit

451    Für die *Gleichwertigkeit* ist von Bedeutung, dass dem individuellen Arbeitnehmer in der Summe aller Leistungen mindestens der gesetzliche Schutz vor den wirtschaftlichen Folgen des Lohnausfalls aufgrund unverschuldeter Verhinderung an der Arbeitsleistung gewährt wird. Von einer gefestigten Praxis kann hier nicht die Rede sein, doch scheint es selbstverständlich, dass wenige Karenztage im Tausch gegen wesentlich über das Gesetz hinausgehende Leistungen im Krankheitsfall erlaubt sind.[632] Als nicht mehr zulässig wird eine Karenzzeit von über drei Tagen betrachtet, da die Belastung für den Arbeitnehmer dadurch zu gross würde.[633]

---

[630] Vgl. dazu ZK-STAEHELIN, Art. 324a OR, N 54 ff.; STREIFF/VON KAENEL/RUDOLPH, Art. 324a/b OR, N 23.

[631] Vgl. dazu BRÜHWILER, Art. 324b OR, N 5.

[632] Vgl. dazu STREIFF/VON KAENEL/RUDOLPH, Art. 324a/b OR, N 24; SUBILIA/DUC in AJP 2001, 1022, FN 8.

[633] Vgl. dazu ZK-STAEHELIN, Art. 324a OR, N 63 ff.

Auf Gleichwertigkeit wurde erkannt bei: 452

– Lohnfortzahlung auf der Basis von 80 % während 720 Tagen und drei Karenztagen ab der dritten Erkrankung pro Dienstjahr mit halbierten Prämien Arbeitgeberin/Arbeitnehmer[634]

– Lohnfortzahlung von 60 % des Salärs für ein Jahr bei hälftiger Prämienteilung[635]

– Vereinbarung im GAV über 80 % Lohn während maximal 720 von 900 Tagen, wobei die Prämien halbiert oder nur zu 40 % vom Arbeitnehmer erbracht werden

## hh) Verhältnis von Art. 324a zu Art. 324b OR

Beide Bestimmungen regeln die Lohnfortzahlung, jedoch bei unterschiedlichen Verhinderungsgründen.[636] Innerhalb des gleichen Jahres können Arbeitsverhinderungen nach Art. 324*a* und nach Art. 324*b* OR auftreten. Soweit die Arbeitgeberin bei den Verhinderungen nach Art. 324*b* OR keinen Lohn bezahlen muss, weil die Leistungen der obligatorischen Versicherung 80 % des Lohnes decken und insoweit die Arbeitgeberin auch nicht für Karenztage aufkommen musste, besteht bezüglich der anderen Arbeitsverhinderungen die uneingeschränkte Lohnfortzahlungspflicht nach Art. 324*a* OR. Musste die Arbeitgeberin demgegenüber Karenztage oder eine Differenz zwischen den Versicherungsleistungen und 80 % des Lohnes bezahlen, was bei höheren Einkommen vorkommt, so sind diese Zahlungen auf die Leistungspflicht nach Art. 324*a* OR (Geldminima)[637] anzurechnen.[638] Umgekehrt muss die Arbeitgeberin weder Karenztage noch die Differenz zu 80 % des Lohnes bezahlen, wenn in einem Dienstjahr das gemäss Art. 324*a* OR geschuldete Geldminimum bereits ausgeschöpft ist. 452a

---

[634] JAR 1990, 172, 1985, 161.

[635] BGE 96 II 133.

[636] Vgl. zur Abgrenzung insb. vorn Rz. 444 ff.

[637] Vgl. vorn Rz. 442a.

[638] BK-REHBINDER/STÖCKLI, Art. 324b OR, N 7; nur bzgl. der Karenztage a.M. STREIFF/ VON KAENEL/RUDOLPH, Art. 324a/b, N 31.

## 4. Fürsorgepflicht der Arbeitgeberin

### a) Übersicht

453    Das *Gegenstück zur Treuepflicht* des Arbeitnehmers bildet die Fürsorgepflicht der Arbeitgeberin. Diese ist zwar nirgends explizit im OR geregelt, sie ergibt sich aber aus dem Sinn der Bestimmungen zum Schutz der Persönlichkeit, des Schutzes des Vermögens und zur Förderung des wirtschaftlichen Fortkommens des Arbeitnehmers. Ihr umfassender Charakter ist sodann unter den Gesichtspunkten von Treu und Glauben (Art. 2 Abs. 1 ZGB) zu sehen.[639] Eingeschränkt wird die Fürsorgepflicht lediglich durch die berechtigten Eigeninteressen der Arbeitgeberin.[640]

### b) Schutz der Persönlichkeit

454    Art. 328 OR verpflichtet die Arbeitgeberin, die Persönlichkeit des Arbeitnehmers in vielfältiger Weise zu achten und zu schützen. Der Persönlichkeitsschutz wirkt als Schranke zum Weisungsrecht der Arbeitgeberin (vgl. Art. 321*d* OR). Im Überblick können die einzelnen Aspekte des Persönlichkeitsschutzes wie folgt dargestellt werden:

| Pflicht zum Schutz der Persönlichkeit | | |
|---|---|---|
| **Allgemeiner Schutz** | **Gesundheit** | **Sittlichkeit** |
| - Schutz persönlicher und beruflicher Ehre<br>- Wahrung Geheim- und Privatsphäre<br>- Datenschutz<br>- Schutz vor Mobbing | - Schutz von Leben und Gesundheit<br>- Wahrung körperlicher und geistiger Integrität | - Gleichstellung von Mann und Frau<br>- Schutz vor sexueller Belästigung |

*Abbildung 13: Pflicht zum Schutz der Persönlichkeit*

455    Die Arbeitgeberin hat den Arbeitnehmer mit dem nötigen Respekt zu behandeln und jegliche Schikane zu unterlassen.

---

[639] REHBINDER, Arbeitsrecht, Rz. 220.
[640] STREIFF/VON KAENEL/RUDOLPH, Art. 328 OR, N 3.

**Beispiel:** Eine Arbeitgeberin kündigte einem Arbeitnehmer und stellte ihn sofort frei. Die Arbeitgeberin verlangte zusätzlich, dass sich der Arbeitnehmer während der Kündigungsfrist viermal täglich zu genau vorgeschriebenen Zeiten bei ihr melden müsse. Der Arbeitnehmer weigerte sich und wurde in der Folge fristlos entlassen. Das Gewerbegericht Zürich beurteilte die Meldepflicht als schikanös und die fristlose Kündigung als ungerechtfertigt (ZR 1975 Nr. 69).

Der wichtigste Bestandteil der Arbeitgeberpflicht zum Schutz der Persönlichkeit ist der Gesundheitsschutz. Dieser umfasst sämtliche Bestimmungen zum Schutz der körperlichen und geistigen Gesundheit des Arbeitnehmers wie beispielsweise Arbeitssicherheit, Ruhepausen, Freizeit und Ferien. Selbstverständlich gehört zum Gesundheitsschutz auch die Pflicht zum Schutz vor körperlicher Misshandlung.

456

**Beispiel:** Ein Koch ohrfeigte eine Serviertochter aus nichtigem Anlass. Die Serviertochter (Arbeitnehmerin) verlangte vom Betriebsinhaber (Arbeitgeber) eine sofortige Entschuldigung. Als die Entschuldigung ausblieb, kündigte die Serviertochter fristlos. Das gewerbliche Schiedsgericht und das Appellationsgericht BS erachteten die weitere Zusammenarbeit mit dem Koch als unzumutbar und deshalb die fristlose Kündigung als korrekt.[641]

Ein weiterer wichtiger Bestandteil des Persönlichkeitsschutzes des Arbeitnehmers ist der *Datenschutz, insbesondere* im Zusammenhang mit den neuen Telekommunikationsmitteln. Ihre Benützung durch den Arbeitnehmer darf nicht übermässig sein, aber gleichzeitig darf die Arbeitgeberin grundsätzlich keine Kontrolle von privater Internetnutzung und E-Mails vornehmen.[642] In der neueren Lehre wird ein dreistufiges Modell vorgeschlagen:[643] Generell hat die Arbeitgeberin, bevor sie eine Überwachung und Kontrolle ihrer Internetzugänge vornehmen darf, alle organisatorischen und rechtlichen sowie technischen Massnahmen gegen eine missbräuchliche Nutzung des Internet-

457

---

[641] JAR 1980, 271.

[642] REHBINDER, Arbeitsrecht, Rz. 235. Kontrollerhebungen in den Browser-Protokollen und den E-Mail-Ordnern von Arbeitnehmern oder auch nur die Speicherung von deren Inhalten sind als Datenbearbeitung einzustufen, weshalb sie den allgemeinen Beschränkungen der Datenbearbeitung im Arbeitsverhältnis unterliegen. Kontrollen sind demnach nur dann zulässig, wenn sie die Eignung des Arbeitnehmers für das Arbeitsverhältnis betreffen oder zur Durchführung des Arbeitsvertrags erforderlich sind. Überdies haben sie verhältnismässig zu sein, dürfen nur nach Treu und Glauben ausgeübt werden und die Arbeitnehmer müssen zumindest in allgemeiner Form über solche Kontrollen informiert werden. (STREIFF/VON KAENEL/RUDOLPH, Art. 328b OR, N 18; HOLENSTEIN, 120 ff.).

[643] HOLENSTEIN, 94.

zugangs zu ergreifen. Wenn die Arbeitgeberin alle erforderlichen präventiven Massnahmen getroffen hat, darf sie anonyme Überwachungs- und Kontrollmassnahmen durchführen, wenn sichergestellt wird, dass dabei nur unpersönliche oder anonymisierte Daten anfallen. Erst als letzter Schritt darf bei gänzlich verbotener privater Nutzung oder bei festgestelltem Missbrauch stichprobenweise während einer gewissen Zeit eine personenbezogene Überwachung stattfinden. Dies bedarf aber der Information der betroffenen Arbeitnehmer. Zudem müssen die Interessen der Arbeitgeberin an der Durchsetzung einer korrekten Nutzung der elektronischen Kommunikationsmittel gegenüber denjenigen des Arbeitnehmers am Schutz seiner Persönlichkeit überwiegen.

458    Die Personalakte[644] ist eine Sammlung von Aufzeichnungen über einen Arbeitnehmer bezüglich Entstehung, Verlauf und Beendigung des Arbeitsverhältnisses. Alle diesbezüglichen Informationen gehören hierzu, gleichviel ob sie nun zusammen oder verstreut angelegt werden.[645] Bei der Führung einer solchen Personalakte hat die Arbeitgeberin darauf zu achten, dass «der Umfang der Personalakte im Lichte des mit dem Auskunftsrecht angestrebten Persönlichkeitsschutzes zu prüfen» ist. Generell sind in Bezug auf die Personalakte die Vorschriften des Datenschutzgesetzes[646] zu beachten, denn es handelt sich um eine Datensammlung i.S.v. Art. 3 lit. g DSG.

459    Im Zusammenhang mit dem Datenschutz ist darauf hinzuweisen, dass dem Arbeitnehmer ein Auskunftsrecht bezüglich seiner Personaldaten (sog. Personalakte oder Personaldossier) zusteht.[647] Die Auskunft ist von der Arbeitgeberin innert längstens 30 Tagen[648] in der Regel schriftlich, in Form eines Ausdrucks oder einer Fotokopie kostenlos zu erteilen.[649] Dieses Recht ist an keine besonderen Voraussetzungen gebunden und zu dessen Ausübung braucht seitens des Arbeitnehmers weder ein schützenswertes Interesse noch eine Persönlichkeitsverletzung geltend gemacht zu werden.[650] Als Teil des Persönlichkeitsschutzes ist das Auskunftsrecht unverzichtbar und unver-

---

[644]    Zur Personalakte vgl. auch CARRUZZO, 329 ff.
[645]    STREIFF/VON KAENEL/RUDOLPH, Art. 328b OR, N 13.
[646]    Z.B. Art. 5 Abs. 1, Art. 7 Abs. 1 DSG: Die Daten müssen richtig sein und durch angemessene technische und organisatorische Massnahmen gegen unbefugtes Bearbeiten geschützt werden.
[647]    Art. 8 Abs. 1 DSG.
[648]    Art. 1 Abs. 4 VDSG.
[649]    Art. 8 Abs. 5 DSG.
[650]    STREIFF/VON KAENEL/RUDOLPH, Art. 328b OR, N 15; anders noch BGE 120 II 122, E. 3b.

jährbar.[651] Nach Beendigung des Arbeitsverhältnisses müssen die Daten von der Arbeitgeberin vernichtet werden.[652] Analog muss auch die weitere Datenbearbeitung eines abgewiesenen Bewerbers unterbleiben. Mit der Vernichtung der Daten entfällt das Auskunftsrecht des Arbeitnehmers.

Die Vernichtung der Unterlagen muss nicht sofort nach Beendigung des Arbeitsverhältnisses erfolgen. Allfällige Arbeitsstreitigkeiten dürfen nämlich nicht erschwert oder gar verunmöglicht werden. Deshalb kann die Arbeitgeberin mit der Vernichtung zuwarten, bis mit Sicherheit feststeht, dass es zu keiner Arbeitsstreitigkeit kommt. Zudem sind die für die Zeugniserstellung relevanten Daten länger aufzubewahren für den Fall, dass der Arbeitnehmer später nochmals ein Zeugnis verlangt. Unseres Erachtens besteht für solche Zeugnisdaten eine Aufbewahrungspflicht von zehn Jahren entsprechend der Verjährung des Zeugnisanspruches.[653] Schliesslich bestehen für arbeitsmedizinische Daten spezielle Regelungen. Solange keine Vernichtung stattgefunden hat, besteht das Auskunftsrecht des Arbeitnehmers uneingeschränkt, selbst wenn sich dieser in einem Prozess mit der Arbeitgeberin befinden sollte. 460

Oftmals ist im Einzelfall die Entscheidung schwierig, ob eine Persönlichkeitsverletzung vorliegt oder nicht. Insbesondere bei Fällen von Mobbing ist die Beweislage schwierig. Die Arbeitgeberin muss Entscheidungen fällen, die allenfalls vom Arbeitnehmer als eigene Persönlichkeitsverletzung aufgefasst werden. 461

> **Beispiel:** Eine Arbeitnehmerin war acht Jahre als Sachbearbeiterin tätig. Nach ihren Angaben wurde sie dabei systematisch zurückgesetzt, gemobbt und einem Psychoterror ausgesetzt. Die Arbeitgeberin verlangte eine vertrauensärztliche Untersuchung durch einen Psychiater. Die Arbeitnehmerin erachtete dies als Persönlichkeitsverletzung und weigerte sich. In der Folge wurde ihr von der Arbeitgeberin ordentlich

---

[651] Art. 8 Abs. 6 DSG; STREIFF/VON KAENEL/RUDOLPH, Art. 328b OR, N 15.

[652] STREIFF/VON KAENEL/RUDOLPH, Art. 328b OR, N 13. (Ausser die Daten würden aus sozialversicherungs- oder steuerrechtlichen Gründen sowie aufgrund einer über das Ende der Vertragsdauer hinaus dauernden Fürsorgepflicht (Korrektur eines Arbeitszeugnisses, Referenzauskunft etc.) benötigt; vgl. STREIFF/VON KAENEL/RUDOLPH, Art. 328b OR, N 13.)

[653] CARRUZZO, 338, differenziert bzgl. Aufbewahrungspflicht nach Datenkategorien: Während er bei den für die Sozialversicherungen notwendigen Daten eine Aufbewahrungspflicht von 10 Jahren befürwortet, genügt nach seiner Ansicht bei den für Ansprüche aus dem Arbeitsvertrag notwendigen Daten eine Aufbewahrung von mindestens 5 Jahren (analog der Verjährungsfrist von Art. 341 Abs. 2 i.V.m. 128 OR).

gekündigt. Das Bundesgericht hat in der Weisung zur Untersuchung durch einen Psychiater keine Persönlichkeitsverletzung erkannt und die Klage abgewiesen.[654]

462     Im Zusammenhang mit dem Erlass des Gleichstellungsgesetzes wurde der erste Absatz von Art. 328 OR per 1. Juli 1996 mit einem zweiten Satz ergänzt, wonach alle Arbeitgeberinnen nun ausdrücklich verpflichtet sind, aktiv dafür zu sorgen, dass die Arbeitnehmer nicht sexuell belästigt werden und dass den Opfern von sexuellen Belästigungen keine weiteren Nachteile entstehen. Damit eine Arbeitgeberin ihren Pflichten in diesem Zusammenhang genügt, sollte sie zumindest allen Arbeitnehmern ein Merkblatt betreffend Schutz vor sexueller Belästigung abgeben, in dem konkrete Stellen genannt werden, an welche sich ein Opfer gegebenenfalls wenden kann.[655]

> **Beispiel:** Eine Arbeitgeberin publizierte in einer Sonderausgabe zum Fête des Vendanges im Rahmen einer Satire das Bild einer Mitarbeiterin zusammen mit Politikern. Im Text zum Bild wurde die Mitarbeiterin humoristisch in die Nähe der Prostitution gerückt. Die Arbeitnehmerin klagte wegen sexueller Belästigung und forderte eine Genugtuung. Das Bundesgericht bejahte die Persönlichkeitsverletzung, wies jedoch fälschlicherweise die Genugtuungsforderung ab mit dem Argument, Art. 49 OR verlange ein schweres Verschulden.[656]

### c)    Schutz des Vermögens

463     Die Arbeitgeberin hat die vermögensrechtliche Situation des Arbeitnehmers zu schützen. Wird die Arbeitgeberin beispielsweise in irgendeiner Weise für den Arbeitnehmer tätig, so ist sie zur Beachtung der relevanten Vorschriften verpflichtet.[657] Die Arbeitgeberin hat ausserdem für die Sicherung solcher Sachen zu sorgen, die der Arbeitnehmer an den Arbeitsplatz mitbringt, wenn diese für die Arbeit nützlich sind, mit der Mitnahme gerechnet werden muss oder aber die Arbeitgeberin von ihnen Kenntnis hat.[658]

---

[654] Vgl. BGE 125 III 70.
[655] Ein Muster ist publiziert unter www.advocat.ch/de/know-how.html bei den Mustern zum Arbeitsrecht.
[656] SJZ 91 (1995), 669.
[657] BsK-REHBINDER/PORTMANN, Art. 328 OR, N 13.
[658] BsK-PORTMANN, Art. 328 OR, N 48.

### d) Förderung des wirtschaftlichen Fortkommens

Die Arbeitgeberin hat das wirtschaftliche Fortkommen des Ar- 464
beitnehmers zu fördern. Dies widerspiegelt sich in *verschiedenen* Bereichen.

Die Arbeitgeberin muss besorgt sein um den *Erhalt der Arbeits-* 464a
*fähigkeit* des Arbeitnehmers. So ist in Fällen, in welchen die effektive
Ausübung des Berufes entscheidend für die Arbeitsmöglichkeiten
nach einem allfälligen Stellenwechsel ist, ein Recht der Arbeitgeberin
auf Arbeitszuweisung gegeben.

> **Beispiel:** Ein Berufspilot, welcher nicht reglmässig zum Einsatz kommt,
> verliert nach einer gewissen Zeit seine Lizenz.

Für das Übernehmen einer allfälligen *Aus- und Weiterbildung* ist 464b
es durchaus auch üblich, dass der Arbeitnehmer verpflichtet wird,
anschliessend für eine gewisse Zeit bei dieser Arbeitgeberin zu bleiben oder im Falle einer früheren Kündigung – sofern diese nicht durch
die Arbeitgeberin erfolgt oder vom Arbeitnehmer verschuldet ist –
einen gewissen Betrag zurückzuzahlen. Üblich sind hierbei drei Jahre.

Ist die Aus- bzw. Weiterbildung arbeitsplatzspezifisch, kommt 464c
eine Kostenübertragung auf den Arbeitnehmer nicht infrage.

Die Arbeitgeberin hat den Arbeitnehmer vor *missbräuchlicher* 464d
*Kündigung zu schützen.* Die Aufzählung in Art. 336 OR ist nicht abschliessend. So verletzt eine Arbeitgeberin durch die Kündigung eines
langjährigen Mitarbeiters, welcher kurz vor seiner Pensionierung
steht, ihre Fürsorgepflicht und die Kündigung ist damit missbräuchlich.[659]

Die Arbeitgeberin hat dem Arbeitnehmer ein *Zeugnis* auszustel- 464e
len und für allfällige *Referenzen* zur Verfügung zu stehen.[660]

Die Arbeitgeberin muss einen wirksamen *Schutz von Whistle-* 464f
*blowern errichten.*[661] Der Arbeitnehmer muss eine Möglichkeit haben,
unternehmensintern auf Missstände aufmerksam zu machen, ohne

---

[659] BGE 132 III 115; der Entscheid ist insofern unverständlich, weil daraus nicht hervorgeht, ob ein wirtschaftlicher Schaden entstanden ist; vgl. auch Urteil des BGer
4A_384/2014 vom 12. November 2014 zur erweiterten Fürsorgepflicht und der daraus
fliessenden Verwarnungsobliegenheit der Arbeitgeberin gegenüber Arbeitnehmern mit
langer Beschäftigungsdauer (E. 4.2.1, 4.2.2 und 5.2; vgl. zum Ganzen Rz. 643).
[660] Siehe hierzu im Detail Rz. 695 ff.
[661] Dahin gehend der Entwurf des Bundesrates zur Gesetzesänderung; Art. 321a[bis] –
321a[sexies] E-OR und Art. 336 Abs. 2 Bst. d E-OR.

deshalb Sanktionen befürchten zu müssen, zumindest in den Fällen, in denen der Arbeitnehmer gutgläubig handelt. Bei Böswilligkeit verletzt der Arbeitnehmer seine Treuepflicht und muss entsprechend auch nicht mehr geschützt werden.

465       Auch die Informationspflicht nach Art. 330*b* OR lässt sich unter die Pflicht zur Förderung des wirtschaftlichen Fortkommens subsumieren. Sie zeigt dem Arbeitnehmer auf, welche Person die andere Vertragspartei ist und stellt dadurch klar, gegen wen allenfalls Ansprüche geltend zu machen sind.

# J. Haftung

## 1. Haftung des Arbeitnehmers

### a) Überblick

Ansprüche können sich aus verschiedenen Bestimmungen erge- 466
ben:

– Wird der Arbeitgeberin vor Abschluss eines Arbeitsvertrags durch den Bewerber ein Schaden verursacht, haftet dieser aus culpa in contrahendo oder Art. 41 OR.[662]

– Art. 321e OR sieht eine Schadenersatzpflicht des Arbeitnehmers für den Schaden, den er der Arbeitgeberin absichtlich oder fahrlässig zufügt, vor.[663] Diese Bestimmung gilt auch für Fälle, in denen der Arbeitnehmer seine Arbeit gar nicht leistet, bei Verletzung der Treuepflicht sowie bei Teilnahme an rechtswidrigen Streiks.

– Wenn der Arbeitnehmer eine öffentlich-rechtliche Verpflichtung nach Art. 342 Abs. 2 OR verletzt, kann dadurch ein vertraglicher Schadenersatzanspruch nach Art. 321e OR entstehen.

– Bei ungerechtfertigtem Nichtantreten oder Verlassen der Arbeitsstelle hat die Arbeitgeberin Anspruch auf eine pauschale Entschädigung in Höhe von einem Viertel eines Monatslohns (Art. 337d Abs. 1 OR).[664]

– Schadenersatzansprüche nach Art. 340b Abs. 1 OR bzw. nach Abs. 2 (in Ergänzung zur Konventionalstrafe) oder Abs. 3 (in Ergänzung zum Unterlassungsanspruch).[665]

### b) Haftung nach Art. 321e OR

Wer arbeitet, macht Fehler. Da die Hauptpflicht des Arbeitneh- 466a
mers in der Verrichtung von Arbeit besteht, ist davon auszugehen, dass über kurz oder lang Fehler gemacht werden, wodurch der Arbeitgeberin ein Schaden entsteht. Es fragt sich, warum der Arbeitnehmer für einen Schaden der Arbeitgeberin einstehen sollte, wenn diese

---

[662] Vgl. Rz. 247 f.
[663] Vgl. ausführlich dazu gleich nachfolgend Kapitel «Haftung nach Art. 321e OR».
[664] Vgl. Rz. 326.
[665] Vgl. Rz. 720.

schon bei Vertragsabschluss davon ausgehen muss, dass über kurz oder lang ein Schaden entstehen wird.

467    Nach Art. 321e Abs. 1 OR ist der Arbeitnehmer verantwortlich für den Schaden, den er der Arbeitgeberin absichtlich oder fahrlässig zufügt. Diese Vorschrift ist einseitig zwingend, weshalb die Haftung des Arbeitnehmers nur gemildert, nicht aber verschärft werden kann.[666] Das Verschulden ist zwingender Bestandteil der Haftung des Arbeitnehmers; anderslautende Abreden sind nichtig und werden durch die entsprechende gesetzliche Vorschrift ersetzt; der Arbeitsvertrag selbst bleibt folglich bestehen.[667] Im Arbeitsgesetz und auch in den zugehörigen Verordnungen finden sich keine speziellen Vorschriften zur Haftung des Arbeitnehmers.

468    Abs. 2 bestimmt das Sorgfaltsmass, für das der Arbeitnehmer einzustehen hat. Dieses bemisst sich für jedes Arbeitsverhältnis anders; berücksichtigt werden Faktoren wie Berufsrisiko, Bildungsgrad oder Fachkenntnisse, Fähigkeiten und Eigenschaften des Arbeitnehmers, welche die Arbeitgeberin gekannt hat oder hätte kennen müssen.[668] Insofern ist bereits für die Frage, ob überhaupt eine Haftung besteht, Art. 321e Abs. 2 OR heranzuziehen. Im Ergebnis bedeutet dies, dass von einem unerfahrenen Arbeitnehmer nicht das gleiche Mass an Sorgfalt verlangt werden darf wie von einem erfahrenen, hoch qualifizierten Arbeitnehmer.

469    In der Folge ist auf die Voraussetzungen für die Haftung des Arbeitnehmers einzugehen. Es handelt sich um eine Vertragshaftung, weshalb generell eine *Vertragsverletzung* vorliegen muss, welche die Arbeitgeberin zu beweisen hat. Bezogen auf den Arbeitsvertrag heisst das, dass der Arbeitnehmer seiner Arbeitspflicht nicht nachkommt oder seine Treuepflicht verletzt. Weitere Voraussetzung für die Geltendmachung eines Schadenersatzanspruchs ist ein *Schaden*, der durch die Vertragsverletzung verursacht wurde, und zwar *in adäquat kausaler Weise*. Schaden ist eine unfreiwillige Vermögenseinbusse in Form von Verminderung der Aktiven oder Vermehrung der Passiven (damnum emergens) oder entgangenem Gewinn (lucrum cessans). Schliesslich muss arbeitnehmerseits ein *Verschulden* vorliegen. Wie bei allen

---

[666]  Art. 362 Abs. 1 OR.

[667]  ZK-STAEHELIN, Art. 362 OR, N 5; STREIFF/VON KAENEL/RUDOLPH, Art. 362 OR, N 7.

[668]  Art. 321e Abs. 2 OR; BGE 123 III 257 E. 5a; FAVRE/GULLO EHM/MUNOZ/TOBLER, Art. 321e OR, N 1.2.

Vertragshaftungen wird dieses vermutet,[669] der Arbeitnehmer hat also nur die Möglichkeit der Exkulpation.[670]

Die Bemessung der Haftung richtet sich primär nach Art. 321*e* Abs. 2 OR und ergänzend nach Art. 99 Abs. 3 OR i.V.m. Art. 43 und 44 OR. Art. 321*e* OR gewährt dem Richter einen grossen Ermessensspielraum.[671] Zu berücksichtigen sind alle Umstände, insbesondere das Betriebsrisiko, die Entlöhnung des Arbeitnehmers und das Verschulden sowohl des Arbeitnehmers als auch der Arbeitgeberin.[672] Als Reduktionsgründe können sich also z.B. ein Selbstverschulden der Arbeitgeberin oder ein erhöhtes Betriebsrisiko auswirken.[673]    470

Gemäss der Liste in Art. 362 OR handelt es sich bei der Haftungsnorm von Art. 321*e* OR um eine relativ zwingende Bestimmung. Es ist deshalb möglich, zugunsten des Arbeitnehmers die Haftung für leichte oder mittlere Fahrlässigkeit wegzubedingen.[674] In einzelnen Gesamtarbeitsverträgen wird von dieser Möglichkeit ausdrücklich Gebrauch gemacht.[675]    470a

Aus der Rechtsprechung des Bundesgerichts[676] kann folgende Faustformel[677] abgeleitet werden:[678]    471

– *Bei leichter Fahrlässigkeit* kann grundsätzlich von einer Maximalhaftung in Höhe von einem Monatslohn ausgegangen werden. Handelt es sich um schadensgeneigte Arbeit, kann bei leichter

---

[669] Statt vieler: HUGUENIN, OR AT, Rz. 605.

[670] PORTMANN/STÖCKLI, Rz. 210.

[671] BGE 110 II 344 E. 6b; Urteil des BGer 4C.103/2005 vom 1. Juni 2005; FAVRE/GULLO EHM/MUNOZ/TOBLER, Art. 321e OR, N 1.2.

[672] BGE 123 III 257, E. 5a; BGE 110 II 344, E. 6b; BK-REHBINDER, Art. 321e OR, N 19 ff.

[673] ZK-SCHÖNENBERGER/STAEHELIN, Art. 321e OR, N 29 f.; PORTMANN/STÖCKLI, Rz. 212 f.; BGE 110 II 344, E. 6.

[674] A.M. STREIFF/VON KAENEL/RUDOLPH, Art. 321e OR, N 15, mit Hinweis auf Art. 100 Abs. 1 OR.

[675] So wird z.B. in Art. 31 des Landes-Gesamtarbeitsvertrags des Schweizer Gastgewerbes die Haftung für zerbrochenes Geschirr oder Glas explizit auf Vorsatz oder grobe Fahrlässigkeit beschränkt.

[676] BGE 110 II 344; JAR 1995, 87; JAR 2004, 428; JAR 2000, 120; BJM 1981, 295; Urteil des BGer 4C.16/2003 vom 24. Juni 2003; Urteil des BGer 4C.103/2005 vom 1. Juni 2005; Urteil des BGer 4C.195/2004 vom 7. September 2004; Urteil des ArGer ZH vom 12. August 2003 AN 03058.

[677] Wobei von dieser Faustformel im Einzelfall abgewichen werden kann. Sie soll lediglich eine Orientierungshilfe darstellen und nimmt nicht in Anspruch, in jedem Fall anwendbar zu sein.

[678] Rechtsprechung zusammengestellt und Faustformel entwickelt: MÜLLER, ArbR 2006.

Fahrlässigkeit i.d.R. kein Schadenersatzanspruch durchgesetzt werden.[679]

- *Bei mittlerer Fahrlässigkeit* kann grundsätzlich von einer Maximalhaftung in Höhe von zwei Monatslöhnen ausgegangen werden. Mittlere Fahrlässigkeit liegt vor, wenn weder klar leichte Fahrlässigkeit noch klar grobe Fahrlässigkeit vorwerfbar ist.

- *Bei grober Fahrlässigkeit* kann grundsätzlich von einer Maximalhaftung in Höhe von drei Monatslöhnen ausgegangen werden. Bei grossem Schaden und entsprechender Leistungsfähigkeit des Arbeitnehmers besteht die Möglichkeit, eine höhere Schadenersatzforderung durchzusetzen.

- *Bei Absicht* kann grundsätzlich die gesamte Schadenersatzforderung durchgesetzt werden.[680]

471a    Es besteht einzig die Möglichkeit, dass allenfalls eine Organhaftpflichtversicherung für den entstandenen Schaden aufkommt.

471b    In der Praxis gehen die Arbeitnehmer in der Regel davon aus, dass eine Versicherung den zu zahlenden Schaden übernimmt. Allerdings ist weder eine Betriebs- noch eine Privathaftpflicht in solchen Fällen zur Zahlung verpflichtet.

471c    Die Arbeitgeberin muss spätestens mit der letzten Lohnabrechnung ihre Schadenersatzforderung geltend machen oder sich diese vorbehalten, ansonsten hat sie ihre Schadenersatzforderung verwirkt, d.h., sie ist untergegangen und kann auch nicht mehr verrechnungsweise geltend gemacht werden. Dabei genügt es nicht, wenn sich die Arbeitgeberin die Schadenersatzforderung bei der Kündigung vorbehält.[681]

## 2.  Haftung der Arbeitgeberin

472    Auch hier können sich Ansprüche aus vielen Grundlagen ergeben:

- Verursacht die Arbeitgeberin dem Arbeitnehmer während der Vertragsverhandlungen vor Beginn eines allfälligen Arbeitsverhältnis-

---

[679] JAR 1987, 131; REHBINDER, Arbeitsrecht, Rz. 149.
[680] ZK-SCHÖNENBERGER/STAEHELIN, Art. 321e OR, N 14.
[681] Urteil des BGer 4A_351/2011 vom 5. September 2011.

ses einen Schaden, ergibt sich eine Anspruchsgrundlage aus culpa in contrahendo oder Art. 41 OR.[682]

- Sofern die Arbeitgeberin mit Lohnzahlungen im Verzug ist, hat der Arbeitnehmer Anspruch auf Verzugszinsen gemäss Art. 104 OR. Bei Verschulden der Arbeitgeberin hat diese auch weiteren Schaden zu ersetzen, der durch den Verzug bei der Lohnzahlung entsteht (Art. 106 OR).

- Art. 28a Abs. 3 ZGB sieht bei Persönlichkeitsverletzungen einen Anspruch auf Schadenersatz, Genugtuung und Gewinnherausgabe vor.

- Art. 5 Abs. 1 GlG sieht bei Diskriminierungen aufgrund von Art. 3 oder 4 GlG Entschädigungsansprüche vor. Abs. 5 behält Schadenersatz-, Genugtuungs- und weitergehende vertragliche Ansprüche vor. Schadenersatzansprüche können auf Art. 41, 49 und 97 OR sowie Art. 28 ZGB und Art. 328 OR beruhen.[683]

- Aufgrund einer missbräuchlichen Kündigung kann sich aus Art. 336a OR eine Entschädigungspflicht ergeben.[684] Zudem bleiben Schadenersatzansprüche aus anderen Rechtstiteln vorbehalten.

- Art. 337c OR regelt für den Fall der ungerechtfertigten fristlosen Entlassung, dass der Arbeitnehmer Anspruch darauf hat, was er verdient hätte, wenn das Arbeitsverhältnis ordentlich gekündigt worden wäre (bzw. durch Fristablauf geendet hätte). Abs. 3 behält die Möglichkeit einer Entschädigung in Höhe von maximal sechs Monatslöhnen fest.[685]

- Kündigt der Arbeitnehmer gerechtfertigt fristlos, hat die Arbeitgeberin aufgrund ihres vertragswidrigen Verhaltens Ersatz für den dadurch entstehenden Schaden zu leisten (Art. 337b OR).

- Weiter kann sich eine Haftung aufgrund eines unwahren Arbeitszeugnisses ergeben.[686]

- Sodann stellt die Verletzung der Fürsorgepflicht eine Vertragsverletzung dar, weshalb die Arbeitgeberin ggf. aus Art. 97 OR schadenersatzpflichtig wird.[687]

---

[682] Vgl. Rz. 247 f.

[683] PORTMANN/STÖCKLI, Rz. 485: Verstösse gegen das Diskriminierungsverbot des GlG stellen zugleich auch Eingriffe in die Persönlichkeitsrechte der betroffenen Person dar, sodass auch die Art. 28 ZGB und Art. 328 OR verletzt sind.

[684] Vgl. Rz. 630.

[685] Vgl. Rz. 605 ff.

[686] Vgl. Rz. 696.

– Bei Betriebsübernahmen haften die bisherige Arbeitgeberin und der Erwerber des Betriebs solidarisch für Forderungen des Arbeitnehmers, die vor dem Übergang fällig geworden sind und die nachher bis zum Zeitpunkt fällig werden, auf den das Arbeitsverhältnis ordentlicherweise beendigt werden kann oder bei Ablehnung des Übergangs durch den Arbeitnehmer beendigt wird (Art. 333 Abs. 3 OR).[687]

– Wenn durch Verletzung von öffentlich-rechtlichen Verpflichtungen durch die Arbeitgeberin dem Arbeitnehmer ein Schaden erwächst, wird Erstere aus Art. 97 OR schadenersatzpflichtig.

– Schliesslich kann auch die Verletzung der Ausbildungspflicht beim Lehrvertrag Schadenersatzansprüche auslösen.[689]

## 3. Haftung Dritter

473    Haftungsfälle im Arbeitsrecht betreffen jedoch nicht nur den Arbeitnehmer und die Arbeitgeberin unter- bzw. gegenüber einander, sondern auch Dritte können als Schädiger oder Geschädigte auftreten.

– Der vom Einsatzbetrieb beim Personalverleih entliehene Arbeitnehmer ist Dritten gegenüber Hilfsperson des Entleihers. Dieser haftet demnach aus Art. 55 OR sowie Art. 101 OR für Schäden, die der Arbeitnehmer in Ausübung seiner Tätigkeit verursacht hat.[690] Ihm bleiben allenfalls Regressansprüche gegenüber der Verleiherin.

– Die Pflichten des Einsatzbetriebs gegenüber dem Arbeitnehmer ergeben sich primär aus dem Verleihvertrag. Dem Entleiher oblie-

---

[687]    Vgl. BGE 137 III 16. Der Fall betrifft einen Arbeitnehmer, der seit seiner Jugend für dieselbe Maschinenfabrik tätig war und wenige Jahre vor seiner Pensionierung an Brustfellkrebs starb. In seinem Urteil hielt das BGer fest, dass die Verjährungsfrist mit der Verletzung der vertraglichen Pflicht zu laufen beginne und nicht erst mit dem Schadenseintritt, auch wenn dieser wie bei Asbestschäden erst nach Ablauf von zehn Jahren eintrete und festgestellt werden könne. Der EGMR hat diesbezüglich jedoch entschieden, dass die Anwendung der zehnjährigen Verjährungsfrist im konkreten Fall den Zugang zum Gericht in konventionswidriger Weise beschränke und dadurch das Recht auf ein faires Verfahren (Art. 6 Abs. 1 EMRK) verletzt werde. Bei Krankheiten, die erst lange Zeit nach dem auslösenden Ereignis diagnostiziert werden können, so der EGMR, müsse dieser Umstand auch bei der Berechnung der Verjährungsfrist berücksichtigt werden (Urteil des EGMR i.S. Howald Moor et autres c. Suisse vom 11. März 2014).

[688]    Vgl. aber Art. 333b OR beim Betriebsübergang bei Insolvenz.

[689]    Zum Lehrvertrag vgl. Rz. 144.

[690]    VISCHER/MÜLLER, 411.

gen dabei in erster Linie Pflichten, die unmittelbar mit der Ausführung der Arbeit zusammenhängen, wie die Pflicht zum Schutz der körperlichen Integrität und der Persönlichkeit des Arbeitnehmers sowie die Pflicht zur Einhaltung der Ruhezeiten. Bei Verletzung dieser Pflichten stehen dem Arbeitnehmer in erster Linie vertragliche Ansprüche auf Schadenersatz gegenüber dem Einsatzbetrieb zu.

– Wenn ein Verband im Zusammenhang mit einem Arbeitskampf einen bestehenden GAV verletzt (wenn er z.B. gegen die Einwirkungspflicht nach Art. 357a Abs. 1 OR oder die Friedenspflicht nach Art. 357a Abs. 2 OR verstösst), so hat er die in der Regel vereinbarte Konventionalstrafe zu entrichten. Darüber hinaus haftet er wegen der Vertragsverletzung aus Art. 97 OR.[691]

## 4. Durchsetzung der Haftung

Bei der Durchsetzung der Ansprüche hängt es davon ab, wer den Anspruch wem gegenüber geltend macht.   473a

Die Arbeitgeberin hat einen allfälligen Anspruch gegenüber ihrem Arbeitnehmer mittels Verrechnung durchzusetzen. Wichtig hierbei ist allerdings der Zeitpunkt. Der Arbeitnehmer kann nach den allgemeinen Regeln des OR über den Vertragsabschluss (nur) von einem Untergang der Forderung ausgehen, wenn er aus dem Verhalten der Arbeitgeberin auf einen vertraglichen Verzicht nach Art. 115 OR schliessen kann. Dies ist insbesondere der Fall, wenn die Arbeitgeberin vorbehaltlos den letzten Lohn bezahlt, obwohl sie Ansprüche, welche in ihrem Umfang oder dem Grundsatz nach bekannt sind, bis dahin nicht geltend macht.[692]   473b

Der Arbeitnehmer macht – sofern keine Sonderfälle vorliegen – seine Ansprüche auf dem regulären Zivilprozessweg geltend.   473c

---

[691] PORTMANN/STÖCKLI, Rz. 1064; BK-STÖCKLI, Art. 357a OR, N 66.
[692] Vgl. BGer Urteil 4C.146/2003 vom 28. März 2003.

# K. Freizeit und Ferien

## 1. Freizeit

### a) Erscheinungsformen

474    Dem Arbeitnehmer steht neben dem Anspruch auf Ferien zusätzlich ein Anspruch auf Freizeit zu. Es gibt *zwei Erscheinungsformen*:

- der wöchentliche Freizeitanspruch ausserhalb der üblichen Arbeitszeit (Art. 329 Abs. 1 und 2 OR, Vorschriften des ArG);
- die kurzfristige Arbeitsbefreiung aus besonderem Anlass (Art. 329 Abs. 3 OR).

### b) Freizeit ausserhalb der üblichen Arbeitszeit

475    Soweit das Arbeitsgesetz keine weitergehenden und anwendbaren Ansprüche enthält, richtet sich der Freizeitanspruch nach OR. Der Arbeitnehmer hat demnach Anspruch auf *einen freien Tag pro Woche*, in der Regel den Sonntag.[693] Mit Zustimmung des Arbeitnehmers ist ausnahmsweise, vor allem im Gastgewerbe und in der Landwirtschaft, eine gleichwertige Regelung möglich (Art. 329 Abs. 1 f. OR).

476    Die nähere Konkretisierung der Arbeits- und Freizeit während der Woche erfolgt durch *vertragliche Festlegung*. Freizeit gibt dem Arbeitnehmer Anspruch auf *tatsächliche Befreiung von der Arbeitspflicht*, doch kann das vertragliche Recht durch die *Pflicht zur Leistung von Überstunden* (Art. 321c OR) eingeschränkt werden.

477    Da die gesetzliche Freizeitregelung aus gesundheitspolitischen wie auch aus sozialpolitischen Gründen erfolgt, ist ein *Verzicht nicht möglich*; eine Änderung der Freizeitregelung ist nur zugunsten des Arbeitnehmers zulässig. Bei Beendigung des Arbeitsverhältnisses ist ein realer Bezug jedoch nicht mehr unter allen Umständen möglich, weshalb eine Abgeltung in Geld erfolgen kann.[694]

478    Da die Arbeitgeberin während der Freizeit keinen Anspruch auf Arbeitsleistung hat, bestehen diesfalls für sie auch keine arbeitsvertraglichen Pflichten. Somit hat der erkrankte oder sonst wie nicht in

---

[693]    6-Tage-Woche im Vergleich zur 5½-Tage-Woche des ArG, siehe Rz. 953.
[694]    JAR 1983, 134; das BGer lässt den Anspruch sehr schnell verwirken: BGE 101 II 289.

den Genuss der Freizeit kommende Arbeitnehmer auch *keinen Anspruch auf Nachgewährung der Freizeit.*[695]

### c)  Kurzfristige Arbeitsbefreiung

Jeder Arbeitnehmer hat Anspruch auf die *übliche Freizeit* innerhalb der festgelegten Arbeitszeit (Art. 329 Abs. 3 OR) für besondere Anlässe.  479

Ob überhaupt und wie viel Freizeit zu gewähren ist, bestimmt sich nach betrieblicher, persönlicher und branchenmässiger *Übung und Ortsgebrauch,* und *zusätzlich* nach den Vereinbarungen in EAV, NAV oder GAV.[696] Der Arbeitnehmer kann sich also selbst bei vertraglicher Spezifikation auf Übung und Ortsgebrauch berufen.[697] Voraussetzung ist jeweils, dass die Angelegenheit nicht in der ordentlichen Freizeit erledigt werden kann. Insbesondere im Falle gleitender Arbeitszeit sowie bei Teilzeitarbeit wird das Recht auf übliche Freizeit eingeschränkt, da viele Besorgungen ausserhalb der Arbeitszeit erledigt werden können.[698]  480

Der Gesetzgeber hat nicht geregelt, ob eine *Pflicht zur Kompensation* und allenfalls ein Lohnanspruch bestehen. Erstere besteht deshalb nur, wenn dies vertraglich festgelegt wurde, was aber nur bei Stunden- und Akkordlohn zulässig sein soll – wenn also kein Lohnanspruch in der Freizeit besteht.[699]  481

Ob eine *Lohnzahlungspflicht* besteht, ist strittig: Grundsätzlich gilt, dass der Monatslohn wegen solcher Absenzen nicht gekürzt wird, weil es seiner Konzeption widersprechen würde.[700] Dagegen muss die Entschädigung der üblichen freien Stunden und Tage bei Stunden-, Tag- und Akkordlohn ausdrücklich vereinbart werden oder üblich sein. Fehlt die entsprechende Vereinbarung oder Übung, wird eine Lohnzahlungspflicht aus Art. 324a OR abgeleitet.  482

---

[695]  STREIFF/VON KAENEL/RUDOLPH, Art. 329 OR, N 2; VISCHER/MÜLLER, 220; BK-REHBINDER/STÖCKLI, Art. 329 OR, N 9; vgl. Unterschied zu den Ferien: Diese liegen in der vertraglichen Arbeitszeit, der Arbeitnehmer hat nur Anspruch auf Freistellung von der Arbeitspflicht, die vertraglichen Pflichten der Arbeitgeberin bleiben bestehen.

[696]  STREIFF/VON KAENEL/RUDOLPH, Art. 329 OR, N 6.

[697]  STREIFF/VON KAENEL/RUDOLPH, Art. 329 OR, N 8.

[698]  Praxis zur kurzfristigen Arbeitsbefreiung vgl. STREIFF/VON KAENEL/RUDOLPH, Art. 329 OR, N 7.

[699]  BK-REHBINDER/STÖCKLI, Art. 329 OR, N 21; STREIFF/VON KAENEL/RUDOLPH, Art. 329 OR, N 11.

[700]  STREIFF/VON KAENEL/RUDOLPH, Art. 329 OR, N 13; VISCHER/MÜLLER, 222.

483    Wenn die Verhinderung in der Person des Arbeitnehmers selber liegt und er *unverschuldet* an der Arbeitsleistung verhindert wird, besteht eine Lohnzahlungspflicht der Arbeitgeberin (auch bei Stundenlohn).[701] Die Zeit zur Stellensuche muss als unverschuldete Absenz gelten, da die Notwendigkeit der Stellensuche eine normale Folge des auf Mobilität setzenden Arbeitssystems ist.[702] Unklar ist jedoch, ob nicht Verschulden vorliegt, wenn die Kündigung wegen schwerer Vertragsverletzung des Arbeitnehmers erfolgt ist.

**Beispiele:**

– Leistung von Arbeitsdienst als Folge einer Verweigerung des Militärdienstes.[703]

– Ein Arbeitnehmer, der jeweils immer nur mittwochs und dienstags arbeitet, hat ohne gegenteilige Vereinbarung keinen Lohnanspruch oder Anrecht auf zusätzliche freie Tage, weil er an Feiertagen wie Karfreitag, Ostermontag oder Pfingsten ohnehin nie arbeitet. Er hat demgegenüber den vollen Lohnanspruch, wenn bspw. Weihnachten auf Dienstag und Mittwoch fällt.

– Ein Arbeitnehmer, der immer nur montags arbeitet, hat dann Anspruch auf einen Zeitzuschlag, wenn ein Feiertag auf den Montag fällt und trotzdem gearbeitet wird.

484    Ist die Verhinderung der Arbeitsleistung aber *selbst verschuldet* oder erfolgt sie aus nicht in der Person des Arbeitnehmers liegenden Gründen, ist der Lohn für die freie Zeit nicht geschuldet.

**Beispiel:** verbüssen einer Freiheitsstrafe[704]

### d)   Feiertage

485    Die Gewährung von Feiertagen wird grundsätzlich auf Art. 329 Abs. 3 OR gestützt. Soweit Feiertage nicht in die Arbeitszeit fallen, besteht kein Anspruch auf Nachgewährung. Fällt demnach ein Feiertag auf einen Freitag eines Teilzeitangestellten, so hat er folglich keinen Anspruch auf einen zusätzlichen freien Tag.[705] In vielen GAV und NAV wird eine Lohnzahlungspflicht während Feiertagen auch für

---

[701] Vgl. BGE 126 III 75 ff.
[702] BK-REHBINDER/STÖCKLI, Art. 329 OR, N 22.
[703] BGE 122 III 268 ff.
[704] ZK-VISCHER, Art. 324a OR, N 26.
[705] STREIFF/VON KAENEL/RUDOLPH, Art. 329 OR, N 14.

Stunden- und Akkordlohn festgelegt.[706] Ohne besondere Vereinbarung haben Mitarbeiter im Stundenlohn keinen Anspruch auf Feiertagsentschädigung.[707]

Das Bundesrecht sieht lediglich zwei zwingende Vorschriften vor:

486

– Die Kantone dürfen gemäss Art. 20a Abs. 1 ArG maximal acht Feiertage vorsehen.
– Während der Feiertage muss gemäss OR und ArG Freizeit gewährt werden.

Gemäss Art. 110 Abs. 3 BV sowie Art. 20a Abs. 1 ArG ist der Bundesfeiertag (1. August) den Sonntagen gleichgestellt und somit grundsätzlich arbeitsfrei. Fällt er nicht auf einen Sonntag, so ist der darauf entfallende Lohn zu bezahlen. Der Bundesfeiertag ist der einzige eidgenössische Feiertag. Die Beschäftigung von Arbeitnehmern richtet sich somit nach den Vorschriften über die Sonntagsarbeit.[708] Der 1. Mai, Pfingstmontag oder Karfreitag hingegen sind kantonale Feiertage und dementsprechend nur arbeitsfrei, wenn das kantonale Recht dies vorsieht.

487

## 2. Ferien

### a) Begriff und Bedeutung der Ferien

Der Ferienanspruch ergibt sich aus der Fürsorgepflicht der Arbeitgeberin, er ist deshalb relativ zwingend (Art. 329a OR) und hat *zwei Bedeutungen*:

488

– Anspruch auf *Einräumung von zusammenhängender Freizeit* von mehreren Tagen zum Zweck der Erholung;
– Anspruch auf *Lohnfortzahlung*, der es dem Arbeitnehmer wirtschaftlich überhaupt ermöglicht, sich zu erholen.

Der Anspruch wächst mit der geleisteten Arbeit und hat deshalb auch Entgeltcharakter. Umstritten ist aber, ob der zeitliche Ferienanspruch als höchstpersönlich und deshalb unvererblich[709] oder wegen

489

---

[706] STREIFF/VON KAENEL/RUDOLPH, Art. 329 OR, N 14.
[707] BGE 136 I 290: die gesetzliche Regelung im UNO-Pakt I ist nicht direkt anwendbar.
[708] BSK-PORTMANN, Art. 329 OR, N 4.
[709] BK-REHBINDER/STÖCKLI, Art. 329a OR, N 3.

seines geldwerten Charakters als vererblich zu qualifizieren wäre.[710] U.E. hat der Ferienanspruch durchaus eine vererbliche Komponente, welche aus seiner Doppelnatur hervorgeht. Zum einen besteht der Ferienanspruch aus dem Recht des Arbeitnehmers auf tatsächliche Befreiung von der Arbeitspflicht als Ausfluss der Fürsorgepflicht der Arbeitgeberin. Zum anderen besteht er aus dem Anspruch des Arbeitnehmers auf eine Geldleistung als Entgelt für die geleistete Arbeit. Vererblich ist u.e. nur der zweite Aspekt.

490     Im Zusammenhang mit Pandemien (SARS, Schweinegrippe etc.) stellt sich immer wieder die Frage, ob die Arbeitgeberin ein Anrecht darauf hat, vom Arbeitnehmer Auskunft über allfällige Ferienaufenthalte im Ausland oder in gefährdeten Gebieten zu erhalten. Tatsächlich ist diese Frage aber unabhängig von den Ferien zu beantworten, kann doch ein Arbeitnehmer mit den heutigen Verkehrsmitteln auch über das Wochenende weit entfernte Destinationen erreichen. Die Frage nach Reisen ins Ausland ist demzufolge grundsätzlich ein unerlaubter Eingriff in die Privatsphäre des Arbeitnehmers. Demgegenüber steht die Pflicht der Arbeitgeberin gemäss Art. 328 OR, die Gesundheit der übrigen Arbeitnehmer zu schützen. Verfügt die Arbeitgeberin kraft ihrer Weisungsbefugnis als Vorsichtsmassnahme, dass alle Arbeitnehmer, welche ein Gebiet mit ansteckenden Krankheiten bereisen, vorerst während einer bestimmten Zeit zu Hause bleiben müssen, so kommt dies einer Freistellung gleich und die betroffenen Arbeitnehmer haben Anspruch auf Lohnzahlung.[711]

## b)     Dauer der Ferien

491     Der Arbeitnehmer hat Anspruch auf vier Wochen, bis zum vollendeten 20. Altersjahr auf mindestens fünf Wochen Ferien pro Jahr (Art. 329a OR). Massgebend für die Berechnung ist das *Dienstjahr*, wenn nicht zur Vereinfachung durch Abrede, Normal- oder GAV auf das Kalenderjahr abgestellt wird. Das Mass des Anspruches ergibt sich aus der verabredeten, wöchentlichen Arbeitszeit; bei einer 5-Tage-Woche also bspw. 20 Tage. Dauert das Arbeitsverhältnis weniger als ein Jahr bzw. bei Beendigung während des Dienstjahres gilt der Anspruch *pro rata temporis* (Art. 329a Abs. 3 OR).

---

[710] STREIFF/VON KAENEL/RUDOLPH, Art. 329a OR, N 2; vgl. VISCHER/MÜLLER, 98 und insb. 228 ff., die eine doppelte Natur des Ferienanspruchs annehmen und deshalb die Vererblichkeit bejahen.

[711] Vgl. dazu die Ausführungen zur Freistellung, Rz. 655 ff.

Der gesetzliche Ferienanspruch besteht in gleichem Masse auch 492
für *Teilzeitangestellte*, d.h., ihre Ferien werden nicht prozentual zur
Arbeitszeit berechnet.[712] Aufgrund der Teilzeitanstellung erhalten sie
allerdings auch nur den entsprechenden Anteil des Lohnes. Haben also
in einem Betrieb alle zu 100 % Angestellten fünf Wochen Ferien, so
haben auch die Teilzeitangestellten Anspruch auf fünf Wochen Ferien,
sofern nichts anderes speziell vereinbart wird.

## c) Verlängerung der Feriendauer

### aa) Feiertage

Fallen bezahlte Ferientage auf Feiertage, an denen der Arbeit- 493
nehmer normalerweise nicht arbeiten würde, sind *zusätzliche freie
Tage* zu gewähren. Da primär die Arbeitgeberin den Ferienzeitpunkt
bestimmen kann, könnte sie sonst möglichst viele Feiertage darauf
entfallen lassen.[713]

### bb) Krankheit oder Unfall

Wenn der Arbeitnehmer in den Ferien erkrankt oder verunfallt 494
und sich deswegen nicht erholen kann, hat er einen *Anspruch auf
Nachgewährung der Ferien*. Voraussetzung ist aber, dass der Arbeitnehmer den fehlenden Erholungswert der Ferien nachweisen kann;[714]
nicht massgebend ist, ob und inwieweit er arbeitsunfähig war.[715] Auch
ein nur teilweise arbeitsunfähiger Arbeitnehmer hat demnach Anspruch auf volle Nachgewährung der Ferien, während derer der Erholungswert nicht gewährleistet war.

### cc) Freizeit

Fällt die nach Art. 329 Abs. 3 OR dem Arbeitnehmer zu gewäh- 494a
rende Freizeit in seine Ferien, so verlängert sich die Feriendauer
dadurch grundsätzlich nicht.

---

[712] Vgl. dazu auch CARRUZZO, 360; STREIFF/VON KAENEL/RUDOLPH, Art. 329a OR, N 5;
VISCHER/MÜLLER, 56; BRUNNER/BÜHLER/WAEBER/BRUCHEZ, Art. 329a OR, N 5.
[713] REHBINDER, Arbeitsrecht, Rz. 242; STREIFF/VON KAENEL/RUDOLPH, Art. 329a OR,
N 3.
[714] Z.B. Bettruhe, wiederholter Arztbesuch, Spitalaufenthalt.
[715] STREIFF/VON KAENEL/RUDOLPH, Art. 329a OR, N 6.

### d)  Verkürzung der Feriendauer

495    Der Ferienanspruch gründet vorwiegend auf der Fürsorgepflicht der Arbeitgeberin und entsteht deshalb unabhängig davon, ob der Arbeitnehmer während der Dauer des Arbeitsverhältnisses gearbeitet hat oder nicht. Der Ferienanspruch akkumuliert sich insbesondere auch während einer krankheitsbedingten Arbeitsverhinderung. Ist ein Arbeitnehmer während eines gesamten Jahres wegen Krankheit oder Unfall zu 100 % arbeitsunfähig, so erwirbt dieser folglich den vollen Ferienanspruch. Die Arbeitgeberin kann jedoch ihrerseits gestützt auf Art. 329b Abs. 2 OR eine Kürzung ab dem zweiten vollen Monat der Arbeitsverhinderung vornehmen, sodass letztlich in diesem Falle ein Restferienanspruch von einem Zwölftel des ursprünglichen Anspruchs pro Jahr übrig bleibt. Eine Reduktion des Ferienanspruchs ist nur in den vom Gesetz aufgezählten Fällen möglich. *Kurzarbeit* oder *objektive Verhinderungsgründe* berechtigen keinesfalls zur Kürzung des Ferienanspruches.[716]

496    Ist der Arbeitnehmer während eines Dienstjahres *verschuldeterweise und mehr als einen Monat* an der Arbeitsleistung gehindert, so kann der Ferienanspruch für jeden vollen Monat der Abwesenheit um einen Zwölftel gekürzt werden (Art. 329b Abs. 1 OR). Dabei wird die Voraussetzung des Verschuldens vom überwiegenden Teil der Lehre eher weit ausgelegt.[717] Es bedarf nicht eines rechtswidrigen Verhaltens, sondern jedes Versäumnis sei erfasst, welches der Arbeitnehmer zu verantworten habe und welches in seiner Sphäre liege. Diese Meinung überzeugt so nicht.

497    Wird der Arbeitnehmer *unverschuldet*, aber durch in seiner Person liegende Gründe an der Arbeit verhindert, kann eine Kürzung des Ferienanspruches erst vom zweiten vollen Monat der Arbeitsverhinderung an erfolgen (Art. 329b Abs. 2 OR: Krankheit, Jugendurlaub etc.); im Falle von Schwangerschaft und Niederkunft darf eine Kürzung erst ab drei Monaten Arbeitsverhinderung erfolgen (Art. 329b Abs. 3 OR).

498    Soweit es um die Kürzung wegen *Streiks* geht, ist zu unterscheiden:

–    Nach der *Sphärentheorie* ist danach zu fragen, in wessen Sphäre der Grund für den Annahmeverzug liegt, wobei die Arbeitnehmer-

---

[716]  BK-REHBINDER/STÖCKLI, Art. 329b OR, N 1.
[717]  STAEHELIN, Art. 329b OR, N 4; STREIFF/VON KAENEL/RUDOLPH, Art. 329b OR, N 2 f.; WYLER/HEINZER, 394 ff.

schaft als Ganzes betrachtet wird. Im Falle eines (Teil-)Streiks wird die Unmöglichkeit der Zuweisung von Arbeit an die nicht streikenden Angestellten der Arbeitnehmersphäre zugerechnet. Die Sphärentheorie schafft damit eine kollektive Strafe, welche dem Schweizer Recht fremd und deswegen abzulehnen ist.[718] Im Falle der Arbeitsunmöglichkeit wegen eines Streiks ist die Arbeitgeberin deshalb *nicht berechtigt*, den Ferienanspruch der *arbeitswilligen Arbeitnehmer* zu kürzen.[719]

– Hingegen kann davon ausgegangen werden, dass der Ferienanspruch der *am Streik beteiligten Arbeitnehmer* gekürzt werden darf, wenn es sich um einen *rechtmässigen Streik* handelt.[720] Davon ausgehend, dass mit dem Streik der Arbeitnehmer das Arbeitsverhältnis willentlich suspendiert wird, ist Art. 329*b* OR *gar nicht anwendbar* und der Anspruch wächst nicht.

Auch während *unbezahlten Urlaubs* ist das Arbeitsverhältnis suspendiert. Wie beim rechtmässigen Streik ist deshalb Art. 329*b* OR gar nicht anwendbar[721] und der Ferienanspruch wächst nicht. Allerdings ist einzuschränken, dass dies nur bei einer Suspension im Interesse des Arbeitnehmers der Fall sein kann; andernfalls wächst der Ferienanspruch trotz Unterbrechung weiter.

499

Bei der Kürzung des Ferienanspruchs werden alle Absenzen eines Dienstjahres addiert, nicht jedoch die Karenzfristen.[722] Dabei zählen allerdings nur vollständige Abwesenheiten. Ist der Arbeitnehmer bspw. durch Krankheit nur teilweise arbeitsfähig, kann der Ferienanspruch nicht gekürzt werden, da eine Erholung in der verbleibenden Zeit nicht möglich ist.[723]

500

Das Gesetz ist unklar bezüglich der Kürzung. Unseres Erachtens ist folgendes Vorgehen richtig:

501

– Die Kürzung nach Abs. 1 kann *bereits für den ersten Monat* erfolgen, sofern die Absenz länger als einen vollen Monat gedauert hat.

---

[718] BK-REHBINDER/STÖCKLI, Art. 324 OR, N 31.

[719] A.M. VISCHER/MÜLLER, 224 f., der eine Kürzung des Ferienanspruchs gem. Art. 329b Abs. 1 OR für die Zeit des Streiks zulässt.

[720] STREIFF/VON KAENEL/RUDOLPH, Art. 329b OR, N 3.

[721] STREIFF/VON KAENEL/RUDOLPH, Art. 329b OR, N 3; BRUNNER/BÜHLER/WAEBER/BRUCHEZ, Art. 329b OR, N 6.

[722] STREIFF/VON KAENEL/RUDOLPH, Art. 329b OR, N 4 und 6.

[723] STREIFF/VON KAENEL/RUDOLPH, Art. 329b OR, N 6; JAR 1999, 205 ff.

- Demgegenüber führen Absenzen unter zwei Monaten nach Abs. 2 nie zu einer Kürzung. Diesfalls ist eine Kürzung nur möglich, wenn die Absenz *genau zwei Monate oder mehr* gedauert hat und beträgt dann *ein Zwölftel plus für jeden weiteren, vollen Monat* ein weiteres Zwölftel.[724] Bei einer 50 % Teilzeitbeschäftigung verdoppelt sich die Schonfrist, nach welcher von der Arbeitgeberin eine Ferienkürzung vorgenommen werden darf. Die Kürzung um ein Zwölftel darf demnach also bei einem 50 % Arbeitspensum frühestens nach vier Monaten Absenz des Arbeitnehmers vorgenommen werden.[725]

- Im Falle von Absenzen aufgrund Schwangerschaft oder Niederkunft (Abs. 3) ist eine Kürzung ab drei Monaten Absenz mit derselben Formel möglich.

**Beispiele:**

- Als verschuldet gilt die Absenz einer Person infolge eines Unfalls aufgrund Fahrens in angetrunkenem Zustand.

- Als unverschuldet gilt die Absenz einer Person, die auf dem Trottoir neben einer Strasse geht und bei dieser Gelegenheit bei einem Autounfall verletzt wird.

- Unverschuldet ist auch die Absenz einer Person, die bei einem Autolenker mitfährt, von dem sie weiss, dass er angetrunken ist und in der Folge verunfallt.

---

[724] STREIFF/VON KAENEL/RUDOLPH, Art. 329b OR, N 7.
[725] STREIFF/VON KAENEL/RUDOLPH, Art. 329b OR, N 6.

| Dauer der Abwesenheit | Kürzung bei verschuldeter Abwesenheit | Kürzung bei unverschuldeter Abwesenheit | Kürzung bei Abwesenheit wegen Schwangerschaft |
|---|---|---|---|
| Genau 1 Monat | Keine | Keine | Keine |
| Mehr als 1 Monat | 1/12 | Keine | Keine |
| Genau 2 Monate | 2/12 | 1/12 | Keine |
| Mehr als 2 Monate | 2/12 | 1/12 | Keine |
| Genau 3 Monate | 3/12 | 2/12 | 1/12 |
| Mehr als 3 Monate | 3/12 | 2/12 | 1/12 |
| Genau 4 Monate | 4/12 | 3/12 | 2/12 |
| usw. | usw. | usw. | usw. |

*Abbildung 14:    Ferienkürzung nach Art. 329b OR*

### e)    Zeitpunkt der Ferien

In der Regel sind die Ferien im laufenden Dienstjahr und mind. 502
zwei Wochen am Stück zu beziehen (Art. 329c Abs. 1 OR), damit der
Erholungswert gewährleistet ist. Selbstverständlich ist es jedoch möglich, mehr als zwei Wochen Ferien am Stück zu beziehen. Der Arbeitnehmer kann sie auch tageweise beziehen, wenn er vertretbare, persönliche Gründe hat.[726]

Den Zeitpunkt der Ferien *bestimmt die Arbeitgeberin*; sie muss 503
aber dem Arbeitnehmer genügend Zeit zur Ferienplanung lassen[727]
und hat auf dessen Wünsche Rücksicht zu nehmen (Art. 329c Abs. 2
OR). Feste Betriebsferien gehen als betriebliches Interesse den Interessen der Arbeitnehmer vor; u.U. soll aber ein Arbeitnehmer, der
gegen seinen Willen Betriebsferien nehmen muss, Anspruch auf unbe-
zahlte Ferien im Wunschzeitpunkt haben.[728]

---

[726] STREIFF/VON KAENEL/RUDOLPH, Art. 329c OR, N 6; anders BK-REHBINDER/
STÖCKLI, Art. 329c OR, N 1, der dies nur für den über die zwei Wochen hinausgehenden Ferienanspruch für zulässig hält.
[727] Mindestens 3 Monate (JAR 1989, 126); VISCHER/MÜLLER, 227, FN 35.
[728] JAR 1988, 247.

504        Vereinbarte Ferienzeiten dürfen nicht einfach wieder geändert werden. Eine Änderung ist jedoch bei dringlichen und unvorhersehbaren betrieblichen Bedürfnissen möglich. In solchen Fällen ist sogar ein Rückruf aus den Ferien, unter Ersatz des Schadens, möglich.[729]

505        Es ist grundsätzlich zulässig, dass die Arbeitgeberin den Bezug von Ferienansprüchen während der Kündigungsfrist bzw. während einer allfälligen Freistellung anordnet. Dabei ist jedoch zu beachten, dass dem Arbeitnehmer trotzdem noch genügend Zeit für die Stellensuche bleibt. Das Arbeitsgericht Zürich hat dazu die *Drittelsregel* entwickelt. Der zu beziehende Ferienanspruch darf nicht grösser sein als zwei Drittel der Kündigungsfrist bzw. der Freistellungsdauer, ansonsten muss der darüber hinausgehende Ferienanspruch durch Geld abgegolten werden.[730]

### f)    Abgeltungsverbot für Ferien

506        Um den Erholungszweck sicherzustellen, ist der Ferienanspruch während der Dauer des Arbeitsverhältnisses *nicht durch Geldleistung abzugelten* (Art. 329d Abs. 2 OR). Ist die Gewährung der Ferien aber grundsätzlich mit erheblichen Schwierigkeiten verbunden, z.B. im Falle eines sehr unregelmässigen Teilzeitarbeitsverhältnisses oder eines kurzen Einsatzes,[731] ist eine Abgeltung ausnahmsweise zulässig.

507        Umstritten ist, wieweit das restliche Ferienguthaben bei Beendigung des Arbeitsverhältnisses *während der Kündigungsfrist* noch bezogen werden muss,[732] denn im Zeitpunkt der Kündigung kommen sich zwei Zielsetzungen des Gesetzgebers in die Quere: Einerseits sollen die Ferien real bezogen werden, andererseits müssen sie für den Arbeitnehmer die notwendige Erholung bringen. Wenn die Arbeitgeberin die Kündigung ausgesprochen hat, wird dieser Erholungszweck aber durch die Stellensuche vereitelt, weshalb eine Auszahlung wohl zulässig ist. Anders verhält es sich, wenn der Arbeitnehmer das Arbeitsverhältnis von sich aus aufgelöst hat. Hier ist davon auszugehen, dass die Stellensuche bereits abgeschlossen ist und die Ferien nach der

---

[729]  STREIFF/VON KAENEL/RUDOLPH, Art. 329c OR, N 7.
[730]  Vgl. dazu ausführlich STREIFF/VON KAENEL/RUDOLPH, Art. 329c OR, N 11; Urteil des ArGer ZH vom 13. April 1995, in JAR 1999, 211.
[731]  STREIFF/VON KAENEL/RUDOLPH, Art. 329d OR, N 9.
[732]  JAR 1999, 211 ff. für den Fall des Ferienbezugs bei der Freistellung.

Kündigung und vor Auflösung des Arbeitsverhältnisses bezogen werden müssen.[733]

Ist ausnahmsweise eine Abgeltung der Ferien in Geldwerten statthaft, geschieht dies im Voraus durch sogenannte *Ferienprozente*.[734] Voraussetzung ist, dass der Ferienlohnanteil im Arbeitsvertrag und in jeder Lohnabrechnung klar ausgeschieden[735] und der Höhe nach bestimmt ist.[736] Die einfache Formulierung «Ferien inbegriffen» genügt nicht.[737]                                                      508

### g)  Anspruch auf Ferienlohn

Der Arbeitnehmer hat während der Ferien Anspruch auf den vollen Lohn samt eventuell ausfallenden Naturallohn (Art. 329*d* Abs. 1 OR), um ihn während der Ferien nicht schlechterzustellen. Es sind deshalb alle Lohnbestandteile, mit Ausnahme von Spesen, geschuldet, die unmittelbar mit der Arbeitsleistung in Zusammenhang stehen. Ist das Einkommen unregelmässig, so wird auf das Durchschnittseinkommen im vorangehenden Dienstjahr abgestellt.                     509

*Keinen Ferienlohnanspruch* hat der Arbeitnehmer, wenn er während der Ferien anderweitig entgeltlich arbeitet und dadurch berechtigte Interessen der Arbeitgeberin verletzt.[738] Dies ist bspw. der Fall, wenn der Arbeitnehmer Schwarzarbeit leistet, welche die Arbeitgeberin konkurrenziert oder den Erholungszweck der Ferien vereitelt.[739] Der Arbeitgeberin steht dann ein Rückforderungsanspruch auf den Ferienlohn zu; in Extremfällen ist eine fristlose Entlassung samt Schadenersatzanspruch möglich.[740]                                      510

Eine *Rückforderung des Ferienlohnes* wegen zu viel bezogener Ferien bei Auflösung des Arbeitsverhältnisses ist grundsätzlich nicht möglich, wenn nicht zum Voraus eine entsprechende Vereinbarung    511

---

[733]  STREIFF/VON KAENEL/RUDOLPH, Art. 329c OR, N 11; REHBINDER, Arbeitsrecht, Rz. 246.
[734]  Bei 4 Wochen Ferien pro Jahr mindestens 8.33 % des Bruttolohns; REHBINDER, Arbeitsrecht, Rz. 247; VISCHER/MÜLLER, 229, FN 50.
[735]  Z.B. BGE 116 II 515.
[736]  Nach BGE 118 II 136 (JAR 1993, 172) ist nicht grundsätzlich davon auszugehen, dass ein überdurchschnittlicher Lohn den Ferienlohn bereits enthält.
[737]  STREIFF/VON KAENEL/RUDOLPH, Art. 329d OR, N 9; REHBINDER, Arbeitsrecht, Rz. 247.
[738]  Art. 329*d* Abs. 3 OR; STREIFF/VON KAENEL/RUDOLPH, Art. 329d OR, N 16.
[739]  Urteil des BGer 4C.68/1999 vom 5. Juli 2000.
[740]  STREIFF/VON KAENEL/RUDOLPH, Art. 329d OR, N 17.

getroffen wurde.[741] Diese kann selbstverständlich stillschweigend erfolgen, wenn der Arbeitnehmer mit dem Vorbezug noch «unverdienter» Ferien einverstanden war. Geht die Kündigung aber von der Arbeitgeberin aus, hat sie die ihr gegenüber noch nicht abgetragene «Ferienschuld» selbst zu tragen.[742]

### h) Geltendmachung und Verjährung

511a Geltend machen kann man eine Forderung ab dem Moment, ab welchem sie fällig ist. Bei den Ferien ist dies also folglich der Zeitpunkt im Dienstjahr, ab welchem ein vollständiger Bezug der (Rest-) Ferien noch möglich ist.

511b Im Falle einer Übertragung auf ein anderes Dienstjahr werden jeweils die *ältesten Ansprüche zuerst* verbraucht, weshalb es grundsätzlich nicht zu einer Verjährung kommt. Will die Arbeitgeberin von der für Ferien geltenden Verjährung von fünf Jahren profitieren, hat sie den Arbeitnehmer ausdrücklich anzuweisen, jeweils die jüngsten Ferienansprüche zuerst zu beziehen (Art. 128 Ziff. 3 OR).[743, 744]

### i) Abgrenzung zu Kurzarbeit, Bildungsurlaub, unbezahltem Urlaub

512 *Kurzarbeit* wird von der Arbeitgeberin angeordnet, wenn die Auftragslage schlecht und die volle Arbeitsleistung nicht notwendig ist. Kurzarbeit ist also eine Freistellung des Arbeitnehmers, die – im Gegensatz zu Ferien – im Interesse der Arbeitgeberin erfolgt.

---

[741] Es fehlt Irrtum gemäss Art. 62 OR; REHBINDER, Arbeitsrecht, Rz. 247; ähnlich VISCHER/MÜLLER, 232.

[742] STREIFF/VON KAENEL/RUDOLPH, Art. 329a OR, N 9; BK-REHBINDER/STÖCKLI, Art. 329d OR, N 13; z.B. JAR 1993, 170.

[743] Die Lehre war sich uneinig bzgl. der Verjährungsfrist der Ferien. Vertreten wurden Fristen von fünf (STREIFF/VON KAENEL/RUDOLPH, Art. 329c OR, N 4; VISCHER/MÜLLER, 226 f.; REHBINDER, Arbeitsrecht, Rz. 245) und zehn Jahren (PORTMANN/STÖCKLI, Rz. 509; BSK-PORTMANN, Art. 329c OR, N 4). Aufgrund des zwingenden Charakters der Verjährungsfristen nach OR sind Abreden, wonach nicht bezogene Ferien nach Ablauf des Folgejahres o.Ä. verjähren, nichtig. Vgl. auch die Darstellung von REHBINDER und PORTMANN im Basler Kommentar, OR I, Art. 329c OR, N 4 sowie BBl 1982 III 237. Das BGer hat die Frage der Verjährung im Urteil vom 1.4.2010 beantwortet: Der Ferienanspruch verjährt nach fünf Jahren.

[744] Mangels anderer Abrede werden immer die ältesten Ferien aufgebraucht. Deshalb verjähren in der Praxis Ferien kaum. Sofern die Arbeitgeberin will, dass andere, «neuere» Ferienguthaben bezogen werden, hat sie dies anzuordnen.

Bei Kurzarbeit wird der *Lohn* entsprechend der Arbeitszeit ge-  513
kürzt. Sie kann deshalb nicht einseitig angeordnet werden, ausser
wenn EAV oder GAV die Voraussetzungen festlegen. Zur Absicherung des Arbeitnehmers kann die Arbeitslosenversicherung, wenn
gewisse Voraussetzungen erfüllt sind, einen Prozentsatz des Ausfalls
übernehmen.

Ein *Bildungsurlaub* liegt vor, wenn durch Vereinbarung zwi-  514
schen Arbeitnehmer und Arbeitgeberin, im Interesse beider, eine Freistellung unter Fortbestehen des Lohnanspruchs erfolgt. Eine Freistellung im Interesse des Arbeitnehmers und ohne Lohnzahlungspflicht ist
*unbezahlter Urlaub.* Während diesem werden die Rechte und Pflichten aus dem Arbeitsverhältnis suspendiert, weshalb neben der Lohnzahlung auch die Äufnung des Frienguthabens aussetzt. Das Gesetz
gibt Arbeitnehmern unter 30 Jahren einen gesetzlichen Anspruch auf
eine Woche unbezahlten Urlaub für ausserschulische, unentgeltliche
Jugendarbeit oder die dazu notwendige Aus- und Weiterbildung
(Art. 329e Abs. 1 OR). Im Gegensatz zu den gesetzlichen Ferien wird
hier das betriebliche Interesse an der Festlegung des Zeitpunkts regelmässig durch ein öffentliches Interesse an solchen Einsätzen übertroffen (Abs. 3).

## j) Geschichtliche Entwicklung

Das *OR von 1911* und das Fabrikgesetz 1914 kannten keinen Fe-  515
rienanspruch.[745] Ferien mussten von den Arbeitern mit den Arbeitgeberinnen ausgehandelt werden und waren meist unbezahlt. Nur bei
Krankheit und Militärdienst bestand während kurzer Zeit ein Lohnanspruch. Angestellte und Beamte waren diesbezüglich bessergestellt, da
bei ihnen 8 bis 14 Tage Ferien mit Lohn üblich waren, auch wenn dies
im Gesetz nicht zwingend vorgeschrieben war.[746] Erst in den ersten
Gesamtarbeitsverträgen wurden Ferien teilweise zwingend vorgeschrieben.

Ungefähr ab 1930 wurde dieser Zustand als *öffentliches Ärger-*  516
*nis* empfunden. Einzelne Kantone, allen voran Basel-Stadt 1931, gingen dazu über, den Ferienanspruch in öffentlich-rechtlichen Gesetzen
festzulegen. Diese wurden mit dem öffentlichen Interesse am Arbeit-

---

[745] SCHWEINGRUBER, Art. 329a OR, N 1.
[746] Zur Abgrenzung von Arbeitern und Angestellten gibt es mehrere Methoden: Die Arbeit
des Angestellten ist eine geistige, diejenige des Arbeiters eine manuelle; oder einfacher: Der Arbeiter steht, der Angestellte sitzt, vgl. MAYER-MALY, 22.

nehmerschutz begründet und von Bundesrat und Bundesgericht als zulässig betrachtet.[747] Mit der Annahme einer Lohnzahlungspflicht wirkten sie auch auf das OR ein.

517 *Nach dem Zweiten Weltkrieg* wurden diese kantonalen Gesetze ausgebaut. Schliesslich hatten 13 Kantone eine solche Gesetzgebung. Die fortschrittlichsten, nämlich NE, GE und VD, sahen drei Wochen Ferien vor. Gleichzeitig hatten auch die meisten GAV den Ferienanspruch eingeführt. Im Bereich der Landwirtschaft und des Hausdienstes war ein Ferienanspruch durch NAV eingeführt worden.

518 Mit dem *Erlass des Arbeitsgesetzes 1964* (Inkrafttreten 1966) wurde die Kompetenz der Kantone im Arbeitnehmerschutz beschnitten. Aufgrund des grossen Protestes der Kantone, die einen Ferienanspruch kannten, wurde das OR durch das damalige ArG geändert und ein Ferienanspruch von zwei Wochen eingeführt, der von den Kantonen auf drei Wochen erhöht werden konnte.

519 Mit der *Revision des Arbeitsvertragsrechts* wurde sodann diese Regelung im Wesentlichen beibehalten, wobei für jugendliche Arbeitnehmer drei Wochen bundesrechtlich vorgeschrieben waren und die Kantone sie auf vier Wochen erhöhen konnten. Erst mit der *Revision von 1984* sind vier Wochen (Jugendliche fünf Wochen) Ferien allgemein vorgeschrieben worden. Die Kantone können jedoch den Anspruch nicht mehr ausdehnen.

519a Mittels einer Volksinitiative lancierte der Gewerkschaftsdachverband «Travail.Suisse» 2008 die Volksinitiative «6 Wochen Ferien für alle». Sowohl der Nationalrat im März 2011 als auch die Kommission für Wirtschaft und Abgaben des Ständerates im April 2011 lehnten die Initiative ab. Die Initiative wurde am 11. März 2012 auch vom Schweizer Stimmvolk mit 66,5 % Nein-Stimmen deutlich abgelehnt.

---

[747] BGE 58 I 26; 85 II 375; 87 I 186.

# L. Beendigung des Arbeitsvertrages im Allgemeinen

## 1. Übersicht

### a) Beendigungsgründe

Die Beendigungsgründe des Arbeitsvertrages können über- 520
blicksartig wie folgt dargestellt werden:

| Beendigung des Arbeitsvertrages | | | |
|---|---|---|---|
| Kündigung | Aufhebungs-vertrag | Zeitablauf | Tod des Arbeitnehmers |
| ordentliche | ausserordentliche | | |

*Abbildung 15: Überblick über die Beendigungsgründe eines Arbeitsvertrages*

### b) Keine Beendigungsgründe

Keine Beendigungsgründe sind die nachfolgend überblicksartig darge- 520a
stellten Gründe:

| Keine Beendigung des Arbeitsvertrages | | | | | |
|---|---|---|---|---|---|
| Pensionierung | Tod der Arbeitgeberin | Konkurs der Arbeitgeberin | Übertragung des Betriebs | Unmöglichkeit der Arbeit | Invalidität des Arbeitnehmers |

*Abbildung 16: Übersicht über die Gründe, welche nicht zur Beendigung des Arbeitsvertrages führen*

### aa) Pensionierung

Die Pensionierung stellt keinen Beendigungsgrund des Arbeits- 520b
vertrages dar, d.h., die Arbeitgeberin bleibt auch bei Erreichen des
Pensionsalters verpflichtet, dem Arbeitnehmer ordentlich zu kündigen.
Es kann aber vereinbart werden, dass das Arbeitsverhältnis mit der
Pensionierung endet, in diesem Fall kann die Pensionierung aus-
nahmsweise einen Beendigungsgrund darstellen, und zwar endet das
Arbeitsverhältnis dann durch Zeitablauf.

217

### bb) Tod der Arbeitgeberin

521     Nach der seit 1972 geltenden Regelung beendet der Tod der Arbeitgeberin das Arbeitsverhältnis grundsätzlich nicht mehr, sondern es geht auf die Erben über. Diesbezüglich gelten die Regeln über die Betriebsübernahme (Art. 338a, 333 OR). Dies bedeutet insbesondere, dass der *Arbeitnehmer* das Verhältnis auf den *nächsten gesetzlichen Kündigungstermin* – unbeachtlich evtl. längerer, vertraglich vereinbarter Fristen – beenden kann, falls er den Übergang des Arbeitsverhältnisses auf die Erben ablehnt (Art. 333 Abs. 2 OR).

522     Ist das Arbeitsverhältnis aber im Wesentlichen mit Blick auf die Person der Arbeitgeberin eingegangen worden,[748] so erlischt das Arbeitsverhältnis mit deren Tod. Es kommen die Regeln betreffend die *fristlose Kündigung* zur Anwendung, wobei der Grund von der Arbeitgeberin gesetzt worden ist und deshalb ihre Erben solidarisch schadenersatzpflichtig sind (Art. 338a Abs. 2 OR).

### cc) Konkurs der Arbeitgeberin

523     Der Konkurs der Arbeitgeberin lässt das Arbeitsverhältnis grundsätzlich nicht erlöschen, aber der Arbeitnehmer kann das Arbeitsverhältnis fristlos beenden, wenn ihm für seinen Lohn keine Sicherheit bestellt wird (Art. 337a OR). Da den Grund für die fristlose Vertragsauflösung die Arbeitgeberin zu verantworten hat, ist sie auch schadenersatzpflichtig. Dabei handelt es sich um eine Konkursforderung und nicht um eine Massenforderung, die in der ersten Konkursklasse zu kollozieren ist (sog. *Arbeitnehmerprivileg*, Art. 219 Abs. 4 lit. a SchKG[749]).[750]

523a    In der Praxis kündigt die Konkursverwaltung das Arbeitsverhältnis i.d.R. umgehend.[751] Beschliesst die Konkursverwaltung hingegen, das Arbeitsverhältnis fortzuführen und in die Arbeitsverhältnisse einzutreten, so bleibt der Arbeitsvertrag bestehen und sämtliche Lohnforderungen werden zu Massenschulden.[752]

---

[748] Z.B. Stelle bei einem berühmten Anwalt.
[749] Das Konkursprivileg des Art. 219 Abs. 4 lit. a SchKG gilt u.U. auch für Forderungen leitender Angestellter. Nachweis in MÜLLER, SJZ 100 (2004), Nr. 23, 561.
[750] Vgl. AMONN/WALTHER, § 42, Rz. 69 ff.
[751] Die Bestimmungen über das Verfahren bei Massenentlassungen kommen nicht zur Anwendung.
[752] LORANDI, SJZ 2000, S. 157.

Veräussert die Konkursverwaltung den Betrieb dann im Rahmen des Verwertungsverfahrens, so gehen die Arbeitsverhältnisse auf den Erwerber über, wenn dies mit ihm so vereinbart wurde und die Arbeitnehmer den Übergang nicht ablehnen (Art. 333*b* OR). Im Übrigen gilt Art. 333 OR, ausgenommen der in Abs. 3 vorgesehenen Solidarhaftung. Wird die Weiterführung der Arbeitsverhältnisse mit dem Erwerber nicht vereinbart, so bestehen sie trotzdem weiter, bis deren Kündigung erfolgt.

523b

Zuletzt ergeben sich Besonderheiten in Bezug auf das Arbeitszeugnis. Der Zeugnisanspruch ist keine Konkursforderung, was bedeutet, dass die Arbeitgeberin verpflichtet bleibt, ein Zeugnis auszustellen, hingegen besteht keine Zeugnispflicht der betriebsexternen Konkursverwaltung.

523c

*dd)   Übertragung des Betriebs*

Wenn ein *ganzer Betrieb oder ein Betriebsteil* seinen Rechtsträger wechselt, führt dies nicht zum Untergang der Arbeitsverträge. Dies kann geschehen:

524

- wenn der Betrieb als Geschäft mit Aktiven und Passiven übertragen wird (Art. 181 OR);
- wenn Gesellschaften fusionieren (Art. 27 FusG i.V.m. Art. 333 OR);
- wenn sich eine Gesellschaft spaltet (Art. 49 FusG i.V.m. Art. 333 OR);
- bei Vermögensübertragungen (Art. 76 FusG i.V.m. Art. 333 OR).[753]

Keine Übertragung des Betriebs liegt hingegen vor, wenn die Aktien einer Gesellschaft die Hand wechseln. Mit dem Wechsel des Inhabers der Aktienmehrheit ändert sich die Rechtsträgerschaft – und nur diese zählt hier[754] – nicht.

525

In Abweichung von den allgemeinen Grundsätzen des Obligationenrechts sieht das Arbeitsvertragsrecht im Falle eines Rechtsträgerwechsels auch ohne konkrete Vereinbarung die zwingende Über-

526

---

[753]  Bei den Übertragungsformen nach Fusionsgesetz findet Art. 333 OR kraft Anordnung im FusG Anwendung, wobei den Arbeitnehmern im Vergleich zum OR zusätzlicher Schutz für ihre Forderungen gewährt wird (vgl. Art. 27, 49 und 76 FusG).

[754]  STREIFF/VON KAENEL/RUDOLPH, Art. 333 OR, N 5.

nahme der Arbeitsverträge vor (Art. 333 OR). Ein Wahlrecht steht hingegen dem Arbeitnehmer zu. Dieser kann:

527     – die *Übernahme annehmen*, womit das bisherige Arbeitsverhältnis mit unveränderten Konditionen weiterbesteht. Die bisherige Arbeitgeberin haftet für alle Verpflichtungen aus dem Arbeitsvertrag solidarisch mit dem neuen; bis zum Zeitpunkt, zu dem das Verhältnis ordentlicherweise hätte aufgelöst werden können.

528     – die *Übernahme ablehnen*, womit das Arbeitsverhältnis zum *nächsten gesetzlichen Kündigungstermin* endet (Art. 333 Abs. 2 OR). Die Arbeitgeberin ihrerseits bleibt hingegen auf alle Fälle an eine allenfalls vereinbarte, längere Kündigungsfrist gebunden.

529     Besteht ein GAV, so gilt dieser für die neue Betriebsinhaberin noch während eines Jahres weiter, selbst wenn die Arbeitgeberin weder Vertragspartei noch Mitglied des entsprechenden Arbeitgeberverbandes ist (Art. 333 Abs. 1$^{bis}$ OR).

530     In der Lehre war lange Zeit umstritten, ob die Art. 333 f. OR auch in Sanierungs- und Zwangsvollstreckungsverfahren anwendbar sind, namentlich bei einer Übertragung eines Betriebs oder Betriebsteils im Rahmen eines Konkurses oder Nachlassverfahrens.[755] Auf der einen Seite wurde geltend gemacht, dass die solidarische Haftung der bisherigen Arbeitgeberin und der Erwerberin sowie der Übergang der Arbeitsverhältnisse auf die Erwerberin eine Sanierung erheblich erschweren oder gar verunmöglichen. Dem wurde andererseits entgegengehalten, dass die Arbeitnehmer auch im Sanierungsfall eines gesetzlichen Schutzes bedürfen und nach dem Wortlaut von Art. 333 OR und der Materialien der Artikel mangels gesetzlicher Ausnahmebestimmung auch in Sanierungs- und Zwangsvollstreckungsverfahren umfassend anwendbar sei.[756] Das Bundesgericht hatte die Beantwortung dieser Frage im Kern offengelassen. Nur in Bezug auf die Solidarhaftung der Erwerberin wurde die Anwendbarkeit von Art. 333 Abs. 3 OR verneint, wenn die Übernahme des Betriebs aus dem Konkurs der bisherigen Arbeitgeberin erfolgt.[757]

530a     Der Gesetzgeber schaffte im Rahmen der Revision des Sanierungsrechts des SchKG Klarheit in Bezug auf die Betriebsübertragung bei Insolvenz und erliess Art. 333*b* OR (in Kraft seit 1. Januar

---

[755] Nachweis in BBl 2010 6455, 6495; vgl. auch BRÜHWILER, Kommentar EAV, Art. 333b OR, N 1 sowie GEISER/HÄFLIGER, SJZ 105 (2009), Nr. 14, 335.

[756] Vgl. BBl 2010 6455, 6495; STREIFF/VON KAENEL/RUDOLPH, Art. 333 OR, N 7.

[757] BGE 129 III 335.

2014).[758] Danach geht das Arbeitsverhältnis bei einer Übertragung des Betriebs oder Betriebsteils während einer Nachlassstundung, im Rahmen eines Konkurses oder eines Nachlassvertrages mit Vermögensabtretung nur dann auf die Erwerberin über, wenn dies mit derselben so vereinbart wurde und der Arbeitnehmer den Übergang nicht ablehnt.[759] Mithin findet – im Unterschied zu Art. 333 OR – kein gesetzlicher Übergang des Arbeitsverhältnisses statt. Wird der Übergang des Arbeitsverhältnisses vereinbart, bestimmen sich die Rechtsfolgen nach Art. 333 OR. Das gilt auch, wenn zwar der Übergang nicht vereinbart ist, die Erwerberin den Arbeitnehmer aber weiterbeschäftigt. Dies hat insbesondere den Übergang des Arbeitsverhältnisses mit allen Rechten und Pflichten auf die Erwerberin zur Folge (vgl. Art. 333 Abs. 1 OR). Ferner ist ein auf den übernommenen Betrieb anwendbarer GAV von der Erwerberin während eines Jahres weiterhin anwendbar (Art. 333 Abs. 1[bis] OR). *Ausgenommen* ist indes die *solidarische Haftung der Erwerberin* mit der bisherigen Arbeitgeberin gemäss Art. 333 Abs. 3 OR. Die Bestimmungen über die Informations- und Konsultationsrechte der Arbeitnehmer gemäss Art. 333*a* OR finden sinngemäss Anwendung.

Die Einschränkung der Anwendbarkeit von Art. 333 f. OR durch die neue Bestimmung muss – obwohl nicht ausdrücklich geregelt – auch für die Übertragungsformen nach Fusionsgesetz gelten.[760]    530b

#### ee) Unmöglichkeit der Arbeitsleistung

– *Anfängliche Unmöglichkeit* führt zur Ungültigkeit des Arbeitsvertrags. Zu beachten ist aber Art. 320 Abs. 3 OR.    531

– *Spätere Unmöglichkeit* lässt den Vertrag nicht untergehen. Sie kann nach den Umständen aber einen Grund für eine sofortige Vertragsauflösung darstellen, wobei sich dann die Frage stellt, wer sie zu verantworten hat.    532

---

[758]  BBl 2010 6455; AS 2013 4111.

[759]  KUKO OR-SCHWAIBOLD, Art. 333*b*, N 2.

[760]  Art. 333*b* OR bezweckt nach dem Willen des Gesetzgebers die Erleichterung von Sanierungen. Eine solche sollte nicht erschwert werden, nur weil sich die Parteien zur Erreichung das Sanierungsziels eines Instrumentes des Fusionsgesetzes bedienen; BRÜHWILER, Kommentar EAV, Art. 333*b* OR, N 4; VON KAENEL, Jusletter 29. September 2014, Rz. 28.

### ff) Invalidität

532a    Die Invalidität führt von Gesetzes wegen nicht zur Beendigung des Arbeitsverhältnisses. Vielfach geht der Invalidität eine Periode der Krankheit voran und die Invalidität wird von den zuständigen Gerichten erst später rückwirkend festgestellt. Aus diesem Grund ist es auch nicht sinnvoll, Klauseln in einem Arbeitsvertrag festzuhalten, welche statuieren, dass die Invalidität zur automatischen Auflösung des Arbeitsverhältnisses führt. Arbeitet der Arbeitnehmer nach der eigentlichen Auflösung des Arbeitsverhältnisses durch Invalidität dennoch weiter, so wäre trotz Invalidität und fehlenden Arbeitsvertrages eine Entschädigung geschuldet.[761] Ebenso könnten sich bei der Aufnahme solcher Klauseln in den Arbeitsvertrag Probleme im Zusammenhang mit der Teilinvalidität stellen. Wird im Arbeitsvertrag lediglich festgehalten, dass die Invalidität zur Beendigung des Arbeitsverhältnisses führt, so würde wohl auch eine Teilinvalidität zur Auflösung führen, obwohl die Arbeitgeberin möglicherweise ein Interesse an einer Teilzeitanstellung haben könnte. Aus den genannten Gründen sollte die Arbeitgeberin somit davon absehen, im Arbeitsvertrag festzuhalten, dass die Invalidität zur Auflösung des Arbeitsverhältnisses führt.

## 2.  Kündigung

533    Die Kündigung beendet ein gültig bestehendes Rechtsverhältnis von einem bestimmten, gegenwärtigen oder zukünftigen Zeitpunkt an und *gilt immer nur für die Zukunft*. Sie unterscheidet sich damit vom Vertragsrücktritt[762] und von der Anfechtung wegen Willensmangel.[763] Es handelt sich um ein *Gestaltungsrecht*;[764] ein einseitiges Rechtsgeschäft, das zur Entfaltung seiner Wirkung aber empfangsbedürftig ist.

534    Die Kündigung beendet ein Dauerschuldverhältnis, wie bspw. aufgrund eines *unbefristeten Arbeitsvertrags*. Ein befristetes Arbeitsverhältnis ist grundsätzlich durch Zeitablauf terminiert und kann nicht durch ordentliche Kündigung[765] beendet werden. Da eine allzu lange Bindung aber persönlichkeitsverletzend sein kann (Art. 27 ZGB), wird auch bei befristeten Verträgen nach spätestens zehn Jahren eine gesetzliche Kündigungsmöglichkeit mit einer Frist von sechs Monaten

---

[761]  Art. 320 Abs. 2 OR.
[762]  GUHL/MERZ/KOLLER, 285.
[763]  BGE 114 II 143; SCHWENZER, OR AT, 36.01 ff.
[764]  Vgl. GUHL/MERZ/KOLLER, 286; VON TUHR/PETER/ESCHER/SCHULIN, 145.
[765]  Eine fristlose Kündigung ist aber möglich.

statuiert (Art. 334 OR). Von einem *unecht befristeten Vertrag* ist dann die Rede, wenn er auf eine bestimmte Zeit abgeschlossen wurde und dennoch nur dann endet, wenn eine Seite die Kündigung ausspricht.[766]

Da es sich bei der Kündigung um die wichtigste Art der Beendigung eines Arbeitsverhältnisses handelt, wird diese später ausführlich behandelt.[767]

535

## 3. Aufhebungsvereinbarung

Das laufende Arbeitsverhältnis kann, solange es noch nicht beendet wurde, jederzeit durch gegenseitige Übereinkunft aufgehoben werden. Dies gilt auch für befristete Arbeitsverträge. Weil der Aufhebungsvertrag nur so lange möglich ist, wie das Arbeitsverhältnis noch andauert, kann nach erfolgter (ungerechtfertigter) fristloser Entlassung keine solche Vereinbarung mehr geschlossen und damit die Entschädigungsfolgen der ungerechtfertigten fristlosen Entlassung umgangen werden. Die Vertragsfreiheit findet zudem ihre Schranken am zwingenden Recht.

536

Die Aufhebungsvereinbarung ändert den alten Vertrag ab. Sie ist im Gegensatz zur Kündigung ein *zweiseitiges Rechtsgeschäft* und befristet den Arbeitsvertrag auf denjenigen Termin hin, der im Aufhebungsvertrag als Endtermin vereinbart ist. Allerdings verbietet das Gesetz dem Arbeitnehmer, in diesem neuen Vertrag auf bereits entstandene Ansprüche zu verzichten (Art. 341 Abs. 1 OR) und lässt höchstens gleichwertige Zugeständnisse beider Parteien zu. Das Verzichtsverbot gem. Art. 341 Abs. 1 OR steht einer Aufhebungsvereinbarung grundsätzlich nicht entgegen, jedoch bedarf der Aufhebungsvertrag einer Rechtfertigung durch die Interessen des Arbeitnehmers, da er die Nichtanwendung der zwingenden Kündigungsschutzbestimmungen bewirkt und den Anspruch auf Arbeitslosengeld verkürzt. Es widerspricht der Lebenserfahrung, dass der Arbeitnehmer auf derartige Vorteile ohne Gegenleistung verzichtet. Es ist folglich stets zu prüfen, was der mutmassliche Verzicht der Arbeitgeberin für den Arbeitnehmer tatsächlich bedeutet. Im Einzelfall hat eine Interessenabwägung zu erfolgen. Die Vermutung, dass der Arbeitnehmer zu einer einvernehmlichen Auflösung des Arbeitsverhältnisses Hand bieten will, ist nicht leichthin anzunehmen. Die Aufhebungsvereinbarung

537

---

[766] STREIFF/VON KAENEL/RUDOLPH, Art. 334 OR, N 5.
[767] Vgl. Rz. 561 ff.

beendigt das Arbeitsverhältnis unter Aufrechterhaltung der bis zum Vertragsende bestehenden Forderungen und verhindert die Entstehung neuer Ansprüche nach dem Zeitpunkt, auf den das Arbeitsverhältnis beendet werden soll. Sofern die Aufhebungsvereinbarung rechtsgültig ist, liegt darin keine Umgehung des Verzichtsverbotes.[768]

538      Aus der Umgestaltung des Arbeitsvertrags in einen befristeten Vertrag durch die Aufhebungsvereinbarung folgt auch, dass eine nach Abschluss der Aufhebungsvereinbarung eintretende Arbeitsverhinderung (z.B. Krankheit, Unfall oder Schwangerschaft) keine Verschiebung des Beendigungstermins zu bewirken vermag, es sei denn, in der Aufhebungsvereinbarung ist etwas anderes vereinbart worden.

539      Aufhebungsvereinbarungen sind auch während Arbeitsverhinderungen des Arbeitnehmers möglich, obgleich Kündigungen in diesem Zeitpunkt (unter Vorbehalt abgelaufener Sperrfristen gemäss Art. 336c Abs. 1 lit. b. OR) unzulässig sind. Zu beachten ist aber Art. 341 Abs. 1 OR, der einen Verzicht auf Ansprüche aus zwingenden Bestimmungen während des Arbeitsverhältnisses verbietet. Das kann erhebliche Konsequenzen für die Arbeitgeberin haben, wenn durch die Beendigung des Arbeitsverhältnisses Ansprüche gegenüber einer Versicherung entfallen (z.B. Mutterschaftsversicherung oder Krankentaggeldversicherung). Die Arbeitgeberin läuft Gefahr, der Gegenpartei die wegen der Beendigung des Arbeitsverhältnisses entfallenen Ansprüche selber bezahlen zu müssen (z.B. bei einer Aufhebungsvereinbarung während der Schwangerschaft auch der Anspruch auf 14 Wochen Mutterschaftsurlaub, der sonst von der EO bezahlt worden wäre).[769]

540      Aufgrund der Natur der Aufhebungsvereinbarung als zweiseitiges Rechtsgeschäft kann sie nicht als Kündigung qualifiziert werden; bei dieser handelt es sich um ein Gestaltungsrecht und damit um eine einseitige, empfangsbedürftige Willenserklärung. Daher stellt sich im Zusammenhang mit einer Aufhebungsvereinbarung gelegentlich die Frage, ob das ursprünglich vereinbarte Konkurrenzverbot nun aufgehoben sei oder nicht.[770] Häufig wird nämlich vergessen zu regeln, ob ein solches auch im Fall einer Aufhebungsvereinbarung gelten soll oder nicht. Zur Beurteilung dieser Frage müssen Wortlaut und Um-

---

[768]   ZK-STAEHELIN, Art. 334 OR, N 19; vgl. BGE 118 II 60 und Urteil des BGer 4A_563/2011 vom 19. Januar 2012, E. 4.1.

[769]   BGE 102 Ia 417, 418; 110 II 168, 170; ArGer. ZH AN040844 vom 29. März 2005 und OGer ZH LA050022 vom 23. November 2005.

[770]   Zum Konkurrenzverbot im Allgemeinen vgl. Rz. 703 ff.

stände der Aufhebungsvereinbarung individuell beurteilt werden. Von einem Wegfall des Konkurrenzverbotes ist jedenfalls dann auszugehen, wenn in der Aufhebungsvereinbarung eine Per-saldo-Klausel enthalten ist.

In der Rechtsprechung zu Aufhebungsvereinbarungen treten Risiken und Möglichkeiten dieses Instituts zutage. So wurde bspw. ein mit einer Schwangeren abgeschlossener Aufhebungsvertrag als unrechtmässig bezeichnet und die Arbeitgeberin zur Zahlung des Mutterschaftsurlaubes verpflichtet, ohne dafür Geld von der Erwerbsersatzordnung zu erhalten.[771] Ebenso wurde ein Aufhebungsvertrag mit einem Chauffeur kurz vor dessen Augenoperation ohne genügende Gegenleistung als nichtig beurteilt.[772] Als zulässig erachtet wurde hingegen der Verzicht auf den Kündigungsschutz gegen eine Abgangsentschädigung von viereinhalb Monatslöhnen.[773] In einem anderen Entscheid wurde eine konkludente Aufhebungsvereinbarung angenommen, als der Arbeitnehmer sich nach seiner Krankheit über längere Zeit nicht mehr bei der Arbeitgeberin meldete.[774] Eine Kündigung, welche versehentlich auf einen zu frühen Termin festgesetzt wurde, durfte jedoch nicht in eine Offerte zum Abschluss einer Aufhebungsvereinbarung umgedeutet werden.[775]

540a

## 4. Zeitablauf

### a) Befristete Arbeitsverhältnisse

Ein Arbeitsverhältnis kann auf eine feste Dauer eingegangen worden sein und mit Fristablauf enden, ohne dass dafür eine Kündigung nötig wäre (Art. 334 Abs. 1 OR).

541

**Beispiele:** Ein auf feste Dauer eingegangenes Arbeitsverhältnis liegt häufig bei Kaderleuten vor, wenn ein Vertrag auf eine Zeitspanne von z.B. drei oder fünf Jahren eingegangen worden ist. So werden in der Regel auch die Direktoren und künstlerischen Leiter von grossen Theatern oder Kunsthallen angestellt. Eine Anstellung auf eine feste Dauer

---

[771] Urteil des OGer ZH LA050022 vom 23. November 2005.
[772] BGE 110 II 168.
[773] CA GE in AUBERT, Nr. 355.
[774] OG ZH in JAR 1991.
[775] VwGer ZH 10.12.2004.

liegt häufig auch bei Saisonangestellten vor, sei dies im Tourismusgewerbe[776] oder in der Kunst.[777]

542 Das Gesetz spricht von *befristeten Arbeitsverhältnissen.* Damit sind folgende Tatbestände gemeint:

- Es kann eine *bestimmte Dauer* vorgesehen werden, z.B. drei Monate oder fünf Jahre. Soweit vertraglich nichts anderes bestimmt ist, berechnet sich diese Frist analog den allgemeinen Bestimmungen des OR (Art. 76 ff. OR); allerdings beginnt die Frist in der Regel nicht mit dem Vertragsabschluss, sondern mit dem Stellenantritt zu laufen.
- Es kann ein *Endtermin* festgelegt werden, z.B. der 31. März 2015.
- Die Befristung kann sich auch *aus den Umständen,* insbesondere *aus dem Zweck* der Anstellung, ergeben.[778]

543 Das Ende der Frist darf indessen nicht vom Willen einer Partei abhängig sein.[779] Es muss sich um ein *objektiv bestimmbares Ereignis* handeln. Alles andere wäre eine verkappte, einseitige Kündigungsmöglichkeit, was gegen zwingendes Recht (Art. 335a Abs. 1 OR) verstiesse. Nicht aus dogmatischen Überlegungen, sondern aus dem im Kündigungsrecht bezweckten Sozialschutz ergibt sich, dass das *Ende ungefähr voraussehbar* sein muss.[780]

**Beispiele:**

- **Objektiv bestimmbar:** «Während der Landesausstellung»: Sofern die Anstellung nicht durch die Veranstalter der Landesausstellung erfolgt, handelt es sich um eine zulässige Befristung. Ist die Veranstalterin selber die Arbeitgeberin, so wird die Zulässigkeit fraglich, weil sie über die Dauer entscheidet.
- **Ende absehbar:** «Während des Baus des Hauses»: Wenig problematisch, höchstens etwas ungenau. Der Bauherr bestimmt die Dauer des Baus nicht selber, ebenso wenig die einzelnen am Bau beteiligten Unternehmen. In der Regel ist voraussehbar, wann ungefähr der Bau beendet sein wird.

---

[776] Z.B. in Hotels, bei Seilbahnen, Skiliften oder als Bademeister.
[777] Z.B. als Schauspieler oder Musiker.
[778] STREIFF/VON KAENEL/RUDOLPH, Art. 334 OR, N 2.
[779] Urteil des BGer 4A_270/2014 vom 18. September 2014; BBl 1984 II 592.
[780] STREIFF/VON KAENEL/RUDOLPH, Art. 334 OR, N 2; VISCHER/MÜLLER, 300 f.

Es muss sich um eine Befristung handeln und nicht um eine Be-    544
dingung. Das heisst, es muss sicher sein, dass das Ereignis irgend-
wann eintritt.

**Beispiel:** «Bis zur Genesung von Frau X»: Das Arbeitsverhältnis endet
nur, wenn Frau X wieder gesund wird. Stirbt sie hingegen, würde das
Arbeitsverhältnis weiter dauern. Auch bei allem Vertrauen in die Ärzte
handelt es sich bei dieser Formulierung «bis zur Genesung» um eine
Bedingung (unsicheres Ereignis), ist doch nicht ganz sicher, ob Frau X
gesund wird. Ob genügende Bestimmtheit vorliegt, hängt von der Art
der Erkrankung ab. «Bis zur Genesung oder zum Tode von Frau X» ist
eine zulässige Befristung.

Es ist zulässig, befristete Arbeitsverhältnisse für mehr als zehn    545
Jahre abzuschliessen. Gemäss Art. 334 Abs. 3 OR ist es jedoch in
solchen Fällen auch ohne besondere Vereinbarung möglich, das Arbeitsverhältnis nach Ablauf von zehn Jahren jederzeit mit einer Kündigungsfrist von sechs Monaten jeweils auf das Ende eines Monats zu
kündigen (Art. 334 Abs. 3 OR). Unseres Erachtens ist diese Formulierung missverständlich, da dies bedeuten würde, dass das Arbeitsverhältnis frühestens nach zehn Jahren und sieben Monaten beendet werden könnte. Dies kann der Gesetzgeber nicht beabsichtigt haben.
Vielmehr gehen wir davon aus, dass bereits vor Ablauf des zehnten
Dienstjahres gültig gekündigt werden kann und das Arbeitsverhältnis
damit nach zehn Jahren und sechs Monaten endet.

**b)    Weiterführung des Arbeitsverhältnisses**

Wird das Arbeitsverhältnis nach Ablauf der vereinbarten Frist    546
stillschweigend fortgesetzt, so wird es in ein *unbefristetes Arbeitsverhältnis* umgewandelt (Art. 334 Abs. 2 OR). Für die Berechnung der
Dienstzeit, wie sie bspw. zur Bestimmung von Kündigungsfristen
wichtig ist, wird die Dauer des vorangehenden, befristeten Arbeitsverhältnisses angerechnet.

Es ist immer wieder versucht worden, die Bestimmungen über    547
die Kündigung durch mehrere befristete, hintereinander gehängte Verträge zu umgehen. Diese sogenannten *Kettenverträge* sind unzuläs-

sig,[781] wenn mehrere befristete Verträge aneinander gehängt werden und sich kein sachlicher Grund für eine Befristung ausmachen lässt.[782]

548     Die Abgrenzung ist insbesondere heikel, wenn sich mehr oder weniger kurze Unterbrechungen des Arbeitsverhältnisses regelmässig aufgrund äusserer Umstände ergeben. Dies traf früher z.B. bei ausländischen Arbeitnehmern mit Saisonnierstatut zu, die regelmässig für ein paar Monate die Schweiz verlassen mussten, aber während Jahren in der Schweiz bei der gleichen Arbeitgeberin tätig waren. Die Praxis ist uneinheitlich.

548a     Bei jeder Verlängerung muss konkret geprüft werden, ob keine Umgehung vorliegt. Liegt eine solche vor, so ist diese unzulässig und es werden die einzelnen, befristeten Anstellungen zusammengerechnet. Bei mehr als zweimaliger Verlängerung ist eine Umgehung zu vermuten. Bei ein- oder zweimaliger Verlängerung ist hingegen noch keine Umgehung zu vermuten. Vorbehalten bleibt jedoch immer der Gegenbeweis.

### c)   Abgrenzungen

549     Vom befristeten Arbeitsverhältnis sind demgegenüber Arbeitsverhältnisse mit einer Maximal- oder Minimaldauer zu unterscheiden.[783] Diese enden grundsätzlich durch Kündigung.

– Die *Minimaldauer* stellt nur eine Sperrfrist dar. Nach dieser kann das Arbeitsverhältnis durch Kündigung aufgelöst werden.

– Im Falle einer *Maximaldauer* ist das Arbeitsverhältnis vorher ohne Weiteres kündbar. Es endet aber spätestens mit dem Ablauf der Maximalfrist.

**Beispiel:** Anstellung für zwei Jahre garantiert (Minimaldauer), Pensionierung (Maximaldauer).

## 5.   Pensionierung und Invalidisierung

550     Das Arbeitsverhältnis endet grundsätzlich weder mit der Pensionierung noch mit der Invalidisierung des Arbeitnehmers. Es steht der Arbeitgeberin und dem Arbeitnehmer jedoch offen, eine Vereinbarung

---

[781] JAR 1999, 99.
[782] BK-REHBINDER/STÖCKLI, Art. 334 OR, N 2; VISCHER/MÜLLER, 300 ff.
[783] STREIFF/VON KAENEL/RUDOLPH, Art. 334 OR, N 2.

darüber zu treffen, dass das Arbeitsverhältnis mit dem Eintritt eines dieser Ereignisse beendet wird. Die Vereinbarung der Beendigung mit Eintritt des Arbeitnehmers ins Pensionsalter erscheint sinnvoll. Erstaunlicherweise befasst sich die Rechtswissenschaft aber relativ wenig mit diesem Beendigungsgrund.[784] Eine Vereinbarung, wonach bei Invalidisierung des Arbeitnehmers das Arbeitsverhältnis beendet werden soll, führt hingegen zu erheblichen Unsicherheiten. Es würde sich bei einer solchen Vereinbarung bspw. die Frage stellen, was bei Teilinvalidität des Arbeitnehmers gelten soll. Ebenso ist die Bestimmung des Zeitpunktes der Beendigung bei einer entsprechenden Vereinbarung ungewiss, da die Invalidität i.d.R. rückwirkend festgestellt wird. Wird keine Vereinbarung betreffend Auflösungsgründe geschlossen, so bleiben die Möglichkeiten der Kündigung und der Aufhebungsvereinbarung zur Beendigung des Arbeitsverhältnisses.

Die *ordentliche Pensionierung* stellt in der Regel eine Befristung des Arbeitsverhältnisses im Sinne einer Maximaldauer dar. Ist die Beendigung des Arbeitsverhältnisses ohne Kündigung bei Eintritt des Pensionsalters im Arbeitsvertrag oder in einem Reglement vorgesehen oder ist diese im Pensionskassenreglement enthalten und wird im Arbeitsvertrag auf dieses hingewiesen, bedarf die Beendigung keiner besonderen Erklärung, um das Arbeitsverhältnis mit Erreichen des Rücktrittsalters – in der Regel mit dem auf den Geburtstag folgenden Monat – und nach den entsprechenden Regeln zu beenden.[785]   551

Die *vorzeitige Pensionierung* gleicht demgegenüber der Kündigung:[786]   552

– Sie ist wohl nur unter Einhaltung der *Kündigungsfristen* möglich. Dies rechtfertigt sich, weil die Leistungen der Pensionskasse regelmässig unter dem letzten Verdienst zurückbleiben, sodass eine minimale Umstellungszeit gewährt werden muss.   553

– Der *zeitliche Kündigungsschutz* dürfte demgegenüber nicht zur Anwendung kommen. Im Gegensatz zum Gekündigten muss sich der pensionierte Arbeitnehmer nicht eine neue Stelle suchen. Die Kündigungsfrist dient somit nicht dem Zweck der Stellensuche.   554

– Fraglich ist, wieweit der *sachliche Kündigungsschutz* zum Tragen kommt. Mit einer vorzeitigen Pensionierung können auch sach-   555

---

[784]   Vgl. bspw. BRÜHWILER, Altersrücktritt, 21 ff.
[785]   BGE 114 II 350; VISCHER/MÜLLER, 355.
[786]   Vgl. STREIFF/VON KAENEL/RUDOLPH, Art. 335 OR, N 4.

fremde Zwecke verfolgt werden,[787] weshalb sich das Problem des Rechtsmissbrauchs auch hier stellt. Die Anwendbarkeit des sachlichen Kündigungsschutzes kann daher nicht vollständig ausgeschlossen werden und er ist u.E. *entsprechend* anwendbar.

### 6. Tod des Arbeitnehmers

#### a) Beendigung des Arbeitsverhältnisses

556     Der Arbeitsvertrag ist auf die Person des Arbeitnehmers ausgerichtet und er hat die Arbeit in der Regel persönlich zu leisten (Art. 321 OR). Daraus ergibt sich, dass das Arbeitsverhältnis *mit dem Tod des Arbeitnehmers erlischt* (Art. 338 Abs. 1 OR). Das Gesetz differenziert jedoch nicht danach, ob die Leistung ausnahmsweise auch durch Dritte erfolgen kann,[788] und lässt den Vertrag in jedem Falle enden.

556a     Mit dem Tod des Arbeitnehmers werden sämtliche seiner Forderungen aus dem Arbeitsverhältnis fällig. Darunter fallen der Lohnanspruch sowie weitere Vergütungsansprüche wie bspw. verabredete Gratifikationen, ebenso Ansprüche aus der Leistung von Überstunden und Überzeit sowie Ansprüche aus verbleibendem Frienguthaben. Auch die Ferien stellen in diesem Fall einen geldwerten Anspruch dar, welcher auf die Erben übergeht.

557     Unklar ist, wie es sich bei *Gruppenarbeitsverträgen*, insbesondere auch beim Jobsharing, mit den überlebenden Arbeitskräften verhält. In der Lehre wird teilweise auf die Vereinbarung – den Parteiwillen – und die konkreten Umstände abgestellt.[789] Unseres Erachtens werden die anderen Arbeitsverträge aber keinesfalls beendet, da der Tod eines Arbeitnehmers weder als Befristung (zeitlich nicht abschätzbar) noch als Bedingung (unzulässig) aufgenommen werden kann. Der Tod kann aber durchaus ein wichtiger Grund für die fristlose Kündigung der anderen Arbeitnehmer sein.

---

[787] Z.B. kann die Arbeitgeberin damit einen unbequemen Arbeitnehmervertreter aus dem Betriebsrat ausschliessen.
[788] Z.B. bei der Heimarbeit.
[789] STREIFF/VON KAENEL/RUDOLPH, Art. 338 OR, N 2.

**b)   Gehaltsnachgenuss**

Im Todesfall besteht u.U. ein Anspruch auf *Gehaltsnachgenuss*    558
im Umfang von einem bzw. auch zwei Monatslöhnen, wenn das Verhältnis länger als fünf Jahre dauerte (Art. 338 Abs. 2 OR). Zur Fristbe-
rechnung wird der konkrete Todestag herangezogen,[790] der angebro-
chene Monat ist aber nicht zusätzlich zu vergüten. Geschuldet sind
Bruttolöhne, also ohne Abzug von Sozialabgaben und inkl. 13. Monatslohns pro rata sowie regelmässiger Zulagen.[791]

Dieser Anspruch steht dem überlebenden Ehegatten, der einge-    559
tragenen Partnerin oder dem eingetragenen Partner und den minderjährigen Kindern oder subsidiär weiteren unterstützten Personen zu.[792]
Während Ehegatte, eingetragene Partnerin oder eingetragener Partner
und Kinder den Anspruch auch dann haben, wenn sie nicht tatsächlich
unterstützt worden sind, ist die tatsächliche Unterstützung bei den
weiteren Personen *Anspruchsvoraussetzung.*[793] Dabei ist es nicht nötig, dass ein rechtlicher Unterstützungsanspruch im Sinne des ZGB
bestanden hat, sondern es genügt die moralische Verpflichtung; deshalb können auch Konkubinatspartner Anspruch erheben.[794]

Die Hinterbliebenen haben einen eigenen, direkten Anspruch    560
gegenüber der Arbeitgeberin. Der Anspruch wird also nicht vererbt,
sondern es handelt sich um einen *echten Vertrag zugunsten Dritter.* Es
bleibt deshalb unbeachtlich, ob die entsprechenden Personen erbbe-
rechtigt sind und ob sie die Erbschaft antreten oder ausschlagen. Eine
Zahlung der Gehaltsnachgenusssumme an den Nachlass befreit die
Arbeitgeberin demnach nicht von der Leistungspflicht an die An-
spruchsberechtigten. Auch ist der Gehaltsnachgenuss nicht an die
Erbteile anzurechnen und bleibt Nachlassgläubigern verwehrt.[795]

---

[790]   JAR 1981, 49; ZK-STAEHELIN, Art. 338 OR, N 6.
[791]   BK-REHBINDER/STÖCKLI, Art. 338 OR, N 6; STREIFF/VON KAENEL/RUDOLPH,
Art. 338 OR, N 5.
[792]   Vgl. BsK-PORTMANN, Art. 338 OR, N 2.
[793]   STREIFF/VON KAENEL/RUDOLPH, Art. 338 OR, N 6.
[794]   Vgl. BK-REHBINDER/STÖCKLI, Art. 338 OR, N 4; STREIFF/VON KAENEL/RUDOLPH,
Art. 338 OR, N 6; ZK-VISCHER, Art. 338 OR, N 4.
[795]   STREIFF/VON KAENEL/RUDOLPH, Art. 338 OR, N 8.

# M. Kündigung im Speziellen

## 1. Allgemeines

561 Bei der Kündigung handelt es sich um ein einseitiges Rechtsgeschäft. Es werden *zwei Arten* unterschieden:

- die *ordentliche* Kündigung
- die *ausserordentliche* Kündigung (auch fristlose Kündigung genannt)

562 Ob jemand ordentlich kündigen will oder nicht, steht grundsätzlich in seinem Belieben. Dem Grundsatz nach bedarf die ordentliche Kündigung *keiner besonderen Begründung*. Die ausserordentliche Kündigung stellt hingegen eine *vorzeitige, sofortige Vertragsauflösung* dar, welche nur dann gerechtfertigt ist, wenn ein wichtiger Grund vorliegt.

562a Im Schweizer Recht besteht somit bezüglich der ordentlichen Kündigung die sogenannte Kündigungsfreiheit, doch auch dieser sind Grenzen gesetzt. So sind auch bei der ordentlichen Kündigung die gesetzlichen und die vertraglichen Kündigungsfristen einzuhalten sowie auf Verlangen des Arbeitnehmers die Kündigungsgründe offenzulegen. Weiter darf beim Vorliegen bestimmter Umstände, wie bspw. Schwangerschaft oder Krankheit, gar nicht bzw. während einer gewissen Dauer nicht gekündigt werden. Zuletzt gibt es Kündigungsgründe, welche die Kündigung zwar nicht ungültig machen, jedoch zu einer Entschädigungspflicht führen. Somit kann keineswegs von einer absoluten Kündigungsfreiheit die Rede sein.[796]

## 2. Entstehungsgeschichte des Kündigungsschutzes

### a) OR von 1911

563 Das Dienstvertragsrecht im Obligationenrecht von 1911 kannte noch überhaupt *keinen Kündigungsschutz*.[797] Eine Kündigung war grundsätzlich jederzeit möglich und nur an bestimmte Kündigungs-

---

[796] PÄRLI, AJP 2010, 715 ff.
[797] Eine Ausnahme bestand beim landwirtschaftlichen Dienstverhältnis mit Hausgenossenschaft insofern, als während gewissen Monaten eine längere Kündigungsfrist galt (Art. 349 aOR).

fristen und -termine gebunden (Art. 347 f. aOR). Selbst diese minimale Regelung war indessen, bis auf die Vorschrift gleicher Fristen für beide Parteien, nicht zwingender Natur.

Das nur drei Jahre später erlassene *Fabrikgesetz*[798] sah aber bereits einen Kündigungsschutz vor.[799] Dieser teilte sich in eine zeitliche Komponente, während Krankheit und Militärdienst (Art. 23 FabrikG) sowie bei Schwangerschaft (Art. 69 FabrikG), und eine sachliche Komponente aufgrund Militärdienst. Im Gegensatz zu allen späteren Kündigungsschutzregeln waren diese nicht paritätisch ausgestaltet, sondern reiner Arbeitnehmerschutz.[800] Der Schutz vor Kündigung wegen Militärdienstes wurde sodann während des Zweiten Weltkrieges aufgrund des Notrechts ausgebaut und 1949 in ein ordentliches Gesetz überführt.[801]

564

## b) Revision von 1971

Anlässlich der Revision des Arbeitsvertragsrechts von 1971 stellte sich die Frage eines Kündigungsschutzes von Neuem. Dabei zeigte sich, dass die Entwicklung beim zeitlichen und beim sachlichen Kündigungsschutz nicht parallel laufen konnte. Während ein Ausbau des zeitlichen Kündigungsschutzes auf relativ geringen Widerstand stiess, bereitete der Ausbau des sachlichen Kündigungsschutzes erhebliche Mühe, da dieser den *Grundsatz des freien Kündigungsrechts* infrage stellt.

565

Die Gesetz gewordene Fassung sah dann einen sachlichen Kündigungsschutz nur aufgrund obligatorischen Schweizer Militärdienstes oder Zivilschutzdienstes vor.[802] Allerdings wurde schon in der Botschaft die Rechtsprechung dazu ermuntert, diesen Schutz durch analoge Anwendung auf weitere Tatbestände auszudehnen.[803] Wie im aktuellen Recht war eine gegen diese Bestimmung verstossende Kündigung nicht ungültig, sondern eröffnete nur den Anspruch auf eine durch das Gericht zu bestimmende Entschädigung bis zu sechs Monatslöhnen.[804]

566

---

[798] Das Gesetz ist wegen des Krieges erst 1920 in Kraft getreten.
[799] Zur Entstehungsgeschichte vgl. SCHOOP, 27 ff.
[800] SCHOOP, 31.
[801] SCHOOP, 31.
[802] Art. 336g OR i.d.F. von 1971; zur Entstehungsgeschichte vgl. SCHOOP, 34 ff.
[803] BBl 1967 II 385.
[804] Art. 336g Abs. 3 OR i.d.F. von 1971.

567 Wie bereits erwähnt, war der *Kündigungsschutz paritätisch* ausgestaltet worden. Namentlich aufgrund der Hochkonjunktur der 60er-Jahre befand es der Gesetzgeber für nötig, auch die Arbeitgeberinnen vor Kündigungen der Arbeitnehmer zu schützen. Neben diesem mehr oder weniger realen Bedürfnis ging es aber insbesondere um das Prinzip, die Rechte und Pflichten im Arbeitsvertragsrecht gleichmässig zu verteilen.

568 Dieser ideologische Grundsatz, welcher die parlamentarische Auseinandersetzung um einen Kündigungsschutz immer wieder beeinflusste, verkennt die Grundvoraussetzungen für den Erlass zwingender Bestimmungen im Privatrecht. Ein staatliches Eingreifen in die Parteiautonomie rechtfertigt sich nämlich nur dort, wo aufgrund einer *ungleichen Verteilung der Machtverhältnisse* eine Vertragspartei eines besonderen Schutzes bedarf oder ein öffentliches Interesse an einer bestimmten vertraglichen Ausgestaltung besteht. Die Vorstellung der Parität geht demgegenüber davon aus, dass beide Parteien gleichermassen eines Schutzes bedürften, d.h., dass ein Gleichgewicht der Kräfte bestehe. Träfe dies zu, wäre jeder Kündigungsschutz ungerechtfertigt. Unter bestimmten Voraussetzungen kann wohl auch eine Arbeitgeberin als die schwächere Vertragspartei erscheinen und ein Kündigungsschutz zu ihren Gunsten gerechtfertigt sein; dabei ist insbesondere an kleine Betriebe zu denken, die durch die Kündigung eines führenden Arbeitnehmers schwer getroffen werden können. Das würde aber einen unterschiedlichen Anwendungsbereich für den Kündigungsschutz nahelegen, je nachdem, ob die Kündigung vom Arbeitnehmer oder von der Arbeitgeberin ausgeht.

569 Ausgangspunkt der in der Botschaft zur Revision des Arbeitsvertragsrechts von 1971 enthaltenen Aufforderung an die Gerichte zur Ausdehnung des sachlichen Kündigungsschutzes war der Gedanke, dass in der Schweiz jede Rechtsausübung ihre Schranke in Art. 2 ZGB findet. Die Gerichte sollten also *Tatbestände rechtsmissbräuchlicher Kündigungen* entwickeln, wie sie die arbeitsvertragsrechtliche Lehre schon lange akzeptierte.[805] Die Rechtsprechung hat sich dieser Betrachtungsweise grundsätzlich angeschlossen.[806]

570 Dass eine Kündigung einen Rechtsmissbrauch darstellen könne, wurde insbesondere von MERZ bestritten. Soweit die Kündigung nicht

---

[805] Statt vieler: VISCHER/MÜLLER, 320 f.; zur Begründung im Einzelnen vgl. VOEGELI, 93 ff., 101 ff.
[806] BGE 111 II 243.

die Beendigung des Arbeitsverhältnisses bezwecke, sondern es nur um die Verhinderung gewisser Ansprüche gehe, liege eine blosse *Scheinkündigung* vor, die aufgrund teleologischer Auslegung des Gesetzes unwirksam sei.[807] Soweit aber tatsächlich das Arbeitsverhältnis beendet werden soll, könne kein Rechtsmissbrauch vorliegen, da es sich dabei um den vom Gesetz vorgesehenen Zweck handle. Demgegenüber könne eine Kündigung eine unerlaubte Handlung, insbesondere eine sittenwidrige, absichtliche Schädigung i.S.v. Art. 41 Abs. 2 OR darstellen.[808] Diese Bestimmung führe auch zu einer angemesseneren Rechtsfolge, indem Schadenersatz geschuldet, die Kündigung aber nicht ungültig sei.

Unseres Erachtens sind diese Überlegungen – jedenfalls für den Regelfall[809] – zutreffend. Die missbräuchliche Kündigung stellt *keinen Anwendungsfall des Rechtsmissbrauchs* dar, denn das Rechtsinstitut der Kündigung wird dabei weder zweckentfremdet, noch handelt es sich um eine unnütze Rechtsausübung oder um ein widersprüchliches Verhalten. Vielmehr geht es darum, dass die Arbeitgeberin ihre wirtschaftliche Macht in einer Weise ausübt, welche den gesellschaftlichen Wertvorstellungen widerspricht. Es handelt sich in diesem Sinne um einen Macht-, nicht um einen Rechtsmissbrauch. 571

Möglicherweise hat diese Kontroverse dazu beigetragen, dass die bundesrätliche Aufforderung, die Tatbestände der missbräuchlichen Kündigung in der Praxis weiterzuentwickeln, auf steinigen Boden gefallen ist. Wichtiger war aber wohl der Umstand, dass die Annahme eines Rechtsmissbrauchs zur Nichtigkeit der Kündigung geführt hätte, was kaum als angemessene Rechtsfolge angesehen werden kann.[810] Erstaunlicherweise hat sich die Diskussion lange auf die Frage der Anwendbarkeit oder Nichtanwendbarkeit von Art. 2 ZGB beschränkt und die Möglichkeit ausser Acht gelassen, mit der Annahme einer unerlaubten Handlung zu Schadenersatz zu gelangen. Erst mit Blick auf das neue Recht begannen Gerichte, diesen Weg zu beschreiten.[811] 572

---

[807] BK-MERZ, Art. 2 ZGB, N 333.
[808] BK-MERZ, Art. 2 ZGB, N 316 ff.
[809] In Ausnahmefällen könnte ein widersprüchliches Verhalten vorliegen, wenn eine Arbeitgeberin einen Arbeitnehmer zu einem bestimmten Verhalten auffordert und ihn anschliessend wegen dieses Verhaltens entlässt.
[810] VISCHER/MÜLLER, 320 f., insb. der Verweis auf VISCHER, Arbeitsvertrag, 1. Aufl., 414 ff.
[811] JAR 1988, 273 ff.; JAR 1990, 235 ff.

## c) Revision von 1988

573 Dass sich die erwünschte Erweiterung durch die Praxis nicht ergab, zeigte sich schon bald nach Inkrafttreten des revidierten Arbeitsvertragsrechts. Entsprechend mangelte es denn auch nicht an *parlamentarischen Vorstössen*, die eine Verbesserung des Kündigungsschutzes auf gesetzgeberischem Weg forderten.[812] Nachdem diese Vorstösse alle erfolglos geblieben waren, lancierte der CNG eine Volksinitiative «betreffend Kündigungsschutz im Arbeitsvertragsrecht», die am 26. Oktober 1981 gültig zustande kam. Als Reaktion setzte das EJPD eine Expertenkommission mit dem Auftrag ein, die Initiative zu prüfen und abzuklären, ob das allgemeine Ziel der Initiative auch ohne Verfassungsrevision erreicht werden könne.[813] Die Kommission erstattete dem Bundesrat am 1. Juli 1983 Bericht, verzichtete aber aus Zeitgründen auf die Ausarbeitung eines Gesetzesentwurfs, zumal über wichtige Punkte keine Einigung zwischen den Interessenvertretern erzielt werden konnte.[814]

574 Daraufhin beauftragte der Bundesrat das EJPD zusammen mit dem Volkswirtschaftsdepartement, einen Vorentwurf auszuarbeiten, der im November 1983 in die Vernehmlassung geschickt wurde. Schon am 9. Mai 1984 konnte der Bundesrat dem Parlament einen Gesetzesentwurf mit Botschaft unterbreiten, welches das *BG über die Änderung des OR am 18. März 1988* verabschiedete. Nach unbenutztem Ablauf der Referendumsfrist konnte es auf den 1. Januar 1989 in Kraft treten.

## d) Revision von 1993

575 Die EU kennt zwei Richtlinien, welche ein Mitspracherecht der Arbeitnehmer bei *Massenentlassungen* und *Betriebsübertragungen* vorsehen,[815] die mit dem EWR auch für die Schweiz Gültigkeit erhalten hätten. Einen entsprechenden Bundesbeschluss sah die EWR-Vorlage vor.[816] Nach Ablehnung des EWR am 6. Dezember 1992 übernahm der Bundesrat diese Anliegen in das sogenannte *Swisslex-Programm*. Das Parlament nahm das Mitwirkungsgesetz und eine den

---

[812] Vgl. Botschaft, BBl 1984 II 551; vgl. auch HUMBERT, 5 ff.
[813] BBl 1984 II 583.
[814] Bericht zum Vorentwurf des EJPD vom Oktober 1983, 2.
[815] Richtlinie Nr. 75/129: Massenentlassungen; Richtlinie Nr. 77/187: Betriebsübergang.
[816] Zusatzbotschaft II zur EWR-Botschaft, 124 f., 135.

Kündigungsschutz bei Massenentlassungen betreffende Anpassung des Obligationenrechts an, die auf den 1. Mai 1994 in Kraft traten.

### e) Revisionsbegehren von 2010

Im Revisionsbegehren von 2010 wurden drei Änderungen vorgeschlagen. Erstens soll der Höchstbetrag der Entschädigung bei missbräuchlichen oder ungerechtfertigten Kündigungen auf zwölf Monatslöhne erhöht werden. Zweitens soll die Kündigung von Arbeitnehmervertretern aus wirtschaftlichen Gründen missbräuchlich sein. Zuletzt soll die Ausweitung des Kündigungsschutzes vertraglich möglich sein, sofern das Vereinbarte für beide Parteien gleichermassen oder nur für den Arbeitnehmer günstiger ist. Jedoch hat keines der drei Änderungsanliegen Eingang ins Gesetz gefunden.[817]

575a

## 3. Ordentliche Kündigung

### a) Kündigungstermine und Kündigungsfristen

*aa)* *Bedeutung und Grundsatz*

Die Kündigungsfristen und -termine hängen von der Dauer des Arbeitsverhältnisses ab und sollen es der Gegenpartei ermöglichen, sich auf die Kündigung einzustellen. Die Arbeitgeberin soll eine neue Arbeitskraft, der Arbeitnehmer eine neue Stelle suchen können.

576

*bb)* *Kündigung vor Stellenantritt*

In diesem Zusammenhang stellt sich die Frage, ab welchem Zeitpunkt gekündigt werden kann. In der Lehre werden verschiedene Meinungen vertreten. Dass die Kündigung bereits vor Stellenantritt erklärt werden kann, kann heute als herrschende Meinung bezeichnet werden.[818]

577

Umstritten sind in der Lehre aber die Folgen einer solchen Kündigung. Die herrschende Lehre und Rechtsprechung lassen die Frist erst ab Beginn der Probezeit laufen. Demnach geht das Arbeitsver-

578

---

[817] Vgl. aber Rz. 599a ff. zur Sozialplanpflicht, welche im Rahmen der Revision des Sanierungsrechts im SchKG eingeführt wurde (Art. 335*h–k* OR).
[818] REHBINDER, Arbeitsrecht, Rz. 320; PORTMANN/STÖCKLI, Rz. 675 (implizit); STREIFF/ VON KAENEL/RUDOLPH, Art. 335b OR, N 11.

hältnis erst mit Ablauf der Kündigungsfrist zu Ende, welche bei Stellenantritt zu laufen beginnt.[819]

579    Unseres Erachtens muss Folgendes gelten: Sobald der Vertrag geschlossen wurde, kann auch gekündigt werden.[820] Die Kündigungsfrist beginnt mit der Kündigung zu laufen,[821] wobei unter der gesetzlichen Formulierung «während der Probezeit» zu verstehen ist «bis die Probezeit abgelaufen ist». Damit ist klar, dass man vor Stellenantritt ab Vertragsschluss (und bis zum letzten Tag der Probezeit) noch mit derjenigen Kündigungsfrist, die während der Probezeit gilt, kündigen kann. Sieben Tage ist allerdings nur als Minimalfrist zu verstehen. Auch Aufhebungsvereinbarungen sind bereits vor Stellenantritt möglich.

**Beispiel:** Ein Arbeitnehmer kündigt einen Monat vor Stellenantritt mit einer Frist von sieben Tagen. Dieser Arbeitnehmer muss die Stelle also nie antreten, weil die Kündigungsfrist vor Stellenantritt geendet hat.

*cc)    Kündigung während der Probezeit*

580    Während der gesamten Probezeit kann jederzeit mit einer Kündigungsfrist von sieben Kalendertagen gekündigt werden (Art. 335*b* Abs. 1 OR). Die Kündigung muss nicht – wie im alten Recht – auf das Ende einer Arbeitswoche ausgesprochen werden.[822]

581    Der Einwand, es könne bei wörtlicher Auslegung des Gesetzes nur nach Ablauf der Probezeit gekündigt werden, vermag im Übrigen nicht zu überzeugen. Wenn nämlich zwischen den Parteien gar keine Probezeit vereinbart wird, hätte diese Auslegung zur Folge, dass in Fällen, in denen keine Probezeit vereinbart wurde, gar nicht mehr gekündigt werden könnte.[823]

---

[819]  ZK-STAEHELIN, Art. 335 OR, N 21; PORTMANN/STÖCKLI, Rz. 675; VISCHER/MÜLLER, 298 f.; STREIFF/VON KAENEL/RUDOLPH, Art. 335b OR, N 11. Diese beträgt in der Regel sieben Tage: Wenn eine Probezeit vereinbart wurde, beträgt die Kündigungsfrist während derselben sieben Tage (Art. 335b OR).

[820]  Wird von den Vertragsparteien etwas anderes gewünscht, bspw. dass erst mit Stellenantritt gekündigt werden kann, muss dies zwischen Arbeitgeberin und -nehmer entsprechend vereinbart werden.

[821]  Zum Fristenlauf vgl. sogleich Rz. 583 ff.

[822]  STREIFF/VON KAENEL/RUDOLPH, Art. 335b OR, N 1.

[823]  Vgl. zur Probezeit Rz. 281 ff.

Die Kündigungsfrist von sieben Tagen während der Probezeit ist dispositiv.[824] Sie kann deshalb schriftlich gekürzt bzw. wegbedungen oder ausgedehnt werden.[825] Fraglich ist, ob eine Kündigungsfrist von mehr als drei Monaten zulässig ist. Unseres Erachtens würde dies dem Zweck der Probezeit widersprechen und könnte letztlich zu einer Umgehung verleiten. Kündigungsfristen während der Probezeit dürfen deshalb nicht länger als die Probezeit selbst sein.

582

### dd) *Kündigung nach der Probezeit*

Die *gesetzlichen Kündigungsfristen* nach Ablauf der Probezeit richten sich nach der Dauer des (unbefristeten) Arbeitsverhältnisses (Art. 335c Abs. 1 OR). Diese bemisst sich bis zum Zeitpunkt der Kündigung und nicht bis zur Beendigung des Vertrags.[826] Eine Änderung der gesetzlichen Regelung bedarf einer schriftlichen Vereinbarung oder der Regelung in GAV oder NAV (Abs. 2), wobei die Kündigungsfristen aber für beide Vertragsparteien gleich lang sein müssen (Art. 335 Abs. 2 OR). Diese ursprünglich absolut geltende Regel wurde aber aufgeweicht, um Zugeständnissen der Arbeiterschaft im Falle von wirtschaftlichen Schwierigkeiten der Arbeitgeberin Rechnung zu tragen (Art. 335a Abs. 2 OR).

583

– Im ersten Dienstjahr gilt eine gesetzliche Kündigungsfrist von einem Monat, im zweiten bis und mit dem neunten Jahr eine Frist von zwei Monaten und nachher eine Frist von drei Monaten (Art. 335c Abs. 1 OR).

584

– Beim überjährigen Arbeitsverhältnis kann die Kündigungsfrist mittels Abrede auf einen Monat (aber nicht weniger) verkürzt werden. Dies ist auch nachträglich, z.B. nach sechs Dienstjahren, möglich.

– Für das erste Dienstjahr kann die Frist auch auf unter einen Monat herabgesetzt werden (Art. 335c Abs. 2 OR).

– Bei befristeten, auf über zehn Jahre eingegangenen Arbeitsverhältnissen ist nach Ablauf von zehn Jahren dennoch[827] die Kündigung möglich; unter Einhaltung einer sechsmonatigen Kündigungsfrist.

---

[824] STREIFF/VON KAENEL/RUDOLPH, Art. 335b OR, N 8; die Bestimmung ist weder in Art. 361 OR noch in Art. 362 OR aufgeführt.

[825] Gl.M. STREIFF/VON KAENEL/RUDOLPH, Art. 335b OR, N 8; BK-REHBINDER/ STÖCKLI, Art. 335b OR, N 2; REHBINDER/PORTMANN, Art. 335b OR, N 2.

[826] STREIFF/VON KAENEL/RUDOLPH, Art. 335c OR, N 3.

[827] Befristete Arbeitsverhältnisse können grundsätzlich nicht mittels ordentlicher Kündigung aufgelöst werden.

585 Ihre Wirkung entfaltet die Kündigung erst ab *Empfang der Kündigung* beim Adressaten. Als empfangen gilt sie, sobald die Kündigung in den Machtbereich des Empfängers gelangt und dieser die Möglichkeit hat, davon Kenntnis zu erlangen. Die Postaufgabe ist also unbeachtlich.[828] *Kündigungstermin* ist immer das Ende eines Kalendermonats (Art. 335c Abs. 1 OR). Eine abweichende Vereinbarung bleibt vorbehalten.[829]

585a Da es sich bei der Kündigung um eine empfangsbedürftige Willenserklärung handelt, geht bei einer Kündigung während der Ferien die herrschende Lehre und Rechtsprechung davon aus, dass die Kündigung erst dann als zugestellt gilt, wenn die Kenntnisnahme vom Empfänger nach seiner Rückkehr erwartet werden kann, ausser er sei zu Hause geblieben, habe sich die Post effektiv nachsenden lassen oder sei ohne Wissen der Arbeitgeberin in die Ferien verreist.[830] Zudem können sich bei Kündigungen während der Ferien Fragen im Zusammenhang mit dem Persönlichkeitsschutz und der Vereitelung des Erholungszwecks stellen.

586 Da Kündigungen meist nicht am letzten Tag eines Monats ausgesprochen werden, auch wenn das Arbeitsverhältnis nur auf Ende des Monats aufgelöst werden kann, erscheint es fraglich, ob die Kündigungsfrist mit dem Zugang der Erklärung zu laufen beginnt oder die Frist vom Zeitpunkt an zurückzurechnen ist, auf den die Erklärung das Arbeitsverhältnis beenden soll.[831] Die Frage ist insbesondere dann von Bedeutung, wenn das Monatsende in eine Sperrfrist i.S.v. Art. 336c OR fällt, nicht aber der Zeitpunkt, in dem die Kündigung zugeht.

587 In früheren Entscheiden ging das Bundesgericht davon aus, dass vom Termin, auf den gekündigt worden ist, zurückgerechnet werden muss. Nach dieser Berechnung beginnt die Kündigungsfrist am letzten Tag, der es noch ermöglicht, auf den Kündigungstermin zu kündigen.[832] Im Jahre 2005 hat das Bundesgericht die Praxis dahin gehend geändert, dass die Kündigungsfrist stets mit der Zustellung zu laufen

---

[828] STREIFF/VON KAENEL/RUDOLPH, Art. 335 OR, N 5.
[829] STREIFF/VON KAENEL/RUDOLPH, Art. 335c OR, N 6; ebenso VISCHER/MÜLLER, 311; BRUNNER/BÜHLER/WAEBER/BRUCHEZ, Art. 335c OR, N 6; vgl. auch gleich nachfolgend.
[830] JAR 2001, 267; ARV 2001, 31; JAR 2000, 215; JAR 1992, 214; BK-REHBINDER/STÖCKLI, Art. 335, N 8; ZK-STAEHELIN, Art. 335, N 14; A.M. KOLLER, ZBJV 3/1999, 139.
[831] MUNOZ/FAVRE/TOBLER, Art. 336c OR, N 2.4 ff.
[832] BGE 115 V 437; 119 II 450.

beginnt.[833] Aufgrund der Entrüstung in der Lehre und bei unteren Gerichten hat das Bundesgericht die Rechtsprechung nun wieder geändert und rechnet die Frist vom Endpunkt nach vorne.[834] Das Bundesgericht begründet dies mit dem Umstand, dass der Arbeitnehmer gegen Ende der Kündigungsfrist eines besonderen Schutzes bedürfe.[835]

Unseres Erachtens ist das Bundesgericht mit der Rückkehr zur     588
alten Rechtsprechung jedoch einen Schritt in die falsche Richtung gegangen. Vielmehr hätte es bei der in BGE 131 III 467 vorgesehenen Regelung bleiben sollen. Denn mit der aktuellen Handhabung lässt das Bundesgericht ausser Betracht, dass jene Arbeitgeberin bestraft wird, die frühzeitig eine Kündigung ausspricht, um dem Arbeitnehmer mehr Zeit für die Umstellung auf die neue Situation zu gewähren. Namentlich wenn die Parteien zum Schutze des Arbeitnehmers bestimmte Kündigungstermine vereinbart haben,[836] führt diese Rechtsprechung dazu, dass eine kurze Erkrankung gegen Ende der Kündigungsfrist zu einer übermässigen Verlängerung der Kündigungsfrist führt, weil die Zeit, während der die Kündigungsfrist wegen der Sperrfrist ruht, nur am Ende und nicht am Anfang nachgeholt werden kann.[837] Darüber hinaus ist die Berufung auf den Kündigungsschutz nach Art. 336c OR unter dem Gesichtspunkt des *Rechtsmissbrauchs* zu bewerten. Dauert die Arbeitsunfähigkeit des Arbeitnehmers bspw. lediglich einen Tag, so erweist sich dies im Verhältnis zur viermonatigen Kündigungsfrist als eher unbedeutend und die Berufung darauf zwecks Verlängerung der Kündigungsfrist als rechtsmissbräuchlich. Ein solcher Fall führt sowohl nach der alten als auch nach der wieder geänderten Rechtsprechung zum gleichen Ergebnis.[838]

Zu empfehlen ist, im Arbeitsvertrag festzuhalten, dass Kündi-     589
gungen nicht nur auf das Ende eines Monats (wie in Art. 335c Abs. 1 OR vorgesehen), sondern auf jeden beliebigen Termin möglich sind. Leider wird diese Empfehlung in der Praxis kaum umgesetzt, da dies

---

[833]    BGE 131 III 467, 471 f.
[834]    BGE 134 III 354, 360 f.; ausführlich zur Berechnung der Kündigungsfristen GEISER, recht 1/2012.
[835]    BGE 134 III 354, 360 f.
[836]    Z.B. die Kündigung nur auf Mitte Jahr und Ende Jahr zulassen (so verbreitet bei Bühnenkünstlern).
[837]    Für Genaueres vgl. GEISER, AJP 2/2009, 133 f.
[838]    Entscheid 2005-028-049 der Eidgenössischen Personalrekurskommission vom 24. Januar 2006, E. 5 dd) ff.

eine Erschwerung bei der Abrechnung von Lohn und Ferien bewirkt.[839]
Man bedenke dazu jedoch den folgenden Sachverhalt:

> **Beispiel:** Ein Arbeitnehmer arbeitet im Schichtbetrieb im dritten
> Dienstjahr. Die Arbeitgeberin kündigt ihm auf den 31. Juli. Sie setzt
> ihn dann aber in einer Schicht ein, die am 31. Juli um 20 Uhr beginnt
> und am 1. August um 03 Uhr endet. Die Arbeitgeberin hat nun am
> 1. August die Arbeit des Arbeitnehmers entgegengenommen und damit
> gemäss Art. 320 Abs. 2 OR einen neuen Arbeitsvertrag geschlossen.
> Folglich müsste sie dem Arbeitnehmer erneut kündigen, wenn sie das
> Arbeitsverhältnis beenden möchte. Da es sich immer noch um dasselbe
> Arbeitsverhältnis handelt, gilt gemäss Art. 335c Abs. 1 OR zudem eine
> Kündigungsfrist von zwei Monaten. Das Arbeitsverhältnis könnte folg-
> lich von der Arbeitgeberin frühestens auf den 31. Oktober beendet
> werden.

## b)   Form

590     Die Kündigung bedarf im Allgemeinen *keiner speziellen Form*,
kann also durchaus auch mündlich erfolgen[840] – ausgenommen gewisse Besonderheiten bei Massenentlassungen (Art. 335g OR). Die Gegenpartei kann indessen verlangen, dass sie *schriftlich begründet* wird,
was die Gültigkeit der Kündigung aber nicht beeinflusst.[841]

591     Als Konsequenz aus der Formfreiheit kann der Arbeitsvertrag
zwischen den Parteien nicht nur mündlich gekündigt werden, sondern
auch auf elektronischem Weg, etwa per SMS. Allerdings ist die Kündigung immer empfangsbedürftig, weshalb vorausgesetzt werden
können muss, dass die SMS einerseits ankommt[842] und andererseits
vom Empfänger auch gelesen wird. Dies kann bei Vertragsparteien,
die einen regelmässigen SMS-Verkehr pflegen, angenommen werden.
Wenn Arbeitgeberin und Arbeitnehmer nie miteinander per SMS
kommunizieren, kann nicht vorausgesetzt werden, dass die SMS auch
gelesen wird, weshalb diesfalls das Erfordernis der Empfangsbedürf-
tigkeit nicht erfüllt ist. Eine Vertragsklausel, welche die Kündigung

---

[839]   Es kann nicht mehr einfach mit Faktor 12 gerechnet werden.

[840]   STREIFF/VON KAENEL/RUDOLPH, Art. 335 OR, N 8.

[841]   STREIFF/VON KAENEL/RUDOLPH, Art. 335 OR, N 14; BRUNNER/BÜHLER/WAEBER/
BRUCHEZ, Art. 335 OR, N 18; HUMBERT, 59; VISCHER/MÜLLER, 306.

[842]   Was man sich mittels elektronischer Empfangsbestätigung des Netzdienstanbieters
zusichern lassen kann.

per SMS regelt bzw. ausschliesst, kann gegebenenfalls Unklarheiten vorbeugen.

Unklar ist, wie eine *Vernachlässigung der Begründungspflicht* 592 sanktioniert wird. Gemäss der bundesrätlichen Botschaft[843] bestehen nur indirekte Sanktionen, insbesondere ein Kostenrisiko im Prozessfalle (Art. 336*a* oder 337*c* OR).[844] Es ist indessen nicht einzusehen, warum nicht eine Klage auf Erfüllung erhoben und die kündigende Partei so unter Androhung der Ungehorsamsstrafe zur Abgabe einer Begründung verpflichtet werden kann.[845] Da die Pflicht auch mit dem Persönlichkeitsrecht der Gegenpartei begründet wird, könnten zudem die in Art. 28*a* ZGB vorgesehenen Persönlichkeitsklagen,[846] insbesondere der Feststellungsanspruch, anwendbar sein.[847] Auch eine *falsche Begründung* kann persönlichkeitsverletzend wirken, muss alleine aber keineswegs eine missbräuchliche Kündigung implizieren.[848]

Wie die Kündigungsfristen wurde auch die *Begründungspflicht* 593 *paritätisch* ausgestaltet.[849] Ein einfacher Arbeitnehmer geringer Schulbildung, der zudem möglicherweise keiner Landessprache mächtig ist, kann dem Formerfordernis wohl nicht nachkommen, was aber bisher keine ernstlichen, praktischen Schwierigkeiten verursachte. Der Gesetzgeber ging von der zutreffenden Annahme aus, dass ohnehin nur selten eine solche Begründung verlangt wird. Kann die Arbeitgeberin keinen vernünftigen Grund für ihr Verlangen nach einer schriftlichen Begründung geltend machen und bereitet diese dem Arbeitnehmer erhebliche Schwierigkeiten, wird regelmässig eine unnütze Rechtsausübung, also Rechtsmissbrauch, vorliegen.

## c) Massenentlassungen

### aa) *Anwendungsbereich*

Mit der Revision von 1993 sind die besonderen Bestimmungen 594 über Massenentlassungen (Art. 335*d* ff. OR) in das Gesetz aufgenommen worden. Sie sollen die soziale Sicherheit erhöhen und eine

---

[843] BBl 1984 II 596.

[844] VISCHER/MÜLLER, 306.

[845] STREIFF/VON KAENEL/RUDOLPH, Art. 335 OR, N 14; VISCHER/MÜLLER, 306.

[846] Vgl. SemJud 1990, 643.

[847] Das Erfordernis der Widerrechtlichkeit bereitet in diesem Zusammenhang keine Schwierigkeit, da sich diese aus Art. 335 Abs. 2 OR ergibt.

[848] BGE 121 III 61 ff.

[849] Dies war in der Vernehmlassung verlangt worden (vgl. BBl 1984 II 595).

gewisse Mitsprache der Arbeitnehmer sichern, ohne vom Grundsatz der Kündigungsfreiheit abzuweichen.

595 Die Bestimmungen finden Anwendung auf Betriebe[850] mit einer *Mindestgrösse* von 20 Mitarbeitern. Der Begriff der Massenentlassung setzt sodann voraus, dass innert 30 Tagen eine bestimmte, von der konkreten Betriebsgrösse abhängige Zahl von Arbeitnehmern entlassen wird, ohne dass ein persönlicher Grund vorliegt.

596 Als Merksatz zur groben Beurteilung, ob eine Massenentlassung vorliegt, kann gelten:

– mindestens 10 Mitarbeiter sind betroffen

– mehr als 20 Beschäftigte im Durchschnitt

– maximal 30 Tage liegen zwischen den Kündigungen

596a Nicht anwendbar sind die Vorschriften über die Massenentlassung für Betriebsschliessungen aufgrund eines gerichtlichen Entscheides und – seit dem 1. Januar 2014[851] – bei Massenentlassungen im Konkurs oder bei einem Nachlassvertrag mit Vermögensabtretung (Art. 335e Abs. 2 OR).[852]

*bb) Verfahren*

597 Der Schutz vor Massenentlassungen besteht im Wesentlichen im Verfahren. Die Arbeitgeberin hat vorgängig die *Arbeitnehmervertretung* oder die betroffenen Arbeitnehmer zu konsultieren (Art. 335f Abs. 1 OR) und im Rahmen dieser Konsultationen selbstverständlich über die wesentlichen Umstände zu *informieren* (Art. 335f Abs. 3 OR).[853] Es sollen sodann *Verhandlungen* darüber stattfinden, ob und wie eine Massenentlassung zu vermeiden oder deren Folgen zu mildern sind (Art. 335f Abs. 2 und Art. 335g Abs. 2 OR). Den Arbeitnehmern steht aber keinerlei Mitbestimmungsrecht zu.

---

[850] Als Betriebe in diesem Sinne sind auch die einzelnen Betriebsstätten und nicht nur das gesamte Unternehmen zu qualifizieren. Im Hinblick auf die Schwellenwerte für das Vorliegen einer Massenentlassung sind demnach die einzelnen Betriebsstätten massgebend; vgl. AUBERT, AJP 1994, 702 ff.

[851] BBl 2010 6455; AS 2013, 4111.

[852] KUKO OR-SCHWAIBOLD, Art. 335e OR, N 2 ff.

[853] Dabei hat die Arbeitgeberin ihre Informationspflicht nicht erfüllt, sofern sie bei einer ersten Massenentlassung über eine zweite informiert, es aber unterlässt, die Zahl der zukünftigen Kündigungen zu nennen. Urteil des BGer 4A_571/2008 vom 5. März 2009, E. 3.4.

Ausser im Innenverhältnis zu verhandeln, muss die Arbeitgeberin auch das *Arbeitsamt informieren*, ihm die beabsichtigte Massenentlassung anzeigen und die nötigen, weiteren Auskünfte erteilen (Art. 335*g* Abs. 1 f. OR). Das Arbeitsamt selbst versucht ebenfalls, die Folgen der möglichen Massenentlassung zu mildern (Art. 335*g* Abs. 3 OR), indem es aktiv neue Arbeitsplätze sucht oder Möglichkeiten der Weiterbeschäftigung sondiert.

598

### cc) Sanktionen

Wie generell im Schweizer Kündigungsrecht wird die *Gültigkeit* durch eine Verletzung der gesetzlichen Bestimmungen nicht infrage gestellt. Wird das Verfahren nicht eingehalten, bestehen aber *zwei Sanktionen*:

599

– Die Kündigung wird frühestens 30 Tage nach der Mitteilung an das Arbeitsamt wirksam, was zu einer Verlängerung der Kündigungsfrist führen kann (Art. 335*g* Abs. 4 OR). Dies gilt auch, wenn gar keine Mitteilung an das Arbeitsamt gemacht wird. Das bedeutet, dass diesfalls das Arbeitsverhältnis ebenfalls fortdauert,[854] da Argumente der Rechtssicherheit allein nicht dazu führen dürfen, dass die Unterlassung der Anzeige an das kantonale Arbeitsamt im Unterschied zur verspäteten Erfüllung ohne jede Rechtsfolge bleibt. Das Ende des Arbeitsvertrages ist diesfalls unter Rücksicht darauf festzulegen, wann allfällige Tätigkeiten des kantonalen Arbeitsamtes nach dem Zweck von Art. 335*g* OR nicht mehr sinnvoll durchgeführt werden können.[855]

– Ohne Arbeitnehmerkonsultation ist die Kündigung missbräuchlich (Art. 336 Abs. 2 lit. c OR). Es ist eine Entschädigung geschuldet, die allerdings zwei Monatslöhne nicht übersteigen darf (Art. 336*a* Abs. 3 OR).[856]

– Wer gestützt auf Art. 336*a* OR eine Entschädigung geltend machen will, muss gegen die Kündigung längstens bis zum Ende der Kündigungsfrist beim Kündigenden schriftlich Einsprache erheben (Art. 336*b* Abs. 1 OR). Da die Einsprache nicht begründet werden muss, kann der Arbeitnehmer sein Recht, sich auf die Verletzung der Konsultationspflicht bei Massenentlassung zu berufen, auch

---

[854] Ausser das Arbeitsverhältnis würde z.B. aus einem anderen Grund beendet; wenn z.B. der Arbeitnehmer eine neue Stelle annimmt: vgl. BGE 132 III 406.

[855] BGE 132 III 406, E. 2.5.

[856] Vgl. zum Ganzen: GEISER, AJP 11/1995, 1412 ff.; SJZ 101 (2005), Nr. 14, 346 ff.

dadurch nicht verwirken, dass er in seiner schriftlichen Einsprache diesen Missbrauchsgrund nicht anführt.[857] Der Arbeitnehmer muss sodann innert 180 Tagen nach Beendigung des Arbeitsverhältnisses eine Klage anhängig machen, damit er den Anspruch nicht verwirkt (Art. 336*b* Abs. 2 OR).

### dd) Sozialplan

599a
In Ergänzung der Bestimmungen über die Massenentlassung führte der Gesetzgeber im Rahmen der Revision des Sanierungsrechts im SchKG eine Sozialplanpflicht ein.[858] Die neuen Art. 335*h–k* OR traten am 1. Januar 2014 in Kraft.[859] Der Sozialplanpflicht unterliegen Arbeitgeberinnen, die mindestens 250 Arbeitnehmer beschäftigen und beabsichtigen, innert 30 Tagen mindestens 30 Arbeitnehmern aus Gründen zu kündigen, die in keinem Zusammenhang mit ihrer Person stehen. Werden die Kündigungen über eine Dauer von mehr als 30 Tagen verteilt, wenngleich sie auf demselben betrieblichen Entscheid beruhen, so werden sie zusammengezählt (Art. 335*i* Abs. 1 und 2 OR).

599b
Zweck des Sozialplans ist, bei Massenentlassungen aus wirtschaftlichen Gründen Härten für die betroffenen Arbeitnehmer zu vermeiden oder zu mildern.[860] Entsprechend ist der Sozialplan als Vereinbarung definiert, in welcher die Arbeitgeberin und die Arbeitnehmer die Massnahmen festlegen, mit denen Kündigungen vermieden, deren Zahl beschränkt sowie deren Folgen gemildert werden (Art. 335*h* Abs. 1 OR). Über mögliche Massnahmen schweigt sich das Gesetz aus. In Betracht kommen insbesondere finanzielle Beiträge wie Abgangsentschädigungen, Unterstützung bei Umschulungen, Weiterbildungen und bei der Stellensuche sowie Lohnausgleich bei Zuweisung anderer Arbeit. Ferner können auch Massnahmen wie die Verkürzung oder Verlängerung von Kündigungsfristen, vorzeitige Pensi-

---

[857] Urteil des BGer 4A_571/2008 vom 5. März 2009, E. 4.4.

[858] Die Einführung der Sozialplanpflicht ist Ergebnis eines politischen Kompromisses. Im Rahmen der Revision des Sanierungsrechts wurde der Betriebsübergang bei Insolvenz erleichtert, indem neu die Übernahme der Arbeitsverhältnisse nur noch freiwillig und nicht mehr von Gesetzes wegen erfolgt (Einführung von Art. 333*b* OR; in Kraft seit 1. Januar 2014; vgl. hierzu Rz. 530 f.). Als Ausgleich für diese Beschränkung der Rechte der Arbeitnehmer wurde eine allgemeine Sozialplanpflicht eingeführt, jedoch nur für Betriebe, die sich nicht in der Insolvenz befinden und mehr als 250 Mitarbeitende beschäftigen (vgl. hierzu Rz. 599b und 599e). Vgl. zum Ganzen auch BBl 2010 6455, 6465 f.

[859] BBl 2010 6455; AS 2013 4111.

[860] BGE 133 III 213, E. 4.3.

onierungen oder Versetzungen innerhalb des Unternehmens oder der Unternehmensgruppe vorgesehen werden.[861]

Die Arbeitgeberin ist gesetzlich verpflichtet, mit der Arbeitnehmerseite Verhandlungen zu führen, deren Ziel das Aufstellen eines Sozialplans ist. Die Arbeitgeberin verhandelt mit den an einem Gesamtarbeitsvertrag beteiligten Arbeitnehmerverbänden, sofern sie selbst Partei dieses Gesamtarbeitsvertrages ist. Ansonsten verhandelt sie mit der Arbeitnehmervertretung oder, wo eine solche fehlt, direkt mit den Arbeitnehmern (Art. 335i Abs. 1 und 3 OR). Die Arbeitnehmerseite kann Sachverständige zu den Verhandlungen heranziehen (Art. 335i Abs. 4 OR). Können die Parteien keine Einigung finden, muss ein Schiedsgericht bestellt werden, das einen Sozialplan durch verbindlichen Schiedsspruch aufstellt (Art. 335j OR).[862]

599c

Da ein Sozialplan auf unterschiedliche Weise zustande kommen kann, lässt sich die Frage nach seiner Rechtsnatur nicht einheitlich beantworten. Lehre und Rechtsprechung qualifizieren ihn abhängig vom Inhalt, den Parteien und der Art des Zustandekommens.[863] Demnach können verschiedene Typen von Sozialplänen unterschieden werden:[864]

599d

– Eine Vereinbarung zwischen der Arbeitgeberin und einer Gewerkschaft stellt eine besondere Art eines Gesamtarbeitsvertrags nach Art. 356 OR dar und wirkt normativ.[865] Dies ist der Fall bei Vereinbarungen nach Art. 335i Abs. 3 lit. a OR.

– Eine Vereinbarung zwischen der Arbeitgeberin und einer Arbeitnehmervertretung stellt keinen Gesamtarbeitsvertrag dar. Vielmehr stellt eine solche Vereinbarung einen bilateralen Vertrag gemäss Art. 335i Abs. 3 lit. b OR dar. Die Arbeitnehmer, welche in den Anwendungsbereich des Vertrages fallen, können sich direkt auf die Rechte aus dem Sozialplan berufen, womit diese normativ wirken.

---

[861] Ausführlich hierzu CIRIGLIANO, Jusletter 29. September 2014, Rz. 4 ff.; vgl. auch BBl 2010 6455, 6498; BGE 133 III 213, E. 4.3.

[862] Vgl. STÖCKLI, ArbR 2010, 99 ff., der diese «Zwangsschiedsgerichtsbarkeit» kritisiert, da sie sich vom bisher gängigen Instrumentarium der Konfliktlösung im kollektiven Arbeitsrecht grundlegend unterscheide.

[863] MÜLLER, ROLAND A., ARV 2007, 156 ff.; STREIFF/VON KAENEL/RUDOLPH, Art. 335f OR, N 11.

[864] In Anlehnung an die Ausführungen von WILDHABER, AJP 3/2015, 428.

[865] BGE 133 III 213, E. 4.3.1.

– Wird der Sozialplan nach Art. 335*i* Abs. 3 lit. c OR direkt zwischen der Arbeitgeberin und den Arbeitnehmern geschlossen, so findet er auf alle betroffenen Arbeitnehmer Anwendung. Dabei handelt es sich ebenfalls um einen bilateralen Vertrag, welcher integrierender Bestandteil des Arbeitsvertrags wird.

599e     Die Grenze der Sozialplanleistungen liegt im finanziell Tragbaren. Der Sozialplan darf den Fortbestand des Betriebes nicht gefährden (Art. 335*h* Abs. 2 OR). Nach der hier vertretenen Auffassung ist unter dem Begriff des *Betriebes* das Gesamtunternehmen und nicht bspw. eine einzelne Filiale des Unternehmens zu verstehen. Denn der Sinn und Zweck von Art. 335*h* Abs. 2 OR besteht darin, dass keine weiteren Arbeitsplätze im entsprechenden Unternehmen gefährdet werden sollen.[866] Überdies ist als Betrieb schon deshalb nicht eine einzelne Geschäftsstelle zu verstehen, da häufig deren Schliessung den Grund für eine Massenentlassung darstellt und somit der Fortbestand des Betriebes gar nicht zur Diskussion stünde.

599f     Die Bestimmungen über den Sozialplan gelten nicht bei Massenentlassungen, die während eines Konkurs- oder Nachlassverfahrens erfolgen, das mit einem Nachlassvertrag abgeschlossen wird (Art. 335*k* OR). Hintergrund dieser Bestimmung sind insbesondere der Mangel an finanziellen Mitteln bei Unternehmen in Insolvenz sowie eine Erschwerung oder gar Verhinderung einer Sanierung durch die zusätzliche Belastung eines Sozialplans.[867]

## 4.  Ausserordentliche Kündigung

### a)  Voraussetzungen

600     Entgegen dem Wortlaut des Gesetzes (Art. 337 OR) kann ohne jede Voraussetzung ausserordentlich, also fristlos gekündigt werden. Auch wenn keine wichtigen Gründe vorliegen, *beendet die fristlose Kündigung das Arbeitsverhältnis sofort*.[868] Dies gilt auch bei Schwangerschaft. Liegen wichtige Gründe vor, so handelt es sich um ein zulässiges Vorgehen, andernfalls ist es ein *widerrechtliches*, aber nicht minder wirkungsvolles.

---

[866]  WILDHABER, AJP 3/2015, 433.
[867]  Vgl. BBl 2010 6455, 6465 f. und 6501; vgl. LORANDI, Sanierung, 47 f., der betreffend Art. 335*k* OR die «wenig durchdacht[e]» Gesetzgebung kritisiert.
[868]  Vgl. BRUNNER/BÜHLER/WAEBER/BRUCHEZ, Art. 337c OR, N 3 (implizit); VISCHER/MÜLLER, 342 f.

**Beispiel:** Nachschieben von Kündigungsgründen: Eine Arbeitgeberin hat ihrem Arbeitnehmer aus einem Grunde fristlos gekündigt, der die fristlose Entlassung nicht rechtfertigte. Im Nachhinein wurde der Arbeitgeberin ein Verhalten des Arbeitnehmers bekannt, das dieser vor der Kündigung an den Tag legte, welches eine fristlose Entlassung rechtfertigte. Ein solches Nachschieben von Kündigungsgründen bewirkt eine zulässige fristlose Kündigung.[869] Ist das Verhalten aber erst nach der Kündigung eingetreten, so rechtfertigt dieses die fristlose Kündigung nicht.

Die Rechtsprechung[870] zur Frage des *wichtigen Grundes* ist äusserst reichhaltig. Vorausgesetzt wird, dass er es der anderen Partei *unzumutbar* macht, das Arbeitsverhältnis fortzuführen. Dabei muss mit Blick auf die Möglichkeit einer ordentlichen Kündigung immer gefragt werden, ob es der anderen Partei nicht allenfalls zumutbar wäre, bis zum Ablauf der ordentlichen Kündigungsfrist zuzuwarten. Wichtiges Indiz dazu ist, wie unten erwähnt, die Dauer der Kenntnis bis zur Reaktion auf einen Grund.

Als gesetzlicher Grund für eine fristlose Kündigung durch den Arbeitnehmer ist die Gefährdung des Lohnes durch Zahlungsunfähigkeit der Arbeitgeberin festgeschrieben. Eine Weiterführung ist aber zumutbar, wenn innert angemessener Frist Sicherheit für den künftigen Lohn angeboten wird (Art. 337a OR).

601

602

---

[869] BGE 121 II 467.
[870] Z.B. das Akzeptieren/Verlangen von Schmiergeldern (BGE 124 III 25 ff.), schwere Beleidigung der Arbeitgeberin (Urteil des BGer 4C.435/2004 vom 2. Februar 2005). In BGE 137 III 303 setzte sich das BGer mit der fristlosen Kündigung eines Captains einer Profi-Fussballmannschaft auseinander, der während eines Spiels die klare Weisung des Trainers bewusst missachtete. Statt den Spieler lediglich auf die Ersatzbank zu verbannen, schloss der Trainer den Captain kurzerhand aus dem Profi-Team aus. Diesem blieb nichts anderes übrig, als danach mit dem Junioren-Team zu trainieren, was seinen Spielerwert massiv reduzierte. Wenngleich der Lohn vollumfänglich weiter bezahlt wurde, erachtete das BGer den Sinn des Arbeitsvertrags durch den Ausschluss als vollständig entleert. Deshalb war die fristlose Kündigung durch den Arbeitnehmer zulässig. Vgl. auch Urteil des BGer 4A_60/2014 vom 22. Juli 2014: Im Rahmen einer Streitigkeit hat ein Arbeitnehmer die Beherrschung verloren und die Frau seines Arbeitgebers zu Boden gestossen. Dies geschah, nachdem mit dem Arbeitnehmer über längere Zeit wiederholt von seinem Arbeitgeber unverschämt und herablassend behandelt wurde, was nachgewiesenermassen den Arbeitnehmer gesundheitlich schädigte. Das BGer entschied daher, dass die auf den Vorfall ausgesprochene fristlose Kündigung nicht gerechtfertigt gewesen sei, da der Arbeitgeber mit seinem Verhalten eine wesentliche Ursache für das Verhalten des Arbeitnehmers gesetzt habe.

## b) Verfahren

603      Eine fristlose Auflösung erfolgt wie jede andere Kündigung mit einer an *keine Form* gebundenen, einseitigen und empfangsbedürftigen Willenserklärung. Wie im Falle der ordentlichen Kündigung kann die betroffene Partei aber auch hier eine schriftliche Begründung verlangen. Die fristlose Kündigung ist grundsätzlich *sofort nach Kenntnis des Grundes* auszusprechen. Wird zugewartet, zeigt dies, dass eine ordentliche Kündigung zumutbar ist und der Grund nicht für eine ausserordentliche Aufhebung genügt. Es ist indessen zu unterscheiden zwischen der fristlosen Kündigung im *Privatrecht* und im *öffentlichen Recht*. Im Privatrecht meint *sofort nach Kenntnis des Grundes* eine Überlegungsfrist von zwei bis drei Arbeitstagen. Diese Regel lässt sich nicht ohne Weiteres auf das öffentlich-rechtliche Anstellungsverhältnis übertragen. Hier ergeht nämlich die Kündigung normalerweise in Form einer schriftlich begründeten Verfügung. Vorgängig ist dem Arbeitnehmer das rechtliche Gehör einzuräumen (Art. 29 Abs. 2 BV). Darüber hinaus sind in der Verwaltung die speziellen Verfahrensabläufe zu berücksichtigen. Der öffentlich-rechtlichen Arbeitgeberin ist somit eine längere Reaktionszeit zuzubilligen, je nach Einzelfall bis zu mehreren Wochen.[871]

## c) Wirkungen

### aa) *Gerechtfertigte fristlose Entlassung*

604      Liegt ein wichtiger Grund vor, so ist zu untersuchen, wer den Grund gesetzt hat:

– Liegt der Grund im vertragswidrigen Verhalten der anderen Partei, so ist diese zu *vollem Schadenersatz* verpflichtet (Art. 337b OR).

– In allen anderen Fällen, d.h., wenn der Grund also nicht in einer Vertragsverletzung einer Partei liegt, hat das Gericht unter Würdigung aller Umstände die vermögensrechtlichen Folgen zu bestimmen.

---

[871] BGE 138 I 113, E: 6.3; BGer Urteil 4A_569/2010 vom 14. Februar 2011, E. 3.1; STREIFF/VON KAENEL/RUDOLPH, Art. 337 OR, N 17; BsK-PORTMANN, Art. 337 OR, N 13.

*bb)*   *Ungerechtfertigte fristlose Entlassung*

Liegt kein wichtiger Grund vor, wird das Arbeitsverhältnis den-   605
noch beendet. Dem ungerechtfertigt fristlos gekündigten Arbeitnehmer stehen *Ersatz- und Entschädigungsansprüche* zu:

–   Er hat Anspruch auf Ersatz dessen, was er bis zum nächsten *or-
    dentlichen Kündigungstermin* verdient hätte (Art. 337c Abs. 1 OR).
–   Zusätzlich steht ihm ein *spezieller Entschädigungsanspruch* nach
    Art. 337c Abs. 3 OR zu, ohne dass ein Schaden nachgewiesen sein
    muss.

aaa)   Ersatz des Lohnausfalls

Beim Ersatz des Lohnausfalls handelt es sich um *Schadenersatz*   606
*und nicht um Lohn.* Daraus müsste eigentlich geschlossen werden,
dass die Regeln des OR über die Schadensberechnung zur Anwendung gelangen und insbesondere auch ein Mitverschuldensabzug
möglich ist.[872] Die Entstehungsgeschichte belegt aber, dass dies gerade nicht gewollt war.[873] Es ist deshalb davon auszugehen, dass
Art. 337c OR die Berechnung des Schadens abschliessend regelt und
*kein Mitverschuldensabzug* möglich ist.[874]

Der Arbeitnehmer muss sich indessen anrechnen lassen, was er   607
anderweitig verdient oder zu verdienen absichtlich unterlassen hat
(Art. 337c Abs. 3 OR). Im Falle einer ungerechtfertigten fristlosen
Entlassung liegt es im Interesse des Arbeitnehmers, eine neue, auf
Dauer angelegte Stelle zu suchen. Es wird verlangt, dass der Arbeitnehmer, wenn er eine neue Stelle gefunden hat, diese so schnell wie
möglich (und für ihn zumutbar) antritt.

bbb)   Entschädigungsanspruch

Die spezielle Entschädigung hat den Doppelcharakter einer *Ge-*   608
*nugtuung* für den ungerechtfertigt fristlos gekündigten Arbeitnehmer
und zugleich auch einer *Rechtsverletzungsbusse*, welche die Arbeitgeberin von leichtfertigen, fristlosen Entlassungen abhalten soll. Sie tritt
zum Ersatz des Lohnausfalls hinzu. Obwohl nicht obligatorisch wird
eine solche Entschädigung nach Ermessen des Richters in aller Regel

---

[872]   Entsprechend lassen GUHL/MERZ/KOLLER, 446, auch im neuen Recht einen Mitver-
        schuldensabzug zu.
[873]   STREIFF/VON KAENEL/RUDOLPH, Art. 337c OR, N 3.
[874]   VISCHER/MÜLLER, 351 f.

zugesprochen und kann *bis zu sechs Monatslöhne* betragen. Verlangt der Arbeitnehmer zusätzlich zum Entschädigungsanspruch nach Art. 337c Abs. 3 OR eine *reine Genugtuung*, so hat er zu beweisen, dass er in seinen persönlichen Verhältnissen schwer verletzt worden ist. Grundsätzlich sind die Chancen auf Gutheissung eines solchen Anspruchs durch den Richter gering. Eine Ausnahme bildet jedoch bspw. die sexuelle Belästigung.[875]

609     Aus der Entstehungsgeschichte und den Entscheiden des Bundesgerichts ergibt sich aber, dass die Strafzahlungen aus missbräuchlicher Kündigung und aus ungerechtfertigt fristloser Kündigung nicht kumuliert werden können.[876] Folgt einer missbräuchlichen, ordentlichen Kündigung eine fristlose Entlassung, so hat der Arbeitnehmer nur Anspruch auf eine Entschädigung. Diesfalls hat nämlich die fristlose Entlassung und nicht die missbräuchliche Kündigung das Arbeitsverhältnis beendet.[877] Daraus darf entgegen der Ansicht der Chambre d'appel de Genève[878] indessen nicht geschlossen werden, die Bestimmungen zum sachlichen Kündigungsschutz (Art. 336 OR) seien nur auf ordentliche Kündigungen anwendbar. Der Umstand, dass eine Kündigung nicht nur ungerechtfertigt, sondern zudem auch missbräuchlich war, kann das Mass der Strafzahlung innerhalb des gesetzlichen Rahmens von sechs Monatslöhnen (Art. 336a, 337c OR) beeinflussen.[879]

610     Weiter ist an dieser Stelle darauf hinzuweisen, dass die *Art und Weise der Ausübung* einer Kündigung persönlichkeitsverletzend sein kann. Wenn eine Persönlichkeitsverletzung vorliegt, schuldet die Arbeitgeberin gegebenenfalls zusätzlichen Schadenersatz, welcher aus der Pflicht der Arbeitgeberin zum Schutz der Persönlichkeit des Arbeitnehmers nach Art. 328 OR abgeleitet wird.[880] Dies gilt sowohl für Fälle der missbräuchlichen, aber auch der ungerechtfertigten fristlosen Kündigung.

---

[875] STREIFF/VON KAENEL/RUDOLPH, Art. 337c OR, N 4; BGE 135 III 405, E. 3.1.
[876] Vgl. STREIFF/VON KAENEL/RUDOLPH, Art. 336 OR, N 15.
[877] BGE 121 III 68 f. = Pra 85 (1996) Nr. 16.
[878] JAR 1991, 276; so auch BK-REHBINDER/STÖCKLI, Art. 336 OR, N 2.
[879] Der Arbeitnehmer hat im Fall einer ungerechtfertigten fristlosen Kündigung, die auf eine missbräuchliche ordentliche folgt, zwar nur eine Entschädigung gemäss Art. 337c Abs. 3 OR zugute. Unabhängig davon gilt auch Abs. 1, womit sich eine Kumulation des «Lohnes» (als Schadenersatz) bis zum nächsten ordentlichen Kündigungstermin und der Entschädigung gemäss Abs. 3 OR ergibt (nicht aber eine Kumulation der Entschädigung gemäss Art. 337c und Art. 336a OR).
[880] Vgl. hierzu BGE 135 III 405 = Pra 48 (2010) Nr. 8.

Zu beachten ist überdies, dass die Arbeitgeberin, die aufgrund    611
eines Vergehens einem Arbeitnehmer ordentlich kündigt, ohne dass
neue wichtige Gründe entdeckt werden, an die Kündigung gebunden
ist.[881] Eine Kündigung ist als einseitig ausübbares Gestaltungsrecht
unwiderruflich und bedingungsfeindlich.[882] Nach einer einmal ausge-
sprochenen ordentlichen Kündigung darf also die Arbeitgeberin nicht
auch noch fristlos kündigen, ohne dass der Arbeitnehmer einen neuen
Grund gesetzt bzw. ohne dass die Arbeitgeberin neue Erkenntnisse
über das Vergehen des Arbeitnehmers erlangt hätte, die dazu legiti-
mieren würden. Dies ist darauf zurückzuführen, dass die Arbeitgeberin mittels der ordentlichen Kündigung implizit ausdrückt, dass ihr das
Abwarten der normalen Kündigungsfrist zumutbar ist. Von dieser
geäusserten Meinung kann nicht im Nachhinein abgewichen werden.
Dies gilt auch für die andere Partei, also wenn der Arbeitnehmer zuerst ordentlich und anschliessend fristlos kündigt.

**Beispiel:** Einer Kassiererin wird ordentlich gekündigt, weil sie einem
Kunden einen Artikel nicht verrechnet hat. Die Arbeitgeberin stellt im
Nachhinein fest, dass diese Kassiererin dauernd gewissen Kunden Artikel nicht verrechnet hatte. Somit ist eine nachträgliche fristlose Kündigung zulässig.

## 5. Kündigungsschutz

### a) Zeitlicher Kündigungsschutz

#### aa) *Zweck und Anwendungsbereich*

Zweck des zeitlichen Kündigungsschutzes nach Art. 336*c* OR ist    612
es, dem Arbeitnehmer die Stelle zu erhalten, solange er verhindert ist,
nach einem neuen Arbeitsplatz zu suchen.[883] Der zeitliche Kündigungsschutz kommt erst nach Ablauf der Probezeit zur Anwendung.
Er gilt überdies nur bei Kündigung des Arbeitsverhältnisses und nicht
auch bei anderen Beendigungsgründen wie Zeitablauf oder einer einvernehmlichen Aufhebung.[884] Bei einem Aufhebungsvertrag können
die Parteien allerdings vereinbaren, dass sich der Zeitpunkt, auf den

---

[881] STREIFF/VON KAENEL/RUDOLPH, Art. 337 OR, N 15; BGE 123 III 86 E. 2b = SJ 1997,
311; JAR 1988, 291; JAR 2000, 120.
[882] Vgl. aber Rz. 666 ff.
[883] BGE 124 III 346 E. 1; 115 V 437, E. 3b; 109 II 330, E. 2b.
[884] STREIFF/VON KAENEL/RUDOLPH, Art. 336c OR, N 2.

das Arbeitsverhältnis beendigt wird, verschieben soll, falls eine Sperrfrist im Sinne des zeitlichen Kündigungsschutzes eintritt.

612a     Es stellt sich die Frage, ob der zeitliche Kündigungsschutz auch bei Arbeitsunfähigkeit aufgrund von Mobbing besteht. Diese Frage wurde sowohl vom Obergericht Luzern als auch vom Zürcher Verwaltungsgericht verneint.[885] Begründet wurde dies damit, dass die Sperrfrist nur dann zum Tragen käme, wenn eine Anstellung des Arbeitnehmers durch eine neue Arbeitgeberin auf den Zeitpunkt des Ablaufs der ordentlichen Kündigungsfrist im Hinblick auf die Ungewissheit über Fortdauer und Ausmass der Arbeitsunfähigkeit höchst unwahrscheinlich erscheine. Beim Mobbing sei der Arbeitnehmer nur an seiner aktuellen Stelle arbeitsunfähig, andernorts jedoch einsatzfähig und könne auch der Stellensuche nachgehen, deshalb gäbe es keinen Grund, ihm den zeitlichen Kündigungsschutz zuzugestehen.[886] Vergessen wird bei dieser Argumentation jedoch, dass die Stellensuche auch in vielen anderen Fällen nicht behindert wird und der Kündigungsschutz dennoch zur Anwendung kommt, so bspw. wenn die Krankheit nur ganz vorübergehend auftritt. Zudem müsste man den Kündigungsschutz auch allen arbeitsfähigen Angestellten mit angeschlagener Gesundheit gewähren, wenn man für die Anwendung des Kündigungsschutzes auf die Behinderung bei der Stellensuche abstellen würde.[887] Stellt man somit für die Gewährung des zeitlichen Kündigungsschutzes auf die Möglichkeit der Stellensuche ab, so führt dies unvermeidlich zu einer erhöhten Rechtsunsicherheit, stellt man hingegen darauf ab, ob die vertraglich geschuldete Arbeitsleistung nicht erbracht werden kann, sorgt dies für mehr Klarheit.[888] Unseres Erachtens ist somit zum Schutze der Rechtssicherheit für die Feststellung der Arbeitsunfähigkeit darauf abzustellen, ob die vertraglich geschuldete Leistung nicht erbracht werden kann.

612b     Ob der zeitliche Kündigungsschutz gegeben ist, hängt evtl. sogar von der konkret geschuldeten Arbeitsleistung ab. So ist ein heiserer Sänger zu 100 % arbeitsunfähig, während ein heiserer Lagerist zu 100 % arbeitsfähig bleibt.

612c     Der zeitliche Kündigungsschutz kommt nach dem ausdrücklichen Wortlaut des Gesetzgebers auch bei bloss teilweiser Arbeitsun-

---

[885]  VwGer ZH 21.12.2005; JAR 2009, 562.
[886]  VwGer ZH 21.12.2005; JAR 2009, 562 ff.
[887]  GEISER/MÜLLER, Tagesanzeiger vom 1.6.2010.
[888]  GEISER, AJP 5/1996, 553.

fähigkeit zur Anwendung.[889] Grundsätzlich ist es für den zeitlichen Kündigungsschutz weiter ohne Bedeutung, ob der Arbeitnehmer tatsächlich arbeitet oder nicht.[890] Ist ein Arbeitnehmer bspw. zu 10 % arbeitsunfähig, so steht ihm somit ebenfalls der zeitliche Kündigungsschutz zu. Etwas anderes gilt, wenn jemand, der teilweise arbeitsunfähig ist, zu 100 % arbeitet und damit beweist, dass er nicht arbeitsunfähig ist.

### bb)  Wirkung

Zu beachten ist in Bezug auf die Sperrzeiten, dass die fristlose Kündigung – sei sie nun gerechtfertigt oder nicht – auch zur Unzeit Wirkung zeitigt.[891] Bezüglich der Rechtsfolgen sind folgende Unterschiede zu beachten:  613

### aaa)  Ungerechtfertigte fristlose Kündigung zur Unzeit

Wird ohne wichtigen Grund zur Unzeit fristlos gekündigt, ist das Arbeitsverhältnis trotzdem beendet. Der Arbeitnehmer hat jedoch Anspruch auf Ersatz dessen, was er verdient hätte, wenn das Arbeitsverhältnis unter Einhaltung der Kündigungsfrist oder durch Ablauf der bestimmten Vertragszeit beendigt worden wäre (Art. 337c Abs. 1 OR). Dies kann, je nach Länge der zu beachtenden Sperrfrist, eine Lohnweiterzahlung über längere Zeit bewirken. Zudem kann der Richter dem Arbeitnehmer darüber hinaus eine Entschädigung nach Art. 337c Abs. 3 OR zusprechen, die maximal sechs Monatslöhne betragen darf.  614

> **Beispiel:** Einer schwangeren Arbeitnehmerin wird ohne wichtigen Grund während der Schwangerschaft fristlos gekündigt. Der Lohn ist also bis zum Ablauf der Sperrfrist nach Art. 336 Abs. 1 lit. c (bis 16 Wochen nach der Niederkunft) und zusätzlich während der Dauer der ordentlichen Kündigungsfrist weiterzuzahlen (Art. 337c Abs. 1 OR). Zusätzlich kann eine Entschädigung nach Art. 337c Abs. 3 im Umfang von maximal sechs Monatslöhnen zugesprochen werden.[892]

---

[889] GEISER, AJP 5/1996, 553.
[890] STREIFF/VON KAENEL/RUDOLPH, Art. 336c, N 8; GEISER, AJP 5/1996, 554.
[891] Vgl. sogleich.
[892] Um vom gesetzlichen Kündigungsschutz zu profitieren, muss eine künftige Mutter ihre Arbeitgeberin auch nicht sofort oder möglichst rasch über ihre Schwangerschaft informieren: Vgl. Urteil des BGer 4A.552/2008 vom 12. März 2009.

bbb) Gerechtfertigte fristlose Kündigung zur Unzeit

615      Wird aus wichtigem Grund (i.S.v. Art. 337 Abs. 2 OR) während der Sperrfrist von Art. 336c OR fristlos gekündigt, so wird das Arbeitsverhältnis beendet und die Folgen der Vertragsauflösung bestimmen sich nach Art. 337b OR.[893]

**Beispiele:**

– Die Kündigung einer schwangeren Arbeitnehmerin, die wiederholt eine Unterschlagung begeht, ist gerechtfertigt.

– Ein Arbeitnehmer ist krankgeschrieben, tritt aber trotzdem an mehreren Konzerten als Schlagzeuger auf. In diesem Fall ist die fristlose Kündigung gerechtfertigt.

ccc) Kündigung vor Beginn einer Sperrzeit

616      Die Konsequenz einer Kündigung, die vor einer Sperrzeit erfolgt, bestimmt sich nach Art. 336c Abs. 2 OR. Erfolgt die (ordentliche) Kündigung vor Beginn einer Sperrfrist, wird der Ablauf der Kündigungsfrist unterbrochen und wird nach Beendigung der Sperrfrist fortgesetzt.

**Beispiel:** Am 16. Februar kündigt die Arbeitgeberin auf Ende Mai mit einer Kündigungsfrist von drei Monaten. Während der Kündigungsfrist wird der Arbeitnehmer zwei Mal (unabhängig voneinander) je 32 Tage lang krank. Der Kündigungstermin verschiebt sich in einem solchen Fall auf Ende August, denn ohne gegenteilige Abmachung kann nur auf Ende Monat gekündigt werden.

cc)   *Sperrzeiten*

aaa) Gründe im Überblick

617      Das Gesetz sieht für die *Kündigung durch die Arbeitgeberin* vier Sperrzeiten vor (Art. 336c Abs. 1 OR):

– Leistung von Militär-, Schutz- oder Zivildienst
– Dienste für eine behördliche Hilfsaktion im Ausland
– unverschuldete Arbeitsverhinderung durch Krankheit oder Unfall[894]
– Schwangerschaft der Arbeitnehmerin

---

[893]  Vgl. Rz. 600 ff.
[894]  Zur Beurteilung des Verschuldens vgl. Ausführungen zum Ferienanspruch: Rz. 495 ff.

Die Sperrzeit aufgrund obligatorischen Militär-, Schutz- oder     618
Zivildienstes gilt auch für die Kündigung durch den Arbeitnehmer in
Bezug auf die Dienstleistung der Arbeitgeberin oder des zu vertreten-
den Vorgesetzten (Art. 336d OR).

bbb) Militär-, Schutz- oder Zivildienst und behördliche Hilfsaktionen

Die Sperrfrist aufgrund *Militär-, Schutz- oder Zivildienst* er-     619
streckt sich auf die ganze Dauer der Dienstleistung und – sofern diese
mindestens zwölf Tage dauert – auf jeweils vier Wochen davor und
danach.[895] Dienste für behördliche Hilfsaktionen, bspw. im Katastro-
phenhilfekorps, sind nicht obligatorisch und bedürfen deshalb der
Zustimmung der Arbeitgeberin. Die Sperrfrist erstreckt sich diesfalls
nur auf die Dienstleistung.

ccc) Arbeitsverhinderung durch Krankheit oder Unfall

Im Falle einer Verhinderung der Arbeitsleistung durch *Krank-*     620
*heit oder Unfall* richtet sich die Sperrfrist nach der Dauer derselben
und unterliegt einer Maximalbegrenzung in Abhängigkeit von der
Dauer des Arbeitsverhältnisses (Art. 336c Abs. 1 lit. b OR). Umstritten ist, wie wiederholte Verhinderungen zu behandeln sind.[896] Nach
neuerer bundesgerichtlicher Rechtsprechung gilt ein Rückfall als dieselbe Krankheit, während mit jeder neuen Krankheit und jedem neuen
Unfall auch eine neue Sperrfrist zu laufen beginnt.[897] Hat die Sperrfrist die obere Begrenzung erreicht, darf trotz anhaltender Arbeitsunfähigkeit gekündigt werden.[898] Die Berechnung der zugrunde liegenden Dauer ist nicht geregelt, weshalb drei verschiedene Auffassungen
vertreten werden: Es kann auf den Zeitpunkt abgestellt werden, in
dem die Kündigung ausgesprochen worden ist, auf den die Kündigung
tatsächlich wirksam wird oder in welchem die Arbeitsverhinderung
eintritt.[899] Unseres Erachtens muss die Sperrfrist mit Eintritt der Arbeitsverhinderung sofort zu laufen beginnen.

**Beispiele:**

– Erkrankt ein Arbeitnehmer noch vor Ablauf des fünften Dienstjahres
  und bleibt bis nach Anfang des sechsten Dienstjahres krank, stellt sich

---

[895] ZK-VISCHER, Art. 336c OR, N 6.
[896] BK-REHBINDER/STÖCKLI, Art. 336c OR, N 8 f.
[897] BGE 120 II 125.
[898] So wohl auch STREIFF/VON KAENEL/RUDOLPH, Art. 336c OR, N 4.
[899] STREIFF/VON KAENEL/RUDOLPH, Art. 336c OR, N 8.

die Frage nach dem Zeitpunkt, auf den für die Dauer der Sperrfrist (gemäss Art. 336c lit. b OR) abzustellen ist. Massgeblich ist nach h.L. nicht der Zeitpunkt des Eintritts der Arbeitsverhinderung, sondern es kommt darauf an, ob die effektive Erkrankung bis ins nächste Dienstjahr dauert. Diesfalls ist die längere Sperrfrist massgebend.[900]

– Eine Arbeitgeberin kündigt einem Arbeitnehmer. Dieser erwartete die Kündigung, weshalb er sich vorsorglicherweise vor einer Woche ein Arztzeugnis ausstellen liess, welches ihm eine Krankheit bescheinigte. Dieses könnte er bei Bedarf dann vorweisen und wäre vor einer Kündigung geschützt. Die blosse Tatsache, dass der Arbeitnehmer trotz Arztzeugnis weiterarbeitete, lässt keine Aussage darüber zu, ob er auch tatsächlich krank war oder nicht. Die Geltendmachung der Sperrfrist steht aber unter dem Vorbehalt von Art. 2 ZGB, weshalb sich dieser Arbeitnehmer wohl nicht mehr auf dieselbe berufen kann.

– Ein Sänger hat pro Jahr nur einen Kündigungstermin und eine Kündigungsfrist von einem halben Jahr. Wird er während der Kündigungsfrist einen einzigen Tag krank, verschiebt sich das Ende des Arbeitsverhältnisses um ein ganzes Jahr. Unseres Erachtens rechtfertigt eine Krankheit von einem Tag Dauer aber nicht eine derartige Verlängerung. Da Sänger nämlich relativ häufig gesundheitliche Arbeitsunfähigkeiten aufweisen, könnte ihnen kaum mehr mit der vereinbarten Frist gekündigt werden.

621    Krankheit oder Unfall führen häufig dazu, dass Überstunden und Ferien nicht während der Kündigungsfrist eingezogen werden können.[901] Dies führt aber nicht zu einer Verlängerung der Kündigungsfrist, sondern zu einem in Geld abzugeltenden Anspruch.

ddd) Schwangerschaft und Niederkunft

622    Für die Arbeitnehmerin gilt während der *Schwangerschaft* und bis 16 Wochen nach der Niederkunft eine besondere Sperrfrist. Die Bestimmung gilt wohl auch mit Bezug auf den nachfolgenden Kündigungsschutz bei einer *Totgeburt*. Unseres Erachtens ist nämlich auf das Arztzeugnis abzustellen. Dieses gibt Aufschluss darüber, ob es sich beim Ereignis um eine Niederkunft handelt oder nicht. Somit ist auch eine Totgeburt als Niederkunft zu behandeln und löst die Kündigungssperrfrist aus, nicht aber ein *Abort*, da dieser nicht als Nieder-

---

[900]    BRÜHWILER, Art. 336c OR, N 3; GEISER, AJP 1996, 555; BK-REHBINDER/STÖCKLI, Art. 336c OR, N3.

[901]    STREIFF/VON KAENEL/RUDOLPH, Art. 336c OR, N 8.

kunft gilt. Selbstverständlich gilt auch die *Adoption* eines Kindes nicht als Niederkunft, weshalb dann keine Sperrfrist gilt.

Der Kündigungsschutz gilt auch während einer bis anhin *unerkannten Schwangerschaft.*[902] Eine während derselben zugegangene Kündigung ist deshalb nichtig und muss nach Ablauf der Fristen wiederholt werden. Bis dahin bleibt das Arbeitsverhältnis bestehen.[903]

623

## b) Sachlicher Kündigungsschutz

### aa) Zweck und Anwendungsbereich

Das Arbeitsvertragsrecht hält an der *Kündigungsfreiheit* fest (Art. 335 OR), d.h., es bedarf bei einer ordentlichen Kündigung keines besonderen Grundes.[904] Es gibt aber bestimmte Gründe, aufgrund derer nicht gekündigt werden darf. Diese *«verbotenen Gründe»* sind im Gesetz *nicht abschliessend* aufgezählt (Art. 336 OR).[905] Mit der Aufzählung hat der Gesetzgeber den Missbrauch konkretisiert und für die entsprechende Wertung Massstäbe gesetzt. Nicht ausdrücklich genannte Gründe können nur dann als missbräuchlich angesehen werden, wenn sie ebenso schwer wiegen wie die im Gesetz genannten.[906]

624

Der Kündigungsschutz ist grundsätzlich *paritätisch ausgestaltet;* das Gesetz spricht nur von «einer Partei» (Art. 336 Abs. 1 OR). Allerdings eignen sich nicht alle paritätisch gestalteten Gründe für einen Schutz der Arbeitgeberin[907] und enthält das Gesetz auch speziell den Arbeitnehmer schützende Vorschriften (Abs. 2). In der Praxis spielt der Schutz der Arbeitgeberin vor Kündigungen des Arbeitnehmers denn auch eine untergeordnete Rolle.[908]

625

Der Beweis einer Kausalität zwischen Grund und Kündigung obliegt im Allgemeinen der gekündigten Partei. Einzig im Falle der Kündigung eines Arbeitnehmers, weil er gewählter Vertreter gegenüber der Arbeitgeberin ist, wird die Kündigungsfreiheit auch durch die

626

---

[902] BJM 1991, 225; Brunner/Bühler/Waeber/Bruchez, Art. 336c OR, N 3 und 9; BGE 135 III 349.

[903] JAR 2000, 213; BJM 1991, 225; Brunner/Bühler/Waeber/Bruchez, Art. 336c OR, N 9.

[904] Eine Ausnahme ist Art. 336 Abs. 2 lit. b OR.

[905] Streiff/von Kaenel/Rudolph, Art. 336 OR, N 3 mit Verweisen; Vischer/Müller, 320 f.; BK-Rehbinder/Stöckli, Art. 336 OR, N 10; Humbert, 63.

[906] Streiff/von Kaenel/Rudolph, Art. 336 OR, N 3.

[907] So Art. 336 Abs. 1 lit. c und lit. e OR, Letztere, wenn es sich bei der Arbeitgeberin um eine juristische Person handelt.

[908] BK-Rehbinder/Stöckli, Art. 336 OR, N 3; Vischer/Müller, 322.

Beweislast eingeschränkt;[909] die Arbeitgeberin muss nachweisen, dass sie «einen begründeten Anlass zur Kündigung» hatte (Art. 336 Abs. 2 lit. b OR).

627 Nach dem Wortlaut des Gesetzes gelangt der sachliche Kündigungsschutz im Gegensatz zum zeitlichen[910] *auch während des Probeverhältnisses* zur Anwendung. Dieser Auffassung ist auch die Rechtsprechung gefolgt.[911]

628 Umstritten ist jedoch, ob die Bestimmung auch *vor Stellenantritt* zur Anwendung kommt, was bei wörtlicher Interpretation des Ausdrucks «Arbeitsverhältnis» (Art. 336 Abs. 1 OR) nicht der Fall ist. Dieser Auffassung folgte das Kantonsgericht St. Gallen in einem Fall, in welchem eine Arbeitnehmerin vor Stellenantritt der Arbeitgeberin mitteilte, sie habe eine bessere Stelle gefunden und werde den abgeschlossenen Vertrag nicht halten.[912] Das Gericht prüfte dann aber, ob die Kündigungsschutzbestimmungen allenfalls aufgrund «krass illoyalen Verhaltens» analog anwendbar seien.[913]

629 Demgegenüber hat das Arbeitsgericht Zürich in einem Entscheid vom 13. September 1989 die sachlichen Kündigungsschutzbestimmungen ohne Weiteres angewendet und einem Arbeitnehmer, dem vor Stellenantritt wegen nicht mit dem Arbeitsverhältnis zusammenhängenden Vorstrafen und Betreibungen gekündigt worden war, einen Monatslohn als Entschädigung zugesprochen.[914] Der Auffassung des Arbeitsgerichts Zürich ist u.E. zuzustimmen. Es ist wenig befriedigend, mit Bezug auf die Voraussetzungen für ein rechtswidriges Verhalten die allgemeinen Regeln über die culpa in contrahendo anzuwenden, bei den Rechtsfolgen aber auf den sachlichen Kündigungs-

---

[909] WYLER/HEINZER, 643 f.; STREIFF/VON KAENEL/RUDOLPH, Art. 336 OR, N 16; VISCHER/MÜLLER, 330 f.; vgl. auch BGE 138 III 359, wonach eine Entlassung aus wirtschaftlichen Gründen nicht missbräuchlich ist, soweit kein Zusammenhang mit der Tätigkeit des Angestellten als gewählter Arbeitnehmervertreter besteht. *De lege lata* verbiete es sich – wie im Bericht des Bundesrates zur Teilrevision des Obligationenrechts (Sanktionen bei missbräuchlicher Kündigung) geäussert wurde –, wirtschaftliche Gründe im Rahmen der Entlassung eines Arbeitnehmervertreters als missbräuchlich zu qualifizieren, während sie ohne Weiteres zur Auflösung des Arbeitsverhältnisses mit den übrigen Mitarbeitern berechtigen. Ein solches Ergebnis lasse sich nicht nur durch eine Gesetzesänderung bewerkstelligen.

[910] «Nach Ablauf der Probezeit ...» (Art. 336*c* Abs. 1 OR und Art. 336*d* Abs. 1 OR).

[911] BGE 134 III 108; BJM 1992, 257 ff.; JAR 1990, 240 f.; JAR 1991, 252. Vgl. dazu auch GEISER/HÄFLIGER, 105.

[912] SJZ 88 (1992), 185 ff., wo auch ausführlich zur Kontroverse Stellung genommen wird, ob überhaupt vor Stellenantritt gekündigt werden kann.

[913] Was im vorliegenden Fall zu verneinen war.

[914] JAR 1991, 249 ff.

schutz abzustellen. Die gesetzliche Regelung ist als Ganzes zu betrachten, das nur entweder ganz oder gar nicht zur Anwendung gelangen kann. Selbstverständlich steht aber ausser Zweifel, dass sowohl bei der Beurteilung einzelner Tatbestände als namentlich auch bei der Höhe der Entschädigung dem Umstand Rechnung getragen werden kann, dass noch kein Arbeitsverhältnis bestanden hat.

Bei einem Zusammentreffen von ordentlichen und missbräuchlichen Gründen hat das Bundesgericht festgehalten, dass derjenige Grund massgebend ist, welcher für die kündigende Partei der überwiegende und ausschlaggebende Grund war. Die Arbeitgeberin trägt die Beweislast dafür, dass die Kündigung auch ausgesprochen worden wäre, wenn der als missbräuchlich zu bewertende Grund nicht existiert hätte.[915]    629a

### bb) Wirkung

Die Missbräuchlichkeit einer Kündigung hat *nicht deren Ungültigkeit* zur Folge, sondern führt vielmehr zu einer *Entschädigungspflicht* (Art. 336a Abs. 1 OR). Der Gesetzgeber hat bewusst von einer Verpflichtung abgesehen, das Arbeitsverhältnis fortzuführen. Das Gericht hat der missbräuchlich gekündigten Partei eine Art Privatbusse zuzusprechen, die maximal sechs Monatslöhne betragen darf und auch ohne Nachweis eines Schadens geschuldet ist (Art. 336a Abs. 2 erster Satz OR).    630

Darüber hinaus kann Schadenersatz aus anderen Rechtstiteln geltend gemacht werden (Art. 336a Abs. 2 zweiter Satz OR). Ist gleichzeitig Art. 49 OR erfüllt, kann auch Genugtuung geschuldet sein.[916]    631

### cc) Einzelne Tatbestände

aaa) Persönliche Eigenschaften

Zu den relevanten persönlichen Eigenschaften (Art. 336 Abs. 1 lit. a OR) gehören insbesondere Vorstrafen, Betreibungen und Krankheiten. Für die Gerichte stellt sich regelmässig die Frage, wann diese im Zusammenhang mit dem Arbeitsverhältnis stehen und damit eine Kündigung rechtfertigen können.    632

---

[915]  Urteil des BGer 4P.205/2000 vom 6. März 2001, E. 3a = JAR 2002, 238 ff.; Urteil des BGer 4A_430/2010 vom 15. November 2010, E. 2.1.3.
[916]  STREIFF/VON KAENEL/RUDOLPH, Art. 336a OR, N 8.

633     Ein Zusammenhang zwischen *Vorstrafe* und Arbeitsverhältnis darf nicht bereits dann bejaht werden, wenn Kunden möglicherweise davon Kenntnis haben. Soll der Kündigungsschutz nicht seinen Sinn verlieren und eine Resozialisierung nicht unnötig erschwert werden, so ist dieser Zusammenhang nur zurückhaltend anzunehmen.[917] Die Arbeitgeberin hat auf jeden Fall zu prüfen, welche Schutzmassnahmen sie ergreifen könnte, um ihre Interessen auf andere Weise als mit einer Kündigung zu wahren.

**Beispiele:**

– Zum Nachteil einer früheren Arbeitgeberin begangene Vermögensdelikte rechtfertigen eine Kündigung, wenn der Arbeitnehmer an der neuen Stelle mit dem Zahlungsverkehr des Betriebes zu tun hat.[918]

– Der Zusammenhang zwischen Vorstrafen wegen Betäubungsmitteldelikten und dem Arbeitsverhältnis eines technischen Kundenberaters im Gebiet des Lüftungsgewerbes genügt nicht.[919]

634     Ist ein Zusammenhang mit dem Arbeitsverhältnis gegeben, fragt sich, wie weit die Verfehlungen zeitlich zurückliegen dürfen, um noch berücksichtigt zu werden. Aus naheliegenden Gründen handelt es sich in der Praxis regelmässig um noch nicht gelöschte Vorstrafen. Weiter zurückliegende Verfehlungen waren bis anhin offenbar nicht zu beurteilen.

635     Wesentlich heikler ist die Frage der Missbräuchlichkeit einer Kündigung, wenn diese aufgrund eines *hängigen Strafverfahrens* bezüglich Handlungen vor Stellenantritt erfolgt. Diesfalls sind nicht nur der Zusammenhang, sondern auch die Umstände zu beachten.

**Beispiel:** Die Chambre d'Appel de Genève hat bei einer Direktionssekretärin einer Bank mitberücksichtigt, dass die Anschuldigung, in Betrügereien bei der vorherigen Arbeitgeberin verwickelt gewesen zu sein, in der Öffentlichkeit zur Kenntnis genommen worden war. Die Kündigung wurde als zulässig angesehen, weil die Weiterbeschäftigung dem Ansehen der neuen Arbeitgeberin geschadet hätte.[920]

636     Ähnliche Überlegungen wie bei Vorstrafen sind auch bei *Betreibungen* anzustellen. Sowohl zurückliegende als auch laufende Betrei-

---

[917]   JAR 1991, 250.
[918]   BJM 1992, 261.
[919]   JAR 1991, 250.
[920]   JAR 1992, 244.

bungen vermögen eine Kündigung nur zu rechtfertigen, wenn ein Zusammenhang mit der konkreten Arbeit besteht.

**Beispiel:** Handelt es sich nur um kleinere Beträge oder sind die Betreibungen nicht fortgesetzt worden, so kann daraus nicht geschlossen werden, ein im technischen Bereich tätiger Arbeitnehmer habe ungeordnete finanzielle Verhältnisse, die ihn als nicht vertrauenswürdig erscheinen liessen.[921]

Auch eine *Krankheit* kann eine Kündigung nur rechtfertigen, wenn sie sich auf das Arbeitsverhältnis negativ auswirkt, insbesondere wenn sie zur Arbeitsunfähigkeit führt. Nach Ablauf der Sperrfristen (Art. 336*c* Abs. 1 lit. b OR) kann nicht nur aus einem anderen Grund, sondern auch wegen der Krankheit gekündigt werden, wenn nicht die Arbeitgeberin den Ausbruch der Krankheit zu verantworten hat.

637

**Beispiel:** Das Arbeitsgericht Genf hielt eine gegenüber einer aufgrund einer Depression arbeitsunfähigen Arbeitnehmerin ausgesprochene Kündigung für missbräuchlich, weil die Depression auf sexuelle Belästigungen am Arbeitsplatz zurückzuführen war.[922]

Zu beachten ist überdies, dass beim Ausbruch einer Krankheit die Arbeitgeberin geeignete Massnahmen zum Schutz der Gesundheit des Arbeitnehmers zu ergreifen hat (Art. 328 Abs. 2 OR) und sie auch eine *Fürsorgepflicht nach Kündigung* trifft.

637a

**Beispiel:** Das Bundesgericht bejahte eine Fürsorgepflichtverletzung, weil die Arbeitgeberin nicht geprüft hatte, ob dem erkrankten Arbeitnehmer eine Ersatzstelle in einer anderen Filiale angeboten werden könne. Die nach Ablauf der Sperrfrist ordentlich unter Einhaltung der Kündigungsfrist ausgesprochene Kündigung sei missbräuchlich erfolgt, da der Arbeitnehmer nach Treu und Glauben einen Stellenwechsel verlangt habe.[923]

Eine ordentliche Kündigung bei Erreichen des Pensionsalters ist, vorbehaltlich besonderer Umstände, nicht missbräuchlich. Mit Verweis auf die Rechtsprechung des EGMR hat das Bundesgericht dargelegt, dass Regelungen, welche Altersgrenzen beinhalten, nicht diskriminierend seien. Vielmehr würden sie dem «legitimen sozialpolitischen Ziel» entsprechen, eine ausgewogene Altersstruktur zu schaffen und im Inte-

637b

---

[921] JAR 1991, 250.
[922] JAR 1992, 171.
[923] Urteil des BGer 4A_2/2014 vom 19. Februar 2014, E. 3.2 ff.; Art. 336 Abs. 1 lit. d OR.

resse einer Verteilung der Beschäftigung zwischen den Generationen die berufliche Eingliederung jüngerer Arbeitnehmer fördern.[924]

#### bbb) Rechtmässige Ausübung verfassungsmässiger Rechte

638     Mit dem Schutz verfassungsmässiger Rechte (Art. 336 Abs. 1 lit. b OR) wird klargestellt, dass bspw. auch die Ausübung der Vereinsfreiheit und die rechtmässige Ausübung einer gewerkschaftlichen Tätigkeit keine zulässigen Kündigungsgründe sein können. Interessanterweise fehlt hier die Einschränkung mit Bezug auf die sogenannte Druckkündigung.[925]

> **Beispiel:** Als Ausübung der *Religionsfreiheit* wurde von den Gerichten zu Recht das Tragen eines Kopftuchs einer Muslimin angesehen. Das Argument der Arbeitgeberin, sie wolle einen sich als schweizerisch präsentierenden Betrieb, genügt nicht, um entsprechende Weisungen der Arbeitgeberin zu rechtfertigen. Eine Weigerung der Arbeitnehmerin, das Kopftuch abzunehmen, kann deshalb nicht als Vertragsverletzung erscheinen[926] und eine entsprechende Kündigung erscheint als rechtsmissbräuchlich.[927]

639     Per Spezialvorschrift werden auch die Arbeitnehmervertreter von Betriebskommissionen und ähnlichen Einrichtungen vor Kündigungen geschützt (Art. 336 Abs. 2 lit. b OR). Da die Verbindung zum Arbeitsverhältnis hier besonders eng ist, wird der Arbeitnehmer vom Nachweis des Kausalzusammenhangs zwischen Mitgliedschaft und Kündigung entbunden.

> **Beispiel:** Als eindeutig rechtsmissbräuchlich sah das Bundesgericht eine gegenüber einem Arbeitnehmer ausgesprochene Kündigung an, deren Grund darin lag, dass dieser «sich als Mitglied der Betriebskommission nicht derart mit den Interessen der Angestellten und der Ge-

---

[924] Urteil des BGer 4A_399/2013 vom 17. Februar 2014, E. 3.4; im vorliegenden Fall verneinte das BGer die Missbräuchlichkeit der Kündigung eines 70-jährigen Arbeitnehmers, welcher nebenamtlich als Fachlehrer an einer privaten Ingenieurschule arbeitete. Der Entlassene machte unter anderem geltend, dass die Kündigung aufgrund seines Alters ausgesprochen worden sei, was per se missbräuchlich sei, da der Kündigungsgrund gem. Art. 336 Abs. 1 lit. a OR in einer Eigenschaft des Arbeitnehmers gelegen habe.

[925] D.h., wenn Belegschaft oder Kunden unter Androhung von Kampfmassnahmen die sofortige Entlassung eines Arbeitnehmers fordern, obwohl kein ausreichender Grund vorliegt (REHBINDER, Arbeitsrecht, Rz. 357).

[926] Einzelnen Arbeitnehmerinnen hatte die Arbeitgeberin zudem das Tragen eines Kopftuchs gestattet.

[927] SJZ 87 (1991), 196 ff. (= JAR 1991, 254 ff.).

schäftsleitung identifizieren konnte, wie es eigentlich seine Aufgabe gewesen wäre». Der Nachweis einer dem Betriebsklima nicht förderlichen Ausübung des Mandates in der Betriebskommission stellt noch keinen «begründeten Anlass» zur Kündigung i.S.v. Art. 336 Abs. 2 lit. b OR dar.[928]

ccc) Vereitelung von Ansprüchen

Eine Kündigung, ausschliesslich um die Entstehung von recht-      640
mässigen Ansprüchen zu verhindern, ist missbräuchlich (Art. 336 Abs. 1 lit. c OR). Das «ausschliesslich» ist erst in der parlamentarischen Beratung eingefügt worden[929] und erschwert den Beweis.[930] Gleichzeitig zeigt die Bestimmung aber auch mit aller Deutlichkeit, dass es sich bei den anderen Tatbeständen nicht um den einzigen Kündigungsgrund handeln muss. Der Wortlaut verbietet es u.E., einen Missbrauch bereits anzunehmen, wenn bei mehreren Gründen das Vereitelungsmotiv überwiegt.[931]

ddd) Rachekündigung

Ein Schutz vor Rachekündigung besteht, wenn Ansprüche nach      641
Treu und Glauben geltend gemacht worden sind (Art. 336 Abs. 1 lit. d OR). Es ist unbestritten, dass als Geltendmachung eines Anspruchs nicht nur eine *Klage*, sondern auch jede *aussergerichtliche Erhebung* des Anspruchs angesehen wird.[932] Der gute Glaube wird gemäss Art. 3 Abs. 1 ZGB vermutet.[933] Die Bestimmung regelt zwei Fälle: Zum einen geht es um jene Sachverhalte, bei denen der Arbeitnehmer einen bestehenden Anspruch mit Erfolg geltend gemacht hat und ihm die Arbeitgeberin anschliessend kündigt. Zum andern werden aber auch jene Kündigungen erfasst, welche ausgesprochen werden, nachdem ein Arbeitnehmer einen vermeintlichen Anspruch geltend gemacht hat und damit unterlegen ist. Durfte er nach Treu und Glauben annehmen, dass der Anspruch bestand, ist auch in diesem Fall die Kündigung nach der genannten Bestimmung missbräuchlich.

---

[928] Urteil des BGer vom 4. März 1991 in Sachen W. c. H. AG., E. 1.
[929] Vgl. den Entwurf des Bundesrates, BBl 1984 II 633.
[930] STREIFF/VON KAENEL/RUDOLPH, Art. 336 OR, N 7; a.M. VISCHER/MÜLLER, 327 f.
[931] So HUMBERT, 86 mit Hinweis auf die Entstehungsgeschichte und BK-REHBINDER/STÖCKLI, Art. 336 OR, N 5.
[932] Vgl. JAR 1992, 178 f.; STREIFF/VON KAENEL/RUDOLPH, Art. 336 OR, N 8; VISCHER/MÜLLER, 327 f.
[933] Urteil des BGer vom 4. März 1991 in Sachen H. c. D. SA, E. 1c.

**Beispiel:** Bezahlt die Arbeitgeberin den gesamtarbeitsvertraglich ver-einbarten höheren Lohn, nachdem die Arbeitnehmerin die Lohndiffe-renz geltend gemacht hat, so besteht keinerlei Anlass anzunehmen, die Geltendmachung sei nicht in guten Treuen erfolgt.[934] Erfolgt kurz nach der Geltendmachung der Lohndifferenz eine Kündigung durch die Ar-beitgeberin, so besteht die Vermutung einer Rachekündigung. Diese Vermutung kann von der Arbeitgeberin nur widerlegt werden, wenn sie konkrete Gründe für die Kündigung vorbringen kann, welche erst nach der Geltendmachung der Lohndifferenz entstanden sind.

642  Unsicherheit bestand in der Frage, ob Art. 336 Abs. 1 lit. c und d OR nur Ansprüche aufgrund des bestehenden Arbeitsvertrags erfasst oder ob es auch missbräuchlich ist, wenn die Arbeitgeberin mit einer *Änderungskündigung* die Arbeitsbedingungen verschlechtern will. Das Bundesgericht hat hierzu festgehalten, dass Änderungskündigungen dann missbräuchlich sind, wenn auf ihrem Wege eine unbillige Ver-schlechterung zulasten des Vertragspartners durchgesetzt werden soll, ohne dass dafür betriebliche oder marktbedingte Gründe vorliegen.[935] Weiter darf die Arbeitgeberin mit der Änderungskündigung keine vertragliche Änderung (wie z.B. eine Lohnreduktion) verlangen, die noch vor Ablauf der ordentlichen Kündigungszeit in Kraft treten soll. Weigert sich der Arbeitnehmer, eine solche Änderung (also z.B. die Lohnreduktion) anzunehmen, so ist dies nach Auffassung des Bun-desgerichtes nichts anderes als die Geltendmachung eines Anspruchs aus dem Arbeitsverhältnis.[936] Kündigt die Arbeitgeberin in der Folge, weil der Arbeitnehmer die vorgeschlagenen Änderungen nicht akzep-tiert hat, so ist dies als missbräuchliche Kündigung gemäss Art. 336 Abs. 1 lit. d OR zu qualifizieren.

642a  Eine Kündigung als Reaktion der Arbeitgeberin auf ein erfolgtes *Whistleblowing* des Arbeitnehmers ist noch nicht ausdrücklich im Katalog von Art. 336 OR aufgeführt.[937] Die Rechtsprechung hat je-doch in einzelnen Entscheiden Kündigungen, die wegen Whistleblo-wing-Sachverhalten ausgesprochen wurden, als missbräuchlich aner-kannt.[938] Auch in der Lehre wird eine Kündigung, die als Reaktion auf ein zulässiges Whistleblowing erfolgt, als Missbrauchstatbestand be-

---

[934] Urteil des BGer vom 4. März 1991 in Sachen H. c. D. SA, E. 1c.
[935] RUDOLPH, Jusletter 2011, 4; BGE 123 III 246, E. 4. BGE 118 II 166.
[936] BGE 123 III 246, E. 4a.
[937] Derzeit wird am neuen Art. 336 Abs. 2 lit. d E-OR gearbeitet. Kündigungen, die wegen Meldungen von Missständen gemäss den geplanten Art. 321a$^{bis}$ – 321a$^{sexies}$ E-OR aus-gesprochen werden, sollen in Zukunft missbräuchlich sein; siehe auch Rz. 364 f.
[938] Urteil des BGer 4C_97/2006, E. 3.2; Urteil des BGer 4A_2/2008, E. 7.3.2.

trachtet, denn dabei handelt es sich um eine Rachekündigung. Diese Qualifikation ist deshalb richtig, weil der Arbeitnehmer grundsätzlich über ein Melderecht verfügt, welches als Anspruch aus dem Arbeitsverhältnis zu verstehen ist. Eine im Zusammenhang mit einer zulässigen Meldung stehende Kündigung würde also als Vergeltung für das Whistleblowing erfolgen.

eee)  Weitere Gründe

Die gesetzliche Aufzählung ist *nicht abschliessend*. Ein Missbrauch kann sich im Weiteren auch aus dem *Vorgehen bei der Kündigung* selber ergeben.[939] So hat das Bundesgericht in BGE 132 III 115 festgehalten, dass eine Kündigung auch dann missbräuchlich sein kann, wenn die Arbeitgeberin bei einer Konfliktsituation am Arbeitsplatz nicht vor dem Aussprechen der Kündigung sämtliche ihr zumutbaren Vorkehren getroffen hat, um den Konflikt zu entschärfen, da sie diesfalls ihrer Fürsorgepflicht nicht hinreichend nachgekommen ist.[940] Ausnahmen davon sind möglich, wenn aufgrund der konkreten Situation bereits klar ist, dass solchen Bemühungen kein Erfolg beschieden sein wird oder wenn die Spannungen am Arbeitsplatz dadurch entstanden sind, dass der Arbeitnehmer seine arbeitsrechtlichen Pflichten verletzt hat, so bspw. wenn er berechtigten Anordnungen der Arbeitgeberin nicht nachgekommen ist.[941] Demgegenüber scheint es nicht möglich, dass eine in zulässiger Art ausgesprochene Kündigung durch das nachfolgende Verhalten rechtsmissbräuchlich wird. Hier können sich höchstens Ansprüche aus Persönlichkeitsschutz (Art. 28 ff. ZGB und 328 OR) ergeben. In weiteren Urteilen hat das BGer seinen BGE 132 III 115 relativiert. Sowohl der 55-jährige Uhrenmechaniker als auch der 57-jährige Offsetdrucker beriefen sich erfolglos auf den Entscheid vom 20. Dezember 2005. Im erstgenannten Fall war die Arbeitgeberin nicht verpflichtet, den Arbeitnehmer vor Aussprechung der Kündigung schriftlich unter Androhung der Entlassung zu verwarnen.[942] Im zweiten Sachverhalt gelang dem Arbeitnehmer der Beweis nicht, dass die Möglichkeit der Weiterbeschäftigung in einer anderen

643

---

[939]  RUDOLPH, Jusletter 2011, 5.
[940]  BGE 132 III 115, E. 2.2; BGE 125 III 70 ff.; zur erweiterten Fürsorgepflicht und daraus fliessenden Verwarnungsobliegenheit der Arbeitgeberin ggü. Arbeitnehmern mit langer Beschäftigungsdauer vgl. auch Urteil des BGer 4A_384/2014 vom 12. November 2014, E. 4.2.1 f. und E. 5.2.
[941]  Urteil des BGer 4A_158/2010 vom 22. Juni 2010; Urteil des BGer 4C.73/2006 vom 22. Dezember 2006; BGE 125 III 70, E. 2c.
[942]  Urteil des BGer 4A_419/2007, E. 2.4 ff.

Funktion ernsthaft bestand.[943] Es kommt zudem nicht nur auf das Alter des vor der Pensionierung stehenden Arbeitnehmers an. Auch wenn die Kündigung vor dem Pensionsalter erfolgt und die Rente höher ausgefallen wäre, wenn die Arbeitgeberin nicht gekündigt hätte, handelt es sich nicht per se um eine missbräuchliche Kündigung. Vielmehr müssen sämtliche Gegebenheiten des Einzelfalls berücksichtigt werden.[944] Unter entsprechenden Umständen kann auch einem langjährigen Mitarbeiter kurz vor der Pensionierung gekündigt werden. Wenn bspw. ein 63-jähriger Kadermitarbeiter schlechte Leistungen erbringt, ungenügende Arbeitszeiten vorzuweisen hat und in der Mittagspause übermässig Alkohol konsumiert, dann ist eine Kündigung weder missbräuchlich noch diskriminierend.[945] Die Entlassung eines 64 Jahre alten Arbeitnehmers ist hingegen missbräuchlich, wenn er sich lediglich leicht abnehmende Arbeitsleistungen vorwerfen lassen muss, jedoch nie verwarnt wurde.[946]

**Beispiele:**

– Es verstösst gegen Treu und Glauben, wenn bei der Gegenpartei zuerst der Wille zur Vertragsfortsetzung vorgetäuscht wird, obgleich bereits Vertragsverhandlungen mit einer anderen Person geführt werden.[947]

– Auch die Art, wie die Freistellung erfolgt, kann gegen das Gebot der schonenden Rechtsausübung verstossen und damit zur Missbräuchlichkeit der Kündigung führen.[948] Unseres Erachtens kann dieser Praxis aber nur zugestimmt werden, wenn die Freistellung vor oder unmittelbar mit der Kündigung erfolgt, was im vom Bundesgericht zu entscheidenden Fall zutraf.

– Auch keine missbräuchliche Kündigung liegt vor, wenn einem Mitarbeiter, dem ein gutes Zwischenzeugnis ausgestellt wurde, nach sechs Monaten trotzdem gekündigt wird.[949] Erleidet der Arbeitnehmer durch die Kündigung einen Schock und hat in der Folge gesundheitliche Probleme, kann dafür im Übrigen nicht die Arbeitgeberin haftbar ge-

---

[943] Urteil des BGer 4A_72/2008, E. 4.
[944] Urteil des BGer 4C_388/2006, E. 3.1 ff.; siehe auch Urteil des BGer 4A_419/2007, E. 2.5; beide Urteile sind mit Blick auf BGE 132 III 115 und Urteil des BGer 4A_558/2012 zu lesen.
[945] Urteil des BGer 4A_60/2009, E. 3.2 f.
[946] Urteil des BGer 4A_558/2012, E. 2.
[947] BGE 118 II 166 f.
[948] BGE 118 II 167; Urteil des BGer 4A_99/2012 vom 30. April 2012.
[949] Ein gutes Zwischenzeugnis bedeutet noch nicht den Verzicht der Arbeitgeberin auf eine ordentliche Kündigung. Bei nachlassenden Leistungen beispielsweise muss es der Arbeitgeberin freistehen, ordentlich zu kündigen.

macht werden. Diese hat keine rechtliche Pflicht verletzt und auch keine unerlaubte Handlung begangen. Es ist ihr Recht zu kündigen!

Derzeit wird an einem Entwurf zum Schutz von Arbeitnehmern bei Meldung von Missständen (Whistleblowing) gearbeitet.[950] Darin findet sich im geplanten Art. 336 Abs. 2 lit. d OR ein expliziter Tatbestand, nach dem Kündigungen wegen Meldung von Missständen unter den Voraussetzungen der geplanten Art. 321a$^{bis}$–321a$^{sexies}$ E-OR missbräuchlich sind.

644

## dd) *Verfahren*

Wird Kündigungsschutz nur gewährt, wenn die Kündigung aus bestimmten Gründen ausgesprochen worden ist, so ist die Kenntnis der Kündigungsgründe von entscheidender Bedeutung. Das Gesetz bestimmt deshalb, dass der Kündigende die Kündigung auf Verlangen der anderen Partei *schriftlich begründen* muss (Art. 335 Abs. 2 OR). Das Formerfordernis dient der Klarheit, indem es den Kündigenden zwingt, sich für bestimmte Gründe zu entscheiden. Zudem wird dadurch der Beweis in einem allfälligen Prozess über die Missbräuchlichkeit erleichtert.[951] Die Begründungspflicht hat ihren Grund indessen nicht nur im Schutz vor missbräuchlichen Kündigungen. Die Kündigung durch die Arbeitgeberin stellt für den Arbeitnehmer stets einen schweren Eingriff dar. Namentlich nach einem langen Arbeitsverhältnis kann er durch die Kündigung seine Persönlichkeit infrage gestellt fühlen. Ein Mindestmass an Respekt vor der Persönlichkeit des Arbeitnehmers verlangt es, ihm auch die Gründe für eine Kündigung bekannt zu geben. Die Begründungspflicht ist deshalb auch Ausfluss des Persönlichkeitsschutzes (Art. 328 Abs. 1 OR).[952] Das Gesetz schreibt aber nur eine allgemeine Begründung vor. Es genügt deshalb, wenn die Arbeitgeberin ihre Begründung z.B. wie folgt begründet: *«Ihre Leistungen entsprachen nicht unseren Erwartungen.»*

645

Wer einen Anspruch wegen missbräuchlicher Kündigung geltend machen will, muss bis zum Ende der Kündigungsfrist bei der Gegenpartei *schriftlich Einsprache* erheben (Art. 336b Abs. 1 OR). An die Formulierung dürfen keine hohen Anforderungen gestellt werden. Jedoch setzt eine gültige Einsprache voraus, dass der Arbeitnehmer klar zum Ausdruck bringt, das Arbeitsverhältnis fortsetzen zu

646

---

[950] Siehe Rz. 364.
[951] BBl 1984 II 696.
[952] BBl 1984 II 595.

wollen; das blosse Bestreiten des Wahrheitsgehaltes der Kündigungsgründe genügt nicht.[953] Die Frist ist nur gewahrt, wenn die Einsprache am letzten Tag der Kündigungsfrist eintrifft[954] und verlängert sich auch nicht, wenn die Arbeitgeberin ihrer Begründungspflicht nicht nachkommt.[955] Das Vorliegen einer schriftlichen Begründung ist aber kein Gültigkeitserfordernis; die Einsprache kann unabhängig davon bereits sofort nach Kündigung oder zusammen mit dem Begründungsbegehren erhoben werden.[956] Wird *fristlos gekündigt*, so gilt als Einsprachefrist die hypothetische ordentliche Kündigungsfrist, maximal aber 180 Tage.[957]

647      Aus dem Gesetz ergibt sich sodann die Pflicht, über die *Weiterführung* des Arbeitsverhältnisses zu *verhandeln* (Art. 336b Abs. 2 OR). Dies ist allerdings keine formelle Anspruchsvoraussetzung für die Weiterführung des Verfahrens,[958] sondern eine Weigerung wird bei der Festsetzung der Prozesskosten und einer eventuellen Entschädigung gewürdigt.

648      Kommt keine Einigung zustande, so hat die gekündigte Partei ihren Anspruch innert 180 Tagen nach Beendigung des Arbeitsverhältnisses mit *Klage*[959] geltend zu machen (Art. 336b Abs. 2 OR). Während im Falle einer ordentlichen Kündigung diese Frist also im Allgemeinen mit Ende der Kündigungsfrist zu laufen beginnt, wird das Verhältnis durch eine fristlose Entlassung umgehend beendet und die Frist beginnt *sofort* zu laufen.[960] Unklar ist, wann die Frist im Falle einer ordentlichen Kündigung mit sofortiger Freistellung zu laufen beginnt. Das Bundesgericht wendet zumindest die Regelung über die Anrechnung von anderen Verdiensten bei ungerechtfertigter, fristloser Entlassung (Art. 337c Abs. 2 OR) analog an.[961] Eventuell könnte deshalb auch auf eine sofortige, rechtliche Beendigung des Arbeitsverhältnisses geschlossen werden. Mit Blick auf die sich daraus erge-

---

[953] Urteil des BGer 4A_320/2014 vom 8. September 2014, E. 3.1 und 3.3.

[954] STREIFF/VON KAENEL/RUDOLPH, Art. 336b OR, N 3; BRUNNER/BÜHLER/WAEBER/BRUCHEZ, Art. 336b OR, N 2.

[955] STREIFF/VON KAENEL/RUDOLPH, Art. 336b OR, N 3; so nun auch BK-REHBINDER/STÖCKLI, Art. 336b OR, N 2.

[956] STREIFF/VON KAENEL/RUDOLPH, Art. 336b OR, N 3; BK-REHBINDER/STÖCKLI, Art. 336b OR, N 2.

[957] STREIFF/VON KAENEL/RUDOLPH, Art. 336b OR, N 2.

[958] STREIFF/VON KAENEL/RUDOLPH, Art. 336b OR, N 4.

[959] Das Gesetz spricht von Klage. Gemeint ist ein vorgängiges Schlichtungsgesuch in arbeitsrechtlichen Angelegenheiten.

[960] Vgl. STREIFF/VON KAENEL/RUDOLPH, Art. 336b OR, N 5 und Art. 341 OR, N 2.

[961] BGE 118 II 139.

bende unklare Rechtslage empfiehlt es sich, die Frist erst mit dem Ablauf der Kündigungsfrist laufen zu lassen.

Die *unterschiedliche Definition* der Frist für die Einsprache gegen die Kündigung «bis zum Ende der Kündigungsfrist» (Art. 336*b* Abs. 1 OR) und für die Klage «nach Beendigung des Arbeitsverhältnisses» (Abs. 2) hat zur Folge, dass die Klage bei einer ungerechtfertigt fristlosen und überdies missbräuchlichen Entlassung verwirkt sein kann, bevor die Einsprache erfolgt sein muss. Das Problem hat allerdings an Bedeutung verloren, seit diesfalls ohnehin nur die Entschädigung wegen ungerechtfertigt fristloser Kündigung geschuldet ist.[962]   649

Beim *Begriff der Klageanhebung* handelte es sich bereits vor Inkrafttreten der eidgenössischen ZPO um einen bundesrechtlichen.[963] Mit der Vereinheitlichung des Zivilprozessrechts entspricht die Klageanhebung nunmehr der Rechtshängigkeit gemäss Art. 62 ZPO.[964] Der Kläger muss innert Frist ein Schlichtungsgesuch oder eine Klage einreichen.[965] Im Gegensatz zum früheren Recht genügt somit in allen Kantonen das Schlichtungsgesuch. Die *Form* der entsprechenden Schritte wird durch die ZPO bestimmt, wobei bei schriftlichen Eingaben der Poststempel zur Fristwahrung massgebend ist.[966]   650

## c) Kündigungsschutz im Gleichstellungsgesetz

Das Gleichstellungsgesetz schützt vor *diskriminierenden Kündigungen* aufgrund des Geschlechts, des Zivilstandes, der familiären Situation oder wegen Schwangerschaft (Art. 9 GlG). Das ist insofern nicht neu, als diese Tatbestände bereits im allgemeinen, sachlichen Kündigungsschutzrecht enthalten sind (Art. 336 Abs. 1 lit. a OR).   651

Das Gleichstellungsgesetz bietet allerdings einen zusätzlichen *Schutz vor Rachekündigungen*, wenn sich ein Arbeitnehmer gegen eine Diskriminierung gewandt hat (Art. 10 GlG). Während eines Schlichtungsverfahrens und sechs Monate danach kann nur *mit begründetem Anlass* gekündigt werden (Abs. 2). Analog zur Kündigung eines Arbeitnehmervertreters (Art. 336 Abs. 2 lit. b OR) ist auch hier die Arbeitgeberin beweispflichtig.   652

---

[962] BGE 121 III 65.

[963] Kommentar ZPO MÜLLER-CHEN, Art. 64 ZPO, N 56 ff.

[964] Kommentar ZPO MÜLLER-CHEN, Art. 62 ZPO, N 18.

[965] Art. 62 Abs. 1 ZPO.

[966] Im internationalen Verhältnis genügt die rechtzeitige Übergabe an eine schweizerische Vertretung im Ausland (Art. 12 IPRG).

653      Bezüglich der *Sanktionen* weicht die neue Regel im Gleichstellungsgesetz erheblich vom Grundsatz ab, indem die Kündigung als *tatsächlich anfechtbar* erklärt wird. Der Arbeitnehmer hat also einen Anspruch auf Weiterführung des Arbeitsverhältnisses, kann aber auch darauf verzichten und eine Entschädigung aufgrund missbräuchlicher Kündigung (Art. 336a OR) geltend machen. Die Arbeitgeberin kann bei Weiterführung selbstverständlich nach Ablauf der sechsmonatigen Frist noch einmal kündigen. Diese Kündigung ist dann nur nach den allgemeinen Regeln (Art. 336 Abs. 1 lit. d OR) missbräuchlich und damit gültig.

654      Dieser spezielle Kündigungsschutz des Gleichstellungsgesetzes lässt sich weder als zeitlicher noch als sachlicher bezeichnen. Die zeitliche Komponente liegt darin, dass während der Zeit einer Beschwerde über eine Diskriminierung oder bei Anrufung der Schlichtungsstelle ein Kündigungsschutz besteht; die sachliche Komponente liegt darin, dass diesfalls nur aus begründetem Anlass gekündigt werden kann.

## 6.   Freistellung

### a)   Anspruch auf Arbeit

655      Der Arbeitnehmer hat grundsätzlich *keinen Anspruch* auf tatsächliche Beschäftigung.[967] Die Arbeitgeberin kann demnach einen einzelnen oder mehrere Arbeitnehmer jederzeit von der Arbeit freistellen und für eine bestimmte Dauer oder auch auf unbestimmte Zeit auf die Arbeitsleistung verzichten. Das Arbeitsverhältnis bleibt dadurch unverändert bestehen inkl. aller gegenseitigen Rechte und Pflichten der Vertragsparteien. Lediglich die Pflicht des Arbeitnehmers zur Erbringung der Arbeitsleistung ist für die Dauer der Freistellung suspendiert. Die Lohnzahlungspflicht der Arbeitgeberin besteht unverändert weiter. Bei Akkordlohnarbeit, Provisionstätigkeit, unregelmässiger Teilzeitbeschäftigung oder häufigen Sonderzulagen (insbesondere Nacht-, Wochenend- oder Schichtzulage) stellt sich allerdings die Frage nach dem Umfang der Lohnzahlungspflicht. Im Grundsatz besteht die gleiche Problematik wie beim Ferienlohn;[968] es wird deshalb

---

[967]  VISCHER/MÜLLER, 312.
[968]  Zum Ferienlohn vgl. vorne Rz. 509 ff.

auf das Durchschnittseinkommen während den vergangenen zwölf Monaten abgestellt.[969]

Ein Anspruch auf Arbeit besteht allerdings beim Lehrvertrag, wo die Beschäftigung selbst Vertragszweck ist. Ausnahmsweise kann sich auch aus der Fürsorgepflicht der Arbeitgeberin (Art. 328 OR) eine Pflicht zur Weiterbeschäftigung ergeben, soweit dem nicht schwerwiegende Interessen wie z.B. ein gestörtes Vertrauensverhältnis entgegenstehen.[970] Dies ist namentlich dann der Fall, wenn die Beschäftigung für den Erhalt der Berufsfähigkeit von Bedeutung ist[971] oder wenn eine lange Freistellung das wirtschaftliche Fortkommen gefährdet.[972] Infrage kommen insbesondere künstlerische oder wissenschaftliche Tätigkeiten.

656

## b)   Ersatzverdienst

Es kommt immer wieder vor, dass die Arbeitgeberin dem Arbeitnehmer ordentlich kündigt, aber sofort auf seine Arbeitsleistung verzichtet, ihn also *freistellt*. In diesen Fällen stellt sich regelmässig die Frage, ob und in welchem Umfang sich der Arbeitnehmer einen allfälligen Ersatzverdienst an den Lohn anrechnen lassen muss. Tatsächlich ist diese Frage jedoch unabhängig von der Kündigung zu stellen. Auch bei einer Freistellung ohne Kündigung hat die Arbeitgeberin aufgrund ihrer Lohnleistung Anspruch darauf, dass ihr die Arbeitskraft des freigestellten Arbeitnehmers weiterhin uneingeschränkt zur Verfügung steht. Selbstverständlich kann die Arbeitgeberin aber ausdrücklich darauf verzichten. Tut sie dies nicht, so muss sich der Arbeitnehmer an den Lohn anrechnen lassen, was er anderweitig verdient.

657

---

[969]   Vgl. BGE 132 III 172.

[970]   STREIFF/VON KAENEL/RUDOLPH, Art. 319, N 17.

[971]   Z.B. Profifussballer oder Berufspilot.

[972]   Z.B. bei Kadermitgliedern mit langer Kündigungsfrist; vgl. auch Urteil des OGer ZH vom 30. September 2011 (LA100034-O/U), wo das Obergericht Zürich mit Blick auf die lange Dauer der Freistellung einer Kadermitarbeiterin sowie den Umstand, dass die Freistellung aufgrund der Schwangerschaft der Kadermitarbeiterin und damit in diskriminierender Weise erfolgt sei (Art. 3 GlG), die Freistellung gestützt auf Art. 5 Abs. 1 lit. b GlG beseitigte und die Arbeitgeberin unter Strafandrohung (Art. 292 StGB) zur Weiterbeschäftigung der Arbeitnehmerin in der gleichen oder einer vergleichbaren Kaderposition zu den bisherigen Bedingungen (gleicher Lohn, gleiche Verantwortung) verpflichtete.

658     Für die Freistellung hat das Bundesgericht festgehalten, dass die gesetzlichen Anrechnungsregeln von Ersatzverdienst im Falle des Annahmeverzugs der Arbeitgeberin (Art. 324 OR) und bei ungerechtfertigter Entlassung (Art. 337c OR) analog gelten.[973] Es bestehe eine Gesetzeslücke, die nach Art. 1 Abs. 2 ZGB auszufüllen sei. In seinem Entscheid hatte das Bundesgericht nur über anderweitig tatsächlich verdienten Lohn zu befinden; es besteht jedoch kein Grund, nicht auch anzurechnen, was der Arbeitnehmer anderweitig zu verdienen absichtlich unterlassen hat.

659     Das Erkennen auf eine Gesetzeslücke überzeugt jedoch nicht, da die Freistellung unter den *Annahmeverzug der Arbeitgeberin* (Art. 324 OR) zu subsumieren ist. Es entfällt zwar die Andienungspflicht, jedoch lehnt die Arbeitgeberin klar die Annahme der Arbeit im Voraus ab, sodass der Arbeitswille gar nicht bekundet zu werden braucht. Trotzdem endet das Arbeitsverhältnis nicht wie bei der ungerechtfertigten fristlosen Entlassung sofort (Art. 337c OR),[974] sondern läuft bis zum Ablauf der Kündigungsfrist weiter.[975]

660     Da die Freistellung mit dem Ablauf der Kündigungsfrist endet, muss sie anders beurteilt werden als ein Annahmeverzug im fortdauernden Arbeitsverhältnis. Sicher erhält die gesetzliche *Schadenminderungspflicht* (Art. 324 Abs. 2 OR) eine stärkere Bedeutung, da das Vertragsende absehbar ist und der Arbeitnehmer ein eigenes Interesse an der Annahme einer neuen Stelle hat. Im Gegensatz zum Annahmeverzug im ungekündigten Verhältnis, dient die Kündigungsfrist dem Arbeitnehmer spezifisch zur Stellensuche. Die Arbeitgeberin kann also die Freistellung nicht mehr rückgängig machen, nachdem der Arbeitnehmer bereits eine neue Stelle angetreten hat. Hat der Arbeitnehmer bereits eine Stelle für die Zeit nach der Kündigungsfrist, so ist die Suche nach einer Interimsarbeit meist unzumutbar. Unter Umständen ist es jedoch möglich, die neue Stelle bereits früher anzutreten.

**Beispiele:**

– Ein Arbeitnehmer wird freigestellt bis zum Ablauf der Kündigungsfrist. Er findet aber bereits vor Ablauf der Kündigungsfrist eine neue Stelle. Als er erfährt, dass der Lohn anzurechnen ist, vereinbart er mit der neuen Arbeitgeberin, dass ein Lohn erst nach Ablauf der Kündigungsfrist (bei der alten Arbeitgeberin) geschuldet ist und die Arbeit bis dann

---

[973]  BGE 118 II 139.
[974]  ZK-VISCHER, Art. 337c OR, N 5.
[975]  VISCHER/MÜLLER, 312 f.

unentgeltlich geleistet werde. Dieser Verzicht kann als rechtsmissbräuchlich qualifiziert werden. Der ausgeschlagene Lohn ist deshalb
hypothetisch an den Lohn von der alten Arbeitgeberin anzurechnen.

– Eine Arbeitgeberin stellt einen Arbeitnehmer für die Dauer der Kündigungsfrist frei und weist ihn an, er solle möglichst rasch eine andere
Stelle antreten, wobei der an der neuen Stelle verdiente Lohn vom bisherigen abgezogen werde. Der Arbeitnehmer verreist jedoch stattdessen drei Wochen nach Mauritius. In diesem Fall liegt kein Rechtsmissbrauch vor und es kann keine hypothetische Verdienstanrechnung erfolgen.

## c) Rücknahme einer Freistellungserklärung

Bei der Frage danach, ob eine Freistellungserklärung widerrufen
werden kann, wird vielfach argumentiert, dass dies unzulässig sei, da
es sich bei der Freistellungserklärung um ein Gestaltungsrecht handle,
welches unwiderrufbar sei.[976] Diese Argumentation kann jedoch deshalb nicht überzeugen, weil die Freistellung auch ein Ausfluss des
Weisungsrechts der Arbeitgeberin darstellt, welches widerrufbar ist,
sofern dies dem Arbeitnehmer zuzumuten ist.[977] Zur Klärung der Frage der Widerrufbarkeit muss unterschieden werden, wann die Freistellungserklärung ausgesprochen wird. Wird diese zusammen mit der
Kündigung vorbehaltlos ausgesprochen, so ist diese i.d.R. unwiderruflich,[978] da der Arbeitnehmer in seinem Vertrauen auf die freie Disposi-
tionsmöglichkeit während der verbleibenden Zeit zu schützen ist, da er
ansonsten der freien Willkür der Arbeitgeberin ausgesetzt wäre. Vorbehalten bleibt selbstverständlich die einvernehmliche Wiederaufnahme der Arbeit.[979] Relevant für die Frage der Widerrufbarkeit ist, ob
dem Arbeitnehmer eine zeitlich klar definierte Periode der vorbehalt-
losen Freistellung mitgeteilt wurde.[980] Handelt es sich um eine Frei-
stellungsvereinbarung zwischen Arbeitgeberin und Arbeitnehmer und
nicht um eine einseitige Freistellungserklärung, so kann diese ohnehin
nicht nachträglich einseitig von der Arbeitgeberin widerrufen werden.[981]

660a

---

[976] Urteil des BGer 4C.222/2005 vom 27. Oktober 2005, E. 3.3.
[977] BLESI, Rz. 215.
[978] Urteil des BGer 4C.95/2004 vom 28. Juni 2004, E. 3.1.1; unveröffentlichtes Urteil des
BGer 4C.405/1992 vom 21. Mai 1993.
[979] Urteil des BGer 4C.222/2005 vom 27. Oktober 2005, E. 3.3.
[980] BLESI, Rz. 219.
[981] VON KAENEL, 5.

### d)   Selbstverschuldete Freistellung

660b    Hat die Arbeitgeberin einen wichtigen Grund für eine fristlose Entlassung, verpasst sie es aber, diese unverzüglich auszusprechen, oder will sie diese aus anderen Gründen nicht aussprechen und darf der Arbeitnehmer seiner Arbeit auf keinen Fall mehr nachkommen, so ist die Arbeitgeberin gezwungen, diesen freizustellen. Dies ist bspw. bei einem Bankangestellten der Fall, welcher Geld veruntreut. Die Arbeitgeberin könnte ihm fristlos kündigen, tut sie dies nicht, so ist sie gezwungen, den Arbeitnehmer freizustellen. Es stellt sich hier die Frage, ob die Arbeitgeberin nun den Lohn bis zum Ende der Kündigungsfrist dennoch schuldig bleibt. Unseres Erachtens ist dies zu verneinen, da es sich in einem solchen Fall nicht um einen Annahmeverzug der Arbeitgeberin handelt (Art. 324 OR). Zudem ist der Lohn bei Verhinderung an der Arbeitsleistung nach Art. 324a OR nur dann geschuldet, wenn der Arbeitnehmer ohne sein Verschulden an der Arbeitsleistung verhindert ist.

## 7.   Verdachtskündigung

661    Bei der Verdachtskündigung wird einem Arbeitnehmer aufgrund eines Verdachts ihm gegenüber, er könnte sich einer Straftat schuldig gemacht haben, fristlos gekündigt. Über die Zulässigkeit der Verdachtskündigung besteht keine Einigkeit in der Lehre. Mehrheitlich wird allerdings die Ansicht vertreten, der blosse Verdacht genüge nicht zur Rechtfertigung einer Kündigung,[982] was bedeutet, dass die Verdachtskündigung grundsätzlich unzulässig sein müsste. Zur Begründung werden insbesondere die Unschuldsvermutung i.S.v. Art. 6 Abs. 2 EMRK und das Unternehmerrisiko[983] angeführt. Dagegen bezweifeln die Befürworter der Zulässigkeit die Anwendbarkeit der Unschuldsvermutung im Privatrecht.

662    Die fristlose Verdachtskündigung kann als zulässig erachtet werden, sofern eine begangene Straftat die weitere Zusammenarbeit unzumutbar macht, wenn die Straftat im Zusammenhang mit der Tätigkeit des Arbeitnehmers steht oder den Ruf der Arbeitgeberin schädigt.[984] Es ist zu befürworten, dass die Verdachtskündigung zulässig

---

[982]  HUMBERT/VOLKEN, Fristlose Entlassung, 566.
[983]  REHBINDER, Arbeitsrecht, Rz. 357, welcher die Möglichkeit, dass ein Mitarbeiter in den Verdacht strafbarer Handlungen gerät, dem Unternehmerrisiko zurechnet.
[984]  VISCHER/MÜLLER, 346 f.

ist, wenn der Verdacht als gerechtfertigt erscheint und dieser sich auf eine Straftat bezieht, welche ihrerseits eine fristlose Entlassung rechtfertigen würde.

Grundsätzlich spricht die Arbeitgeberin eine Verdachtskündigung u.E. auf eigenes Risiko aus.[985] Das bedeutet: Sofern sich der Verdacht erhärtet, war die Kündigung im Sinne der Existenz eines wichtigen Grundes i.S.v. Art. 337 OR gerechtfertigt. Falls sich der Verdacht nicht erhärtet, treten die Folgen der ungerechtfertigten fristlosen Entlassung nach Art. 337c OR ein. Mithin trägt die Arbeitgeberin die Beweislast dafür, dass der Verdacht berechtigt war. Es gibt aber Ausnahmen: Sofern der Arbeitnehmer durch sein Verhalten (Lügen, Widerstand gegen die Tatbestandsfeststellung) den Verdacht erhärtet[986] bzw. die Klärung des Sachverhalts erschwert oder trotz zumutbarer Abklärungen ein erheblicher Verdacht eines schweren Deliktes bestehen bleibt,[987] ist die fristlose Entlassung trotzdem gerechtfertigt. 663

Unseres Erachtens gilt Folgendes: Bei sehr schweren Straftaten (z.B. Vergewaltigung oder Mord) kann unter Umständen der Verdacht der Verübung einer solchen Straftat ausreichen, um einen beschuldigten Arbeitnehmer fristlos zu entlassen. Dies ist einerseits dann der Fall, wenn die fristlose Entlassung dem Schutz der übrigen Arbeitnehmer dient. Andererseits kann eine Arbeitgeberin z.B. auch bei Verletzung elementarer bankenrechtlicher Vorschriften durch einen Arbeitnehmer, welche zu einem Entzug der Bankenbewilligung führen kann, gezwungen sein, einen Arbeitnehmer fristlos zu entlassen. 664

Erweist sich der Verdacht im Nachhinein als unzutreffend, war die fristlose Kündigung auf den Zeitpunkt der Aussprechung trotzdem gerechtfertigt. Sie ist aber nicht auf eine Vertragsverletzung des Arbeitnehmers zurückzuführen. Das bedeutet, dass die Arbeitgeberin den Lohn bis zum Ablauf der ordentlichen Kündigungsfrist zu bezahlen hat. Nicht geschuldet ist demgegenüber eine Entschädigung nach Art. 337c Abs. 3 OR. 665

---

[985] Gl.M. STREIFF/VON KAENEL/RUDOLPH, Art. 337 OR, N 10.
[986] VISCHER/MÜLLER, 347; AUBERT, Commentaire romand, Art. 337 OR, N 10; BGE 127 III 310.
[987] JAR 2001, 304 = Pra 2000 Nr. 11.

## 8. Änderungskündigung

### a) Begriff

666    Unter einer Änderungskündigung versteht man eine Kündigung, verbunden mit einem Angebot zum Abschluss eines neuen Arbeitsvertrags. In der Regel geht sie von der Arbeitgeberin aus und stellt den Arbeitnehmer vor die Wahl, den neuen Vertrag anzunehmen oder die Stelle nach Ablauf der Kündigungsfrist zu verlassen.

### b) Erscheinungsformen

*aa)    Eigentliche Änderungskündigung*

667    Die Kündigung ist eng mit dem Änderungswunsch verknüpft. Dies geschieht durch eine Verknüpfung mit einer neuen Vertragsofferte oder einer *«bedingten» Kündigung*. Dabei erklärt die kündigende Partei, die Kündigung solle nur gelten, wenn die andere Partei einer bestimmten Vertragsänderung nicht zustimme. Das Arbeitsverhältnis endet damit, wenn die neue Offerte nicht angenommen wird.

668    Eine Kündigung als Gestaltungsrecht ist grundsätzlich bedingungsfeindlich, weil für die Gegenpartei Rechtssicherheit darüber bestehen muss, ob das Vertragsverhältnis nun aufgelöst wird oder nicht. Eine unzumutbare Unsicherheit besteht aber gem. h.L. dann nicht, wenn die Gültigkeit der Kündigung ausschliesslich vom Willen der gekündigten Partei abhängt. Demnach ist also eine bedingte Änderungskündigung in der beschriebenen Form zulässig.

669    Mit der Annahme der Änderungsofferte würde diesfalls aber ein neuer Vertrag entstehen und so insbesondere der nach Dauer des Vertragsverhältnisses gestaffelte Arbeitnehmerschutz ausgehebelt. Es ist deshalb davon auszugehen, dass – analog dem Verbot von Kettenverträgen[988] – das alte Verhältnis *unter den neuen Bedingungen weitergeführt* wird. Infolgedessen kommen evtl. längere Kündigungsfristen (Art. 335c OR) und eine längere Lohnfortzahlungspflicht bei Krankheit (Art. 324a OR) zur Anwendung.[989]

---

[988] STREIFF/VON KAENEL/RUDOLPH, Art. 334 OR, N 7.
[989] Vgl. STREIFF/VON KAENEL/RUDOLPH, Art. 324a/b OR, N 7.

### bb) Uneigentliche Änderungskündigung

Eine uneigentliche Änderungskündigung liegt vor, wenn eine 670 Vertragspartei unter *Androhung der Kündigung* eine Offerte für einen Änderungsvertrag vorlegt und anschliessend, nur falls die Gegenpartei die Offerte nicht annimmt, eine Kündigung ausspricht. Im Gegensatz zur eigentlichen Änderungskündigung erfolgt die Kündigung hier also erst bei Ablehnung und nicht zusammen mit der Offertstellung.

### cc) Zulässigkeit

Änderungskündigungen sind grundsätzlich zulässig, sofern die 671 geänderten Bestimmungen (bzw. die von einer Partei gestellten Bedingungen) erst nach Ablauf der Kündigungsfrist in Kraft treten.[990] Missbräuchlich ist eine Änderungskündigung jedoch dann, wenn die Arbeitgeberin auf diesem Wege eine unbillige Vertragsverschlechterung für die Gegenpartei herbeiführen will, ohne dass dafür betriebliche oder marktbedingte Gründe vorliegen.[991] Für Änderungskündigungen gelten die gleichen Grundsätze wie für andere Kündigungen, insbesondere die Formfreiheit, Begründungspflicht und Kündigungsschutz. Zulässig sind Bedingungen, über deren Eintritt die Gegenseite allein entscheiden kann; unzulässig (und damit ungültig) sind beispielsweise Kündigungsbedingungen, deren Erfüllung in der Macht Dritter steht.[992] Zu beachten sind bei eigentlichen Änderungskündigungen unter Umständen die entsprechenden Bestimmungen zur Massenentlassung.

---

[990] Zum Ganzen vgl. GEISER, AJP 1999, 60 ff.
[991] RUDOLPH, Jusletter 2011, 4; BGE 123 III 246, E. 4; BGE 118 II 166.
[992] STREIFF/VON KAENEL/RUDOLPH, Art. 335 OR, N 3.

# N. Folgen der Vertragsauflösung

## 1. Beendigung des Arbeitsverhältnisses

672    Die wichtigste Wirkung der Kündigung ist, dass das Arbeitsverhältnis mit Ablauf der Kündigungsfrist beendet wird. Damit entfallen die Arbeits- und die Lohnzahlungspflicht, wie auch – dem Grundsatz nach – alle übrigen Verpflichtungen aus dem Arbeitsverhältnis.

## 2. Nachwirkungen

673    Das Arbeitsverhältnis hat allerdings – wie viele Dauerverträge, die ein Vertrauensverhältnis begründen – Nachwirkungen. Dies sind insbesondere die folgenden, wobei sich weitere aus dem konkreten Vertragsverhältnis und je nach Beendigungsgrund ergeben können:

674    – Abgeschwächte Verschwiegenheitspflicht (Art. 321a Abs. 4 OR): Der Arbeitnehmer hat die Geheimhaltung weiter zu wahren, allerdings nur noch soweit, wie dies zur Wahrung berechtigter Interessen der Arbeitgeberin erforderlich ist. Die Verschwiegenheitspflicht darf insbesondere nicht das wirtschaftliche Fortkommen des Arbeitnehmers erschweren. Allgemeine, im Betrieb erworbene Fachkenntnisse fallen deshalb nicht darunter.

675    – Fürsorgepflicht: Nicht ausdrücklich geregelt ist die Frage, ob auch die Fürsorgepflicht weiterbesteht. Dies ist aber in beschränktem Ausmass zu bejahen, da die Arbeitgeberin aufgrund des Arbeitsverhältnisses Daten über den Arbeitnehmer erfahren hat, welche auch nach der Beendigung des Arbeitsverhältnisses vertraulich bleiben. Über die Beendigung des Arbeitsverhältnisses hinaus hat der Arbeitnehmer beispielsweise Anspruch auf ein Arbeitszeugnis oder auf die Förderung seines wirtschaftlichen Fortkommens durch die Arbeitgeberin.

676    – Datenschutz (Art. 328b OR, DSG): Gemäss Datenschutzgesetz (Art. 12 Abs. 2 lit. c DSG) stellt die Weitergabe von besonders schützenswerten Personendaten eine Persönlichkeitsverletzung dar. Die Arbeitgeberin hat auch nach Beendigung des Arbeitsverhältnisses alle Personendaten vertraulich zu behandeln.

– Lohnnachgenuss (Art. 338 Abs. 2 OR): Zu beachten ist zudem der 677
Lohnnachgenuss beim Tod des Arbeitnehmers.[993]

## 3. Fälligkeit aller Forderungen

Mit der Beendigung des Arbeitsverhältnisses werden alle darauf 678
fussenden Forderungen fällig (Art. 339 OR) und damit beginnt auch
die Verjährung zu laufen.[994] Die Verjährungsfrist beträgt bei Forderungen aus einem Arbeitsverhältnis fünf Jahre (Art. 128 Ziff. 3 OR).

Fällig wird von den *Forderungen des Arbeitnehmers* nicht nur 679
der Lohnanspruch,[995] sondern auch alle weiteren Forderungen, wie
Pro-rata-Gratifikationen,[996] Lohnrückbehalte, Ferienansprüche, Abgangsentschädigungen (soweit nichts anderes vereinbart ist: Art. 339c
Abs. 4 OR), Freizügigkeitsansprüche gegenüber der Vorsorgeeinrichtung[997] usw. Mit Bezug auf die verschiedenen Formen von *Provisionen* können Abrechnungsschwierigkeiten entstehen, wenn der Arbeitgeberin ihrerseits die Grundlagen für die Berechnung erst später zur
Verfügung stehen. Das Gesetz trägt dem dadurch Rechnung, dass
dafür in besonderem Umfang eine abweichende vertragliche Regelung
getroffen werden kann (Art. 339 Abs. 2 OR).

Bei Mitarbeiter-Aktienoptionen stellen sich besondere Probleme 680
im Hinblick auf die Fälligkeit sowie damit zusammenhängend in Bezug auf die steuerrechtliche Behandlung. Die Fälligkeit wird in der
Regel hinausgeschoben,[998] weshalb die Optionen oftmals erst nach
einer bestimmten Frist geltend gemacht werden können.[999] Für Mitglieder der Geschäftsleitung und Personen mit verhältnismässig hoher
Gesamtvergütung sowie für Personen, deren Tätigkeit bedeutenden
Einfluss auf das Risikoprofil des Finanzinstituts hat, beträgt die Frist
mindestens drei Jahre.[1000] Das Aufschieben von Vergütungen soll dazu
führen, dass die Vergütungen an die zukünftige Entwicklung von Er-

---

[993] Vgl. Rz. 558 ff.
[994] Art. 341 Abs. 2 i.V.m. Art. 128 Ziff. 3 und Art. 130 Abs. 1 OR.
[995] Inklusive Lohnnachgenuss nach Art. 338 Abs. 2 OR.
[996] Sofern diese entsprechend verabredet worden sind.
[997] Art. 2 Abs. 3 FZG; zur Verzinsung vgl. Art. 15 Abs. 2 BVG i.V.m. Art. 12 BVV 2.
Vgl. zum Ganzen auch die Liste bei CARRUZZO, 584.
[998] Z.B. wird die Fälligkeit um 2 Jahre hinausgeschoben, die Arbeitgeberin geht aber nach
einem Jahr Konkurs.
[999] Finma-RS 19/1 betreffend Mindeststandards für Vergütungssysteme bei Finanzinstitu-
ten, Rz. 50.
[1000] Finma-RS 19/1, Rz. 52.

folg und Risiken gebunden werden.[1001] Im Steuerbereich sind solche Mitarbeiter-Aktienoptionen jedoch bereits zu versteuern, obwohl sie beim Arbeitnehmer noch nicht zu einer finanziellen Besserstellung geführt haben.[1002]

681 Bezüglich der *Forderungen der Arbeitgeberin* werden insbesondere Rückgabeansprüche bezüglich dem Arbeitnehmer übergebenem Material und von Dritten erhaltenen Beträgen und Gegenständen erfasst (Art. 339a OR).

682 Zwingend zu beachten ist sodann das Retentionsrecht des Arbeitnehmers nach Art. 339a Abs. 3 OR.[1003] Es soll dem Arbeitnehmer ermöglichen, Druck auf die Arbeitgeberin auszuüben, und gleichzeitig verhindern, dass die Arbeitgeberin den retinierten Gegenstand zurückverlangen kann, ohne die finanziellen Forderungen des Arbeitnehmers erfüllt oder anderweitig sichergestellt zu haben.[1004]

683 Zum Teil werden auch *Schadenersatzforderungen* zu den fällig werdenden Ansprüchen gezählt.[1005] Dem ist zu widersprechen, da diese grundsätzlich nur mit Entstehung des Schadens fällig werden. Ist dieser vor Auflösung des Arbeitsverhältnisses eingetreten, so kann die Auflösung keinen Einfluss auf die Fälligkeit mehr haben. Tritt der Schaden aber erst später ein, kann er nicht schon bei Beendigung, also vor seiner Entstehung, fällig werden.

684 Während alle Forderungen aus dem Arbeitsvertrag fällig werden, bleiben *weitere Vertragsverhältnisse zwischen den Parteien*, z.B. Darlehensverträge,[1006] grundsätzlich unberührt. Sie werden durch die Beendigung des Arbeitsverhältnisses nicht unmittelbar betroffen, können aber allenfalls den Fortbestand des Arbeitsverhältnisses als Bedingung selbst enthalten. Wird einem Arbeitnehmer Wohnraum zur Verfügung gestellt, ist zu unterscheiden, ob der zur Verfügung gestellte Wohnraum *Naturallohn* als Entgelt für die Arbeitspflicht darstellt oder ob neben dem Arbeitsvertrag ein gesonderter *Mietvertrag* vorliegt. Bei der ersten Variante liegt ein sog. gemischter Vertrag vor, bei

---

[1001] Finma-RS 19/1, Grundsatz 7. Aus arbeitsrechtlicher Sicht ist ein solches Aufschieben von Vergütungen in Anbetracht der gesetzlich vorgesehenen Fälligkeitsvorschriften kritisch zu beurteilen, ebenso kritisch ist das Vorsehen eines Malus in Rz. 54.

[1002] Vgl. den Extremfall der Swissair, wo bei Fälligkeit der Optionen die Arbeitgeberin bereits in Konkurs gefallen war oder die Aktien bei Fälligkeit zumindest nur noch einen Bruchteil ihres ehemaligen Werts hatten.

[1003] Art. 361 OR.

[1004] MÜLLER/RIEDER, 273.

[1005] STREIFF/VON KAENEL/RUDOLPH, Art. 339 OR, N 4.

[1006] STREIFF/VON KAENEL/RUDOLPH, Art. 339 OR, N 4.

welchem sich die Vertragsauflösung gemäss bundesgerichtlicher Rechtsprechung einheitlich nach den Gesetzesregeln des im Vordergrund stehenden gesetzlichen Vertragstypus beurteilt.[1007] Ist ein Vollzeitpensum vereinbart und erhält der Arbeitnehmer nebst der frei (oder günstiger) zur Verfügung gestellten Wohnung noch weiteren Lohn, so steht das arbeitsvertragliche Element im Vordergrund. Somit ist für die Kündigung des gemischten Vertrages (Arbeits- und Mietvertrag) das Arbeitsrecht massgebend.[1008] Liegt ein gesonderter Mietvertrag vor (wobei der Mietzins mit dem Lohn verrechnet werden kann), ist wiederum zu differenzieren: Sind der Arbeits- und der Mietvertrag derart miteinander verbunden, dass nach dem ausdrücklich oder stillschweigend erklärten Willen der Parteien bei Beendigung des Arbeitsvertrages auch das Mietverhältnis erlöschen soll, sind für die Vertragsauflösung die Regeln des im Vordergrund stehenden Vertrags massgebend. Liegen hingegen zwei rechtlich selbstständige Verträge vor, gelten für jeden Vertrag die jeweiligen Vorschriften.[1009] Beurteilt sich die Vertragsauflösung nach Arbeitsrecht, bedeutet dies insbesondere, dass die mietvertraglichen Kündigungsfristen und Formvorschriften nicht beachtet werden müssen.[1010]

## 4. Unverzichtbarkeit der Forderungen

Zum Schutz des Arbeitnehmers sieht das Gesetz vor, dass der Arbeitnehmer während des Arbeitsverhältnisses und einen Monat danach nicht auf seine durch Gesetz oder GAV *zwingenden Ansprüche* verzichten kann (Art. 341 OR). Er wird so vor einem unbedachten Verzicht durch eine sofort ausgestellte Saldoquittung (bzw. eine Persaldo-Klausel in einer Aufhebungsvereinbarung) geschützt.[1011] Miterfasst wird nach u.E. richtiger Auffassung aber auch die *Anerkennung von Ansprüchen der Arbeitgeberin* durch den Arbeitnehmer.[1012]

685

---

[1007] BGE 131 III 566, E. 3.1.

[1008] BK-REHBINDER/STÖCKLI, Art. 322 OR, N 25.

[1009] BK-REHBINDER/STÖCKLI, Art. 322 OR, N 28.

[1010] Vgl. auch STREIFF/VON KAENEL/RUDOLPH, Art. 319 OR, N 11; im Zusammenhang mit dem Schutz der Familienwohnung vgl. BK-HAUSHEER/REUSSER/GEISER, Art. 169 ZGB, N 33.

[1011] Zur Saldoquittung vgl. VISCHER/MÜLLER, 278.

[1012] Ausführlich dazu vgl. HOFMANN; STREIFF/VON KAENEL/RUDOLPH, Art. 341 OR, N 2.

686   Eine dieser Bestimmung widersprechende Erklärung ist *nichtig*. Die immer wieder aufgeworfene Frage, ob der Einwand der Nichtigkeit rechtsmissbräuchlich sein kann, ist grundsätzlich abzulehnen.[1013]

687   Es wird davon ausgegangen, dass Art. 341 OR nur den *einseitigen Verzicht* erfasse, also nicht generell einen *Vergleich* verbiete, in dem typischerweise beide Seiten auf Ansprüche verzichten. Das Bundesgericht erachtet einen Verzicht im Rahmen eines Vergleiches für zulässig, soweit eindeutig beide Seiten auf Ansprüche verzichtet haben.[1014] Damit ist praktisch die Angemessenheit des Vergleichs zu prüfen.[1015]

## 5.   Abgangsentschädigung

### a)   Überblick

688   Während der gesetzlichen Abgangsentschädigung in der heutigen Zeit keine grosse Bedeutung mehr zukommt, sind vertragliche Abgangsentschädigungen («Goldene Fallschirme») nicht unüblich.

688a   Indes gilt für in der Schweiz oder im Ausland an der Börse kotierte Aktiengesellschaften nach den Art. 620–762 OR seit 1. Januar 2014 die Verordnung gegen übermässige Vergütungen bei börsenkotierten Aktiengesellschaften (VegüV). Gemäss Art. 20 Ziff. 1 VegüV sind Abgangsentschädigungen, die vertraglich vereinbart oder statutarisch vorgesehen sind, für Mitglieder des Verwaltungsrates, der Geschäftsleitung und des Beirates verboten.[1016] Die nachfolgend erörterten *gesetzlichen* Abgangsentschädigungen sind vom Verbot folglich nicht erfasst.[1017] Hingegen ist das Kapitel zu den *vertraglichen* Abgangsentschädigungen[1018] im Wissen um das Verbot von vertraglich oder statutarisch vorgesehenen Abgangsentschädigungen für Verwaltungsrats- und Geschäftsleitungsmitglieder sowie Beiräte börsenkotierter Aktiengesellschaften zu lesen.

---

[1013] Vgl. dazu STREIFF/VON KAENEL/RUDOLPH, Art. 341 OR, N 4; BGE 110 II 273.

[1014] BGE 110 II 169; VISCHER/MÜLLER, 279.

[1015] BK-REHBINDER/STÖCKLI, Art. 341 OR, N 18.

[1016] Vgl. zum Ganzen die Darstellung in Rz. 419a ff.; zur Abgrenzung erlaubter von verbotenen Abgangsentschädigungen gemäss VegüV sei auf Praxiskommentar VegüV-OSER/MÜLLER, Art. 20 VegüV, N 36 ff. verwiesen.

[1017] Vgl. Rz. 689 ff.

[1018] Vgl. Rz. 692 ff.

## b) Gesetzliche Abgangsentschädigung

Nach Gesetz hat ein mindestens 50 Jahre alter Arbeitnehmer, dessen Arbeitsverhältnis wenigstens 20 Jahre gedauert hat, *Anspruch auf eine Abgangsentschädigung* zwischen zwei und acht Monatslöhnen (Art. 339c Abs. 1 und Abs. 2 OR).[1019]    689

Diese Bestimmung ist allerdings seit dem *Ausbau der zweiten Säule* praktisch bedeutungslos geworden. Die Arbeitgeberin kann nämlich von diesem Anspruch abziehen, was der Arbeitnehmer an Freizügigkeitsleistung erhält, soweit diese auf den Beiträgen der Arbeitgeberin beruht (Art. 339d Abs. 1 OR).    690

Das 1995 in Kraft getretene *Freizügigkeitsgesetz* (FZG) regelt diesen Übertritt und gilt für den obligatorischen als auch für den überobligatorischen Bereich. Ziel ist nicht eine möglichst gute, sondern eine der in diesem Moment nötigen Einkaufssumme entsprechende Austrittsleistung.    691

## c) Vertragliche Abgangsentschädigung

Vertragliche Abgangsentschädigungen sind grundsätzlich zulässig (vgl. Art. 339c Abs. 1 sowie Art. 339b Abs. 1 i.V.m. Art. 362 OR). Dabei handelt es sich um eine vertragliche Vereinbarung im Hinblick auf eine Kündigung durch die Arbeitgeberin im Zusammenhang mit besonderen Vorkommnissen (z.B. Wechsel im Verwaltungsrat oder Aktionariat), die eine konkret bestimmte Entschädigungszahlung auslöst.[1020]    692

Solche Vereinbarungen sind auch im Zeitpunkt der Aufhebungsvereinbarung möglich. Zu beachten ist in solchen Fällen allerdings, dass eine hohe Abgangsentschädigung, wie sie insbesondere bei Kadermitarbeitern[1021] vorkommt, unter Umständen in Konflikt mit den wirtschaftlichen Interessen der Arbeitgeberin stehen kann. Hat z.B. ein Beschäftigter eine Doppelstellung als Organ und Arbeitnehmer (z.B. vollamtlicher VR-Delegierter), so hat er nicht nur die arbeits-    693

---

[1019] Die Entschädigung kann herabgesetzt werden oder wegfallen, wenn das Arbeitsverhältnis vom Arbeitnehmer ohne wichtigen Grund gekündigt oder von der Arbeitgeberin aus wichtigem Grund fristlos aufgelöst wurde, oder wenn diese durch die Leistung der Entschädigung in eine Notlage versetzt würde (Art. 339c Abs. 3 OR); diese Bestimmung gilt sowohl für gesetzliche als auch für vertragliche Abgangsentschädigungen (Urteil des BGer 4A_101/2012 vom 31. Mai 2012, E. 3.4).

[1020] Vgl. GERSZT, 3.

[1021] Z.B. als Abwehrstrategie gegen sog. unfriendly takeovers.

rechtliche Treuepflicht gemäss Art. 321*a* OR, sondern auch die gesellschaftsrechtliche Treuepflicht gemäss Art. 717 OR zu erfüllen.[1022]

694 Nicht zu verwechseln sind solche Abgangsentschädigungen («Goldene Fallschirme») mit der einmaligen Auszahlung des gesamten Restlohnanspruchs im Falle einer Freistellung bei befristeten Verträgen oder bei unbefristeten Verträgen mit langen Kündigungsfristen.

## 6. Zeugnis

695 Für jede weitere Stellensuche ist ein Arbeitszeugnis von grosser Bedeutung. Das Gesetz sieht ausdrücklich einen *Anspruch auf Ausstellung* eines Zeugnisses vor (Art. 330*a* OR). Es kann sowohl während des Arbeitsverhältnisses (Zwischenzeugnis) als auch erst bei Beendigung des Arbeitsverhältnisses verlangt werden (Schlusszeugnis).[1023] Es gibt Auskunft über Beschäftigungsdauer und -art sowie Leistung und Verhalten des Arbeitnehmers (Vollzeugnis), wenn nicht der Arbeitnehmer eine Beschränkung auf die ersten beiden Punkte wünscht (Teilzeugnis, Abs. 2). Der Anspruch, ein Zeugnis zu verlangen, verjährt nach Art. 127 OR mit Ablauf von zehn Jahren.

696 Es besteht ein Anspruch auf ein *wahres, vollständiges*[1024] *und schonendes Zeugnis.* Das Gericht kann die Arbeitgeberin gegebenenfalls zur Abgabe eines wahren Zeugnisses verpflichten, denn es geht nicht um die wahrheitsgetreue Wiedergabe der subjektiven Meinung der Arbeitgeberin, wenn diese objektiv falsch ist. Für ein *falsches Zeugnis* kann der Aussteller haften.

> **Beispiel:** Hat ein Arbeitnehmer z.B. bei seiner Arbeitgeberin Unterschlagungen begangen und stellt ihm diese ein hervorragendes Zeugnis aus, sodass er bei einer neuen Arbeitgeberin eine Vertrauensstellung bekommt, und unterschlägt er bei der neuen wieder, so haftet die alte Arbeitgeberin der neuen aus Art. 41 OR.[1025]

697 Eine Möglichkeit, Negatives anzudeuten, ohne es beim Namen nennen zu müssen, ist etwas bewusst wegzulassen. Betreffen die Auslassungen aber wesentliche Punkte, kann u.U. das Wahrheitserforder-

---

[1022] BGE 130 III 213; vgl. MÜLLER, VR als Arbeitnehmer, 279 f.
[1023] FAVRE/MUNOZ/TOBLER, Art. 330a OR, N 1.12.
[1024] FAVRE/MUNOZ/TOBLER, Art. 330a OR, N 1.4.
[1025] BGE 101 II 69.

nis nicht mehr erfüllt sein. Auch hier stellt sich das Problem der Haftung für ein falsches Zeugnis.[1026]

Der Anspruch auf ein Zeugnis erfasst nach der überwiegenden 698 Lehre auch einen Anspruch darauf, dass die frühere Arbeitgeberin neuen Arbeitgeberinnen *Auskunft* gibt, wenn der Arbeitnehmer dies wünscht. Solche Referenzen dürfen aber nur mit Zustimmung des Arbeitnehmers gegeben werden,[1027] die Einsendung des Arbeitszeugnisses der entsprechenden Arbeitgeberin in einer Bewerbung reicht hierzu aber aus. Diese Referenz muss selbstverständlich ebenso wahr sein wie das Zeugnis. Es handelt sich dabei um ein mündliches Arbeitszeugnis; in diesem darf nicht plötzlich etwas anderes gesagt werden, als im Zeugnis steht. Die Auskunft soll zudem den aus dem Arbeitszeugnis gewonnenen Eindruck vertiefen.[1028]

Auch ohne Rückfrage darf die ehemalige Arbeitgeberin, die an- 699 gefragt wird, ob sie ein Zeugnis ausgestellt hat, Auskunft geben, ob sie dieses wirklich ausgestellt hat. Allerdings haftet die angefragte Arbeitgeberin für diese Auskunft, weshalb sie im Zweifel nachfragen sollte, ob sie der anfragenden Person auch Auskunft geben darf.

Um leistungsschwachen, aber willigen Arbeitnehmern doch 700 noch ein wohlwollend klingendes Arbeitszeugnis ausstellen zu können, haben Personalchefs in den 70er-Jahren begonnen, die schlechten Leistungen zu umschreiben. Verwendet wurden dabei beispielsweise Formulierungen wie: «Er gab sich Mühe, ...» oder «Er zeigte Verständnis für seine Arbeit.» Diese Formulierungen wurden jedoch im Laufe der Zeit zu einer angeblichen Geheimsprache umgedeutet und als bewusste «Zeugnis-Codes» generell für Arbeitnehmer negativ ausgelegt. Tatsächlich sind derart zweideutige Formulierungen missverständlich und verstossen nicht nur gegen den Grundsatz der Zeugnisklarheit, sondern auch gegen Treu und Glauben. Zu Recht hat deshalb das Obergericht Solothurn entschieden, dass eine Schlussqualifi-

---

[1026] Ausführlich hierzu MÜLLER/THALMANN, § 5.
[1027] REHBINDER, Arbeitsrecht, Rz. 265 sowie 237.
[1028] JAR 1999, 199; vgl. Urteil des BGer 4A_117/2013 vom 31. Juli 2013, wo die ehemalige Arbeitgeberin wiederholt negative und dem Arbeitszeugnis widersprechende mündliche Referenzen erteilte. Aufseiten der ehemaligen Arbeitnehmerin führte dies zu einer längeren Arbeitslosigkeit und psychischen Problemen. Das BGer schützte eine Entschädigung wegen Lohnausfalls und sprach der Arbeitnehmerin zudem eine Genugtuung zu; vgl. die Checkliste zur Einholung von Referenzen bei MÜLLER/THALMANN, § 5.

kation «Sie erledigte alle ihr zugewiesenen Arbeiten zu meiner Zufriedenheit» unzulässig sei.[1029]

701    Unzulässig sind insbesondere folgende Zeugnis-Codes:[1030]

| Formulierung | Interpretation |
| --- | --- |
| Er bemühte sich, seine Aufgaben so gut wie möglich zu lösen. | Seine Leistungen befriedigten nicht, obwohl er sich anstrengte. |
| Die ihm übertragenen Aufgaben erledigte er mit grossem Fleiss. | Er bemühte sich, die Arbeit richtig zu erledigen, war aber nicht produktiv. |
| Er zeigte für seine Arbeit Verständnis. | Einsatz mässig, eher bequem. |
| Wir schätzen seinen grossen Eifer. | Streber, ohne jedoch in der Leistung zu überzeugen. |
| Sie hat alle Aufgaben in ihrem und im Firmeninteresse gelöst. | Achtung, die Arbeitnehmerin bediente sich am Firmeneigentum. |
| Er hat sich stets um Vorschläge bemüht. | Besserwisser, ohne dass das Geschäft davon profitieren konnte. |
| Durch seine Geselligkeit trug er zur Verbesserung des Betriebsklimas bei. | Der Arbeitnehmer neigt zum Alkoholmissbrauch. |
| Er hat die ihm übertragenen Arbeiten stets zu unserer Zufriedenheit ausgeführt. | Zuverlässige Leistung, aber lediglich genügend. |

*Abbildung 17:   Beispiele von Zeugnis-Codes und deren Interpretation*

702    Manchmal finden sich in Zeugnissen auch Anmerkungen wie «nicht codiert». Auch dies ändert nichts am Erfordernis der Verständlichkeit des Zeugnisses, weshalb solche Bemerkungen unsinnig sind.[1031] Die Verwendung von Geheimcodes widerspricht dem Erfordernis der Klarheit des Arbeitszeugnisses. Häufig ist sich der Verfasser eines Arbeitszeugnisses nämlich gar nicht bewusst, dass er Codes verwendet.

---

[1029] Urteil des OGer SO vom 15. Oktober 1990, in SOG 1990, Nr. 9; vgl. JAR 1992, 190 ff.

[1030] Beispiele aus: BK-REHBINDER/STÖCKLI, Art. 330a OR, N 13, sowie WANZKE, 106. Eine der ausführlichsten Listen von Zeugnis-Codes findet sich bei WANZKE, Das Arbeitszeugnis. Schreiben, prüfen, Geheimcodes knacken.

[1031] Konsequenterweise müsste man zusätzlich zur Bemerkung, dass das Zeugnis nicht codiert sei, auch angeben: «Dieses Zeugnis ist in deutscher Sprache geschrieben.»

Arbeitsrechtliche Streitigkeiten betreffen sehr häufig direkt oder 702a
indirekt Arbeitszeugnisse. Im Zeitraum vom 1. Januar 2003 bis zum
2. Dezember 2005 wurden allein beim Arbeitsgericht Zürich 3'483
Klagen im Zusammenhang mit einem Arbeitsverhältnis anhängig gemacht. Davon waren zwar nur 227 ausschliessliche Berichtigungs-
klagen im Zusammenhang mit Arbeitszeugnissen, doch bei 1'225
Forderungsklagen wurde gleichzeitig auch ein Rechtsbegehren im
Zusammenhang mit dem Arbeitszeugnis gestellt. Es ist deshalb davon
auszugehen, dass ca. 42 % aller arbeitsrechtlichen Streitigkeiten ausschliesslich oder teilweise das Arbeitszeugnis betreffen.

# O. Konkurrenzverbot

## 1. Begriff und Bedeutung

703     Das arbeitsvertragliche Konkurrenzverbot bedeutet, dass der Arbeitnehmer keine die ehemalige Arbeitgeberin konkurrenzierende Tätigkeit ausführen darf.

703a    Vertragliche Konkurrenzverbote hatten *von jeher grosse Bedeutung*, da damit Märkte aufgeteilt und unter den Beteiligten reglementiert werden können. Sie ermöglichen es, vertrauensvoll zusammenzuarbeiten, ohne eine gegnerische Verwertung von Geheimnissen etc. gewärtigen zu müssen, und dienen insofern der Verhinderung von Werkspionage und unlauteren Machenschaften. Ihre Legitimität lässt sich nicht grundsätzlich bestreiten.

704     Konkurrenzverbotsabreden[1032] sind aber auch problematisch – für die betroffene Person individuell sowie für den Markt. Sie unterliegen deshalb gesetzlichen Beschränkungen:

– Eine Unzulässigkeit kann sich aus dem Kartellgesetz ergeben, wobei nicht jedes Konkurrenzverbot eine kartellrechtliche Vereinbarung darstellt und das Kartellgesetz auf den Arbeitsmarkt grundsätzlich nicht anwendbar ist. Der Ausschluss kommt aber nur zur Anwendung, wenn die wettbewerbsbeschränkenden Massnahmen «ausschliesslich» auf das Arbeitsverhältnis bezogen sind.[1033] Liegt dem Konkurrenzverbot auch ein gesellschaftsrechtliches, kaufrechtliches oder anderes Rechtsverhältnis zugrunde, brauchen die arbeitsvertraglichen Beschränkungen nicht beachtet zu werden.

– Im Arbeitsvertragsrecht ist die Zulässigkeit und Beschränkung ausdrücklich geregelt (Art. 340 ff. OR). Ein Konkurrenzverbot muss aufgrund des Schutzes der persönlichen Freiheit immer nach Gegenstand, Ort und Zeit angemessen beschränkt sein. Es darf in der Regel nicht länger als drei Jahre dauern (Art. 340a Abs. 1 OR). Fehlt es an einer Beschränkung, ist nach herrschender Lehre und Praxis das Konkurrenzverbot nicht nichtig, sondern nur herabsetzbar. Damit wird allerdings dem Arbeitnehmer ein eigentlich nicht zumutbares Prozessrisiko übertragen.

---

[1032] BSK-PORTMANN, Art. 340 OR, N 1.
[1033] SCHMIDHAUSER, Kommentar KG, Art. 2 KG, N 9 f.

Es kann eine Entschädigung – die *Karenzentschädigung* – ver-    705
einbart werden. Ob das Konkurrenzverbot übermässig ist oder nicht,
hängt unter anderem auch davon ab, ob eine Gegenleistung bezahlt
wird oder nicht (z.B. Karenzentschädigung). Aus dem Verbot, das
Fortkommen des Arbeitnehmers übermässig zu erschweren, sind einige Autoren der Ansicht, dass daraus eine Pflicht zur Entschädigung
abgeleitet werden könnte.[1034] Dies ist unseres Erachtens *de lege lata*
abzulehnen.

## 2. Voraussetzungen für ein wirksames Konkurrenz-verbot

Gemäss Art. 340 OR kann sich der *handlungsfähige* Arbeitneh-    706
mer gegenüber der Arbeitgeberin *schriftlich* verpflichten, nach Beendigung des Arbeitsverhältnisses sich jeder konkurrenzierenden Tätigkeit zu enthalten. Ein solches Konkurrenzverbot ist jedoch nur verbindlich, wenn das Arbeitsverhältnis dem Arbeitnehmer Einblick in
den Kundenkreis oder in Fabrikations- und Geschäftsgeheimnisse
gewährt und die Verwendung dieser Kenntnisse die *Arbeitgeberin
erheblich schädigen* könnte. Darüber hinaus hat das Konkurrenzverbot
sowohl örtlich wie auch zeitlich und sachlich *beschränkt* zu sein
(Art. 340*a* Abs. 1 OR).

### a) Handlungsfähigkeit

Aufgrund der Anforderung, dass ein Arbeitnehmer voll hand-    707
lungsfähig sein muss, um ein gültiges Konkurrenzverbot vereinbaren
zu können, hat ein Minderjähriger oder eine Person unter Beistandschaft mit Beschränkung der Handlungsfähigkeit keine Möglichkeit,
ein solches abzuschliessen. Auch der gesetzliche Vertreter kann die
Gültigkeit nicht erwirken, weder durch Einwilligung in die Konkur-
renzenthaltung des urteilsfähigen Unmündigen noch durch Vertretung
des urteilsunfähigen Unmündigen.[1035]

Lehrlinge werden darüber hinaus besonders geschützt, da ein    708
Konkurrenzverbot in einem Lehrvertrag von Gesetzes wegen nicht
zulässig ist (Art. 344*a* Abs. 6 OR).

---

[1034] BUSSE, Wirksamkeitsvoraussetzungen der Konkurrenzklausel: Ein Rechtsvergleich aus
schweizerischer und deutscher Sicht, Diss. Basel 1990, 183 ff. In Deutschland ist eine
Karenzentschädigung obligatorisch (§ 74 HGB).
[1035] BsK-PORTMANN, Art. 340 OR, N 2.

## b) Schriftlichkeit

709 In Bezug auf das Erfordernis der Schriftform reicht die einfache Schriftlichkeit aus (Art. 340 Abs. 1 OR i.V.m. Art. 13 OR).

## c) Einblick in den Kundenkreis oder in Fabrikations- und Geschäftsgeheimnisse

710 Der Arbeitnehmer muss Einblick in den *Kundenkreis* oder in *Fabrikations- und Geschäftsgeheimnisse* gehabt haben (Art. 340 Abs. 2 OR).[1036] Es geht nicht um den Schutz irgendwelcher Kundenlisten,[1037] sondern darum, dass der Arbeitnehmer durch den Kundenkontakt die Bedürfnisse und Besonderheiten der Kunden kennt. Es ist indessen nicht nötig, dass es sich bei diesen Personen tatsächlich schon um Kunden handelt; es genügt bereits, dass mit ihnen Verhandlungen geführt worden sind.[1038]

711 Bei den *Geschäftsgeheimnissen* ist zwischen den eigentlichen Geschäftsgeheimnissen einerseits und dem allgemeinen Berufswissen andererseits zu unterscheiden. Das Erwerben besonderer Berufskenntnisse genügt nicht als Grundlage für ein Konkurrenzverbot, weil sonst das berufliche Fortkommen erschwert würde. Es kann sich bei Geschäftsgeheimnissen sowohl um kaufmännische Fragen, wie Kalkulation, Rabattsystem etc., um produktionstechnische Fragen oder um die Geschäftsbeziehungen handeln.[1039]

## d) Potenzielle Schädigung der Arbeitgeberin

712 Die Verwendung der Kenntnisse, welche der Arbeitnehmer durch den Einblick in den Kundenkreis oder in Fabrikations- und Geschäftsgeheimnisse erlangt hat, müssen die Arbeitgeberin erheblich schädigen können. Andernfalls ist das Konkurrenzverbot nicht verbindlich.

712a Für die sogenannten freien Berufe, wie bspw. Ärzte, Rechtsanwälte, Architekten und Ingenieure, haben Lehre und Rechtsprechung besondere Regeln entwickelt. Da es bei diesen Berufen grundsätzlich

---

[1036] Urteil des BGer 4P.234/2006 vom 20. November 2006.
[1037] STREIFF/VON KAENEL/RUDOLPH, Art. 340 OR, N 9.
[1038] A.M. VISCHER/MÜLLER, 264 f.: Er will, dass diese Personen wenigstens ab und zu Bestellungen aufgegeben haben.
[1039] STREIFF/VON KAENEL/RUDOLPH, Art. 340 OR, N 14.

für den Erfolg bei den Kunden auf die persönlichen Eigenschaften ankommt, werden Konkurrenzverbote für diese Berufsgruppen i.d.R. als unzulässig erachtet oder sie werden stark eingeengt.[1040]

Für die potenzielle Schädigung ist die Arbeitgeberin beweispflichtig.[1041]

713

### e) Schranken

#### aa) *Übersicht*

Das Konkurrenzverbot darf das wirtschaftliche Fortkommen des Arbeitnehmers nicht in unbilliger Weise erschweren. Deswegen sieht Art. 340a Abs. 1 OR vor, dass es nach Ort, Zeit und Gegenstand angemessen zu begrenzen ist. Die Beschränkung ist kein Gültigkeitserfordernis für das Konkurrenzverbot.[1042]

714

Entscheidend für die Angemessenheit des Konkurrenzverbotes ist, ob die Interessen der Arbeitgeberin die Beschränkung des wirtschaftlichen Fortkommens des Arbeitnehmers durch das Konkurrenzverbot zu rechtfertigen vermögen. Zwingt ein Konkurrenzverbot einen Arbeitnehmer zu einer beruflichen Umstellung oder wird ihm eine solche verwehrt, ist eine unbillige Erschwerung des wirtschaftlichen Fortkommens anzunehmen. Nicht ohne Weiteres als unbillig angenommen werden darf diese bei einem erforderlichen Branchenwechsel.[1043]

715

#### bb) *Örtliche Begrenzung*

Die räumliche Ausdehnung des Konkurrenzverbotes darf zunächst nicht weiter gehen als die intensiven Geschäftsbeziehungen der früheren Arbeitgeberin, weil es ausserhalb dieses Gebietes am erforderlichen Interesse der Arbeitgeberin fehlt. Weiter hat die örtliche Begrenzung an den räumlichen Wirkungsbereich der besonderen Kenntnisse, welche der Arbeitnehmer erwarb, angepasst zu werden.[1044]

716

---

[1040] RUDOLPH, TREX 2010, 90; statt vieler: BGE 138 III 67 und Urteil des BGer 4C.100/2006 vom 13. Juli 2007.
[1041] STREIFF/VON KAENEL/RUDOLPH, Art. 340 OR, N 14.
[1042] BsK-PORTMANN, Art. 340a OR, N 1.
[1043] BsK-PORTMANN, Art. 340a OR, N 1 und 4.
[1044] STREIFF/VON KAENEL/RUDOLPH, Art. 340a OR, N 2.

### cc) Zeitliche Begrenzung

717 Das Konkurrenzverbot darf nach Art. 340*a* Abs. 1 OR am Ende nicht länger als drei Jahre dauern. Es sei denn, es lägen besondere Umstände vor, welche eine längere Dauer rechtfertigen. Für deren Vorliegen ist die Arbeitgeberin beweispflichtig. Sie dürften immer nur dann angenommen werden, wenn das Konkurrenzverbot im Einzelfall in örtlicher und sachlicher Hinsicht ausserordentlich eng begrenzt ist.[1045] Sofern keine Fabrikationsgeheimnisse zu schützen sind, genügt oft bereits eine kürzere Zeit, um die Interessen der Arbeitgeberin zu wahren. Die zulässige Dauer hängt demnach massgeblich von der Art des zu schützenden Wissens ab.[1046]

### dd) Sachliche Begrenzung

718 Die sachliche Begrenzung betrifft den Gegenstand, wobei darunter «die Tätigkeit zu verstehen [ist], die dem Arbeitnehmer durch das Konkurrenzverbot konkret untersagt wird».[1047]

719 Es lassen sich zwei Grundformen des Konkurrenzverbotes in Bezug auf den Gegenstand unterscheiden: einerseits das allgemeine oder unternehmensbezogene, andererseits das partielle oder tätigkeitsbezogene. Die erste und in der Praxis überwiegende Form verbietet jede Tätigkeit in einem Konkurrenzunternehmen, Letztere lediglich eine persönliche Tätigkeit im bisherigen Arbeitsgebiet.[1048]

## 3. Wirkung und Folgen der Übertretung

720 Durch die Konkurrenzverbotsabrede ist *Realerfüllung*, also die Unterlassung der Konkurrenzierung, geschuldet. Bei Verletzung kann in der Regel aber trotzdem nur auf *Schadenersatz* geklagt werden (Art. 340*b* Abs. 3 OR), da ein vollstreckbarer Unterlassungsanspruch aus Gründen des Arbeitnehmerschutzes von drei Voraussetzungen abhängig gemacht wird; namentlich von einer besonderen schriftlichen Abrede, einer Rechtfertigung durch die verletzten oder bedrohten

---

[1045] STREIFF/VON KAENEL/RUDOLPH, Art. 340a OR, N 3.

[1046] BRÜHWILER, Kommentar EAV, Art. 340a OR, N 2; Urteil des BGer 4A_62/2011 vom 20. Mai 2011.

[1047] BRÜHWILER, Kommentar EAV, Art. 340a OR, N 3.

[1048] STREIFF/VON KAENEL/RUDOLPH, Art. 340a OR, N 4.

Interessen der Arbeitgeberin sowie einer Rechtfertigung im Hinblick auf das Verhalten des Arbeitnehmers.[1049]

Die Durchsetzung des gültigen Konkurrenzverbotes wird zur Vereinfachung regelmässig mit einer *Konventionalstrafe* abgesichert, deren Höhe aber allenfalls vom Gericht herabgesetzt werden kann (Art. 163 OR).[1050] Ohne gegenteilige, schriftliche Vereinbarung wird der Arbeitnehmer durch Leistung der Strafe vom Konkurrenzverbot befreit (Art. 340b Abs. 2 OR), haftet aber für weiteren Schaden.[1051] Es handelt sich dabei nicht um eine Wahlschuld, sondern um eine alternative Ermächtigung (Art. 340b Abs. 2 OR). Im Gegensatz zur allgemeinen Regelung (Art. 160 OR)[1052] kann der Gläubiger auch hier grundsätzlich nur auf Leistung der Konventionalstrafe (gegebenenfalls in Verbindung mit weiterem Schadenersatz), nicht aber auf Einhaltung des Konkurrenzverbots klagen.

721

Der Anspruch auf Realerfüllung würde einen Sachverhalt voraussetzen, der es als offensichtlich unbillig erscheinen liesse, die Arbeitgeberin auf den Weg des Schadenersatzes zu verweisen. Dies wäre der Fall, wenn der entstehende Schaden ungleich grösser wäre als die vereinbarte Konventionalstrafe und der Arbeitnehmer sich offensichtlich stossend verhielte.[1053] Die Durchsetzung würde unter Androhung der Ungehorsamsstrafe nach Art. 292 StGB erfolgen. Zudem wäre sie nur nützlich, wenn sie unverzüglich gerichtlich durchge-

722

---

[1049] PORTMANN/STÖCKLI, Rz. 830; Urteil des BGer 4A_283/2010 vom 11. August 2010.

[1050] Vgl. Urteil des BGer 4A_466/2012 vom 12. November 2012. Das BGer bestätigte in diesem Urteil die Gültigkeit eines nachvertraglichen Konkurrenzverbots über drei Jahre und in drei Kantonen im Bereich Personalvermittlung. Obwohl die Arbeitnehmerin vor ihrem Abgang bei der Firma noch einmal explizit auf das Konkurrenzverbot aufmerksam gemacht wurde, liess sie sich direkt nach Ablauf der Vertragsdauer bei einem anderen Personalvermittler anstellen. Die Arbeitgeberin wollte daraufhin die Konventionalstrafe von CHF 100'000 einfordern. Das BGer erwog, dass gem. Lehre das Jahreseinkommen eines Arbeitnehmers die Obergrenze der Konventionalstrafe darstelle. In einem früheren Urteil betrachtete das BGer eine Konventionalstrafe von CHF 100'000 für zulässig. Das entsprach ca. 80 % des früheren jährlichen Einkommens des betroffenen Arbeitnehmers. Im vorliegenden Fall war dieser Betrag jedoch zu hoch und die Vorinstanzen reduzierten die Konventionalstrafe auf CHF 63'000, was ca. 77 % des früheren jährlichen Bruttoeinkommens der Arbeitnehmerin entsprach. Angesichts der Schuld der Arbeitnehmerin und der Art und Dauer des Vertragsverhältnisses wurde die Höhe der durch die Vorinstanzen festgesetzten Konventionalstrafe vom BGer zwar als an der oberen Grenze, aber dennoch als nicht exzessiv qualifiziert.

[1051] Die Konventionalstrafe dient im Regelfall der (teilweisen) Sicherung der in Art. 340b Abs. 1 OR bestätigten Entschädigungspflicht (BOHNY, 150).

[1052] BSK-EHRAT, Art. 160 OR, N 17.

[1053] VISCHER/MÜLLER, 269 f.

setzt werden könnte. Die Zuständigkeit betreffend vorsorglicher Massnahmen richtet sich nach Art. 12 ZPO.[1054]

## 4.  Wegfall des Konkurrenzverbotes

723      Zunächst fällt das Konkurrenzverbot mit dessen Fristablauf dahin, ferner wenn die Arbeitgeberin an dessen Aufrechterhaltung nachweisbar kein erhebliches Interesse mehr hat (Art. 340c Abs. 1 OR). Für diese Umstände ist der Arbeitnehmer beweispflichtig.[1055]

724      Im Falle der Kündigung des Arbeitsverhältnisses verhält es sich bezüglich des Dahinfallens des Konkurrenzverbotes wie folgt: Beendet der *Arbeitnehmer* das Arbeitsverhältnis, wird er vom Konkurrenzverbot frei, wenn die Arbeitgeberin ihm einen begründeten Anlass zur Kündigung gegeben hat (Art. 340c Abs. 2 2. Alternative OR). Ob ein Anlass aber zur Kündigung und Befreiung genügt, ist nicht immer einfach zu beantworten.

> **Beispiele:** Relevante *Vertragsverletzungen* durch die Arbeitgeberin sind genügend. Allgemein *schlechte Arbeitsbedingungen* können genügen, tun das aber nicht immer; dabei hängt es vom konkreten Mass ab. Die Ablehnung einer Lohnerhöhung durch die Arbeitgeberin jedenfalls genügt nicht.[1056] Hingegen stellt eine *unangemessene Entlöhnung* auf Provisionsbasis einen begründeten Anlass für eine Kündigung durch den Arbeitnehmer und den Wegfall des Konkurrenzverbots dar.[1057] *Schlechte Behandlung*, soweit sie nicht nur untergeordnet ist, genügt. *Versetzung* an einen geringeren Posten kann einen Grund darstellen, selbst wenn darin noch keine Vertragsverletzung zu erblicken ist.

725      Kündigt die *Arbeitgeberin*, so fällt das Konkurrenzverbot grundsätzlich weg. Nur in Ausnahmefällen, wenn der Arbeitnehmer be-

---

[1054] Ausführlich dazu: VISCHER, Arbeitsvertrag, 281 f.
[1055] STREIFF/VON KAENEL/RUDOLPH, Art. 340c OR, N 2.
[1056] BGE 82 II 143.
[1057] BGE 139 III 214, nicht publizierte E. 6 (auffindbar unter Urteil des BGer 4A_8/2013 vom 2. Mai 2013); vorliegend resultierte bei einem vollzeitbeschäftigten Arbeitnehmer, dessen Lohn ausschliesslich aus Provision bestand, ein durchschnittliches Nettogehalt von CHF 2'074 pro Monat. Das BGer befand, dass eine Entlöhnung ausschliesslich auf Provisionsbasis zwar zulässig sei. Dies jedoch nur unter der Voraussetzung, dass sich dem Arbeitnehmer daraus ein angemessenes Entgelt für die geleistete Arbeit ergebe, was vorliegend verneint wurde (E. 5); vgl. auch Rz. 400.

gründeten Anlass zur Kündigung gegeben hat, bleibt es bestehen.[1058] Wenn sie ihre Kündigung auch nach Aufforderung durch den Arbeitnehmer nicht begründet, hat sie unseres Erachtens ihr Recht verwirkt, im Zusammenhang mit dem Konkurrenzverbot in der Sphäre des Arbeitnehmers liegende Gründe aufzuführen.[1059] Um dem Arbeitnehmer zu ermöglichen, sich während der Kündigungsfrist um eine neue Stelle zu bewerben bzw. seine neue Tätigkeit aufzubauen, muss er über den Bestand des Konkurrenzverbotes Sicherheit haben.

Kündigt die Arbeitgeberin im Dezember auf Ende März und stellt den Arbeitnehmer frei, so erlischt das nachvertragliche Konkurrenzverbot grundsätzlich, sofern kein begründeter Anlass zur Kündigung bestand. Konkurrenziert der Arbeitnehmer die Arbeitgeberin dann im darauffolgenden Januar und spricht die Arbeitgeberin sodann die fristlose Entlassung aus,[1060] so lebt das nachvertragliche Konkurrenzverbot wieder auf.    725a

Schliessen die Arbeitgeberin und der Arbeitnehmer über das Arbeitsverhältnis einen Aufhebungsvertrag auf einen bestimmten Zeitpunkt ab, so entspricht dieser nicht einer Kündigung. Vielmehr wird der unbefristete Vertrag damit zu einem befristeten. Gerade weil keine Kündigung vorliegt, fällt das Konkurrenzverbot nicht dahin, sondern bleibt bestehen. Die Parteien können aber selbstverständlich etwas anderes vereinbaren. Deshalb sollten die Parteien im Aufhebungsvertrag diese Frage ausdrücklich regeln.    726

Bis anhin nicht geklärt ist, ob das Konkurrenzverbot auch gilt, wenn das Arbeitsverhältnis «normal» durch Zeitablauf endet und sich die Arbeitgeberin ohne hinreichenden Grund einer Verlängerung widersetzt. Aus eben Gesagtem zum Aufhebungsvertrag kann jedoch geschlossen werden, dass ein mit einem befristeten Arbeitsverhältnis verbundenes Konkurrenzverbot nicht nur zulässig ist, sondern nach Ablauf der vereinbarten Zeit grundsätzlich auch Bestand hat. Würde das Konkurrenzverbot nach Zeitablauf dahinfallen, käme dies in der Folge der grundlosen Kündigung eines unbefristeten Arbeitsvertrages    727

---

[1058] Vgl. Urteil des BGer 4A_22/2014 vom 9. Dezember 2013, wonach das Vorbereiten einer konkurrenzierenden Tätigkeit während des laufenden Arbeitsverhältnisses (vorliegend das Erstellen eines Facebook-Profils und eines Logos sowie das Registrieren einer Webseite) einen begründeten Anlass zur Kündigung i.S.v. Art. 340c Abs. 2 OR darstellt (E. 4.3.); vgl. auch Urteil des BGer 4A_404/2014 vom 17. Dezember 2014 sowie 4A_595/2012 vom 21. Dezember 2012.

[1059] A.M. STREIFF/VON KAENEL/RUDOLPH, Art. 340c OR, N 3.

[1060] Die Konkurrenzierung ist als wichtiger Grund zu qualifizieren, STREIFF/VON KAENEL/ RUDOLPH, Art. 337, N 5; JAR 2000, 247.

seitens der Arbeitgeberin gleich, womit die Möglichkeit einer Befristung des Arbeitsverhältnisses gekoppelt mit einem Konkurrenzverbot kaum mehr Sinn machen würde.

728      Schliesslich ist die Frage der Betriebsübernahme z.b. durch Fusion zu beleuchten. Wenn eine Arbeitgeberin z.b. durch Absorptionsfusion untergeht, stellt sich die Frage, ob das Konkurrenzverbot gegenüber der neuen Arbeitgeberin (der absorbierenden Gesellschaft) weitergelten soll. Für den Fall der Ablehnung des Übergangs des Arbeitsverhältnisses durch den Arbeitnehmer fällt das Konkurrenzverbot dahin. Wenn der Arbeitnehmer den Übergang des Arbeitsverhältnisses annimmt, ändert sich wohl die Arbeitgeberin, nicht jedoch der Inhalt des Konkurrenzverbots. Deshalb gilt u.E. das Konkurrenzverbot der neuen Arbeitgeberin gegenüber in jenen Bereichen weiter, die schon vorher betroffen waren. Ist die neue Arbeitgeberin aber auch in anderen Bereichen tätig, als dies bei der früheren Arbeitgeberin der Fall war, gilt das Konkurrenzverbot für diese Bereiche nicht. Eine Regelung im Konkurrenzverbot (nach der Fusion) ist jedenfalls sinnvoll.

## 5.    Beendigung des Konkurrenzverbotes

729      Verzichtet die Arbeitgeberin auf ihren Anspruch aus dem Konkurrenzverbot, so bedeutet dies nicht in jedem Fall, dass sie keine Entschädigung bezahlen muss, wenn eine solche vereinbart ist. Die Karenzentschädigung sollte nur entfallen, wenn der Verzicht dem Arbeitnehmer genügend frühzeitig mitgeteilt worden ist bzw. die Vergütung darf nur mit einer angemessenen Kündigungsfrist aufgehoben werden. Bis zum Ablauf der Kündigungsfrist hat sich der Arbeitnehmer allerdings den Verdienst anrechnen zu lassen, den er auf dem Konkurrenzgebiet nach Aufhebung des Verbotes verdient, nicht aber denjenigen, den er zu verdienen unterlassen hat.[1061]

---

[1061] VISCHER/MÜLLER, 274.

# § 3 Kollektivarbeitsrecht (einschliesslich GAV und NAV)

## A. Einleitung

### 1. Gegenstand

Zum kollektiven Arbeitsrecht gehören einerseits jene Normen, 730 die das Recht der Arbeitgeber- und Arbeitnehmerverbände sowie deren Beziehung untereinander regeln, andererseits aber auch die Instrumente, mit denen sie das Arbeitsverhältnis gestalten. Es gehören dazu Normen:

- über die Rechtsstellung und Organisation der Arbeitnehmer und Arbeitgeberinnen
- über den Gesamtarbeitsvertrag (Art. 356 ff. OR) und seine Allgemeinverbindlicherklärung (Art. 110 Abs. 1 lit. d BV)
- über den Normalarbeitsvertrag (Art. 359 f. OR)
- über die vereinbarte Betriebsordnung (Art. 37 ArG)
- über Koalitionsfreiheit und Arbeitskampffreiheit (Art. 28 BV)

### 2. Funktion in der schweizerischen Wirtschaftsverfassung

Die schweizerische Wirtschaftsverfassung proklamiert eine 731 *marktwirtschaftlich orientierte Privatwirtschaft*.[1062] Dies kommt einerseits in der Wirtschaftsfreiheit als Grundrecht des Einzelnen (Art. 27 BV) sowie andererseits in den Grundsätzen der Wirtschaftsfreiheit (Art. 94 BV) zum Ausdruck. Ferner enthält die Bundesverfassung an zahlreichen Stellen eine (negative) Wettbewerbsgarantie, die den Staat auf den Grundsatz der Wettbewerbsneutralität verpflichtet.[1063] Bestandteil der Wirtschaftsfreiheit ist die *Vertragsfreiheit*, welche voraussetzt, dass zwischen den Parteien ein relatives Gleichgewicht (equality of bargaining power) besteht. Dies setzt ein wirtschaftliches Gleichgewicht voraus und ist nur zu verwirklichen,

---

[1062] Votum Bundesrat KOLLER, Amtl. Bull. NR 1988, 222.
[1063] VALLENDER/VEIT, 12.

wenn die Parteien auch nach ihren eigenen Zielvorstellungen verhandeln können.[1064]

732    Auf dem *Arbeitsmarkt* wird über die primäre Einkommensverteilung, die Verteilung von Gewinn- und Lohneinkommen, verhandelt.[1065] Er ist aber vom wirtschaftswissenschaftlichen Standpunkt aus betrachtet ein *unvollkommener Markt*, da ein inhärentes Ungleichgewicht zwischen den Marktteilnehmern besteht. Der Arbeitnehmer als Anbieter von Arbeitsleistung ist auf das Entgelt als bestimmendes, wenn nicht einziges Einkommen angewiesen. Er ist deshalb auch bereit, bei sinkendem Lohn sein Arbeitsangebot zwecks Existenzsicherung zu erhöhen – statt wie in anderen Märkten sein Angebot einzuschränken. Durch diese anormale Marktreaktion verlangt seine Arbeitskraft als wirtschaftliches Gut besonderer Art eine gesonderte Behandlung.[1066]

733    Der Arbeitnehmer ist zudem aufgrund dieses Verhaltens im individuellen Arbeitsvertragsverhältnis in der Regel die schwächere Partei. Um seine Interessen wirkungsvoll durchsetzen zu können, braucht er mehr Macht innerhalb des Arbeitsmarktes.[1067] Um dies zu erreichen, gewährleistet die Arbeitsverfassung den Arbeitnehmern und Arbeitgeberinnen das Recht des Zusammenschlusses, ein gemeinsames Vorgehen und damit die organisierte Gruppenmacht. Die Auseinandersetzung der Sozialpartner über den Preis der Arbeit setzt also voraus, dass Koalitions- und Arbeitskampffreiheit sowie Tarifautonomie gewährleistet sind. Dies zeigt sich auch dadurch, dass das Kartellgesetz[1068] den Arbeitsmarkt vom Anwendungsbereich ausnimmt.[1069]

---

[1064] BK-KRAMER, Art. 19 OR, N 25.

[1065] Davon zu unterscheiden ist die sekundäre Einkommensverteilung in Form von staatlichen Transferleistungen wie Subventionen, Sozialversicherungsleistungen, Steuerprogression etc., welche Korrekturen zur marktmässigen, primären Verteilung vornimmt (GYGI, 216).

[1066] SCHMIDHAUSER, Kommentar KG, Art. 2, N 2.

[1067] Während Marktmacht im Gütermarkt nicht erwünscht ist, da sie den Wettbewerb beeinträchtigt, wird sie im Arbeitsmarkt bezweckt.

[1068] Was früher in Art. 2 Abs. 1 aKG explizit geregelt war, ergibt sich heute implizit aus Art. 2 KG, SCHMIDHAUSER, Kommentar KG, Art. 2.

[1069] Vgl. SCHMIDHAUSER, Kommentar KG, Art. 2, N 7 ff.

## 3.  Arbeitsmarktfreiheiten

### a)  Tarifautonomie

Die *Tarifautonomie* setzt die Zulässigkeit und Verbindlichkeit    734
von Gesamtarbeitsverträgen (GAV) voraus und besagt, dass die Sozialpartner den Inhalt autonom bestimmen. Sie schliesst eine Zwangsschlichtung durch den Staat – durch einseitiges Festlegen des Ver-
tragsinhaltes – aus. Dagegen sind ihm Schlichtungsbemühungen durch
gesetzlich vorgesehene Schlichtungsinstitutionen nicht verwehrt.

Ein *GAV* ist ein Vertrag zwischen einem Arbeitnehmer- und ei-    735
nem Arbeitgeberverband oder einer einzelnen Arbeitgeberin. Er regelt
neben den Pflichten der Vertragsparteien auch direkt die Arbeitsverhältnisse der angeschlossenen Arbeitnehmer. Die Tarifpartner können
so teilweise für Dritte Recht setzen, welches normative Wirkung hat –
mithin unabdingbar, unmittelbar und unverzichtbar ist. Selbstverständlich muss diese Macht auf Bestimmungen beschränkt bleiben, die den
Abschluss, den Inhalt oder die Beendigung des Arbeitsverhältnisses
regeln (Art. 356 Abs. 1 OR).

Der GAV gilt in der Regel nur für die Mitglieder der verhan-    736
delnden Gewerkschaft, die bei einer dem beteiligten Arbeitgeberverband angeschlossenen Arbeitgeberin arbeiten. Nicht der Gewerkschaft
angehörige Arbeitnehmer können sich meist freiwillig anschliessen
und unbeteiligte Arbeitgeberinnen die Regelungen übernehmen.
Durch die *Allgemeinverbindlicherklärung* kann der Geltungsbereich
des GAV allerdings auch für alle Arbeitsverhältnisse der betreffenden
Branche Gültigkeit erlangen.

### b)  Koalitionsfreiheit

Die Verbände der organisierten Arbeitnehmer und Arbeitgebe-    737
rinnen in ihrer Eigenschaft als Partei des Arbeitsmarktes werden *Koalitionen* genannt. Die Koalitionsfreiheit wird neu und erstmals[1070] explizit durch die Bundesverfassung gewährleistet (Art. 28 BV).[1071] Sie
garantiert die Existenz von Koalitionen und die Freiheit, sich im Verband zu betätigen, und schützt dadurch den Einzelnen wie auch die
Koalitionen vor staatlichen Eingriffen.

---

[1070] ANDERMATT, Handbuch, 11.
[1071] Diese wird auch Gewerkschaftsfreiheit genannt (Botschaft über eine neue Bundesverfassung vom 20. November 1996 (Sonderdruck), 177).

738    Die *positive Koalitionsfreiheit* beinhaltet das Recht der Arbeitnehmer und Arbeitgeberinnen, sich zum Zweck der Wahrung ihrer Interessen auf dem Arbeitsmarkt zusammenzuschliessen oder einer Koalition beizutreten. Im privatrechtlichen Bereich steht die Koalitionsfreiheit unter dem Schutz des Persönlichkeitsrechts (Art. 27 ZGB) und wird zudem im Arbeitsvertragsrecht (Art. 336 Abs. 2 OR) konkretisiert. Alle Rechtsgeschäfte, die die Koalitionsfreiheit hindern oder einschränken, sind deshalb nichtig (Art. 20 OR). Die Erstellung schwarzer Listen, d.h. Verzeichnissen von Gewerkschaftsmitgliedern zwecks Ausschluss, ist rechtswidrig.[1072] Auch die Verbände sind durch die Koalitionsfreiheit, z.B. vor unfairer Mitgliederwerbung durch Dritte, geschützt. Allen am GAV beteiligten Verbänden stehen gleiche Rechte und Pflichten zu (Art. 356 Abs. 4 OR), was speziell Minderheitsgewerkschaften schützt.

739    Die *negative Koalitionsfreiheit* besteht im Recht einer jeden Partei, einer Koalition fernzubleiben bzw. aus einer Koalition auszutreten. Sie kann durch Kollektivverträge bedroht werden.

740    Konkretisiert wird die Koalitionsfreiheit durch Schutzbestimmungen des Gesetzes:

- missbräuchliche Kündigung: Eine Kündigung aufgrund der Mitgliedschaft oder Nichtmitgliedschaft in einer Koalition oder aufgrund gewerkschaftlicher Tätigkeit ist missbräuchlich (Art. 336 Abs. 2 lit. a OR);
- Closed Shop Clause: Die Absperrklausel zwischen Arbeitgeber- und Arbeitnehmerverband, nur Verbandsmitglieder zu beschäftigen, ist nichtig (Art. 356a Abs. 1 OR);[1073]
- Union Shop Clause: Die Verpflichtung der Arbeitgeberin, Nichtgewerkschaftsmitglieder zu entlassen, ist nichtig (Art. 356a Abs. 1 OR).

741    Umstritten ist die Gültigkeit von Bestimmungen, die zu einem Anschlusszwang führen. *Preferential Shop Clauses* bezwecken die Besserstellung der dem GAV unterstellten Mitglieder gegenüber übrigen Arbeitnehmern und führen so zu einem indirekten Zwang zum Beitritt in die Gewerkschaft. Es werden unterschieden:

---

[1072] Schadenersatz aus Art. 41 OR.

[1073] Auch die EMRK verbietet diese Vereinbarungen; vgl. Urteile des Gerichtshofs vom 13. August 1981 und vom 18. Oktober 1982; vgl. VISCHER/MÜLLER, 459 f.

- Ausschlussklauseln: Verbot an die Arbeitgeberin, Aussenseitern die tariflichen Vergünstigungen zu gewähren;
- Spannklauseln: Garantie für die dem GAV angeschlossenen Arbeitnehmer, dass ihnen auch im aussertariflichen Bereich bessere Bedingungen zukommen. Die Arbeitgeberin ist verpflichtet, das «Spannungsverhältnis» aufrechtzuerhalten.[1074]

Diese Klauseln bereiten Schwierigkeiten, weil der persönliche 742 Geltungsbereich des GAV nur Gewerkschaftsmitglieder der vertragsschliessenden Gewerkschaften und angeschlossene Arbeitnehmer erfasst. Eine *Fernwirkung* auf alle im Betrieb tätigen Arbeitnehmer kennt das schweizerische Kollektivrecht nicht, weshalb eine Privilegierung der am GAV Beteiligten vom Gesetzgeber als gewollt angesehen werden könnte. Spannklauseln werden aber als unzulässig erachtet, weil sie eine zu starke Beschränkung der Vertragsfreiheit der Arbeitgeberin bewirken (Art. 27 ZGB). Laut VISCHER ist weiter folgendermassen zu differenzieren:[1075]

- Es ist unzulässig, der Arbeitgeberin die Privilegierung von Gewerkschaftsmitgliedern vorzuschreiben, weil damit die Arbeitnehmer praktisch zur Mitgliedschaft gezwungen werden. Es dürfen den Gewerkschaftern nur solche Vorteile vorbehalten werden, die in engem Zusammenhang mit der Mitgliedschaft bzw. den Aufgaben im Verband stehen.[1076]
- Hingegen ist es grundsätzlich zulässig, bestimmte Vorteile nur den angeschlossenen Arbeitnehmern vorzubehalten, sofern die Tarifparteien von vornherein den Anschluss zulassen und diesen auch nicht übermässig erschweren.

## c) Arbeitskampffreiheit

Die Arbeitskampffreiheit ist Voraussetzung der Kampfparität 743 von Arbeitgeberin sowie Arbeitnehmer und somit der Tarifautonomie; sie ist ein systemgerechtes Instrument, um die Verständigungsbereitschaft zwischen den Verbänden zu fördern. Nur vor dem Hintergrund eines möglichen Arbeitskampfes zur Überwindung eines sonst nicht lösbaren Interessenkonflikts sind Tarifverhandlungen mehr als kollek-

---

[1074] ZK-VISCHER, Art. 356a OR, N 14; vgl. VISCHER/MÜLLER, 459 f.
[1075] ZK-VISCHER, Art. 356a OR, N 17 f.; vgl. VISCHER/MÜLLER, 460 f.
[1076] Z.B. Bildungsurlaub.

tives Betteln.[1077] Auf der Arbeitnehmerseite besteht sie in der *Streik-freiheit*, d.h. dem Recht zur kollektiven Arbeitsniederlegung, auf Arbeitgeberseite in der *Freiheit zur Aussperrung*, d.h. der Verweigerung der Annahme und Bezahlung der Arbeitsleistung durch die Arbeitgeberin.

744    Die Streikfreiheit ist kein klassisches, verfassungsrechtliches Individualrecht des Arbeitnehmers,[1078] sondern der Einzelne hat nur zusammen mit anderen Arbeitnehmern und einer Gewerkschaft das Recht zum Streik. In der neuen Verfassung ist sie als Bestandteil der Koalitionsfreiheit explizit garantiert (Art. 28 Abs. 3 BV).

---

[1077] VISCHER, recht 1987, 138 ff.
[1078] BGE 125 III 277.

# B. Stellung der Verbände

## 1. Koalitionen

### a) Gesetzliche Regelung und Übersicht

Das Kollektivarbeitsrecht wird getragen durch Arbeitgeber- und Arbeitnehmerverbände. Gemäss Gesetz steht beim GAV auf der einen Seite immer ein Arbeitnehmerverband, d.h. eine Gewerkschaft, auf der anderen Seite kann eine einzelne Arbeitgeberin oder ein Arbeitgeberverband Vertragspartei sein (Art. 356 OR). 745

Die Koalitionen in der Schweiz lassen sich überblicksartig wie folgt darstellen: 745a

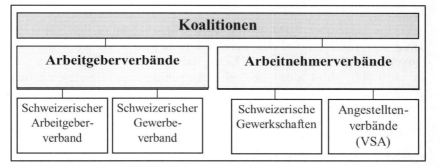

Abbildung 18:   Die Koalitionen in der Schweiz

### b) Gewerkschaften

*aa)   Definition und Situation*

Bis heute wird der Begriff *Gewerkschaft* im Schweizer Recht nicht definiert. Verstanden werden darunter Verbände, die sich gemäss Statuten für die Arbeitnehmerinteressen einsetzen und durch ihre Statuten zum Abschluss von GAV ermächtigt sind. 746

Rund 33 % der Arbeitnehmer in der Schweiz sind in Gewerkschaften organisiert. Im Gegensatz bspw. zu Deutschland gibt es keine Einheitsgewerkschaft, sondern verschiedene Verbände, die wiederum in Dachverbänden (Spitzenverbände) zusammengefasst sind. 747

748     Der *Schweizerische Gewerkschaftsbund* (SGB) vereinigt derzeit 16 selbstständig organisierte Einzelgewerkschaften mit ca. 380'000 Mitgliedern.[1079] Beispielhaft seien genannt:

- UNIA
- Personalverband des Bundes (PVB)
- Schweizer Syndikat Medienschaffender (SSM)
- Gewerkschaft des Verkehrspersonals (SEV)
- Schweizerischer Verband des Personals öffentlicher Dienste (VPOD)
- Syndicom Gewerkschaft Medien und Kommunikation
- garaNto
- AvenirSocial Professionelle Soziale Arbeit Schweiz

749     Im Dezember 2002 wurde vom Christlichnationalen Gewerkschaftsbund (CNG) und der Vereinigung Schweizerischer Angestelltenverbände (VSA) ein neuer Dachverband *Travail.Suisse* mit aktuell ca. 150'000 Mitgliedern und elf angeschlossenen Gewerkschaften gegründet:

- SYNA[1080]
- Angestellte Schweiz
- Organizzazione christiano-sociale ticinese (OCST)
- Syndicats chrétiens interprofessionnels du Valais (SCIV)
- Hotel & Gastro Union
- Verband der Ungarischen Christlichen Arbeitnehmer/innen der Schweiz (VUCAS)
- Transfair
- Verband der Fachhochschuldozierenden (fh-ch)
- Droga Helvetica
- Personalverband der Bundeskriminalpolizei (PV BKP)
- Association romande des logopédistes diplômés (ARLD)

---

[1079] Stand: Juli 2015.
[1080] Bei diesem Namen handelt es sich um eine Fantasiebezeichnung. Die Gewerkschaft SYNA mit über 60'000 Mitgliedern ist hervorgegangen aus dem Zusammenschluss des Christlichen Holz- und Bauarbeiterverbandes (CHB), der Christlichen Gewerkschaft für Industrie, Handel und Gewerbe (CMV), dem Landesverband freier Schweizer Arbeitnehmer (LFSA) und der Schweizerischen Grafischen Gewerkschaft (SGG) und ist in den Sektoren Industrie, Gewerbe und Dienstleistung tätig.

Im Oktober 2004 schlossen sich die Gewerkschaften GBI, 750
SMUV und VHTL, UNIA und Actions UNIA zur neuen UNIA zusammen. Die neue UNIA ist in die Berufssektoren Industrie, Bau,
Gewerbe und Tertiäre aufgeteilt. Sie umfasst mehr als 100 Branchen,
rund 200'000 Mitglieder und betreut gegen 500 Gesamtarbeitsverträge. Als Gewerkschaft für alle Berufe im privaten Sektor ist es das Ziel
der UNIA, den Organisationsgrad in allen Branchen gleichzeitig aus-
zubauen und mehr Arbeitnehmer in das Sicherheitsnetz der Gesamtarbeitsverträge einzubeziehen. Als grösste Gewerkschaft soll die UNIA
in der Lage sein, Referenden und Initiativen zu lancieren und so politisch erheblichen Einfluss zu nehmen. Ein weiteres Ziel ist es, den
bisher bescheidenen Frauenanteil in der neuen Gewerkschaft zu erhöhen.[1081]

## bb) Geschichtliche Entwicklung

aaa) Arbeiterbewegung

Die geschichtliche Entwicklung der Gewerkschaften begann erst 751
im 19. Jahrhundert, als die Voraussetzungen für kollektive Regelungen geschaffen wurden und Gewerkschaften entstanden. Durch die
mechanisierten und arbeitsteiligen Herstellungsmethoden wurde auch
die *zentrale Arbeitsstätte*, die Fabrik, erforderlich. Die Arbeiter mussten sich vorgegebenen Produktions- und Arbeitsmethoden unterziehen
und verloren weitgehend an Individualität, wurden Teil des Kollektivs. Erst aus dieser Situation heraus und aufgrund der sozialen Aus-
gangslage ergaben sich die Möglichkeit und das Bedürfnis des Zusammenschlusses.

Arbeitnehmerverbände waren zu Beginn des 19. Jahrhunderts 752
verboten. Erst mit der BV von 1848 wurde die Vereinsfreiheit und
damit auch die *Koalitionsfreiheit* garantiert. In den Kantonen wurden
der kollektive Zusammenschluss vom Staat aber weiterhin mit Polizeirecht unterbunden und Streikverbote erlassen. Später versuchte der
Staat, die Situation der Fabrikarbeiter durch Erlass von Polizeirecht
aus sitten- und sicherheitspolitischen Aspekten zu verbessern, was
schliesslich 1877 zum Erlass des ersten Fabrikgesetzes führte.

Die klassenkämpferischen Ideen waren dem Handwerk und 753
Kleingewerbe fremd. Meister und Gesellen wehrten sich nach Aufhebung des Zunftsystems gemeinsam und zum Schutz ihres Berufsstan-

---

[1081] Für weitere Informationen sei auf die Homepage der UNIA verwiesen: www.unia.ch.

des gegen die Wirtschaftskrise. Hervorzuheben ist v.a. der Zusammenschluss zum Schweizerischen Typografenbund 1858. Es gelang aber nicht, die Meister auf Dauer zu einer Einheitsorganisation mit den Gesellen zu verbinden. Von Bedeutung waren auch die schon im Zunftwesen von den Meistern geführten Fürsorgeeinrichtungen. Nach Aufhebung des Zunftsystems bestanden diese sogenannten Laden als Kranken-, Invaliden- und Unterstützungskassen weiter. Daraus entstanden dann mit der Einführung der Koalitionsfreiheit gewerkschaftsähnliche Genossenschaften.

### bbb) Angestellte

754 Angestellte waren an einer kollektiven Interessenpolitik und an einer arbeitskämpferischen Auseinandersetzung nicht interessiert. Im Gegensatz zu den Arbeitern glaubten sie eher an individuelle oder berufliche Strategien zur Anhebung ihrer Stellung und distanzierten sich vom gewerkschaftlichen Arbeitskampf.

755 Zwischen 1910 und 1920 wandelte sich der Führungsstil der Arbeitgeberinnen aber infolge des wirtschaftlichen Aufschwungs und Wachstums der Betriebe vom persönlich-autoritären oder familiär-patriarchalischen zum bürokratisch-autoritären Verhältnis und führte zu einer zunehmenden Anonymisierung auch der Angestellten. Für die Betriebsbindung wichtiger wurde einerseits das Interesse an Arbeit und Beruf und andererseits die Privilegierung gegenüber den Arbeitern, welche aber durch die Wirtschaftskrise nach dem Ersten Weltkrieg wieder bedroht war. Die Angestellten erkannten, dass ihre Ansprüche nur durch eine energische Sozialpolitik und Interessenvertretung durchzusetzen waren. Die neu entstandenen überbetrieblich organisierten Angestellten-Berufsverbände blieben aber mit ihrer Kollektivvertragspolitik weitgehend erfolglos. Die betrieblich organisierten Hausverbände waren wohl Gesprächspartner, wurden aber nicht als Verhandlungspartner anerkannt. So klammerten sie sich an die Rationalisierungsideologie der Arbeitgeberinnen und hofften, dass der wirtschaftliche Fortschritt statt Klassenkampf materielle Verbesserungen bringen werde. Um die Misserfolge in der Lohnpolitik zu kompensieren, konzentrierten sich die Angestelltenverbände auf die Konsumentenpolitik, d.h., sie kauften Konsumgüter in grossen Mengen ein und verkauften sie günstig an die Angestellten. Daneben boten sie aber auch Dienstleistungen wie Rechtsberatung, Information über Pensionskassen etc. an. Nur in den Branchen, in denen sich die Hausverbände in überbetrieblichen Angestelltenverbänden zusammen-

schlossen, gelang es ihnen, sich an GAV zu beteiligen, so z.B. in der Maschinenindustrie.

### c)   Internationale Spitzenverbände

Auf internationaler Ebene haben sich verschiedene Spitzenver-    756
bände entwickelt:

- Der Internationale Bund freier Gewerkschaften (IBFG; ICFTU)[1082] hat sich im Jahr 2006 mit dem Weltverband der Arbeitnehmer (WVA) und acht weiteren Gewerkschaften zum Internationalen Gewerkschaftsbund (IGB) zusammengeschlossen. Er umfasst ca. 330 Gewerkschaften aus über 160 Ländern und Hoheitsgebieten sowie insgesamt ca. 176 Millionen Mitglieder;[1083]
- Der Europäische Gewerkschaftsbund (EGB) wurde 1973 gegründet. Er vertritt über 90 nationale Gewerkschaftsbünde aus über 35 Ländern und hat ca. 60 Millionen Mitglieder.

### d)   Arbeitgeberverbände

Die Arbeitgeberorganisationen sind v.a. im Blick auf die Ein-    757
flussnahme auf die staatliche Gesetzgebung, aber auch zur Abwehr gewerkschaftlicher Ansprüche parallel zu den Gewerkschaften entstanden. Sie sind heute in *zwei Dachorganisationen* zusammengefasst:

- Dem *Schweizerischen Arbeitgeberverband* sind 35 Branchenarbeitgeberverbände und rund 40 regionale Arbeitgeberverbände sowie vereinzelte Firmen angeschlossen, die insgesamt rund 1,8 Millionen Arbeitnehmer beschäftigen.[1084]
- Der *Schweizerische Gewerbeverband* ist die Dachorganisation der Schweizer KMU. Er besteht aus 25 kantonalen Gewerbeverbänden, 210 Berufsverbänden, 45 Selbsthilfeinstitutionen und drei Anstalten der Gewerbeförderung.

---

[1082] Der ICFTU wurde 1949 gegründet und ging aus dem WGB (Weltgewerkschaftsbund) hervor. Im WGB waren in der Folge nur noch Verbände kommunistischer Staaten zusammengeschlossen. Der ICFTU hatte 2004 weltweit über 151 Millionen Mitglieder.

[1083] Stand: 2015.

[1084] Vgl. den Zusammenschluss von Vorort und der wf zu economiesuisse am 15. September 2000. Ziel dieses neuen Dachverbandes der Wirtschaft ist die Mitgestaltung der wirtschaftlichen Rahmenbedingungen u.a. durch eine enge Zusammenarbeit mit dem Schweizerischen Arbeitgeberverband.

## 2. Aufgaben und Zuständigkeiten

758    Die Verbände haben folgende Rechte und Aufgaben:

–   Die Koalitionen vertreten die Interessen ihrer Mitglieder und nehmen zudem öffentliche Ordnungsaufgaben wahr.
–   Sie können *GAV-Partei* sein und zudem die *Allgemeinverbindlicherklärung* von GAV beantragen (Art. 5 AVEG).
–   Sie können rechtmässig Arbeitskämpfe auslösen (Streikmonopol; Art. 28 Abs. 3 BV).
–   Sie haben einen Verhandlungsanspruch, wenn es um die Wahrung kollektiver arbeitsrechtlicher Interessen geht.
–   Sie haben ein selbstständiges Klagerecht, wenn dies die Verbandsinteressen oder Interessen von mehreren Arbeitnehmern oder Arbeitgeberinnen betrifft.
–   Sie haben ein Vorschlagsrecht für Vertreter von Einigungsämtern und Arbeitsgerichten.
–   Sie sind an der Verwaltung sozialer Institutionen wie der Schweizerischen Unfallversicherungsanstalt, Eidg. Arbeitskommission und AHV-Ausgleichskassen (Art. 53 ff. AHVG) beteiligt.
–   Sie sind vor Erlass von bestimmten Gesetzen und Verordnungen anzuhören (NAV: Art. 359*a* Abs. 2 OR; bei öffentlich-rechtlichen Arbeitszeitbestimmungen: Art. 40 ArG).

## 3. Tariffähigkeit

### a) Bedeutung

759    Die Tariffähigkeit ist das Recht, Partei eines GAV zu sein. Es kommt nur Vereinigungen (Koalitionen) zu, welche die spezifische Zielsetzung der Wahrung oder Förderung der Arbeits- und Wirtschaftsbedingungen ihrer Mitglieder verfolgen. Zudem müssen die weiteren Bedingungen dieses Kapitels erfüllt sein.

### b) Verband

760    Die *Organisationsform* einer GAV-Partei wird im Gesetz mit dem Ausdruck Verband umschrieben, aber nicht definiert. Doch muss z.B. aus Art. 357*a* OR, in dem von der Einwirkung der Verbände auf ihre Mitglieder und dem Einsatz von statutarischen Mitteln gespro-

chen wird, geschlossen werden, dass es sich bei den Verbänden um *juristische Personen* handelt. Sogenannte «groupement de fait» kommen als GAV-Parteien also nicht in Betracht.[1085] Auf Arbeitgeberseite kann wohl auch eine Gruppe von Arbeitgeberinnen ohne juristische Persönlichkeit Vertragspartei sein; die einzelnen Arbeitgeberinnen sind dann allerdings auch persönlich berechtigt und verpflichtet. Vielfach bestehen *Sektionen* von Arbeitgeber- und Arbeitnehmerverbänden. Selbstständig als Partei eines GAV auftreten kann auf Arbeitnehmerseite eine Sektion aber nur, wenn sie eine selbstständige juristische Person ist; andernfalls ist sie lediglich Organ des Verbandes.

Da aufgrund der Koalitionsfreiheit der freie Austritt aus dem Verband gewährleistet sein muss, kommen als mögliche Verbandsformen nur der *Verein* und die *Genossenschaft* infrage, wobei Erstere überwiegt. Da ein Verein nach Gesetz keinen wirtschaftlichen Zweck verfolgen darf, war die Zulässigkeit dieser Form lange umstritten. Das Bundesgericht hat vor der Macht des Faktischen kapituliert und entschieden, dass ein Verein wirtschaftliche Zwecke erfüllen darf, solange er nicht zugleich ein kaufmännisches Gewerbe betreibt.[1086]

*Spitzenverbände* sind Zusammenschlüsse mehrerer Gewerkschaften. Sie sind tariffähig, wenn der Abschluss von GAV zu ihren satzungsmässigen Aufgaben gehört oder wenn sie von den einzelnen Mitgliederverbänden entsprechend bevollmächtigt sind.

### c) Unabhängigkeit

Das Gesamtarbeitsvertragswesen als Teil der sozialen Selbstverwaltung setzt voraus, dass die Sozialpartner mit der notwendigen Unabhängigkeit operieren können. Wichtigster Teilaspekt ist die *Gegnerunabhängigkeit*, die sich wie folgt gliedern lässt:

– *Personelle Gegnerunabhängigkeit*: Die am GAV beteiligten Verbände müssen Vereinigungen von Arbeitnehmern oder von Arbeitgeberinnen sein. Harmonieverbände, d.h. Verbände, denen beide Parteien angehören, kommen nicht infrage. Durch die Interessenvermischung wäre ein GAV als Resultat einer Auseinandersetzung zwischen freien, auf Wahrung der Interessen ihrer Mitglieder ver-

761

762

763

764

---

[1085] Die Revision des OR von 1971 hatte das Ziel, die Vertragsfähigkeit von nicht organisiertem Personal eines Betriebes durch den Begriff Arbeitnehmerverbände auszuschliessen.
[1086] BGE 90 II 333 ff.

pflichteten Sozialpartnern nicht mehr gewährleistet. Problematisch ist insbesondere, wenn arbeitgebernahe Personen dem Verband angehören, wie z.B. höhere Angestellte. Entscheidend ist, wieweit diese Personen – abhängig von Zahl, Gewicht und Stellung – die tariflichen Auseinandersetzungen im Sinne der Arbeitgeberseite beeinflussen können.

765     – *Finanzielle und organisatorische Gegnerunabhängigkeit*: Grundsätzlich müssen Arbeitnehmerorganisationen finanziell und organisatorisch von der Gegenseite unabhängig sein.

766     – *Ideelle Gegnerunabhängigkeit*: Auch wenn zwischen Arbeitnehmer- und Arbeitgeberseite ideelle Übereinstimmungen vorliegen, genügt der bestehende Verteilungskonflikt, um sie als Gegenspieler auftreten zu lassen.

767     Weiter müssen die Parteien auch eine gewisse *Unabhängigkeit von Dritten* gewährleisten. Sie müssen im Prinzip unabhängig von Staat, Partei und Kirche sein. Dennoch sind gewisse persönliche wie finanzielle Verflechtungen und sogenannte Richtungsgewerkschaften, d.h. Vereinigungen mit parteipolitischer oder konfessioneller Ausrichtung, zulässig.

### d) Freiwillige Vereinigung

768     Aus dem Prinzip der Koalitionsfreiheit ergibt sich, dass ein tariffähiger Verband eine freiwillige Vereinigung sein muss. Der Gründungsakt darf nicht erzwungen und der freie Ein- und Austritt muss gewährleistet sein.

### e) Überbetrieblichkeit

769     Umstritten ist, wieweit ein Verband überbetrieblich organisiert sein muss, um tariffähig zu sein. Das Gesetz wie auch das Bundesgericht haben sich dazu nicht geäussert, sondern nur die juristische Persönlichkeit festgeschrieben.[1087]

770     Die Diskussion entzündet sich vor allem im Zusammenhang mit *Hausverbänden*, d.h. innerbetrieblichen, als juristische Person auftre-

---

[1087] ZK-VISCHER, Art. 356 OR, N 52; so VISCHER/MÜLLER, 447: Überbetrieblichkeit nicht erforderlich; a.M. REHBINDER, Arbeitsrecht, Rz. 284, hält aber Hausverbände dann für zulässig, wenn in einer Branche bzw. einem Wirtschaftszweig nur eine Arbeitgeberin vorhanden ist.

tenden Arbeitnehmervereinigungen. Überbetrieblich organisierte Gewerkschaften werfen diesen oft vor, dass sie dem gesellschaftspolitischen Prinzip der gewerkschaftlichen Solidarität aller Arbeitnehmer widersprechen. Es wird bezweifelt, ob sie kraft ihrer Stellung Druck bzw. Gegendruck wirkungsvoll erzeugen können.[1088] Auch ist die finanzielle und persönliche Abhängigkeit nicht zu unterschätzen. Die Arbeitgeberinnen sind daran interessiert, Hausverbände beizubehalten bzw. aufgrund der herrschenden Flexibilisierungs- und Deregulierungsbestrebungen das Kollektivvertragsrecht auf Betriebsebene zu verlagern. So haben die Arbeitgeberinnen in der Basler Chemie dem Übergriff der Gewerkschaften auf die Angestellten mit einer Reaktivierung der Hausverbände begegnen wollen, was bei diesen aber auf geringes Interesse gestossen ist.

Bei der Beratung des neuen Mitwirkungsgesetzes wollte der Ständerat die Hausverbände ausdrücklich den Gewerkschaften gleichstellen; er begnügte sich aber dann mit der Erklärung des zuständigen Bundesrates, dass Hausverbände wie Gewerkschaften zum Abschluss von GAV berechtigt seien.    771

### f)   Arbeitskampfbereitschaft

Die Arbeitskampfbereitschaft hat in der Schweiz im Gegensatz etwa zu Deutschland keine entscheidende Bedeutung. Auch Koalitionen, die freiwillig auf den Arbeitskampf verzichten, sind tariffähig.    772

## 4.   Tarifzuständigkeit

Die Zuständigkeit der Verbände erfolgt nach folgenden Prinzipien:    773

- Als Berufsverband gelten Organisationen, bei denen die Mitgliedschaft aufgrund der Berufsausbildung erfolgt;

- Im in der Schweiz vorherrschenden Industrieverband sind die Arbeitnehmer eines bestimmten Sektors organisiert.

---

[1088] In Deutschland sind Hausverbände von Gesetzes wegen nicht tariffähig; vgl. REHBINDER, Arbeitsrecht, Rz. 284.

## 5. Bedeutung der Gewerkschaften

774    Gewerkschaften haben in der Schweiz auch heute noch eine grosse Bedeutung, obwohl Arbeitskämpfe relativ selten sind. Rund 33 % der Arbeitnehmer sind einer Gewerkschaft angeschlossen. Dennoch haben sie zunehmend mit *Strukturproblemen* zu kämpfen. Die multinationalen Unternehmen drängen auf internationale Integration und sind nicht mehr bereit, den spezifischen Charakteristika des schweizerischen Gewerkschaftswesens Rechnung zu tragen. Durch Produktediversifikation werden traditionelle Branchengrenzen und damit Zuständigkeiten verwischt. Diese Entwicklung führt weg von industrie- bzw. branchenweiten GAV und fordert von den Gewerkschaften eine betriebsnahe Politik.

775    Auch haben die *traditionellen Ziele* der Gewerkschaften an Bedeutung verloren. Die wichtigsten Ziele bezüglich Realeinkommen, Arbeitszeitverkürzung und soziale Sicherheit scheinen erreicht zu sein oder liegen in den Händen des Staates. In Krisenzeiten können die Gewerkschaften höchstens versuchen, den Istzustand zu bewahren.

776    Das gewerkschaftliche Umfeld ist als Folge der neuen Technologien durch eine *Spaltung der Beschäftigten* in Hochqualifizierte und Minderqualifizierte gekennzeichnet. Der traditionelle Arbeiter verschwindet und die Beschäftigung verlagert sich in den Dienstleistungssektor. Die arbeiternahen Gewerkschaften leiden deshalb an Mitgliederschwund und müssen sich bezüglich ihres Rekrutierungsfeldes neu orientieren. Angestellte, erwerbstätige Frauen, Teilzeitbeschäftigte sind neue Arbeitnehmergruppen, die erfasst und umworben werden sollen. Die Ausrichtung auf diese Gruppen verlangt von den Gewerkschaften eine betriebsnahe Politik, um dem Hang nach Individualität und Flexibilität Rechnung zu tragen. Auf der andern Seite sind die Arbeitgeberinnen an einem Beitritt der Angestellten in die Gewerkschaften nicht interessiert und versuchen, die Hausverbände aufzuwerten und zu aktivieren (z.B. in der Basler Chemie).

## 6. Haftung der Gewerkschaften

776a    Bei der Haftung der Gewerkschaften gegenüber der Arbeitgeberin muss grundsätzlich zwischen der vertraglichen und der ausservertraglichen Haftung unterschieden werden.[1089] Eine vertragliche Haf-

---

[1089] Es gibt keine haftpflichtrechtliche Sonderordnung diesbezüglich. WIDMER, 144.

tung kann gegeben sein, da der Arbeitskampf eine Gesamtarbeitsvertragsverletzung darstellen kann. Eine ausservertragliche Haftung der Gewerkschaft kann bspw. bei Sachschäden gegeben sein, welche die Folge einer rechtswidrigen Demonstration als Mittel des Arbeitskampfes sind.[1090] So kann bspw. die Verletzung der relativen Friedenspflicht zu einer ausservertraglichen Haftung der Gewerkschaft nach Art. 41 ff. OR gegenüber der betroffenen Arbeitgeberin führen.[1091] Bei der Haftung gegenüber den Arbeitgeberorganisationen wird vorausgesetzt, dass der Gesamtarbeitsvertrag einen echten Vertrag zugunsten Dritter darstellt oder als Vertrag mit Drittschutzwirkung ausgestaltet ist.[1092]

---

[1090] BGE 132 III 122.
[1091] WIDMER, 144.
[1092] Vgl. hierzu Rz. 924.

# C. Der Gesamtarbeitsvertrag (GAV)

## 1. Definition

777     Nach Gesetz handelt es sich beim GAV um eine Vereinbarung zwischen Arbeitgeberinnen oder deren Verbänden und Arbeitnehmerverbänden zur Regelung der einzelnen Arbeitsverhältnisse (Art. 356 Abs. 1 OR). Grundsätzlich enthält ein GAV Bestimmungen über den Abschluss, Inhalt, und die Beendigung des Einzelarbeitsvertrages sowie über die Rechte und Pflichten der Vertragsparteien und über die Kontrolle und Durchsetzung des GAV.

## 2. Geschichtliches

### a)     Erste Erscheinungsformen

778     Die ersten Vorläufer des GAV waren im Buchdruckergewerbe in Form von *Tariflisten* entstanden. Die Typografen waren die ersten, die Mitte des 19. Jahrhunderts lokale Lohntarife ausarbeiteten und den Arbeitgeberinnen vorlegten. Die Anwendung der Tarife beruhte auf dem gemeinsamen Willen der Arbeiter, der oft auch mit Streik kundgetan wurde. Neben der Lohnfrage waren aber auch Regelungen über gemeinsame Schiedsgerichte und die Beschränkung der Lehrlingszahl Inhalt der Tarife. In den 70er-Jahren des 19. Jahrhunderts bekamen die korporativen Berufsorganisationen, wie der Typografen- und andere Verbände, gesamtschweizerische Bedeutung und es erfolgte der Wechsel zum Vertragswerk mit Einigungscharakter.

779     Zu Beginn des 20. Jahrhunderts entstanden in den Fabriken dann sogenannte Werkstättenverträge zwischen der Betriebsleitung und den Arbeiterkommissionen. Im Gegensatz zum Handwerk und Kleingewerbe wirkten Fabrikherr und Arbeiter bei Lohntarifverhandlungen nicht genossenschaftlich zusammen, sondern wahrten lediglich *eigene Interessen*. Mit Erstarken der Gewerkschaften wurden die Werkstättenverträge durch überbetriebliche Vereinbarungen verdrängt. Nachdem die Fabrikordnung im Fabrikgesetz von 1904/1905 zur im Vergleich mit den GAV schwächeren Rechtsquelle degradiert wurde, fand eine rechtliche Verankerung der Arbeiterkommissionen in den GAV statt. Der damalige GAV hatte nur schuldrechtliche Wirkung; die Befolgung durch die Arbeitgeberin beruhte einerseits auf dem tatsächlichen Einfluss der Gewerkschaft und andererseits auf dem

316

Willen, das durch die Verbandsorgane gegebene Wort zu honorieren.[1093]

### b) Obligationenrecht

Die eigene gesetzliche Regelung des GAV erfolgte relativ spät. 780
Erst 1911 wurde in den Art. 322 und 323 des aOR der GAV gesetzlich
umschrieben und seine normative Wirkung verankert. Bestimmungen
in Einzelarbeitsverträgen zwischen Arbeitnehmern und Arbeitgeberinnen wurden damit nichtig, soweit sie den normativen Bestimmungen des GAV widersprachen. Damit hat sich zwar nicht die tatsächliche Beziehung zwischen den Sozialpartnern, jedoch die rechtliche
Situation verändert, da Ansprüche aus GAV nun gerichtlich eingeklagt werden konnten. Trotzdem stieg die Zahl der GAV aber nur
langsam an.

### c) Friedensabkommen in der Maschinen- und Metallindustrie

Der *Durchbruch des GAV* erfolgte erst durch die Vereinbarung 781
in der Maschinen- und Metallindustrie, der grössten Exportindustrie,
am 19. Juli 1937. Dieses Friedensabkommen enthielt nur schuldrechtliche Bestimmungen, was nach damaligem Recht keinen eigentlichen
GAV darstellte. Inhalt war einzig die absolute Friedenspflicht sowie
die Ordnung der Konfliktregelung in den Betrieben und zwischen den
Verbänden. Die Parteien verpflichteten sich, die Vereinbarung nach
Treu und Glauben zu befolgen: Keine Partei sollte der anderen eine
Leistung versagen, die sie zu erbringen vermag, oder etwas fordern,
was die andere Partei vernünftigerweise nicht leisten kann. Die Löhne
wurden dagegen in den einzelnen Betrieben zwischen der Arbeitgeberin und den Arbeiterkommissionen vereinbart.

Zustande gekommen ist die Vereinbarung aus *zwei Gründen:*

– Die Sozialpartner sahen sich aufgrund des äusseren Drucks auf die 782
Schweiz durch das nationalsozialistische Regime Ende der
30er-Jahre veranlasst, sich zusammenzuschliessen. Es entsprach
dem von der faschistischen Ideologie getragenen Zeitgeist, die Gegensätze von Arbeit und Kapital zu negieren und die Gesellschaft
ständisch, d.h. nach Berufskategorien, zu organisieren. Diesem

---

[1093] Ausführlich zur geschichtlichen Entwicklung des GAV: Vgl. RIEGER, Handbuch,
99 ff.

Bild entsprach, dass Arbeitgeberin und Arbeitnehmer gemeinsam, in einträchtigem Zusammenwirken, ihren Bereich regelten und für Ordnung sorgten.

783 – Zur Bekämpfung der grossen Wirtschaftskrise der 30er-Jahre wollte der Bundesrat die Exportindustrie fördern. Dies geschah durch eine massive Abwertung des Schweizer Frankens im Jahre 1936. Dieser folgte aber ein massiver Teuerungsschub, der die Arbeitnehmerschaft hart traf und Forderungen nach Lohnerhöhungen zur Folge hatten. Solche drohten aber, den Zweck der Abwertung – nämlich die Verbilligung der schweizerischen Exportgüter im internationalen Vergleich – zunichte zu machen.

784 Die Gewerkschaften waren damals relativ stark und es bestand durchaus Aussicht, die Ziele mit Kampfmassnahmen auch durchzusetzen; doch lag der Generalstreik noch nicht weit zurück. Die politisch-wirtschaftliche Führung der Schweiz war nicht bereit, eine Wiederholung hinzunehmen und der Bundesrat führte deshalb die Möglichkeit einer *Zwangsschlichtung* ein. Die Gewerkschaft SMUV lehnte eine Intervention des Staates ab und zog es vor, sich direkt mit den Arbeitgeberinnen über die Regelung der Konflikte zu verständigen. Die staatliche Zwangsschlichtung wurde denn auch erfolgreich verhindert.

785 Nach Ende des Krieges machte das Beispiel der Maschinen- und Metallindustrie Schule. In vielen Wirtschaftszweigen wurden bis Mitte der 50er-Jahre 1'500 GAV abgeschlossen. Auch heute hat das Friedensabkommen politisch noch immer einen *sehr hohen Stellenwert*. Ökonomische Analysen zeigen, dass der Arbeitsfriede sowohl für die Unternehmer wie auch für die Arbeitnehmer grosse wirtschaftliche Vorteile insbesondere auch durch die resultierende *Zuverlässigkeit des Werkplatzes* bringt. Neuere Untersuchungen haben allerdings den Zusammenhang zwischen dem Friedensabkommen und dem Arbeitsfrieden relativiert; so fällt auf, dass die starke Abnahme der Arbeitskämpfe mit der Entwicklung der Konkordanzdemokratie in den 50er-Jahren zusammenfällt. Zu beachten ist auch, dass die Schweiz im internationalen Vergleich einen äusserst tiefen Organisationsgrad der Arbeitnehmer aufweist und auch nur ca. 50 % der Arbeitsverhältnisse durch Gesamtarbeitsverträge bestimmt werden.[1094]

---

[1094] Vgl. dazu PRINCE, JEAN-CLAUDE, L'impact des conventions collectives de travail en Suisse, Zürich 1994.

## d)   Revision des OR 1956

1956 wurde das Gesamtarbeitsvertragsrecht revidiert, wie es    786
heute noch nahezu unverändert gilt. Gleichzeitig wurde das BG über
die Allgemeinverbindlicherklärung von GAV (AVEG) erlassen, nachdem 1947 mit Art. 34$^{ter}$ aBV (Art. 110 Abs. 1 lit. d BV) die verfassungsrechtliche Grundlage geschaffen worden war.

## 3.   Funktionen

### a)   Schutzfunktion

Der GAV *schützt den Arbeitnehmer* als die wirtschaftlich unter-    787
legene und damit schwächere Partei im EAV vor Ausnützung seiner
Lage durch die stärkere Arbeitgeberin.

### b)   Ordnungsfunktion

Durch den GAV wird der soziale Friede unter den Arbeitneh-    788
mern gesichert, indem er die *Arbeitsbedingungen einheitlich* und unter
dem Prinzip der Gleichbehandlung regelt. Begrenzt wird die Ordnungsfunktion durch den persönlichen Geltungsbereich.

### c)   Friedenssicherungsfunktion

Der GAV bewirkt eine *relative Friedenspflicht*, d.h. den Ver-    789
zicht auf kollektive Kampfmassnahmen während der Gültigkeitsdauer
und bezüglich der darin geregelten Punkte. Oft enthalten die GAV
auch Stillhalteabkommen, eine *absolute Friedenspflicht*, die einen
Verzicht auf jegliche Kampfmassnahmen während der Gültigkeitsdauer bedeutet. Da der Frieden nur gesichert werden kann, wenn Instrumente zur Konfliktlösung vorhanden sind, setzen die Parteien
meist das Verfahren zur Schlichtung oder schiedsgerichtlichen Erledigung von Streitigkeiten fest. Ansonsten kommen die im Fabrikgesetz
bzw. im EEG vorgesehenen Schlichtungsverfahren zum Zug.

### d)   Durchsetzungsfunktion

Die Durchführung des GAV wird meist gemäss der im GAV    790
festgesetzten Kontroll- und Vollstreckungsordnung durch paritätisch
zusammengesetzte Organe überwacht.

### e)  Politische Funktion

791    Die Regelung des Arbeitsverhältnisses wird Privatparteien überlassen, die damit die Funktion des Gesetzgebers übernehmen. Damit
wird die Selbsthilfe der Sozialpartner gefördert und sie müssen auch
eine gewisse politische Mitverantwortung übernehmen.

### f)  Schrittmacherfunktion

792    Da der GAV flexibler als staatliche Regelungen ist und damit
schneller den jeweiligen politischen und wirtschaftlichen Veränderun-
gen angepasst werden kann, wird das Eingehen auf Neuerungen erleichtert. So kann der GAV gesetzliche Entwicklungen vorwegneh-
men.

### g)  Kartellfunktion

793    Art. 2 Abs. 1[bis] Kartellgesetz (KG) enthält einen sehr weiten Un-
ternehmensbegriff. Arbeitgeber- und Arbeitnehmerverbände sind deshalb wohl nicht vorbehaltlos, sondern nur im Rahmen der Zwecke des
GAV vom Kartellgesetz ausgeschlossen.[1095] Insofern dürfen sie den
Wettbewerb in einer Branche bezüglich der Arbeitsbedingungen aus-
schalten.

## 4.  Parteien des GAV

### a)  Unterscheidung nach beteiligten Parteien

794    Partei eines GAV kann nur sein, wer tariffähig ist. Je nach beteiligten Vertragsparteien spricht man von einem:

– *Verbandsvertrag*: Vereinbarung zwischen Arbeitgeber- und Arbeitnehmerverbänden;

– *Firmenvertrag*: Vereinbarung mit einem Arbeitgeber;

– *Hausvertrag*: Vereinbarung zwischen einer Arbeitgeberin und den
als Hausverband organisierten Angestellten.

---

[1095] GEISER, ARV 2004, 150.

## b) Gewerkschaftspluralismus

Die Parteien müssen für den vom GAV erfassten Bereich zu-  795
ständig sein. Probleme ergeben sich bei Mischbetrieben, wo mehrere
nach Berufsgruppen organisierte Verbände konkurrieren können. Es
wird diesfalls unterschieden zwischen:

– *Fachtarif*: Werden GAV nach Berufsgruppen abgeschlossen, kön-  796
  nen in einem Betrieb mehrere GAV nebeneinander gelten. Sind
  auch betriebsfremde Berufsgruppen untergeordneter Natur im Betrieb angestellt, gilt für sie der Fachtarif der Hauptberufsgruppe.

– *Industrietarif*: Der GAV gilt für alle Angehörigen einer bestimm-  797
  ten Branche und kommt dann auf alle Berufsgruppen der Branche
  zur Anwendung. Welcher Branche ein Mischbetrieb angehört, bestimmt sich nach den branchencharakteristischen Tätigkeiten.

Unabhängig von der Organisation gilt das *Prinzip der Tarifein-*  798
*heit*, d.h., für den einzelnen Arbeitnehmer gilt stets nur ein einziger
GAV. Kollidiert er mit einem allgemeinverbindlich erklärten GAV, so
geht Letzterer oder die für den Arbeitnehmer günstigere Lösung vor.

Grundsätzlich können sich die Verbände auf die Vertragsfreiheit  799
berufen und deshalb auch die Verhandlungspartner und Vertragskon-
trahenten bestimmen. Jedoch dürfen sie nicht die Zwecke des GAV
unterlaufen, sich auf die Vertragsfreiheit berufen und bspw. Minderheitsgewerkschaften ausschliessen, sofern kein berechtigtes Interesse
vorliegt. Das Bundesgericht betrachtet dies als Verletzung des Persönlichkeitsrechts der Minderheitsgewerkschaft. Weiter ist die Koalitionsfreiheit und das Gleichbehandlungsgebot (Art. 356 Abs. 4 OR)
durch den Ausschluss von einzelnen Gewerkschaften in Gefahr. Es
anerkennt deshalb einen Beteiligungsanspruch für Minderheitsgewerkschaften, vorausgesetzt, sie sind einigermassen repräsentativ.[1096]
In einem weiteren Urteil[1097] hat es festgestellt, dass ein Beitritt eines
dritten Verbandes zu einem GAV nicht erzwingbar ist, wenn dieser
Verband wesentliche Voraussetzungen des bestehenden Vertrags nicht
übernehmen will.

---

[1096] BGE 113 II 37, in: JAR 1988, 407.
[1097] BGE 118 II 432.

### c)  Sonderfall GAV im Konzern

799a     Ein Konzern liegt vor, wenn eine rechnungslegungspflichtige juristische Person (Muttergesellschaft) ein oder mehrere rechnungslegungspflichtige Unternehmen (Tochtergesellschaften) kontrolliert, sei es direkt oder indirekt über die Mehrheit der Stimmen oder über das Recht, die Mehrheit der Mitglieder des obersten Leitungs- oder Verwaltungsorgans zu bestellen oder abzuberufen, oder aufgrund der Statuten, der Stiftungsurkunde, eines Vertrags oder vergleichbarer Instrumente einen beherrschenden Einfluss ausüben kann.[1098] Mangels eigener juristischer Selbstständigkeit und fehlender Verkörperung einer Rechtsgemeinschaft kann der Konzern selbst weder Arbeitgeberin noch GAV-Partei sein. Soll ein GAV mit Geltung für einen gesamten Konzern abgeschlossen werden, so kann sich einerseits die abhängige Gesellschaft dem GAV zwischen der Gewerkschaft und der herrschenden Gesellschaft anschliessen, andererseits ist es ebenfalls möglich, dass sich sämtliche Konzerngesellschaften zu einem Arbeitgeberverband zusammenschliessen, welcher als solcher dann mit der Gewerkschaft einen Vertrag abschliesst.

## 5.    Arten von GAV

### a)  Unterscheidung nach Inhalt

800     Nach Inhalt des GAV werden folgende Typen unterschieden:

– *Voll ausgebaute Verträge*: Sie enthalten schuldrechtliche, indirekt-schuldrechtliche und normative Bestimmungen;

– *Rahmen- oder Mantelverträge*: Sie enthalten schuldrechtliche und indirekt-schuldrechtliche Bestimmungen, normative Bestimmungen aber nur als Richtlinien;

– *Zusatzabkommen*: Sie werden über Fragen getroffen, die erst nach Abschluss des Hauptvertrags auftreten oder bewusst ausgeklammert wurden.

801     Einen Sonderfall stellt das Friedensabkommen in der Maschinen- und Metallindustrie dar. Es enthält zwar seit 1974 auch normative Bestimmungen, verzichtet aber auf die Regelung der Tariflöhne und legt diese in die Hände der Betriebskommissionen.

---

[1098] Art. 963 OR.

**b)  Unterscheidung nach örtlichem Geltungsbereich**

Nach örtlichem Geltungsbereich werden unterschieden:                     802

– *Landesvertrag*: Er erstreckt sich auf die ganze Schweiz. Landes-
   verträge können blosse Mantelverträge sein oder abschliessende
   Regelungen aufstellen;

– *Kantonalvertrag*: Der Geltungsbereich erstreckt sich über das Gebiet eines Kantons;

– *Ortsvertrag*: Er gilt für das Gebiet eines oder mehrerer Orte;

– *Firmenvertrag*: Er wird mit einer Arbeitgeberin für deren Betrieb
   abgeschlossen.

## 6.  Inhalt des GAV

### a)  Normative Bestimmungen

*aa)  Allgemein*

Bei den normativen Bestimmungen handelt es sich um von den       803
GAV-Parteien gesetztes *objektives Recht*, das die beteiligten Arbeitgeberinnen und Arbeitnehmer unmittelbar und unabdingbar berechtigt
und verpflichtet. Sie regeln Abschluss, Inhalt und Beendigung des
Arbeitsvertrags der beteiligten Arbeitgeberinnen und Arbeitnehmer
und lassen sich wie folgt kennzeichnen:

– *Unmittelbarkeit*: Es handelt sich um objektives Recht, das unmit-    804
   telbar zwischen allen Arbeitgeberinnen und Arbeitnehmern der
   vertragschliessenden Verbände wirkt.[1099] Auf Nichtmitglieder sind
   die Bestimmungen aber nur anwendbar, wenn sie sich dem GAV
   angeschlossen haben oder der GAV allgemeinverbindlich erklärt
   wurde.

– *Unabdingbarkeit*: Die normativen Bestimmungen können nicht      805
   wegbedungen, wohl aber gemäss dem Günstigkeitsprinzip durch
   für den Arbeitnehmer günstigere Einzelabrede ersetzt werden. Was
   günstiger ist, ist nach einem objektiven Massstab zu bestimmen,
   d.h., es gilt, was ein vernünftiger Arbeitnehmer als günstiger betrachten würde. Dabei wird der sogenannte Gruppenvergleich[1100]

---

[1099] Vgl. auch BRUCHEZ, Handbuch, 175 ff.
[1100] D.h. der Vergleich von eng zusammengehörenden Bestimmungen des GAV und des
   EAV.

von Lehre und Rechtsprechung[1101] als geeignetste Vergleichsmethode anerkannt.

806   – *Unverzichtbarkeit*: Während der Dauer eines Arbeitsverhältnisses und eines Monates nach dessen Beendigung kann der Arbeitnehmer auf Forderungen, die sich aus unabdingbaren Bestimmungen eines GAV ergeben, nicht verzichten (Art. 341 Abs. 1 OR).

807   Selbstverständlich kann eine normative Vorschrift dispositiv ausgestaltet werden, also aus sich selbst nicht unabdingbar sein. Sie wirkt dann wie dispositives Gesetzesrecht auf das Arbeitsverhältnis.

**Beispiel Krisenartikel:** Der Gesamtarbeitsvertrag der Maschinen-, Elektro- und Metall-Industrie von 2013[1102] enthält in Art. 57.4 Abs. 3 eine weitreichende Ausnahmeklausel, die Abweichungen vom GAV zuungunsten der Arbeitnehmer erlaubt. Dieser Krisenartikel gibt der Arbeitgeberin die Möglichkeit, im Einzelfall, zur Überwindung wirtschaftlicher Schwierigkeiten und zur Verbesserung der Chancen, Arbeitsplätze zu erhalten, von arbeitsvertraglichen GAV-Bestimmungen abzuweichen.

*bb) Abschlussnormen*

808   Normative Bestimmungen in GAV beinhalten Abschlussnormen, wie bspw. *Formvorschriften*. Diese können konstitutiv oder bloss deklaratorisch sein, wobei in Zweifelsfällen, aufgrund des Schutzzwecks des GAV, eine konstitutive Wirkung angenommen wird.[1103] Bezieht sich eine Formvorschrift aber nicht nur auf einzelne Bestimmungen, sondern auf die Gültigkeit des EAV, so ist die konstitutive Wirkung fraglich, da gemäss Gesetz das Prinzip der Formfreiheit herrscht (Art. 320 OR).[1104]

809   In GAV enthaltene *Abschlussgebote* zwingen die tarifgebundene Arbeitgeberin zum Abschluss von Arbeitsverträgen,[1105] während *Abschlussverbote* die Einstellung bestimmter Arten von Arbeitneh-

---

[1101] BGE 116 II 153; vgl. VISCHER/MÜLLER, 467, die sich für den sog. Gruppenvergleich, aber gegen den Gesamtvergleich aussprechen.
[1102] Vertragsperiode vom 1. Juli 2013 bis 30. Juni 2018.
[1103] JAR 1988, 406 f.; ebenso BK-STÖCKLI, Art. 356 OR, N 81; a.M. ZK-VISCHER, Art. 356 OR, N 70.
[1104] ZK-VISCHER, Art. 356 OR, N 70.
[1105] Z.B. Wiedereinstellungsklauseln für Arbeitnehmer, die infolge von Arbeitskämpfen ausgeschieden sind.

mern[1106] verbieten. Zulässig ist dies nur im Rahmen der Freiheit der Berufsausübung, ausser es wäre – was nicht leichthin anzunehmen ist – ein schutzwürdiges Interesse vorhanden (Art. 356a Abs. 2 und 3 OR).

### cc) Inhaltsnormen

*Inhaltsnormen* regeln den Inhalt des Einzelarbeitsverhältnisses. Gegenstand können alle Bestimmungen sein, die als Inhalt eines EAV denkbar sind. Dabei ist auch eine negative Formulierung möglich.

810

**Beispiele:** Löhne, Lohnklassen, Zulagen, Lohnfortzahlungen, Lohnformen, zusätzliche Prämien, Ferien, Arbeitszeit (nur Höchstvorschriften, keine Arbeitszeitgarantie), Nebentätigkeit, Rationalisierungsschutz, Alterslohnsicherung, Haftungsbeschränkungen, Beschäftigungsverbote für Frauen und Jugendliche für bestimmte Arbeiten (im Rahmen von Art. 356a Abs. 2 und 3 OR), Befristung oder Kündigung des Arbeitsvertrags, Kündigungsschutz.

In Zeiten der Hochkonjunktur liegen die Mindestlöhne gemäss GAV oft tiefer als das effektive Lohnniveau. Deshalb enthalten die GAV häufig *Bestandesklauseln*, da bestehende günstigere Arbeitsbedingungen durch den Abschluss eines neuen GAV nicht verschlechtert werden sollen. *Effektivklauseln* sollen bewirken, dass im GAV vereinbarte Reallohnerhöhungen oder Teuerungszulagen auf dem effektiv ausbezahlten Lohn und nicht nur auf dem Mindestlohn ausgerichtet werden. Dies ist aber nur im Zeitpunkt des Inkrafttretens des GAV zulässig *(begrenzte Effektivklausel)*. Danach können die Einzelarbeitsvertragsparteien die Löhne im übertariflichen Bereich jederzeit abändern. Damit bleibt das Leistungsprinzip gewahrt und die Vertragsfreiheit wird nicht übermässig beschränkt.[1107]

811

---

[1106] Z.B. Heimarbeit, bestimmte Lehrlingszahl etc.

[1107] In BGE 140 III 391, E. 1.3.2. f. und 4.1.2 f. setzte sich das Bundesgericht mit der bislang in der Lehre umstrittenen Frage der Zulässigkeit begrenzter Effektivklauseln in GAV auseinander. Begrenzte Effektivklauseln seien nur unzulässig, wenn durch sie übermässig in die Freiheit der Einzelvereinbarung im übertariflichen Bereich eingegriffen würde. Dies sei bei begrenzten Effektivklauseln nicht der Fall, da mit ihnen letztlich nur der Mindestlohn erhöht werde.

### b)   Schuldrechtliche Bestimmungen

812     Schuldrechtliche Bestimmungen des GAV begründen unmittelbar *Rechte und Pflichten der Vertragsparteien*, also der Verbände. Gegenstand kann alles sein, was nach den allgemeinen Vertragsregeln zulässig ist, soweit es sich nicht durch das Gesetz ergibt.

#### aa)   Einwirkungs- und Durchführungspflicht

813     Die vertragschliessenden Verbände müssen auf ihre Mitglieder unter Einsatz ihrer *statutarischen und gesetzlichen Mittel* einwirken, damit Verletzungen des GAV unterbleiben oder beseitigt werden (Art. 357a Abs. 1 OR). Häufig wird der Verband oder eine paritätische Kommission nach Anzeige der Gegenseite Abklärungen treffen. Sind die Vorwürfe begründet, so wird gemahnt und zur Korrektur eine Frist angesetzt. Erst bei Nichtbeachtung werden schärfere Mittel eingesetzt, wobei immer das Verhältnismässigkeitsprinzip zu beachten ist.

814     Als Sanktionen kommen infrage:

– *statutarische Sanktionen*: Verweis, Busse, Einstellung der Mitgliedschaftsrechte;
– *gesetzliche Mittel*: Verbandsausschluss gemäss Art. 72 ZGB. Für den Arbeitgeberverband ist aber ein Ausschluss fragwürdig, da mit dem Ausschluss auch die Tarifbindung entfällt, sodass die Arbeitnehmer nicht mehr vom GAV erfasst werden.

815     Die Verbände haben aber, soweit nichts anderes vereinbart ist, *keine Garantiepflicht* für die Einhaltung des GAV durch ihre Mitglieder zu übernehmen. Hat der Verband seine Einwirkungspflichten wahrgenommen, haftet er nicht.

#### bb)   Friedenspflicht

816     Die *Friedenspflicht* (Art. 357a Abs. 2 OR) ist Ausfluss der gesteigerten Vertragsloyalität beim GAV. Sie bedeutet den Verzicht auf Kampfmassnahmen zwischen den Vertragsparteien, d.h. Verzicht auf Streik seitens der Arbeitnehmer und auf Aussperrung seitens der Arbeitgeberinnen. Es werden folgende Friedenspflichten unterschieden:

817     – *Relative Friedenspflicht*: Von Gesetzes wegen gilt die relative Friedenspflicht, nach der während der Dauer der Laufzeit des GAV die Vertragsparteien auf jeglichen Arbeitskampf auf allen im GAV

geregelten Gebieten zu verzichten haben. Umstritten ist, inwiefern auch Verhandlungsgegenstände, die mangels Einigung nicht in den GAV aufgenommen wurden, der relativen Friedenspflicht unterliegen.

– *Absolute Friedenspflicht*: Die Parteien können ausdrücklich vereinbaren, dass sie auf jegliche Kampfmassnahmen während der Vertragsdauer verzichten. Die absolute Friedenspflicht ist in der Schweiz die Regel, rund zwei Drittel aller GAV sehen sie vor.[1108] Die Parteien können auch vereinbaren, dass die Friedenspflicht über die Dauer des GAV hinaus gelten soll, doch muss die Verlängerung zeitlich beschränkt sein. Ohne gültigen GAV ist keine dauernde Friedenspflicht möglich. 818

Umstritten ist, ob eine GAV-Partei trotz einer Friedenspflicht zu Arbeitskampfmassnahmen greifen kann, wenn die Gegenpartei ihrerseits den GAV in wesentlichen Punkten verletzt hat. Es gilt der Grundsatz, dass für die Durchsetzung vertraglicher Ansprüche der Gerichtsweg zu beschreiten ist und nicht der Arbeitskampf. Das Obligationenrecht lässt aber die Selbsthilfe zur Durchsetzung von Ansprüchen zu, wenn nach den gegebenen Umständen amtliche Hilfe nicht rechtzeitig erlangt und nur durch Selbsthilfe eine Vereitelung des Anspruchs oder eine wesentliche Erschwerung seiner Geltendmachung verhindert werden kann.[1109] Zudem kann bei einem zweiseitigen Vertrag grundsätzlich Erfüllung nur verlangen, wer selber erfüllt hat oder zu erfüllen bereit ist.[1110] Es ist nicht einzusehen, warum diese Grundsätze nicht auch bei einem GAV gelten sollten. Dies hat aber zur Folge, dass trotz vertraglicher Friedenspflicht ausnahmsweise zu Kampfmassnahmen gegriffen werden darf, wenn die genannten Voraussetzungen erfüllt sind. 819

### cc) Weitere Selbstpflichten

Die GAV-Parteien können weitere Pflichten übernehmen. Die Errichtung und Verwaltung gemeinsamer Einrichtungen, wie beispielsweise Ausgleichskassen, und Beitragsleistung an solche Einrichtungen, Anrufung von Schiedsgerichtsinstanzen, Kontrolle und Durchsetzung des Vertrags kommen häufig vor. 820

---

[1108] STREIFF/VON KAENEL/RUDOLPH, Art. 357a OR, N 6.
[1109] Art. 52 Abs. 3 OR.
[1110] Art. 82 OR.

### c) Indirekt-schuldrechtliche Bestimmungen

821 Die Vertragsparteien des GAV können nicht nur sie direkt, sondern auch die Verbandsmitglieder betreffende, *indirekt-schuldrechtliche* Bestimmungen enthalten. Es handelt sich also um einen echten Vertrag zulasten Dritter, da die Verpflichteten nicht Vertragsparteien sind. Die Bestimmungen schreiben unabhängig von den Einzelarbeitsverträgen ein bestimmtes Verhalten vor und sind deswegen nicht normativer Natur. Die Durchsetzung obliegt denn auch den Verbänden – allenfalls einer zu diskutierenden Verbandsgemeinschaft –, nicht aber den Parteien des EAV selbst.

822 Über den möglichen Inhalt dieser Bestimmungen gibt das Gesetz nur vage Auskunft (Art. 356 Abs. 2 OR). Im Allgemeinen können folgende Hauptgruppen unterschieden werden:

– *sachliche Solidarnormen:* betreffend die Betriebsmittel, wie Vorschriften über Gesundheits- und Gefahrenschutz, sanitäre Anlagen, Pensionskassen etc.;

– *persönliche Solidarnormen:* betreffend den Mitarbeiterkreis, wie Vorschriften betreffend Vorbildung, Quoten für Frauen, Ungelernte oder Lehrlinge etc.;

– *betriebsverfassungsrechtliche Normen:* wie Mitentscheidung, Mitwirkung, Stellung der Gewerkschaften etc.;

– *Ordnungsnormen:* betreffend die Ordnung im Betrieb, wie Vorschriften über Rauchverbot, Torkontrolle, Meldewesen etc.[1111]

### d) Rechtsdurchsetzung

*aa) Parteien und Organe*

823 Oft werden zur Streitschlichtung gemeinsame Organe, sogenannte *paritätische Kommissionen*, eingesetzt. Sie können Kontroll- und Mitwirkungsfunktionen übernehmen, das Recht haben, Sanktionen auszusprechen sowie Streitigkeiten unter Vorbehalt des Weiterzuges an die vertraglichen Schiedsgerichte zu entscheiden. Ihre Kompetenzen gründen sich aber auf den GAV und sind darin näher zu umschreiben.

824 Die GAV-Parteien beider Seiten können eine *Vertragsgemeinschaft* bilden und gemeinsam die Einhaltung des GAV von den ange-

---

[1111] Vgl. ausführlich zum Inhalt des GAV: BRUCHEZ, Handbuch, 175 ff.

schlossenen Arbeitgeberinnen und Arbeitnehmern fordern (Art. 357*b* OR). Das ist natürlich nur möglich, wenn nicht ein Firmen- oder Hausvertrag vorliegt und somit die Arbeitgeberin direkt Partei ist. Zwischen den Mitgliedern der Vertragsgemeinschaft gilt das *Recht der einfachen Gesellschaft* (Art. 530 ff. OR) sinngemäss. Werden aber Vertragsverletzungen gerügt, müssen nicht alle Verbände auf der Kläger- oder Beklagtenseite vertreten sein. Die Vertretung gegen innen und aussen nehmen in der Regel paritätische Kommissionen aufgrund einer Bevollmächtigung wahr.[1112]

Die Durchsetzung der indirekt-schuldrechtlichen Bestimmungen ist allein Sache der Verbände; die beteiligten Arbeitnehmer oder Arbeitgeberinnen können aber von diesen oder der Vertragsgemeinschaft verlangen, dass sie ihnen zu ihrem Recht verhelfen. Das Gesetz setzt der gemeinsamen Durchführung Grenzen, indem es zur Begründung der Gemeinschaft eine Ermächtigung in den Statuten oder durch Beschluss des obersten Vereinsorgans verlangt und die möglichen Gegenstände abschliessend aufzählt (Art. 357*b* OR):   825

- Beiträge an Ausgleichskassen oder andere Einrichtungen
- Verpflichtung des Verbandsmitglieds zur Wahrung des Arbeitsfriedens
- Solidarnormen, welche die Arbeitgeberin zu Leistungen zugunsten der Belegschaft oder Teilen davon verpflichten
- Regeln über die Rechtsstellung der Arbeitnehmer im Betrieb (Betriebsverfassungsrecht)
- Ordnungsnormen, die die Ordnung und das Verhalten im Betrieb regeln.[1113]

### bb) *Streittypen*

Beim Verfahren bei kollektiven Streitigkeiten ist zwischen *Regelungs- und Rechtsstreitigkeiten* zu unterscheiden. Die Ersteren betreffen Differenzen über den Abschluss eines neuen GAV, über neu in den GAV aufzunehmende Regelungen oder über die Anpassung von GAV-Regelungen an neue, veränderte Verhältnisse. Solche Regelungsstreitigkeiten können durch *Verbandsschiedsgerichte* oder – wenn die GAV-Parteien nichts vereinbart haben – durch *staatliche*   826

---

[1112] ZK-VISCHER, Art. 357b OR, N 12.
[1113] In der Praxis werden die Ordnungsnormen häufig nicht im GAV, sondern in einer Betriebsordnung gemäss Art. 37 ff. ArG geregelt.

*Einigungsstellen* gelöst werden. Die Kantone sind verpflichtet, für die Beilegung von Kollektivstreitigkeiten in industriellen Betrieben solche Einigungsstellen zur Verfügung zu stellen (Art. 30 FabrikG), können den Geltungsbereich aber auch auf andere Betriebe ausdehnen. Dabei besteht ein Schlichtungszwang, aber keine Zwangsschlichtung. Ein verbindlicher Schiedsspruch bei Regelungsstreitigkeiten ist nur möglich, wenn die Parteien vereinbaren, sich dem Schiedsspruch zu unterwerfen oder ihm nachträglich zuzustimmen.

827     *Rechtsstreitigkeiten* betreffen hingegen die Auslegung, die Anwendung eines GAV oder die Folgen der Verletzung einer GAV-Norm. Für die Entscheidung von Rechtsstreitigkeiten kommt der ordentliche Zivilprozess, die Übertragung auf staatliche Einigungsstellen oder auf ein sonstiges Schiedsgericht infrage.

### cc)   Konventionalstrafe

828     Die Verletzung der schuldrechtlichen Pflichten kann eine *Schadenersatzpflicht* gemäss den allgemeinen Regeln des OR, die a.o. Kündigung des GAV oder Arbeitskampfmassnahmen zur Folge haben. Zudem haben die Vertragsparteien Anspruch auf Feststellung der Vertragsverletzung und bei andauernder Verletzung einen Unterlassungsanspruch.

829     Wirksamstes Mittel der Rechtsdurchsetzung bei Verletzung eines GAV sind *Konventionalstrafen*[1114], deren Zweck sowohl die Ahndung von Vertragsverletzungen wie auch die Wiederherstellung der Vertragsautorität[1115] ohne den schwer zu erbringenden Nachweis des Schadens ist.[1116] Im Rahmen der gesamtvertraglichen Konventionalstrafe überwiegt in der Regel sowieso der Strafcharakter das Element des Schadenersatzes.[1117]

830     Übermässige Konventionalstrafen sind vom Richter herabzusetzen (Art. 163 Abs. 3 OR), woraus sich diverse *Bemessungskriterien* für die Festsetzung der Höhe ergeben.[1118] Die gesetzliche Regelung muss aber insofern angepasst werden, als die GAV-Parteien keinen Selbstzweck verfolgen, sondern im Interesse der beteiligten Verbandsmitglieder handeln. Es geht also nicht nur um die Beziehung

---

[1114] So auch HÄBERLI, Handbuch, 253.
[1115] BK-STÖCKLI, Art. 357a OR, N 72; vgl. auch JAR 1989, 284.
[1116] VISCHER/MÜLLER, 462 f.
[1117] ZK-VISCHER, Art. 357a OR, N 71.
[1118] ZK-VISCHER, Art. 357a OR, N 75.

zwischen Gläubiger und Schuldner, sondern bei der Bemessung sind die Schwere des Eingriffs und das Mass des Verschuldens ebenso wie die betroffenen Interessen der Arbeitnehmer zu berücksichtigen.[1119]

Konventionalstrafen können entweder die Erfüllung der vertraglichen Pflichten der Parteien selbst (direkt-schuldrechtlich) oder die Einhaltung der den beteiligten Verbandsmitgliedern aus dem GAV obliegenden Pflichten (indirekt-schuldrechtlich) sichern. Im ersteren Fall steht den GAV-Parteien ein direkter Leistungsanspruch gegenüber dem Verbandsmitglied zu.[1120] Sollen Vertragsverletzungen der einzelnen Verbandsmitglieder gesühnt werden, so ist kumulativ zur Konventionalstrafe auch ein Anspruch auf Einhaltung der betreffenden Bestimmung geschuldet.[1121] Unklar ist, ob der einem Einzelnen zugefügte Schaden vom Verband geltend gemacht werden darf *(Drittschadensliquidation)*. Nach Bundesgericht ist bei der gesamtvertraglichen Konventionalstrafe der einem Verbandsmitglied zugefügte Schaden dann mit zu berücksichtigen, wenn ausser Zweifel steht, dass die dem Gläubiger (d.h. dem Verband) zugesprochene Ersatzsumme im entsprechenden Umfang dem Dritten zukommt.[1122]

831

## 7.  Entstehung und Beendigung

### a)  Abschluss und Form

Grundsätzlich gilt auch beim Abschluss eines GAV die Vertragsfreiheit. Aus der Koalitionsfreiheit[1123] als Grundpfeiler des Kollektivarbeitsrechts entsteht jedoch in gewisser Weise ein Verhandlungs- und Abschlusszwang, weshalb sich eine Partei nicht a priori jeder GAV-Regelung verschliessen kann.[1124] Auf Seite der Arbeitgeberin besteht eine Verhandlungspflicht mit jeder tariffähigen, im Betrieb repräsentativ vertretenen Arbeitnehmerorganisation, wenn diese zusätzlich über die Möglichkeiten zur Durchsetzung der Einhaltung des GAV verfügt.[1125] Häufig ist es so, dass die Arbeitgeberin, sofern sie den entscheidenden Schritt zu Vertragsverhandlungen unternimmt, auch den ersten Entwurf eines GAV ausarbeitet. Kommen hingegen

832

---

[1119] BGE 116 II 302.
[1120] ZK-VISCHER, Art. 357a OR, N 73.
[1121] BGE 116 II 302, 304; VISCHER/MÜLLER, 462 f.
[1122] BGE 107 Ia 152 (Firestone).
[1123] Art. 28 BV.
[1124] ZK-VISCHER/ALBRECHT, Art. 356c OR, N 3; VISCHER/MÜLLER, S. 451.
[1125] ZK-VISCHER/ALBRECHT, Art. 356c OR, N 6.

Verhandlungen auf Druck der Arbeitnehmer zustande, so formulieren i.d.R. auch die Arbeitnehmervertreter die Eckpunkte eines zukünftigen GAV. *Vorteile* eines durch die Sozialpartner abgeschlossenen GAV sind häufig die Folgenden: Der Schutz der durch den GAV erfassten Arbeitnehmer ist regelmässig besser, als wenn auf sie lediglich das Obligationenrecht und das Arbeitsgesetz anwendbar sind. Ein GAV schafft i.d.R. Transparenz und fördert das gegenseitige Vertrauen auf Arbeitgeber- und Arbeitnehmerseite. Zudem kann für den Fall von Streitigkeiten neben dem Arbeitsgericht eine weitere Instanz wie bspw. eine paritätische Kommission oder ein Schiedsgericht durch den GAV geschaffen werden. Gewisse *Nachteile* können sich für die Arbeitgeberin betreffend Flexibilität und Freiheit bzgl. Anstellungs- und Arbeitsbedingungen ergeben. Nach Abschluss eines GAV finden in mehr oder weniger gleichmässigen zeitlichen Abständen Neu- bzw. Nachverhandlungen zwischen den Sozialpartnern statt. Die *Schrift-form* ist Gültigkeitserfordernis für Abschluss, Änderung, Kündigung und Aufhebung durch Übereinkunft sowie für den Beitritt einer neuen Vertragspartei, für die Anschlusserklärung, deren Kündigung und die Zustimmungserklärungen (Art. 356c OR).

### b) Dauer

833      Der GAV kann auf bestimmte oder unbestimmte Zeit abge-schlossen werden (Art. 356c OR). In der Regel wird er auf eine be-stimmte Zeit, meist für mehr als ein Jahr abgeschlossen. Wird er auf unbestimmte Zeit abgeschlossen, kann er unter einer Frist von sechs Monaten gekündigt oder durch gegenseitige, schriftliche Übereinkunft jederzeit aufgelöst werden.

### c) Beendigung

#### aa) *Willensmängel*

834      Die Vorschriften über die *Mängel des Vertragsabschlusses* und ihre Folgen (Art. 23 ff. OR) gelten für den GAV nur beschränkt, da aufgrund seiner normativen Funktion eine erhöhte Beständigkeit ge-fordert ist. Eine gesamthafte Anfechtung wegen Willensmängeln kommt daher nicht infrage. Eine Aufhebung ex nunc soll lediglich bezüglich Einzelbestimmungen, und auch dann nur mit grosser Zu-rückhaltung, möglich sein.

### bb) Auflösung aus wichtigen Gründen

Eine Auflösung aus wichtigem Grund ist nur möglich, wenn alle 835
nach Gesetz und Vertrag *verfügbaren Mittel versagen.*[1126] Eine Anpassung des GAV an veränderte Umstände ist einer Auflösung vorzuziehen, was häufig durch entsprechende Klauseln zur Wiederaufnahme von Verhandlungen über bestimmte Punkte – z.B. einen Teuerungsausgleich – bekräftigt wird. Aber auch ohne solche Vorkehrungen ist eine Verhandlungspflicht der Parteien mindestens für den Fall schwerwiegender Änderungen anzunehmen. Die *clausula rebus sic stantibus* ist in diesem Kontext abzulehnen, da der GAV als Normsetzungsinstrument einen richterlichen Eingriff, welcher eine staatliche Lohnfestsetzung beinhaltet, ausschliesst.

### cc) Bei Verbandsaustritt

Gemäss der Rechtsprechung des Bundesgerichts gilt der GAV 835a
für die bereits bestehenden Arbeitsverhältnisse trotz Austritt für seine feste Laufzeit weiter bzw. für die ordentliche Kündigungsfrist, wonach sich die Arbeitgeberin in Entsprechung zum Kündigungsrecht individuell von der Bindung lösen kann.[1127] Nach einer anderen Auffassung soll für die Fortdauer – in Analogie zu Art. 333 Abs. 1[bis] OR – eine Obergrenze von einem Jahr gelten.[1128] Eine noch neuere Auffassung betrachtet die Jahresgrenze dagegen als untere Grenze der Fortgeltung.[1129] Zuletzt wird auch die Meinung vertreten, dass die Privatautonomie und die Koalitionsfreiheit einer Erstreckung der normativen GAV-Wirkungen über den Austritt hinaus überhaupt entgegenstehen.[1130] Ungeklärt bleibt die Frage, ob und inwieweit die weiterhin an die Normativbestimmungen gebundene Arbeitgeberin noch Änderungen dieser Bestimmungen durch die GAV-Parteien zu übernehmen hat oder nicht (dynamische oder statische Fortgeltung).[1131]

---

[1126] So z.B. die unmittelbare Gefahr eines Konkurses der Arbeitgeberin, nicht aber Konjunkturschwankungen (STREIFF/VON KAENEL/RUDOLPH, Art. 356c OR, N 6).

[1127] Urteil des BGer 4C.7/1999 vom 13. Juni 2000; bestätigt in BGE 132 III 122, E. 4.5.3; VISCHER/ALBRECHT, Art. 356b OR, N 3; VISCHER, FS STAEHELIN, 95 ff.

[1128] BK-STÖCKLI, Art. 356c OR, N 29.

[1129] ANDERMATT, Handbuch, Art. 356c, N 21, 23.

[1130] STREIFF/VON KAENEL/RUDOLPH, Art. 356 OR, N 13.

[1131] GEISER/UHLIG, ZBJV 146/2010, 51.

### d)  Nachwirkung

836  Die Wirkungen des GAV hören mit seiner Beendigung auf,[1132] ausser es wurde für die Dauer der Verhandlungen über den Abschluss eines neuen GAV eine zeitlich beschränkte Verlängerung vereinbart. Der überwiegende Teil der Lehre geht aber von einer Nachwirkung der Normativbestimmungen entweder gestützt auf die Übung oder als Ausdruck des präsumtiven Parteiwillens aus. Die während der Gültigkeitsdauer des GAV bestehenden oder neu geschlossenen EAV stehen inhaltlich auf seiner Grundlage, weshalb die normativen Bestimmungen auch nach Ablauf gelten. Die Weitergeltung entspricht somit eher dem effektiven, als bloss dem präsumtiven Willen der Parteien des Einzelarbeitsvertrags. Mit Beendigung des GAV werden die normativen Bestimmungen jedoch zum vereinbarten Inhalt des EAV und unterstehen der Verfügungsgewalt der Parteien.[1133]

## 8.  Persönlicher Geltungsbereich

### a)  Vertragsparteien

837  Der GAV gilt grundsätzlich nur für die Arbeitgeberinnen und Arbeitnehmer, die Mitglied der vertragsschliessenden Verbände sind. Von der Idee her soll aber eigentlich eine für eine ganze Branche einheitliche Regelung geschaffen werden. Anders als in ausländischen Rechtsordnungen kennt die Schweiz *keine Fernwirkung*, d.h., die Ausdehnung des Geltungsbereiches wird mit Ausnahme der Allgemeinverbindlicherklärung nicht gesetzlich verfügt.[1134]

---

[1132] Vgl. aber z.B. deutsches TVG, wo ausdrücklich eine Nachwirkung statuiert wird, bis andere Abmachungen getroffen werden.

[1133] ZK-VISCHER, Art. 356c OR, N 45; VISCHER/MÜLLER, 492 f.; GABATHULER, 226. Der Inhalt des EAV ändert sich durch den Wegfall des GAV aber – vorbehältlich anderer Abrede – nicht: BGE 130 III 19, E. 3.1.2.2.

[1134] Vgl. ebenfalls die Regelungen zum GAV im Konzern, Rz. 799a.

Die nachfolgende Grafik veranschaulicht den Gültigkeitsbereich    837a
der normativen Bestimmungen:

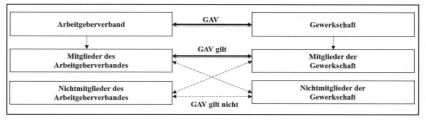

*Abbildung 19:   Gültigkeitsbereich der normativen Bestimmungen*

Die einzelne Arbeitgeberin wird im Allgemeinen bestrebt sein,    837b
möglichst einheitliche Arbeitsbedingungen für ihre Arbeitnehmer zu
schaffen. Hierfür stehen grundsätzlich folgende Möglichkeiten zur
Verfügung: Anschluss der Arbeitgeberin an den GAV, Ausdehnungsklausel im GAV selbst, Unterstellung sämtlicher Arbeitnehmer unter
den GAV oder Abreden im Einzelarbeitsvertrag. *Schuldrechtliche
Bestimmungen* betreffen indessen nur das Verhältnis zwischen den
Sozialpartnern (Arbeitgeberverband bzw. Gewerkschaft), und nicht
die einzelnen Arbeitnehmer.

> **Beispiel:** Coop schliesst mit der Gewerkschaft UNIA einen GAV ab, in
> welchem geregelt wird, dass den Arbeitnehmern sechs Wochen Ferien
> zu gewähren sind. In diesem Fall stellt sich die Frage, ob eine solche
> Klausel für alle Arbeitnehmer von Coop gilt oder nur für diejenigen,
> die zugleich Mitglied der UNIA sind. Obwohl die Klausel grundsätz-
> lich nur für die Arbeitnehmer gilt, welche auch Mitglied von UNIA
> sind, wird Coop bestrebt sein, mit den zur Verfügung stehenden Mit-
> teln möglichst alle Arbeitnehmer der Klausel zu unterstellen.

## b)   Anschluss von Nichtmitgliedern

### aa)   *Formeller Anschluss*

Das Gesetz stellt Voraussetzungen und Schranken des eigentli-    838
chen Anschlusses auf (Art. 356*b* OR). Demnach kann sich jeder nicht
zu einem der vertragsschliessenden Verbände gehörende Arbeitnehmer oder jede Arbeitgeberin der Branche dem GAV durch schriftliche
Anschlusserklärung nachträglich anschliessen. Es bedarf dazu der
schriftlichen Zustimmung der Vertragsparteien (Art. 356*c* Abs. 1 OR),

die unter Vorbehalt des Rechtsmissbrauchs aber nicht zur Zustimmung verpflichtet sind.[1135]

### aaa)  Wirkung

839    Durch den Anschluss wird der sich anschliessende Arbeitnehmer oder die sich anschliessende Arbeitgeberin nicht Vertragspartei, sondern *nur beteiligter Arbeitnehmer* bzw. *beteiligte Arbeitgeberin* (Art. 356*b* Abs. 1 bzw. Art. 357 Abs. 1 OR). Dieser Anschluss ist ein Vertrag zwischen den Gesamtarbeitsvertragsparteien einerseits und einer einzelnen Arbeitgeberin oder Arbeitnehmer andererseits mit dem Zweck, dass diese oder dieser unmittelbar einem bestimmten Gesamtarbeitsvertrag unterstellt wird, ohne Mitglied eines vertragschliessenden Verbandes werden zu müssen.[1136] Die oder der Beteiligte kann die normativen Bestimmungen des GAV direkt klageweise geltend machen, ohne dass sie oder ihn die direkt schuldrechtlichen Bestimmungen berühren. Zur Einhaltung der indirekt-schuldrechtlichen Verpflichtungen ist sie oder er nur verpflichtet, wenn sie oder er sich den Vertragsparteien gegenüber zur Einhaltung verpflichtet. Diese können solche Ansprüche nur im Rahmen der gemeinsamen Durchführung (Art. 357*b* OR) geltend machen, weshalb oft eine *Kaution oder Konventionalstrafe* verabredet wird. Verpflichtet sich die oder der Angeschlossene dagegen im EAV zur Einhaltung der indirekt-schuldrechtlichen Normen, entsteht nur eine Verpflichtung gegenüber der Gegenpartei des EAV.

840    Für den *Beitritt einer Minderheitsgewerkschaft* als Vertragspartei wird vom BGer ebenfalls der Ausdruck «Anschluss» gebraucht. Sofern sie einigermassen repräsentativ ist, kann ihr dies nicht ohne berechtigtes Interesse verweigert werden.[1137]

### bbb)  Solidaritätsbeiträge

841    Im GAV wird der Anschluss der Aussenseiter oft näher geregelt und es werden insbesondere Solidaritätsbeiträge festgelegt. Die Nicht- oder Andersorganisierten sollen auf diese Weise *Abgaben zur Deckung der Kontroll- und Vollzugskosten*, aber auch als Vorteilsausgleich für den Genuss der günstigeren Arbeitsbedingungen leisten. Die Höhe sol-

---

[1135] BGE 113 II 37.
[1136] PORTMANN/STÖCKLI, Rz. 1092; STREIFF/VON KAENEL/RUDOLPH, Art. 356b OR, N 4; VISCHER, Arbeitsvertrag, 357.
[1137] BGE 113 II 37.

cher Solidaritätsbeiträge ist indirekt begrenzt, da sie nicht zu einem indirekten Verbandszwang führen dürfen. In Fällen der Allgemeinverbindlicherklärung von GAV sind sie von Gesetzes wegen auf den entsprechenden Anteil an den tatsächlichen Kontrollkosten begrenzt.

Verwendet werden dürfen die Solidaritätsbeiträge nur zur Deckung der Kostenanteile aus Zustandekommen, Änderung und Kontrolle des GAV. Verbleibt ein Rest, so ist er für Zwecke zu verwenden, die im Gesamtinteresse liegen. Der Einzug erfolgt durch die Arbeitgeberin mit Inkassovollmacht der GAV-Parteien oder durch die paritätische Kommission. 842

### ccc) Anschlusszwang

Anschlusszwang bedeutet *Vertragszwang*, d.h., ein individueller Anschluss von Arbeitgeberin oder Arbeitnehmer an den GAV wird erzwungen, um möglichst viele Berufsangehörige zu unterstellen. Oft wird dies durch eine Bestimmung erreicht, nach der nur beteiligte Arbeitnehmer angestellt werden dürfen. Diese *gemilderte Closed Shop Clause* unterscheidet sich von ihrem verbotenen Pendant[1138] dadurch, dass nicht der Beitritt zum Verband, sondern nur die Einhaltung des GAV verlangt wird. 843

Ein Anschlusszwang gegen Aussenseiter ist grundsätzlich zulässig,[1139] solange er nicht einen direkten oder indirekten Verbandszwang beinhaltet. Deshalb müssen die Solidaritätsbeiträge den Anforderungen der Allgemeinverbindlicherklärung entsprechen und darf der Anschluss von Mitgliedern von andern, nicht beteiligten Verbänden nicht erzwungen werden; die doppelte Belastung von eigenem Verbandsbeitrag und Solidaritätsbeitrag entspräche einem indirekten Verbandszwang. Ausgenommen sind gesetzlich die Fälle, in denen dem betreffenden Verband der Beitritt zum GAV mit allen Rechten und Pflichten gestattet wurde oder dass er die Möglichkeit eines parallelen Abschlusses hat verstreichen lassen.[1140] 844

### bb) *Andere Formen der Unterstellung*

Neben dem förmlichen Anschluss gibt es noch andere Möglichkeiten des Aussenseiters: 845

---

[1138] Siehe Rz. 740.
[1139] Umkehrschluss aus Art. 356*b* Abs. 3 OR; so auch VISCHER/MÜLLER, 479 f.
[1140] BK-STÖCKLI, Art. 356b OR, N 39.

– *Ausdehnende Klauseln*: Durch Aufnahme dieser Klauseln in den GAV soll der einzelnen Arbeitgeberin die Pflicht auferlegt werden, organisierte Arbeitnehmer und Aussenseiter gleich zu behandeln. Sie können den Aussenseitern eigene Rechte gegenüber der vertragschliessenden Partei verleihen; es handelt sich dann um einen echten Vertrag zugunsten Dritter.[1141]

– *Unterstellungserklärung*: Der Aussenseiter übernimmt durch unterschriftliche Anerkennung die ihm im GAV auferlegten Pflichten, begründet aber auch die Rechte.

– *Kombination*: Die Kombination von Ausdehnungsklausel und schriftlicher Unterstellungserklärung kann die gleiche Wirkung wie ein förmlicher Anschluss haben.

– *Einzelvertragliche Abrede*: Die Bestimmungen des GAV werden wie AGB durch einzelvertragliche Abrede zum Inhalt eines EAV. Dabei entstehen aber keine normativen Wirkungen, sodass jederzeit Änderungskündigungen möglich sind.

## c) Allgemeinverbindlicherklärung

846     Die Allgemeinverbindlicherklärung (AVE) von GAV bewirkt die Ausdehnung des persönlichen Geltungsbereiches auf *alle Arbeitnehmer und -geberinnen* des Berufs- oder Wirtschaftszweigs. Tarifgebundene Einsatzbetriebe müssen dem Temporärarbeiter gegenüber die Lohn- und Arbeitszeitbestimmungen ebenfalls einhalten (Art. 20 AVG). Die Details sind im *Bundesgesetz über die Allgemeinverbindlicherklärung von GAV* (AVEG) geregelt.

847     Sie erfolgt auf Antrag aller Vertragsparteien durch *behördlichen Akt*, der gegenüber den Antragstellern ein Verwaltungsakt und gegenüber den Aussenseitern eine Rechtsverordnung darstellt. *Zuständige Behörde* ist der Bundesrat, wenn sich der GAV über mehrere Kantone erstreckt, bzw. eine kantonale Behörde mit Genehmigung des Bundesrates.

847a     Der nachstehenden Grafik kann die zahlenmässige Entwicklung der Gesamtarbeitsverträge mit Allgemeinverbindlicherklärung entnommen werden.

---

[1141] Vgl. hierzu BGE 139 III 60.

| Jahr | Bund | Kantone | Total |
|------|------|---------|-------|
| 1995 | 9 | 5 | 14 |
| 1996 | 12 | 9 | 21 |
| 1997 | 16 | 19 | 34 |
| 1998 | 14 | 19 | 33 |
| 1999 | 15 | 14 | 29 |
| 2000 | 18 | 17 | 35 |
| 2001 | 18 | 16 | 34 |
| 2002 | 17 | 22 | 39 |
| 2003 | 20 | 21 | 41 |
| 2004 | 22 | 19 | 41 |
| 2005 | 27 | 23 | 50 |
| 2006 | 30 | 34 | 64 |
| 2007 | 30 | 38 | 68 |
| 2008 | 29 | 37 | 66 |
| 2009 | 32 | 31 | 63 |
| 2010 | 34 | 30 | 64 |
| 2011 | 36 | 31 | 67 |
| 2012 | 35 | 36 | 71 |
| 2013 | 38 | 33 | 71 |
| 2014 | 41 | 33 | 74 |

*Abbildung 20:  Zahlenmässige Entwicklung der Gesamtarbeitsverträge
mit Allgemeinverbindlicherklärung*

*Gegenstand* der AVE sind die normativen und, sofern eine ge-  848
meinsame Durchführung im Sinne von Art. 357*b* OR vereinbart wurde, die indirekt-schuldrechtlichen Bestimmungen. Die Durchführung
des GAV bleibt Sache der Verbände; sie übernehmen die Kontrolle,
sofern die Aussenseiter nicht eine unabhängige Instanz verlangen.
Allfällige Schiedsklauseln dürfen jedoch nicht für allgemeinverbindlich erklärt werden, da die Aussenseiter keinen Einfluss auf die Besetzung der Schiedsgerichte haben und deshalb das Recht auf ein ordentliches Gericht (Art. 30 BV) verletzt würde.

*Voraussetzungen* für eine Allgemeinverbindlicherklärung sind  849
(Art. 2 AVEG):

–  Sie muss sich wegen zu erwartenden, erheblichen Nachteilen als
   notwendig erweisen.

–  Sie muss dem Gesamtinteresse, anderen Kreisen, regionalen und
   betrieblichen Unterschieden Rechnung tragen.

– Mehr als die Hälfte der Arbeitgeberinnen und mehr als die Hälfte der Arbeitnehmer müssen bereits dem GAV unterstehen.

– Der Vertrag muss zwingendem Recht und der Rechtsgleichheit entsprechen.

– Nicht beteiligten Verbänden muss der Beitritt diskriminierungsfrei offenstehen.

– Einzelnen Arbeitgeberinnen oder -nehmern muss der Beitritt offenstehen.

850     Im Rahmen der *flankierenden Massnahmen* zum freien Personenverkehr mit der EU wurde das Mittel der Allgemeinverbindlicherklärung ebenfalls eingesetzt. Die tripartite Kommission nach Art. 360*b* OR kann demnach die AVE der Vorschriften über den Lohn, über die Arbeitszeit und den paritätischen Kontrollen beantragen.[1142]

## 9.    GAV-Konkurrenz

### a)    Problematik

851     Wenn zwei oder mehrere GAV für das gleiche Einzelarbeitsverhältnis (und zwar in betrieblicher, zeitlicher, räumlicher, sachlicher und persönlicher Hinsicht) Geltung beanspruchen, liegt GAV-Konkurrenz vor.[1143] Am häufigsten liegt eine Kollision zwischen Berufs- und Branchenvertrag vor.[1144] Keine Konkurrenz liegt hingegen vor, wenn mehrere GAV unterschiedlicher Hierarchiestufen in gegenseitiger Ergänzung gleichzeitig anwendbar sein wollen: In solchen Fällen spricht man auch von Vertragspluralität.[1145]

### b)    Tarifeinheit

852     Soweit durch GAV nichts anderes bestimmt wird, gelangt nach dem Prinzip der Tarifeinheit[1146] auf einen konkreten Einzelarbeitsvertrag jedoch stets nur ein GAV zur Anwendung, damit der innere Zusammenhang eines Vertrags nicht gestört wird und weder Arbeitneh-

---

[1142] Siehe auch Rz. 978 ff.

[1143] ZK-VISCHER/ALBRECHT, Art. 356 OR, N 130; PORTMANN/STÖCKLI, Rz. 1210.

[1144] BK-STÖCKLI, Art. 356 OR, N 67.

[1145] Begriff nach PORTMANN/STÖCKLI, Rz. 1210.

[1146] ZK-VISCHER/ALBRECHT, Art. 356 OR, N 134.

mer noch Arbeitgeberin benachteiligt werden.[1147] Bezüglich des einzelnen Betriebs besagt das Prinzip der Tarifeinheit, dass ein Branchenvertrag grundsätzlich für alle Mitarbeiter eines beteiligten Betriebs – unabhängig von deren Tätigkeit – gilt.[1148]

### c)  Lösungsregeln

Generell ist in erster Linie zu prüfen, ob die beiden GAV, bezogen auf das konkrete Einzelarbeitsverhältnis in räumlicher, zeitlicher, persönlicher und insbesondere sachlicher Hinsicht, übereinstimmen und damit in echter Konkurrenz zueinander stehen, ob also nicht Scheinkonkurrenz vorliegt, wie dies häufig vorkommt.[1149]    853

Sofern Konkurrenz besteht, ist primär auf den Willen der Vertragsparteien abzustellen. Demnach ist zu prüfen, ob einer der anwendbaren GAV eine Subsidiaritätsbestimmung enthält, welche dem anderen den Vortritt belässt. Hingegen wäre eine Prioritätsbestimmung, wonach der eigene GAV vorgehe, nicht (bzw. nur soweit keine widersprechende Bestimmung im kollidierenden GAV besteht[1150]) verbindlich, da damit in die Tarifautonomie der anderen Verbände eingegriffen würde.[1151]    853a

Sofern kein erkennbarer Wille der GAV-Parteien vorliegt, gilt der Vorrang des allgemeinverbindlich erklärten GAV vor dem nicht allgemeinverbindlich erklärten (abgesehen von Art. 4 Abs. 2 AVEG: jedoch mit Ausnahme abweichender Bestimmungen zugunsten der Arbeitnehmer).    854

Liegt auch keine Kollision zwischen einem allgemeinverbindlich erklärten und nicht allgemeinverbindlich erklärten GAV vor, kommt gegebenenfalls das Prinzip der Tarifeinheit zur Anwendung.[1152] Dieses führt im Falle einer Kollision zwischen einem Branchen- und Berufsvertrag grundsätzlich zum Vorrang des Branchenvertrags.    855

---

[1147] Urteil des BGer 4C.350/2000 vom 12. März 2001, E. 3.
[1148] Urteil des BGer 4C.350/2000 vom 12. März 2001, E. 3. Gewisse Tätigkeiten und Funktionsstufen werden jedoch häufig ausgenommen: Urteil des BGer 4C.45/2002 vom 11. Juli 2002, E. 2.1.
[1149] STREIFF/VON KAENEL/RUDOLPH, Art. 356 OR, N 4.
[1150] BK-STÖCKLI, Art. 356 OR, N 68.
[1151] ZK-VISCHER/ALBRECHT, Art. 356 OR, N 138; PORTMANN/STÖCKLI, Rz. 1210.
[1152] ZK-VISCHER/ALBRECHT, Art. 356 OR, N 139.

856      Bei der Konkurrenz zwischen zwei Branchenverträgen gibt es nach bundesgerichtlicher Rechtsprechung keine starre Kollisionsregel.[1153] Nach herrschender Lehre[1154] ist in diesem Fall aber im Interesse der Rechtssicherheit primär auf das Spezialitätsprinzip zurückzugreifen. Demnach kommt jener GAV zur Anwendung, welcher der Eigenart des Betriebs und den besonderen Bedürfnissen der Arbeitnehmer am besten Rechnung trägt.

857      In diesem Sinn muss in Grossbetrieben, in denen verschiedene GAV anwendbar sind, zur Beantwortung der Frage, auf welchen GAV sich der einzelne Arbeitnehmer berufen kann, Folgendes gelten: Wenn die Betriebsteile klar voneinander abgrenzbar sind,[1155] ist je nach Betriebsteil auch bezüglich des GAV abzugrenzen. Für jene Arbeitnehmer[1156] bzw. generell in jenen Fällen, in denen die Betriebsteile nicht klar voneinander trennbar sind, muss u.E. das Günstigkeitsprinzip gelten.

858      Lässt sich nicht ermitteln, welcher Vertrag spezieller ist, ist sich die Lehre uneins, ob das Günstigkeitsprinzip oder die grössere Zahl erfasster Arbeitsverhältnisse massgebend sein soll. Unseres Erachtens kann sich der Arbeitnehmer auf den für ihn günstigeren GAV berufen (Günstigkeitsprinzip).

---

[1153] Urteil des BGer 4C.350/2000 vom 12. März 2001, E. 3.
[1154] BK-STÖCKLI, Art. 356 OR, N 69; STREIFF/VON KAENEL/RUDOLPH, Art. 356 OR, N 4; PORTMANN/STÖCKLI, Rz. 1215; ZK-VISCHER/ALBRECHT, Art. 356 OR, N 140.
[1155] Z.B. Schreiner- und Gipserabteilung.
[1156] Z.B. ein Postbote, der in allen Betriebsteilen die Post verträgt.

# D. Der Normalarbeitsvertrag (NAV)

## 1. Begriff und Funktion

Der NAV ist im Gegensatz zum GAV keine vertragliche Vereinbarung. Er ist eine durch die Behörde erlassene *Verordnung*, welche für bestimmte Arbeitsverhältnisse unmittelbar anwendbare Bestimmungen (Art. 360 Abs. 1 OR) über Abschluss, Inhalt und Beendigung (Art. 359 Abs. 1 OR) des Arbeitsverhältnisses aufstellt. Er setzt *dispositives Recht*, d.h., er gilt nur, wenn die Parteien nichts Abweichendes vereinbaren.[1157]

859

Ziel des NAV ist es, für bestimmte Arbeitnehmergruppen *angepasste und leicht änderbare Regelungen* aufzustellen, weil bspw. ein GAV wegen fehlender Organisation der Arbeitnehmer nicht möglich ist,[1158] und somit die Lücken zu füllen, die das kollektive Arbeitsrecht sonst nicht deckt. Dies ist insbesondere in Berufszweigen der Fall, in denen die Stellung des Arbeitnehmers besonders gefährdet erscheint und das Lohnniveau tief ist. Die Bedeutung des NAV ist aber relativ gering; so sind auf Kantonsebene nur 70 und auf Bundesebene nur sechs in Kraft.[1159]

860

Ein Widerspruch zum Schutzgedanken stellt die Tatsache dar, dass der NAV auch zuungunsten der Arbeitnehmer abgeändert werden kann; von den Mindestlöhnen oder von Regelungen über Arbeits- und Ruhezeiten kann jederzeit abgewichen werden. Immer wieder wurde deshalb de lege ferenda gefordert, dass NAV mindestens teilweise zwingend ausgestaltet werden sollten.[1160] Dies ist aber bis heute ausschliesslich im Rahmen der flankierenden Massnahmen zum freien Personenverkehr mit der EU der Fall, nach denen durch NAV Mindestlöhne festgeschrieben werden können.[1161]

861

---

[1157] RONCORONI, Handbuch, 317, 334 ff.
[1158] BBl 1999 6407; RONCORONI, Handbuch, 316; z.B. Haus- und Landwirtschaft, Erziehungs- und Gesundheitswesen.
[1159] Stand 2014. Zu den einzelnen Kantonen und zum Bund: www.lexfind.ch
[1160] STREIFF/VON KAENEL/RUDOLPH, Art. 359 OR, N 3.
[1161] Siehe Rz. 980 ff.

## 2. Stellung gegenüber Gesetz und GAV

862 Ein NAV darf *zwingende Gesetzesnormen* nicht verletzen;[1162] von ihnen darf aber abgewichen werden, wenn sie dadurch nicht selbst ausgeschlossen werden. Dies ist aber nur im öffentlichen Recht – insb. Sozialversicherungsrecht – von Bedeutung, da im OR klar zwischen absolut und relativ zwingenden Normen unterschieden wird. Dispositivem Gesetzesrecht gehen die Bestimmungen des NAV allerdings vor.

863 Sind GAV und NAV gleichzeitig anwendbar, gehen die normativen Bestimmungen des GAV den allenfalls abweichenden Regelungen im NAV vor.

## 3. Verpflichtung zum Erlass

864 Grundsätzlich liegt der Entscheid über den Erlass eines NAV bei Bund und Kantonen. Einzig im Bereich der Landwirtschaft und des Hausdienstes sind die Kantone gesetzlich zum Erlass verpflichtet (Art. 359 Abs. 2 OR), wobei mindestens die Ordnung von Arbeits- und Ruhezeiten sowie die Arbeitsbedingungen der weiblichen und jugendlichen Arbeitnehmer zu regeln sind. In diesen Bereichen ist eine gesonderte Ordnung besonders notwendig, da beide Branchen nicht im Anwendungsbereich des Arbeitsgesetzes liegen.

## 4. Zuständigkeit und Verfahren

### a) Zuständigkeit

865 Erstreckt sich der Geltungsbereich eines NAV über mehrere Kantone, ist der Erlass Sache des Bundes. Ansonsten sind die Kantone zuständig (Art. 359a Abs. 1 OR).

### b) Verfahren

866 Der Entwurf eines NAV muss *veröffentlicht werden*, sodass jeder, der ein Interesse glaubhaft macht, innert Frist schriftlich Stellung dazu nehmen kann (Art. 359a Abs. 2 OR). Mit dieser Vorschrift soll

---

[1162] RONCORONI, Handbuch, 319.

eine gewisse demokratische Kontrolle gewährleistet werden. Danach wird die endgültige Fassung erstellt und im *amtlichen Publikationsorgan* veröffentlicht (Abs. 3). Dieses Verfahren ist auch bei Aufhebung oder Abänderung zu befolgen, weshalb NAV im Gegensatz zum GAV in der Regel nicht befristet sind.

## 5. Geschichtliche Entwicklung

Der Normalarbeitsvertrag wird erstmals 1911 im OR geregelt.[1163] Seine Vorläufer sind die von Berufsverbänden ausgestalteten Musterverträge und Vertragsformulare, die aber im Gegensatz zum NAV keinerlei normative Wirkung hatten. Der Gesetzgeber wollte es Bund und Kantonen ermöglichen, zum Schutz bestimmter Arbeitszweige leicht abänderbare Regelungen aufzustellen, ohne das OR mit Sonderregelungen zu belasten. Bund und Kantone konnten so durch Verordnungen dispositives Recht aufstellen, von dem gemäss Art. 360 Abs. 2 OR im konkreten Arbeitsverhältnis nur durch schriftliche Abrede abgewichen werden konnte.[1164]

867

Nach dem Ersten Weltkrieg wollten die Räte dem Bund die Befugnis zum Erlass von NAV mit zwingender Wirkung geben. Das entsprechende Bundesgesetz wurde aber in der Volksabstimmung verworfen. Kantonale Versuche zur Einführung von NAV mit zwingender Wirkung wurden vom BGer mit der Begründung als verfassungswidrig aufgehoben, dass der NAV im Bundeszivilrecht abschliessend geordnet sei.

868

Eine der flankierenden Massnahmen zum freien Personenverkehr mit der EU ist der Erlass des Bundesgesetzes über die in die Schweiz entsandten Arbeitnehmer.[1165] Durch die damit verbundene Revision ist es erstmals möglich, die Festsetzung zwingender Mindestlöhne in NAV vorzunehmen, sofern wiederholtes Lohndumping vorliegt (Art. 360*b* OR).[1166]

869

---

[1163] RONCORONI, Handbuch, 302; ausführlich zur geschichtlichen Entwicklung vgl. DERS., Handbuch, 302 ff.

[1164] Heute sind Abweichung ohne Formvorschrift möglich; hingegen kann ein NAV selber vorschreiben, dass von einzelnen Bestimmungen nur durch schriftliche Abmachung abgewichen werden kann (Art. 360 Abs. 2 OR).

[1165] BBl 1999 8744 ff.

[1166] Botschaft zur Genehmigung der sektoriellen Abkommen, 268.

# E. Betriebsordnung

## 1. Gesetzliche Grundlage

### a) Inhalt der Betriebsordnung gemäss ArG

*aa) Allgemein*

870 Das Arbeitsgesetz unterscheidet zwischen einer *einseitig von der Arbeitgeberin* erlassenen und einer *partnerschaftlich vereinbarten* Betriebsordnung. *Zwingender Inhalt* für beide Arten sind Vorschriften über die Gesundheitsvorsorge, Unfallverhütung und, falls nicht aufgrund des Weisungsrechts der Arbeitgeberin in allgemeinen Anordnungen geregelt, Vorschriften über die Ordnung im Betrieb und das Verhalten der Arbeitnehmer (Art. 38 Abs. 1 ArG). Die Aufnahme von *weiteren Gegenständen* ist nur im Rahmen einer vereinbarten Betriebsordnung möglich und darf keine Themen berühren, die üblicherweise in GAV geregelt werden.

> **Beispiel:** Mögliche fakultative Inhalte sind Kündigungsfristen im unterjährigen Arbeitsverhältnis, Kündigungstermine, Art und Weise der Lohnzahlung, Absenzenregelung, Ansprüche auf Vorsorgeleistungen etc.

871 Der Inhalt der Betriebsordnung darf zwingendem Gesetzesrecht oder der Vereinbarung in einem GAV nicht widersprechen (Art. 38 Abs. 3 ArG). Betriebsstrafen wie Bussen oder Entzug von Vergünstigungen müssen zu ihrer Gültigkeit allerdings zwingend in einer Betriebsordnung geregelt sein (Abs. 2 letzter Satz).[1167]

*bb) Neue Telekommunikationsmittel im Speziellen*

872 Mit der Einführung neuer Telekommunikationsmittel haben sich auch neue Probleme ergeben. Es stellt sich die Frage, wie die Nutzung des Internets und E-Mail-Verkehrs zu regeln ist. Die Arbeitgeberin kann die sich hier ergebenden Fragen aufgrund ihres Weisungsrechts in der Betriebsordnung regeln oder sie kann die Nutzung auch gänzlich untersagen. Selbst wenn sie kein generelles Verbot ausspricht, ist

---

[1167] Vgl. dazu das Muster einer Disziplinarordnung in: MÜLLER, SSA 21 1983, 134 ff.

aber bei der Benützung Zurückhaltung geboten,[1168] um die Treuepflicht nicht zu verletzen (Art. 321a Abs. 1 OR).[1169]

Eine Überwachung des Internetzuganges am Arbeitsplatz verläuft idealerweise in drei Schritten: Zuerst soll präventiv vorgegangen werden, also eine Missbrauchsverhinderung ohne Überwachung durch organisatorische, rechtliche oder technische Schutzmassnahmen erfolgen. Erst in einem zweiten Schritt erfolgt eine erste, zunächst aber noch anonyme Überwachung. Das heisst, es wird kein bestimmter Arbeitnehmer überwacht und keine personenbezogenen Daten bearbeitet. Schliesslich würde – als ultima ratio – eine personenbezogene Massnahme vorgenommen.[1170]       873

### b)    Erlass der Betriebsordnung gemäss ArG

Will die Arbeitgeberin eine *Betriebsordnung einseitig erlassen*, haben die Arbeitnehmer ein Anhörungsrecht. Der Entwurf muss also durch Aushang oder Aushändigung jedem Arbeitnehmer zur Kenntnis gebracht werden; diese oder die Arbeitnehmervertretung können dann innert 4 Wochen dazu Stellung nehmen. Eine *vereinbarte Betriebsordnung* besteht in einer schriftlichen Vereinbarung zwischen Arbeitgeberin und Arbeitnehmervertretung.       874

Jede neue Betriebsordnung ist dem Kanton zur Kontrolle zuzustellen, der sie auf ihre Gesetzmässigkeit hin überprüft (Art. 39 Abs. 1 ArG). Sie wird wirksam, sobald sie im Betrieb bekannt gegeben ist (Abs. 2).       875

## 2.    Geschichtliche Entwicklung

Das Betriebsverfassungsrecht umfasst die organisatorischen Bestimmungen eines Betriebes oder Unternehmens. Im Gegensatz zu Deutschland bestehen in der Schweiz keine umfassenden Regelungen über das Betriebsverfassungsrecht. Dies ist insbesondere darauf zurückzuführen, dass in der Schweiz Klein- und Mittelbetriebe vorherrschen, in denen das Bedürfnis nach förmlicher Organisation weniger gegeben ist.[1171]       876

---

[1168] REHBINDER, Arbeitsrecht, Rz. 117.
[1169] Zur Treuepflicht vgl. Rz. 349 ff.
[1170] Vgl. dazu detailliert HOLENSTEIN, 197 ff.
[1171] Vgl. ausführlich TSCHUDI, Geschichte, 86 ff.; Botschaft, BBl 1973 II 237 ff.

### a) Fabrikordnung

877 Ansätze zu einer eigentlichen Betriebsverfassung lagen im eidg. Fabrikgesetz von 1877: Der Inhaber wurde verpflichtet, eine auf bestimmte Punkte beschränkte Fabrikordnung zu erlassen. Mit der Revision von 1914 wurde die Fabrikordnung dann *ausführlicher geregelt*: vorgeschriebenes Verfahren für Aufstellung, Genehmigung durch die Kantonsregierung, verbindliche Wirkung für die Arbeitnehmer sowie der notwendige bzw. der freiwillige Inhalt.

878 Die Fabrikordnung wurde immer *einseitig vom Fabrikinhaber* aufgestellt; die Arbeiter hatten einzig die Möglichkeit, sich zum Entwurf zu äussern. Die Kantonsregierung hatte die Fabrikordnung zu genehmigen, wenn diese nicht offensichtlich gegen die Billigkeit oder bestehende Vorschriften bzw. GAV und NAV verstiess.

### b) Betriebsordnung

879 Die im Arbeitsgesetz (Art. 37 ff. ArG) geregelte Betriebsordnung folgte auf die Fabrikordnung. Sie ist immer noch *nur für industrielle Betriebe* obligatorisch, obwohl sie theoretisch auf dem Verordnungswege auch für andere Branchen vorgeschrieben werden könnte. Nicht industrielle Betriebe können jedoch auch freiwillig eine Betriebsordnung aufstellen.

880 Bei den Vorentwürfen zum Arbeitsgesetz bestand Uneinigkeit über das *gewünschte Gewicht* der Betriebsordnung. Im Arbeitsgesetz von 1964 war der obligatorische Inhalt relativ weit gefasst und als einziger Inhalt zugelassen, was die Arbeitgeberinnen als unnötige Belastung empfanden. In der Revision von 1971 wurde der obligatorische Inhalt reduziert, fakultativen Vereinbarungen mehr Raum gegeben und das Verhältnis zum GAV geklärt. Die *heute gültige Regelung* gibt der Arbeitgeberin zudem die erwähnte Möglichkeit, zwischen einer einseitig erlassenen Betriebsordnung und einer Vereinbarung zwischen Arbeitgeberin und einer Betriebsvertretung (Arbeiterkommission) zu wählen.

### c) Arbeiterkommissionen

881 Die Arbeiterkommissionen entstanden Ende des 19. Jahrhunderts auf Initiative der Betriebsinhaber, später auch von der Belegschaft. Die Basis der Arbeitnehmervertretung lag in den GAV, welche

die Mitbestimmung v.a. durch die Arbeiterkommissionen wahrnehmen liessen.

Die Betriebsordnungen gemäss ArG setzen solche Arbeiterkommissionen nicht voraus, doch können nur frei gewählte Arbeitnehmervertretungen mit der Arbeitgeberin eine Betriebsordnung vereinbaren (Art. 37 Abs. 4 ArG). Als frei gewählt gelten nur solche, deren Wahl nach den Grundsätzen der Artikel 5–7 des Mitwirkungsgesetzes erfolgt ist (Art. 67 Abs. 1 ArGV 1). Die Arbeitnehmervertretung und ihre Mitwirkungsrechte werden seit dem 1. Mai 1994 zusätzlich im Mitwirkungsgesetz geregelt.

882

#### d) Mitbestimmungsrechte

Durch die Bundesverfassung (Art. 110 Abs. 1 lit. b BV) ist der Bund befugt, Vorschriften über das Verhältnis zwischen Arbeitgeberinnen und Arbeitnehmern insb. über die gemeinsame Regelung betrieblicher und beruflicher Angelegenheiten aufzustellen. Da der Bund nicht von sich aus aktiv wurde, wurde 1971 eine Initiative zur Ermächtigung des Bundes über die Mitbestimmung der Arbeitnehmer in Betrieb, Unternehmen und Verwaltung zu befinden, eingereicht. Der Gegenvorschlag des Parlaments beschränkte die Mitbestimmungsrechte ausschliesslich auf die im Betrieb beschäftigten Arbeitnehmer, wurde 1976 aber zusammen mit der Initiative vom Souverän abgelehnt.[1172] Auch darauf folgende Versuche, mittels parlamentarischer Initiative eine Lösung zu erreichen, blieben erfolglos. Erst angesichts des EWR wurde ein *Mitwirkungsgesetz* ausgearbeitet und – nach Ablehnung des EWR – im Rahmen des Swisslex-Programms vom Parlament verabschiedet.

883

---

[1172] BBl 1976 II 660.

# F. Mitwirkungsrechte der Arbeitnehmer

## 1. Gemäss Arbeitsgesetz

884    Die Arbeitnehmerschaft kann zu verschiedenen Gelegenheiten von Gesetzes wegen mitwirken. So beispielsweise beim Ausgleich von Überzeitarbeit (Art. 13 Abs. 2 ArG), bei Heranziehung zur vorübergehenden Nachtarbeit oder Sonntagsarbeit (Art. 17 Abs. 6, Art. 19 Abs. 5 ArG) etc.

## 2. Gemäss Mitwirkungsgesetz

### a)    Arbeitnehmervertretung

885    In Betrieben mit mindestens 50 Arbeitnehmern kann die Belegschaft eine Vertretung wählen (Art. 3 MitwG). Die Arbeitnehmervertretung muss aus der Mitte der Arbeitnehmer gewählt werden. Gemäss Mitwirkungsgesetz ist es somit grundsätzlich nicht möglich, dass die Arbeitnehmervertretung nicht bei der entsprechenden Arbeitgeberin angestellt ist. Auf Verlangen von einem Fünftel der Arbeitnehmer muss die Arbeitgeberin durch eine geheime Abstimmung feststellen lassen, ob die Mehrheit der Beschäftigten eine Vertretung wünscht (Art. 5 MitwG). Ist dies der Fall, muss die Arbeitgeberin entsprechende Wahlen anordnen. Arbeitnehmer und Arbeitgeberin legen die Zahl der Vertreter – im Minimum drei – fest. Die Gewählten vertreten die Anliegen der Arbeitnehmer gegenüber der Arbeitgeberin und wirken in gemeinsamen, betrieblichen Angelegenheiten mit.

### b)    Informationsrechte

886    Die Arbeitnehmervertretung hat Anspruch auf rechtzeitige und umfassende Information über alle Angelegenheiten, deren Kenntnis Voraussetzung für die ordnungsgemässe Erfüllung ihrer Aufgaben ist (Art. 9 f. MitwG). Die Arbeitgeberin muss periodisch über den Geschäftsgang und dessen mögliche Auswirkungen auf die Beschäftigung der Arbeitnehmer Auskunft geben. Nach dem Wortlaut des Gesetzes müsste es demnach genügen, wenn die Arbeitgeberin die Arbeitnehmervertretung einmal jährlich informiert. Mit den heutigen Informationstechnologien könnte jedoch mindestens eine quartalsweise Information erwartet werden. In diesem Sinne wäre die gesetzliche Regelung zu verbessern.

## c)   Mitwirkungsrechte

Der Arbeitnehmervertretung stehen in folgenden Punkten Mit-    887
wirkungsrechte zu (Art. 10):

– Arbeitssicherheit und Gesundheitsschutz gemäss Art. 82 UVG und
  Art. 6 ArG
– Betriebsübergang i.S.v. Art. 333 OR und 333a OR
– Massenentlassungen i.S.v. Art. 335d–335g OR
– Anschluss an eine Einrichtung der beruflichen Vorsorge und Auf-
  lösung eines Anschlussvertrages

## d)   Schutz der Vertreter

Den Arbeitnehmervertretern sind geeignete Räume und entspre-    888
chende Dienstleistungen zur Verfügung zu stellen (Art. 11 ff. MitwG).
Sie dürfen bei ihrer Aufgabenerfüllung nicht behindert und von der
Arbeitgeberin nicht benachteiligt werden.

## e)   Revisionsvorschläge

Im Revisionsbegehren der Angestellten Schweiz von 2009 wur-    888a
den die folgenden Änderungen vorgeschlagen:

– Der Zweck der Friedensförderung und Friedenserhaltung soll aus-
  drücklich genannt werden (Art. 1).
– Bei Widersprüchen zwischen GAV und MitwG soll das Günstig-
  keitsprinzip zur Anwendung kommen (Art. 2).
– Bei Betrieben mit über 100 Arbeitnehmern soll Zwang zur Arbeit-
  nehmervertretung bestehen (Art. 3).
– Aus sachlichen Gründen sollen auch mehrere Arbeitnehmervertre-
  tungen vorgesehen werden können (Art. 7).
– Gewerkschaften sollen zur Beratung beigezogen werden können
  (Art. 8).
– Unternehmen sollen Weiterbildung der Vertreter finanzieren
  (Art. 8a).
– mind. quartalsweise Information der Belegschaft (Art. 9$^{bis}$)
– Mitsprache in allen arbeitsplatzrelevanten Bereichen (Art. 9$^{ter}$)
– Mitentscheidung in allen Bereichen (Art. 9$^{quater}$)
– Möglichkeit zur Vereinbarung einer Vertretung im VR (9$^{sexties}$)

–  Mitwirkung bei Fusionen (Art. 10)
–  Verbesserter Schutz der Mitglieder der Arbeitnehmervertretung:
–  Kündigung während des Mandats und zwei Jahre danach soll nicht möglich sein (Art. 12).
–  Tätigkeit der Mitglieder der Arbeitnehmervertretung soll zwingend während der Arbeitszeit und somit bezahlt sein (Art. 13).
–  Bei Verletzung der Mitwirkungsrechte der Arbeitnehmer soll der Arbeitgeberin eine Busse bis zu max. CHF 100'000 auferlegt werden können (Art. 15).

## 3.  Mitbestimmung in der Europäischen Union

888b      Die Mehrzahl der EU-Mitgliedstaaten hat gesetzliche Mitbestimmungsregelungen. Besonders weitreichende Mitbestimmungsrechte bestehen in Deutschland, Österreich, der Niederlande, Dänemark und Schweden. Ein mittleres Niveau der betrieblichen Mitbestimmung findet sich in Belgien, Finnland, Frankreich, Norwegen und Griechenland. Eher schwache Einflussrechte gibt es in englischsprachigen Ländergruppen sowie in der Schweiz, Italien und in Spanien. In 12 der 28 EU-Mitgliedstaaten gibt es keine Unternehmensmitbestimmung.[1173] Die Richtlinie des Europäischen Parlaments und des Rates vom 11. März 2002 schreibt die Einführung von betrieblichen Informations- und Konsultationsverfahren für Betriebe ab 50 Beschäftigten in allen Mitgliedstaaten vor.[1174]

---

[1173] Grossbritannien, Italien, Spanien, Portugal, Irland, Belgien, Griechenland, Litauen, Lettland, Estland, Malta und Zypern.
[1174] Für eine detaillierte Auseinandersetzung vgl. GEISER, Mitwirkung.

# G. Arbeitskampfrecht

## 1. Grundlage

### a) Wirtschaftsverfassung

Die in der Bundesverfassung formulierte Wirtschaftsordnung basiert grundsätzlich auf freiem Wettbewerb (Art. 27 und 28 BV). Da dies aber im Arbeitsmarkt zu unerwünschten Resultaten führt, verfasste der schweizerische Gesetzgeber eine Arbeitsmarktordnung, welche auf den drei Pfeilern Koalitionsfreiheit, Tarifautonomie und Arbeitskampffreiheit basiert.[1175] Ein wesentlicher Teil der Gestaltung der Arbeitsbedingungen wird also durch Verhandlungen der Sozialpartner erreicht. Führen diese zu keiner Einigung, so dient der Arbeitskampf als ultima ratio zur Herbeiführung des Arbeitsfriedens.[1176] Die Mittel des Arbeitskampfes – Streik, Aussperrung und Boykott – bezwecken heute in der Regel die Durchsetzung günstigerer oder die Beibehaltung bestehender Arbeitsbedingungen durch wirtschaftliche Schädigung des Gegners.[1177] Weil in vielen GAV die absolute Friedenspflicht statuiert wird, sind in der Schweiz Arbeitskämpfe sehr selten.[1178]

889

### b) Verfassungsmässiges Recht

Der Arbeitskampf ist ein Bestandteil der verfassungsmässig garantierten Arbeitsmarktfreiheit.[1179] Obwohl in der alten Bundesverfassung nirgends ausdrücklich erwähnt, wurde es aus der stillschweigenden Voraussetzung der Gesamtarbeitsverordnung der Arbeitsverfassung (Art. 34[ter] Abs. 2 aBV) abgeleitet. Nach der Revision der Bundesverfassung sind Streik und Aussperrung *ausdrücklich zulässig*, sofern sie die Arbeitsbeziehungen betreffen und, wenn keine Verpflichtungen entgegenstehen, den Arbeitsfrieden wahren oder zu Schlichtungsverhandlungen führen (Art. 28 Abs. 3 BV).

890

Zu beachten ist, dass die Verfassung nur vorschreibt, wann eine Kampfmassnahme zulässig ist. Die Verfassung legt aber nicht fest, dass ein Streik, der diesen Vorgaben nicht genügt, rechtswidrig ist.

891

---

[1175] VALLENDER/VEIT, 18.
[1176] BGE 125 III 276.
[1177] REHBINDER, Arbeitsrecht, Rz. 256.
[1178] JAR 1998, 80; JAR 1999, 81.
[1179] GYGI/RICHLI, Wirtschaftsverfassungsrecht, 178.

Der entsprechende Streik geniesst dann nur nicht den Verfassungs-schutz. Eine allfällige Rechtswidrigkeit müsste sich dann aus einer anderen Verfassungs- oder Gesetzesbestimmung ergeben.

892        Art. 110 BV regelt das kollektive Arbeitsrecht, wonach sowohl der Staat wie auch die Sozialpartner an der Regelung der Bedingungen beteiligt sind.[1180] Bereits vor Inkrafttreten der neuen Bundesverfas-sung, jedoch unter Bezugnahme auf Art. 28 Abs. 3 BV, definierte das Bundesgericht den Streik als «die kollektive Verweigerung der ge-schuldeten Arbeitsleistung» und führt weiter aus, dass sich der Ar-beitskampf auf die kollektivrechtliche Ebene konzentrieren soll.[1181] Aus dieser Einbettung des Arbeitskampfes in das kollektive Arbeits-recht folgt, dass der Einzelne ein Streikrecht nur und allein als ein *Recht innerhalb des Kollektivs*, d.h. als Mitglied des Kollektives und nur im Rahmen der Gewerkschaft als anerkanntem Verhandlungs-partner haben kann. Ein Individualrecht besteht also nicht.

### c)        Beamtenstreikrecht

893        Das Streikverbot im öffentlichen Dienst hat seinen Ursprung im Generalstreik von 1918, anlässlich dessen sich die landesweiten Streikaktionen auch im öffentlichen Dienst ausbreiteten. Ein Streik-verbot ist heute in den meisten kantonalen Beamtengesetzen[1182] statu-iert. Auf Bundesebene beinhaltete das Beamtengesetz ein Streikverbot (Art. 23 Abs. 1 BtG), welches anlässlich der Einführung des Bundes-personalgesetzes auf Druck der Praxis[1183] und internationaler Meinun-gen[1184] durch einen Vorbehalt zur Einschränkung des Streikrechts für eidg. Angestellte ersetzt wurde (Art. 24 Abs. 1 BPG).[1185] Im Rahmen von Art. 28 BV besteht ein Streikrecht nur für den von den Sozial-partnern koordinierten, durch GAV vertraglich regelbaren Arbeits-markt. Die Koordination im Rahmen des öffentlichen Dienstes erfolgt hingegen hoheitlich, durch Gesetzgeber und Exekutive. Auch Abs. 4, wonach per Gesetz für bestimmte Personenkategorien ein Streikverbot

---

[1180] VALLENDER, AJP 1999, 679.

[1181] BGE 125 III 277.

[1182] Eine Ausnahme bildet beispielsweise der Kanton Jura, welcher ein allgemeines Streik-recht statuiert, wobei der Gesetzgeber Ausnahmen festlegen kann (Art. 20 lit. g KV JU).

[1183] Urteil des BGer vom 25. Oktober 1985 N 1037/85, in: Revista di diritto amministrativo ticinese (1987), 429 ff. (35 f.); Urteil des Verwaltungsgerichts vom 29. August 1984; Urteil des BGer vom 23. März 1995 (SJ 1995, 681 ff., E. 4a).

[1184] Vgl. STÖCKLI, Das Streikrecht in der Schweiz, BJM 1997, 169 ff.

[1185] Botschaft BV 1996, 180; REHBINDER, Arbeitsrecht, Rz. 602.

statuiert werden kann, ist folglich als verfassungsmässige Grundlage für ein Verbot ungeeignet.[1186]

Weiter wurden im BPG auch Gruppenvereinbarungen und Schlichtungsverfahren für bestimmte Personalkategorien vorgesehen (Art. 34 BPG). Offensichtlich wurde eine Gleichbehandlung des privaten und des öffentlichen Sektors angestrebt.[1187] In beiden Fällen sollen aber Einschränkungen des Streikrechts möglich sein, soweit dies unentbehrliche Dienste, wie bspw. die Aufrechterhaltung der öffentlichen Ordnung, Sicherheit und Gesundheit, betrifft.[1188]

894

### d) Geschichtliche Bedeutung

Arbeitskampfmassnahmen, insb. Streiks, traten in jeder Epoche und unter jedem Regime auf. Im 19. und 20. Jahrhundert war der Streik die Waffe der Arbeitnehmer, um ihre Interessen gegenüber den Unternehmern durchzusetzen. Ziel war v.a. die Anerkennung der Gewerkschaften als legitime Vertreter der Arbeitnehmer in der Aushandlung der Arbeitsbedingungen. Gleichzeitig war mit dem Streik immer auch der Gedanke des Klassenkampfes verbunden. Der Streik war zudem auch ein Instrument zur revolutionären Umgestaltung der Gesellschaft. Das gemeinsame Elendsbewusstsein der Arbeitnehmer des 19. Jahrhunderts wurde erst durch den Kampf geweckt und hat zum Solidaritätsbewusstsein geführt.

895

## 2. Streik

### a) Definition

Streik ist die durch eine Gewerkschaft organisierte, gemeinschaftliche Verweigerung der geschuldeten Arbeitsleistung durch mehrere Arbeitnehmer zum Zweck der Durchsetzung bestimmter Arbeitsbedingungen.[1189]

896

---

[1186] BK-STÖCKLI, Einleitung zu den Art. 356–360 OR, N 23.
[1187] Aufgrund von Art. 28 Abs. 4 BV soll die Einschränkung des Streikrechts bei allen Personen, welche einen unerlässlichen Dienst erfüllen, eingeschränkt oder verboten werden können, unabhängig davon, ob sie im öffentlichen Dienst stehen oder nicht (Botschaft BV 96, 180 f.).
[1188] STÖCKLI, BJM 1997, 182 ff.
[1189] ANDERMATT, Handbuch, 32.

897      Die Arbeitsniederlegung kann auf unterschiedliche Weise geschehen:

- Die Streikenden *erscheinen nicht am Arbeitsplatz*; Streikposten werden vor den Fabriken aufgestellt, um Streikbrecher – Arbeitswillige – zur Beteiligung zu veranlassen und um in der Öffentlichkeit für die Streikziele zu werben.
- Die Streikenden *erscheinen am Arbeitsplatz, arbeiten aber nicht*; Sie können entweder für längere Zeit eine *Fabrikbesetzung* oder einen *Bummelstreik* veranstalten, d.h., zu langsam arbeiten. Auch der *Dienst nach Vorschrift* kann hierzu gezählt werden, in welchem die Arbeitnehmer exakt die Ordnungs- und Sicherheitsvorschriften befolgen.
- Die Streikenden *melden sich grundlos krank.*

898      Je nach Umfang des Streiks wird unterschieden:

- *Generalstreik*: Alle organisierten Arbeitnehmer streiken, die Wirtschaft wird lahmgelegt;
- *Vollstreik*: Alle organisierten Arbeitnehmer der bestreikten Betriebe legen ihre Arbeit nieder;
- *Teilstreik*: Nur ein Teil der organisierten Arbeitnehmer legt die Arbeit nieder; im Schwerpunktstreik diejenigen in Schlüsselpositionen, beim Stotterstreik zu unterschiedlichen Zeiten unterschiedliche Abteilungen.

**b)   Rechtmässigkeit**

899      Das Bundesgericht hat Kriterien herausgearbeitet, die zur Rechtmässigkeit eines ordentlichen Streiks erfüllt sein müssen.[1190]

*aa)  Tariffähige Organisation*

900      Grundsätzlich können nur tariffähige Organisationen zum Streik aufrufen, da nur sie den Arbeitskampf *durch einen GAV beenden können*. Ad-hoc-Koalitionen haben – im Gegensatz z.B. zu Italien – nicht das Recht, Vertragsverhandlungen zu führen und können deshalb auch keinen Streik autorisieren.[1191] Es stellt sich jedoch die Frage, ob auch *nicht organisierte Arbeitnehmer* an organisierten Streiks teilnehmen

---

[1190] BGE 111 II 245, zuletzt bestätigt in BGE 125 III 284.
[1191] ZK-VISCHER, Vorbem. zu Art. 356 ff. OR, N 104.

können. Da grundsätzlich auch Aussenseiter von diesem profitieren, sollen alle die Möglichkeit erhalten, an einem durch die Gewerkschaften beschlossenen Streik und innerhalb der Streikgrenzen am Streik teilzunehmen.[1192]

*Wilde Streiks*, also eigene Streiks von unorganisierten Arbeit-    901
nehmern oder ohne Autorisation der Gewerkschaften, sind grundsätzlich rechtswidrig.[1193] Auch massenhafte Änderungskündigungen der Arbeitnehmer zur Durchsetzung gesamtarbeitsvertraglicher Ziele sind rechtswidrig, da sie einen äquivalenten Tatbestand darstellen.[1194] Wird ein wilder Streik aber rückwirkend von den Gewerkschaften genehmigt – und sind die anderen Voraussetzungen erfüllt –, wird er legal.[1195] Obwohl allgemein anerkannt, ist die rückwirkende Genehmigung nicht unproblematisch, da damit die Führungsrolle der Gewerkschaften infrage gestellt wird. In der Praxis spielt diese Möglichkeit wegen der häufig vereinbarten, absoluten Friedenspflicht kaum eine Rolle.[1196]

### bb)   Durch GAV regelbares Ziel

Unzulässig sind Streiks, deren Ziel der Regelungskompetenz der    902
Sozialpartner entzogen ist. Gegenstand eines zulässigen Streiks kann also nur die Regelung von Arbeitsbedingungen in einem *neuen GAV* sein. Dies kann die streikenden Arbeitnehmer selbst (Hauptstreik) oder andere Arbeitnehmer derselben Arbeitgeberin *(Solidaritätsstreik)* betreffen.[1197] Handelt es sich aber um einen Rechts- statt um einen Regelungsstreit, sind zur Durchsetzung von bestehenden Ansprüchen die Gerichte anzurufen.[1198]

Bei *Sympathiestreiks* werden Forderungen betriebsfremder Ar-    903
beitnehmer unterstützt, auf die der eigene Sozialpartner keinen Ein-

---

[1192] VISCHER, WuR 1981, 21.
[1193] Das Streikrecht ist kein Individualrecht. Streik ist nur dann zulässig, wenn der Einzelne sich an einer verfassungsmässigen kollektiven Arbeitsniederlegung beteiligt. ZK-VISCHER/ALBRECHT, Vorbem. zu Art. 356 ff. OR, N 12; PORTMANN/STÖCKLI, Rz. 1043; ANDERMATT, Handbuch, 34.
[1194] Die Änderungskündigung wird unter der Bedingung ausgesprochen, dass der Vertragspartner einer bestimmten Änderung des Arbeitsvertrags nicht zustimmt (VISCHER/MÜLLER, 307).
[1195] Wobei denkbar wäre, dass die stillschweigende Zustimmung durch die Verbände genügt (STÖCKLI, BJM 1997, 177).
[1196] VISCHER, WuR 1981, 25.
[1197] REHBINDER, Arbeitsrecht, Rz. 587.
[1198] BGE 69 II 86; REHBINDER, Arbeitsrecht, Rz. 591; vgl. ferner ZK-VISCHER, Art. 357a OR, N 79 ff.

fluss hat. Die herrschende Lehre hält ihn deshalb für unzulässig.[1199] Ebenso unzulässig ist ein *politischer Streik*, auch wenn es um arbeitsrechtliche Forderungen geht. Politische Massnahmen könnten höchstens durch ein verfassungsrechtliches Widerstandsrecht gerechtfertigt werden.[1200]

### cc) Einhaltung der Friedenspflicht

904　　Funktionswidrig sind Streiks, die gegen bestehende GAV oder die gesetzliche Friedenspflicht während des Schlichtungsverfahrens verstossen.[1201] Umstritten ist, wieweit massenhafte Änderungskündigungen die Friedenspflicht verletzen, da Kündigungen grundsätzlich zulässige Formen privatautonomer Rechtsausübung sind. Werden solche jedoch von einem Verband organisiert, richten sie sich gegen im GAV geregelte Fragen, und soll die Gegenseite zur Änderung desselben veranlasst werden, sind sie unzulässig.[1202]

905　　Unzulässig – weil funktionswidrig – sind Arbeitskämpfe, die ohne Versuch einer Einigung und Durchführung vorgesehener Schlichtungsverfahren begonnen werden. Von diesen sind zwei Typen zu unterscheiden:

906　　*Vereinbarte, private Schlichtungsverfahren*: Weit verbreitet ist die Vereinbarung von privaten Schlichtungsstellen zur Beilegung von Streitigkeiten aus GAV. Nach Gesetz (Art. 1 Abs. 2 EEG; Art. 33 FabrikG) gehen solche den staatlichen Einigungsstellen vor. Werden die staatlichen Gerichte durch vereinbarte Schiedsverfahren ausgeschlossen, müssen die Art. 353 ff. ZPO beachtet werden. Darin werden die Voraussetzungen des Abschlusses und der Durchführung eines Binnen-Schiedsverfahrens festgelegt. Die internationale Schiedsgerichtsbarkeit ist in den Art. 176 ff. IPRG geregelt.

907　　*Staatliches Schlichtungsverfahren*: Zur Schlichtung von Kollektivstreitigkeiten ist ein staatliches Schlichtungsverfahren vorgesehen.[1203] Beim Einigungsverfahren vor der eidg. Einigungsstelle unterstehen die Parteien einer gesetzlichen Friedenspflicht von 45 Tagen (Art. 6 EEG). In den meisten aufgrund des Fabrikgesetzes erlassenen

---

[1199] ZK-VISCHER, Art. 357a OR, N 36; BK-STÖCKLI, Art. 357a OR, N 50.
[1200] REHBINDER, Arbeitsrecht, Rz. 587.
[1201] Vgl. Rz. 819.
[1202] ZK-VISCHER, Art. 357a OR, N 42 ff.
[1203] Für überkantonale Streitigkeiten im EEG geregelt, ansonsten im Fabrikgesetz.

kantonalen Bestimmungen wird den Parteien eine Friedenspflicht während des Einigungsverfahrens auferlegt.

### dd)  Verfahren gemäss Koalitionssatzungen

Das Satzungsrecht der Koalitionen sieht Vorschriften vor, die übereilte Entschlüsse verhindern und die Rechtmässigkeit des Arbeitskampfes gewährleisten sollen. Erforderlich sind eine Urabstimmung (geheime Abstimmung der Mitglieder mit qualifizierter Mehrheit) und ein Streikbeschluss, d.h. ein Beschluss des Zentralvorstandes der Gewerkschaften, der auch über den Abbruch befindet. Die Durchführung des Streiks erfolgt durch ein Streikkomitee.

908

### ee)  Verhältnismässigkeit

Der Streik muss verhältnismässig sein, d.h., es darf kein Missverhältnis zwischen Ziel und Mittel vorliegen. Die herrschende Lehre geht davon aus, dass der Streik als Mittel des Arbeitskampfes nur ultima ratio sein darf, d.h., erst ergriffen werden darf, wenn alle andern Möglichkeiten versagt haben.[1204] Die Kampfmittel müssen friedlich und fair sein und dürfen keine Straftaten beinhalten. Für notwendige Erhaltungsarbeiten ist ein Notdienst zur Verfügung zu stellen.

909

**Beispiel:** Im Juni 2013 sorgte der sog. «Spar-Streik» für Aufregung. Elf Tage lang hatten zehn Arbeitnehmer im Streit um Arbeitsbedingungen und Löhne einen Einkaufsladen bestreikt. Mit Unterstützung der Gewerkschaft UNIA wurde das Ladenlokal blockiert. Die Arbeitgeberin hatte den Streikenden darauf fristlos gekündigt. In Bezug auf die Kündigung stellt sich einerseits die Frage, ob die Arbeitnehmer wegen des Streiks entlassen wurden. Falls der Streik rechtmässig war, so wäre selbst eine ordentliche Kündigung als missbräuchlich zu betrachten, da das Streikrecht in der Bundesverfassung (Art. 28 Abs. 3) verankert ist. Wurden die Arbeitnehmer andererseits wegen der Blockade des Ladenlokals entlassen, so könnte die fristlose Entlassung gerechtfertigt gewesen sein, da die Arbeitnehmer in casu strafbare Handlungen gegen ihre Arbeitgeberin begangen haben. Die Staatsanwaltschaft eröffnete Strafverfahren gegen mehrere Personen wegen Nötigung, Hausfriedensbruch und Sachbeschädigung. Das Gerichtspräsidium Baden hat in seiner ersten superprovisorischen Verfügung festgehalten, dass es den

---

[1204] ZK-VISCHER, Art. 357a OR, N 27; REHBINDER hält das Ultima-Ratio-Prinzip jedoch für streitig (REHBINDER, Arbeitsrecht, Rz. 599).

Streikenden nicht gestattet sei, arbeitswilligen Mitarbeitern den Zutritt zum Betrieb zu verweigern.[1205] Da sich die Streikenden offenbar nicht an das Verbot gemäss erster Verfügung gehalten haben und die Besitzesstörung andauerte, hat das Gerichtspräsidium Baden die Streikenden mit seiner zweiten superprovisorischen Verfügung verpflichtet, sämtliche Zugänge zum Einkaufsladen freizugeben, unter Androhung des polizeilichen Vollzuges. Die Staatsanwaltschaft eröffnete zudem Strafverfahren gegen mehrere Streikende wegen Ungehorsams gegen eine amtliche Verfügung.

910 Ein *Warnstreik* dient dazu, die Ernsthaftigkeit der gestellten Forderungen zu demonstrieren, nicht aber zur unmittelbaren Durchsetzung derselben. In der Regel ist er befristet und findet noch während den Schlichtungsverhandlungen statt.[1206] Da er damit gegen den Zweck des Streiks als ultima ratio verstösst, ist er unzulässig.[1207]

910a Fraglich kann unter Umständen sein, ob eine nicht am Gesamtarbeitsvertrag bzw. *nicht* an den Verhandlungen *beteiligte Gewerkschaft* einen Streik ausrufen kann. Grundsätzlich scheint dies zwar möglich, wobei es in einem solchen Fall aber regelmässig an der Verhältnismässigkeit fehlen dürfte.

**Beispiel:** Zwei Sozialpartner verhandeln einen neuen Gesamtarbeitsvertrag. UNIA wird nicht Vertragspartei sein und ist an den Verhandlungen nicht beteiligt. Da sie jedoch mehr Druck auf die Verhandlungen ausüben möchte, droht sie mit Streik.

## 3. Aussperrung

### a) Definition

911 Im Falle einer Aussperrung werden mehrere Arbeitnehmer von der Arbeit und vom Bezug des Lohnes durch die Arbeitgeberin ausgeschlossen, um bestimmte Arbeits- oder Wirtschaftsbedingungen durchzusetzen. Nach dem Träger lassen sich Firmen- und Verbandsaussperrungen sowie entsprechend der Unterscheidungen beim Streik Teil- und Voll- bzw. Haupt- und Sympathieaussperrungen unterscheiden.

---

[1205] Vgl. dazu auch BGE 134 IV 216, E. 5.1.2; BGE 132 III 122, E. 4.5.4.

[1206] ZK-VISCHER, Art. 357a OR, N 51.

[1207] OGer ZH 9. Februar 1998 (SJZ 94 (1998), 167) bestätigt durch das Urteil des BGer 4C.146/1998 vom 28. Juni 1999.

## aa)  Angriffsaussperrung

Mit der Angriffsaussperrung will die Arbeitgeberseite bei gescheiterten Verhandlungen deren *Fortführung oder die Annahme des Verhandlungsangebotes* erzwingen. Ihre Verhältnismässigkeit ist fraglich, da die Arbeitgeberin durch Ansetzen im richtigen Zeitpunkt übermässige Vorteile erzielen könnte. Die Angriffsaussperrung ist zur Erreichung der Parität am Verhandlungstisch deshalb kaum notwendig.[1208]

912

## bb)  Abwehraussperrung

Bei der Abwehraussperrung reagiert die Arbeitgeberin auf einen Streik. Durch eine geschickte Wahl der streikenden Teile eines Unternehmens können die Arbeitnehmer bewirken, dass ein Betrieb vollständig stillsteht, obgleich nur wenige Arbeitnehmer die Arbeit niedergelegt haben. Diese Art des Teilstreiks ist eine äusserst wirksame Waffe der Arbeitnehmer, weil mit wenigen Kosten auf Arbeitnehmerseite der Arbeitgeberseite ein grosser wirtschaftlicher Schaden zugefügt werden kann. Um in diesen Fällen den arbeitswilligen Arbeitnehmern nicht den Lohn bezahlen zu müssen, kann die Arbeitgeberin diese aussperren. Eine solche Aussperrung ist auch zulässig, wenn ein Gesamtarbeitsvertrag den Parteien eine Friedenspflicht auferlegt. Gemäss Art. 82 OR kann eine Partei eines zweiseitigen Vertrages die andere Partei zur Vertragserfüllung nur anhalten, wenn sie selber entweder geleistet hat oder ihre Leistung anbietet. Verletzt die Arbeitnehmerorganisation mit einem Teilstreik die Friedenspflicht und damit ihre vertraglichen Pflichten aus dem GAV, so ist auch die Arbeitgeberin nicht verpflichtet, diesen einzuhalten. Das bedeutet aber, dass im umgekehrten Fall die Gewerkschaft nicht an die Friedenspflicht gebunden ist, wenn die Arbeitgeberin ihren Verpflichtungen aus dem GAV nicht nachgekommen ist.[1209]

913

Bewirkt der Streik eines Teils der Belegschaft, dass der ganze Betrieb nicht arbeiten kann, fragt es sich, ob die Arbeitgeberin alle Arbeitnehmer aussperren darf, um den nicht streikenden den Lohn nicht bezahlen zu müssen. Eine entsprechende Aussperrung kann Nichtgewerkschaftsmitglieder dazu drängen, einer Gewerkschaft beizutreten, um eine Entschädigung für den Streik zu erhalten. Dies widerspricht aber der negativen Koalitionsfreiheit. Andererseits ist es der

914

---

[1208] VISCHER, WuR 1981, 13.
[1209] Vgl. Rz. 819.

361

Arbeitgeberin nicht zumutbar, Arbeitnehmer ohne Gegenleistung weiterhin zu entlöhnen. Deshalb ist u.E. in solchen Fällen die Aussperrung auch der Nichtgewerkschaftsmitglieder zulässig.

### b) Voraussetzungen der Aussperrung

915 In Art. 28 Abs. 3 der Bundesverfassung werden der Streik und die Aussperrung auf die gleiche Ebene gestellt. Die Aussperrung ist in erster Linie das Arbeitskampfmittel der Arbeitgeberin, um auf den Streik durch die Arbeitnehmer zu reagieren. Für eine rechtmässige Aussperrung gelten denn grundsätzlich auch die gleichen Voraussetzungen wie für den Streik. Es dürfen keine Verpflichtungen entgegenstehen, den Arbeitsfrieden zu wahren oder Schlichtungsverhandlungen zu führen. Zudem müssen die Arbeitsbeziehungen betroffen sein, durch GAV regelbare Ziele verfolgt werden, und generell ist die Aussperrung – wie der Streik – nur soweit verhältnismässig (m.a.W. als ultima ratio des Arbeitskampfes) zulässig (Art. 28 Abs. 2 BV). Sie kann durch ein tariffähiges Subjekt, also im Gegensatz zum Streik, sowohl durch einen Verband als auch durch eine einzelne Arbeitgeberin ausgelöst werden.

916 Auch erkrankte Arbeitnehmer dürfen ausgesperrt werden. Ob das allerdings auch gilt, wenn eine Arbeitsverhinderung und ein Kündigungsschutz bestehen, erscheint fraglich.

## 4. Rechtsfolgen

### a) Rechtmässige Arbeitskämpfe

917 Als Folge der Arbeitskampffreiheit wird heute davon ausgegangen, dass rechtmässige Arbeitskämpfe keine Verletzung des Arbeitsvertrags darstellen.[1210] Sie stellen also keinen wichtigen Grund zur Kündigung dar, wie früher angenommen wurde. Eine ordentliche Kündigung ist dagegen immer zulässig,[1211] sofern damit nicht in

---

[1210] REHBINDER, Arbeitsrecht, Rz. 607.
[1211] REHBINDER sieht einen Grund für eine ausserordentliche Kündigung darin, dass der Arbeitskampf länger andauern wird und der Arbeitnehmer eine andere Stelle gefunden hat (REHBINDER, 232). Vgl. dazu auch STREIFF/VON KAENEL/RUDOLPH, Art. 357a OR, N 9.

rechtsmissbräuchlicher Weise (Art. 336 Abs. 1 lit. b OR) der Streikwille des Arbeitnehmers gebrochen werden soll.[1212]

Aufgrund der *Suspensions- bzw. Einheitstheorie* ruhen beim rechtmässigen Arbeitskampf die Hauptpflichten aus dem Verhältnis,[1213] die Arbeits- und die Lohnzahlungspflicht, da richtige Erfüllung als Folge des Streikrechtes nicht zumutbar ist.[1214] Während des Kampfes haben die streikenden Arbeitnehmer auch keinen Anspruch auf Ferien bzw. Ferienlohn oder auf Lohnzahlung im Krankheitsfall. Anwartschaften, die auf die Dienstdauer ausgerichtet sind, werden hingegen aufrechterhalten bzw. laufen weiter. Gewerkschaftsmitglieder erhalten statt des ausgefallenen Lohnes Streikunterstützung durch ihre Gewerkschaften *(Streiklohn),* welche aber zum Teil erheblich unter dem Nettolohn liegt.

918

Für *Arbeitswillige* bleiben die arbeitsvertraglichen Rechte und Pflichten während eines Streiks voll bestehen. Sie dürfen aber unmittelbare Streikarbeit ablehnen, sofern es sich nicht um Erhaltungsarbeiten handelt. Schwierigkeiten ergeben sich dann, wenn ihnen aufgrund des Streiks keine Arbeit mehr zugewiesen werden kann, womit unbestrittenermassen ein Annahmeverzug vorliegt (Art. 324 OR). Die überwiegende Lehre will trotzdem die Verzugsfolgen den Arbeitnehmern überbinden, da sie alle vom Arbeitskampf profitierten. Diese *Sphärentheorie* lässt sich für die Schweiz nicht aufrechterhalten, da es keine Kollektivstrafen gibt.[1215]

919

Bei der Aussperrung ruhen, wie beim Streik, die Hauptpflichten aus dem Arbeitsvertrag.[1216] Dies erlaubt der Arbeitgeberin, arbeitswillige Arbeitnehmer von der Arbeit auszuschliessen. Es besteht dann kein Lohnanspruch für die Arbeitnehmer. Kündigt der Arbeitnehmer wegen der Aussperrung mittels ordentlicher Kündigung, ist diese missbräuchlich (Art. 336 Abs. 1 lit. b OR). Die (rechtmässige) Aussperrung ist auch kein wichtiger Grund für eine ausserordentliche Kündigung nach Art. 337 OR.[1217]

920

---

[1212] Vgl. dazu aber BGE 125 III 277, 285.
[1213] VISCHER, WuR 1981, 16 f.; offengelassen in BGE 111 II 250 ff.
[1214] Vgl. auch Eschler-Urania-Entscheid BGE 111 II 245.
[1215] STREIFF/VON KAENEL/RUDOLPH, Art. 324 OR, N 6.
[1216] REHBINDER, Arbeitsrecht, Rz. 611.
[1217] Gem. PORTMANN/STÖCKLI, Rz. 1050. Nach REHBINDER haben jedoch alle ausgesperrten Arbeitnehmer das Recht der ordentlichen Kündigung: REHBINDER, Arbeitsrecht, Rz. 611.

### b) Rechtswidrige Arbeitskämpfe

#### aa) Haftung der Arbeitnehmer

921 Hat der einzelne Arbeitnehmer die Rechtswidrigkeit seiner Arbeitsniederlegung erkennen müssen, ist die Arbeitgeberin grundsätzlich zur *ausserordentlichen Kündigung* berechtigt (Art. 337 OR). Die Teilnahme an einem illegalen Streik kann aber nicht automatisch zu einer ausserordentlichen Kündigung führen.[1218] Vielmehr muss aufgrund der Umstände beurteilt werden, ob die Voraussetzungen gegeben sind.[1219] Erfolgt die Arbeitsniederlegung zur Durchsetzung eines legitimen betrieblichen Zieles, zu dessen Erreichung kein anderer Weg offensteht, darf die Sanktion der Entlassung nicht automatisch erfolgen.[1220]

922 Weiter sind zu prüfen eine *Haftung aufgrund Vertragsbruchs* (Art. 337d OR) und eine Schadenersatzpflicht aus *unerlaubter Handlung* (Art. 41 OR).[1221] Im strafrechtlichen Bereich können die Tatbestände der *Nötigung* (Art. 181 StGB, bspw. Bedrohung Arbeitswilliger), des *Hausfriedensbruchs* (Art. 186 StGB, bspw. Fabrikbesetzungen) und weitere erfüllt sein. So entschied das Bundesgericht, dass die Blockade eines Tunnels durch streikende Bauarbeiter, welche zu 10 km langen Staus führte, eine Nötigung der übrigen im Stau stehenden Verkehrsteilnehmer darstelle.[1222]

#### bb) Haftung der Arbeitgeberin

923 Die Arbeitgeberin befindet sich im Falle einer rechtswidrigen Aussperrung in Annahmeverzug. Den betroffenen Arbeitnehmern stehen diesfalls zu:

– Anspruch auf Lohnzahlung, sofern das Arbeitsverhältnis nicht wegen Streik suspendiert ist (Art. 324 Abs. 1 OR);

– vertraglicher Schadenersatz (Art. 97 OR);

– Schadenersatz aus unerlaubter Handlung (Art. 41 OR);

– ausserordentliche Kündigung (Art. 337 OR);

---

[1218] Ebenso VISCHER, AJP 1995, 553.

[1219] BK-REHBINDER/STÖCKLI, Art. 337 OR, N 6, 14.

[1220] VISCHER, recht 1987, 140.

[1221] Vgl. hierzu BGE 132 III 122.

[1222] BGE 134 IV 216.

In der Schweiz besteht die Möglichkeit, dass die Arbeitgeberin eine Streikversicherung abschliesst.

### cc)   Haftung der Verbände

Die Gewerkschaften und die Arbeitgeberverbände haften wegen der Verletzung der Friedens- oder Einwirkungspflicht.[1223] Diese steht aber – soweit im GAV nichts anderes vereinbart ist – nur gegenüber der jeweiligen Vertragspartei des GAV. Jene hat aber regelmässig keinen Schaden erlitten. Ein solcher ist vielmehr beim einzelnen Verbandsmitglied eingetreten. Es fragt sich, ob der Verband diesen Drittschaden einklagen kann. Das ist regelmässig zu verneinen.[1224] Vorzubehalten sind selbstverständlich jene Fälle, in denen die einzelnen Streikhandlungen eine unerlaubte Handlung darstellen (z.B. Besetzung des Fabrikgeländes durch die Gewerkschaft).

924

---

[1223] Vgl. ausführlich dazu: WIDMER, insb. 84 ff., 104 ff. sowie 128 ff.
[1224] WIDMER, 134 ff.

# § 4 Öffentlich-rechtlicher Arbeitnehmerschutz

## A. Einleitung

### 1. Vorbehalt des öffentlichen Arbeitsrechts

925 Das Arbeitsverhältnis wird nicht nur vom Zivilrecht, sondern auch vom öffentlichen Recht geregelt. Der Vorbehalt des öffentlichen Rechts ergibt sich für die Kantone aus Art. 6 ZGB, für den Bund indirekt aus Art. 122 i.V.m. Art. 110 BV. Im Arbeitsvertragsrecht wird dieser Vorbehalt nochmals explizit festgehalten (Art. 342 Abs. 1 lit. b OR). Die Regelungen des öffentlichen Arbeitsrechts gehen nicht nur dem gesetzlichen Zivilrecht, sondern auch Regelungen in GAV oder NAV sowie Parteiabreden vor.

### 2. Rezeptionsklausel

926 Durch die sogenannte Rezeptionsklausel (Art. 342 Abs. 2 OR) wird das öffentliche Arbeitsrecht in das Arbeitsprivatrecht rezipiert. Öffentlich-rechtliche Vorschriften über die Arbeit oder Berufsbildung bedeuten also nicht nur öffentlich-rechtliche Verpflichtungen der Arbeitgeberin oder des Arbeitnehmers, sondern die Vertragspartner haben auch einen *privatrechtlichen Anspruch auf Erfüllung*, wenn diese Pflichten Inhalt eines EAV sein können.

### 3. Quellen

927 Das öffentliche Arbeitsrecht wird in der Regel in die Bereiche Arbeitsschutzrecht, gestaltendes öffentliches Recht und Sozialversicherungsrecht gegliedert. Vorbehalten sind auch *Polizeivorschriften* von Bund, Kantonen und Gemeinden (Art. 71 ArG) wie gesundheitspolizeiliche Vorschriften oder Ladenschlussverordnungen.

928 Eine mittelbare Beeinflussung des Arbeitsrechts erfolgt durch *Submissionsverordnungen und -vorschriften* des Bundes und der Kantone. Diese enthalten z.T. Mindestlöhne und -arbeitsbedingungen bei der Vergabe von Staatsaufträgen.

## 4. Zuständige Behörden

Welche Behörden bei welchen Arbeitnehmerschutzbestimmungen die Aufsicht haben, kann der nachfolgenden Grafik entnommen werden. 928a

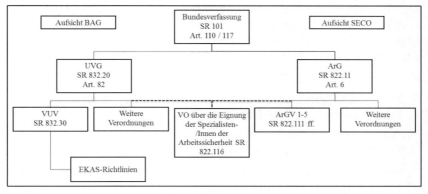

*Abbildung 21: Aufsichtsbehörden Arbeitnehmerschutz*

# B. Arbeitsgesetz

## 1. Arbeitsschutzrecht

929 Ein wichtiger Bereich der öffentlich-rechtlichen Vorschriften ist das Arbeitsschutzrecht. Im Mittelpunkt steht, neben Vorschriften des UVG über die Verhütung von Berufsunfällen und Berufskrankheiten (Art. 81 ff. UVG), das *Arbeitsgesetz*, das in folgenden Bereichen Mindestvorschriften enthält:

- allgemeiner Gesundheitsschutz (Art. 6 ArG)
- Plangenehmigung und Betriebsbewilligung bei industriellen bzw. besonders gefährlichen Betrieben (Art. 7 f. ArG)
- Arbeits- und Ruhezeit (Art. 9 ff. ArG)
- Sonderschutz für Jugendliche (Art. 29 ff. ArG)
- Sonderschutz für schwangere Frauen und stillende Mütter (Art. 35 ff. ArG)

930 Die letzte grosse, im zweiten Anlauf vom Souverän angenommene Revision des Arbeitsgesetzes von 1998 bezweckte u.a. eine Arbeitszeitflexibilisierung sowie die Möglichkeit zur vermehrten Nacht- und Sonntagsarbeit. Die Konkurrenzfähigkeit der Wirtschaft sollte erhöht und die Anpassung der Arbeitsbedingungen an besondere Bedürfnisse und Wünsche der Arbeitnehmer erleichtert werden. Der Arbeitnehmerschutz wurde gleichzeitig verstärkt, während der Sonderschutz der Frauen *(Nachtarbeitsverbot)* unter dem Aspekt der Gleichstellung abgebaut wurde.[1225]

## 2. Geltungsbereich

### a) Sachlicher Geltungsbereich

931 Dem ArG untersteht grundsätzlich *jeder öffentliche und private Betrieb*.[1226] Das entspricht rund 240'000 Betrieben, für welche das ArG uneingeschränkt gilt. Ein Betrieb liegt vor, wenn eine Arbeitge-

---

[1225] Ausführlicher zu den Revisionen vgl. auch GEISER/VON KAENEL/WYLER, ArG Einleitung, N 16 ff.

[1226] Vgl. auch MÜLLER, ArG, Art. 1 ArG, N 1: «Der Geltungsbereich des Gesetzes erfasst *alle* Betriebe (…)».

berin einen oder mehrere Arbeitnehmer beschäftigt (Art. 1 ArG). Ausgenommen sind Branchen, in denen der Arbeitnehmerschutz durch *andere Gesetze* als genügend gesichert gilt oder die Art der Arbeit derart besonders ist, dass sich eine Regelung im ArG nicht eignet. In der Regel ist dort der *Schutz durch andere Massnahmen*, bspw. einen NAV (Art. 359 Abs. 2 OR) sichergestellt.

**Beispiele** (Art. 2 ArG):

– Spezialgesetze: öffentlicher Verkehr, Seeschifffahrt;

– andere Massnahmen: Landwirtschaft, Gärtnereien, Fischfangbetriebe, private Haushalte.

## b)   Persönlicher Geltungsbereich

### *aa)   Grundsatz*

Das ArG gilt grundsätzlich für alle Arbeitnehmer der unterstell-   932
ten Betriebe.[1227] Dies sind rund 2.4 Mio. Arbeitnehmer und Arbeitnehmerinnen. Einzelne Gruppen werden aber explizit ausgenommen,
u.a. (Art. 3 ArG):

– Geistliche und andere Personen im Dienste von Kirchen

– leitende Mitarbeiter

– Wissenschaftler und Künstler

– Lehrer an Privatschulen und in Anstalten

– Heimarbeitnehmer

– Handelsreisende

### *bb)   Leitende Arbeitnehmer*

aaa)  Definition

Die offene Formulierung der höheren leitenden Tätigkeit im Ar-   933
beitsgesetz (Art. 3 lit. d ArG) wird durch die Verordnung 1 konkretisiert (Art. 9 ArGV 1). Danach übt eine höhere, leitende Tätigkeit aus,
«wer aufgrund seiner Stellung und Verantwortung sowie in Abhängigkeit von der Grösse des Betriebes über *weitreichende Entschei-*

---

[1227] MÜLLER, ArG, Art. 1 ArG, N 2; GEISER/VON KAENEL/WYLER, Art. 1 ArG, N 11 ff.; auf im Ausland beschäftigte Arbeitnehmer ist das ArG auch bei Unterstellung des Arbeitsvertrages unter Schweizer Recht weder direkt noch indirekt über die sog. Rezeptionsklausel von Art. 342 Abs. 2 OR anwendbar (BGE 139 III 411, E. 2).

*dungsbefugnisse* verfügt oder Entscheide von grosser Tragweite massgeblich beeinflussen und dadurch auf die *Struktur, den Geschäftsgang und die Entwicklung eines Betriebes* oder Betriebsteils einen nachhaltigen Einfluss nehmen kann». Die Bestimmung ist aufgrund des Schutzcharakters des Gesetzes *restriktiv auszulegen*, im Zweifelsfalle also von einer Unterstellung auszugehen.[1228] In den Gesetzgebungsmaterialien, der Rechtsprechung und der Literatur finden sich eine Fülle weiterer Hinweise und Wertungen; die noch anzutreffende Unterscheidung zwischen Angestellten und Arbeitnehmern ist aber bereits seit Langem aufgehoben.

934    Massgeblich ist die *tatsächlich ausgeübte Tätigkeit*,[1229] nicht die Bezeichnung im Arbeitsvertrag oder die Einstufung in Organigrammen. Zu berücksichtigen sind daneben auch die Grösse des Betriebes[1230] und allfällige Eigenarten aus dem Tätigkeitsbereich.

**Beispiel:** Die Position «Lagerchef» stellt in einem Produktionsunternehmen üblicherweise keine höhere leitende Tätigkeit dar. In einem reinen Lagerunternehmen ist dies aber zweifelsohne der Fall.

935    Das wichtigste Kriterium ist jedoch dasjenige der *tatsächlichen Entscheidbefugnis* in wesentlichen Angelegenheiten,[1231] die geeignet sind, den Gang oder die Struktur des Unternehmens nachhaltig zu bestimmen.[1232] Diese muss mit einer entsprechenden Verantwortlichkeit einhergehen, d.h., der Angestellte muss für seine Entscheide rechenschaftspflichtig[1233] und gegebenenfalls auch haftbar sein. Weitere von der Rechtsprechung verwendete Kriterien, die jedoch nicht für sich allein den Ausschlag zu geben vermögen, sind:[1234]

–   Zeichnungsberechtigung (z.B. handelsrechtliche Vollmacht)[1235]
–   hierarchische Stellung im Unternehmen (Unterstellung unter die eigentliche Unternehmensspitze)[1236]

---

[1228] STAEHELIN, ARV 2002, 7.
[1229] ZWAHLEN, Kommentar Hug, Art. 3 ArG, N 13; GEISER/VON KAENEL/WYLER, Art. 3 ArG, N 21.
[1230] BGE 126 III 341; ZWAHLEN, Kommentar Hug, Art. 3 ArG, N 14.
[1231] BGE 98 Ib 348; GEISER/VON KAENEL/WYLER, Art. 3 ArG, N 22; MÜLLER, ArG, Art. 3 ArG, N 1.
[1232] BGE 126 III 340 «(...) celles qui influencent de façon durable la vie ou la structure de l'entreprise dans son ensemble ou, du moins, dans l'un de ses éléments principaux.»
[1233] BGE 98 Ib 348; 126 III 340; ZWAHLEN, Kommentar Hug, Art. 3 ArG, N 13.
[1234] BGE 98 Ib 348 f.; 126 III 340 f.; GEISER/VON KAENEL/WYLER Art. 3 ArG, N 22.
[1235] BGE 98 Ib 348; 126 III 340.
[1236] BGE 98 Ib 349, wo u.a. die Existenz weiterer, offenbar höherer Kader herangezogen wurde, um die Eigenschaft einer Kadergruppe als leitende Arbeitnehmer zu verneinen.

- Verantwortung für eine Abteilung oder eine andere betriebliche Unternehmenseinheit[1237]
- Budgetverantwortung[1238]
- Grösse der Unternehmenskennzahlen im Verantwortungsbereich des Angestellten
- Anzahl der unterstellten Mitarbeitenden[1239]
- Kompetenz zur Einstellung und Kündigung von Personal[1240]
- Weisungsbefugnis[1241]
- Höhe des Lohns[1242]
- allgemeine Vertrauensposition im Unternehmen[1243]

bbb) Arbeitsrechtliche Folgen

Leitende Arbeitnehmer können sich nicht auf die arbeitsgesetzlichen Vorschriften über die Arbeits- und Ruhezeit, sondern nur auf jene über den *Gesundheitsschutz* (im engeren Sinn) berufen (Art. 3 lit. d i.V.m. Art. 3a lit. b ArG). 936

## c) Sondervorschriften

Für *industrielle Betriebe* können verschärfte Arbeitsschutzmassnahmen zur Anwendung kommen (Art. 5 ArG). Voraussetzung ist, dass in diesen Betrieben Güter hergestellt, verarbeitet oder bearbeitet oder Energie erzeugt werden und alternativ: 937

- mindestens sechs Arbeitnehmer beschäftigt werden, deren Arbeit sich als serienmässige Verrichtung qualifiziert oder durch Maschinen bestimmt wird;
- Arbeitsweise oder Arbeitsorganisation durch automatische Verfahren bestimmt werden;
- Leben und Gesundheit der Arbeitnehmer besonderen Gefahren ausgesetzt sind.

---

[1237] BGE 126 III 341.
[1238] BGE 126 III 341.
[1239] BGE 126 III 341.
[1240] BGE 126 III 341.
[1241] BGE 98 Ib 348; 126 III 340.
[1242] BGE 98 Ib 348; 126 III 340.
[1243] BGE 98 Ib 348; EGLI, AJP 1/2001, 125.

938    Die verschärften Vorschriften sind zudem vom Vorliegen einer Unterstellungsverfügung der kantonalen Behörde[1244] abhängig. Die Meldung der entsprechenden Unternehmen hat durch die kantonale Behörde, durch das eidg. Arbeitsinspektorat oder durch die SUVA zu erfolgen.

## 3.   Gesundheitsschutz und Unfallverhütung

### a)   Massnahmen zum Gesundheitsschutz

939    Die Vorschriften des ArG betreffend den Gesundheitsschutz sind aufgrund einer Gesetzesänderung seit dem 1. Mai 1994 auch auf Personen anwendbar, die *ansonsten nicht* unter den Geltungsbereich des ArG fallen. Insbesondere leitende Arbeitnehmer geniessen also diesen Schutz auch.

940    Die Arbeitgeberin hat die Pflicht, die erforderlichen und zumutbaren Massnahmen zu treffen, um schädliche oder lästige Einwirkungen des Arbeitsprozesses auf die Gesundheit der Arbeitnehmer zu verhindern. Sie hat die betrieblichen Einrichtungen und den Arbeitsablauf so zu gestalten, dass Gesundheitsgefährdung und Überbeanspruchung der Arbeitnehmer vermieden und die persönliche Integrität des Arbeitnehmers geschützt wird. Die erforderlichen Schutzmassnahmen werden in den Verordnungen 3 und 4 zum Arbeitsgesetz (ArGV 3; ArGV 4) konkretisiert.

### b)   Massnahmen zur Unfallverhütung

941    Massnahmen zur Unfallverhütung und zur Verhütung von Berufskrankheiten sind gemäss Unfallversicherungsgesetz (Art. 81 ff. UVG) zu treffen.

### c)   Plangenehmigung und Betriebsbewilligung

942    Für den Bau und die Umgestaltung von industriellen Betrieben ist eine *Plangenehmigung* der kantonalen Behörde erforderlich, die gestützt auf Gutachten der SUVA und des eidg. Arbeitsinspektorates erteilt wird (Art. 7 f. ArG). Für die Betriebsaufnahme ist zusätzlich

---

[1244] Z.B. im Kanton St. Gallen das Arbeitsinspektorat vom Amt für Wirtschaft und Arbeit.

eine *Betriebsbewilligung* erforderlich, die ebenfalls von der kantonalen Behörde erteilt wird.[1245]

Die Verfahrensvorschriften und die materiellen Voraussetzungen zur Erteilung dieser Genehmigungen sind in den Verordnungen zum ArG geregelt. Dadurch wird eine doppelte Kontrolle in Bezug auf Einhaltung der gesetzlichen Vorschriften über Gesundheitsvorsorge und Unfallverhütung gewährleistet. Auch nicht industrielle Betriebe können diesen Kontrollen durch Verordnung des Bundesrates unterstellt werden, wenn von ihnen eine erhebliche Betriebsgefahr ausgeht (Art. 8 ArG i.V.m. Art. 1 ff. ArGV 4). 943

#### d)  Schutz vor Passivrauchen

Das Bundesgesetz und die Verordnung zum Schutz vor Passivrauchen sind am 1. Mai 2010 in Kraft getreten.[1246] Danach müssen alle geschlossenen Räume, welche mehreren Personen als Arbeitsplatz dienen, rauchfrei sein. Ebenfalls rauchfrei müssen alle geschlossenen Räume sein, welche öffentlich zugänglich sind. Private Haushaltungen sind von diesem Gesetz ausgenommen. Nicht mehr geraucht werden darf in Einkaufszentren, Schulen, Kinos, Sportanlagen, Restaurants usw. In diesen Räumen können Raucherräume, die mit einer ausreichenden Belüftung ausgestattet sind, eingerichtet werden. Restaurationsbetriebe mit einer Gesamtfläche von weniger als 80 Quadratmetern können als Raucherlokale zugelassen werden. In 15 Kantonen sind Raucherlokale jedoch verboten. 943a

### 4.  Arbeits- und Ruhezeit

#### a)  Übersicht

Die Regelung der Arbeits- und Ruhezeit im ArG sowie den dazugehörigen Verordnungen (ArGV 1–5) ist geprägt von vielen Ausnahmen, Spezialregelungen für einzelne Wirtschaftszweige und der Möglichkeit der Erteilung von Sonderbewilligungen durch kantonale Behörden. Zudem gilt es, die jeweiligen kantonalen Vorschriften über Ladenschluss und Sonntagsruhe zu beachten. Das Normensystem zur Regelung der Arbeits- und Ruhezeiten überzeugt in seiner aktuellen 944

---

[1245] Vgl. hierzu auch MÜLLER, ArG, Art. 7 ff. ArG.

[1246] Bundesgesetz zum Schutz vor Passivrauchen vom 8. Okt. 2008, SR 818.31 und Verordnung zum Schutz vor Passivrauchen vom 28. Okt. 2009, SR 818.311.

Form nicht eben durch Übersichtlichkeit für den Rechtsuchenden. Seine heutige Ausprägung ist vielmehr das Abbild einer Suche nach Kompromissen bei der Rechtsetzung, um einerseits die Bedürfnisse unterschiedlicher Wirtschaftszweige nicht unberücksichtigt zu lassen, andererseits aber auch den Arbeitnehmerschutz adäquat umzusetzen.

944a    Eine der Hauptschwierigkeiten im Umgang mit dem ArG liegt demnach bei den Bestimmungen zu den Arbeitszeiten.[1247] Das ArG legt in erster Linie wöchentliche Höchstarbeitszeiten fest, wobei es nach der Art des Betriebs maximale Arbeitszeiten von 45 oder 50 Stunden[1248] vorsieht. Die Woche im Sinne des Arbeitsgesetzes beginnt gemäss Art. 16 Abs. 1 ArGV 1 grundsätzlich mit dem Montag und endet mit dem Sonntag. Allerdings ist das Ende des Sonntags letztlich auch vom Betrieb abhängig, wobei ohne besondere betriebliche Festlegung bzw. Schichtsysteme der arbeitsgesetzliche Sonntag bereits um 23 Uhr endet und dementsprechend um diese Zeit der Montag und damit die Arbeitswoche beginnt bzw. endet.[1249] Die wöchentlichen Höchstarbeitszeiten können gemäss Art. 9 Abs. 3 ArG durch Verordnung um höchstens vier Stunden verlängert werden, sofern sie im Jahresdurchschnitt nicht überschritten werden. Überdies darf die Arbeitgeberin gemäss Art. 12 Abs. 2 ArG auch bei Vorliegen der entsprechenden Voraussetzungen jährlich nicht mehr als insgesamt 170 Stunden Überzeit für Arbeitnehmer mit einer wöchentlichen Höchstarbeitszeit von 45 Stunden und nicht mehr als insgesamt 140 Stunden Überzeit für Arbeitnehmer mit einer wöchentlichen Höchstarbeitszeit von 50 Stunden anordnen. Zuweilen bereitet allerdings bereits die Abgrenzung der Betriebe mit maximal 45 Wochenstunden von jenen mit maximal 50 Wochenstunden Schwierigkeiten.[1250] Dass die relativ starre Regelung der Arbeitszeit im ArG, namentlich das Abstellen bei der Ermittlung der Höchstarbeitszeit auf die Kalenderwoche nicht in allen Wirtschaftszweigen den betrieblichen Anforderungen entspricht, scheint offensichtlich. Von nicht zu unterschätzender Bedeutung ist in diesem Zusammenhang die ArGV 2, in welcher der schweizerische

---

[1247] Art. 9–28 und 36 ArG.

[1248] Art. 9 ArG; vgl. Rz. 946 ff.

[1249] GEISER/VON KAENEL/WYLER, Art. 9 ArG, N 27; a.M. SECO, Wegleitung zum Arbeitsgesetz und zu den Verordnungen 1 und 2, 116-1.

[1250] So ist bspw. beim Detailhandel zu unterscheiden, was als Grossbetrieb gilt und was nicht. Migros, ALDI oder Coop beschäftigen als Gesamtunternehmen Tausende von Arbeitnehmern, wobei in einzelnen Filialen teilweise weniger als 50 Arbeitnehmer beschäftigt werden. Für diese gilt nach Art. 9 Abs. 1 Bst. b ArG i.V.m. Art. 2 ArGV 1 die 50-Stundenwoche, während für die Arbeitnehmer grösserer Filialen sowie für diejenigen der Verwaltung am Hauptsitz der Unternehmen die 45-Stundenwoche gilt.

Bundesrat in Wahrnehmung seiner Kompetenzen nach Art. 27 ArG eine Vielzahl von Sonderregeln bezüglich Arbeitszeiten[1251] für einzelne Wirtschaftszweige[1252] erlassen hat. So sind bspw. Apotheken von der Bewilligungspflicht für Nacht- und Sonntagsarbeit befreit, soweit die Aufrechterhaltung von Notfalldiensten zu gewährleisten ist.[1253] Nebst diesem Beispiel nennt die ArGV 2 eine Vielzahl weiterer Betriebsarten, für deren Arbeitnehmer Sonderregeln zur Anwendung gelangen. Neben wöchentlichen Höchstarbeitszeiten ergeben sich im Zusammenhang mit den Vorschriften des ArG sowie der ArGV 1 über die den Arbeitnehmern zu gewährenden Pausen und Ruhezeiten auch tägliche Höchstarbeitszeiten.

Vermehrt Anlass zu Diskussionen gibt die gesetzliche Verpflichtung der Arbeitgeberin zur Erfassung und Kontrolle der Arbeitszeit ihrer Arbeitnehmer.[1254] Obschon der gesetzliche Rahmen unterschiedliche Arten der Arbeitszeiterfassung zulässt[1255], erweist er sich für die moderne Arbeitswelt bisweilen als zu starr.[1256] Namentlich in Betrieben der Dienstleistungsbranche[1257], wo die sog. Vertrauensarbeitszeit verbreitet ist, wird regelmässig ganz oder teilweise auf die Zeiterfassung verzichtet. Über das Ausmass und die Voraussetzungen, unter welchen die Aufzeichnung der Arbeitszeiten gelockert werden darf, waren sich die Sozialpartner indes seit längerer Zeit uneinig.[1258] Ein Mindestmass an Kontrolle ist jedoch auch in den entsprechenden Branchen unverzichtbar, sofern man es mit dem öffentlich-rechtlichen Arbeitnehmerschutz des Arbeitsgesetzes ernst meint.[1259]

944b

---

[1251] Art. 3–14 ArGV 2.

[1252] Art. 15–52 ArGV 2.

[1253] Art. 4 i.V.m. Art. 19 ArGV 2.

[1254] Art. 46 ArG und Art. 73 ArGV 1.

[1255] Das ArG schreibt nicht vor, in welcher Form die Arbeitszeit der Arbeitnehmer erfasst werden muss. Von der traditionellen Stempeluhr bis zur modernen Zeiterfassungssoftware sind verschiedene Varianten denkbar. Zudem kann die Dokumentation auch Dritten übertragen oder an die Arbeitnehmer delegiert werden.

[1256] Diese Tatsache anerkannte auch der Bundesrat in seiner Stellungnahme vom 12. Februar 2014 zur Motion Paul Niederberger vom 9. Dezember 2013 (http://www.parlament.ch/d/suche/seiten/geschaefte.aspx?gesch_id=20134104, Webseite besucht am 17. Juli 2015).

[1257] Z.B. Banken, Versicherungen, Beratungsunternehmen etc.

[1258] Ein Vorschlag des SECO zur Ergänzung der ArGV 1 um einen Art. 73a, welcher den Interessen an einer Flexibilisierung sowie an der Sicherstellung einer ausreichenden Kontrolle hätte gerecht werden sollen, wurde im Sommer 2013 verworfen. Das SECO hat darauf per 1. Januar 2014 die vereinfachte Dokumentationspflicht für gewisse Arbeitnehmerkategorien eingeführt.

[1259] RUDOLPH/VON KAENEL, TREX 2014, 169.

## b)  Arbeitszeit

945      Unter *Arbeitszeit* wird die Zeit verstanden, während der sich der Arbeitnehmer zur Verfügung der Arbeitgeberin halten muss.[1260] Der Bereitschaftsdienst, während dessen sich der Arbeitnehmer ausserhalb des Betriebes auf Abruf bereithalten muss, zählt nur zur Arbeitszeit, wenn tatsächlich Arbeit geleistet wurde. Ist der Arbeitnehmer hingegen im Betrieb präsent und wartet auf Arbeit, so handelt es sich um volle Arbeitszeit.

### aa)  *Wöchentliche Höchstarbeitszeit und Überzeit*

946      Die *wöchentliche Höchstarbeitszeit* für Arbeitnehmer in Industrie, für Büropersonal, technische und andere Angestellte mit Einschluss des Verkaufspersonals in Grossbetrieben des Detailhandels beträgt 45 Stunden, für alle übrigen Arbeitnehmer 50 Stunden (Art. 9 ArG). Diese Höchstarbeitszeit kann durch Verordnung um höchstens vier Stunden wöchentlich heraufgesetzt werden (Abs. 3), wenn in anderen Wochen ein entsprechender Ausgleich gewährt wird.

947      Die wöchentliche Höchstarbeitszeit darf überschritten werden, wenn ausnahmsweise Überzeit, Hilfsarbeit oder Arbeit zum Ausgleich von ausfallender Arbeitszeit (Betriebsstörung, Betriebsferien, Feiertagsbrücken etc.) geleistet wird. *Überzeit* ist bei Dringlichkeit, Inventurarbeiten, Betriebsstörungen etc. zulässig (Art. 12 Abs. 1 ArG), wobei die Limiten von *zwei Stunden pro Tag bzw. 170 Stunden pro Jahr* (140 Stunden bei einer Wochenarbeitszeit von 50 Stunden) nicht überschritten werden dürfen (Abs. 2 ArG). Die Arbeitgeberin hat sie grundsätzlich, sofern sie nicht durch Freizeit kompensiert wird, mit einem Lohnzuschlag von 25 % abzugelten. Bei Büropersonal sowie technischen und anderen Angestellten, mit Einschluss des Verkaufspersonals in Grossbetrieben des Detailhandels, ist der Lohnzuschlag allerdings nur für Überzeitarbeit ab 60 Stunden pro Jahr geschuldet (Art. 13 ArG).[1261] Die privatrechtlichen Vereinbarungen betreffend *Überstunden* (Art. 321c Abs. 3 OR) bleiben von diesen Regelungen unberührt.

948      Bei Arbeitnehmern, die Teilzeit arbeiten, wird die gesetzliche Höchstarbeitszeit nicht dem prozentualen Anstellungsverhältnis entsprechend herabgesetzt; vielmehr handelt es sich um eine absolute

---

[1260] Vgl. Art. 18 Abs. 5 ArGV 1; MÜLLER, ArG, Art. 9 ArG, N 1.
[1261] Die Industriebetriebe sind bewusst nicht eingeschlossen. Dort ist der Lohnzuschlag bereits ab der 46. Stunde geschuldet.

Grenze im Hinblick auf Mehrfachbeschäftigungen. Dies ergibt sich schon aus dem Schutzzweck der Bestimmung.

> **Beispiel:** Für einen Arbeitnehmer, der zu 50 % in einem Industriebetrieb arbeitet, gilt also nicht eine wöchentliche Höchstarbeitszeit von 22.5 Stunden, sondern wie für einen zu 100 % angestellten Arbeitnehmer eine von 45 Stunden (Art. 9 Abs. 1 lit. a ArG).

*bb) Tagesarbeitszeit*

Die *tägliche Arbeitszeit* wird betrieblich auf 17 h, individuell auf 14 h pro Tag (Art. 10 Abs. 2 ArG) begrenzt. Die betriebliche *Tagesarbeit* dauert von 6 Uhr bis 20 Uhr (Art. 10 ArG) und kann nach Anhörung der Arbeitnehmervertretung um *Abendarbeit* bis 23 Uhr verlängert werden. Mit Zustimmung der Arbeitnehmer können diese Grenzen auch zwischen 5 Uhr und 24 Uhr anders definiert werden (Art. 10 Abs. 1 f. ArG). Es ist aber jedem eine *tägliche Ruhezeit* von mindestens elf aufeinanderfolgenden Stunden zu gewähren. Die Ruhezeit kann für Erwachsene einmal in der Woche bis auf acht Stunden herabgesetzt werden, sofern die Dauer von elf Stunden im Durchschnitt von zwei Wochen eingehalten wird (Art. 15a ArG). 949

Die Tages- und Abendarbeit des einzelnen Arbeitnehmers muss mit Einschluss der Pausen und der Überzeit innerhalb von 14 Stunden liegen.[1262] Bei einer täglichen Arbeitszeit von mehr als neun Stunden ist eine Pause von einer Stunde zu gewähren.[1263] Die Pausen sind grundsätzlich um die Mitte der Arbeitszeit anzusetzen. Legt man diese eine Stunde nun gesamthaft auf den Mittag, so verblieben vor und nach dem Mittag nochmals sechseinhalb Stunden, für welche die Arbeitgeberin dann wiederum je eine Viertelstunde Pause gewähren muss.[1264] Da Pausen von mehr als einer halben Stunde jedoch gemäss dem expliziten Wortlaut von Art. 18 Abs. 3 ArGV 1 aufgeteilt werden können, ist auch eine Aufteilung der Pausen möglich, welche nicht zu Teilarbeitszeiten von mehr als fünfeinhalb Stunden führt und bei welcher somit auch keine zusätzlichen Pausen mehr gewährt werden müssen.[1265] Bei einer Aufteilung ist jedoch sicherzustellen, dass eine nachhaltige Zwischenverpflegung vom Arbeitnehmer in Ruhe einge- 949a

---

[1262] Art. 10 Abs. 3 ArG.
[1263] Art. 15 ArG.
[1264] Art. 18 Abs. 2 ArGV 1.
[1265] So bspw.: 3 h Arbeit, ¼ h Pause, 3.5 h Arbeit, ½ h Pause (= Mitte der Arbeitszeit), 3.5 h Arbeit, ¼ h Pause, 3 h Arbeit.

nommen werden kann.[1266] Teilt man die von Gesetzes wegen vorgesehene Stunde somit über den Tag auf, so kommt man auf eine tägliche, effektive Höchstarbeitszeit von 13 Stunden.[1267]

950      Es gilt grundsätzlich ein *Verbot der Nachtarbeit* von 23 Uhr bis 6 Uhr (Art. 16 ArG). Das Gesetz erwähnt ausdrücklich, dass der Arbeitnehmer ohne sein Einverständnis weder zu dauernder noch zu vorübergehender Nachtarbeit herangezogen werden darf (Art. 17 ArG). Unter bestimmten Voraussetzungen kann eine Genehmigung erteilt werden; zuständig ist für dauernde oder regelmässig wiederkehrende Nachtarbeit das Bundesamt (SECO) und für vorübergehende Nachtarbeit die zuständige kantonale Behörde. Seit der Revision können auch Frauen nachts beschäftigt werden, bei Mutterschaft gelten jedoch besondere Bestimmungen (Art. 35a f. ArG sowie Art. 60 ff. ArGV 1). Dauernde oder regelmässig wiederkehrende Nachtarbeit wird zwingend durch eine Zeitgutschrift in Form von Kompensation von mindestens 10 % der Zeit, während der Nachtarbeit geleistet wurde, abgegolten (Art. 17b Abs. 2 ArG), vorübergehende mit einem Lohnzuschlag von mindestens 25 % (Art. 17b Abs. 1 ArG). Die bisherige Praxis zur Dauernachtarbeit wird neu durch die Revision der Verordnung 1 zum Arbeitsgesetz auf Verordnungsstufe verankert. Unter Dauernachtarbeit wird die Nachtarbeit ohne Wechsel mit Tagesarbeit für mehr als sechs bzw. mehr als zwölf Wochen in Folge verstanden.[1268] Nebst weiteren Voraussetzungen muss für die Zulässigkeit von Dauernachtarbeit die betriebliche Unentbehrlichkeit vorliegen. Betriebliche Unentbehrlichkeit liegt gemäss der revidierten Verordnung 1 zum Arbeitsgesetz dann vor, wenn es sich um Nachtarbeit handelt, für die es keine entsprechende Arbeit im Tages- und Abendzeitraum gibt oder auf dem üblichen Arbeitsmarkt nicht genügend qualifiziertes Personal für Wechselschichten rekrutiert werden kann.[1269]

951      Wird der Arbeitnehmer in höchstens drei von sieben aufeinanderfolgenden Nächten beschäftigt, so darf die tägliche Arbeitszeit zehn Stunden betragen, muss jedoch, mit Einschluss der Pausen, innerhalb eines Zeitraumes von zwölf Stunden liegen (Art. 17a Abs. 2

---

[1266] Gemäss Urteil A-309/2014 vom 7. Juli 2014 des Bundesverwaltungsgerichts kann eine Pause von 20 Minuten nicht noch weiter aufgeteilt werden, denn dann sei nicht gewährleistet, dass bei einer Arbeitszeit von maximal neun Stunden eine nachhaltige Zwischenverpflegung in Ruhe eingenommen werden kann.
[1267] Vgl. Rz. 958 ff.
[1268] Art. 30 Abs. 1 und Abs. 2 ArGV 1.
[1269] Art. 30 Abs. 2[bis] ArGV 1.

ArG). Verrichtet er über längere Zeit Nachtarbeit, hat er Anspruch auf eine *medizinische Untersuchung* sowie darauf, *sich beraten zu lassen*, wie die mit seiner Arbeit verbundenen Gesundheitsprobleme vermindert oder vermieden werden können. Zudem können für bestimmte Arbeitsgruppen medizinische Untersuchungen obligatorisch erklärt werden, deren Kosten von der Arbeitgeberin übernommen werden, sofern nicht die Krankenkasse oder ein anderer Versicherer des Arbeitnehmers dafür aufkommt (Art. 17*c* ArG). Wird er aus gesundheitlichen Gründen zur Nachtarbeit untauglich erklärt, ist er nach Möglichkeit zu einer ähnlichen Tagesarbeit zu versetzen, zu der er tauglich ist (Art. 17*d* ArG).

Die Arbeitgeberin, die regelmässig Arbeitnehmer in der Nacht    952
beschäftigt, ist verpflichtet, *Massnahmen zum Schutz der Arbeitnehmer* vorzusehen, v.a. im Hinblick auf die Sicherheit des Arbeitsweges, die Organisation des Transportes, die Ruhegelegenheiten und Verpflegungsmöglichkeiten sowie die Kinderbetreuung (Art. 17*e* ArG).

Die nachfolgende Grafik stellt den Tages-, Abend- und Nachtzeitraum dar.

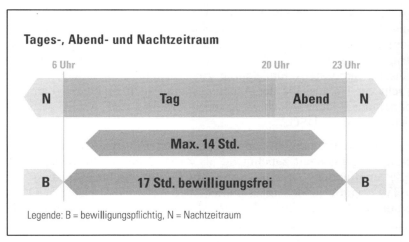

*Abbildung 22:   Tages-, Abend- und Nachtzeitraum*

### cc) Sonn- und Feiertage

Es gilt die *5½-Tage-Woche*, denn neben dem Sonntag ist zusätz-    953
lich ein freier Halbtag zu gewähren, wenn die Arbeit auf mehr als fünf Tage verteilt wird (Art. 21 ArG). Grundsätzlich ist *Sonntagsarbeit* (von Samstag 23 Uhr bis Sonntag 23 Uhr) untersagt (Art. 18 Abs. 1

ArG). Unter besonderen Voraussetzungen kann die vorübergehende oder dauernde Sonntagsarbeit erlaubt werden (Art. 19 ArG),[1270] wobei aber gleichzeitig die Arbeitgeberin zur Gewährung von Ersatzruhetagen in der vorhergehenden oder nachfolgenden Woche (Art. 20 ArG) und einem Lohnzuschlag von mindestens 50 % verpflichtet wird (Art. 19 Abs. 3 ArG).

954    Neben dem 1. August, der gesamtschweizerisch als Feiertag gilt (Art. 20a Abs. 1 ArG), können die Kantone höchstens *acht Feiertage* im Jahr den Sonntagen gleichstellen. Die religiös oder historisch motivierten Feiertage gemäss der polizeirechtlichen Ruhetagsgesetzgebung der Kantone gelten nicht als Feiertage im Sinne des ArG. Die an diesen Tagen ausfallende Arbeitszeit kann vor- oder nachgeholt werden. Arbeitnehmer können auch bei kantonal nicht anerkannten Feiertagen von der Arbeit fernbleiben (Art. 20a Abs. 2 ArG), müssen dies aber im Voraus notifizieren und die Fehlzeiten entsprechend nachholen (Art. 11 ArG).

*dd)    Die Pflicht zur Arbeitszeiterfassung*

955    Im Gesetz verankert ist auch die Pflicht zur Arbeitszeiterfassung. Die Arbeitgeberin ist verpflichtet, für den Gesetzes- bzw. Verordnungsvollzug massgebliche Verzeichnisse und Unterlagen und die darin enthaltenen Angaben den Vollzugs- und Aufsichtsbehörden während mindestens fünf Jahren zur Verfügung zu halten.[1271] Eine Pflicht zur Herausgabe der Arbeitszeitunterlagen gegenüber dem Arbeitnehmer besteht jedoch weder nach Art. 46 i.V.m. Art. 73 ArGV 1 noch nach Art. 8 DSG.[1272]

956    Die Bestimmungen zur Arbeitszeiterfassung wurden in der jüngeren Vergangenheit zunehmend als zu starr und nicht mehr zeitgemäss empfunden.[1273] Eine vom SECO angestrebte Revision der ArGV 1 wurde jedoch im Sommer 2013 verworfen. Das SECO hat darauf per 1. Januar 2014 die vereinfachte Dokumentationspflicht für

---

[1270] Vgl. hierzu das Urteil des BGer 2C_44/2013 vom 12. Februar 2014 betr. das «Designer Outlet Landquart». Darin gelangte das BGer zur Auffassung, dass die Voraussetzungen für die Befreiung von der Bewilligungspflicht für Sonntagsarbeit gem. Art. 25 ArGV 2 (Fremdenverkehrsgebiet) nicht erfüllt seien. Landquart werde nicht bereits deshalb zu einem Kur-, Sport-, Ausflugs- oder Erholungsort, weil der Ort einen bedeutenden Verkehrsknotenpunkt im Kanton Graubünden darstellt, welchen Touristen passieren, um zu ihren Zieldestinationen zu gelangen.
[1271] Art. 46 ArG i.V.m. Art. 73 ArGV 1.
[1272] Entscheid des Oger LU vom 12. Januar 2010 = ARV online 2011, Nr. 162.
[1273] HELLER, AJP 2014, 609.

gewisse Arbeitnehmerkategorien eingeführt. Mit der ebenfalls per
1. Januar 2014 geänderten Kontrollpraxis des SECO ist von vier Arbeitnehmerkategorien auszugehen:[1274] Auf die erste Gruppe der «höheren leitenden Angestellten» finden gem. Art. 3 lit. d ArG und Art. 9
ArGV 1 die Arbeits- und Ruhezeitvorschriften keine Anwendung. Als
zweite Kategorie können «Kaderleute mit Weisungsrecht, vollamtli-
che Projektleiter oder andere Mandatsträger mit Ergebnisverantwor-
tung» einer vereinfachten Arbeitszeiterfassung unterstellt werden.
Hierzu können sie mit der Arbeitgeberin eine Vereinbarung abschliessen, wonach sie auf die lückenlose Arbeitszeiterfassung verzichten.
Dann muss lediglich die täglich und wöchentlich geleistete Arbeitszeit
erfasst werden. Die dritte Kategorie bilden die «leitenden Angestellten» ohne vereinfachte Dokumentationspflicht. Schliesslich gilt für die
vierte Kategorie der «übrigen Angestellen» die umfassende Arbeits-
zeiterfassungspflicht.[1275]

Im Februar 2015 wurde nun ein Vorschlag des Bundesrats zur        956a
Ergänzung der ArGV 1 von den Sozialpartnern gutgeheissen. Der
Vorschlag sieht erstens vor, dass bei Arbeitnehmern mit sehr grosser
Arbeitszeitsouveränität und einem jährlichen AHV-pflichtigen Lohn
von über CHF 120'000 (inkl. Boni) auf die Arbeitszeiterfassung verzichtet werden kann. Jedoch muss dieser Verzicht im Rahmen eines
Branchen- oder Unternehmensgesamtarbeitsvertrags erfolgen. Zweitens soll eine vereinfachte Arbeitszeiterfassung (Erfassung der täglichen Arbeitszeit) für Arbeitnehmer mit gewisser Zeitsouveränität
durch eine Vereinbarung mit der Arbeitnehmerschaft festgelegt werden können. Das WBF beabsichtigt, die Anpassung der ArGV 1 noch
im Verlauf des Jahres 2015 in Kraft zu setzen. Damit würde für Unternehmen, Arbeitnehmer und Kontrollbehörden mehr Klarheit geschaffen und die administrative Belastung verringert.[1276]

Für die Erfassung der Arbeitszeit ist die Arbeitgeberin verant-       957
wortlich, wobei sie die Dokumentation auch an den Arbeitnehmer
delegieren kann. Die Verantwortung verbleibt aber auch dann bei der
Arbeitgeberin.[1277] Im Falle der Delegation müssen die Mitarbeiter
ausreichend über die gesetzlichen Bestimmungen zur Dokumentati-

---

[1274] HELLER, AJP 2014, 617.
[1275] Vgl. Weisung des SECO gem. Art. 42 Abs. 1 ArG an die Vollzugsbehörden betreffend
Kontrollen der Arbeitszeiterfassung (Art. 46 ArG und Art. 73 ArGV 1) vom Dezember
2013, gültig per 1. Januar 2014.
[1276] Vgl. zum aktuellen Stand der Verordnungsrevision:
http://www.seco.admin.ch/themen/00385/00390/05372/index.html?lang=de.
[1277] So auch MÜLLER, ArG, Art. 46 ArG, N 2.

onspflicht informiert werden, und es müssen Instrumente geschaffen werden, die eine Durchsetzung der Delegation ermöglichen. Im Gegenzug sollte aber auch die Verletzung der Pflicht zur Erfassung der Arbeitszeit mit Sanktionen belegt werden.[1278]

### ee) *Vertrauensarbeitszeit*

957a Bei der Vertrauensarbeitszeit wird die Zeitsouveränität dem Arbeitnehmer übertragen. Während früher noch regelmässig Arbeitszeitkontrollen mit Stempeluhren durchgeführt wurden, welche es den Parteien erlaubten, die Rahmenbedingungen zu kontrollieren und auch gegenüber den Behörden nachzuweisen, werden diese Kontrollen heutzutage nicht mehr als zeitgemäss empfunden. Einer Ergebnisorientierung des Arbeitsverhältnisses entspricht es eher, wenn die Arbeitgeberin dem Arbeitnehmer vertraut, dass er seine Leistung erbringt, und der Arbeitnehmer ohne weitere Kontrollen seine Zeit selbstständig einteilen und erfassen kann. Die Einhaltung der Arbeitszeit beruht dann auf Vertrauen, deshalb auch der Ausdruck «Vertrauensarbeitszeit». Bei der Vertrauensarbeitszeit geht es somit um die Kontrolle und nicht um den Umfang der Arbeitsleistung.

### c) **Pausen**

958 Das Gesetz regelt nicht nur die Arbeitszeit, sondern auch die Pausen (Art. 15 f. ArG).[1279] Während der Arbeitszeit sind folgende *Pausen* vorzusehen:

– eine Viertelstunde ab einer täglichen Arbeitszeit von mehr als fünfeinhalb Stunden[1280]

– eine halbe Stunde ab einer täglichen Arbeitszeit von mehr als sieben Stunden

– eine Stunde bei mehr als neun Stunden Arbeitszeit

---

[1278] MÜLLER/OECHSLE, AJP 7/2007, 854. Im Urteil des BGer 4C.307/2006 vom 26. März 2007 hält das BGer aber ausdrücklich fest, dass die Verletzung der Pflicht zur Arbeitszeiterfassung nicht zu einer Umkehr der Beweislast führt.

[1279] Vgl. hierzu z.B. MÜLLER, ArG, Art. 15 ArG.

[1280] Dabei gibt es auch Fälle von verkürzten Pausen. Arbeitsbeginn: 6 Uhr, Arbeitsende: 11:40 Uhr, Präsenzzeit: 5 Stunden 40 Minuten. Es kann eine Mindestpause von 10 Minuten gewährt werden, da die effektive Arbeitszeit ohne Pause nicht mehr als 5½ Stunden beträgt.

Die Pausen gelten dann als Arbeitszeit, wenn die Arbeitnehmer 958a
ihren Arbeitsplatz nicht verlassen dürfen (Art. 15 Abs. 2 ArG). Unter
dem Arbeitsplatz wird dabei jeder Ort im Betrieb oder ausserhalb des
Betriebes verstanden, an dem sich der Arbeitnehmer zur Ausführung
der ihm zugewiesenen Arbeit aufzuhalten hat (Art. 18 Abs. 5 ArGV
1). Die in einem Pausenraum verbrachten Pausen gelten auch dann
nicht als Arbeitszeit, wenn der Arbeitnehmer von der Arbeitgeberin
angewiesen wurde, die Pausen an diesem Ort zu verbringen und sich
der Pausenraum auf dem Betriebsgelände befindet.[1281] Massgebliches
Kriterium, ob es sich um zu entschädigende Arbeitszeit oder um Pausen handelt, ist vielmehr, ob der Arbeitnehmer während der Pause für
Arbeiten zur Verfügung stehen muss oder nicht.[1282] So stellt die Pause
am angestammten Arbeitsplatz dann keine Arbeitszeit dar, wenn der
Arbeitnehmer seine Pause freiwillig dort verbringt und er der Arbeitgeberin in dieser Zeit nicht zur Verfügung stehen muss.[1283]

### d) Pikettdienst

Beim Pikettdienst hält sich der Arbeitnehmer neben der norma- 958b
len Arbeit für allfällige Arbeitseinsätze bereit für die Behebung von
Störungen, die Hilfeleistung in Notsituationen, für Kontrollgänge oder
für ähnliche Sonderereignisse (Art. 14 Abs. 1 ArGV 1). Hat der Arbeitnehmer den Pikettdienst im Betrieb zu leisten, so wird ihm die
gesamte zur Verfügung gestellte Zeit als Arbeitszeit angerechnet
(Art. 15 Abs. 1 ArGV 1). Kann der Arbeitnehmer den Pikettdienst
hingegen ausserhalb des Betriebes leisten, so gelten gemäss Art. 15
Abs. 2 ArGV 1 nur tatsächlich stattfindende Einsätze einschliesslich
der erforderlichen Wegzeit als Arbeitszeit. Detailliertere Vorschriften
über den Pikettdienst hat der Gesetzgeber lediglich für bestimmte
Berufszweige erlassen. Es erstaunt deshalb nicht, dass in diesem Zusammenhang einige arbeitsrechtliche Unschärfen bestehen. Regelmässig stellt sich zum einen eben die Frage, was dem Pikettdienst leistenden Arbeitnehmer als Arbeitszeit anzurechnen ist, und zum anderen,
wie der Pikettdienst zu entlöhnen ist. In Bezug auf die Arbeitszeit hat
der Gesetzgeber für Krankenanstalten und Kliniken folgende Rege-

---

[1281] Urteil des BGer 4A_343/2010 vom 6. Oktober 2010.
[1282] Das Bundesverwaltungsgericht hat mit Urteil A-309/2014 vom 7. Juli 2014 entschieden, dass mehrere Arbeitsunterbrüche von fünf bis zehn Minuten, die sich aufgrund der
Eigenheit des Berufes ergeben, nicht eine ununterbrochene Pause von 20 Minuten ersetzen können.
[1283] RUDOLPH, ARV online 2010, Nr. 666.

lung erlassen: Im Rahmen des Pikettdienstes muss die Zeitspanne zwischen dem Einsatzaufruf an den Arbeitnehmer und seinem Eintreffen am Einsatzort (Interventionszeit) grundsätzlich mindestens 30 Minuten betragen (Art. 8a Abs. 1 ArGV 2). Ist die Interventionszeit aus zwingenden Gründen kürzer als 30 Minuten, so haben die Arbeitnehmer Anspruch auf eine Zeitgutschrift von 10 % der inaktiven Pikettdienstzeit. Unter inaktiver Pikettdienstzeit wird die für den Pikettdienst aufgewendete Zeit ausserhalb einer Intervention sowie die Zeit für den Arbeitsweg verstanden. Die für die Intervention effektiv aufgewendete Zeit sowie die Wegzeit zählen als Arbeitszeit und werden zur Zeitgutschrift dazugerechnet (Art. 8a Abs. 2 ArGV 2). Muss der Pikettdienst wegen der kurzen Interventionszeit im Betrieb geleistet werden, so gilt die gesamte zur Verfügung gestellte Zeit als Arbeitszeit (Art. 8a Abs. 3 ArGV 2).[1284]

958c      Nicht im Gesetz geregelt ist die Frage, wie der Pikettdienst zu entlöhnen ist. Soweit nicht gesamtarbeitsvertragliche Vorschriften zur Anwendung gelangen, hängt die Vergütung von Pikettdienst von der Parteivereinbarung ab.[1285] Gemäss Rechtsprechung soll Pikettdienst allerdings generell vergütungspflichtig sein, wenn er zur Folge hat, dass der Arbeitnehmer im Genuss seiner Freizeit beeinträchtigt ist, insbesondere wenn er kurzfristig für einen Einsatz zur Verfügung stehen muss.[1286] Pikettdienst kann jedoch, auch soweit er als Arbeitszeit gilt, durch GAV oder Parteivereinbarung zu einem reduzierten Ansatz entlöhnt oder gar ganz mit dem Monatslohn abgegolten werden.[1287]

### e)  Schichtarbeit

958d      Schichtarbeit liegt vor, wenn zwei oder mehrere Gruppen von Arbeitnehmern nach einem bestimmten Zeitplan gestaffelt und wechselweise am gleichen Arbeitsplatz zum Einsatz gelangen.[1288] Die betroffenen Arbeitnehmer haben grundsätzlich in die Schichtarbeit einzuwilligen. In Abweichung zu Art. 10 Abs. 2 ArG, der eine maximale betriebliche Arbeitszeit von 17 Stunden vorschreibt, kann gemäss

---

[1284] Vgl. für weitergehende Ausführungen zum Thema STENGEL, MANUEL/BRÄNDLI, SANDRA. Pikettdienst unter Art. 8a ArGV 2. In: AJP 2013, 55 ff.
[1285] STREIFF/VON KAENEL/RUDOLPH, Art. 321 OR, N 9.
[1286] Urteil des BGer 4A_523/2010 vom 22. November 2010, E. 5.1 = JAR 2011, 367 ff.
[1287] Urteil des BGer 4A_528/2008 vom 27. Februar 2009, E. 2.3 = JAR 2010, 209 ff.; vgl. auch STREIFF/VON KAENEL/RUDOLPH, Art. 321 OR, N 9 m.w.H.
[1288] Art. 34 Abs. 1 ArGV 1.

Art. 24 ArG unter gewissen Voraussetzungen ein ununterbrochener Betrieb bewilligt werden. Dies setzt voraus, dass die Arbeitnehmer in verschiedenen Schichten arbeiten. Verschiedene Schichten sind aber auch bei einer betrieblichen Arbeitszeit von maximal 17 Stunden pro Tag möglich. Art. 34 ArGV 1 regelt, wie die Schichten grundsätzlich zu organisieren sind und wie lange eine Schicht dauern darf. Bei der Aufstellung von Schichtplänen ist aber regelmässig eine Vielzahl weiterer Vorschriften zu beachten, die sich aus den Bestimmungen über die wöchentlichen Maximalarbeitszeiten, die mindestens zu gewährenden Sonntage, Ruhetage und Kompensationen für Nachtarbeit usw. ergeben.

## 5. Sonderschutzvorschriften

### a) Geltungsbereich und Ausnahmen

Grundsätzlich bestehen Sondervorschriften für Jugendliche,[1289] 959
schwangere Frauen und stillende Mütter. Jedoch sind bestimmte Betriebe und bestimmte Gruppen von Arbeitnehmern von diesen Schutzvorschriften ganz oder teilweise ausgenommen (Art. 27 ArG).

### b) Jugendliche

Jugendliche im Sinne des Arbeitsgesetzes sind Arbeitnehmer bis 960
zum vollendeten 18. Altersjahr.[1290] Für sie gelten besondere Vorschriften bezüglich Arbeits- und Ruhezeiten,[1291] welche in der Verordnung 5 zum Arbeitsgesetz (Jugendarbeitsschutzverordnung, ArGV 5) konkretisiert werden. Die Arbeitgeberin hat den Jugendlichen gegenüber eine gesteigerte Fürsorgepflicht, d.h., sie hat auf ihre Gesundheit gebührend Rücksicht zu nehmen und für die Wahrung der Sittlichkeit zu sorgen (Art. 29 ArG). Arbeiten, die mit besonderen Gefahren verbunden sind, dürfen deshalb von Jugendlichen überhaupt nicht ausgeübt werden (Art. 29 Abs. 3 ArG i.V.m. Art. 4 Abs. 1 ArGV 5). Ebenso ist Nachtarbeit und Sonntagsarbeit für Jugendliche grundsätzlich nicht erlaubt (Art. 31 Abs. 4 ArG). Ausnahmen regeln die Art. 12 f. ArGV 5. Jugendliche vor dem vollendeten 15. Altersjahr dürfen gar nicht

---

[1289] Die Schutzvorschriften des ArG sind auf in Familienbetrieben arbeitende jugendliche Familienangehörige nur anwendbar, wenn ausser diesen daneben noch andere Arbeitnehmer beschäftigt werden (Art. 3 Abs. 2 ArGV 5).

[1290] Art. 29 ArG; diese Regelung gilt seit dem 1. Januar 2008.

[1291] Art. 31 ArG.

beschäftigt werden (Art. 30 Abs. 1 ArG), ausgenommen sind Botengänge und leichte Arbeiten ab 13 Jahren (Art. 30 Abs. 2 lit. a ArG). Diese Arbeit darf ihrer Natur nach jedoch keinen negativen Einfluss auf die Gesundheit, die Sicherheit sowie die physische und psychische Entwicklung des Jugendlichen haben. Zudem darf die Tätigkeit weder den Schulbesuch noch die Schulleistung beeinträchtigen. Die Arbeiten dürfen während der Schulzeit höchstens drei Stunden pro Tag und neun Stunden pro Woche betragen (Art. 11 lit. a ArGV 5).

961     Vor Vollendung des 16. Lebensjahres dürfen Jugendliche nur an Werktagen während höchstens neun Stunden arbeiten (Art. 31 Abs. 1 ArG). Arbeitsbeginn und Arbeitsende müssen innerhalb von zwölf Stunden liegen und Arbeit darf nur zwischen 6 Uhr und 20 Uhr geleistet werden (Art. 31 Abs. 2 ArG, Art. 16 Abs. 1 ArGV 5). Die tägliche Ruhezeit muss mindestens zwölf aufeinanderfolgende Stunden betragen. Solange Jugendliche nicht das 16. Altersjahr vollendet haben, dürfen sie nicht zur Überzeitarbeit eingesetzt werden. Für die Bedienung von Gästen in Hotels, Restaurants und Cafés dürfen Jugendliche unter 16 Jahren nicht beschäftigt werden (Art. 5 Abs. 2 ArGV 5). Eine Ausnahme gilt für die berufliche Ausbildung (Art. 5 Abs. 2 ArGV 5).

962     Nach Vollendung des 16. Altersjahres dürfen Jugendliche nur an Werktagen und während höchstens neun Stunden arbeiten (Art. 31 Abs. 1 ArG). Die Arbeit hat inklusive Pausen innerhalb von zwölf Stunden und zwischen 6 Uhr und 22 Uhr zu erfolgen. Die tägliche Ruhezeit muss mindestens zwölf aufeinanderfolgende Stunden betragen (Art. 31 Abs. 2 ArG, Art. 16 Abs. 1 ArGV 5). Vor Berufsschultagen dürfen Jugendliche nur bis 20 Uhr beschäftigt werden (Art. 16 Abs. 2 ArGV 5). Überzeitarbeit darf grundsätzlich nur an Werktagen und ebenfalls nur bis 22 Uhr angeordnet werden. Während der beruflichen Grundbildung dürfen Jugendliche nur zur Überzeitarbeit herangezogen werden, wenn dies zur Behebung einer Betriebsstörung infolge höherer Gewalt unentbehrlich ist (Art. 17 Abs. 2 ArGV 5). Im Übrigen gilt während der Berufslehre ein Verbot der Überzeitarbeit.

963     Für die Bedienung von Gästen in Betrieben der Unterhaltung (Nachtlokale, Diskotheken, Dancings und Barbetriebe) dürfen Jugendliche gar nicht beschäftigt werden (Art. 5 Abs. 1 ArGV 5).

964     Keine Alterslimite besteht für kulturelle, sportliche oder künstlerische Darbietungen sowie für Werbetätigkeiten (Art. 30 Abs. 2 lit. b ArG i.V.m. Art. 7 ArGV 5). Aber auch hier gilt eine Höchstarbeitszeit von drei Stunden pro Tag und neun Stunden pro Woche.

## c) Arbeitnehmerinnen

Sonderbestimmungen für Frauen betreffend Nacht- und Sonntagsarbeit waren mit Art. 8 Abs. 3 BV nicht vereinbar und wurden deshalb gestrichen. Kritisiert wurde vor allem, dass es sich dabei um eine rein formale Gleichbehandlung handelt, ohne dass für die entsprechende Gleichstellung der Frauen gesorgt würde. Als Kompensation für die Aufhebung des Nachtarbeitsverbotes für Frauen und zur Verhinderung von Lohndumping wurden die Sicherstellung des Lohngleichheitsprinzips und die Realisierung einer Mutterschaftsversicherung verlangt.

965

Von der Gleichstellungsdiskussion nicht betroffen waren einzig Bestimmungen für Schwangere und stillende Mütter (Art. 35 ff. ArG). Acht Wochen vor der Niederkunft besteht für schwangere Frauen demnach ein Beschäftigungsverbot zwischen 20 Uhr und 6 Uhr (Art. 35*c* Abs. 4 ArG). Während dieser Zeit muss ihnen eine Tages-Ersatzarbeit zugewiesen werden bzw. haben sie Anspruch auf 80 % des Lohnes, wenn keine gleichwertige Arbeit angeboten werden kann (Art. 35*b* ArG).

966

## d) Mutterschaftsversicherung im Speziellen

Gemäss dem bis 1. Juli 2005 geltenden Recht hatten erwerbstätige Frauen nach der Niederkunft Anspruch auf Lohnfortzahlung aus Art. 324*a* Abs. 1 und 3 OR. Dieser war in Abhängigkeit der Dauer des Arbeitsverhältnisses zeitlich beschränkt, was dazu führte, dass Arbeitnehmerinnen mit kürzerer Dauer des Dienstverhältnisses im Gegensatz zu jenen mit längerem benachteiligt wurden. Zudem entsprach der so gewährte Schutz häufig nicht der Dauer des im ArG statuierten achtwöchigen Beschäftigungsverbots nach der Geburt.

967

Diese Mängel wurden mittels Revision der Erwerbsersatzordnung (EOG[1292]) korrigiert, indem die Mutterschaftsversicherung in das Gesetz eingebaut wurde. Der Bund ist hiermit seinem verfassungsmässigen Gesetzgebungsauftrag aus Art. 116 Abs. 3 BV[1293] nach Jahrzehnten schliesslich teilweise nachgekommen.[1294] Zusammen mit die-

968

---

[1292] BG vom 25. September 1952 über den Erwerbsersatz für Dienstleistende und bei Mutterschaft (Erwerbsersatzgesetz, EOG, SR 834.1).

[1293] Bundesverfassung der Schweizerischen Eidgenossenschaft vom 18. April 1999 (BV, SR 101).

[1294] BV-Komm MADER/HÜRZELER, Art. 116 BV, N 22.

ser Revision traten auch der neue Abs. 3 des Art. 324*a* OR und Art. 329*f* OR in Kraft. Gemäss revidiertem EOG hat jede (un-)selbstständig erwerbstätige Mutter während 14 Wochen (98 Tagen) seit dem ersten Tag nach der Niederkunft Anspruch auf eine Mutterschaftsentschädigung.[1295] Gemäss Art. 16*b* EOG wird vorausgesetzt, dass die Arbeitnehmerin:

a) während der neun Monate unmittelbar vor der Niederkunft im Sinne des AHVG[1296] obligatorisch versichert war[1297, 1298]

b) in dieser Zeit mindestens fünf Monate lang eine Erwerbstätigkeit ausgeübt hat und[1299]

c) im Zeitpunkt der Niederkunft:
   1. Arbeitnehmerin im Sinne von Art. 10 ATSG[1300] ist
   2. Selbstständigerwerbende im Sinne von Art. 12 ATSG ist oder
   3. im Betrieb des Ehemannes mitarbeitet und einen Barlohn bezieht[1301]

969　　Die Mutterschaftsentschädigung ist als Taggeld[1302] ausgestaltet und entspricht 80 % des durchschnittlichen Erwerbseinkommens, welches vor Beginn des Entschädigungsanspruchs erzielt wurde, höchstens aber CHF 196 pro Tag.[1303] Darauf sind paritätisch von der

---

[1295] Art. 16*c* f. EOG.

[1296] BG vom 20. Dezember 1946 über die Alters- und Hinterlassenenversicherung (AHVG, SR 831.10).

[1297] Obligatorisch versichert sind gemäss Art. 1*a* Abs. 1 AHVG natürliche Personen mit Wohnsitz in der Schweiz (lit. a), natürliche Personen, welche in der Schweiz eine Erwerbstätigkeit ausüben (lit. c), sowie Schweizer Bürger, die im Ausland tätig sind und eine der Voraussetzungen aus Art. 1*a* Abs. 1 lit. c. Ziff. 1–3 erfüllen.

[1298] Art. 26 EOV. Die Versicherungsdauer wird entsprechend herabgesetzt, wenn die Niederkunft vor Ablauf des 9. Schwangerschaftsmonats erfolgt (Art. 16*b* Abs. 2 i.V.m. Art. 27 EOV).

[1299] Art. 28 EOV.

[1300] BG vom 6. Oktober 2000 über den Allgemeinen Teil des Sozialversicherungsrechts (ATSG, SR 830.1).

[1301] Art. 16*b* Abs. 1 EOG. Falls eine Mutter zum Zeitpunkt der Geburt arbeitslos ist oder infolge der Arbeitslosigkeit die Mindesterwerbsdauer nicht erfüllt, hat sie gemäss Art. 29 EOV Anspruch auf eine Entschädigung, sofern sie bis zur Geburt ein Taggeld der ALV bezog oder am Tag nach der Geburt die für den Bezug eines Taggeldes nach dem Arbeitslosenversicherungsgesetz vom 25. Juni 1982 erforderliche Beitragsdauer erfüllt.

[1302] Das Taggeld wird monatlich nachschüssig ausgerichtet (Art. 35 Abs. 2 Satz 1 EOV).

[1303] Art. 16*f* EOG.

Leistungsberechtigten und vom Ausgleichsfonds der Erwerbsersatz-ordnung Sozialversicherungsbeiträge zu bezahlen.[1304]

Zeitgleich wurde aus dem Art. 324a Abs. 3 OR die Lohnfortzah- 970
lungspflicht der Arbeitgeberin für die nachgeburtliche Zeit aufgeho-ben und in Art. 329f OR der Arbeitnehmerin ein Anspruch auf Mutter-schaftsurlaub von *mindestens* 14 Wochen eingeräumt. Die Mutter-schaftsversicherung ersetzt also gewissermassen die Lohnfortzah-lungspflicht der Arbeitgeberin für die Zeit nach der Niederkunft, nicht aber jene während der Schwangerschaft.[1305] Ebenso besteht für Ar-beitnehmerinnen, welche eben genannte Voraussetzungen nicht erfül-len und deshalb keinen Anspruch auf Mutterschaftsentschädigung haben, weiterhin eine Lohnfortzahlungspflicht der Arbeitgeberin – jedoch gestützt auf Art. 324a Abs. 1 OR.[1306]

Das ArG setzt in Art. 35a Abs. 3 zwingend fest, dass Arbeit- 971
nehmerinnen für acht Wochen nach der Niederkunft überhaupt nicht und bis zur 16. Woche nur mit ihrem Einverständnis beschäftigt wer-den können. Da das OR einen Mutterschaftsurlaub von *mindestens* 14 Wochen vorsieht, steht das ArG nicht im Widerspruch zum OR. Es stellt sich jedoch die Frage, wer für die beiden Wochen Lohnausfall aufzukommen hat, da das Arbeitsgesetz keine Lohnfortzahlungspflicht begründet und die Erwerbsersatzordnung explizit maximal 98 Tage, d.h. nur 14 Wochen, versichert. Daher kann lediglich eine Lohnfort-zahlungspflicht der Arbeitgeberin aufgrund von Art. 324a OR beste-hen, was eine nachgewiesene Arbeitsverhinderung voraussetzt, oder eine vertragliche (EAV, GAV, NAV) Vereinbarung infrage kom-men.[1307]

Demnach besteht gemäss Art. 324a Abs. 3 OR während der 972
Schwangerschaft eine Lohnfortzahlungspflicht der Arbeitgeberin, die Niederkunft selbst wird als nachgewiesene Arbeitsverhinderung aner-kannt, womit ebenfalls eine Lohnfortzahlungspflicht der Arbeitgebe-rin aus Art. 324a Abs. 1 OR besteht. Nach der Niederkunft wird unter der Bedingung, dass die erforderlichen Voraussetzungen erfüllt sind, für 14 Wochen eine Mutterschaftsentschädigung durch die EO ent-

---

[1304] Art. 19a EOG. Für die Fälle, in denen die Arbeitgeberin die Entschädigung auszahlt, vergütet ihr die Ausgleichskasse zusammen mit der Entschädigung die darauf entfal-lenden Arbeitgeberbeiträge für die AHV/IV, EO und ALV oder schreibt ihr diese Bei-träge gut (Art. 37 EOV).
[1305] Art. 324a Abs. 3 OR.
[1306] PORTMANN/STÖCKLI, Rz. 525.
[1307] STREIFF/VON KAENEL/RUDOLPH, Art. 324a/b OR, N 16.

richtet. Für die beiden Wochen bis zur 16. Woche, welche gemäss Art. 35a Abs. 3 ArG nicht bezogen werden müssen, aber können, erfolgt keine Entschädigung, es sei denn, es liegt ein Grund, d.h. eine nachgewiesene Arbeitsverhinderung i.S.v. Art. 324a Abs. 1 OR, vor.

972a    Bei Wiederaufnahme der Arbeit nach der Niederkunft stellt sich die Frage, ob der Mutter während der Arbeitszeit bezahlte Stillzeiten von der Arbeitgeberin zu gewähren sind. Gemäss Art. 60 Abs. 2 ArGV 1[1308] sind für das Stillen oder für das Abpumpen von Milch stillenden Müttern im ersten Lebensjahr des Kindes folgende Zeiten anzurechnen: bei einer täglichen Arbeitszeit von bis zu vier Stunden mindestens 30 Minuten; bei einer täglichen Arbeitszeit von vier bis sieben Stunden mindestens 60 Minuten; darüber hinaus mindestens 90 Minuten. Zu beachten ist, dass es sich dabei um Mindestzeiten handelt. Das Arbeitsgesetz und die dazu gehörenden Verordnungen enthalten lediglich Mindestvorschriften, von denen die Arbeitgeberin ohne Weiteres zugunsten der Arbeitnehmerinnen abweichen darf. Überdies verwendet der Verordnungsgeber in Art. 60 Abs. 2 lit. a–c ArGV 1 im Zusammenhang mit der als bezahlte Arbeitszeit zu gewährenden Zeit für das Stillen oder das Abpumpen von Milch die Formulierung «mindestens». Demnach ist auch eine länger dauernde Stillzeit als bezahlte Arbeitszeit anzurechnen, wenn das Kind länger braucht, um gestillt zu werden. Das Kind soll keinem Trinkstress ausgesetzt sein. Wird im Betrieb gestillt, so hat die Arbeitgeberin zudem einen geeigneten Ort zur Verfügung zu stellen (Art. 34 ArGV 3).

---

[1308] In Kraft seit 1. Juni 2014, AS 2014, 999.

# C. Durchsetzung

## 1. Zivilrechtliche Durchsetzung

Wie bereits erwähnt, können die Ansprüche aus dem öffent- 973
lichen Recht am Zivilgericht eingeklagt werden (Art. 342 Abs. 3 OR).
Hat eine Arbeitgeberin sich gegenüber den Behörden verpflichtet, die
Bedingungen eines GAV einzuhalten, begründet das einen entsprechenden Anspruch des Arbeitnehmers.[1309]

> **Beispiel:** Ein Arbeitnehmer kann den auf öffentlichem Recht basieren-
> den Lohnzuschlag für Nacht- und Sonntagsarbeit zivilrechtlich einkla-
> gen.

Sind die durch öffentliches Recht vorgeschriebenen Schutzvor- 974
kehren nicht erfüllt oder ordnet die Arbeitgeberin nicht rechtmässige
Überzeit an, so kann der Arbeitnehmer die *Arbeitsleistung verweigern*,
ohne in Verzug zu geraten. Zudem kann die schuldhafte Verletzung
von Arbeitsschutzvorschriften eine *Schadenersatzpflicht* auslösen.

Verletzt ein Arbeitsvertrag die Schranken des öffentlichen 975
Rechts und ergibt sich dies aus dem Zweck des öffentlich-rechtlichen
Verbotes oder Gebotes, ist er gemäss Art. 19 Abs. 2 und Art. 20 OR
nichtig.

## 2. Öffentlich-rechtliche Durchsetzung

Die öffentlich-rechtliche Durchsetzung erfolgt im Gegensatz 976
zum Privatrecht *von Amtes wegen* durch behördliche Überwachung
und Verwaltungszwang sowie Verwaltungsstrafen. Zuständig dazu
sind die Kantone mit ihren Arbeitsinspektoraten unter Oberaufsicht
des Bundes (Art. 41 und 42 ArG). Auf Bundesebene bestehen dazu
die folgenden Gremien:

– die *Abteilung Arbeitsbedingungen der Direktion für Arbeit* des
  SECO mit zwei eidg. Arbeitsinspektoraten;

– die vom Bundesrat eingesetzte eidg. Arbeitskommission, die paritätisch aus Vertretern der Kantone, wissenschaftlichen Sachverständigen und Vertretern weiterer Organisationen zusammenge-
  setzt ist und v.a. Gutachterfunktionen erfüllt.

---

[1309] STREIFF/VON KAENEL/RUDOLPH, Art. 342 OR, N 7.

977        Werden die Vorschriften des Gesetzes oder einer Verfügung nicht befolgt, so wird zuerst eine *Korrektur* gefordert. Widrigenfalls erlässt die kantonale Behörde eine *Verfügung* mit Hinweis auf die in Art. 292 StGB angedrohte Strafe bei Ungehorsam. Wird die Verfügung nicht beachtet, kann die kantonale Behörde die zur Herbeiführung des rechtmässigen Zustandes *erforderlichen Massnahmen* treffen (Art. 50 ff. ArG). Den beteiligten Arbeitgeberinnen und Arbeitnehmern sowie deren Verbänden und sonstigen unmittelbar interessierten Personen steht dagegen der Verwaltungsrechtsweg offen (Art. 55 ff. ArG). Zusätzlich wird die Durchführung des ArG durch *Strafbestimmungen* gesichert (Art. 59 ff. ArG).

# D. Freier Personenverkehr mit der EU und flankierende Massnahmen

## 1. Bilaterale Abkommen mit der EU

### a) Überblick

Nachdem das Stimmvolk das EWR-Abkommen im Jahre 1992 abgelehnt hatte, nahm der Bundesrat bilaterale Verhandlungen mit der EU auf. Ein erstes Vertragspaket, die Bilateralen I, trat am 1. Juni 2002 in Kraft. Es beinhaltet Abkommen in den sieben Bereichen Personenfreizügigkeit, Luft- und Landverkehr, Landwirtschaft, Forschung, öffentliches Beschaffungswesen und technische Handelshemmnisse. Am 25. Juni 2004 wurden die Bilateralen II mit neun weiteren Abkommen paraphiert. Parallel wurde die Erweiterung des Abkommens über den freien Personenverkehr auf die zehn neuen Mitglieder der EU vereinbart.[1310] Mittlerweile wurde das Freizügigkeitsabkommen vom Stimmvolk am 8. Februar 2009 auf zwei weitere EU-Mitgliedstaaten[1311] ausgedehnt. Gleichzeitig wurde auch entschieden, das Personenfreizügigkeitsabkommen überhaupt weiterzuführen. **978**

Seit dem 1. Mai 2011 gilt für die Staaten der EU-8 (Polen, Ungarn, Tschechien, Slowenien, Slowakei, Estland, Litauen, Lettland) die volle Personenfreizügigkeit ohne arbeitsmarktrechtliche Beschränkungen. **978a**

### b) Freier Personenverkehr

Beim freien Personenverkehr handelt es sich um ein innenpolitisch umstrittenes Abkommen, welches deshalb nur schrittweise und begleitet von flankierenden Massnahmen eingeführt wird. Der Inländervorrang wurde zwei Jahre nach Inkrafttreten des Abkommens, also ab Juni 2004 gegenseitig aufgehoben. Gleichzeitig wurde die in der Schweiz zuvor praktizierte Kontrolle der Lohn- und Arbeitsbedingungen durch die flankierenden Massnahmen gegen Lohndumping ersetzt. Die volle Anwendung des Acquis Communautaire im Bereich des freien Personenverkehrs erfolgte nach einer Übergangsfrist von fünf Jahren ab Inkrafttreten. Dann galten für Unionsbürger in der **979**

---

[1310] Tschechien, Estland, Republik Zypern, Lettland, Litauen, Ungarn, Malta, Polen, Slowenien und Slowakei, seit Mai 2004.
[1311] Rumänien und Bulgarien.

Schweiz und für Schweizer Bürger in der Union grundsätzlich dieselben Aufenthalts- und Arbeitsbedingungen wie für Inländer. Bei einer übermässigen Zuwanderung von EU-Arbeitskräften (mehr als 10 % des Durchschnitts der vorangegangenen drei Jahre) hatte die Schweiz noch bis zum 31. Mai 2014 die Möglichkeit wieder Kontingente einzuführen (spezielle Schutzklausel). Die Kontingente, Inländervorrang und Kontrolle der Lohn- und Arbeitsbedingungen gegenüber Rumänien und Bulgarien bleiben bis zum 31. Mai 2016 bestehen, die Schutzklausel sogar bis zum 31. Mai 2019.

979a
Am 1. Juli 2013 trat Kroatien der Europäischen Union bei. Eine Erweiterung des Freizügigkeitsabkommens auf Kroatien war nach Annahme der Volksinitiative «gegen Masseneinwanderung» indes nicht möglich.[1312] Kroatischen Staatsangehörigen werden seit dem 1. Juli 2014 auf dem Verordnungsweg separate Kontingente im Rahmen der Zulassung von Drittstaatsangehörigen zum Schweizer Arbeitsmarkt gewährt (vgl. Art. 91a VZAE[1313]). Bis eine umfassende Lösung zwischen der Schweiz und der EU betreffend die Umsetzung der Masseneinwanderungsinitiative gefunden worden ist, können sich kroatische Staatsangehörige nicht auf das Freizügigkeitsabkommen berufen.

979b
Der nachfolgenden Übersicht ist eine Auflistung der 27 EU-Staaten zu entnehmen, für die die Personenfreizügigkeit gilt.

---

[1312] Vgl. zur Volksinitiative «gegen Masseneinwanderung» und Entwicklung des freien Personenverkehrs mit der EU Rz. 990a ff.
[1313] SR 142.201.

| Die Personenfreizügigkeit gilt für 27 EU-Staaten |
|---|

- *Belgien*
- *Bulgarien*
- *Dänemark*
- *Deutschland*
- *Estland*
- *Finnland*
- *Frankreich*
- *Griechenland*
- *Irland*
- *Italien*
- *Lettland*
- *Litauen*
- *Luxemburg*
- *Malta*

- *Niederlande*
- *Österreich*
- *Polen*
- *Portugal*
- *Rumänien*
- *Schweden*
- *Slowakei*
- *Slowenien*
- *Spanien*
- *Tschechien*
- *Ungarn*
- *Vereinigtes Königreich*
- *Zypern*

*Abbildung 23:  Personenfreizügigkeit der EU-Staaten*

### c)    Bewilligungen gemäss Personenfreizügigkeit im Überblick

Es können die folgenden Bewilligungen unterschieden werden:[1314]    979c

– *Aufenthaltsbewilligung (B-EU/EFTA):* Die Aufenthaltsbewilligung ist fünf Jahre gültig. Sie wird nach Vorlage eines Arbeitsvertrages mit einer Dauer von mindestens einem Jahr oder unbefristet erteilt.

– *Kurzaufenthaltsbewilligung (L-EU/EFTA):* Wird auf Vorlage eines Arbeitsvertrages mit einer Dauer von drei Monaten bis einem Jahr erteilt. Arbeitsverhältnisse unter drei Monaten im Kalenderjahr bedürfen für EU-25-Angehörige keiner Bewilligung, sondern sind über das sog. Meldeverfahren zu regeln. Die Gültigkeit der Bewil-

---

[1314] Vgl. Dokumentation unter:
https://www.bfm.admin.ch/bfm/de/home/themen/aufenthalt/eu_efta.html
sowie:
https://www.bfm.admin.ch/bfm/de/home/themen/fza_schweiz-eu-efta/eu-efta_buerger_schweiz/factsheets.html.

ligung entspricht der Dauer des Arbeitsvertrages. Es besteht die Möglichkeit der Erneuerung und Verlängerung der Bewilligung, ohne dabei das Land verlassen zu müssen. Es besteht ein Recht auf geografische und berufliche Mobilität.

– *Grenzgängerbewilligung (G-EU/EFTA):* Die Bewilligung ist auf die Dauer des Arbeitsvertrages beschränkt, wenn der Arbeitsvertrag eine Gültigkeit von drei bis zwölf Monaten hat. Auf Vorlage eines Arbeitsvertrages mit einer Dauer von zwölf Monaten oder mehr (oder unbefristet) ist die Grenzgängerbewilligung fünf Jahre gültig. Die Grenzgänger müssen nur noch einmal pro Woche an ihren ausländischen Wohnort zurückkehren.[1315]

– *Niederlassungsbewilligung (C-EU/EFTA):* Bürger der EU-17-Staaten (ausser Malta und Zypern) und der EFTA erhalten aufgrund von Niederlassungsverträgen oder aus Gegenrechtsüberlegungen nach einem ordnungsgemässen und ununterbrochenen Aufenthalt von fünf Jahren die Niederlassungsbewilligung. Für Malta, Zypern, die EU-8-Staaten, Rumänien und Bulgarien bestehen keine derartigen Vereinbarungen. Das Aufenthaltsrecht ist unbeschränkt und darf nicht an Bedingungen geknüpft werden.[1316] Bei EU/EFTA-Angehörigen richtet sich die Erteilung der Niederlassungsbewilligung nach den Bestimmungen des schweizerischen Ausländergesetzes und der Niederlassungsvereinbarungen. Das Freizügigkeitsabkommen mit der EU enthält keine Bestimmungen über die Niederlassungsbewilligung.

#### d) Acquis communautaire

979d    Acquis communautaire (frz. wörtlich: gemeinschaftlich Erreichtes) wird in der Europäischen Union der gemeinschaftliche Besitzstand genannt, so die offizielle deutsche Bezeichnung. Der Acquis communautaire muss von einem Staat, welcher der EU beitritt, in seinem kompletten Umfang übernommen werden. Auf dem Gebiet der Personenfreizügigkeit gilt zwischen der Schweiz und der EU die volle

---

[1315] Für die Qualifikation als Grenzgänger wurde früher auf die Distanz zur Grenze abgestellt (15 km); nach der heutigen Rechtslage ist jedoch nicht mehr die räumliche Distanz relevant, sondern vielmehr, ob die Person mind. einmal wöchentlich an ihren Hauptwohnsitz zurückkehrt. BRÄNDLI/STENGEL, 340; für Angehörige der EU-25 und EFTA-Staaten gelten keine Grenzzonen mehr. Sie können überall in der EU/EFTA wohnen und überall in der Schweiz arbeiten, solange sie wöchentlich an den ausländischen Wohnort zurückkehren.

[1316] Zulässig ist es jedoch, dass eine periodische Kontrolle (z.B. alle 5 Jahre) erfolgt, ob die Voraussetzungen noch erfüllt sind.

Anwendbarkeit des Acquis communautaire. Anwendbar ist er auf Primärrecht (Verträge der Europäischen Union), Sekundärrecht (Verordnungen, Richtlinien und Entscheidungen der Organe der EU) und Entscheidungen des Europäischen Gerichtshofes.

## 2. Flankierende Massnahmen

Das Ziel der flankierenden Massnahmen ist es, ein Sozial- und/oder Lohndumping in der Schweiz zulasten der Arbeitnehmer zu verhindern.[1317] Zu diesem Zweck wurde ein eigenes Gesetz, das Gesetz über die in die Schweiz entsandten Arbeitnehmer geschaffen und es wurden verschiedene Änderungen im IPRG, Obligationenrecht und im Bundesgesetz über die Allgemeinverbindlicherklärung von Gesamtarbeitsverträgen durchgeführt. Diese flankierenden Massnahmen sind seit Juni 2004 in Kraft. Ihre Gültigkeit ist an jene des Personenfreizügigkeitsabkommens mit der EU geknüpft. Anlässlich der Erweiterung der Personenfreizügigkeit auf die neuen EU-Mitglieder wurde von gewerkschaftlicher Seite eine Verschärfung der Massnahmen verlangt. Im Bundesbeschluss vom 17. Dezember 2004 wurden deshalb verschiedene Anpassungen vorgenommen. Im Zuge der Ausdehnung des Freizügigkeitsabkommens auf Rumänien und Bulgarien erfolgten weitere Optimierungen der flankierenden Massnahmen. Die letzte umfassende Anpassung der Gesetzgebung zu den flankierenden Massnahmen erfolgte im Jahr 2012 und hatte zum Zweck, verschiedene Lücken zu schliessen.[1318] Insbesondere sollte die Scheinselbstständigkeit ausländischer Dienstleistungserbringer und die damit verbundene Umgehung der minimalen Lohn- und Arbeitsbedingungen gemäss Entsendegesetz bekämpft werden. Ferner wurden Sanktionsmöglichkeiten bei Verstössen gegen allgemeinverbindlich erklärte Gesamtarbeitsverträge sowie für (ausländische und schweizerische) Arbeitgeberinnen geschaffen, die gegen zwingende Mindestlöhne in Normalarbeitsverträgen verstossen. Ausländische Arbeitgeberinnen haben für in die Schweiz entsandte Dienstleistungserbringer der zu-

980

---

[1317] Vgl. dazu die Ausführungen in der Botschaft zur Genehmigung der sektoriellen Abkommen Schweiz – EG vom 23. Juni 1999, 199 ff.

[1318] BBl 2012 5945.

ständigen kantonalen Behörde den Lohn anzugeben.[1319] Die Bestimmungen traten am 1. Januar, 1. Mai und 15. Juli 2013 in Kraft.

980a    Mit Blick auf die am 9. Februar 2014 angenommene Initiative «gegen Masseneinwanderung» ist auf Art. 15 Abs. 2 EntsG hinzuweisen.[1320] Danach würde das Entsendegesetz bei einer allfälligen Kündigung des Freizügigkeitsabkommens durch die Schweiz oder die EU automatisch ausser Kraft treten. Fraglich erscheint vor diesem Hintergrund im Weiteren, ob die gestützt auf das EntsG erlassenen Bestimmungen nicht auch automatisch ausser Kraft treten müssten. Nach hier vertretener Ansicht müsste dies zumindest für die im Anhang des Entsendegesetzes enthaltenen Bestimmungen der Fall sein.[1321]

### a)    Entsendegesetz[1322]

981    Das Entsendegesetz (EntsG) regelt die minimalen Arbeits- und Lohnbedingungen für die von ausländischen Arbeitgeberinnen in die Schweiz entsendeten Arbeitnehmer (Art. 1 Abs. 1 EntsG). Die Entsendung von Arbeitnehmern kann auf drei Arten erfolgen:[1323]

–    Die Arbeitgeberin entsendet einen Teil ihrer Arbeitnehmer in ein anderes Land, damit diese dort eine Arbeitsleistung erbringen (vgl. Art. 1 Abs. 1 lit. a EntsG).

–    Die Arbeitgeberin entsendet die Arbeitnehmer in eine ausländische Niederlassung oder einen Betrieb, der zur Unternehmensgruppe der Arbeitgeberin gehört (vgl. Art. 1 Abs. 1 lit. b EntsG).

–    Es werden Arbeitnehmer als Leiharbeiter grenzüberschreitend eingesetzt. Der grenzüberschreitende Personalverleih ist jedoch nicht

---

[1319] Für eine umfassende Darstellung der Anpassungen sei auf die Botschaft zum BG über die Anpassung der flankierenden Massnahmen zur Personenfreizügigkeit vom 2. März 2012 verwiesen (BBl 2012 3397).

[1320] Vgl. zum Ganzen Rz. 990a ff.

[1321] Vgl. AS 2003 1370.

[1322] BG vom 8. Oktober 1999 über die flankierenden Massnahmen bei entsandten Arbeitnehmerinnen und Arbeitnehmern und über die Kontrolle der in Normalarbeitsverträgen vorgesehenen Mindestlöhne (SR 823.20); der Gesetzestitel wurde mit Inkrafttreten der Revisionsbestimmungen vom 1. Januar 2013 angepasst.

[1323] Botschaft zur Genehmigung der sektoriellen Abkommen zwischen der Schweiz und der EG vom 23. Juni 1999, 266 f.

Gegenstand der bilateralen Verträge;[1324] dieser ist nach schweizerischem Recht grundsätzlich verboten.[1325]

Unter anderem regelt das Entsendegesetz auch die Kontrolle und Sanktionierung von Arbeitgeberinnen, die Arbeitnehmer in der Schweiz anstellen und gegen Bestimmungen über den Mindestlohn verstossen, die in einem Normalarbeitsvertrag i.S.v. Art. 360a OR vorgeschrieben sind (Art. 1 Abs. 2 EntsG; in Kraft seit 1. Januar 2013). Mithin gilt das Entsendegesetz seit 2013 nicht mehr nur für entsandte Arbeitnehmer, sondern auch für inländische Arbeitgeberinnen, die Arbeitnehmer in der Schweiz beschäftigen.[1326] Der nachfolgende Überblick beschränkt sich auf Bestimmungen, die für entsandte Arbeitnehmer gelten. 981a

Die entsandten Arbeitnehmer bleiben auch während ihres ausländischen Aufenthalts dem Arbeitsvertrag unterstellt, den sie mit ihrer Arbeitgeberin abgeschlossen haben. Für sie gelten also weiterhin die Bestimmungen des Wohnsitzstaates über Entlöhnung und Sozialversicherung. In der EU sind die damit verbundenen Probleme bereits bekannt und in einer Entsenderichtlinie geregelt,[1327] welche im entsprechenden Schweizer Gesetz berücksichtigt wurde. 982

Um ein Lohn- und/oder Sozialdumping zulasten der Arbeitnehmer in der Schweiz zu verhindern, erklärt das Gesetz mehrere in der Schweiz geltende Normen auch für Arbeitnehmer anwendbar, die nur vorübergehend in die Schweiz entsandt worden sind. Voraussetzung dafür, dass diese Bestimmungen auch für die entsandten Arbeitnehmer anwendbar sind, ist ihre Allgemeinverbindlichkeit, d.h. ihr zwingender Charakter (Bundesgesetze, Verordnungen, allgemeinverbindlich erklärte Gesamtarbeitsverträge und Normalarbeitsverträge i.S.v. Art. 360a OR; vgl. Art. 2 Abs. 1 EntsG). Der Begriff des Arbeitnehmers bestimmt sich dabei nach schweizerischem Recht, unabhängig von der Herkunft der Person (Art. 1 Abs. 3 EntsG). Folgende Bereiche sind betroffen (Art. 2 EntsG): 983

---

[1324] Botschaft zur Genehmigung der sektoriellen Abkommen zwischen der Schweiz und der EG vom 23. Juni 1999, 188.

[1325] Vgl. Rz. 178.

[1326] BBl 2012 3397, 3420 f.

[1327] Richtlinie 96/71/EG des Europäischen Parlaments und des Rates über die Entsendung von Arbeitnehmern im Rahmen der Erbringung von Dienstleistungen vom 16. Dezember 1996 (Entsenderichtlinie).

- Arbeits- und Ruhezeit
- Mindestdauer der Ferien
- Entlöhnung
- Arbeitssicherheit und Gesundheitsschutz am Arbeitsplatz
- Schutz der schwangeren Frauen und Wöchnerinnen, der Kinder und Jugendlichen
- Nichtdiskriminierung, namentlich Gleichbehandlung von Männern und Frauen

984    Arbeiten von geringem Umfang und erstmalige Montage- oder Einbauarbeiten, soweit diese weniger als acht Tage dauern, fallen nicht unter die zwingenden Bestimmungen über Arbeits- und Lohnbedingungen (Art. 4 EntsG). Für das Bauhaupt- und Baunebengewerbe ist gemäss Art. 1 Abs. 2 EntsG eine zivilrechtliche Haftbarkeit der Erstunternehmerin für die Nichteinhaltung der Netto-Mindestlöhne und Arbeitsbedingungen durch die Subunternehmerinnen vorgesehen. Dabei haftet die Erstunternehmerin für sämtliche ihr nachfolgende Subunternehmerinnen in der Auftragskette solidarisch und subsidiär, Exkulpation ist möglich (Art. 5 EntsG). Vor Beginn des Einsatzes hat die Arbeitgeberin die zuständige Behörde über Ort, Art der Tätigkeit sowie Identität und Lohn der in die Schweiz entsandten Arbeitnehmer zu informieren (Art. 6 EntsG). Die Einhaltung der Anforderungen gemäss Entsendegesetz wird, wie in Art. 7 f. EntsG festgehalten, kontrolliert.

985    Verletzungen des Entsendegesetzes können mit Verwaltungssanktionen bis zu CHF 5'000, Dienstleistungssperren sowie Bussen bis zu CHF 40'000 geahndet werden (Art. 9 und 12 EntsG).[1328] Verletzt eine Arbeitgeberin die vorgeschriebenen Mindestbedingungen systematisch, wiederholt und in gewinnsüchtiger Absicht, kann sie mit einer Busse von bis zu CHF 1 Mio. bestraft werden (Art. 12 Abs. 3 EntsG). Den Gewerkschaften steht ein selbstständiges Klagerecht auf Feststellung zu (Art. 11 EntsG).

---

[1328] Eine Sanktionierung des Arbeitnehmers gem. Art. 9 Abs. 2 lit. a EntsG wegen Verstosses gegen die Dokumentationspflicht nach Art. 1a Abs. 2 EntsG soll dann unterbleiben können, wenn sich herausstellt, dass sich die kontrollierte Person auf Geheiss der Arbeitgeberin als (schein-)selbstständig auszugeben hatte. Das Abhängigkeitsverhältnis des Arbeitnehmers steht in einem solchen Fall einer Sanktionierung entgegen (BBl 2012 3397, 3424).

## b)  Anpassungen im IPRG

Seit der Einführung des freien Personenverkehrs werden Arbeit-   986
nehmer mit Wohnsitz und gewöhnlichem Arbeitsort im Ausland von
ihren Arbeitgeberinnen, die ebenfalls nur im Ausland einen Wohnsitz
begründet haben, für begrenzte Zeit in der Schweiz beschäftigt. Das
IPRG wurde deshalb insofern ergänzt, als dass der in die Schweiz
entsandte Arbeitnehmer Ansprüche, die sich aus der Entsendung ableiten, an einem *schweizerischen Gerichtsstand* geltend machen kann
(Art. 115 Abs. 3 IPRG). Dieser Gerichtsstand ist im Lugano-Übereinkommen zwar nicht eigens vorgesehen. Dessen Anerkennung durch
die Vertragsstaaten ergibt sich aber aus Art. 67 i.V.m. Prot. Nr. 3
Ziff. 3 LugÜ.[1329]

## c)  Anpassungen im AVEG

Nach geltendem Recht ist die Allgemeinverbindlicherklärung   987
eines GAV von drei Quoren abhängig (Art. 2 Ziff. 3 AVEG):

– Mindestens die Hälfte aller Arbeitgeberinnen müssen am infrage
   stehenden GAV beteiligt sein.

– Mehr als die Hälfte aller Arbeitnehmer müssen dem GAV unterstehen.

– Die am GAV beteiligten Arbeitgeberinnen müssen grundsätzlich
   mehr als die Hälfte aller Arbeitnehmer der entsprechenden Branche
   beschäftigen.

Sollten in einer Branche oder einem Beruf die orts-, berufs- und   988
branchenüblichen Löhne und Arbeitszeitbedingungen wiederholt und
in missbräuchlicher Weise unterboten werden, so kann eine tripartite
Kommission die Allgemeinverbindlicherklärung der Bestimmungen
über die Entlöhnung, die Arbeits- und Ruhezeit sowie die Einsetzung
einer paritätischen Kommission beantragen (Art. 1*a* Abs. 1 AVEG).
Diesfalls beschränkt sich das Quorum darauf, dass die beteiligten Arbeitgeberinnen mindestens 50 % aller Arbeitnehmer beschäftigen
(Art. 2 Ziff. 3[bis] AVEG). Wird in der Folge der Geltungsbereich des
GAV auf nicht beteiligte Arbeitgeberinnen ausgedehnt, so können
diese für die Überwachung die Einsetzung eines von den Vertragsparteien unabhängigen Kontrollorgans verlangen (Art. 6 AVEG).

---

[1329] Erläuternder Begleitbericht zum Vernehmlassungsverfahren vom 30. Mai 2008 zum
Bundesbeschluss über die Genehmigung und die Umsetzung des revidierten LugÜ, 17.

#### d) Anpassungen im OR

989 Das Mittel der Allgemeinverbindlicherklärung ist in Berufen und Branchen unwirksam, in denen keine GAV bestehen. Die mit Einführung der flankierenden Massnahmen erfolgte Revision des OR sieht in diesem Falle die Möglichkeit vor, auf Antrag der tripartiten Kommission einen NAV zu erlassen (Art. 360a ff. OR). In diesen können erstmals verbindliche Mindestlöhne festgelegt werden, von denen im Gegensatz zum alten Recht zuungunsten des Arbeitnehmers nicht abgewichen werden darf. Auf Gesuch hin können die tripartiten Kommissionen beim Bundesamt für Statistik die für ihre Abklärungen notwendigen Personendaten beziehen, die in Firmen-GAV enthalten sind (Art. 360b Abs. 6 OR). Ferner ist die Arbeitgeberin verpflichtet, den Arbeitnehmer über die Eckpunkte des Arbeitsvertrags schriftlich zu informieren (Art. 330b OR).

#### e) Anpassungen im AVG

990 Art. 20 AVG sieht die Unterstellung der Leiharbeit unter allgemeinverbindlich erklärte GAV sowie Beitragspflichten der Verleiherin an Weiterbildungs- und Vollzugskosten vor. Die Verleiherin hat in Bereichen mit allgemeinverbindlichem Gesamtarbeitsvertrag dem zuständigen paritätischen Organ alle erforderlichen Unterlagen zur Kontrolle der Einhaltung der ortsüblichen Arbeitsbedingungen vorzulegen. Wo ein solcher GAV fehlt, gilt die Auskunftspflicht gegenüber der zuständigen kantonalen tripartiten Kommission (Art. 17 Abs. 3 AVG).

### 3. Entwicklung und Zukunft des freien Personenverkehrs

990a Mit dem Ziel, die aus Sicht der Initianten als zu hoch erachtete Zuwanderung von Ausländerinnen und Ausländern in die Schweiz zu reduzieren und damit verbundene Probleme wie mangelnden Wohnraum oder zunehmenden Lohndruck einzudämmen, wurde die Volksinitiative «gegen Masseneinwanderung» lanciert.[1330] Am 9. Februar 2014 nahmen Volk und Stände (mit einem Volksmehr von 50,3 % und einem Ständemehr von 17 von 26 Kantonen) die Initiative an.[1331] Da-

---

[1330] Vgl. BBl 2013 291, 310.
[1331] BBl 2014 4117.

mit fanden die Art. 121*a* und 197 Ziff. 11 Eingang in die Bundesverfassung.

Inhaltlich sieht Art. 121*a* BV eine Begrenzung der Bewilligungen für den Aufenthalt von Ausländerinnen und Ausländern in der Schweiz durch jährliche Höchstzahlen und Kontingente vor, wobei die Höchstzahlen für sämtliche Bewilligungen des Ausländerrechts unter Einbezug des Asylwesens gelten sollen. Des Weiteren soll der Anspruch auf dauerhaften Aufenthalt, auf Familiennachzug und auf Sozialleistungen beschränkt werden können. Bezüglich erwerbstätiger Ausländerinnen und Ausländer sollen die jährlichen Höchstzahlen und Kontingente auf die gesamtschweizerischen Interessen ausgerichtet werden, unter Berücksichtigung eines Vorranges für Schweizerinnen und Schweizer; Grenzgängerinnen und Grenzgänger sind einzubeziehen. Für die Erteilung von Aufenthaltsbewilligungen massgebende Kriterien sind insbesondere das Gesuch einer Arbeitgeberin, die Integrationsfähigkeit und eine ausreichende eigenständige Existenzgrundlage (Art. 121*a* Abs. 2 und 3 BV). Einzelheiten sind gesetzlich zu regeln (Abs. 5). Völkerrechtliche Verträge, die Art. 121*a* BV widersprechen, dürfen nicht abgeschlossen werden (Abs. 4), während bereits bestehende, der neuen Verfassungsbestimmung widersprechende völkerrechtliche Verträge innerhalb von drei Jahren nach Annahme der Initiative neu zu verhandeln und anzupassen sind (Art. 197 Ziff. 11 Abs. 1 BV). Der Bundesrat ist verpflichtet, auf dem Verordnungsweg Ausführungsbestimmungen zu erlassen, sofern die Ausführungsgesetzgebung zu Art. 121*a* BV nicht innerhalb dreier Jahre seit Annahme der Initiative in Kraft getreten ist (Art. 197 Ziff. 11 Abs. 2 BV).

990b

Art. 121*a* BV tangiert eine Vielzahl von der Schweiz eingegangener völkerrechtlicher Verpflichtungen. Gemäss bundesrätlicher Botschaft soll eine Umsetzung der neuen Verfassungsbestimmung möglich sein, welche die Einhaltung der meisten dieser Verpflichtungen erlaubt – bezüglich des Freizügigkeitsabkommens mit der EU bestehe diese Möglichkeit jedoch nicht.[1332] Sowohl nach Ansicht des

990c

---

[1332] BBl 2013 291, 334 f.; siehe auch den erläuternden Bericht vom 11. Februar 2015 zum Entwurf zur Änderung des Ausländergesetzes (Umsetzung von Art. 121*a* BV): Anpassungsbedürftig, da nicht mit der neuen Verfassungsbestimmung vereinbar, seien im Weiteren das Übereinkommen zur Errichtung der Europäischen Freihandelsassoziation (EFTA) – Konsolidierte Fassung des Vaduzer Abkommens vom 21. Juni 2001 (EFTA-Übereinkommen Anhang K; SR 0.632.31) sowie der Rahmenvertrag vom 3. Dezember 2008 zwischen der Schweizerischen Eidgenossenschaft und dem Fürstentum Liechtenstein über die Zusammenarbeit im Bereich des Visumverfahrens, der Einreise und des Aufenthalts sowie über die polizeiliche Zusammenarbeit im Grenzraum (SR 0.360.514.2).

Bundesrats als auch der wohl überwiegenden Lehrauffassung verstösst Art. 121*a* BV gegen das Freizügigkeitsabkommen. Insbesondere werden die Einführung von Höchstzahlen, der vorgesehene Inländervorrang sowie die Beschränkung des Verbleiberechts, des Familiennachzugs und von Sozialleistungen als nicht mit dem Freizügigkeitsabkommen verträglich erachtet.[1333]

990d   In Ausübung seines verfassungsrechtlich statuierten Gesetzgebungsauftrages schickte der Bundesrat am 11. Februar 2015 einen Entwurf zur Änderung des Bundesgesetzes über die Ausländerinnen und Ausländer (Steuerung der Zuwanderung) zusammen mit einem erläuternden Bericht in die Vernehmlassung. Im Wesentlichen sieht der Bundesrat darin jährliche Höchstzahlen und Kontingente für Ausländerinnen und Ausländer vor, wobei bei Stellenbesetzungen inländischen Arbeitskräften Vorrang gewährt werden soll (dabei ist eine Einzelfallprüfung vorzunehmen, sofern es sich nicht um Berufe mit Fachkräftemangel handelt). Entgegen Art. 121*a* Abs. 3 BV soll der Inländervorrang auch für Ausländer mit dauerhaftem Aufenthalt in der Schweiz gelten. Den Höchstzahlen sollen Kurzaufenthaltsbewilligungen für mehr als vier Monate zur Ausübung einer Erwerbstätigkeit, Aufenthaltsbewilligungen, Niederlassungsbewilligungen sowie Grenzgängerbewilligungen für mehr als vier Monate unterstellt sein. Den Höchstzahlen unterliegen ferner Familienangehörige, Nichterwerbstätige, Flüchtlinge und vorläufig aufgenommene Personen. Vorgesehen ist, dass der Bundesrat die Höchstzahlen und Kontingente festlegt. Zugunsten des gesamtwirtschaftlichen Interesses wird auf vorgängig definierte starre Reduktionsziele verzichtet. Vielmehr will sich der Bundesrat auf Bedarfserhebungen der Kantone und Empfehlungen einer vom Bundesrat eingesetzten Zuwanderungskommission stützen, die sich aus Vertretern der Migrations- und Arbeitsmarktbehörden des Bundes und der Kantone zusammensetzen soll. Zeitgleich beabsichtigt der Bundesrat, eine Reihe von begleitenden Massnahmen einzuführen, um das inländische Arbeitskräftepotenzial besser zu nutzen und die Nachfrage nach ausländischen Arbeitskräften zu dämpfen.[1334]

---

[1333] BBl 2013 291, 335 f.; HESELHAUS/HÄNNI, SZIER 2013, 19 ff.; TOBLER, Jusletter 16. Februar 2015; a.A. EPINEY, Jusletter 2. Juni 2014, die Vorschläge für eine mit dem Freizügigkeitsabkommen vereinbare Umsetzung erörtert.

[1334] Vgl. zum Ganzen den Entwurf vom 11. Februar 2015 zur Änderung des Bundesgesetzes über die Ausländerinnen und Ausländer (Steuerung der Zuwanderung) sowie den erläuternden Bericht vom 11. Februar 2015 zum Entwurf zur Änderung des Ausländergesetzes (Umsetzung von Art. 121*a* BV), http://www.admin.ch/ch/d/gg/pc/pendent.

Die Zulassung und Aufenthaltsregelung der Angehörigen von 990e
EU- (und EFTA-) Staaten richtet sich weiterhin direkt nach dem Freizügigkeitsabkommen; das Ausländergesetz kommt nur subsidiär zur
Anwendung (immer dann, wenn das Freizügigkeitsabkommen keine
Regelungen enthält oder die Regelungen des Ausländergesetzes günstiger sind). Das bundesrätliche Umsetzungskonzept bedingt folglich
eine Anpassung des Freizügigkeitsabkommens mit der Europäischen
Union. Letzteres ist bis zum 9. Februar 2017 neu zu verhandeln und
anzupassen (Art. 197 Ziff. 11 Abs. 1 BV). Der Bundesrat verabschiedete daher zeitgleich mit dem Gesetzesentwurf ein Verhandlungsman-
dat zur Neuverhandlung des Freizügigkeitsabkommens und gleichzeitiger Sicherung des bilateralen Wegs.[1335] Sollte eine Anpassung des
Freizügigkeitsabkommens innert der gesetzten Frist nicht möglich
sein, untersagt Art. 197 Ziff. 11 Abs. 1 BV die Anwendung des Freizügigkeitsabkommens.[1336] Eine eventuell folgende Kündigung durch
die Schweiz oder die Europäische Union hätte aufgrund der in Art. 25
Abs. 4 FZA statuierten «Guillotineklausel» das automatische Ausser-
krafttreten des Vertragspakets Bilaterale I zur Folge. Mithin bleibt
bezüglich der Zukunft des freien Personenverkehrs der Verlauf der
Verhandlungen mit der Europäischen Union abzuwarten. Zu beachten
ist allerdings, dass das Personenfreizügigkeitsabkommen nicht nur mit
der EU, sondern auch mit ihren Mitgliedstaaten abgeschlossen worden
ist. Eine Änderung müsste folglich auch mit allen Mitgliedstaaten
einschliesslich Kroatien vereinbart werden. Das scheint aber zeitlich
bis Februar 2017 kaum möglich, sodass eine neue Abstimmung über
Art. 121*a* BV nötig sein wird. Dies bezweckt eine im Herbst 2014
gestartete Volksinitiative, welche voraussichtlich im Herbst 2015 zustande kommen wird.

---

html (Eidg. Justiz- und Polizeidepartement; bis 28. Mai 2015 unter laufende Vernehmlassungen auffindbar, danach unter abgeschlossene Vernehmlassungen).
[1335] Erläuternder Bericht vom 11. Februar 2015 zum Entwurf zur Änderung des Ausländergesetzes (Umsetzung von Art. 121*a* BV), 15.
[1336] BBl 2013 291, 312; a.A.UEBERSAX, Jusletter 14. April 2014, Rz. 73 ff.

# § 5   Sozialversicherung im Arbeitsrecht

## A.   Einleitung

### 1.   Sozialversicherung und Arbeitsrecht

991      Arbeitsrecht und Sozialversicherung verfolgen beide den gleichen Zweck des *Sozialschutzes*. Der Zusammenhang geht aber über diese gemeinsame Zweckrichtung hinaus. Die Sozialversicherung knüpft meist beim Arbeitsverhältnis an und ein wesentlicher Teil der obligatorischen Versicherung hängt vom Bestand desselben ab. Zudem beeinflusst sie das Arbeitsverhältnis, weil sich aus Sozialversicherungsrecht Rechte und Pflichten der Parteien ergeben.

992      Die Sozialversicherung bezweckt typischerweise den Schutz vor den Folgen von Arbeitsunfähigkeit bzw. Arbeitslosigkeit. Während von einer selbstständig erwerbstätigen Person vermutet wird, dass ihre wirtschaftliche Existenz nicht ausschliesslich von ihrer Arbeitskraft, sondern auch von ihrem Vermögen abhängt, beruht beim Arbeitnehmer dessen ganze wirtschaftliche Existenz auf seiner Arbeitskraft.[1337]

### 2.   Begriff der Sozialversicherung

#### a)   Übersicht

993      Einen einheitlichen, allgemein anerkannten Begriff der Sozialversicherung gibt es nicht, sondern er findet sich nur in konkreten Rechtsfragen. Wenn eine bestimmte Fragestellung einmal der Sozialversicherung zugeordnet werden kann, muss dies in einem andern Zusammenhang nicht unbedingt gleich beurteilt werden.[1338]

993a      Für das Sozialversicherungsrecht ist die Unterscheidung zwischen selbstständiger und unselbstständiger Arbeit zwingend. Die Unterscheidung deckt sich aber nicht zwingend mit jener im Privat-

---

[1337] Es gibt aber auch Arbeitnehmer, denen die Produktionsmittel (Vermögen) selber gehören. Man denke beispielsweise an Alleinaktionäre, die sich von ihrer AG anstellen lassen. Es gibt auch Selbstständigerwerbende, die nicht über Produktionsmittel verfügen und deren wirtschaftliche Existenz ganz von ihrer Arbeitskraft abhängt, z.B. die Psychiaterin, die eine eigene Praxis betreibt.

[1338] Eine gute Kurzübersicht über die Sozialversicherung liefert KIESER UELI, Sozialversicherungsrecht in a nutshell, Zürich 2015. Eine vertiefte Auseinandersetzung findet sich in KIESER UELI, Schweizerisches Sozialversicherungsrecht, Zürich 2008.

recht. Die Problematik wird noch zusätzlich verschärft, weil im Steuerrecht die Unterscheidung auch noch autonom beurteilt wird.

Für die Qualifikation können die nachfolgenden Kriterien beachtet werden, wobei nicht alle Kriterien immer gleichzeitig erfüllt sein müssen. Zu beachten ist, dass die Sozialhilfe nicht mit der Sozialversicherung gleichzusetzen ist.
**994**

### b)  Staatsaufgabe

Die Sozialversicherung ist eine *staatliche Aufgabe*.[1339] Die Verfassung überträgt dem Staat, meist dem Bund, die Aufgabe, den Schutz vor einem bestimmten Risiko zu regeln (Art. 111 ff. BV). Das bedeutet indessen nicht, dass als Sozialversicherung nur eine Versicherung bezeichnet werden kann, die der Staat selber betreibt. Die Durchführung kann vielmehr ohne Weiteres an andere Institutionen, also auch an Private übertragen werden.
**995**

### c)  Öffentlich-rechtliche Ausgestaltung

Aus dem Umstand, dass es sich um eine staatliche Aufgabe handelt, ergibt sich regelmässig eine öffentlich-rechtliche Ausgestaltung des Versicherungsverhältnisses.[1340] Dies bedeutet, dass Rechte und Pflichten wenigstens in den Grundzügen durch das öffentliche Recht geregelt werden[1341] und die Träger der Sozialversicherung nicht rechtsgeschäftlich, sondern klassischerweise mit Verfügungen, kraft hoheitlicher Gewalt handeln.[1342]
**996**

In einem wesentlichen Bereich der Schweizer Sozialversicherung, dem BVG, enthält das Gesetz aber über weite Bereiche nur Minimalvorschriften, über die ohne Weiteres hinausgegangen werden kann. Den Vorsorgeeinrichtungen nach BVG kommt auch keine hoheitliche Gewalt zu[1343] und sie handeln nicht mit Verfügungen.[1344] Dennoch entsteht das Versicherungsverhältnis in der Regel nicht
**997**

---

[1339] BRÜHWILER, Personalvorsorge, 568.
[1340] BRÜHWILER, Personalvorsorge, 569 ff.
[1341] MAURER, SVR I, 71.
[1342] SCARTAZZINI/HÜRZELER, 15.
[1343] BRÜHWILER, Personalvorsorge, 569.
[1344] BGE 115 V 379 mit Hinweisen.

durch einen Vertrag, sondern mittelbar oder unmittelbar kraft Gesetz.[1345]

### d) Verwaltungsgerichtsbarkeit

998      Als staatliche Versicherung untersteht die Sozialversicherung nicht der Zivil-, sondern der Verwaltungsgerichtsbarkeit.[1346] In der Regel ist letztinstanzlich die Beschwerde in öffentlich-rechtlichen Angelegenheiten gemäss Art. 82 ff. BGG bei der II. sozialrechtlichen Abteilung des Bundesgerichts in Luzern zulässig.

### e) Versicherte Risiken

999      Die Sozialversicherung zeichnet sich dadurch aus, dass sie bestimmte Risiken erfasst, die als *soziale Risiken* betrachtet werden. Am 28. Juni 1952 wurde von der ILO die Konvention Nr. 102 angenommen, welche die Vertragsstaaten verpflichtet, Mindestnormen für die soziale Sicherheit einzuhalten. Sie enthält einen Katalog von Risiken, der auch in die 1964 vom Europarat vereinbarte – nicht mit der Sozialcharta zu verwechselnde – «Europäische Ordnung der sozialen Sicherheit» übernommen wurde.[1347] Die Konventionen legen indessen nicht fest, mit welchen Mitteln die Mitgliedstaaten ihre Bürger gegen diese Risiken zu schützen haben.[1348]

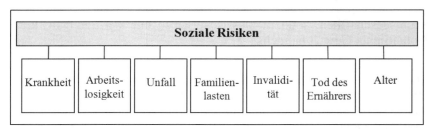

*Abbildung 24: Übersicht der sozialen Risiken*

---

[1345] BRÜHWILER, Personalvorsorge, 583.
[1346] BRÜHWILER, Personalvorsorge, 572 ff.
[1347] Für die Schweiz am 17. September 1978 in Kraft getreten.
[1348] SCARTAZZINI/HÜRZELER, 12.

## f)  Versicherung

Die Sozialversicherung grenzt sich gegenüber anderen Einrich-  1000
tungen der sozialen Sicherheit, namentlich der Sozialfürsorge,
dadurch ab, dass es sich um eine Versicherung handelt. Dies bedeutet,
dass *Beiträge* von den versicherten Personen erhoben werden. Die
Leistungen richten sich entsprechend in mehr oder weniger grossem
Umfang nach den geleisteten Beiträgen.

Die *Militärversicherung* ist trotz des Namens keine klassische  1001
Sozialversicherung, da sie keine Beiträge erhebt. Ihre Leistungen werden direkt aus dem Bundeshaushalt beglichen.

## g)  Finanzierungsweise

Im Bereich der Sozialversicherung wird regelmässig die Finan-  1002
zierungsweise durch das Gesetz vorgeschrieben. Es besteht in grösse-
rem oder kleinerem Ausmass *Solidarität* zwischen den Versicherten.
Aus sozialen, rechtspolitischen Gründen wird mit der Sozialversicherung eine gewisse *Einkommensumverteilung* vorgenommen und einige
Personenkategorien erhalten mehr Leistungen, als ihren Beiträgen
entspräche, während andere höhere als den ihren Leistungen entsprechende Beiträge bezahlen.

> **Beispiel:** In der eidg. AHV/IV werden Minimalrenten ausgerichtet,
> auch wenn die Beitragsleistungen weit unter den entsprechenden Be-
> trägen liegen. Demgegenüber kann jemand noch so viel an Beiträgen
> bezahlen (in der Regel unfreiwillig), er erhält dennoch nur eine Maxi-
> malrente.

In der beruflichen Vorsorge besteht grundsätzlich Solidarität  1003
zwischen ledigen und verheirateten, jüngeren und älteren Arbeitnehmern. Sozialversicherungen werden aber auch häufig teilweise direkt,
d.h. durch Steuern, vom Staatshaushalt finanziert, weil die normalen
Einnahmen der Beiträge zur Deckung der Kosten oftmals nicht ausreichen.

## h)  Obligatorium

Für die Sozialversicherung ist typisch, dass sie *obligatorisch* ist.  1004
Das Gesetz bestimmt, unter welchen Voraussetzungen sich welcher
Personenkreis gegen welche Risiken in welchem Umfang zu versi-
chern hat. Die meisten Sozialversicherungen in der Schweiz kennen

indessen auch einen über das Obligatorium hinausgehenden freiwilligen Bereich.

## 3. Geschichtliches

### a) Deutschland

1005 1878 liess OTTO VON BISMARCK als Gegenpol zur marxistischen Richtung der Sozialdemokratischen Partei mit dem sogenannten *«Sozialistengesetz»* alle Vereine der Sozialisten und ihre Presse verbieten. Um die sozialistische Bewegung zu ersticken, musste er aber gleichzeitig eine gewisse soziale Sicherheit aufbauen, um ihre Argumente zu entkräften.

1006 Bereits vorher, im Jahre 1871, erliess der Reichstag das *Reichshaftpflichtgesetz*, dem auch die Fabriken im Falle von betrieblichen Unfällen der Arbeiter unterstellt waren. Da es aber für die Haftung ein Verschulden des Fabrikherrn voraussetzte, besserte es die Stellung der Arbeiter nicht. 1883 folgte das Gesetz betreffend die *Krankenversicherung*, ein Jahr später das Gesetz betreffend die *Unfallversicherung* und 1889 das Gesetz über die *Invaliditäts- und Altersversicherung*. Die Witwen- und Waisenversicherung trat 1911 mit der *Reichsversicherungsordnung* in Kraft, welche die Sozialversicherungsgesetze in einem Erlass zusammenfasste.

1007 Bei diesen Erlassen handelte es sich um die ersten staatlich organisierten, obligatorischen Versicherungen im Sinne der Neuzeit. Sie beschränkten sich allerdings im Wesentlichen auf die Arbeitnehmerschaft und auf die Solidarität der Arbeiter unter sich. BISMARCK selbst hat sich mehrfach dahin gehend geäussert, dass keinesfalls private Versicherungen für diese Bereiche zugelassen werden dürfen, da die Versicherung der Armen nicht der Spekulation freigegeben werden solle.[1349]

### b) Schweiz

1008 Die Schweiz wurde stark von der deutschen Sozialversicherungsgesetzgebung beeinflusst, was 1890 zur Aufnahme des damaligen Art. 34$^{bis}$ aBV (Art. 117 BV) in die Bundesverfassung führte. Damit wurde dem Bund aber nicht eine umfassende Sozialver-

---

[1349] Vgl. MAURER, SVR I, 88.

sicherungskompetenz übertragen, sondern nur die Gesetzgebung im Bereich der Kranken- und Unfallversicherung.[1350] Mit diesem Zweig wollte man zuerst Erfahrungen sammeln.

### aa) Kranken- und Unfallversicherung

Der Bundesrat beauftragte LUDWIG FORRER mit der Ausarbeitung eines Gesetzes. Sein 400 Artikel umfassender Entwurf sah eine obligatorische Kranken- und Unfallversicherung vor, wurde aber am 20. Mai 1900 in einer Volksabstimmung verworfen. Einzig der Abschnitt über die *Militärversicherung* war im Abstimmungskampf unbestritten geblieben und wurde in einem auf diesen beschränkten Gesetz bereits am 28. Juni 1901 vom Parlament erlassen.

1009

Eine umfassende Kranken- und Unfallversicherung – aufgrund der starken Opposition ohne Obligatorium im Krankheitsbereich – konnte erst wieder am 13. Juli 1911 erlassen werden. Die Unfallversicherung, die das Haftungsrisiko der Arbeitgeberin bei leichter Fahrlässigkeit einschränkte,[1351] wurde damit erstmals für einen Teil der Arbeitnehmer obligatorisch.[1352] 1981 wurde die geltende Regelung grundlegend umgestaltet und in zwei Gesetze zur Kranken- und Unfallversicherung getrennt. Ersteres wurde dann 1994 nochmals völlig neu gestaltet.

1010

### bb) Alters-, Hinterlassenen- und Invalidenversicherung

Eine allgemeine *Alters-, Hinterlassenen- und Invalidenversicherung* stellte lange eine der zentralen Forderungen der Arbeiterschaft dar. Sie war als Punkt 9 im Minimalprogramm enthalten, mit welchem das sogenannte *Oltener Komitee* am 11. November 1918 den *Generalstreik* ausrief.[1353] Mit Botschaft vom 21. Juni 1919 schlug der Bundesrat einen Kompetenzartikel für eine allgemeine Rentenversicherung

1011

---

[1350] Vgl. für die Geschichte der Schweizer Sozialversicherung TSCHUDI, Geschichte, 15 f.

[1351] TSCHUDI, Sozialverfassung, 15.

[1352] Ein generelles Obligatorium kam erst mit der Revision von 1981.

[1353] Die Forderungen waren: 1. Sofortige Neuwahl des Nationalrates auf Grundlage des Proporzes; 2. Aktives und passives Frauenwahlrecht; 3. Einführung der Arbeitspflicht; 4. Einführung der 48-Stunden-Woche in allen öffentlichen und privaten Unternehmungen; 5. Reorganisation der Armee im Sinne eines Volksheeres; 6. Sicherung der Lebensmittelversorgung im Einvernehmen mit den landwirtschaftlichen Produzenten; 7. Alters- und Invalidenversicherung; 8. Staatsmonopole für Import und Export; 9. Tilgung aller Staatsschulden durch die Besitzenden (vgl. EGGER, Die Entstehung der Kommunistischen Partei und des Kommunistischen Jugendverbandes der Schweiz, Diss. Zürich 1952, 132 f.).

vor, der vom Parlament dann noch in Alters- und Hinterbliebenenversicherung und eine später einzuführende Invalidenversicherung getrennt wurde. Als Begründung für diesen Schritt wurden insbesondere technische Schwierigkeiten bei der Invalidenversicherung angeführt.[1354] Dieser Artikel 34^quater BV wurde 1925 sodann von Volk und Ständen angenommen.

1012    Dem Verfassungsauftrag gemäss wurde zuerst die Ausarbeitung einer Alters- und Hinterlassenenversicherung (AHV) in Angriff genommen; eine erste Vorlage, die sogenannte Lex Schulthess, wurde in einer Referendumsabstimmung 1931 aber abgelehnt. Erst nach dem Ende des Zweiten Weltkrieges gelang ein neuer Kompromiss und die AHV-Gesetzgebung trat am 1. Januar 1948 in Kraft. Mit dem IVG wurde 1959 die *Invalidenversicherung* eingeführt, die sich vom System her stark an die AHV anlehnt.[1355]

1013    Inzwischen wurde das AHVG mehrfach revidiert, letztmals am 1. Januar 1997 im Rahmen der 10. AHV-Revision. Eine 11. Revision zur Sicherstellung der Finanzierung und einer Flexibilisierung des Rentenalters unter gleichzeitiger Anhebung auf 65 für Frauen sowie weiterer Massnahmen[1356] wurde am 16. Mai 2004 vom Souverän verworfen. In einem erneuten Anlauf zu einer 11. AHV-Revision wurden zwei Botschaften zur 11. AHV-Revision vom Bundesrat im Dezember 2005 zuhanden des Parlaments verabschiedet. Die erste beinhaltet das einheitliche Rentenalter 65 für Frauen und Männer und die Erweiterung der aktuellen Vorbezugs- und Aufschubsregelungen. Zudem sieht sie durchführungstechnische Verbesserungen vor. Die zweite Botschaft führt eine Vorruhestandsleistung für bestimmte Personenkategorien ein. Beide Revisionsteile zusammen entlasten die AHV im Schnitt der Jahre 2009 bis 2020 um CHF 341 Mio. pro Jahr. Die beiden Vorlagen zielen darauf ab, kurzfristig das finanzielle Gleichgewicht der Versicherung zu wahren. Sie sind als erste Etappe einer schrittweisen umfassenden AHV-Reform zu verstehen, in deren Zentrum die grundlegende 12. AHV-Revision mit dem Ziel der langfristigen finanziellen Sicherung der AHV stehen wird.[1357]

---

[1354] Vgl. Tschudi, Sozialverfassung, 16.
[1355] Tschudi, Sozialverfassung, 17.
[1356] Vgl. Botschaft des Bundesrates über die 11. Revision der Alters- und Hinterlassenenversicherung vom 2. Februar 2000 (BBl 2000 1865 ff.).
[1357] Gemäss Dokumentation unter:
http://www.news.admin.ch/message/index.html?lang=de&msg-id=55276; Stand: November 2014.

### cc) *Berufliche Vorsorge*

Mit den ersten sechs Revisionen des AHVG wurde in rund 20 Jahren die Minimalrente verdreifacht und die Maximalrente verdoppelt,[1358] womit die staatliche Altersvorsorge einen neuen Stellenwert erhielt. Bereits in der Botschaft des Bundesrates vom 16. September 1963 zur 6. AHV-Revision war vom *Drei-Säulen-Prinzip* der Alters-, Hinterbliebenen- und Invalidenvorsorge die Rede.[1359] Die eidgenössische AHV sollte im Rahmen dieses Prinzips nur die Grundversorgung garantieren, die durch berufliche Vorsorge und individuelles Sparen ergänzt würde. Es bestand damals allerdings kein Obligatorium zur Einrichtung einer Pensionskasse durch die Arbeitgeberin, weshalb weite Kreise der Arbeiterschaft über keinerlei berufliche Vorsorge verfügten.

1014

Eine ganze Reihe politischer Vorstösse zielte ab auf eine Änderung:

1015

- Am 25. August 1966 reichte der Christlichnationale Gewerkschaftsbund eine Initiative ein, die auf ein Obligatorium der beruflichen Vorsorge zielte. Nach Annahme der 7. AHV-Revision wurde die Initiative 1968 zurückgezogen.[1360]
- Am 2. Dezember 1969 reichte die Partei der Arbeit eine Volksinitiative für eine «Volkspension» ein. Diese bezweckte einen eigentlichen Systemwechsel durch den Ausbau der AHV, welcher die zweite Säule für weite Bevölkerungskreise überflüssig gemacht hätte.
- Am 18. März 1970 reichte die SP zusammen mit dem Gewerkschaftsbund ebenfalls eine Initiative für eine Volkspension ein. Im Gegensatz zur Initiative der PdA waren hier zwei Versicherungen vorgesehen, die zusammen eine Rente von 60 % des letzten Verdienstes hätten garantieren sollen.
- Schliesslich reichte ebenfalls 1970 ein überparteiliches, bürgerliches Komitee eine Initiative «für eine zeitgemässe Alters-, Invaliden- und Hinterlassenenvorsorge» ein, die von einer existenzsichernden staatlichen Versicherung, zusätzlichen Personalvorsorgemassnahmen und der Selbstvorsorge ausging.

---

[1358] BRÜHWILER, Personalvorsorge, 138.
[1359] TSCHUDI, Sozialverfassung, 17.
[1360] BRÜHWILER, Personalvorsorge, 141.

1016    Der Nationalrat nahm indessen bereits 1968 das Anliegen für ein *Obligatorium der beruflichen Vorsorge* in Form eines Postulates auf und der Bundesrat setzte 1969 eine entsprechende Kommission ein. Die Bemühungen mündeten in der Revision von Art. 34$^{quater}$ aBV (Art. 113 BV), der schliesslich als Gegenvorschlag zur Volkspensionsinitiative der PdA am 3. Dezember 1972 von Volk und Ständen angenommen wurde. Das entsprechende Gesetz wurde allerdings erst 1982 vom Parlament verabschiedet und ist zum grössten Teil erst am 1. Januar 1985 in Kraft getreten. Teilweise wurde es durch das Freizügigkeitsgesetz bereits 1995 geändert. Per 1. April 2004 und 1. Januar 2005 trat schliesslich die erste BVG-Revision in Kraft.[1361]

### dd)   Arbeitslosenversicherung

1017    Die Entstehung der *Arbeitslosenversicherung* geht auf die Initiative von Arbeitnehmerverbänden im ausgehenden 19. Jahrhundert zurück,[1362] die je eigene Kassen für ihre Mitglieder einrichteten. Mehrere Kantone und ab 1925 auch der Bund begannen, diese Institutionen zu subventionieren. Dieses System der privaten, von der öffentlichen Hand unterstützten Verbandskassen nennt sich nach seinem erstmaligen Auftreten in einer belgischen Stadt *«Genter System»*.

1018    Gestützt auf die *Kriegsvollmachten* wurde 1942 eine Regelung der Arbeitslosenfürsorge erlassen und 1947 erhielt schliesslich der Bund die Kompetenz zur Regelung der Arbeitslosenversicherung. Grundsätzlich musste das Genter System beibehalten werden und nur die Kantone, nicht aber der Bund, durften die Versicherung obligatorisch erklären. In der *Rezession der 70er-Jahre* erwies sich diese Regelung als ungenügend und 1976 wurde die BV deshalb um eine für die ganze Schweiz obligatorische Arbeitslosenversicherung ergänzt (Art. 34$^{novies}$ aBV). Das entsprechende Gesetz von 1982 wurde inzwischen mehrfach revidiert.

---

[1361] Vgl. auch Botschaft vom 1. März 2000 zur Revision des Bundesgesetzes über die berufliche Alters-, Hinterlassenen- und Invalidenvorsorge (1. BVG-Revision; BBl 2000 2637).

[1362] BRÜHWILER, Personalvorsorge, Rz. 10.

# B. Überblick über die Sozialversicherungen

## 1. Drei-Säulen-Prinzip der Vorsorge

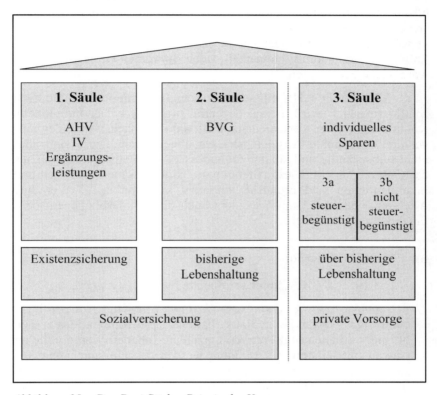

*Abbildung 25: Das Drei-Säulen-Prinzip der Vorsorge*

## 2. Eidgenössische AHV und IV

### a) Organisation und Finanzierung

Die erste Säule versichert die *ganze Wohnbevölkerung* der Schweiz, die in der Schweiz *Erwerbstätigen* und grundsätzlich auch *Schweizer Bürger, die im Ausland tätig sind* (Art. 1a AHVG), also nicht nur Arbeitnehmer, gegen Alter, Tod und Invalidität. Die Finanzierung erfolgt im *Umlageverfahren*, d.h., die Beiträge – Prämien und

1019

415

Staatsbeiträge – werden nicht individuell aufgespart, sondern direkt ausbezahlt. Dadurch müssen die Einnahmen pro Rechnungsperiode gerade der Summe der in dieser Periode fällig werdenden Zahlungen entsprechen,[1363] und die Versicherung kann nur solange Leistungen erbringen, wie weitere Beiträge fliessen, also die *Perennität* der Versicherung gewährleistet ist. Selbstverständlich nimmt die AHV gewisse Rückstellungen im sogenannten Schwankungsfonds vor,[1364] da die Prämien nicht dauernd schwanken sollen. Im reinen Umlageverfahren wäre dies nicht möglich.[1365]

1020      Während die AHV eine einzige Sozialversicherung ist und auch zentral finanziert wird, ist sie dezentral organisiert. Der individuelle Kontakt wird durch verschiedene, kantonal oder nach Verbänden aufgeteilte, sogenannte Ausgleichskassen abgewickelt. Diese sind aber nicht selbstständig und können nicht bessere Leistungen erbringen, als das Gesetz vorsieht. Diese Altersrenten, Hinterlassenenleistungen und Invalidenrenten sind grundsätzlich nicht kumulierbar.[1366] Wer eine Altersrente bezieht, kann also nicht auch eine Hinterbliebenen- oder Invalidenrente beziehen.

### b)     10. AHV-Revision

1021      Die 10. AHV-Revision hat folgende Neuerungen gebracht:

– *Erziehungs- und Betreuungsgutschriften*: Wer Kinder oder pflegebedürftige Verwandte zu Hause betreut, kann während dieser Zeit oft nicht arbeiten und Prämien einzahlen. Inhabern von elterlicher Gewalt mit Kindern bis 16 Jahre werden deshalb sogenannte Erziehungsgutschriften angerechnet (Art. 29$^{\text{sexies}}$ Abs. 1 AHVG). Betreuungsgutschriften hingegen erhalten Versicherte, welche im gemeinsamen Haushalt Verwandte mit einem Anspruch auf Hilflosenentschädigung für mindestens mittlere Hilflosigkeit betreuen (Art. 29$^{\text{septies}}$ Abs. 1 AHVG).

– *Splitting-Modell*: Neu wurde eine grundsätzlich zivilstandsunabhängige Rente eingeführt. Es gibt keine Ehepaarrenten mehr, sondern beide Ehegatten (bzw. eingetragene Partner) beziehen je eige-

---

[1363] MAURER, 65.
[1364] MAURER, 113.
[1365] Nur die Militärversicherung führt das Umlageverfahren in reiner Form durch. Der Bund bezahlt der Versicherung die Auslagen, die sie jedes Jahr hat (vgl. MAURER, SVR I, 359).
[1366] MAURER, 113.

ne Renten, die zusammen aber nicht mehr als 150 % der maximalen Einzelrente betragen dürfen. Die Rentenhöhe wird nach der individuellen Beitragsdauer und dem durchschnittlichen Erwerbseinkommen bemessen, wobei die während der Ehedauer erworbenen Ansprüche (inkl. Erziehungs- und Betreuungsgutschriften) den Eheleuten je zur Hälfte gutgeschrieben werden.[1367] Weil man keine nachteiligen Auswirkungen auf die Altersrente befürchten muss, ermöglicht dies eine freiere Aufgabenteilung in der Ehe.

– *Rücktrittsalter der Frauen*: Das Rücktrittsalter der Frauen wurde vier Jahre nach Inkrafttreten der Revision auf 63 Jahre und nochmals vier Jahre später auf 64 Jahre heraufgesetzt. Dasjenige der Männer bleibt bei 65 Jahren. Ein Vorbezug ist möglich, die Renten werden jedoch pro Vorbezugsjahr um 8,6 % gekürzt.

– *Witwerrente*: Neben Witwen besteht auch für Witwer ein Anspruch auf eine Rente, solange sie ein Kind haben, welches das 18. Altersjahr noch nicht vollendet hat.

## c) 11. AHV-Revision

Die wichtigsten Änderungen der verworfenen 11. AHV-Revision wären gewesen:[1368]     1022

– *Finanzierung*: Die Finanzierung der AHV/IV wäre mit einer schrittweisen Erhöhung der Mehrwertsteuer um total maximal 2,5 Prozentpunkte gesichert worden. Weiter wäre der gesetzlich vorgeschriebene Deckungsgrad des Ausgleichsfonds von 100 auf 70 % gesenkt worden.

– *Rentenalter/Flexibilisierung*: Vorgesehen war das ordentliche AHV-Rentenalter 65 für Mann und Frau, eine Flexibilisierung des Rücktrittsalters zwischen 62 und 65 Jahren und die Möglichkeit eines Teilvorbezugs der halben Rente ab 59 Jahren.

– *Witwen- und Witwerrente*: Die Voraussetzungen für den Bezug einer Hinterlassenenrente sollten vereinheitlicht werden und für Witwen, wie bereits für Witwer, nur noch ein Rentenanspruch bestehen, solange Kinder bis 18 Jahre zu betreuen sind.

– *Rhythmus der Rentenanpassung*: Verlangsamung des Rhythmus der Anpassung der Renten an die Lohn- und Preisentwicklung.

---

[1367] Art. 29^quinquies AHVG.
[1368] Vgl. Botschaft vom 2. Februar 2000 (BBl 1865).

– *Massnahmen im Beitragsbereich*: Beitragssätze für Selbstständigerwerbende und Arbeitnehmer ohne beitragspflichtige Arbeitgeberin sollten steigen, das Höchsteinkommen für Selbstständigerwerbende, ab welchem der volle Beitragsatz angewendet wird, eingefroren und der Freibetrag für erwerbstätige Personen im Rentenalter aufgehoben werden. Die 11. AHV-Revision wurde am 1. Oktober 2010 endgültig verworfen.[1369]

#### d) Neue 11. AHV-Revision

1023 Die zentralen beabsichtigten Änderungen der «neuen» 11. AHV-Revision sind die folgenden:[1370]

– Der Stand des AHV-Ausgleichsfonds soll bei 70 % einer Jahresausgabe der AHV festgesetzt werden. Eine Anpassung der Renten an die wirtschaftliche Entwicklung soll je nach Fondsstand gebremst oder ausgesetzt werden können.

– Das Rentenalter soll für Frauen und Männer einheitlich bei 65 Jahren festgelegt werden.

– Eine Flexibilisierung der Vorbezugs- und Aufschubsregelungen mit versicherungstechnischer Kürzung und Erhöhung wird vorgeschlagen.

– Die Durchführung der Versicherung – insbesondere der Beitragsbezug – soll erleichtert werden.

#### e) Revision zur «Verbesserung der Durchführung der AHV»

1023a Da zahlreiche Verbesserungsmassnahmen der verworfenen 11. AHV-Revision unbestritten waren, verabschiedete der Bundesrat nach deren Scheitern in der Herbstsesseion 2010 rasch die Botschaft zur «Verbesserung der Durchführung der AHV». Das Parlament seinerseits beschloss die Gesetzesrevision bereits in der Sommersession 2011. Die Revision des AHV-Gesetzes zur Verbesserung der Durchführung der AHV und die entsprechenden Verordnungsänderungen wurden auf den 1. Januar 2012 in Kraft gesetzt. Die Kernpunkte dieser neusten AHV-Revision sind die folgenden:

---

[1369] BBl 2010, 3172 ff.
[1370] Vgl. BBl 2005, 1958 ff.

– Versicherte, die in der Schweiz arbeiten, aber nicht für eine in der Schweiz domizilierte Arbeitgeberin tätig sind, waren bisher privilegiert. Sie konnten ihre Beiträge wie Selbstständigerwerbende bezahlen und somit von der sinkenden Beitragsskala profitieren. Neu gelten für sie die gleichen Beitragssätze wie für die anderen Arbeitnehmer.

– Der Höchstbeitrag für Nichterwerbstätige, der seit 1975 CHF 8'400 pro Jahr beträgt, wird neu auf das 50-Fache des Mindestbeitrags limitiert, was zurzeit CHF 19'350 ergibt. Da der Mindestbeitrag in der Vergangenheit regelmässig angepasst wurde, der Maximalbeitrag aber nicht, hatte sich das Verhältnis der beiden Eckwerte verschoben. Den Höchstbeitrag bezahlen müssen Personen, deren Vermögen – unter Einschluss der kapitalisierten Rentenleistungen – bei CHF 8,3 Mio. oder darüber liegt.

– Die Durchführung der AHV wird beispielsweise dadurch erleichtert, dass neu alle Frühpensionierten bei der bisherigen Ausgleichskasse angeschlossen bleiben und nicht mehr zur kantonalen Ausgleichskasse wechseln müssen, wie es heute vorkommen kann.[1371]

Der Bundesrat hat im November 2014 die Botschaft zur Reform der Altersvorsorge an das Parlament überwiesen. Unter dem Titel «Altersvorsorge 2020» soll eine Revision einerseits die mittelfristig erwarteten, demografisch bedingten finanziellen Probleme der AHV lösen und andererseits ihren Vollzug modernisieren. Per 1. Januar 2015 wurden verschiedene Änderungen betreffend Beiträge und Leistungen eingeführt. Neu liegt bspw. die betragsmässige Höchstlimite der Beitragsskala für Selbstständigerwerbende bei CHF 56'400. Weiter sind bei Entlassungen aus betrieblichen Gründen Leistungen der Arbeitgeberin bis zur Höhe des viereinhalbfachen Betrages der maximalen jährlichen Altersrente vom massgebenden Lohn ausgenommen.[1372]
1023b

---

[1371] BBl 2010, 3172 ff.
[1372] Vgl. Merkblatt der Informationsstelle AHV/IV vom November 2014.

## 3. Berufliche Vorsorge

### a) Organisation und Finanzierung

1024      Die zweite Säule versichert nur Erwerbstätige, in erster Linie die Arbeitnehmer (Art. 2 BVG) und in kleinerem Masse auch die Selbstständigerwerbenden (Art. 3 BVG) gegen Alter, Tod und Invalidität.

1025      Die Finanzierung erfolgt ausschliesslich durch *Beiträge von Arbeitnehmer und Arbeitgeberin*. Die Arbeitgeberin hat mindestens 50 % dieser Beiträge zu finanzieren. Die Beiträge werden in Form von Lohnprozenten erhoben und führen zur Ansparung im *Kapitaldeckungs- bzw. Rentendeckungsverfahren*. Als Leistung kann damit nur ausgerichtet werden, was früher eingenommen wurde bzw. als Vermögensertrag noch immer eingenommen wird. Die künftigen Leistungen an eine Gruppe von Personen entsprechen also den von dieser Gruppe geleisteten Beiträgen,[1373] weshalb keine Perennität (Beständigkeit bzw. ewiges Fortbestehen) vorausgesetzt werden muss.

1026      Die Durchführung der beruflichen Vorsorge ist *dezentral organisiert*, die einzelnen Träger sind auch finanziell grundsätzlich autonom (Art. 49 Abs. 1 BVG). Sie sind regelmässig an eine Arbeitgeberin (oder eine Gruppe von Arbeitgeberinnen) gebunden. Ein Stellenwechsel ist deshalb in der Regel mit dem Wechsel der Vorsorgeeinrichtung verbunden.

1027      Die *Leistungen* werden in Altersleistungen (Art. 13 ff. BVG), Hinterlassenenleistungen (Art. 18 ff. BVG), Invalidenleistungen (Art. 23 ff. BVG) und Freizügigkeitsleistungen (Art. 27 ff. BVG) gegliedert. Im Gegensatz zur AHV ist es möglich, dass jemand sowohl eine eigene Altersrente als auch eine Hinterlassenenrente oder als Betagter eine Invalidenrente bezieht.[1374] Sie sind – bis auf die Hinterlassenenrente – grundsätzlich unabhängig vom Zivilstand.

1028      Es werden zwei Arten von Leistungsberechnungen unterschieden:[1375]

---

[1373] MAURER, SVR I, 360 ff.; vgl. auch VISCHER/MÜLLER, 242 ff. zur beruflichen Vorsorge.

[1374] Entsprechend sind die BVG-Hinterlassenenleistungen in den Art. 24 ff. BVV 2 nicht als anrechenbare Einkommen aufgeführt.

[1375] Bei beiden Arten muss ein Rentendeckungsverfahren eingehalten werden. Auch bei der Leistungsprimatskasse muss wenigstens bei Rentenbeginn die Finanzierung der ganzen künftigen Leistungen gesichert sein.

– *Beitragsprimatskassen* berechnen die Leistungen streng nach den einbezahlten Beiträgen. Die kumulierten Beiträge einschliesslich der Zinsen bilden das Altersguthaben gem. Art. 15 BVG. Die Altersrente wird in Prozenten des Altersguthabens (Umwandlungssatz) berechnet, welches der Versicherte bei Erreichen des Rentenalters erworben hat (Art. 14 BVG), und lebenslänglich ausbezahlt.

– *Leistungsprimatskassen* berechnen Leistungen nach einem bestimmten, in den Statuten festgesetzten Ziel. Auch hier kann aber nicht mehr ausbezahlt werden, als früher eingenommen worden ist.

Das BVG und seine Verordnungen stellen im Gegensatz zum AHVG, IVG und UVG nur ein Rahmengesetz dar, welches v.a. Mindestvorschriften enthält (Art. 6 BVG). Die einzelnen Pensionskassen können weit bessere Leistungen anbieten, was sie auch regelmässig tun.    1029

### b)   Freizügigkeitsgesetz

Wie erwähnt, sind die Träger der beruflichen Vorsorge eng an die jeweilige Arbeitgeberin gebunden. Dadurch entstehen Schwierigkeiten bei den Stellenwechseln durch Übertritt von einem Träger zum andern. Das *Freizügigkeitsgesetz* von 1993 regelt deshalb die mit dem Wechsel der Vorsorgeeinrichtung entstehenden Probleme.    1030

Versicherte, welche ihre Vorsorgeeinrichtung vor dem Vorsorgefall verlassen, haben Anspruch auf eine Austrittsleistung (Art. 2 Abs. 1 FZG), um sich beim neuen Träger einzukaufen. Diese wird entweder direkt der neuen Einrichtung übertragen (Art. 3 FZG) oder in gewissen Fällen bar ausbezahlt (Art. 5 FZG). Bei Ehescheidung kann das Gericht bestimmen, dass ein Teil der Austrittsleistung, die ein Ehegatte während der Dauer der Ehe sowie der eingetragene Partner während der Dauer der Partnerschaft erworben hat, an die Vorsorgeeinrichtung des andern übertragen und auf scheidungsrechtliche Ansprüche zur Sicherstellung der Vorsorge angerechnet wird (Art. 22 FZG).    1031

## 4.   Unfallversicherung

Die Unfallversicherung erfasst grundsätzlich nur Erwerbstätige; Arbeitnehmer sind obligatorisch, Selbstständigerwerbende freiwillig    1032 gegen Nichtberufs-, Berufsunfälle und -krankheiten versichert.[1376] Beim *Finanzierungsverfahren* ist nach den einzelnen Leistungsarten zu unterscheiden (Art. 90 UVG):

- kurzfristige Leistungen (Taggelder, Kosten für Heilbehandlungen): *Umlageverfahren*
- langfristige Leistungen (Renten): *Kapitaldeckungsverfahren*
- Teuerungszulagen: aus *Zinsüberschüssen* und im *Umlageverfahren*

1033    Die Finanzierung erfolgt ausschliesslich durch *Prämien*, die als Promille des versicherten Verdienstes berechnet und vom Lohn abgezogen werden. Der Bundesrat setzt den maximalen Verdienst derart fest, dass in der Regel 92 %–96 % der versicherten Arbeitnehmer zum vollen Lohn versichert sind (Art. 15 Abs. 3 UVG). Die unterschiedlichen Risiken werden nicht alle von den Arbeitnehmern getragen:

- Prämien für die obligatorische Versicherung gegen Betriebsunfälle und Berufskrankheiten gehen zulasten der Arbeitgeberin.
- Prämien für die obligatorische Versicherung gegen Nichtbetriebsunfälle gehen zulasten der Arbeitnehmer.
- Prämien für freiwillige Versicherungen gehen zulasten der freiwillig Versicherten.

1034    Bis zur Revision von 1981 hatte die SUVA ein Monopol. Seither ist die Durchführung dezentral organisiert und sind auch private Versicherungen zugelassen (Art. 68 UVG).[1377]

1034a    Die *Leistungen* lassen sich gliedern in:[1378]

- Pflegeleistungen, mit welchen die Unfallversicherung die Pflege in natura erbringt. Es handelt sich nicht nur um eine Rückvergütung der Kosten an den Patienten.
- Kostenvergütungen betreffend die Auslagen wie Reise-, Transport- und Rettungskosten etc.
- Geldleistungen in Form von Taggeldern, Invalidenrenten, Integritäts- und Hilflosenentschädigungen sowie Hinterlassenenrenten.

1035    Die Regelung ist bis auf die Hinterlassenenrente grundsätzlich zivilstandsunabhängig. Die Invalidenrente wird grundsätzlich auch an

---

[1376] MAURER, SVR I, 336 ff.; vgl. zur Unfallversicherung VISCHER/MÜLLER, 47 f.
[1377] MAURER, SVR I, 327 ff.
[1378] MAURER, SVR I, 360 ff.

Betagte ausgerichtet; allerdings findet eine Koordination mit IV und AHV (Art. 20 UVG) und der Einrichtung gemäss BVG statt, um eine Überversicherung zu vermeiden.

Teilzeitarbeitnehmer, welche weniger als acht Stunden pro Woche arbeiten, sind nicht gegen Nichtberufsunfälle versichert (Art. 8 Abs. 2 UVG i.V.m. Art. 13 Abs. 1 UVV). Dabei werden die bei verschiedenen Arbeitgeberinnen gearbeiteten Stunden für die Berechnung des Mindestmasses nicht zusammengerechnet.[1379]

1035a

## 5. Krankenversicherung

Seit der letzten Revision ist die Krankenpflegeversicherung zur Deckung von Krankheit, Unfall und Mutterschaft obligatorisch geworden (Art. 3 KVG),[1380] eine Taggeldversicherung blieb demgegenüber nach wie vor freiwillig. Vom Obligatorium ist jede Person mit Schweizer Wohnsitz betroffen.

1036

In einem Urteil des Bundesgerichtes wurde eine Arbeitgeberin, welche in ihren Anstellungsbedingungen beim Arbeitnehmer objektiv den Eindruck vermittelte, dass die Einzeltaggeldversicherung auch bei Beendigung des Arbeitsverhältnisses 100 % entsprechen werde, dazu verpflichtet, die Differenz von 20 % auch noch nach Beendigung des Arbeitsverhältnisses zu bezahlen.[1381]

1036a

Die Finanzierung erfolgt durch *Prämien* und erhebliche Zuschüsse des Bundes. Sie werden zur Verbilligung der Prämien derjenigen Personen verwendet, welche in bescheidenen wirtschaftlichen Verhältnissen leben. Das Finanzierungssystem ist ein *Umlageverfahren mit Schwankungsfonds,*[1382] das aber mangels Renten keine Perennität voraussetzt.

1037

Die *Durchführung erfolgt dezentral* durch verschiedene, in der Form von Vereinen organisierten[1383] Krankenkassen. Der Übertritt von einer Kasse zur andern kann seit der Revision nicht mehr durch die Prämiengestaltung oder bei den Leistungen erschwert werden. Das Gesetz schreibt nur Mindestleistungen vor (sogenannte Pflichtleistun-

1038

---

[1379] BGE 134 V 412.
[1380] Vgl. BBl 1994 II 326.
[1381] Urteil des BGer 4A_50/2011 vom 4. April 2011.
[1382] MAURER, SVR I, 360.
[1383] Vgl. BBl 1994 II 326.

gen), über die die Kassen weit hinausgehen können. Es handelt sich um ein grundsätzlich zivilstandsunabhängiges System. Indessen kann bei der Prämienberechnung der Zivilstand von Bedeutung sein.

1038a Die Krankenversicherung erbringt die folgenden Leistungen:

- Allgemeine Leistungen bei Krankheit, Mutterschaft, Unfall (soweit dafür keine Unfallversicherung aufkommt), Geburtsgebrechen (soweit nicht durch IV gedeckt) und strafloser Abbruch der Schwangerschaft
  - Transport, Untersuchung, Behandlung, Arzneimittel etc.
- Medizinische Prävention
  - Untersuchung, vorsorgliche Massnahmen
- Besondere Leistungen bei Mutterschaft
  - Untersuchungen, Geburtsvorbereitung, Stillberatung etc.
- Zahnärztliche Behandlung
  - nur wenn schwere Erkrankung oder Unfall zugrunde liegt

1039 Die *Koordination* mit den übrigen Zweigen der Sozialversicherung ist unproblematisch, weil ein anderes Risiko betroffen ist. Die Schwierigkeit liegt indessen in der Abgrenzung zum Risiko Unfall.

## 6. Arbeitslosenversicherung

1040 Die obligatorische Arbeitslosenversicherung erfasst *alle unselbstständig Erwerbstätigen*, wobei auf Begriffe der AHV abgestellt wird. Selbstständigerwerbende haben bis heute noch keine Möglichkeit, sich freiwillig zu versichern, obwohl die BV dies grundsätzlich zulassen würde (Art. 111 f. BV).

1041 Die Arbeitslosenversicherung deckt folgende Risiken:

- *Arbeitslosigkeit* (Art. 7 Abs. 2 lit. a AVIG): Der Begriff der Arbeitslosigkeit ist weder im ATSG noch im AVIG ausdrücklich geregelt.[1384] Als *arbeitslos* gilt gemäss Art. 10 AVIG, wer in keinem Arbeitsverhältnis steht und eine Voll- oder Teilzeitbeschäftigung sucht sowie wer eine Teilzeitbeschäftigung hat und eine Vollzeit- oder eine weitere Teilzeitbeschäftigung sucht. Die *Anspruchsvo-*

---

[1384] RIEMER-KAFKA, Rz. 2.85.

*raussetzungen* für eine Entschädigung finden sich in den Art. 8 ff.
AVIG.

– *Kurzarbeit* (Art. 7 Abs. 2 lit. c AVIG): Arbeitnehmer, deren normale Arbeitszeit verkürzt oder deren Arbeit ganz eingestellt ist, haben unter den Voraussetzungen von Art. 31 AVIG Anspruch auf Kurzarbeitsentschädigung.

– *Schlechtwetterrisiko* (Art. 7 Abs. 2 lit. d AVIG): Arbeitnehmer in Erwerbszweigen, in denen wetterbedingte Arbeitsausfälle üblich sind, haben unter den Voraussetzungen von Art. 42 AVIG Anspruch auf Schlechtwetterentschädigung.

– *Insolvenzrisiko bzw. Zahlungsunfähigkeit der Arbeitgeberin* (Art. 7 Abs. 2 lit. e AVIG): Beitragspflichtige Arbeitnehmer von Arbeitgeberinnen, die in der Schweiz der Zwangsvollstreckung unterliegen oder in der Schweiz Arbeitnehmer beschäftigen, haben im Fall des Konkurses[1385] ihrer Arbeitgeberin Anspruch auf eine Insolvenzentschädigung. Die Insolvenzentschädigung deckt Lohnforderungen für die letzten vier Monate *des Arbeitsverhältnisses* (Art. 52 Abs. 1 AVIG). Nur Arbeitnehmer haben Anspruch auf eine Insolvenzentschädigung aus der Arbeitslosenversicherung. Selbstständigerwerbende können nur über den Umweg einer Betriebsausfallversicherung eine Ersatzdeckung anstreben.[1386] Die Insolvenzentschädigung ist im Übrigen subsidiär zum Konkursprivileg.[1387]

Die Leistungen bestehen in Taggeldern, Beiträgen an Umschulungen und Weiterbildungen sowie anderen Massnahmen zur Beseitigung der Arbeitslosigkeit (Art. 7 AVIG).                1042

Die Einstellung beträgt je nach Verschulden 1 bis 60 Tage. Als           1042a
bestandene Einstelltage zählen nur Tage, an denen sämtliche Anspruchsvoraussetzungen erfüllt sind. Bei wiederholter Einstellung in der Anspruchsberechtigung wird die Einstelldauer höher ausfallen. Gründe, welche zur zeitweisen Einstellung führen, sind:

– durch eigenes Verschulden arbeitslos

– nicht genügend um zumutbare Arbeit bemüht

– Kontrollvorschriften/Weisungen des RAV nicht befolgt

---

[1385] Bzw. wenn der Konkurs nur deswegen nicht eröffnet wird, weil sich infolge offensichtlicher Überschuldung der Arbeitgeberin kein Gläubiger bereit findet, die Kosten vorzuschiessen oder die Arbeitnehmer gegen ihre Arbeitgeberin für Lohnforderungen das Pfändungsbegehren gestellt haben (Art. 51 Abs. 1 lit. b und c AVIG).
[1386] MÜLLER, VR als Arbeitnehmer, 402.
[1387] MÜLLER, VR als Arbeitnehmer, 405.

- zugewiesene oder zumutbare Arbeit nicht angenommen
- arbeitsmarktliche Massnahme ohne entschuldbaren Grund nicht angetreten oder abgebrochen
- Wahrheits- und Meldepflichten verletzt .
- Arbeitslosenentschädigung zu Unrecht erwirkt (Versuch genügt)

1043    Die Finanzierung erfolgt durch *Prämien*, gemessen in Promillen des versicherten Verdienstes, die paritätisch von Arbeitgeberin und Arbeitnehmer bezahlt werden. Der Bund kann in besonderen Zeiten Beiträge leisten. Wie bei der Unfallversicherung ist aber auch hier ein maximal versicherbarer Lohn festgeschrieben. Es wird auf die Regelung im UVG verwiesen (Art. 3 AVIG).

1044    Die Durchführung erfolgt dezentral durch die Arbeitslosenkassen. Es gibt staatliche Kassen – dem Grundsatz nach für jeden Kanton eine – und daneben aber auch Verbandskassen.


## 7.    Erwerbsersatzordnung

### a)    Organisation und Finanzierung

1045    Die Erwerbsersatzordnung (EO) versichert alle *Personen mit Wohnsitz oder Erwerbstätigkeit in der Schweiz* sowie (in besonderen Fällen) Personen, welche für eine schweizerische Arbeitgeberin im Ausland tätig sind. Sie gewährt durch Taggelder eine teilweise Deckung des Erwerbsausfalls aufgrund von *Militär-, Zivil- und Schutzdienst* sowie seit dem 1. Juli 2005 auch bei *Mutterschaft*.

1046    Die Finanzierung erfolgt *paritätisch* durch *Prämien* von Arbeitgeberin und Arbeitnehmer, die zusammen mit den Beiträgen für die AHV und IV erhoben werden und auch von den AHV-Ausgleichskassen verwaltet werden. Im Gegensatz zu AHV/IV leistet die öffentliche Hand jedoch keine eigenen Beiträge.


### b)    Mutterschaftsversicherung

1047    Gemäss dem bis 1. Juli 2005 geltenden Recht hatten erwerbstätige Frauen nach der Niederkunft Anspruch auf Lohnfortzahlung aus Art. 324*a* Abs. 1 und 3 OR. Dieser war in Abhängigkeit der Dauer des Arbeitsverhältnisses zeitlich beschränkt, was dazu führte, dass Arbeitnehmerinnen mit kürzerer Dauer des Dienstverhältnisses im Gegensatz zu jenen mit längerem benachteiligt wurden. Zudem entsprach der so gewährte Schutz häufig nicht der Dauer des im ArG statuierten achtwöchigen Beschäftigungsverbots nach der Geburt.

Diese Mängel wurden mittels Revision der Erwerbsersatzordnung (EOG) korrigiert, indem die Mutterschaftsversicherung in das Gesetz eingebaut wurde. Der Bund ist hiermit seinem verfassungsmässigen Gesetzgebungsauftrag aus Art. 116 Abs. 3 BV[1388] nach Jahrzehnten schliesslich teilweise nachgekommen.[1389] Zusammen mit dieser Revision traten auch der neue Abs. 3 des Art. 324a OR und Art. 329f OR in Kraft. Gemäss revidiertem EOG hat jede erwerbstätige Mutter während 14 Wochen (98 Tagen) seit dem ersten Tag nach der Niederkunft Anspruch auf eine Mutterschaftsentschädigung (Art. 16c f. EOG). Gemäss Art. 16b EOG wird vorausgesetzt, dass die Erwerbstätige:

– während der neun Monate unmittelbar vor der Niederkunft im Sinne des AHVG[1390] obligatorisch versichert war[1391, 1392]
– in dieser Zeit mindestens fünf Monate lang eine Erwerbstätigkeit ausgeübt hat und[1393]
– im Zeitpunkt der Niederkunft:
  1. Arbeitnehmerin im Sinne von Art. 10 ATSG[1394] ist
  2. Selbstständigerwerbende im Sinne von Art. 12 ATSG ist oder
  3. im Betrieb des Ehemannes mitarbeitet und einen Barlohn bezieht[1395]

1048

---

[1388] Bundesverfassung der Schweizerischen Eidgenossenschaft vom 18. April 1999 (BV, SR 101).

[1389] BV-Komm MADER/HÜRZELER, Art. 116 BV, N 22.

[1390] BG vom 20. Dezember 1946 über die Alters- und Hinterlassenenversicherung (AHVG, SR 831.10).

[1391] Obligatorisch versichert sind gemäss Art. 1a Abs. 1 AHVG natürliche Personen mit Wohnsitz in der Schweiz (lit. a), natürliche Personen, welche in der Schweiz eine Erwerbstätigkeit ausüben (lit. c), sowie Schweizer Bürger, die im Ausland tätig sind und eine der Voraussetzungen aus Art. 1a Abs. 1 lit. c Ziff. 1–3 erfüllen.

[1392] Art. 26 EOV. Die Versicherungsdauer wird entsprechend herabgesetzt, wenn die Niederkunft vor Ablauf des 9. Schwangerschaftsmonats erfolgt (Art. 16b Abs. 2 i.V.m. Art. 27 EOV).

[1393] Art. 28 EOV.

[1394] BG vom 6. Oktober 2000 über den Allgemeinen Teil des Sozialversicherungsrechts (ATSG, SR 830.1).

[1395] Falls eine Mutter zum Zeitpunkt der Geburt arbeitslos ist oder infolge der Arbeitslosigkeit die Mindesterwerbsdauer nicht erfüllt, hat sie gemäss Art. 29 EOV Anspruch

1049    Die Mutterschaftsentschädigung ist als Taggeld[1396] ausgestaltet und entspricht 80 % des durchschnittlichen Erwerbseinkommens, welches vor Beginn des Entschädigungsanspruchs erzielt wurde, höchstens aber CHF 196 pro Tag (Art. 16e f. EOG). Darauf sind paritätisch von der Leistungsberechtigten und vom Ausgleichsfonds der Erwerbsersatzordnung Sozialversicherungsbeiträge zu bezahlen (Art. 19a EOG).[1397]

1050    Zeitgleich wurde aus dem Art. 324a Abs. 3 OR die Lohnfortzahlungspflicht der Arbeitgeberin für die nachgeburtliche Zeit aufgehoben und in Art. 329f OR der Arbeitnehmerin ein Anspruch auf Mutterschaftsurlaub von *mindestens* 14 Wochen eingeräumt. Die Mutterschaftsversicherung ersetzt also gewissermassen die Lohnfortzahlungspflicht der Arbeitgeberin für die Zeit nach der Niederkunft, nicht aber jene während der Schwangerschaft.[1398] Ebenso besteht für Arbeitnehmerinnen, welche eben genannte Voraussetzungen nicht erfüllen und deshalb keinen Anspruch auf Mutterschaftsentschädigung haben, weiterhin eine Lohnfortzahlungspflicht der Arbeitgeberin – jedoch gestützt auf Art. 324a Abs. 1 OR.[1399]

1051    Das ArG setzt in Art. 35a Abs. 3 zwingend fest, dass Arbeitnehmerinnen für acht Wochen nach der Niederkunft überhaupt nicht und bis zur 16. Woche nur mit ihrem Einverständnis beschäftigt werden können. Da das OR einen Mutterschaftsurlaub von *mindestens* 14 Wochen vorsieht, steht das ArG nicht im Widerspruch zum OR. Es stellt sich jedoch die Frage, wer für die beiden Wochen Lohnausfall aufzukommen hat, da das Arbeitsgesetz keine Lohnfortzahlungspflicht begründet und die Erwerbsersatzordnung explizit maximal 98 Tage, d.h. nur 14 Wochen, versichert. Daher kann lediglich eine Lohnfortzahlungspflicht der Arbeitgeberin aufgrund von Art. 324a OR bestehen, was eine nachgewiesene Arbeitsverhinderung voraussetzt,

---

auf eine Entschädigung, sofern sie bis zur Geburt ein Taggeld der ALV bezog oder am Tag nach der Geburt die für den Bezug eines Taggeldes nach dem Arbeitslosenversicherungsgesetz vom 25. Juni 1982 erforderliche Beitragsdauer erfüllt.

[1396] Das Taggeld wird monatlich nachschüssig ausgerichtet (Art. 35 Abs. 2 Satz 1 EOV).

[1397] Für die Fälle, in denen die Arbeitgeberin die Entschädigung auszahlt, vergütet ihr die Ausgleichskasse zusammen mit der Entschädigung die darauf entfallenden Arbeitgeberbeiträge für die AHV/IV, EO und ALV oder schreibt ihr diese Beiträge gut (Art. 37 EOV).

[1398] Art. 324a Abs. 3 OR.

[1399] PORTMANN/STÖCKLI, Rz. 525.

oder eine vertragliche (EAV, GAV, NAV) Vereinbarung infrage kommen.[1400]

Demnach besteht gemäss Art. 324a Abs. 3 OR während der Schwangerschaft eine Lohnfortzahlungspflicht der Arbeitgeberin, die Niederkunft selbst wird als nachgewiesene Arbeitsverhinderung anerkannt, womit ebenfalls eine Lohnfortzahlungspflicht der Arbeitgeberin besteht, jedoch aus Art. 324a Abs. 1 OR. Nach der Niederkunft wird unter der Bedingung, dass die erforderlichen Voraussetzungen erfüllt sind, für 14 Wochen eine Mutterschaftsentschädigung durch die EO entrichtet. Für die beiden Wochen bis zur 16. Woche, welche gemäss Art. 35a Abs. 3 ArG nicht bezogen werden müssen (aber können), erfolgt keine Entschädigung. Es sei denn, es liege ein Grund, d.h. eine nachgewiesene Arbeitsverhinderung i.S.v. Art. 324a Abs. 1 OR, vor.

**Beispiel:** Die während der Wirtschaftskrise schwanger gewordene, mit jährlich CHF 2 Mio. entlöhnte Konzerndirektorin hat gemäss Art. 16d EOG Anspruch auf höchstens 14 Wochen Mutterschaftsentschädigung. Während dieser 14 Wochen erhält sie von der EO täglich maximal CHF 196 (Art. 16f EOG i.V.m. Art. 7 Abs. 2 der VO 11 vom 24. September 2010 über Anpassungen an die Lohn- und Preisentwicklung bei der AHV/IV/EO[1401]), obwohl sie – würde sie regulär arbeiten – pro Tag CHF 4444.45 verdienen würde.

1052

---

[1400] STREIFF/VON KAENEL/RUDOLPH, Art. 324a/b OR, N 16.
[1401] AS 2010, 4577.

# C. AHV/IV und berufliche Vorsorge im Speziellen

## 1. Träger

### a) AHV/IV

1053 Die AHV/IV wird in erster Linie von *selbstständigen, öffentlich-rechtlichen Anstalten*, den Ausgleichskassen, durchgeführt.[1402] Neben den beiden eidgenössischen (Art. 62 AHVG)[1403] bestehen kantonale und kommunale Ausgleichskassen und die Verbandsausgleichskassen. Um eine allzu grosse Zersplitterung zu vermeiden, müssen die Ausgleichskassen entweder von der Anzahl versicherter Personen oder vom Beitragsvolumen her eine Mindestgrösse aufweisen.[1404] Sie erlangen Persönlichkeit durch einen hoheitlichen Akt des Bundesamtes für Sozialversicherungen (Art. 56 Abs. 3 AHVG).

1054 Als Verbindungsglied zwischen den einzelnen Ausgleichskassen besteht die *zentrale Ausgleichsstelle* mit Sitz in Genf (Art. 71 AHVG). Sie bildet einen Teil des eidg. Finanzdepartements, rechnet mit den einzelnen Ausgleichskassen über die eingegangenen Beiträge und die ausgerichteten Leistungen ab und bildet insofern die zentrale Buchhaltung der AHV. Auch im Bereich der IV kommen ihr Aufgaben zu, indem sie gewisse Leistungen direkt an die Versicherten ausrichtet und damit die Ausgleichskassen administrativ entlastet (Art. 60 IVG).

1055 Nicht mit der zentralen Ausgleichsstelle zu verwechseln ist der *Ausgleichsfonds der AHV*, welcher eine selbstständige öffentlich-rechtliche Anstalt ist (Art. 107 ff. AHVG). Es handelt sich dabei gleichsam um die Zentralkasse der AHV. Dem Fonds sind die Überschüsse zu überweisen und er bezahlt nötigenfalls Defizite.

### b) BVG

1056 Die Durchführung des BVG liegt in der Hand privater Träger in Form von *registrierten Vorsorgeeinrichtungen*. Diese sind entweder öffentlich-rechtlich organisiert oder haben die Rechtsform einer Genossenschaft oder – überwiegend – einer Stiftung (Art. 48 BVG).

---

[1402] MAURER, SVR II, 52.

[1403] «Eidgenössische Ausgleichskasse» für das Bundespersonal und «Schweizerische Ausgleichskasse» für die freiwillige Versicherung der Auslandschweizer und weitere internationale Aufgaben.

[1404] Art. 53 AHVG: 2'000 Mitglieder oder jährlich CHF 50 Mio. Beiträge (10. AHV-Revision).

Die einzelnen Vorsorgeeinrichtungen geniessen eine grosse Autonomie (Art. 49 BVG). Jede Vorsorgeeinrichtung bildet ein geschlossenes Finanzierungssystem, empfängt Beiträge und richtet Leistungen aus; Ausgleichsmechanismen bestehen grundsätzlich keine.

1057

Neben den einzelnen Vorsorgeeinrichtungen bestehen zwei, von den Spitzenorganisationen der Arbeitgeberinnen und Arbeitnehmer paritätisch zu verwaltende Stiftungen:

1058

Die sogenannte *Auffangeinrichtung* (Art. 60 BVG) übernimmt die Vorsorge für jene obligatorisch Versicherten, die sich aus irgendeinem Grund keiner anderen Einrichtung anschliessen können. Sie erhebt Beiträge wie die anderen Vorsorgeeinrichtungen.

1059

Der *Sicherheitsfonds* (Art. 56 ff. BVG) übernimmt bei Zahlungsunfähigkeit einer Vorsorgeeinrichtung die gesetzlichen Minimalleistungen[1405] und die darüber hinausgehenden reglementarischen Leistungen von zahlungsunfähig gewordenen Vorsorgeeinrichtungen bis zu einem vom Bundesrat festgesetzten Betrag.[1406] Um solches zu vermeiden, richtet er Zuschüsse an Vorsorgeeinrichtungen, die eine besonders ungünstige Altersstruktur aufweisen. Gespeist wird er durch Beiträge der einzelnen Einrichtungen (Art. 59 BVG).

1060

## 2. Aufsicht und Mitwirkungsrechte

Die einzelnen Träger der Sozialversicherung stehen in der Regel unter *staatlicher Aufsicht*. Bei der AHV/IV ergibt sich dies direkt durch den Umstand der zentralen Organisation und die Unterstellung unter das Bundesamt für Sozialversicherungen, welches den Ausgleichskassen auch Weisungen erteilen kann (Art. 72 AHVG). Am 19. März 2010 hat das Parlament die Strukturreform in der beruflichen Vorsorge verabschiedet. Mit dieser Reform wird die Aufsicht in der beruflichen Vorsorge neu organisiert. Die bisher vom Bundesrat bzw. vom Bundesamt für Sozialversicherungen ausgeübte Oberaufsicht wird aus der zentralen Bundesverwaltung ausgegliedert und neu einer unabhängigen Kommission zugewiesen. Diese neue Oberaufsichtskommission nahm ihre operative Tätigkeit am 1. Januar 2012 auf und besteht aus sieben bis neun unabhängigen Sachverständigen. Die bisherige Direktaufsicht des Bundes über Vorsorgeeinrichtungen mit

1061

---

[1405] Art. 56 Abs. 1 lit. b BVG.
[1406] Art. 56 Abs. 1 lit. c BVG.

nationalem und internationalem Charakter wird neu von den Kantonen übernommen. Es ist somit eine Kantonalisierung in der direkten Aufsicht vorgesehen. Zudem sollen mit der Revision die bestehenden Governance-Bestimmungen erweitert und die Beteiligung der älteren Arbeitnehmer am Arbeitsmarkt gefördert werden.

1062    Der Sozialversicherung entsprechend sind die *Mitwirkungsrechte* der Vorsorgenehmer stark ausgebaut: Bei der AHV/IV besteht ein Anspruch auf paritätische Verwaltung der Ausgleichskassen (Art. 54 AHVG). Entrichten die Arbeitnehmer Beiträge, so sind sie auch bei den Vorsorgeeinrichtungen nach BVG an der Verwaltung zu beteiligen. Sie nehmen paritätisch Einsitz in den zentralen Organen (Art. 51 BVG, Art. 89*a* Abs. 3 ZGB).

## 3.  Rechtspflege

1063    Mit Bezug auf die Rechtspflege ist im Wesentlichen danach zu unterscheiden, ob der Sozialversicherungsträger mit Verfügungen arbeiten kann oder nicht. Für die AHV gelten grundsätzlich die Bestimmungen zum Sozialversicherungs- und Rechtspflegeverfahren in Art. 34–62 ATSG. Die Ausgleichskassen dürfen folglich Verfügungen erlassen. Art. 58 Abs. 1 ATSG sieht vor, dass das Versicherungsgericht desjenigen Kantons für Beschwerden zuständig ist, in dem die versicherte Person oder der Beschwerde führende Dritte im Zeitpunkt der Beschwerdeerhebung Wohnsitz hat. Das AHVG enthält jedoch zwei Abweichungen. Demnach kann gegen Verfügungen oder Einspracheentscheide kantonaler Ausgleichskassen – in Abweichung von Art. 58 Abs. 1 ATSG – innert 30 Tagen beim Versicherungsgericht am Ort der Ausgleichskasse Beschwerde eingereicht werden (Art. 84 AHVG). Zudem entscheidet über Beschwerden von Personen im Ausland – in Abweichung von Art. 58 Abs. 2 ATSG – das Bundesverwaltungsgericht (Art. 85[bis] AHVG). Es sind auch Schiedsgerichte für Streitigkeiten über Mitwirkungsrechte bei der Verwaltung vorgesehen (Art. 54 Abs. 3 AHVG). Die letztinstanzlichen, kantonalen Entscheide und die Entscheide des Bundesverwaltungsgerichts unterliegen der Beschwerde in öffentlich-rechtlichen Angelegenheiten gemäss Art. 82 ff. BGG an das Bundesgericht (sozialrechtliche Abteilung in Luzern).

1064    Im Bereich der beruflichen Vorsorge haben die Einrichtungen keine hoheitlichen Rechte und können *keine Verfügungen* erlassen. Zur Beurteilung von Streitigkeiten sind unabhängig von der Organisationsform vielmehr die Gerichte auf dem Klageweg zuständig. Auch die öffentlich-rechtlichen Einrichtungen müssen damit auf dem Klageweg ihre Ansprüche beurteilen lassen (Art. 73 BVG). Eine Ausnahme besteht nur für die *Anschlussverfügung der Auffangeinrichtung*, die aber in Bezug auf Beiträge auch den Klageweg zu beschreiten hat.[1407]

Das BVG schreibt vor, dass die Klagen in den Kantonen wenigstens letztinstanzlich von einem Gericht behandelt werden müssen (Art. 73 BVG). Diese *Sonderzuständigkeit* gilt aber nur für die Rechtsbeziehung zwischen Vorsorgeeinrichtung und Arbeitgeberin, Vorsorgeeinrichtung und Arbeitnehmer, Arbeitgeberin und Arbeitnehmer sowie Vorsorgeeinrichtungen untereinander. Die Sonderzuständigkeit hat demgegenüber keine Bedeutung für die übrigen Streitigkeiten, namentlich solche zwischen Vorsorgeeinrichtung und Versicherung oder Rückversicherung. Dort gilt der ordentliche Zivilprozessweg.                                                                                          1065

Im Bereich der beruflichen Vorsorge können Entscheide der kantonalen Gerichte nach Art. 73 BVG und Beschwerden gegen Entscheide des Bundesverwaltungsgerichts gemäss Art. 74 BVG auf dem Weg der Beschwerde in öffentlich-rechtlichen Angelegenheiten gemäss Art. 82 ff. BGG bei der II. sozialrechtlichen Abteilung des Bundesgerichts in Luzern angefochten werden.                                        1066

## 4.  Obligatorische vs. freiwillige Versicherung

### a)  AHV/IV

In allen Bereichen der Sozialversicherung ist zwischen obligatorischer und freiwilliger Versicherung zu unterscheiden. In der AHV sind grundsätzlich alle Personen mit zivilrechtlichem Wohnsitz oder Arbeitsort in der Schweiz sowie Schweizer Bürger, die bei einer Schweizer Arbeitgeberin im Ausland beschäftigt sind, *obligatorisch versichert* (Art. 1a AHVG). Die Unterscheidung zwischen selbstständiger und unselbstständiger Erwerbstätigkeit ist im Rahmen der AHV nur für die Art der Beitragserhebung von Bedeutung. *Freiwillig versichern* lassen können sich Schweizer Bürger mit Wohnsitz im Ausland (Art. 74 Abs. 2 BVG).                                                       1067

---

[1407] BGE 115 V 376.

433

1068      Das Mass der Versicherung ist im Gesetz abschliessend umschrieben. Eine freiwillige, weitergehende Versicherung ist nicht zulässig.

## b)    BVG

1069      Im Rahmen der beruflichen Vorsorge sind *obligatorisch versichert*:

– alle Arbeitnehmer, die das 17. Altersjahr vollendet haben und einen bestimmten, *minimalen Verdienst*[1408] erreichen (Art. 2 BVG). Der Begriff des Arbeitnehmers deckt sich dabei nicht notwendigerweise mit jenem des Arbeitsvertragsrechts; es werden wie in der AHV[1409] auch Personen erfasst, die in einem anderweitig geregelten, abhängigen Arbeitsverhältnis stehen (insb. der im Betrieb des Ehegatten (bzw. eingetragenen Partners) mitarbeitende Partner, der nach Art. 165 ZGB ein Entgelt bezieht[1410]).

– Für die Risiken *Tod* und *Invalidität* beginnt die Unterstellung unter das Obligatorium am 1. Januar des auf das 17. Lebensjahr folgenden Jahres. Für den Leistungsfall *Alter* entsteht das Obligatorium erst am 1. Januar des auf das 24. Lebensjahr folgenden Jahres (Art. 7 BVG).

– Der Bundesrat kann für *bestimmte Berufsgruppen der Selbstständigerwerbenden* die berufliche Vorsorge für obligatorisch erklären (Art. 3 BVG).

1069a      Zu versichern ist der Teil des Jahreslohnes von CHF 24'675 bis und mit CHF 84'600. Dieser Teil wird koordinierter Lohn genannt. Beträgt der koordinierte Lohn weniger als CHF 3'525, so muss er auf diesen Betrag aufgerundet werden (Art. 8 BVG). Zur Anwendung kommt dieser minimale koordinierte Lohn somit immer dann, wenn der Jahreslohn nicht höher ist als der Betrag der maximalen jährlichen Altersrente der AHV und insbesondere in den Fällen, in welchen der Jahreslohn zwar über der Eintrittsschwelle liegt, aber geringer ist als der Koordinationsabzug.[1411]

---

[1408] Zurzeit CHF 21'150 (Art. 3*a* der VO 2 vom 18. April 1984 über die berufliche Alters-, Hinterlassenen- und Invalidenvorsorge (BVV 2) in der Fassung der Änderung vom 1. Januar 2015).

[1409] ELROD, 53 f.

[1410] BGE 115 Ib 37.

[1411] SCHNEIDER et al./BRECHBÜHL, Art. 8 BVG, N 18.

*Freiwillig* versichern können sich die Selbstständigerwerbenden, falls sie keinem Obligatorium unterstehen (Art. 4 BVG), und alle Versicherten, soweit Mehrleistungen gegenüber den Minimalvorschriften des BVG betroffen sind. Die einzelnen Kassen können ihre Leistungen in vier Richtungen erweitern *(erweiterter Bereich)*:[1412]    1070

– *unterobligatorischer Bereich*: Verdienste unter der Minimalgrenze werden versichert.

– *überobligatorischer Bereich*: Lohnbestandteile über dem Maximallohn werden versichert. Dies geschieht regelmässig.

– *vorobligatorischer Bereich*: Leistungen für die Zeit vor dem Inkrafttreten des BVG werden erbracht. Die vor 1985 bestehenden Kassen waren nicht verpflichtet, sich dem BVG zu unterstellen und selbst bei einer Unterstellung für die früheren Beiträge nur Leistungen gemäss den früheren Statuten zu erbringen.

– *verbesserte Leistungen*: Die Vorsorgeeinrichtung kann Leistungen (im ganzen von ihr abgedeckten Bereich oder nur in einzelnen Teilen) verbessern, bspw. höhere Freizügigkeitsleistungen gewähren, die Teuerung auf Renten ausgleichen oder eine Witwerrente einführen. Dies wird teilweise auch zum überobligatorischen Bereich gerechnet.

Die Kassen können zudem *weitere Aufgaben übernehmen* («weiterer Bereich»). Zu denken ist beispielsweise an Ausbildungsbeiträge für die Kinder der Versicherten, Weiterbildungskosten der Versicherten, Ferienmöglichkeiten etc.    1071

## 5.    Pflichten der Arbeitgeberin

### a)    AHV/IV

Die Arbeitgeberinnen haben sich einer Ausgleichskasse anzuschliessen, die Beiträge abzurechnen und abzuliefern. In diesem Rahmen treffen sie auch gewisse Auskunftspflichten. Soweit sie die Abrechnung gegenüber dem Arbeitnehmer vorgenommen haben, aber die Beiträge nicht abliefern, gelten sie für die Ansprüche des versicherten Arbeitnehmers *gegenüber der AHV als bezahlt*. Den Arbeitgeberinnen obliegt, die Hälfte der Beiträge zu bezahlen sowie die Pflicht, die    1072

---

[1412] Zum Begriff vgl. BRÜHWILER, 252 ff.

Leistungen auszurichten und zum Leistungsbezug anzumelden (Art. 51 AHVG).

## b)  BVG

1073    Die Arbeitgeberinnen haben sich einer Vorsorgeeinrichtung anzuschliessen, widrigenfalls die Auffangeinrichtung den Anschluss zwangsweise verfügen kann. Die Wahl der Vorsorgeeinrichtung erfolgt im Einverständnis mit dem angeschlossenen Personal. Kommt keine Einigung zustande, bestimmt ein neutrales Schiedsgericht die Vorsorgeeinrichtung (Art. 11 BVG).

1074    Die Arbeitgeberin hat sodann die Beiträge abzurechnen und abzuliefern. Auch hier hat die *Arbeitgeberin mindestens gleich viel Beiträge* zu bezahlen wie alle Arbeitnehmer zusammen (Art. 66 BVG); im Übrigen sind die Einrichtungen in der Festlegung der Beiträge aber autonom. Es ist durchaus möglich, dass die Arbeitgeberin bei den älteren Arbeitnehmern mehr als die Hälfte der Beiträge, bei den jüngeren dafür weniger als die Hälfte bezahlt. Das hat bei den Freizügigkeitsleistungen erhebliche Auswirkungen.

## c)   Haftung für nicht abgelieferte Sozialversicherungsbeiträge

1075    Wenn die Arbeitgeberin Sozialversicherungsbeiträge nicht abliefert, so besteht nach Art. 52 AHVG sowie Art. 52 BVG eine gesetzliche Haftungsfolge:

–   Art. 52 AHVG bestimmt, dass eine Arbeitgeberin, die durch absichtliche oder grob fahrlässige Missachtung von Vorschriften der Versicherung einen Schaden zufügt, diesen zu ersetzen hat.

–   Art. 52 BVG bestimmt, dass alle mit der Verwaltung, Geschäftsführung oder Kontrolle der Vorsorgeeinrichtung betrauten Personen für den Schaden verantwortlich sind, den sie ihr absichtlich oder fahrlässig zufügen.

1075a   Der Schaden entspricht den nicht abgelieferten Arbeitnehmer- und Arbeitgeberbeiträgen. Die Rechtsprechung ist bezüglich der beiden Schadenersatzbestimmungen sehr streng, weshalb in der Lehre von einer «faktischen Kausalhaftung» gesprochen wird.[1413]

---

[1413] NUSSBAUMER, AJP 9/1996, 1080; zu den Haftungsvoraussetzungen vgl. MÜLLER/ LIPP/PLÜSS, 380 ff.

## 6.  Pflichten des Arbeitnehmers

### a)  AHV/IV

Der Arbeitnehmer hat die Hälfte der Beiträge zu bezahlen. Diese 1076
werden ihm vom Lohn abgezogen. Eine Vereinbarung, wonach der
Arbeitnehmer mehr als die Hälfte der Beiträge leisten soll, ist nichtig.

### b)  BVG

Der Arbeitnehmer hat die Beiträge gemäss den Statuten der Vor- 1077
sorgeeinrichtungen zu bezahlen.

## 7.  Pflichten der Sozialversicherung

### a)  AHV/IV

Die Ausgleichskassen führen über die bei ihnen versicherten 1078
Personen individuelle Konten, auf denen die Beiträge vermerkt werden. Bei Eintritt des versicherten Ereignisses haben die Kassen die
Renten zu berechnen und – soweit die Ausrichtung durch die Arbeitgeberin erfolgt – mit dieser abzurechnen (Art. 63 AHVG). Die meisten Personen unterstehen allerdings nicht während ihrer ganzen Versicherungsdauer der gleichen Ausgleichskasse. Die Kasse, bei der sie
zum Zeitpunkt des versicherten Ereignisses angeschlossen sind, hat
deshalb die Konten bei den verschiedenen anderen Kassen zusam-
menzuziehen. Dafür dient der AHV-Ausweis, auf dem die verschie-
nen Kassen mit Nummern bezeichnet sind. Vor Eintritt des versicherten Ereignisses hat jede versicherte Person Anspruch auf Auskunft
über den Stand der individuellen Konten.

### b)  BVG

Im Verhältnis zwischen der Vorsorgeeinrichtung und der versi- 1079
cherten Person ist zu unterscheiden, ob es um die obligatorische Versicherung geht oder nicht.[1414] Im obligatorischen Bereich ist das Verhältnis eine gesetzliche Folge des Arbeitsvertrags. Ausserhalb des Ob-
ligatoriums handelt es sich um einen Vertrag, der normalerweise zu-

---

[1414] Vgl. RIEMER/RIEMER-KAFKA, 99 ff.

437

sammen mit dem Arbeitsvertrag abgeschlossen wird. Da allerdings in aller Regel die obligatorische und die überobligatorische Versicherung umhüllend von der gleichen Vorsorgeeinrichtung betrieben werden, liegt ein einheitliches vertragliches Vorsorgeverhältnis vor, das weitgehend von zwingenden Gesetzesbestimmungen beherrscht wird.

1080      Die Arbeitnehmer erhalten ein direktes Forderungsrecht gegenüber der Vorsorgeeinrichtung auf Vorsorgeleistungen bei Eintritt des leistungsbegründenden Ereignisses. Die Einrichtung trifft damit gegenüber dem Vorsorgenehmer eine Leistungspflicht. Zudem haben sie ihr Vermögen nach relativ strengen Vorschriften zu verwalten und den Versicherten über den Stand des Stiftungsvermögens und die Anlage Auskunft zu erteilen (Art. 89*a* Abs. 2 ZGB; Art. 9 ff. FZG).

# Teil II: Fragen und Antworten zum Arbeitsrecht

## Vorbemerkungen

Nachstehend werden 30 Einzelprüfungen vorgegeben, welche an der Universität St. Gallen auf der Bachelor-Stufe bei mündlichen Prüfungen Verwendung fanden und alle gleich aufgebaut sind. Zuerst werden jeweils zwei allgemeine Fragen zum Arbeitsrecht gestellt, die möglichst umfassend beantwortet werden sollen. Danach folgen jeweils vier Kurzfälle, welche zwar thematisch in einem Zusammenhang stehen, nicht jedoch bezüglich der Fragestellung. Diese Fälle sind rein fiktiv, auch wenn zum Teil Anlehnungen an konkrete Gerichtsfälle aus der Praxis der Autoren erfolgt sind. Bei diesen Kurzfällen sind gelegentlich unterschiedliche Antworten bzw. Meinungen möglich. Wichtig ist dabei die Begründung der Antworten.

Im Anschluss an diese Bachelorprüfungen werden sechs schriftliche Prüfungen auf Master-Stufe der Universität Bern wiedergegeben. Hier ist der Schwierigkeitsgrad höher und es werden Doppelfragen gestellt.

Im Anschluss daran werden zwei Anwaltsprüfungen des Kantons St. Gallen vorgestellt.

Bei allen Antworten sollte jeweils angegeben werden, ob vom Gesetzgeber diesbezügliche Vorschriften aufgestellt wurden. Dabei kann das Obligationenrecht und das Arbeitsgesetz jederzeit zur Hilfe beigezogen werden. Auch in der Praxis erteilen die Arbeitsrechtsspezialisten ihre Antworten auf arbeitsrechtliche Fragen grundsätzlich gestützt auf entsprechende Gesetzesbestimmungen.

Einzelne Kurzfälle haben dieselbe Problematik zum Inhalt. Deshalb finden sich zu einzelnen Fragen praktisch identische Antworten. Dies entspricht durchaus den Erfahrungen in der Praxis. Auch die Arbeitsrechtsspezialisten werden oftmals in der gleichen Woche von verschiedenen Arbeitgeberinnen und Arbeitnehmern zum gleichen Thema befragt. Auf der «Hitliste» solcher Anfragen finden sich ohne Prioritätensetzung insbesondere folgende Problemstellungen:

– Lohnfortzahlung bei Krankheit und Unfall
– Forderungen aus Überstunden und Überzeit
– Ferienansprüche (Berechnung, Verjährung, Kürzung, Bestimmung)
– Berechnung von Lohn und Provision

– Haftung von Arbeitgeberin und Arbeitnehmer
– Kündigungsschutz (sachlich und zeitlich)
– Abgrenzung des Arbeitsvertrags von Auftrag und Werkvertrag
– zwingende Bestimmungen im Gesetz und in Gesamtarbeitsverträgen

# § 6 Bachelorprüfungen

## Fall 1: Pyro-Tech AG

### Allgemeine Fragen

*Was ist unter einem faktischen Arbeitsverhältnis zu verstehen?*

*Welche Bedeutung hat das Weisungsrecht der Arbeitgeberin?*

### Detailfragen

Alberto Scoppio verdient sein Geld seit Jahrzehnten als Pyrotechniker. Dazu hatte er eine eigene Pyro-Tech AG gegründet, von der er sich selbst anstellen liess. Das Unternehmen war sehr erfolgreich und beschäftigte bereits über 20 Mitarbeiter, als es vor 16 Jahren an einen amerikanischen Filmproduzenten verkauft wurde. Eine der Bedingungen für den Verkauf war, dass der unbefristete Arbeitsvertrag von Alberto Scoppio in einen 20-jährigen Arbeitsvertrag umgewandelt wurde.

*Wie ist das Arbeitsverhältnis von Alberto Scoppio nach dem Verkauf des Unternehmens rechtlich zu qualifizieren?*

Luzius Lautmann ist 55 Jahre alt und arbeitet seit 7 Jahren bei der Pyro-Tech AG. Der Umstand, dass er selbst nur 4 Wochen Ferien zugute hat, während der Marketingchef der Pyro-Tech AG gemäss Arbeitsvertrag 5 Wochen Ferien beziehen darf, stört ihn ganz besonders.

*Hat Luzius Lautmann mit seinen 55 Jahren nicht auch Anspruch auf 5 Wochen Ferien pro Jahr?*

Die gleichzeitige Produktion mehrerer Actionfilme in und um Hollywood bringt der Pyro-Tech AG viel Arbeit. Auch Luzius Lautmann muss deshalb zusätzliche Arbeitsstunden leisten. In der letzten Juniwoche arbeitet er gemäss Zeiterfassungssystem anstatt 40 Stunden insgesamt 47 Stunden. Er freut sich auf eine zusätzliche Entschädigung. Sein Chef ordnet stattdessen die Kompensation 1:1 im Monat November an.

*Ist diese Anweisung betreffend Kompensation rechtlich korrekt?*

Nachdem immer wieder Uneinigkeiten und Missverständnisse mit seinem Vorgesetzten aufgetreten sind, erhält Luzius Lautmann vom Chef der Pyro-Tech AG am 17. November um 15 Uhr eine mündliche Kündigung. Darauf verlässt Luzius Lautmann seine Arbeitsstelle umgehend und lässt sich, da er sich eigentlich schon den ganzen Tag krank fühlt, von seinem Hausarzt rückwirkend für den ganzen 17. November und bis auf Weiteres krankschreiben.

*Ist ein rückwirkendes Arztzeugnis möglich und was muss Luzius Lautmann nun unternehmen?*

## Antworten

### Allgemeine Fragen

*Was ist unter einem faktischen Arbeitsverhältnis zu verstehen? [→Rz. 295 ff.]*

- Bei einem faktischen Arbeitsverhältnis liegt kein rechtsgültiger Arbeitsvertrag vor. Dennoch wird zum Arbeitnehmerschutz die Wirkung der Unverbindlichkeit eines Arbeitsvertrags beschränkt und mit OR 320 III eine *Sonderregelung* statuiert.

- Nichtigkeit oder Unverbindlichkeit hätten nach den allgemeinen Vorschriften des OR die Konsequenz, dass dem Vertragspartner nicht Lohn, sondern lediglich ein Anspruch aus ungerechtfertigter Bereicherung oder eventuell aus unerlaubter Handlung geschuldet wäre.

- Nach der Sonderregelung von OR 320 III ist der Arbeitsvertrag bis zum Zeitpunkt der Berufung auf die Ungültigkeit abzuwickeln, wie wenn er gültig zustande gekommen wäre.

- Die Ungültigkeit wirkt somit erst ex nunc und der fehlerhafte Vertrag kann, sofern die Mängel im Zeitpunkt der Auflösung noch gegeben sind, aufgelöst werden, ohne arbeitsvertragliche Kündigungsfristen zu beachten.

- Der Schutz des faktischen Vertragsverhältnisses soll nur den Gutgläubigen schützen; bei Bösgläubigkeit kommt deshalb Bereicherungsrecht zur Anwendung. **Beispiel:** Arbeitnehmer legt gefälschtes Zeugnis vor.

- Kein Fall eines faktischen Arbeitsverhältnisses liegt vor, wenn ein Arbeitgeber z.B. einen Ukrainer ohne Bewilligung anstellt. Hier liegt ein gültiger Arbeitsvertrag mit Beschäftigungsverbot vor. Dem Arbeitgeber bleibt nur die fristlose Kündigung.

*Welche Bedeutung hat das Weisungsrecht der Arbeitgeberin? [→Rz. 329 ff.]*

- Die Arbeitgeberin kann Weisungen zur Ausführung der Arbeit (Ziel- und Fachanweisungen) und Weisungen zum Verhalten im Betrieb erteilen (Verhaltensanweisungen und allgemeine Anordnungen) (OR 321*d*).

- Das Weisungsrecht ist grundsätzlich auf die Arbeitstätigkeit ausgerichtet, ausser der Arbeitnehmer verletze durch sein Verhalten im Privatleben seine Treuepflicht.

- Das Weisungsrecht findet seine Grenzen im Prinzip von Treu und Glauben sowie im Persönlichkeitsrecht des Arbeitnehmers (OR 328).

**Detailfragen**

*Wie ist das Arbeitsverhältnis von Alberto Scoppio nach dem Verkauf des Unternehmens rechtlich zu qualifizieren? [→Rz. 100 ff., 541 ff.]*

- Allgemeine Kriterien für die Qualifikation als Arbeitsvertrag sind: Pflicht zur Arbeitsleistung, Entgeltlichkeit, Subordinationsverhältnis, Dauerschuldverhältnis (OR 319).

- Da die Gesellschaft nicht mehr Alberto Scoppio gehört, ist auch das für einen Arbeitsvertrag notwendige Unterordnungsverhältnis gegeben.

- Mit dem Verkauf des Unternehmens wurde Alberto Scoppios unbefristeter Vertrag lediglich in ein befristetes Arbeitsverhältnis umgewandelt (OR 334).

*Hat Luzius Lautmann mit seinen 55 Jahren nicht auch Anspruch auf 5 Wochen Ferien pro Jahr? [→Rz. 488 ff.]*

- Es besteht nach dem 20. Altersjahr nur ein Anspruch auf 4 Wochen bezahlte Ferien (OR 329a).

- Es ist aber zulässig, einen Ferienanspruch von 5 Wochen zu vereinbaren.

- Die Gewährung von unterschiedlichen Ferienansprüchen innerhalb der gleichen Belegschaft ist zulässig und bedeutet noch keine Diskriminierung, solange nicht Frauen und Männer generell unterschiedlich behandelt werden.

- Im vorliegenden Fall hat Luzius Lautmann keinen Anspruch auf 5 Wochen Ferien, sofern nicht eine entsprechende GAV-Bestimmung zur Anwendung gelangt.

*Ist diese Anweisung betreffend Kompensation rechtlich korrekt? [→Rz. 313 ff., 945 ff.]*

- Die Überstunden sind im OR und die Überzeit ist im ArG wie folgt geregelt:

- Überstundenbegriff (OR 321c): Jede Arbeit, welche die vertraglich festgelegte oder die übliche Arbeitszeit übersteigt und notwendig ist. Die Überstunden sind mit dem ordentlichen Lohn und einem Zuschlag von 25 % zu entschädigen, sofern nicht schriftlich etwas anderes vereinbart wird (OR 321c III).

- Überzeitbegriff (ArG 9 i.V.m. ArG 13): Jede Arbeit, welche die Höchstarbeitszeit gemäss ArG überschreitet (45 Std. bei Industrie- und Büropersonal sowie in Grossbetrieben des Detailhandels; 50 Std. bei übrigen Arbeitnehmern). Die Überzeit ist mit dem ordentlichen Lohn und einem Zuschlag von 25 % zu entschädigen, wobei der Zuschlag nicht wegbedungen werden kann (ArG 9 i.V.m. ArG 13).

- Eine Kompensation ohne Zuschlag ist sowohl bei Überstunden als auch bei Überzeit nur mit Einverständnis des Arbeitnehmers möglich.

- Da keine Vereinbarung betr. Überstunden vorliegt und Luzius Lautmann nicht in eine Kompensation einwilligte, hat er Anrecht auf die Auszahlung des Lohns zuzüglich 25 % Zuschlag.

*Ist ein rückwirkendes Arztzeugnis möglich und was muss Luzius Lautmann nun unternehmen? [→Rz. 612 ff.]*

- Für den zeitlichen Kündigungsschutz ist von Bedeutung, ob der Arbeitnehmer im Zeitpunkt der Kündigung krank ist; unerheblich ist der Zeitpunkt, in dem das Arztzeugnis ausgestellt wird.

- Auch die rückwirkende Bestätigung der Arbeitsunfähigkeit ist möglich.

- Luzius Lautmann war demnach im Zeitpunkt seiner Kündigung krank und profitiert vom zeitlichen Kündigungsschutz (OR 336c I lit. b).

- Wird einem Arbeitnehmer während der Sperrzeit gekündigt, so erfolgt diese Kündigung zur Unzeit und ist nichtig (OR 336c II).

- Die Arbeitgeberin muss eine neue Kündigung nach Ablauf der Sperrzeit aussprechen, um das Arbeitsverhältnis zu beenden.

– Im vorliegenden Fall muss Luzius Lautmann nichts unternehmen; das Arbeitsverhältnis dauert unverändert fort. Die Arbeitgeberin kann frühestens nach Ablauf von 180 Tagen rechtsgültig kündigen (OR 336*c* I lit. b).

## Fall 2: Beda Beck bei der Backfrisch AG

**Allgemeine Fragen**

*Was ist unter einem Gesamtarbeitsvertrag zu verstehen?*

*Wie ist der Persönlichkeitsschutz im Arbeitsrecht geregelt?*

**Detailfragen**

Die Backfrisch AG hat vor zwei Wochen Bäckermeister Beda Beck angestellt. Nachdem er bereits in der ersten Woche zweimal verschlafen hatte, erscheint er am Montag der dritten Woche unentschuldigt nicht zur Arbeit. Der Vorgesetzte will Beda Beck sofort entlassen. Als er ihn zu Hause anrufen will, erfährt er jedoch von dessen Ehefrau Linda Beck, dass ihr Mann wegen eines Motorradunfalls für sechs Wochen vom Arzt arbeitsunfähig geschrieben sei.

*Kann der Vorgesetzte nun trotzdem eine Kündigung aussprechen?*

Obwohl Beda Becks Vorgesetzter über dessen Fernbleiben von der Arbeit ganz und gar nicht erfreut war, will er ihn nun doch nicht mehr entlassen.

Nebst seiner Leidenschaft für Motorräder ist Beda Beck auch passionierter Bergsteiger. Dabei bewegt er sich am liebsten ohne Sicherungsseil am Berg (sog. Freeclimbing). Trotz Warnung seiner Kollegen versucht er die Besteigung einer unbezwingbaren Bergwand ohne Seil. Es kommt, wie es kommen musste – Beda Beck stürzt bei dem Versuch ab und verletzt sich derart, dass er für fünf Monate arbeitsunfähig wird.

*Welche Konsequenzen hat dieser Unfall auf den vertraglichen 6-wöchigen Ferienanspruch von Beda Beck?*

Beda Beck wird es zu Hause nach seiner Entlassung aus dem Spital bald einmal langweilig. Er fühlt sich zwar nicht fit genug, um bereits wieder bei der Backfrisch AG zu arbeiten, allerdings hilft er einem Freund, welcher ein Taxiunternehmen betreibt, als Taxichauffeur aus. Als Beda Beck eines Abends zufälligerweise seinen Chef von der Backfrisch AG als Kunde chauffieren muss, droht ihm dieser mit der Kündigung, sollte er die Taxifahrerei nicht sofort aufgeben. Zudem stellt er in Aussicht, den Vorfall im Arbeitszeugnis anzuführen oder nach Wahl gar kein Arbeitszeugnis auszustellen.

*Wie ist dieser Hinweis auf das Arbeitszeugnis rechtlich zu beurteilen?*

Die Backfrisch AG wird durch die anhaltende Wirtschaftskrise hart getroffen. Zahlreiche Arbeitsplätze stehen auf dem Spiel. Auf Druck des Kantonsrates beschliesst die Regierung, sich an der Backfrisch AG durch Kapitalaufstockung zu beteiligen. Gleichzeitig wird ein Regierungsrat als Verwaltungsrat in die Firma delegiert. Dieser erlässt einschneidende Weisungen zur Umstrukturierung der Gesellschaft. Gleichzeitig wird eine Lohnregelung analog dem kantonalen Dienst- und Besoldungsreglement eingeführt.

*Kann sich Beda Beck nun auf den Kündigungsschutz beim öffentlich-rechtlichen Arbeitsverhältnis berufen?*

## Antworten

### Allgemeine Fragen

*Was ist unter einem Gesamtarbeitsvertrag zu verstehen?*
*[→Rz. 777 ff.]*

– Der Gesamtarbeitsvertrag ist eine Vereinbarung zwischen Arbeitgeberinnen oder deren Verbänden und Arbeitnehmerverbänden zur Regelung der einzelnen Arbeitsverhältnisse (OR 356 I).

– Die Parteien des GAV müssen tariffähig sein.

– Die Funktionen eines GAV sind:
  – Schutzfunktion
  – Ordnungsfunktion
  – Friedenssicherungsfunktion
  – Durchsetzungsfunktion
  – politische Funktion
  – Schrittmacherfunktion
  – Kartellfunktion

– Ein GAV kann drei Arten von Bestimmungen enthalten:
  – normative
  – schuldrechtliche
  – indirekt-schuldrechtliche

– Ein GAV kann nach den Vorschriften des Bundesgesetzes über die Allgemeinverbindlicherklärung von GAV (AVEG) für allgemeinverbindlich erklärt werden. Die wichtigsten Voraussetzungen dafür sind:
  – Die Allgemeinverbindlicherklärung muss notwendig sein, um erhebliche Nachteile abzuwenden.
  – Mehr als die Hälfte der Arbeitgeberinnen und mehr als die Hälfte der Arbeitnehmer müssen grundsätzlich bereits dem GAV unterstehen.
  – Die Allgemeinverbindlicherklärung von GAV soll die Ausdehnung des persönlichen Geltungsbereichs des GAV auf alle Arbeitnehmer und Arbeitgeberinnen des Berufes oder des Wirtschaftszweiges bewirken.

*Wie ist der Persönlichkeitsschutz im Arbeitsrecht geregelt? [→Rz. 232, 243, 454]*

– Die Arbeitgeberin hat die Persönlichkeit des Arbeitnehmers zu achten und zu schützen (OR 328).

– Der Persönlichkeitsschutz umfasst drei Teilbereiche:

  – Allgemeiner Schutz: Schutz persönlicher und beruflicher Ehre, Wahrung Geheim- und Privatsphäre, Datenschutz, Schutz vor Mobbing

  – Gesundheit: Schutz von Leben und Gesundheit, Wahrung körperlicher und geistiger Integrität

  – Sittlichkeit: Gleichstellung von Mann und Frau, Schutz vor sexueller Belästigung

– Die Pflicht zum Schutz der Persönlichkeit lässt Fragen im Bewerbungsgespräch nach dem Privatleben nur zu, wenn ein Bezug zwischen Frage und beruflicher Eignung und Verfügbarkeit besteht.

– Bei Arbeitsunfähigkeit darf der Arzt mit Rücksicht auf den Persönlichkeitsschutz des Arbeitnehmers der Arbeitgeberin nur Angaben über den Grad der Arbeitsunfähigkeit, nicht aber über die genaue Diagnose machen.

**Detailfragen**

*Kann der Vorgesetzte nun trotzdem eine Kündigung aussprechen? [→Rz. 281 ff., 576 ff.]*

– Im Sachverhalt ist die Vereinbarung einer Probezeit nicht erwähnt. Ohne gegenteilige Vereinbarung gilt im unbefristeten Arbeitsverhältnis eine Probezeit von einem Monat (OR 335*b*).

– Sie kann durch schriftliche Vereinbarung verkürzt oder bis max. 3 Monate ausgedehnt werden.

– Während der Probezeit kann mit 7 Tagen Kündigungsfrist gekündigt werden.

– Der zeitliche Kündigungsschutz gilt erst nach Ablauf der Probezeit.

– Der zeitliche Kündigungsschutz käme im vorliegenden Fall also nur zur Anwendung, wenn eine kürzere Probezeit vereinbart oder ganz wegbedungen worden wäre.

– Nur bei solchen speziellen Vereinbarungen würde eine Sperrfrist (OR 336*c* I lit. b) ausgelöst, während derer eine Kündigung nichtig ist. Sie dauert im 1. Dienstjahr 30 Tage.

– Da aber im vorliegenden Fall die Probezeit nicht abgeändert wurde und das Arbeitsverhältnis erst 2 Wochen gedauert hat, kann der Vorgesetzte Beda Beck mit einer Frist von 7 Tagen kündigen.

*Welche Konsequenz hat dieser Unfall auf den vertraglichen 6-wöchigen Ferienanspruch von Beda Beck? [→Rz. 495 ff.]*

– Die Arbeitgeberin könnte den Ferienanspruch des Arbeitnehmers allenfalls kürzen (OR 329*b*).

– Voraussetzung ist aber in jedem Falle mehr als ein Monat Abwesenheit.

– Bei Verschulden des Arbeitnehmers kann für jeden vollen Monat der Verhinderung um $^1/_{12}$ gekürzt werden (OR 329*b* I).

– Der Begriff «Verschulden» wird von der Lehre weit ausgelegt; jedes Versäumnis wird dazu gerechnet, welches der Arbeitnehmer zu verantworten hat und welches in seiner Sphäre liegt; diese Auffassung ist rechtlich zweifelhaft.

– Ist der Arbeitnehmer unverschuldet, aber durch Gründe, die in seiner Person liegen, an der Arbeit verhindert (z.B. Krankheit), kann die Kürzung des Ferienanspruches erst vom zweiten vollen Monat der Arbeitsverhinderung an erfolgen (OR 329*b* II).

– Bei Schwangerschaft und Niederkunft darf eine Kürzung erst ab drei Monaten Arbeitsverhinderung erfolgen (OR 329*b* III).

– Gemäss Lehre dürfte der Ferienanspruch von Beda Beck somit wegen Verschuldens um $^5/_{12}$ gekürzt werden (OR 329*b* I); es verbleiben noch 17.5 Ferientage bzw. 3.5 Wochen Ferien.

– Variante: Betrachtet man den Absturz beim Freeclimbing unter Missachtung elementarer Vorsichtsmassregeln nicht als verschuldet, so könnte der Ferienanspruch von Beda Beck lediglich um $^4/_{12}$ gekürzt werden (OR 329*b* II).

*Wie ist dieser Hinweis auf das Arbeitszeugnis rechtlich zu beurteilen? [→Rz. 695 ff.]*

– Der Arbeitnehmer kann jederzeit ein Arbeitszeugnis verlangen (OR 330*a* I).

- Ein Zeugnis kann sowohl während des Arbeitsverhältnisses (Zwischenzeugnis) als auch erst bei Beendigung des Arbeitsverhältnisses verlangt werden (Schlusszeugnis).
- Der Arbeitnehmer kann wählen zwischen einem Vollzeugnis (inkl. Leistungen und Verhalten) und einer Arbeitsbestätigung (nur Angaben zu Art und Dauer des Arbeitsverhältnisses).
- Der Arbeitnehmer hat Anspruch auf ein wahres und schonendes Zeugnis; der Hinweis auf die Nebenbeschäftigung ist zur Gesamtqualifikation unnötig, sofern es sich nur um einen einmaligen Vorfall handelt (OR 330*a* II).
- Wird kein Arbeitszeugnis ausgestellt oder ist es unnötigerweise negativ, kann der Arbeitnehmer durch das Arbeitsgericht die Arbeitgeberin gegebenenfalls zur Abgabe eines wahren Zeugnisses verpflichten.
- Ein einmaliges Vorkommnis darf grundsätzlich im Arbeitszeugnis nicht erwähnt werden. Beda Beck könnte sich deshalb gegen einen entsprechenden Vermerk im Zeugnis wehren.

*Kann sich Beda Beck nun auf den Kündigungsschutz beim öffentlichrechtlichen Arbeitsverhältnis berufen? [→Rz. 198 ff., 612 ff., 666 ff.]*

- Die Arbeitgeberin bleibt eine privatrechtliche Aktiengesellschaft.
- Es steht der Arbeitgeberin frei, unter Beachtung der Vorschriften zur Änderung eines Vertrages neue Lohnregelungen einzuführen. Dass diese sich an der kantonalen Besoldungsordnung orientieren, ändert daran nichts.
- Beda Beck kann sich deshalb weiterhin nur auf den obligationenrechtlichen Kündigungsschutz berufen.

# Fall 3: Autolackierer Simon Schnell

## Allgemeine Fragen

*Wie ist der Ferienlohn im Arbeitsrecht geregelt?*

*Welche Konsequenzen hat das Verlassen einer Stelle für den Arbeitnehmer?*

## Detailfragen

Simon Schnell hat eben seine Lehre als Autolackierer abgeschlossen. Von einem Bekannten will er nun einen Porsche abkaufen, wofür er allerdings noch nicht genügend Geld zusammengespart hat. Als Sicherheit für den noch ausstehenden restlichen Kaufpreis tritt Simon Schnell seinem Bekannten schriftlich CHF 300.– pro Monat vom Lohn ab.

*Wie ist diese Abmachung arbeitsrechtlich zu beurteilen?*

Wenn in der Lackiererei saisonbedingt gerade besonders viel Arbeit anfällt, muss Simon Schnell manchmal auch abends und bis in die Nacht hinein arbeiten, um die anfallende Arbeit bewältigen zu können.

*Auf welche Vorschriften muss von der Arbeitgeberin bei solchen Situationen geachtet werden?*

In der Lackiererei sind jeweils alle notwendigen Arbeitsgeräte vorhanden. Hingegen verlangt der Chef von Simon Schnell, dass er selbst Berufskleidung sowie eine Schutzbrille mitbringt.

*Ist die Forderung nach Berufskleidung und Schutzbrille rechtlich zulässig?*

In einem Gespräch mit seinem Mitarbeiter und Kollegen Sven Hinder erfährt Simon Schnell, dass er wesentlich weniger verdient als sein Kollege. Erstaunt über diese Tatsache schaut Simon Schnell zu Hause im OR nach, ob er nicht Anspruch auf gleichen Lohn habe, da er doch dieselbe Ausbildung und Berufserfahrung wie sein Kollege habe und dieselbe Arbeit ausführe. Er findet allerdings keine entsprechende Regelung.

*Kann Simon Schnell dennoch geltend machen, er werde benachteiligt?*

## Antworten

### Allgemeine Fragen

*Wie ist der Ferienlohn im Arbeitsrecht geregelt? [→Rz. 506 ff., 509 ff.]*

- Die Arbeitgeberin hat während der Ferien den gesamten Lohn und evtl. eine Entschädigung für ausfallenden Naturallohn zu zahlen (OR 329*d* I).
- Eine Abgeltung der Ferien in Geld ist nicht zulässig (OR 329*d* II).
- Nach herrschender Lehre und Rechtsprechung ist es aber zulässig, bei unregelmässigen und kurzen Arbeitseinsätzen den Ferienlohn durch sog. Ferienprozente im Voraus abzugelten (mindestens 8.33 % bei 4 Wochen Ferien). Die Ferienprozente sind sowohl im Arbeitsvertrag als auch auf den Lohnabrechnungen schriftlich separat anzuführen.
- Bei Nebentätigkeit während der Ferien verliert der Arbeitnehmer seinen Ferienlohnanspruch, wenn er dadurch die Arbeitgeberin konkurrenziert oder den Ferienzweck vereitelt. In diesem Fall kann die Arbeitgeberin den Ferienlohn zurückfordern.
- Bei zu viel bezogenen Ferien ist ohne andere Vereinbarung keine Rückforderung am Vertragsende möglich.

*Welche Konsequenzen hat das Verlassen einer Stelle für den Arbeitnehmer? [→Rz. 326]*

- Verlässt ein Arbeitnehmer seine Stelle fristlos, so hat die Arbeitgeberin ohne Schadensnachweis Anspruch auf eine Entschädigung von einem Viertel des Monatslohns (OR 337*d* I).
- Die Arbeitgeberin kann überdies Ersatz des darüber hinausgehenden Schadens verlangen.
- Ist der Arbeitgeberin kein oder nur ein geringerer Schaden entstanden, kann der Richter den viertel Monatslohn reduzieren (OR 337*d* II).
- Die Arbeitgeberin muss ihren Schadenersatz durch Klage oder Betreibung innert 30 Tagen nach Verlassen der Arbeitsstelle geltend machen (OR 337*d* III); in der Praxis wird diese Frist häufig verpasst.

## Detailfragen

*Wie ist diese Abmachung arbeitsrechtlich zu beurteilen? [→Rz. 414]*

– Ein Arbeitnehmer kann seinen Lohn nur zur Sicherung von familienrechtlichen Unterhalts- und Unterstützungspflichten abtreten bzw. zedieren (OR 325).

– Aber auch für diese Forderungen besteht eine Abtretungsgrenze; eine Zession ist nur zulässig, soweit der Lohn pfändbar ist.

– Die Abtretung von Lohn zur Sicherung einer Kaufpreisforderung ist demnach gesetzeswidrig und somit nichtig.

– Kommt der Schuldner seinen Forderungen nicht nach, so kann der Gläubiger die erfolgte Abtretung nicht rechtswirksam geltend machen; hingegen kann der Gläubiger den Lohn des Schuldners im Betreibungsverfahren pfänden lassen.

– Im Fall einer Lohnpfändung wird die Arbeitgeberin angewiesen, den pfändbaren Teil des Lohnes direkt dem Betreibungsamt abzuliefern.

*Auf welche Vorschriften muss von der Arbeitgeberin bei solchen Situationen geachtet werden? [→Rz. 944 ff.]*

– Die Arbeit von 20:00 bis 23:00 Uhr gilt als «Abendarbeit» (ArG 10 I) und ist ohne Bewilligung zulässig. Die Arbeit von 23:00 bis 06:00 Uhr gilt als «Nachtarbeit» (ArG 16) und ist grundsätzlich verboten.

– Ausnahmen vom Verbot der Nachtarbeit bedürfen der Bewilligung (ArG 17 I). Für dauernde oder regelmässig wiederkehrende Nachtarbeit wird diese vom SECO, für vorübergehende Nachtarbeit von der kantonalen Behörde bewilligt.

– Dauernde oder regelmässig wiederkehrende Nachtarbeit wird bewilligt, sofern sie aus technischen oder wirtschaftlichen Gründen unentbehrlich ist (ArG 17 II).

– Die Arbeitgeberin kann den Arbeitnehmer ohne dessen Einverständnis weder zu dauernder noch zu vorübergehender Nachtarbeit heranziehen (ArG 17 VI).

– Der Arbeitnehmer, der über längere Zeit Nachtarbeit verrichtet, hat Anspruch auf eine medizinische Untersuchung (ArG 17c).

- Der Arbeitnehmer, der aus gesundheitlichen Gründen für Nachtarbeit untauglich ist, ist nach Möglichkeit zu ähnlicher Tagesarbeit zu versetzen (ArG 17*d*).

- Die Arbeitgeberin, die regelmässig Arbeitnehmer in der Nacht beschäftigt, ist verpflichtet, Massnahmen zum Schutz der Arbeitnehmer vorzusehen (ArG 17*e*).

- Für vorübergehende Nachtarbeit ist ein Lohnzuschlag von mindestens 25 % zu zahlen (ArG 17*b* I), bei dauernder oder regelmässig wiederkehrender Nachtarbeit ist eine Kompensation im Umfang von 10 % der Zeit, während der in der Nacht gearbeitet wurde, vorgesehen (ArG 17*b* II).

*Ist die Forderung nach Berufskleidung und Schutzbrille rechtlich zulässig? [→Rz. 329 ff., 348, 456]*

- Ist nichts anderes verabredet, hat die Arbeitgeberin die Arbeitnehmer mit den Geräten und dem Material auszurüsten, welche diese zur Arbeit benötigen (OR 327).

- Die Schutzbrille ist notwendig, um die entsprechende Tragepflicht erfüllen zu können; die Schutzbrille ist deshalb von der Arbeitgeberin abzugeben. Dies ergibt sich auch aus OR 328, wonach die Arbeitgeberin alle zum Schutz der Gesundheit des Arbeitnehmers zumutbaren Massnahmen zu treffen hat.

- Solange die Arbeitgeberin keine Verhaltensanweisung erteilt, wonach eine spezielle Berufskleidung zu tragen ist und diese zur Ausübung der Arbeit auch nicht aus anderen Gründen notwendig ist, hat der Arbeitnehmer selbst für die Bereitstellung und den Unterhalt seiner Kleidung besorgt zu sein.

*Kann Simon Schnell dennoch geltend machen, er werde benachteiligt? [→Rz. 14, 266 f., 384 ff.]*

- Im vorliegenden Fall stellt sich die Frage, ob Simon Schnell überhaupt den Grundsatz «gleicher Lohn für gleiche Arbeit» geltend machen kann.

- BV 8 III statuiert zwar ein Gebot der Gleichstellung, doch gilt dies nur im Verhältnis von Frau zu Mann.

- Dieser Grundsatz der Lohngleichheit wird im Gleichstellungsgesetz (GlG) konkretisiert. Auch das GlG bewirkt jedoch nur eine Gleichstellung zwischen Mann und Frau.

– Wird ein diskriminierend tieferer Lohn zwischen Mann und Frau vereinbart, so ist dennoch der entsprechend höhere Lohn geschuldet (GlG 5).

– Im vorliegenden Fall ist ein unterschiedlicher Lohn zwischen zwei Männern gegeben. Simon Schnell hat deshalb keine Möglichkeit, einen höheren Lohn geltend zu machen.

## Fall 4: Temporärarbeitnehmer François Oberson

### Allgemeine Fragen

*Welchen Geltungsbereich hat das Arbeitsgesetz?*

*Welche Besonderheiten weist ein Teilzeitarbeitsvertrag auf?*

### Detailfragen

François Oberson, französischer Staatsangehöriger, ist vor Kurzem in die Schweiz gekommen und beabsichtigt, hier einer Arbeit nachzugehen. Da er gehört hat, dass es als Ausländer schwierig sei, eine Arbeitsstelle zu finden, bewirbt er sich bei einer Temporärfirma. Diese stellt ihn an und schickt ihn jeweils für einige Monate zu Firmen, die mit Personalengpässen zu kämpfen haben.

*Wie ist die arbeitsvertragliche Situation von François Oberson rechtlich zu qualifizieren und welche Konsequenzen ergeben sich daraus?*

Die Arbeit in einem Gourmet-Restaurant gefällt François Oberson sehr gut. Er kündigt deshalb seinen Vertrag mit der Temporärfirma und schliesst mit dem Chef des Restaurants einen festen Arbeitsvertrag ab. Im Vertrag ist folgende Klausel enthalten: «Während der gesetzlichen Probezeit von 3 Monaten beträgt die Kündigungsfrist 7 Tage.»

*Was ist von der Klausel bezüglich Probezeit zu halten?*

Bereits zwei Tage nach Vertragsabschluss bereut François Oberson jedoch seinen Entscheid, da er eine andere Stelle mit einem höheren Lohn angeboten erhält.

*Welche Möglichkeiten hat François Oberson in dieser Situation und was passiert, wenn er nicht wie abgemacht seine Stelle antritt?*

458

Für seinen aktuellen Arbeitgeber muss François Oberson regelmässig im Auftrag des Chefs von der Arbeitsstelle in Lausanne nach Fribourg fahren, um dort auf dem Markt den nach Meinung seines Chefs «besten Frischkäse überhaupt» einzukaufen. Dazu benutzt François Oberson seinen Privatwagen und ist gezwungen, auswärts in Fribourg zu essen.

*In welcher Höhe kann er Spesenersatz verlangen und wann muss er diesen geltend machen?*

## Antworten

### Allgemeine Fragen

*Welchen Geltungsbereich hat das Arbeitsgesetz? [→Rz. 931 ff.]*

– Dem ArG unterstehen alle öffentlichen und privaten Betriebe, die nicht explizit vom Gesetz ausgenommen sind; ein Betrieb liegt vor, wenn eine Arbeitgeberin einen oder mehrere Arbeitnehmer dauernd oder vorübergehend beschäftigt (ArG 1).

– Das Arbeitsgesetz ist nicht anwendbar auf öffentliche Verwaltungen, auf Betriebe des öffentlichen Verkehrs, auf Betriebe der Seeschifffahrt, auf Betriebe der landwirtschaftlichen Urproduktion und des Gartenbaus, auf Fischereibetriebe und auf private Haushaltungen (ArG 2).

– Das ArG gilt grundsätzlich für alle Arbeitnehmer der unter das ArG fallenden Betriebe.

– Selbst wenn der Betrieb dem ArG untersteht, ist es nach ArG 3 nicht anwendbar auf kirchliche Mitarbeiter, Personal öffentlicher Verwaltungen ausländischer Staaten oder internationaler Organisationen, die Besatzungen von schweizerischen Flugbetriebsunternehmen, auf Arbeitnehmer, die eine höhere leitende Tätigkeit oder eine wissenschaftliche oder selbstständige künstlerische Tätigkeit ausüben; auf Lehrer an Privatschulen sowie auf Lehrer, Fürsorger, Erzieher und Aufseher in Anstalten; auf Heimarbeitnehmer und auf Handelsreisende.

– Als leitender Arbeitnehmer gilt, wer eine höhere, leitende Tätigkeit ausübt. Dies wird in ArGV 1 9 konkretisiert. Danach übt eine höhere leitende Tätigkeit aus, «wer aufgrund seiner Stellung und Verantwortung sowie in Abhängigkeit von der Grösse des Betriebes über *weitreichende Entscheidungsbefugnisse* verfügt oder Entscheide von grosser Tragweite massgeblich beeinflussen und dadurch auf die *Struktur, den Geschäftsgang und die Entwicklung eines Betriebes* oder Betriebsteils einen nachhaltigen Einfluss nehmen kann».

– Im Zweifelsfall übt ein Arbeitnehmer keine höhere leitende Tätigkeit aus, um dem Schutzcharakter des ArG gerecht zu werden. Nicht der Titel ist entscheidend, sondern die Entscheidungsbefugnis in wesentlichen Angelegenheiten.

*Welche Besonderheiten weist ein Teilzeitarbeitsvertrag auf?*
*[→Rz. 104, 314, 377, 480, 492, 506]*

– Grundsätzlich ist es unerheblich, ob ein Arbeitnehmer Voll- oder Teilzeit arbeitet; auch Teilzeitarbeitsverhältnisse werden wie normale Arbeitsverhältnisse behandelt (OR 319 II).

– Der Teilzeitangestellte hat die gleichen Rechte wie ein ganztags angestellter Mitarbeiter (z.B. Kündigungsschutz, Lohnfortzahlung bei Krankheit etc.).

– Auch beim Ferienanspruch ergeben sich keine Besonderheiten beim Teilzeitarbeitsvertrag. Ein Arbeitnehmer, der nur zu 50 % arbeitet, hat demnach auch einen gesetzlichen Ferienanspruch von 4 Wochen.

– In der Praxis zulässig ist die Abgeltung des Ferienanspruchs durch Ferienprozente (bei 4 Wochen Ferien mind. 8.33 %), wenn die Arbeitsleistung unregelmässig und nur in geringem Umfang erfolgt. Die Ferienabgeltung muss in der Lohnabrechnung klar ausgewiesen werden.

**Detailfragen**

*Wie ist die arbeitsvertragliche Situation von François Oberson rechtlich zu qualifizieren und welche Konsequenzen ergeben sich daraus? [→Rz. 171 ff.]*

– Die arbeitsrechtliche Stellung von François Oberson ist als Temporärarbeit zu qualifizieren, welche eine Form der Personalleihe darstellt.

– Bei der Temporärarbeit schliesst der Arbeitnehmer mit der Verleiherin (der Temporärfirma) statt eines festen Arbeitsvertrages zuerst einen Rahmenvertrag ab, welche die allgemeinen Arbeitsbedingungen enthält.

– Kommt es zu einem Einsatz, so wird ein individueller Einsatzvertrag mit der Festsetzung der entsprechenden Arbeits- und Lohnzahlungspflichten geschlossen.

– Der Personalverleih wird durch das Arbeitsvermittlungsgesetz (AVG) genauer geregelt.

– Für die Temporärarbeit und die Leiharbeit, nicht aber für die gelegentliche Überlassung, hat die Arbeitgeberin gemäss AVG verschiedene Voraussetzungen zu erfüllen:

– Zum Abschluss gültiger Arbeitsverträge bedarf es grundsätzlich einer *öffentlich-rechtlichen Betriebsbewilligung* (AVG 12 f.).

– Ohne diese wird der Arbeitsvertrag ungültig (AVG 19 VI) und der Verleihvertrag nichtig (AVG 22 V).

– Zudem müssen Formvorschriften (Schriftlichkeit) und Mindestinhalte des Vertrages beachtet werden.

– Kein Vertrag besteht zwischen Arbeitnehmer und Einsatzbetrieb.

*Was ist von der Klausel bezüglich Probezeit zu halten? [→Rz. 281 ff.]*

– Die Klausel bezüglich Probezeit ist unklar, da die gesetzliche Probezeitregelung falsch angegeben wird.

– Die gesetzlich vorgesehene Probezeit beträgt 1 Monat (OR 335*b* I).

– Diese kann durch schriftliche Abrede, Normalarbeitsvertrag oder Gesamtarbeitsvertrag auf maximal 3 Monate verlängert werden (OR 335*b* II).

– Diese Klausel lässt demnach zwei Interpretationen zu:

– Die Probezeit beträgt 1 Monat.

– Die Probezeit beträgt 3 Monate.

– Die Auslegung hat in diesem Fall nach dem Grundsatz «in dubio contra stipulatorem» zu erfolgen: Die Probezeit ist 1 oder 3 Monate lang, je nachdem, wie dies der Arbeitnehmer wünscht. Die Unklarheitsregel geht der Kündigungsparität vor.

– Die Kündigungsfrist beträgt 7 Tage.

*Welche Möglichkeiten hat François Oberson in dieser Situation und was passiert, wenn er nicht wie abgemacht seine Stelle antritt? [→Rz. 325 ff., 466, 536 ff., 577 ff.]*

– François Oberson kann den bereits abgeschlossenen Arbeitsvertrag schon vor Stellenantritt kündigen. Mangels gegenteiliger Abmachung ist dabei von einer Probezeit von einem Monat auszugehen, während der eine Kündigungsfrist von 7 Tagen gilt (OR 335*b* I).

– Ebenfalls möglich ist eine Aufhebungsvereinbarung. Diese ist auch vor Stellenantritt zulässig.

– Als weitere Möglichkeit kann François Oberson die Arbeitsstelle einfach nicht antreten. In diesem Fall hat aber das Restaurant Anspruch auf eine Entschädigung von einem Viertel des Monatslohns (OR 337*d* I). Zudem kann die Arbeitgeberin weiteren Schadenersatz fordern, sofern sie diesen belegen kann.

– Ist dem Restaurant kein oder nur ein geringer Schaden entstanden, kann der Richter den viertel Monatslohn als Schadenersatz kürzen (OR 337*d* II).

– Kann der Schadenersatzanspruch nicht verrechnet werden, muss er von der Arbeitgeberin innert 30 Tagen nach dem Nichtantritt durch Klage oder Betreibung geltend gemacht werden.

– Im vorliegenden Fall ist François Oberson die Kündigung des Arbeitsverhältnisses mit der gesetzlichen Kündigungsfrist von 7 Tagen zu empfehlen, falls kein Aufhebungsvertrag abgeschlossen werden kann.

*In welcher Höhe kann er Spesenersatz verlangen und wann muss er diesen geltend machen? [→Rz. 416 ff.]*

– Die Arbeitgeberin hat dem Arbeitnehmer Spesen im Zusammenhang mit der Arbeit zu erstatten (OR 327*a* I).

– Die gegenteilige Abrede ist nichtig (OR 327*a* III).

– Benützt der Arbeitnehmer seinen Privatwagen, so hat er Anspruch auf Spesen entsprechend den Kosten für Betrieb und Unterhalt nach Massgabe des Gebrauchs für die Arbeit (OR 327*b*).

– Die Spesen sind jeweils zusammen mit dem Lohn auszurichten (OR 327*c* I).

– François Oberson kann demnach zusammen mit der nächsten Lohnzahlung die Entschädigung der Fahr- und Verpflegungsspesen verlangen.

– Der Spesenanspruch verjährt innert 5 Jahren (OR 341 II i.V.m. OR 128). Allerdings darf mit der Geltendmachung der Spesen nicht missbräuchlich lange zugewartet werden.

# Fall 5: Armin Kunz bei der Simtech Maschinenbau AG

## Allgemeine Fragen

*Wie ist die Kündigung im Schweizer Arbeitsrecht geregelt?*

*Haftet ein Arbeitnehmer unter Umständen für die von ihm angerichteten Schäden?*

## Detailfragen

Armin Kunz ist 61-jährig und Vizedirektor der Simtech Maschinenbau AG. Er arbeitet bereits seit 38 Jahren für die Firma. Seine Anstellung erfolgte per Handschlag, weshalb bis heute nie ein schriftlicher Arbeitsvertrag abgeschlossen wurde. Im Rahmen eines Kostenreduktionsprogramms wurde sowohl in der Produktion als auch in der Chefetage massiv Personal abgebaut. Nun muss auch Armin Kunz regelmässig 47 bis 49 Stunden pro Woche arbeiten.

*Kann er für seine Zusatzarbeit eine Entschädigung verlangen?*

Das Kostenreduktionsprogramm zeigt kurzfristig zu wenig Wirkung, weshalb über die Simtech Maschinenbau AG der Konkurs eröffnet wird. Doch ein deutscher Konzern kauft alle Maschinen aus der Konkursmasse und stellt alle Arbeitnehmer über eine Auffanggesellschaft neu an. Dies gilt auch für Armin Kunz. Allerdings soll er nun einen Arbeitsvertrag unterschreiben, wonach Überstunden bereits mit dem Lohn abgegolten sind.

*Wie ist die arbeitsrechtliche Situation nach der Übernahme durch den deutschen Konzern zu beurteilen?*

Die neue Auffanggesellschaft, welche die Arbeitnehmer der früheren Simtech Maschinenbau AG übernommen hat, macht ihre Umsätze hauptsächlich in Deutschland und Österreich. Daher macht sie ihre Einnahmen hauptsächlich in Euro. Die Auffanggesellschaft gibt den Arbeitnehmern nun bekannt, dass die Löhne mit Stichtag per 31. des Vormonats in Euro umgerechnet und zukünftig in dieser Währung ausbezahlt würden.

*Ist die Lohnzahlung in Euro im vorliegenden Fall rechtlich zulässig?*

Armin Kunz wird in vier Jahren 65 Jahre alt. Er überlegt sich deshalb, ob eine vorzeitige Pensionierung für ihn nicht vorteilhafter wäre.

*Welche Auswirkungen hätten die ordentliche und die frühzeitige Pensionierung auf das Arbeitsverhältnis von Armin Kunz?*

## Antworten

### Allgemeine Fragen

*Wie ist die Kündigung im Schweizer Arbeitsrecht geregelt?*
*[→Rz. 533 ff., 545, 561 ff.]*

– Im schweizerischen Arbeitsrecht besteht Kündigungsfreiheit (OR 335 I).

– Gemäss OR 335 II muss der Kündigende (also auch der Arbeitnehmer) die Kündigung schriftlich begründen, wenn die andere Partei dies verlangt. Daraus kann aber nicht abgeleitet werden, dass ein besonderer Kündigungsgrund vorhanden sein muss.

– Die Kündigungsfristen betragen:
  – während der Probezeit: 7 Tage (OR 335b)
  – nach der Probezeit: 1–3 Monate (OR 335c)

– Eine Abänderung bedarf der Schriftform (OR 335c II).

– Es gilt von Gesetzes wegen Kündigungsparität (OR 335a I).

– Aus wichtigem Grund darf fristlos gekündigt werden (OR 337).

– Für Massenentlassungen gelten Sondervorschriften (OR 335d ff.).

– Es gibt einen zeitlichen (OR 336c) und einen sachlichen (OR 336) Kündigungsschutz. Erfolgt die Kündigung zur Unzeit, ist sie nichtig, erfolgt sie aus einem sachlich unzulässigen Grund (missbräuchlich), so ist sie gleichwohl gültig.

– Eine missbräuchliche Kündigung gibt Anspruch auf zusätzliche Entschädigung von bis zu 6 Monatslöhnen (OR 336).

– Bei auf über 10 Jahre eingegangenen befristeten Arbeitsverträgen kann mit Ablauf von 10 Jahren mit einer Kündigungsfrist von 6 Monaten gekündigt werden (OR 334 III).

*Haftet ein Arbeitnehmer unter Umständen für die von ihm angerichteten Schäden? [→Rz. 348, 369 ff., 467 ff.]*

– Der Arbeitnehmer hat die ihm übertragenen Arbeiten sorgfältig auszuführen (OR 321a).

– Er hat Maschinen, Arbeitsgeräte, technische Einrichtungen und Anlagen sowie Fahrzeuge der Arbeitgeberin fachgerecht zu bedienen (OR 321a II).

– Die Sorgfaltspflicht ist Vertragspflicht, deren Verletzung eine Schlechterfüllung darstellt und sich auf das Arbeitszeugnis oder auf die Kündigung auswirken kann, zudem besteht evtl. eine zivil- oder strafrechtliche Haftung.

– Der Arbeitnehmer haftet für den Schaden, den er der Arbeitgeberin absichtlich oder fahrlässig zufügt (OR 321*e* I).

– Das Mass der Sorgfalt, für die der Arbeitnehmer einzustehen hat, bestimmt sich nach dem einzelnen Arbeitsverhältnis, unter Berücksichtigung des Berufsrisikos, des Bildungsgrades oder der Fachkenntnisse, die zu der Arbeit verlangt werden, sowie der Fähigkeiten und Eigenschaften des Arbeitnehmers, die die Arbeitgeberin gekannt hat oder hätte kennen sollen (subjektiver Sorgfaltsmassstab).

– Für die Haftung des Arbeitnehmers gilt als Faustformel:
  – bei leichter Fahrlässigkeit: bis max. 1 Monatslohn
  – bei mittlerer Fahrlässigkeit: bis max. 2 Monatslöhne
  – bei grober Fahrlässigkeit: bis max. 3 Monatslöhne
  – bei Vorsatz: voller Schadenersatz

**Detailfragen**

*Kann er für seine Zusatzarbeit eine Entschädigung verlangen? [→Rz. 313 ff., 932 ff., 945 ff.]*

– Es ist zwischen Überstunden und Überzeit zu unterscheiden. Die Überstunden sind im OR und die Überzeit ist im ArG wie folgt geregelt:

– Überstundenbegriff (OR 321*c*): Jede Arbeit, welche die vertraglich festgelegte oder die übliche Arbeitszeit übersteigt und notwendig ist. Die Überstunden sind mit dem ordentlichen Lohn und einem Zuschlag von 25 % zu entschädigen, sofern nicht schriftlich etwas anderes vereinbart wird (OR 321*c* III).

– Überzeitbegriff (ArG 9 i.V.m. ArG 13): Jede Arbeit, welche die Höchstarbeitszeit gemäss ArG überschreitet (45 Std. bei Industrie- und Büropersonal sowie in Grossbetrieben des Detailhandels; 50 Std. bei übrigen Arbeitnehmern). Die Überzeit ist mit dem ordentlichen Lohn und einem Zuschlag von 25 % zu entschädigen, wobei der Zuschlag nicht wegbedungen werden kann (ArG 9 i.V.m. ArG 13).

– Eine Kompensation ohne Zuschlag ist sowohl bei Überstunden als auch bei Überzeit nur mit Einverständnis des Arbeitnehmers möglich.

– Leitende Arbeitnehmer sind dem Arbeitsgesetz nicht unterstellt (ArG 3 d); somit fallen sie auch nicht unter die Höchstarbeitszeitregelung dieses Gesetzes.

– Fraglich ist, ob leitende Arbeitnehmer uneingeschränkt Überstunden geltend machen können. Nach der bundesgerichtlichen Rechtsprechung haben sie nur dann einen Anspruch auf Überstundenentschädigung, wenn:

  – vertraglich eine feste Arbeitszeit vereinbart wurde,

  – zusätzliche Aufgaben über die vertraglich vereinbarten Pflichten hinaus übertragen werden,

  – die ganze Belegschaft während längerer Zeit in wesentlichem Umfang Überstunden leistet oder

  – die Bezahlung von Überstunden ausdrücklich vereinbart wurde.

– Der Arbeitnehmer ist zur Leistung von Überstunden verpflichtet, soweit diese notwendig und zumutbar sind (OR 321c).

– Es ist anzunehmen, dass Armin Kunz ein leitender Arbeitnehmer ist, bei dem nie über die Wegbedingung des Anspruches auf Überstundenentschädigung diskutiert wurde.

*Wie ist die arbeitsrechtliche Situation nach der Übernahme durch den deutschen Konzern zu beurteilen? [→Rz. 524 ff.]*

– Werden ganze Betriebe oder zumindest Betriebsteile übertragen, so gelangen grundsätzlich die Regeln der Betriebsübertragung (OR 333) zur Anwendung. Die Arbeitgeberin hat die Arbeitnehmervertretung oder, falls es keine solche gibt, die Arbeitnehmer rechtzeitig vor dem Vollzug des Übergangs zu informieren (OR 333a).

– Beim Übergang eines Arbeitsverhältnisses ist die Arbeitgeberin grundsätzlich von Gesetzes wegen zur Übernahme verpflichtet. Ein Wahlrecht steht grundsätzlich nur dem Arbeitnehmer zu (OR 333 I).

– Der Arbeitnehmer kann die Übernahme annehmen, dann gilt das bisherige Arbeitsverhältnis mit den bestehenden Vertragsbedingungen weiter; die bisherige Arbeitgeberin haftet mit der neuen Arbeitgeberin grundsätzlich solidarisch für alle Verpflichtungen aus dem Arbeitsvertrag bis zum Zeitpunkt, zu dem ordentlicherweise das Arbeitsverhältnis hätte aufgelöst werden können (OR 333 III).

– Der Arbeitnehmer kann die Übernahme ablehnen, dann endet das Arbeitsverhältnis mit dem nächsten gesetzlichen Kündigungstermin (OR 333 II).

– Wird der Betrieb oder Betriebsteil während einer Nachlassstundung, im Rahmen eines Konkurses oder eines Nachlassvertrages mit Vermögensabtretung übertragen, so geht das Arbeitsverhältnis mit allen Rechten und Pflichten nur dann auf den Erwerber über, wenn dies mit ihm so vereinbart wurde (OR 333*b*).

– Die Solidarhaftung von OR 333 III ist nicht anwendbar, wenn der Betrieb oder der Betriebsteil während einer Nachlassstundung, im Rahmen eines Konkurses oder eines Nachlassvertrages mit Vermögensabtretung übertragen wird (OR 333*b*).

– Im konkreten Fall geht das Arbeitsverhältnis nicht automatisch mit allen Rechten und Pflichten über. Eine Übernahme des Arbeitsverhältnisses zu geänderten Bedingungen bedarf zusätzlich der Zustimmung des Arbeitnehmers (OR 333*b*).

*Ist die Lohnzahlung in Euro im vorliegenden Fall rechtlich zulässig? [→Rz. 373 f.]*

– Der Arbeitsvertrag ist zwingend entgeltlich, wobei sowohl Geld- als auch Naturallohn zulässig sind (OR 322).

– Der Geldlohn ist in gesetzlicher Währung auszurichten (OR 323*b*).

– Die Vorgehensweise ist folglich rechtlich nicht zulässig; der Lohn ist ohne Einverständnis der Arbeitnehmer in Schweizer Franken auszuzahlen.

*Welche Auswirkungen hätten die ordentliche und die frühzeitige Pensionierung auf das Arbeitsverhältnis von Armin Kunz? [→Rz. 550 ff., 1028]*

– Die ordentliche Pensionierung stellt in der Regel eine Befristung des Arbeitsverhältnisses im Sinne einer Maximaldauer dar.

- Sofern die Beendigung des Arbeitsverhältnisses im Arbeitsvertrag oder in einer allfälligen Vorsorgevereinbarung (Pensionskassen-Reglement) vorgesehen ist, bedarf es keiner besonderen Erklärung, um das Arbeitsverhältnis mit Erreichung des Rücktrittsalters nach den entsprechenden Regeln zu beenden. Andernfalls muss gekündigt werden.

- Die Vorsorgevereinbarung stellt einen Teil des Arbeitsvertrags dar, da mit Beginn der Vorsorgeleistungen das Arbeitsverhältnis endet; in der Regel im auf den entsprechenden Geburtstag folgenden Monat.

- Die vorzeitige Pensionierung gleicht demgegenüber der Kündigung.

- Es werden zwei Arten von Leistungsberechnungen unterschieden, die einen Einfluss auf die Rente haben, weshalb eine frühzeitige Pensionierung in der Regel zu einer Rentenkürzung führt:

  - Beim Beitragsprimat richtet sich die Höhe der Leistungen streng nach den einbezahlten Beiträgen.

  - Beim Leistungsprimat richten sich die Leistungen nach einem bestimmten, in den Statuten festgesetzten Ziel, das nicht direkt von den individuell geleisteten Beiträgen abhängt. Auch hier kann aber nicht mehr verteilt werden, als früher eingenommen worden ist.

# Fall 6: Der Handelsreisende Walter Schneeberger

## Allgemeine Fragen

*Welche Konsequenzen hat der Tod der Arbeitgeberin?*

*Unter welchen Voraussetzungen ist ein arbeitsvertragliches Konkurrenzverbot gültig und durchsetzbar?*

## Detailfragen

Walter Schneeberger ist seit November 2011 als Handelsreisender bei einer bekannten Schweizer Skifabrik tätig. Da sein Lohn zu 70 % aus einem Fixum und zu 30 % aus Provision auf seinem eigenen Umsatz besteht, würde Walter Schneeberger im schneereichen Winter 2011/2012 eigentlich von Beginn weg sehr gut verdienen. In seinem Arbeitsvertrag wurde allerdings festgehalten, dass eine Probezeit von drei Monaten gelte und während dieser Zeit lediglich das Fixum ausbezahlt werde.

*Ist die Regelung, wonach während der Probezeit kein Provisionsanspruch besteht, gesetzlich zulässig?*

Während eines Besuchs am Hauptsitz der Skifabrik bemerkt Walter Schneeberger, dass drei Sekundarschüler, die 14 Jahre alt sind, im Verkaufsladen mithelfen. Sie sind für die Bereitstellung von Prospekten und anderem Werbematerial verantwortlich. Gemäss Aussage eines Mitarbeiters kommen sie jeweils während zwei Stunden an einem Nachmittag pro Woche als Verstärkung in den Betrieb, woran sie als skibegeisterte Jugendliche auch Freude hätten.

*Welche Vorschriften bezüglich Jugendarbeit kennt das Arbeitsrecht und ist die Beschäftigung der Jugendlichen im vorliegenden Fall zulässig?*

Walter Schneeberger findet es unerhört, dass sein Chef Jugendliche für die Mithilfe im Verkaufsladen anstellt. Er droht ihm deshalb, er werde die Sache im *Beobachter* publik machen. Doch der Chef warnt ihn eindringlich vor den Konsequenzen einer solchen Handlung mit dem Hinweis auf die zivilrechtliche und strafrechtliche Geheimhaltungspflicht der Arbeitnehmer.

*Welche Bedeutung hat die Geheimhaltungspflicht im Arbeitsrecht?*

Andauernde Auseinandersetzungen führen schliesslich zur ordentlichen Entlassung von Walter Schneeberger. Dieser macht aber geltend, er habe eine besondere Stellung, da er einen besonderen Einzelarbeitsvertrag abgeschlossen habe und geniesse deshalb auch einen besonderen Kündigungsschutz.

*In welchen Fällen liegt ein besonderer Einzelarbeitsvertrag vor und gelten für Walter Schneeberger tatsächlich besondere Kündigungsbestimmungen?*

## Antworten

### Allgemeine Fragen

*Welche Konsequenzen hat der Tod der Arbeitgeberin? [→Rz. 521 f.]*

– Mit dem Tod der Arbeitgeberin geht das Arbeitsverhältnis gemäss den Regeln des Betriebsübergangs (OR 333) auf die Erben über (OR 338a I) und erlischt nicht.

– Der Arbeitnehmer kann auf den nächsten gesetzlichen Kündigungstermin kündigen, ohne die evtl. längeren vertraglich vereinbarten Fristen einhalten zu müssen, falls er den Übergang des Arbeitsverhältnisses auf die Erben ablehnt (OR 333 II).

– Falls das Arbeitsverhältnis im Wesentlichen mit Blick auf die Person der Arbeitgeberin eingegangen wurde, erlischt es mit dem Tod der Arbeitgeberin. Es gelten die Regeln über die fristlose Kündigung, ggf. besteht ein Schadenersatzanspruch des Arbeitnehmers gegenüber den Erben (OR 338a II).

*Unter welchen Voraussetzungen ist ein arbeitsvertragliches Konkurrenzverbot gültig und durchsetzbar? [→Rz. 703 ff.]*

– Ein Konkurrenzverbot ist nur gültig, wenn es schriftlich vereinbart wird (OR 340 I); zudem muss der Arbeitnehmer im Verpflichtungszeitpunkt handlungsfähig sein, d.h., ein Minderjähriger kann kein gültiges Konkurrenzverbot vereinbaren.

– Ein Konkurrenzverbot muss sachlich, örtlich und zeitlich beschränkt sein (OR 340a); es darf nur unter besonderen Umständen mehr als drei Jahre dauern.

– Fehlt es an der Beschränkung, ist das Konkurrenzverbot nach herrschender Lehre und Rechtsprechung keineswegs nichtig, sondern nur herabsetzbar.

– OR 340 II setzt für ein verbindliches Konkurrenzverbot zudem voraus, dass der Arbeitnehmer Einblick in den Kundenkreis oder in Fabrikations- und Geschäftsgeheimnisse hat.

– Für die Einräumung eines Konkurrenzverbotes kann eine Entschädigung vereinbart werden (sog. Karenzentschädigung), doch ist eine solche in der Schweiz nicht gesetzlich vorgeschrieben.

– Das Konkurrenzverbot fällt weg, wenn die Arbeitgeberin nachweisbar kein Interesse mehr daran hat oder wenn sie das Arbeitsverhältnis auflöst, ohne dass der Arbeitnehmer ihr dazu einen begründeten Anlass gegeben hätte (OR 340c I und II).

– Zur Erleichterung der Durchsetzung des Konkurrenzverbots kann eine Konventionalstrafe vereinbart werden.

**Detailfragen**

*Ist die Regelung, wonach während der Probezeit kein Provisionsanspruch besteht, gesetzlich zulässig? [→Rz. 158]*

– Der Lohn kann aus einem Fixum und einer Provision bestehen (OR 349a I).

– Für die Probezeit von höchstens zwei Monaten kann der Lohn durch schriftliche Abrede frei bestimmt werden (OR 349a III).

– In casu wurde die Probezeit auf drei Monate ausgedehnt. Die Abmachung ist somit rechtswidrig. Walter Schneeberger hat deshalb im dritten Monat der Probezeit Anrecht auf die Provision zusätzlich zum Fixum.

*Welche Vorschriften bezüglich Jugendarbeit kennt das Arbeitsrecht und ist die Beschäftigung der Jugendlichen im vorliegenden Fall zulässig? [→Rz. 960 ff.]*

– Jugendliche im Sinne des ArG sind Arbeitnehmer bis zum vollendeten 18. Altersjahr.

– Für Jugendliche gelten besondere Vorschriften bezüglich Arbeits- und Ruhezeiten, welche in der ArGV 5 konkretisiert werden.

– Die Arbeitgeberin hat den Jugendlichen gegenüber eine gesteigerte Fürsorgepflicht, d.h., sie hat auf ihre Gesundheit gebührend Rücksicht zu nehmen und für die Wahrung der Sittlichkeit zu sorgen; Arbeiten, die mit besonderen Gefahren verbunden sind, dürfen deshalb von Jugendlichen überhaupt nicht ausgeübt werden (ArG 29).

– Nachtarbeit und Sonntagsarbeit sind für Jugendliche grundsätzlich verboten (ArG 31 IV).

– Jugendliche vor dem vollendeten 15. Altersjahr dürfen gar nicht beschäftigt werden (ArG 30 I), ausgenommen sind Botengänge und leichte Arbeiten ab 13 Jahren (ArG 30 II).

- Vor Vollendung des 16. Lebensjahres dürfen Jugendliche nur an Werktagen während höchstens neun Stunden arbeiten (ArG 31 I).
- Solange Jugendliche nicht das 16. Altersjahr vollendet haben, dürfen sie nicht zur Überzeitarbeit eingesetzt werden.
- Für die Bedienung von Gästen in Hotels, Restaurants und Cafés dürfen Jugendliche unter 16 Jahren nicht beschäftigt werden ArGV 5 5 II). Eine Ausnahme gilt für die berufliche Ausbildung (ArGV 5 5 II).
- Nach Vollendung des 16. Altersjahres dürfen Jugendliche nur an Werktagen und während höchstens neun Stunden arbeiten (ArG 31 I).
- Für die Bedienung von Gästen in Betrieben der Unterhaltung (Nachtlokale, Diskotheken, Dancings und Barbetriebe) dürfen Jugendliche gar nicht beschäftigt werden (ArGV 5 5 I).
- Keine Alterslimite besteht für kulturelle, sportliche oder künstlerische Darbietungen sowie für Werbetätigkeiten (ArG 30 II lit. b i.V.m. ArGV 5 7).
- Im vorliegenden Fall kann das Bereitstellen von Werbematerial wohl als leichte Arbeit betrachtet werden, welche ab einem Alter von 13 Jahren erlaubt ist.
- Gemäss ArGV 5 11 lit. a dürfen die Arbeiten während der Schulzeit höchstens drei Stunden pro Tag und neun Stunden pro Woche betragen. Auch diese Vorschrift ist eingehalten.

*Welche Bedeutung hat die Geheimhaltungspflicht im Arbeitsrecht? [→Rz. 353]*

- Während der Dauer des Arbeitsverhältnisses ist der Arbeitnehmer zu absoluter Geheimhaltung verpflichtet (OR 321a IV).
- Die Geheimhaltungspflicht umfasst alles, was die Arbeitgeberin geheim halten will, d.h. Fabrikationsgeheimnisse und Geschäftsgeheimnisse, aber auch persönliche und finanzielle Informationen, die die Arbeitgeberin betreffen.
- Es ist dabei unerheblich, ob der Arbeitnehmer die Geheimnisse per Zufall oder durch unerlaubte Handlung erfahren hat oder ob sie ihm anvertraut wurden.

*In welchen Fällen liegt ein besonderer Einzelarbeitsvertrag vor und gelten für Walter Schneeberger tatsächlich besondere Kündigungsbestimmungen? [→Rz. 144 ff., 162 f., 168 ff., 209]*

– Lehrvertrag (OR 344 ff.)

– Handelsreisendenvertrag (OR 347 ff.)

– Heimarbeitsvertrag (OR 351 ff.)

– z.B. Heuervertrag oder öffentlich-rechtliche Anstellung

– Im vorliegenden Fall liegt mit dem Handelsreisendenvertrag ein besonderer Einzelarbeitsvertrag vor. Bei der Entlassung von Walter Schneeberger sind deshalb die Bestimmungen in OR 350 und OR 350a zu beachten.

# Fall 7: Verwaltungsrat Dr. Urs Bösch

## Allgemeine Fragen

*Welche Konsequenzen hat das Nichtantreten einer Stelle für den Arbeitnehmer?*

*Was regelt die Erwerbsersatzordnung?*

## Detailfragen

Dr. Urs Bösch ist neu in den Verwaltungsrat der FMC gewählt worden. Bei einem Betriebsrundgang stellt er fest, dass die Arbeiter in der Produktionshalle den vorgeschriebenen Helm nicht tragen und rauchen.

*Kann Dr. Bösch als Verwaltungsrat die Mitarbeiter anweisen, die Schutzvorrichtungen zu benützen und die Vorschriften einzuhalten?*

Als Verwaltungsratsmitglied ist Dr. Bösch auch für die Ernennung der mit der Geschäftsführung betrauten Personen zuständig. Deshalb ist er auch beim Vorstellungsgespräch der neuen Marketingchefin anwesend. Da diese noch ziemlich jung zu sein scheint, will Dr. Bösch von ihr wissen, wann sie Kinder haben möchte, in welcher Partei sie ist, ob sie Raucherin ist und welchen Lohn sie bisher verdiente.

*Müssen diese Fragen nach Kinderwunsch, Raucherei und Lohnhöhe beantwortet werden?*

Da Andrea Hofmann ihr Studium mit sehr guten Noten abgeschlossen hat und auch ihre Referenzen vorangegangener Arbeitsverhältnisse positiv ausfallen, bekommt sie die Stelle als Marketingchefin bei der FMC. Bereits zwei Tage nach dem Vorstellungsgespräch erhält sie den Arbeitsvertrag zum Gegenzeichnen. Allerdings steht im ganzen Vertrag kein Wort von Kündigungsschutz.

*Kann sich Andrea Hofmann gegebenenfalls auf einen gesetzlichen Kündigungsschutz berufen?*

In den Anstellungsbedingungen der FMC ist festgehalten, dass bei Unfall oder Krankheit der Lohn während zwei Monaten weiter bezahlt wird, unabhängig vom Dienstalter des Arbeitnehmers. Andrea Hofmann hat mit Unterzeichnung des Arbeitsvertrags auch den Empfang dieser Anstellungsbedingungen unterschrieben.

*Gelten damit die Anstellungsbedingungen als verbindlich?*

## Antworten

### Allgemeine Fragen

*Welche Konsequenzen hat das Nichtantreten einer Stelle für den Arbeitnehmer? [→Rz. 326]*

- Tritt ein Arbeitnehmer die Arbeitsstelle nicht an, so hat die Arbeitgeberin Anspruch auf eine Entschädigung von einem Viertel des Monatslohns (OR 337*d* I).

- Die Arbeitgeberin kann überdies weiteren Schadenersatz fordern, sofern sie diesen belegen kann.

- Ist der Arbeitgeberin kein oder nur ein geringer Schaden entstanden, kann der Richter den viertel Monatslohn als Schadenersatz kürzen (OR 337*d* II).

- Kann der Schadenersatzanspruch nicht verrechnet werden, muss er von der Arbeitgeberin innert 30 Tagen nach dem Nichtantritt durch Klage oder Betreibung geltend gemacht werden.

*Was regelt die Erwerbsersatzordnung? [→Rz. 1045 f.]*

- Die Erwerbsersatzordnung (EO) versichert alle *Personen mit Wohnsitz oder Erwerbstätigkeit in der Schweiz* sowie (in besonderen Fällen) Personen, welche für eine schweizerische Arbeitgeberin im Ausland tätig sind.

- Sie gewährt durch Taggelder eine teilweise Deckung des Erwerbsausfalls aufgrund von *Militär-, Zivil- und Schutzdienst* sowie seit dem 1. Juli 2005 auch bei *Mutterschaft, nicht jedoch bei Schwangerschaft.*

- Die Finanzierung erfolgt *paritätisch* durch *Prämien* von Arbeitgeberin und Arbeitnehmer, die zusammen mit den Beiträgen für die AHV und IV erhoben werden und auch von den AHV-Ausgleichskassen verwaltet werden.

- Im Gegensatz zu AHV/IV leistet die öffentliche Hand keine eigenen Beiträge an die EO.

## Detailfragen

*Kann Dr. Bösch als Verwaltungsrat die Mitarbeiter anweisen, die Schutzvorrichtungen zu benützen und die Vorschriften einzuhalten? [→Rz. 329 ff., 453 ff., 939 ff.]*

- Handelt es sich bei der Arbeitgeberin um eine juristische Person, so kommuniziert sie über ihre Organe, z.B. den Verwaltungsrat bei einer AG. Dieser ist berechtigt und auch verpflichtet, die notwendigen Weisungen zu erlassen (OR 716a I).

- Die Arbeitgeberin kann gemäss OR 321d Weisungen zur Ausführung der Arbeit (Ziel- und Fachanweisungen) und Weisungen zum Verhalten im Betrieb erteilen (Verhaltensanweisungen und allgemeine Anordnungen); hier handelt es sich um Verhaltensanweisungen und allgemeine Anordnungen.

- Die Arbeitgeberin muss dafür sorgen, dass die Schutzvorschriften (Gesundheitsvorsorge, Unfallverhütung) eingehalten werden (vgl. auch ArG, Fürsorgepflicht OR 328).

- Das neue Bundesgesetz zum Schutz vor Passivrauchen statuiert ein generelles Rauchverbot für Arbeitsräume, in denen sich mehrere Beschäftigte aufhalten (z.B. Mehrpersonenbüros oder Fabrikhallen). Die Arbeitgeberin darf aber Raucherräume im Betrieb einrichten, sofern diese abgetrennt, besonders gekennzeichnet und mit ausreichender Belüftung versehen sind. Sie darf ihre Arbeitnehmer in diesen Räumen jedoch nicht beschäftigen.

*Müssen diese Fragen nach Kinderwunsch, Raucherei und Lohnhöhe beantwortet werden? [→Rz. 229 ff.]*

- Bei Vertragsverhandlungen haben sich beide Parteien nach Treu und Glauben zu verhalten; es darf deshalb beim Bewerbungsgespräch grundsätzlich von beiden Seiten nicht gelogen werden.

- Die Fragen nach Kinderwunsch und bisherigem Lohn stehen alle in keinem direkten Zusammenhang mit der neuen Arbeitsstelle und sind demnach unzulässig.

- Die Frage, ob der Arbeitnehmer Raucher/Nichtraucher ist, ist nicht zulässig.

- Stellt die Arbeitgeberin solche Fragen trotzdem, so würde der Arbeitnehmer die Stelle wohl nicht erhalten, wenn er die Antwort verweigert; in der Lehre wird deshalb ein «Notwehrrecht der Lüge» befürwortet.

- Der Ausdruck «Notwehrrecht der Lüge» ist nicht zutreffend, da keine eigentliche Notwehrsituation gegeben ist; der Bewerber kann sich der Situation auch durch Verweigerung der Antwort entziehen.
- Sinnvoller ist die dogmatische Einordnung als Konsequenz des Rechtsmissbrauchs. Der Bewerber hat kein Recht zur Lüge, die die Arbeitgeberin aber durch ihre eigene, rechtswidrige Frage provoziert. Führt sie dann die unwahre Antwort als Grund für eine Vertragsungültigkeit oder eine fristlose Kündigung auf, so beruft sie sich auf ihr eigenes rechtswidriges Handeln, was nach ZGB 2 II keinen Rechtsschutz findet.

*Kann sich Andrea Hofmann gegebenenfalls auf einen gesetzlichen Kündigungsschutz berufen? [→Rz. 561 ff.]*

- Andrea Hofmann kann sich sowohl auf den sachlichen als auch auf den zeitlichen Kündigungsschutz berufen, auch wenn dies im Vertrag nicht speziell vorgesehen ist.
- Zeitlicher Kündigungsschutz (OR 336c):
  - Während gewissen Zeiten (sog. Sperrzeiten) ist trotz der allgemeinen Kündigungsfreiheit keine ordentliche Kündigung durch die Arbeitgeberin möglich.
  - Der zeitliche Kündigungsschutz gilt erst nach Ablauf der Probezeit (OR 336c I).
  - Eine Kündigung während der Sperrzeiten ist nichtig, eine bereits laufende Kündigungsfrist wird während der Dauer unterbrochen.
  - Als Sperrzeiten zählt das Gesetz auf: Militär-, Zivil- und Schutzdienst, behördliche Hilfsaktionen, unverschuldete krankheits- oder unfallbedingte Arbeitsunfähigkeit, Schwangerschaft und 16 Wochen nach Niederkunft.
  - Die Sperrdauer im Falle von Krankheit oder Unfall ist begrenzt, wobei nach Bundesgericht mit jeder neuen Krankheit/Unfall eine neue Frist eingeräumt wird. Im ersten Dienstjahr beträgt die Sperrfrist 30 Tage, vom 2. bis 5. Dienstjahr 90 Tage und ab dem 6. Dienstjahr 180 Tage (OR 336c I lit. b).

– Sachlicher Kündigungsschutz (OR 336):

  – Im schweizerischen Arbeitsrecht gilt grundsätzlich Kündigungsfreiheit, dennoch werden gewisse Gründe als missbräuchlich qualifiziert, wobei die gesetzliche Aufzählung nicht abschliessend ist.

  – Der sachliche Kündigungsschutz gilt auch während der Probezeit.

  – Gesetzlich als missbräuchlich deklarierte Gründe: persönliche Eigenschaften (OR 336 I a), rechtmässige Ausübung verfassungsmässiger Rechte (OR 336 I b), Vereitelung von Ansprüchen oder Geltendmachung von Ansprüchen nach Treu und Glauben (OR 336 I c), Rachekündigung (OR 336 I d).

  – Bei missbräuchlicher Kündigung hat der Arbeitnehmer Anspruch auf bis zu 6 Monate Entschädigung zusätzlich zur ordentlichen Lohnzahlung während der Dauer der Kündigungsfrist (OR 336a II).

*Gelten damit die Anstellungsbedingungen als verbindlich? [→Rz. 269, 286, 438]*

– Da im Arbeitsrecht grundsätzlich Formfreiheit herrscht, genügt die Unterzeichnung der Anstellungsbedingung zum Beweis für deren Vereinbarung.

– Soweit gesetzliche Regelungen bestehen, ist jedoch in den OR 361 und 362 abzuklären, ob es sich um absolut oder relativ zwingende Gesetzesbestimmungen handelt.

– OR 324a gehört zu den faktisch relativ zwingenden Bestimmungen (vgl. OR Art. 324a Abs. 4) und kann demnach nur zugunsten des Arbeitnehmers geändert werden.

– Gemäss Gesetz und Gerichtspraxis hätte ein Arbeitnehmer im 6. Dienstjahr Anspruch auf rund 12 Wochen Lohnfortzahlung; die Regelung von fix 2 Monaten ist demnach schlechter und somit rechtsungültig.

## Fall 8: Angelo Balotelli bei der Pizza Palermo GmbH

### Allgemeine Fragen

*Wie sind die Ferien im schweizerischen Arbeitsrecht geregelt?*

*Wie ist die Teilzeitarbeit im Arbeitsrecht geregelt?*

### Detailfragen

Angelo Balotelli ist schon mit 21 Jahren «Senior Delivery Manager» der Pizza Palermo GmbH. Konkret besteht seine Aufgabe darin, die Pizzas auszuliefern. Kurz nachdem er von seinem Chef einen Auslieferauftrag mit den entsprechenden Pizzas erhalten hat, ruft ihn seine Freundin an, die schon seit 15 Minuten im «Old England Pub» auf ihn wartet. Angelo bleibt nichts anderes übrig, als seinem 15-jährigen Bruder den Lieferauftrag zu übertragen.

*Wie ist diese Stellvertretung rechtlich zu würdigen und darf die Arbeitgeberin in diesem Fall den Lohn des Arbeitnehmers reduzieren?*

Angelo Balotelli ist mit seiner Arbeitsstelle bei der Pizza Palermo GmbH nicht mehr zufrieden. Er überlegt sich, eine neue Stelle zu suchen. In seinem schriftlichen Arbeitsvertrag wurde eine Kündigungsfrist von 6 Monaten festgehalten.

*Ist eine solch lange Kündigungsfrist überhaupt zulässig?*

Bei der Bäckerei Egger in Kreuzlingen, wo sich Angelo Balotelli beworben hat, könnte er jeweils am Morgen Brote austragen, was ihm besser gefallen würde, da er dann am Abend nicht mehr so lange arbeiten müsste und somit mehr Zeit für seine Freundin hätte. Für das Vorstellungsgespräch müsste Angelo Balotelli jedoch einen Tag frei nehmen und mit dem Zug nach Kreuzlingen fahren.

*Kann Angelo Balotelli von der Bäckerei Egger eine Entschädigung für die Vorstellungskosten verlangen, wenn er die Stelle nicht erhält?*

Schliesslich bekommt Angelo Balotelli die Stelle bei der Bäckerei Egger. Nach einigen Jahren und einer zusätzlich absolvierten Buchhalter-Ausbildung übernimmt Angelo Balotelli einen Job im Büro der Bäckerei Egger und erhält dabei die Aufgabe der Budgeterstellung der Bäckerei. Doch bereits nach einem Jahr in der neuen Funktion stellt Angelo Balotelli mit Schrecken fest, dass die Liquidität der Bäckerei nicht mehr ausreicht, da er die sonst üblichen Budgetpositionen «AHV-Arbeitgeberbeiträge» und «13. Monatslohn» in seiner Kalkulation schlicht vergessen hat. In der Folge muss die Bäckerei Egger einen teuren Kredit bei der Credit Suisse aufnehmen.

*Kann die Bäckerei Egger nun Angelo Balotelli für den entstandenen Zinsaufwand haftbar machen?*

## Antworten

### Allgemeine Fragen

*Wie sind die Ferien im schweizerischen Arbeitsrecht geregelt? [→Rz. 488 ff.]*

- Jeder Arbeitnehmer hat Anspruch auf Ferien. Dieser Anspruch ergibt sich aus der Fürsorgepflicht der Arbeitgeberin und ist deshalb relativ zwingend (OR 329*a*).
- Bezüglich der Feriendauer gelten folgende Bestimmungen:
  - mindestens 4 Wochen pro Jahr (OR 329*a*)
  - Jugendliche bis zum vollendeten 20. Altersjahr 5 Wochen
  - bei unvollständigem Dienstjahr pro rata temporis
- Wenigstens 2 Ferienwochen müssen zusammenhängen (OR 329*c*).
- Der Ferienanspruch kann jedoch gekürzt werden:
  - verschuldete Arbeitsverhinderung: Kürzung um 1/12 pro voller Monat (OR 329*b* I)
  - unverschuldete Verhinderung: Kürzung um 1/12 ab 2. Monat (OR 329*b* II)
- Schwangerschaft: Kürzung um 1/12 ab 3. Monat (OR 329*b* III)
- Die Arbeitgeberin bestimmt den Zeitpunkt der Ferien, doch hat sie dabei auf die berechtigten Interessen des Arbeitnehmers Rücksicht zu nehmen. Betriebsferien gehen im Allgemeinen vor.
- Die Ferien dienen der Erholung des Arbeitnehmers. Verunfallt oder erkrankt der Arbeitnehmer in den Ferien, trifft die Arbeitgeberin eine Nachgewährungspflicht, unabhängig vom Grad der Arbeitsunfähigkeit.
- Während der Ferien hat die Arbeitgeberin den Lohn unverändert fortzuzahlen. Leistet der Arbeitnehmer jedoch während der Ferien entgeltliche Arbeit für einen Dritten, so kann der Ferienlohn verweigert werden (OR 329*d* III).
- Während der Vertragsdauer dürfen Ferien nicht durch Geld abgegolten werden. Lediglich bei unregelmässiger Teilzeitarbeit lässt das Bundesgericht eine Abgeltung in Form von Lohnprozenten (mindestens 8.33 % für 4 Wochen pro Jahr) zu, wobei dies auf jeder Lohnabrechnung separat auszuweisen ist.

- Der Arbeitnehmer muss lediglich die jährliche Höhe seines Ferienanspruches beweisen, die Arbeitgeberin hat den Bezug der Ferien zu beweisen.

- Ferienansprüche verjähren erst nach Ablauf von 5 Jahren (OR 341 II i.V.m. OR 128); gegenteilige Abmachungen sind nichtig.

*Wie ist die Teilzeitarbeit im Arbeitsrecht geregelt? [→Rz. 104, 314, 377, 480, 492, 506]*

- Grundsätzlich ist es unerheblich, ob ein Arbeitnehmer Voll- oder Teilzeit arbeitet; auch Teilzeitarbeitsverhältnisse werden wie normale Arbeitsverhältnisse behandelt (OR 319 II).

- Der Teilzeitangestellte hat die gleichen Rechte wie ein ganztags angestellter Mitarbeiter (z.B. Kündigungsschutz, Lohnfortzahlung bei Krankheit etc.).

- Auch beim Ferienanspruch ergeben sich keine Besonderheiten beim Teilzeitarbeitsvertrag. Ein Arbeitnehmer, der nur zu 50 % arbeitet, hat demnach auch einen gesetzlichen Ferienanspruch von 4 Wochen.

- In der Praxis zulässig ist die Abgeltung des Ferienanspruchs durch Ferienprozente (bei 4 Wochen Ferien mind. 8.33 %), wenn die Arbeitsleistung unregelmässig und nur in geringem Umfang erfolgt. Die Ferienabgeltung muss in der Lohnabrechnung klar ausgewiesen werden.

**Detailfragen**

*Wie ist diese Stellvertretung rechtlich zu würdigen und darf die Arbeitgeberin in diesem Fall den Lohn des Arbeitnehmers reduzieren? [→Rz. 303 f., 325 ff.]*

- Der Arbeitnehmer hat die vertraglich übernommene Arbeit persönlich zu leisten, sofern nicht etwas anderes vereinbart wurde (OR 321).

- Lediglich beim Heimarbeitsvertrag ist der Arbeitnehmer gemäss OR 351 berechtigt, Familienangehörige zur Arbeitserfüllung beizuziehen.

- Da im vorliegenden Fall eine gegenteilige Abrede fehlt, ist das Vorgehen von Angelo Balotelli gesetzeswidrig.

– Erfährt die Arbeitgeberin von der Arbeitsübertragung, kann sie eine Kündigung androhen. Da der Arbeitnehmer die Arbeitsleistung nicht selber erbracht hat, ist eine Kürzung des Lohnes möglich, analog einer Kürzung bei Arbeit für eine andere Arbeitgeberin in den Ferien des Arbeitnehmers.

– Wegen der Pflicht zur persönlichen Arbeitsleistung muss Angelo Balotelli im Verhinderungsfalle deshalb auch keinen Ersatz stellen.

*Ist eine solch lange Kündigungsfrist überhaupt zulässig? [→Rz. 582 ff.]*

– Gemäss OR 334 III kann ein auf mehr als 10 Jahre befristet abgeschlossenes Arbeitsverhältnis jederzeit mit einer Kündigungsfrist von 6 Monaten auf das Ende eines Monats gekündigt werden. Schon aus dieser Bestimmung ergibt sich, dass Kündigungsfristen von 6 Monaten ohne Weiteres zulässig sind.

– Gesetzlich sind die Kündigungsfristen wie folgt geregelt:
  – während der Probezeit: 7 Tage (OR 335*b*)
  – im 1. Dienstjahr: 1 Monat
  – im 2.–9. Dienstjahr: 2 Monate
  – ab dem 10. Dienstjahr: 3 Monate

– Eine Abänderung dieser Kündigungsfristen ist zulässig, bedarf aber der Schriftform.

*Kann Angelo Balotelli von der Bäckerei Egger eine Entschädigung für die Vorstellungskosten verlangen, wenn er die Stelle nicht erhält? [→Rz. 247 f.]*

– Da keine entsprechende Vereinbarung getroffen wurde, ist unklar, ob die Bäckerei Egger diese Kosten zu übernehmen hat.

– In folgenden Fällen könnte ein Entschädigungsanspruch geltend gemacht werden:

– War die Bäckerei Egger an der Bewerbung gar nicht (mehr) ernstlich interessiert, so hat sie Angelo Balotelli von vornherein unnütze Kosten verursacht. Sie haftet aus culpa in contrahendo.

– Wird Angelo Balotelli angestellt, könnte man eine Vorwirkung des Arbeitsvertrags annehmen und darin eine Anspruchsgrundlage sehen. Ein solcher Anspruch ist aber im Gesetz nicht vorgesehen.

– Ein Teil der Lehre geht bezüglich des Anstellungsgespräches von einem Auftrag aus. Die ablehnende Meinung wird damit begründet, dass die Arbeitgeberin den Arbeitnehmer nur aufgefordert habe, eine Offerte einzureichen. Demnach besteht nur ein Ersatzanspruch, wenn ein solcher vereinbart worden ist.

– Im vorliegenden Fall ist davon auszugehen, dass Angelo Balotelli auch bei Ablehnung keinen Entschädigungsanspruch gegenüber der Bäckerei geltend machen kann.

*Kann die Bäckerei Egger nun Angelo Balotelli für den entstandenen Zinsaufwand haftbar machen? [→Rz. 348, 369 ff., 466 ff.]*

– Der Arbeitnehmer hat die ihm übertragenen Arbeiten sorgfältig auszuführen (OR 321a).

– Er hat Maschinen, Arbeitsgeräte, technische Einrichtungen und Anlagen sowie Fahrzeuge der Arbeitgeberin fachgerecht zu bedienen (OR 321a II).

– Die Sorgfaltspflicht ist Vertragspflicht, deren Verletzung eine Schlechterfüllung darstellt und sich auf das Arbeitszeugnis oder auf die Kündigung auswirken kann, zudem besteht evtl. eine zivil- oder strafrechtliche Haftung.

– Das Mass der Sorgfalt bestimmt sich unter Berücksichtigung des Berufsrisikos, des Bildungsgrades und der Fähigkeiten des Arbeitnehmers (subjektiver Sorgfaltsmassstab).

– Der Arbeitnehmer haftet nach OR 321e I entsprechend folgender Faustformel:

  – bei leichter Fahrlässigkeit: bis max. 1 Monatslohn

  – bei mittlerer Fahrlässigkeit: bis max. 2 Monatslöhne

  – bei grober Fahrlässigkeit: bis max. 3 Monatslöhne

  – bei Vorsatz: voller Schadenersatz

– Im konkreten Fall durfte die Arbeitgeberin aufgrund der von Angelo Balotelli absolvierten Buchhalter-Ausbildung erwarten, dass er zumindest die elementaren Budgetpositionen berücksichtigt.

– Die vergessenen Positionen «AHV-Arbeitgeberbeiträge» und «13. Monatslohn» sind in der Buchhaltung durchaus üblich, weshalb die Nichtberücksichtigung im Budget sogar als mittlere Fahrlässigkeit eingestuft werden könnte.

# Fall 9: Die Auszubildende Martina Gerber

## Allgemeine Fragen

*Wie ist die Treuepflicht des Arbeitnehmers geregelt?*

*Was versteht man unter Anschlussfreiheit im Zusammenhang mit einem GAV?*

## Detailfragen

Martina Gerber absolviert ihre Lehre als kaufmännische Angestellte bei einem grossen Nahrungsmittelhersteller. Sie verdient pro Monat CHF 150.– weniger als ihre Lehrlingskollegin in einem Anwaltsbüro. Dafür kann Martina Gerber aus dem Fabrikladen vergünstigt Produkte ihrer Arbeitgeberin beziehen.

*Ist diese Regelung gesetzlich zulässig?*

Die Betriebsordnung der Firma, in welcher Martina Gerber arbeitet, sieht vor, dass keine privaten Daten und Programme auf den Computern der Firma gespeichert werden dürfen. Bei einem Verstoss gegen diese Weisung können Bussen bis CHF 200.– und ein Entzug der Vergünstigungen im Fabrikladen angeordnet werden.

*Was regelt eine Betriebsordnung, wo kommt sie zur Anwendung und ist eine solche Betriebsordnung rechtlich zulässig?*

Zudem zählt die Betriebsordnung u.a. auch die Feiertage auf. Dazu gehört explizit der 1. August. Da dieser im ersten Lehrjahr auf einen Sonntag fällt, erwartet Martina Gerber, dass sie nun einen Tag zusätzlich frei hat.

*Wie ist der Anspruch auf Nachgewährung von Feiertagen rechtlich zu beurteilen?*

Nachdem Martina Gerber die Lehre abgeschlossen hat und ein weiteres Jahr für ihre Arbeitgeberin tätig gewesen ist, möchte sie ihre bisherige Stelle verlassen und in eine andere Branche wechseln. Sie kündigt den Arbeitsvertrag ordentlich und verlangt von ihrer Arbeitgeberin ein Arbeitszeugnis. Darin steht, Frau Gerber habe «für ihre Arbeit Verständnis gezeigt» und die «ihr übertragenen Aufgaben ordnungsgemäss erledigt».

*Wie ist das Arbeitszeugnis rechtlich geregelt?*

*Handelt es sich bei diesen Angaben im Arbeitszeugnis um verschlüsselte Zeugnis-Codes und wie wären sie gegebenenfalls rechtlich zu beurteilen?*

## Antworten

### Allgemeine Fragen

*Wie ist die Treuepflicht des Arbeitnehmers geregelt? [→Rz. 349 ff.]*

– Unter der Treuepflicht (OR 321*a*) ist der Arbeitnehmer gehalten, die berechtigten Interessen der Arbeitgeberin in guten Treuen zu wahren.

– Die Treuepflicht ist eine *relative Pflicht*, die nur soweit besteht, wie sie zur Erreichung und Sicherung des Arbeitserfolgs – bestimmt durch die Umschreibung der Arbeitspflicht – nötig ist.

– Gesetz, Rechtsprechung und Lehre konkretisieren die allgemeine Treuepflicht in verschiedene Einzelpflichten (z.B. Schwarzarbeitsverbot, Geheimhaltungspflicht, Schmiergeldverbot, Pflicht zu loyalem Verhalten, Informationspflicht, Rechenschafts- und Herausgabepflicht, Rückzahlungspflicht für Ausbildungskosten).

– Grundsätzlich darf der Arbeitnehmer ausserhalb der Arbeitszeit für sich oder Dritte Arbeit leisten, sofern er dadurch seine Treuepflicht nicht verletzt.

– Die Treuepflicht wird verletzt, wenn eine entgeltliche Nebentätigkeit ohne Zustimmung der Arbeitgeberin oder in Konkurrenz zu dieser ausgeübt wird (OR 321*a* III).

– Auch eine unentgeltliche Nebentätigkeit kann die Treuepflicht verletzen, wenn die Kräfte des Arbeitnehmers dadurch so strapaziert werden, dass er seiner Arbeitspflicht nicht mehr voll nachzukommen vermag.

*Was versteht man unter Anschlussfreiheit im Zusammenhang mit einem GAV? [→Rz. 838 ff.]*

– Jeder Arbeitnehmer und jede Arbeitgeberin der Branche kann sich einem GAV durch schriftliche Anschlusserklärung nachträglich anschliessen, sofern die übrigen Vertragsparteien zustimmen (OR 356*b*).

– Durch den Anschluss wird der Arbeitnehmer oder die Arbeitgeberin nicht Vertragspartei, sondern nur Beteiligter.

– Die normativen Bestimmungen entfalten direkte Wirkung, nicht jedoch die direkt-schuldrechtlichen; indirekt-schuldrechtliche nur, falls sich der sich Anschliessende den Vertragsparteien gegenüber zur Einhaltung verpflichtet.

– Zur Deckung der Kontroll- und Vollzugskosten können Solidaritätsbeiträge erhoben werden.

**Detailfragen**

*Ist diese Regelung gesetzlich zulässig? [→Rz. 144 ff., 375 ff.]*

– Der Lehrvertrag ist als spezieller Arbeitsvertrag mit dem Hauptinhalt der umfassenden und systematischen Ausbildung gesetzlich geregelt (OR 344 ff.).

– Gesetzliche Grundlage ist neben dem OR das BBG.

– Der Lehrvertrag ist von einer kantonalen Behörde zu genehmigen, was im Falle einer inkorrekten Regelung nicht erfolgt wäre.

– Die «Produktebezugs-Regelung» ist so zu verstehen, dass diese Produkte unabhängig vom Lehrlingslohn vergünstigt bezogen werden können, d.h., mit anderen Worten wäre der Lehrlingslohn nicht höher, wenn diese Regelung nicht bestehen würde.

– Nicht zulässig wäre es hingegen, einem Arbeitnehmer einen Teil seines Lohnes in von der Arbeitgeberin produzierten Produkten auszubezahlen (Truckverbot; OR 323b III).

*Was regelt eine Betriebsordnung, wo kommt sie zur Anwendung und ist eine solche Betriebsordnung rechtlich zulässig? [→Rz. 335, 343 ff., 870 ff.]*

– Eine Betriebsordnung ist nur für industrielle Betriebe vorgeschrieben und beinhaltet zwingend Vorschriften über Gesundheitsvorsorge, Unfallverhütung, Ordnung im Betrieb und Verhalten der Arbeitnehmer.

– Auch ohne Betriebsordnung können allgemeine Disziplinarmassnahmen verfügt werden. Dazu gehören Verweise, Verwarnungen und die Entlassung.

– Geldbussen, Lohnkürzungen, Nacharbeit und Versetzung gelten als besondere Disziplinarmassnahmen bzw. Ordnungsstrafen. Sie bedürfen als solche einer angemessenen Regelung in der Betriebsordnung.

– Eine angemessene Regelung in der Betriebsordnung liegt nur dann vor, wenn die mit Ordnungsstrafe bedrohten Handlungen hinreichend beschrieben sind und ein Verfahren der Strafverhängung vorgesehen ist, das rechtsstaatlichen Anforderungen genügt.

– Die Bussen und der Entzug der Vergünstigungen sind als besondere Disziplinarmassnahmen zu qualifizieren und bedürfen deshalb der Regelung in der Betriebsordnung. Diese ist vom zuständigen kantonalen Amt zu genehmigen.

*Wie ist der Anspruch auf Nachgewährung von Feiertagen rechtlich zu beurteilen? [→Rz. 485 ff., 953 f.]*

– Die Kantone können höchstens acht Feiertage im Jahr den Sonntagen gleichstellen.

– Der 1. August ist ein nationaler Feiertag (BV 110 III bzw. ArG 20*a* I).

– Die religiös oder historisch motivierten Feiertage gemäss der polizeirechtlichen Ruhetagsgesetzgebungen der Kantone gelten nicht als Feiertage im Sinne des ArG; die ausfallende Arbeitszeit kann vor- oder nachgeholt werden.

– Die Arbeitnehmer können auch bei kantonal nicht anerkannten Feiertagen von der Arbeit fernbleiben (ArG 20*a* II), müssen sie aber entsprechend nachholen (ArG 11).

– Kein Anspruch auf Nachgewährung besteht, wenn die Feiertage nicht in die Arbeitszeit fallen. Demnach findet in diesem Fall keine Nachgewährung statt.

*Wie ist das Arbeitszeugnis rechtlich geregelt?*

*Handelt es sich bei diesen Angaben im Arbeitszeugnis um verschlüsselte Zeugnis-Codes und wie wären sie gegebenenfalls rechtlich zu beurteilen? [→Rz. 695 ff.]*

– Der Arbeitnehmer kann jederzeit ein Arbeitszeugnis verlangen (OR 330*a* I).

– Ein Zeugnis kann sowohl während des Arbeitsverhältnisses (Zwischenzeugnis) als auch erst bei Beendigung des Arbeitsverhältnisses verlangt werden (Schlusszeugnis).

– Der Arbeitnehmer kann wählen zwischen einem Vollzeugnis (inkl. Leistungen und Verhalten) und einer reinen Arbeitsbestätigung (enthält nur Angaben zu Art und Dauer des Arbeitsverhältnisses).

– Der Arbeitnehmer hat Anspruch auf ein wahres und schonendes Zeugnis (OR 330*a* II).

– Wird kein Arbeitszeugnis ausgestellt oder ist es unnötigerweise negativ, kann der Arbeitnehmer durch das Arbeitsgericht die Arbeitgeberin gegebenenfalls zur Abgabe eines wahren Zeugnisses verpflichten.

– Hier wurden sog. Zeugnis-Codes verwendet. Die Formulierungen: «für ihre Arbeit Verständnis gezeigt» und die «ihr übertragenen Aufgaben ordnungsgemäss erledigt» bedeuten im Klartext, dass es sich um eine bequeme Mitarbeiterin handelt, die kein besonderes Engagement zeigte.

– Zeugnis-Codes verstossen gegen den Grundsatz der Zeugnisklarheit und widersprechen Treu und Glauben. Sie sind deshalb unzulässig, auch wenn sie in der Praxis teilweise noch verwendet werden.

## Fall 10: Landi-Mitarbeiter Silvan Sommer

### Allgemeine Fragen

*Was ist ein Streik, welche Arten gibt es und wann ist er rechtmässig?*

*Welche Konsequenzen hat der Tod des Arbeitnehmers?*

### Detailfragen

Im Kanton St. Gallen bestehen zwölf Verkaufsläden einer landwirtschaftlichen Genossenschaft, welche unter der Marke Landi günstige Produkte speziell für den landwirtschaftlichen Bedarf anbieten. Um die unterschiedlichen Anstellungsbedingungen in den einzelnen Verkaufsläden zu harmonisieren, möchte der Personalchef der kantonalen Genossenschaft einen Normalarbeitsvertrag erlassen.

*Ist der Normalarbeitsvertrag dafür das richtige Mittel und kann er von der kantonalen Genossenschaft für das landwirtschaftliche Verkaufspersonal im Kanton St. Gallen eingeführt werden?*

Landi-Mitarbeiter Silvan Sommer würde sich gerne einen neuen BMW kaufen, ist jedoch gerade etwas knapp bei Kasse. Wegen des guten Verhältnisses zu seinem Chef erhält er von ihm ein Darlehen für den Autokauf. Die Rückzahlung wird so vereinbart, dass Silvan Sommer während 10 Monaten jeweils CHF 2'000 vom Lohn abgezogen werden.

*Ist diese Rückzahlungsvereinbarung zulässig?*

Im Zusammenhang mit seiner Arbeitstätigkeit bei der Landi fährt Silvan Sommer regelmässig die Strecke St. Gallen – Bern mit dem Auto. Silvan Sommer ist überzeugt, dass diese Strecke immer gefährlicher wird und die Fahraufträge letztlich seine Gesundheit gefährden. Er weigert sich deshalb, weitere Fahrten für die Landi auszuführen.

*Kann er sich tatsächlich weigern, die Weisungen des Chefs auszuführen mit dem Hinweis auf den Schutz der Gesundheit?*

Silvan Sommer möchte sich in zwei Jahren frühpensionieren lassen und hat sein Vorhaben bereits detailliert geplant. Leider kommt es ganz anders, als Silvan Sommer es sich vorgestellt hat, und über die Landi wird noch vor seiner Frühpensionierung der Konkurs eröffnet.

*Welche Konsequenzen hat der Konkurs für das Arbeitsverhältnis von Silvan Sommer?*

## Antworten

### Allgemeine Fragen

*Was ist ein Streik, welche Arten gibt es und wann ist er rechtmässig? [→Rz. 896 ff.]*

– Streik ist die durch eine Gewerkschaft organisierte, gemeinschaftliche Verweigerung der geschuldeten Arbeitsleistung durch mehrere Arbeitnehmer zum Zweck der Durchsetzung bestimmter Arbeitsbedingungen.

– Die Arbeitsniederlegung kann auf unterschiedliche Weise geschehen:
  – Die Streikenden erscheinen nicht am Arbeitsplatz.
  – Die Streikenden erscheinen am Arbeitsplatz, arbeiten aber nicht.
  – Die Streikenden melden sich grundlos krank.

– Je nach Umfang des Streiks wird unterschieden:
  – Generalstreik: Alle organisierten Arbeitnehmer streiken, die Wirtschaft wird lahmgelegt.
  – Vollstreik: Alle organisierten Arbeitnehmer der bestreikten Betriebe legen ihre Arbeit nieder.
  – Teilstreik: Nur ein Teil der organisierten Arbeitnehmer legt die Arbeit nieder.

– Gemäss Bundesgericht ist ein Streik rechtmässig, wenn:
  – Es sich um eine tariffähige Organisation handelt; und
  – Der Streik durch GAV regelbare Ziele verfolgt; und
  – Die Friedenspflicht eingehalten wird; und
  – Das Verfahren gemäss Koalitionssatzungen durchgeführt wird; und
  – Der Streik verhältnismässig ist.

*Welche Konsequenzen hat der Tod des Arbeitnehmers? [→Rz. 556 ff., 678 ff., 688 ff.].*

– Das Arbeitsverhältnis erlischt mit dem Tod des Arbeitnehmers (OR 338 I).
– Mit Beendigung werden alle Forderungen fällig (OR 339 I).

– Das Gesetz gewährt einen Gehaltsnachgenuss im Todesfall des Arbeitnehmers zugunsten des überlebenden Ehegatten, der eingetragenen Partnerin, des eingetragenen Partners oder minderjähriger Kinder (OR 338 II):

   – bei unter 5 Dienstjahren 1 Monatslohn
   – ab 5 Dienstjahren 2 Monatslöhne

Stirbt ein über 50 Jahre alter Arbeitnehmer nach über 20 Dienstjahren, so hat die Arbeitgeberin dem überlebenden Ehegatten oder den minderjährigen Kindern eine Abgangsentschädigung auszurichten (OR 339*b* II). Allerdings hat diese gesetzliche Abgangsentschädigung heute kaum mehr eine Bedeutung, da gemäss OR 339*d* die Leistungen von einer Personalfürsorgeeinrichtung angerechnet werden und die berufliche Vorsorge für die meisten Arbeitnehmer obligatorisch ist. Arbeitnehmer mit einen Jahreslohn von mehr als CHF 21'150 unterstehen der obligatorischen Versicherung (BVG 2). Betreffend Vererbung von Ansprüchen aus Frienguthaben ist ein Lehrstreit im Gange.

**Detailfragen**

*Ist der Normalarbeitsvertrag dafür das richtige Mittel und kann er von der kantonalen Genossenschaft für das landwirtschaftliche Verkaufspersonal im Kanton St. Gallen eingeführt werden? [→Rz. 859 ff.]*

– Der NAV ist eine vom Kanton oder Bund erlassene Rechtsverordnung, welche für bestimmte Arbeitsverhältnisse unmittelbar anwendbare Bestimmungen über Abschluss, Inhalt und Beendigung des Arbeitsverhältnisses enthält (OR 359*a*).

– Demgemäss ist der NAV im Gegensatz zum GAV keine vertragliche Vereinbarung.

– Eine individuelle vertragliche Abmachung in Abweichung zum NAV ist möglich.

– Der NAV hat nur eine geringe Bedeutung; die Kantone müssen aber für landwirtschaftliche Arbeitnehmer und solche im Hausdienst NAV erlassen (OR 359 II).

– Im vorliegenden Fall kann die kantonale Genossenschaft keinen NAV erlassen. Das richtige Mittel wäre stattdessen ein Standardeinzelarbeitsvertrag als Mustervorlage, welcher von den einzelnen Verkaufsläden zu übernehmen wäre.

*Ist diese Rückzahlungsvereinbarung zulässig? [→Rz. 414]*

– Im vorliegenden Fall ist zuerst abzuklären, ob es sich um eine Lohnzession oder eine Verrechnung handelt, da unterschiedliche Regelungen gelten:

  – Lohnzessionen sind gemäss OR 325 nur zur Sicherung familienrechtlicher Unterhalts- und Unterstützungspflichten zulässig.

  – Verrechnungen sind gemäss OR 323*b* II nur zulässig, soweit der Lohn pfändbar ist; dabei ist das Existenzminimum des Arbeitnehmers zu beachten.

– Hier wird der Lohn nicht im Voraus zur Sicherung des Darlehens abgetreten, sondern es erfolgt eine monatliche Abzahlung. Diese wird mit dem Lohn verrechnet. Das ist grundsätzlich zulässig.

– Sofern der monatliche Abzug von CHF 2'000 das Existenzminimum unterschreitet, ist der Abzug entsprechend anzupassen. Wurde die Verrechnung bereits vorgenommen, hat Silvan Sommer ein Rückforderungsrecht.

*Kann er sich tatsächlich weigern, die Weisungen des Chefs auszuführen mit dem Hinweis auf den Schutz der Gesundheit? [→Rz. 329 ff.]*

– Die Arbeitgeberin kann Weisungen zur Ausführung der Arbeit (Zielanweisungen und Fachanweisungen) und Weisungen zum Verhalten im Betrieb erteilen (Verhaltensanweisungen und allgemeine Anordnungen) (OR 321*d*).

– Das Weisungsrecht findet seine Grenzen im Prinzip von Treu und Glauben sowie im Persönlichkeitsrecht des Arbeitnehmers (OR 328), wonach auch auf die Gesundheit des Arbeitnehmers Rücksicht zu nehmen ist; eine Weisung, welche die Gesundheit beeinträchtigt, muss deshalb gemäss ZGB 2 II nicht beachtet werden.

– Im vorliegenden Fall handelt es sich um eine Fachanweisung, welche die Gesundheit nicht übermässig beeinträchtigt, da Tausende von Autofahrern diese Strecke jeden Tag freiwillig befahren und Autounfälle überall passieren können; die Weisung ist deshalb zu befolgen.

*Welche Konsequenzen hat der Konkurs für das Arbeitsverhältnis von Silvan Sommer? [→Rz. 523, 530, 1041]*

- Der Konkurs lässt das Arbeitsverhältnis nicht erlöschen.

- Der Arbeitnehmer kann aber das Arbeitsverhältnis fristlos beenden, wenn ihm für seinen Lohn keine Sicherheit bestellt wird (OR 337*a*).

- Die Lohnforderung wird in jedem Falle, also auch bei einer fristlosen Kündigung wegen fehlender Sicherstellung, gemäss SchKG 219 IV lit. a in der ersten Konkursklasse kolloziert (sog. Arbeitnehmerprivileg).

- Beschliesst die Gläubigerversammlung, den Betrieb weiterzuführen, so bleibt der Arbeitsvertrag bestehen, und der Lohn wird zur Massenschuld.

- Die Lohnforderungen für 4 Monate vor Beendigung des Arbeitsverhältnisses werden für den Fall der Insolvenz der Arbeitgeberin durch die Insolvenzentschädigung aus der Arbeitslosenversicherung bezahlt.

- Würde der Betrieb im Rahmen eines Konkurses übertragen, so würde das Arbeitsverhältnis nicht automatisch mit allen Rechten und Pflichten auf die neue Betriebsinhaberin übergehen, sondern nur dann, wenn dies mit ihr so vereinbart worden wäre und der Arbeitnehmer den Übergang nicht ablehnen würde (OR 333*b*).

# Fall 11: CFO Dr. Franz Steiger

**Allgemeine Fragen**

*Welches sind die Kriterien zur Abgrenzung eines Arbeitsvertrags vom Auftrag?*

*Wie ist die Probezeit beim Arbeitsverhältnis im Gesetz geregelt?*

**Detailfragen**

Dr. Franz Steiger ist CFO der Bank AG. Seit einem Jahr arbeitet er regelmässig 50 Stunden pro Woche, obwohl die übliche Arbeitszeit in dieser Bank lediglich 42 Stunden beträgt. Dies ist darauf zurückzuführen, dass die Bank infolge eines Effizienzsteigerungsprogramms auch in der Geschäftsleitung Personal abbauen musste und Dr. Franz Steiger nun zusätzlich für das Personalwesen zuständig ist.

*Kann Dr. Franz Steiger für seine Zusatzarbeit eine Entschädigung verlangen?*

Im Rahmen des Effizienzsteigerungsprogramms wird für die Bank AG auch ein Disziplinarreglement erlassen. Danach können Mitarbeiter bei Verstoss gegen Weisungen oder fehlerhafter Arbeitsleistung mit folgenden Disziplinarmassnahmen bestraft werden: Verwarnung, Busse, Lohnkürzung, Rückversetzung in die Probezeit, Entlassung.

*Ist eine Disziplinarordnung grundsätzlich zulässig und sind diese Disziplinarmassnahmen rechtlich korrekt?*

Die Bank AG wird von einem internationalen Bankenkonzern geleitet. Dieser führt seine Tochtergesellschaften mit konkreten Weisungen an die Geschäftsleitung. Um weitere Kosten zu sparen, erteilt der Verwaltungsrat der Holdinggesellschaft dem CFO Dr. Franz Steiger die Weisung, seinen Arbeitsplatz von St. Gallen nach Frankfurt an den Hauptsitz zu verlegen. Gleichzeitig ordnet er an, dass der Marketingchef der Bank AG wöchentlich einmal zum Rapport nach Frankfurt reist. Zudem sei der 55-jährige COO Moritz Ludwig umgehend zu entlassen.

*Sind die Weisungen des Verwaltungsrats der Holdinggesellschaft rechtsverbindlich?*

Dr. Franz Steiger erkrankt zwei Jahre vor seiner Pensionierung an Lungenkrebs. Er muss operiert werden und ist ein Jahr lang arbeitsunfähig. Sein Arzt ist überzeugt, dass der Lungenkrebs darauf zurückzuführen ist, dass Dr. Franz Steiger jahrelang starker Raucher war. Selbst die Warnungen seiner Arbeitskollegen schlug er in den Wind.

*Trifft die Bank AG eine Lohnfortzahlungspflicht?*

## Antworten

### Allgemeine Fragen

*Welches sind die Kriterien zur Abgrenzung eines Arbeitsvertrags vom Auftrag? [→Rz. 100 ff., 127 ff.]*

- Allgemeine Kriterien für den Arbeitsvertrag sind: Arbeitspflicht, Entgeltlichkeit, Subordinationsverhältnis, Dauerschuldverhältnis (OR 319).
- Auch der Auftrag verpflichtet zur Erbringung einer Dienstleistung (OR 394 I), aber:
  - Er ist nur entgeltlich, wenn dies so verabredet oder üblich ist (OR 394 III).
  - Es fehlt am Subordinationsverhältnis. Auch der Auftraggeber hat eine gewisse Weisungsbefugnis, doch nicht im Umfang der Arbeitgeberin, und der Beauftragte ist nicht in die Arbeitsorganisation eingegliedert.
- Im Gegensatz zum Arbeitsvertrag kann der Auftrag nach OR 404 von beiden Seiten jederzeit ohne Einhaltung einer Kündigungsfrist aufgelöst werden.

*Wie ist die Probezeit beim Arbeitsverhältnis im Gesetz geregelt? [→Rz. 146, 281 ff., 582]*

- Im unbefristeten Arbeitsverhältnis gilt der erste Monat als Probezeit (OR 335b I).
- Durch schriftliche Abrede, NAV oder GAV kann die Probezeit auf maximal 3 Monate verlängert werden (OR 335b II).
- Die Vereinbarung einer Probezeit von mehr als 3 Monaten oder die Rückversetzung in die Probezeit ist gesetzeswidrig und daher nichtig.
- Beim Lehrvertrag beträgt die Probezeit ein bis drei Monate. Mangels anderer Abrede wird im Gegensatz zum Einzelarbeitsvertrag eine Probezeit von drei Monaten vermutet (OR 344a III). Bei entsprechender Vereinbarung der Parteien kann die Probezeit mit Zustimmung der kantonalen Behörde ausnahmsweise auf sechs Monate verlängert werden (OR 344a IV).
- Die gesetzliche Regelung der Probezeit ist dispositiv, deshalb kann die Probezeit auch gänzlich wegbedungen werden.

- Bei Arbeitsverhinderung während der Probezeit durch Krankheit, Unfall oder Erfüllung gesetzlicher Pflicht (z.B. Militärdienst) erfolgt eine entsprechende Verlängerung (OR 335*b* III).

- Gemäss OR 335*b* I kann das Arbeitsverhältnis während der Probezeit jederzeit mit einer Kündigungsfrist von 7 Tagen aufgelöst werden.

- Die Abänderung der Kündigungsfrist während der Probezeit ist nur schriftlich gültig; die Kündigungsfrist kann nicht länger sein als die Probezeit selbst.

- Der sachliche Kündigungsschutz gilt auch während der Probezeit, der zeitliche grundsätzlich erst danach. Ferien in der Probezeit verlängern diese jedoch nicht.

**Detailfragen**

*Kann Dr. Franz Steiger für seine Zusatzarbeit eine Entschädigung verlangen? [→Rz. 313 ff., 945 ff.]*

- Vorerst ist zwischen Überstunden und Überzeit zu differenzieren:

- Überstundenbegriff (OR 321*c*): Jede Arbeit, welche die vertraglich festgelegte oder die übliche Arbeitszeit übersteigt und notwendig ist. Da im vorliegenden Fall die wöchentliche Arbeitszeit üblicherweise nur 42 Stunden beträgt, könnten 8 Überstunden geltend gemacht werden.

- Überzeitbegriff (ArG 9 i.V.m. ArG 13): Jede Arbeit, welche die Höchstarbeitszeit gemäss ArG überschreitet (45 Std. bei Industrie- und Büropersonal sowie in Grossbetrieben des Detailhandels; 50 Std. bei übrigen Arbeitnehmern). Da für Bankangestellte eine wöchentliche Höchstarbeitszeit von 45 Stunden gilt, könnten 5 Stunden Überzeit geltend gemacht werden.

- Leitende Arbeitnehmer sind dem Arbeitsgesetz nicht unterstellt (ArG 3 d); somit fallen sie auch nicht unter die Höchstarbeitszeitregelung dieses Gesetzes. Ein CFO gehört regelmässig der Geschäftsleitung an und hat wesentliche Entscheidungsbefugnisse. Dr. Franz Steiger ist deshalb als leitender Arbeitnehmer zu qualifizieren und kann keine Überzeit geltend machen.

- Fraglich ist, ob leitende Arbeitnehmer uneingeschränkt Überstunden geltend machen können. Nach der bundesgerichtlichen Recht-

sprechung haben sie nur dann einen Anspruch auf Überstundenentschädigung, wenn:

– ihnen zusätzliche Aufgaben über die vertraglich vereinbarten
 Pflichten hinaus übertragen werden.

– die ganze Belegschaft während längerer Zeit Überstunden leistet.

– es ausdrücklich vereinbart wurde.

– Der Arbeitnehmer ist zur Leistung von Überstunden verpflichtet,
 soweit diese notwendig und zumutbar sind (OR 321c).

– Der Arbeitnehmer hat Anrecht auf Lohn mit 25 % Zuschlag, sofern
 er die Überstunden und deren Notwendigkeit beweisen kann.

– Im gegenseitigen Einverständnis können Überstunden auch mit
 Freizeit von gleicher Dauer ausgeglichen werden (OR 321c II).

– Im vorliegenden Fall wurden Dr. Franz Steiger zusätzliche Aufga-
 ben übertragen (Personalwesen). Er hat deshalb auch als leitender
 Arbeitnehmer Anspruch auf Entschädigung für die geleisteten
 Überstunden inkl. 25 % Zuschlag.

*Ist eine Disziplinarordnung grundsätzlich zulässig und sind diese*
*Disziplinarmassnahmen rechtlich korrekt? [→Rz. 281 ff., 343 ff.]*

– Grundsätzlich ist eine Disziplinarordnung zulässig. Allerdings gilt
 dies nicht generell für die darin vorgesehenen Disziplinarmassnahmen.

– Bei den Disziplinarmassnahmen ist zu unterscheiden zwischen
 allgemeinen und besonderen Disziplinarmassnahmen.

– Allgemeine Disziplinarmassnahmen sind Entlassung, Schadenersatzforderung, Verweise und Verwarnungen; solche Massnahmen
 sind im Rahmen des Gesetzes auch ohne besonderes Reglement
 zulässig, zumal es sich z.B. bei einer Verwarnung nur um eine negative Verhaltensanweisung handelt.

– Besondere Disziplinarmassnahmen sind insbesondere Geldbussen,
 Lohnkürzung, Nacharbeit; als sogenannte Ordnungsstrafen (Betriebsjustiz) bedürfen sie einer angemessenen Regelung in der Betriebsordnung.

– Eine angemessene Regelung in der Betriebsordnung liegt nur dann
 vor, wenn die mit Ordnungsstrafe bedrohten Handlungen hinrei-

chend beschrieben sind und ein Verfahren der Strafverhängung vorgesehen ist, das den rechtsstaatlichen Anforderungen genügt.

- Zulässig ist sicher die Verwarnung, wogegen die Vereinbarung einer Probezeit von mehr als 3 Monaten bzw. die Rückversetzung in die Probezeit gesetzeswidrig und daher nichtig ist (OR 335*b* III); für die übrigen Massnahmen wäre eine Betriebsordnung nötig.

*Sind die Weisungen des Verwaltungsrats der Holdinggesellschaft rechtsverbindlich? [→Rz. 329 ff.]*

- Grundsätzlich ist nur die Arbeitgeberin weisungsberechtigt; auch in Konzernverhältnissen hat deshalb die Muttergesellschaft nicht ohne Weiteres ein Weisungsrecht.

- Wie beim Personalverleih kann auch in Konzernverhältnissen das Weisungsrecht delegiert werden. Daran ändert auch OR 333 IV nichts, wonach eine Rechtsabtretung ohne Einwilligung des Arbeitnehmers nicht zulässig ist.

- Das Weisungsrecht des VR gehört zu den undelegierbaren Rechten (OR 716*a*). Dennoch kann der VR sein arbeitsvertragliches Weisungsrecht delegieren, sonst könnte der Vorsitzende der Geschäftsleitung den übrigen GL-Mitgliedern keine Weisungen erteilen.

- Selbst bei Abtretung des Weisungsrechtes bleibt die Anordnung der Entlassung aber rechtswidrig: Gesetzes- und statutenwidrige Weisungen sind nicht zu befolgen. Hier wird eine Kündigung ohne wichtigen Grund verlangt, weshalb die Weisung gesetzeswidrig ist und nicht befolgt werden darf.

- Die Verlegung des Arbeitsplatzes ist als einseitige Vertragsänderung ohne Zustimmung von Dr. Franz Steiger unzulässig.

- Die Rapportpflicht ist zulässig.

*Trifft die Bank AG eine Lohnfortzahlungspflicht? [→Rz. 425 ff.]*

- Der Arbeitnehmer profitiert von der Lohnfortzahlungspflicht, wenn er selbst durch Krankheit, Unfall oder Erfüllung einer gesetzlichen Pflicht ohne sein Verschulden an der Erbringung der Arbeitsleistung verhindert ist (OR 324*a* I).

- Die Lohnfortzahlungspflicht beträgt im 1. Dienstjahr mindestens 3 Wochen (OR 324*a* II), nachher ist der Lohn für eine angemessene längere Dauer zu entrichten, wobei Dienstdauer und Umstände des Einzelfalles zu berücksichtigen sind.

– Zur Wahrung der Rechtssicherheit haben die Gerichte Skalen erarbeitet, die im Regelfall gelten sollen; am bekanntesten sind die Berner, die Zürcher und die Basler Skala. Die Berner Skala ist die wichtigste Skala und wird u.a. auch von den St. Galler Gerichten angewendet.

– Verschiedene Verhinderungsgründe während eines Dienstjahres sind zu addieren, gleichgültig, ob es sich um gleichartige oder verschiedene Absenzgründe handelt.

– Vorliegend könnte die Problematik des Rauchens im Widerspruch zum Gesetzeswortlaut «ohne sein Verschulden» stehen, denn wer raucht, ist im Grunde genommen selber schuld, wenn er deswegen an Lungenkrebs erkrankt. Lehre und Rechtsprechung legen den Begriff des Verschuldens in diesem Zusammenhang aber sehr arbeitnehmerfreundlich aus, sodass es eines groben Verschuldens bedarf, damit die Lohnfortzahlungspflicht der Arbeitgeberin aufgehoben wird.

– Die Leistungen der obligatorischen Versicherungen ersetzen die Lohnzahlungspflicht vollständig, wenn die Leistung 80 % des Lohnes beträgt. Beträgt die Leistung nicht 80 % des Lohnes, hat die Arbeitgeberin die Differenz auf 80 % nachzuzahlen.

## Fall 12: Arbeiten beim Schnellimbiss Pronto Lunch

### Allgemeine Fragen

*Welche Konsequenzen resultieren aus einer Beendigung des Arbeitsvertrags?*

*Was ist ein Normalarbeitsvertrag und wie kommt er zustande?*

### Detailfragen

Reto Halter, Konrad Adler und Adrian Enzler eröffnen gemeinsam einen Schnellimbiss unter dem Namen Pronto Lunch. Sie vereinbaren, dass jeder pro Monat CHF 4'300.– verdient und Anspruch auf 4 Wochen Ferien hat. Die verbleibenden Gewinne aus dem Geschäft wollen sie in die Einrichtung des Imbisslokals investieren. Als Konrad Adler nach dem Verzehr eines verdorbenen Poulet-Schenkels an einer Salmonelleninfektion erkrankt und für längere Zeit arbeitsunfähig wird, wissen seine beiden Partner nicht, ob sie nun den vereinbarten Lohn weiter bezahlen müssen oder nicht.

*Hat Konrad Adler im vorliegenden Fall Anspruch auf Lohnfortzahlung?*

Der Schnellimbiss Pronto Lunch läuft ausgezeichnet. Schon bald muss deshalb Anita Amsler als zusätzliche Mitarbeiterin für eine Saison fest angestellt werden. Da sie zeitweise den Schnellimbiss alleine betreut und sich somit aus der Kasse bedienen könnte, vereinbaren die drei Inhaber mit der neuen Mitarbeiterin, dass vom Lohn jeweils 15 % als Sicherheit zurückbehalten und erst am Saisonende ausbezahlt werden.

*Wie ist diese Regelung rechtlich zu beurteilen?*

Anita Amsler arbeitet auch nach Saisonende bei Pronto Lunch weiter, ohne dass über einen neuen Arbeitsvertrag diskutiert worden wäre. Als im Winter die Umsätze massiv zurückgehen, verlangen die drei Inhaber, dass Frau Amsler ihre Arbeit umgehend niederlegt und betrachten das Arbeitsverhältnis damit als beendet.

*Wie ist die Rechtslage im Zusammenhang mit der Beendigung des Arbeitsverhältnisses zu beurteilen?*

Nach ihrer Entlassung hat Anita Amsler keine Chance, in der Wintersaison im Gastgewerbe kurzfristig eine neue Arbeitsstelle zu finden. Da ihr jedoch bei Pronto Lunch nie irgendwelche Abzüge am Lohn für die Arbeitslosenversicherung gemacht wurden, hat sie nun Bedenken, dass sie keine Arbeitslosenunterstützung bekommt.

*Sind ihre Bedenken in Bezug auf die Arbeitslosenversicherung berechtigt?*

## Antworten

### Allgemeine Fragen

*Welche Konsequenzen resultieren aus einer Beendigung des Arbeitsvertrags? [→Rz. 507, 678 ff., 685 ff., 688 ff., 695 ff., 703 ff.]*

– Mit Beendigung des Arbeitsvertrags werden alle Forderungen aus dem Arbeitsverhältnis fällig (OR 339).

– Der Arbeitnehmer hat bei Vertragsende alles zurückzugeben, was ihm für die Arbeitsleistung überlassen wurde (OR 339a).

– Schon während des Arbeitsverhältnisses, aber insbesondere bei Vertragsbeendigung hat der Arbeitnehmer Anspruch auf ein Arbeitszeugnis (OR 330a).

– Können Ferien- und Überstundenansprüche bei Vertragsende nicht mehr in natura bezogen bzw. kompensiert werden, so sind sie auszuzahlen. Es gilt dabei gemäss OR 341 i.V.m. OR 128 eine Verjährungsfrist von 5 Jahren.

– Unter Umständen ist eine Abgangsentschädigung geschuldet, diese ist aber in der Praxis kaum von Bedeutung (Pensionskassenbeiträge der Arbeitgeberin können gemäss OR 339d verrechnet werden).

– Ein vertraglich vereinbartes Konkurrenzverbot tritt in Kraft, sofern nicht die Arbeitgeberin ohne begründeten Anlass gekündigt hat.

*Was ist ein Normalarbeitsvertrag und wie kommt er zustande? [→Rz. 859 ff.]*

– Der NAV ist im Gegensatz zum GAV keine vertragliche Vereinbarung.

– Der NAV ist eine durch die Behörde erlassene *Verordnung*, welche für bestimmte Arbeitsverhältnisse unmittelbar anwendbare Bestimmungen (OR 360 I) über Abschluss, Inhalt und Beendigung (OR 359 I) des Arbeitsverhältnisses aufstellt.

– Der NAV setzt *dispositives Recht*, d.h., er gilt nur, wenn die Parteien nichts Abweichendes vereinbaren. Der NAV kann somit auch zuungunsten des Arbeitnehmers abgeändert werden.

– Ziel des NAV ist es, für bestimmte Arbeitnehmergruppen *angepasste und leicht änderbare Regelungen* aufzustellen, weil bspw. ein GAV wegen fehlender Organisation der Arbeitnehmer nicht möglich ist, und somit die Lücken zu füllen, die das kollektive Arbeitsrecht sonst nicht deckt. Dies ist insbesondere in Berufszweigen der Fall, in denen die Stellung des Arbeitnehmers besonders gefährdet erscheint und das Lohnniveau tief ist (z.B. Angestellte in Haus- und Landwirtschaft, Erziehungs- und Gesundheitswesen). In einem NAV wird ein Mindestlohn jedoch nur auf Antrag der tripartiten Kommission zwingend.

–  Die Bedeutung des NAV ist relativ gering.

–  Ein NAV darf *zwingende Gesetzesnormen* nicht verletzen; von ihnen darf aber abgewichen werden, wenn sie dadurch nicht selbst ausgeschlossen werden. *Dispositivem Gesetzesrecht* gehen die Bestimmungen des NAV allerdings vor.

–  Sind *GAV* und NAV gleichzeitig anwendbar, gehen die normativen Bestimmungen des GAV den allenfalls abweichenden Regelungen im NAV vor.

–  Grundsätzlich liegt der Entscheid über den Erlass eines NAV bei Bund und Kantonen. Einzig im Bereich der Landwirtschaft und des Hausdienstes sind die Kantone gesetzlich zum Erlass verpflichtet (Art. 359 Abs. 2 OR).

–  Erstreckt sich der Geltungsbereich eines NAV über mehrere Kantone, ist der Erlass Sache des Bundes. Ansonsten sind die Kantone zuständig (Art. 359a Abs. 1 OR).

**Detailfragen**

*Hat Konrad Adler im vorliegenden Fall Anspruch auf Lohnfortzahlung? [→Rz. 100 ff., 425 ff.]*

–  Falls ein Arbeitsvertrag vorliegt, besteht eine Lohnfortzahlungspflicht gemäss OR 324a.

–  Es ist deshalb nach OR 319 abzuklären, ob ein Arbeitsvertrag vorliegt:

   –  Pflicht zur Arbeitsleistung ist gegeben.

   –  Entgeltlichkeit ist ebenfalls klar gegeben.

   –  Dauerschuldverhältnis ist gegeben, da der Vertrag auf unbestimmte Zeit abgeschlossen wurde.

- Subordinationsverhältnis/Eingliederung in fremde Arbeitsorganisation fehlt, da es sich um eine einfache Gesellschaft mit gleichberechtigten Partnern handelt.
- Es liegt demnach ein Gesellschaftsvertrag und kein Arbeitsvertrag vor, daher besteht keine Lohnfortzahlungspflicht.

*Wie ist diese Regelung rechtlich zu beurteilen? [→Rz. 413]*

- Es kann vereinbart werden, dass ein Teil des Lohnes als Sicherheit zurückbehalten werden darf (OR 323*a*).
- Maximal dürfen jedoch nur 10 % eines Monatslohns und insgesamt maximal ein Wochenlohn zurückbehalten werden, sofern GAV oder NAV nicht etwas anderes bestimmen.
- Anita Amsler kann die Auszahlung der zu viel zurückbehaltenen 5 % verlangen.

*Wie ist die Rechtslage im Zusammenhang mit der Beendigung des Arbeitsverhältnisses zu beurteilen? [→Rz. 546, 583 f., 655 ff.]*

- Wird ein befristeter Arbeitsvertrag nach seinem Auslaufen fortgesetzt, so gilt stillschweigend ein unbefristeter Arbeitsvertrag als abgeschlossen.
- Ein unbefristeter Arbeitsvertrag kann im ersten Dienstjahr nur mit einer Kündigungsfrist von einem Monat beendet werden (OR 335).
- Auch wenn Anita Amsler umgehend von der Arbeit freigestellt wird, hat sie Anspruch auf Lohn während der ordentlichen Kündigungsfrist.

*Sind ihre Bedenken in Bezug auf die Arbeitslosenversicherung berechtigt? [→Rz. 1040 ff.]*

- Die obligatorische Arbeitslosenversicherung erfasst alle unselbstständig Erwerbstätigen. Auch Anita Amsler ist deshalb zwingend versichert.
- Die Finanzierung der ALV erfolgt durch Prämien. Diese werden als Promille des versicherten Verdienstes berechnet und vom Lohn abgezogen. Erfolgt kein Lohnabzug, so hat die Arbeitgeberin die gesamte Prämie selbst zu bezahlen.

– Anita Amsler hat auch ohne eigene Beitragszahlungen Anspruch
auf Taggelder, Beiträge an Umschulungen und Weiterbildungen
sowie andere Massnahmen zur Beseitigung der Arbeitslosigkeit
(AVIG 7).

## Fall 13: Unternehmensberater Harald Meister

### Allgemeine Fragen

*Wie ist die Lohnfortzahlungspflicht der Arbeitgeberin im OR geregelt?*

*Was ist unter dem Lohngleichheitsprinzip zu verstehen?*

### Detailfragen

Harald Meister macht sich nach seinem Studium an der HSG als Unternehmensberater selbstständig und muss schon bald Maria Stettler als Sekretärin einstellen. Um seinen sozialen Pflichten als Arbeitgeber korrekt nachzukommen, zieht Harald Meister seiner Sekretärin von jedem Monatslohn CHF 150 ab. Diesen Beitrag überweist er zusammen mit jeweils CHF 100 aus seiner eigenen Kasse auf ein UBS-Konto mit dem Vermerk «Personalvorsorge».

*Genügt Harald Meister damit den gesetzlichen Anforderungen im OR bezüglich Personalvorsorge?*

Im Arbeitsvertrag von Maria Stettler ist festgehalten, dass die Arbeitgeberin mit einer Frist von 2 Monaten kündigen kann, die Arbeitnehmerin aber nur mit einer solchen von 3 Monaten.

*Ist diese Regelung zulässig und welche Konsequenzen ergeben sich daraus?*

Maria Stettler arbeitet bereits seit einem halben Jahr bei Harald Meister, als sie von ihrem Arzt erfährt, dass die schwanger ist. Um ihre Stelle nicht zu verlieren, arbeitet sie weiter, ohne ihren Chef zu informieren. Da ihr jedoch immer häufiger schlecht wird, bleibt sie der Arbeit gelegentlich unentschuldigt fern. Schliesslich kündigt ihr Harald Meister nach zweimaliger Verwarnung fristlos.

*Welche Rechtsfolgen hat diese fristlose Kündigung während der Schwangerschaft?*

Da Maria Stettler nach dem Erlebten nicht mehr als Sekretärin arbeiten will, nimmt sie nach der Geburt ihrer Tochter eine unbefristete Stelle als Heimarbeiterin des Versandhauses «Allerlei GmbH» an. Doch schon nach zwei Wochen intensiver Heimarbeit plagen sie Bedenken, ob sie am Ende des Monats den ersten Lohn korrekt erhalten wird.

*Wie ist die Ausrichtung des Lohnes bei Heimarbeit gesetzlich geregelt?*

## Antworten

### Allgemeine Fragen

*Wie ist die Lohnfortzahlungspflicht der Arbeitgeberin im OR geregelt? [→Rz. 420 ff.]*

- Der Arbeitnehmer profitiert von einer Lohnfortzahlungspflicht der Arbeitgeberin, wenn durch deren Verschulden die Arbeit nicht geleistet werden kann (OR 324 I, Annahmeverzug der Arbeitgeberin).

- Arbeitnehmer profitieren jedoch auch von der Lohnfortzahlungspflicht, wenn sie selbst durch Krankheit, Unfall, Schwangerschaft oder Erfüllung einer gesetzlichen Pflicht an der Erbringung der Arbeitsleistung verhindert sind (OR 324a).

- Entgegen dem Wortlaut des Gesetzes schadet leichtes Verschulden dem Arbeitnehmer nicht. Nur bei Vorsatz oder grober Fahrlässigkeit kann eine Kürzung der Lohnfortzahlungspflicht erfolgen.

- Die Lohnfortzahlungspflicht beträgt im 1. Dienstjahr mindestens 3 Wochen (OR 324a II), nachher ist der Lohn für eine angemessene längere Dauer zu entrichten, wobei Dienstdauer und Umstände des Einzelfalles zu berücksichtigen sind.

- Zur Wahrung der Rechtssicherheit haben die Gerichte von Bern, Zürich und Basel Skalen erarbeitet, die im Regelfall gelten sollen. Am bedeutendsten ist die Berner Skala, die unter anderem auch von den St. Galler Gerichten angewendet wird.

- Verschiedene Verhinderungsgründe während eines Dienstjahres sind zu addieren, gleichgültig, ob es sich um gleichartige oder verschiedene Absenzgründe handelt.

- Die Leistungen der obligatorischen Versicherungen ersetzen die Lohnzahlungspflicht vollständig, wenn die Leistung 80 % des Lohnes beträgt. Beträgt die Leistung nicht 80 % des Lohnes, hat die Arbeitgeberin die Differenz auf 80 % nachzuzahlen (OR 324b).

- Bei Schwangerschaft besteht ein gesonderter Lohnzahlungsanspruch auf 80 % des Lohnes, samt einer angemessenen Vergütung für ausfallenden Naturallohn, wenn die Arbeitnehmerin während der Schwangerschaft beschwerliche und gefährliche Arbeiten nicht verrichten darf (ArG 35 III).

– Für Lohnausfall, der nicht von der Unfall- oder Krankenversicherung gedeckt ist, kann eine private Taggeldversicherung abgeschlossen werden.

*Was ist unter dem Lohngleichheitsprinzip zu verstehen? [→Rz. 266 f., 384 ff.]*

– Das Gebot der Gleichstellung von Frau und Mann ist in BV 8 III fixiert und bewirkt gewisse Einschränkungen der Vertragsfreiheit.

– Aus der Verfassung ergibt sich der direkt zwischen den Vertragsparteien wirkende Grundsatz der Lohngleichheit, welcher im Gleichstellungsgesetz (GlG) konkretisiert wird. Auch das Gleichstellungsgesetz regelt nur eine Diskriminierung zwischen Mann und Frau.

– Wird ein diskriminierend tiefer Lohn vereinbart, so ist dennoch der entsprechend höhere Lohn geschuldet (GlG 5).

– Nach GlG 10 sind Kündigungen, die ohne begründeten Anlass auf eine innerbetriebliche Beschwerde über eine Diskriminierung oder auf die Anrufung der Schlichtungsstelle oder des Gerichts durch die Arbeitnehmerin oder den Arbeitnehmer folgt, anfechtbar (Abs. 1).

– Dieser Kündigungsschutz gilt für die Dauer eines innerbetrieblichen Beschwerdeverfahrens, eines Schlichtungs- oder Gerichtsverfahrens sowie 6 Monate darüber hinaus (Abs. 2).

– Die Anfechtung hat vor Ende der Kündigungsfrist beim Gericht zu erfolgen, wobei dieses die provisorische Wiedereinstellung der Arbeitnehmerin oder des Arbeitnehmers für die Verfahrensdauer anordnen kann, sofern es wahrscheinlich erscheint, dass die Voraussetzungen für die Aufhebung der Kündigung erfüllt sind (Abs. 3).

– Die Arbeitnehmerin oder der Arbeitnehmer hat zudem die Möglichkeit, auf die Weiterführung des Arbeitsverhältnisses zu verzichten und stattdessen eine Entschädigung nach OR 336a geltend zu machen (Abs. 4).

**Detailfragen**

*Genügt Harald Meister damit den gesetzlichen Anforderungen im OR bezüglich Personalvorsorge? [→Rz. 991 ff.]*

– Die Arbeitgeberin muss die Zuwendungen und Beiträge auf eine Stiftung, eine Genossenschaft oder eine Einrichtung des öffentlichen Rechts übertragen (OR 331 I); ein UBS-Konto genügt den gesetzlichen Vorschriften in keiner Weise.

– Hat der Arbeitnehmer Beiträge zu leisten, so ist die Arbeitgeberin verpflichtet, mindestens gleich hohe Beiträge zu erbringen (OR 331 III); die Einzahlungen von Harald Meister genügen also nicht.

– Die Arbeitgeberin hat dem Arbeitnehmer schliesslich Aufschluss über die Vorsorgeeinrichtung zu geben (OR 331 IV); der Vermerk «Personalvorsorge» genügt diesbezüglich nicht.

*Ist diese Regelung zulässig und welche Konsequenzen ergeben sich daraus? [→Rz. 583]*

– Im schweizerischen Arbeitsrecht gilt die Kündigungsparität, wonach die Kündigungsfristen für beide Vertragsparteien gleich lang sein müssen (OR 335a I).

– Wird die Kündigungsparität wie im vorliegenden Fall verletzt, so gilt für beide Vertragsparteien die längere Kündigungsfrist (OR 335a I 2. Halbsatz).

– Harald Meister kann deshalb entgegen der Bestimmung im Arbeitsvertrag ebenso wie die Sekretärin nur mit einer Kündigungsfrist von 3 Monaten das Arbeitsverhältnis auflösen.

*Welche Rechtsfolgen hat diese fristlose Kündigung während der Schwangerschaft? [→Rz. 325, 425 ff., 600 ff., 612 ff.]*

– Die mehrmalige unentschuldigte Absenz trotz Verwarnung würde grundsätzlich als wichtiger Grund für eine fristlose Kündigung ausreichen (OR 337).

– Während der Schwangerschaft kann die Arbeitnehmerin die Arbeit jederzeit auf blosse Anzeige hin niederlegen, ohne ein Arztzeugnis vorlegen zu müssen. Stillenden Müttern ist die erforderliche Zeit zum Stillen freizugeben (ArG 35a II).

– Eine ordentliche Kündigung während der Schwangerschaft ist nichtig, und zwar auch dann, wenn die Arbeitgeberin nichts von der Schwangerschaft wusste (OR 336c I lit. c).

– Eine fristlose Kündigung während der Schwangerschaft entfaltet auch ohne rechtfertigenden Grund sofortige Wirkung.

– Es ist der Arbeitnehmerin aber der Lohn, den sie während der Schwangerschaft und während 16 Wochen nach der Niederkunft (Sperrfrist; OR 336c I lit. c) sowie der ordentlichen Kündigungsfrist verdient hätte (OR 337c I), zu bezahlen. Überdies kann eine Entschädigung in Höhe von maximal 6 Monatslöhnen geschuldet sein (OR 337c III).

*Wie ist die Ausrichtung des Lohnes bei Heimarbeit gesetzlich geregelt? [→Rz. 168 ff.]*

– Der Lohn wird bei unbefristeter Heimarbeit halbmonatlich ausbezahlt.

– Mit Zustimmung der Heimarbeiterin kann der Lohn monatlich ausbezahlt werden (OR 353a I).

– Bei jeder Lohnzahlung ist der Heimarbeiterin eine schriftliche Abrechnung zu übergeben mit einer Begründung für allfällige Abzüge (OR 353a II).

## Fall 14: Unternehmensjurist Fabian Stocker

### Allgemeine Fragen

*Wie können Bestimmungen eines Arbeitsvertrages geändert werden?*

*Welche Konsequenzen resultieren aus einer gerechtfertigten fristlosen Kündigung?*

### Detailfragen

Fabian Stocker hat eben sein Studium an der Uni Zürich abgeschlossen. Mit Glück hat er eine Stelle in der Rechtsabteilung der Astor und Brückner Holding AG erhalten. Doch für diesen anspruchsvollen Job muss er zuerst in den zwei eigenständigen Tochtergesellschaften Astor AG und Brückner AG eingearbeitet werden. Dafür wird eine «Einschulungszeit» von 12 Monaten vereinbart. Weitere Abmachungen über diese Einschulung werden nicht getroffen.

*Wer sind nun die Vertragsparteien des Arbeitsvertrags und was sind die Konsequenzen daraus?*

Im Arbeitsvertrag, welchen Fabian Stocker geschlossen hat, ist ein Konkurrenzverbot enthalten. Darin wird festgestellt, dass der Arbeitnehmer durch seine Tätigkeit Einblick in die Kundenlisten erhält. Deswegen sei es ihm während der Dauer eines Jahres nach Vertragsende untersagt, in einem anderen Unternehmen derselben Branche in der Schweiz tätig zu sein. Für die Verletzung des Konkurrenzverbotes wurde eine Vertragsstrafe von CHF 100'000 vereinbart.

*Wie ist die Rechtslage im Zusammenhang mit dem Konkurrenzverbot zu beurteilen?*

Fabian Stocker möchte gerne auch von zu Hause aus arbeiten können und beantragt deshalb einen Laptop. Sein Chef ist der Ansicht, Fabian Stocker müsse den Laptop selbst bezahlen. Schliesslich erklärt Fabian sich bereit, den Laptop selbst zu erwerben und der Firma gegen Entschädigung zur Verfügung zu stellen.

*Muss die Arbeitgeberin Fabian Stocker eine Entschädigung für den Kauf des Laptops leisten?*

Fabian Stocker berät im Zusammenhang mit seiner Tätigkeit auf der Rechtsabteilung der Astor und Brückner Holding AG die Tochtergesellschaften des Konzerns in Rechtsfragen. Es dauert nicht lange, bis er am Telefon Auskunft über die gesetzliche Regelung der Arbeitszeit in diesen Betrieben geben muss. Dazu konsultiert er das Arbeitsgesetz.

*Für welche Betriebe gilt das Arbeitsgesetz und wie ist darin die Arbeitszeit geregelt?*

## Antworten

### Allgemeine Fragen

*Wie können Bestimmungen eines Arbeitsvertrages geändert werden?*
*[→Rz. 254 ff., 273, 666 ff.]*

– Bestimmungen eines Arbeitsvertrages können nur im gegenseitigen Einverständnis geändert werden. Dies gilt auch für allgemeine Anstellungsbedingungen.

– Um Anstellungsbedingungen zu ändern, kann die Arbeitgeberin rechtmässig Änderungskündigungen aussprechen bzw. androhen; allerdings ist zwingend die Kündigungsfrist einzuhalten. Allfällige Vertragsänderungen können erst nach Ablauf der Kündigungsfrist in Kraft treten.

– Dabei wird unterschieden zwischen eigentlicher und uneigentlicher Änderungskündigung.

– Bei der eigentlichen Änderungskündigung erfolgt tatsächlich eine Kündigung; diese ist entweder bedingt (nur bei Nichtzustimmung zur Änderung) oder unbedingt in Kombination mit der Offerte eines neuen Vertrages (geänderter Vertrag).

– Die uneigentliche Änderungskündigung ist rechtlich eine Offerte zur Vertragsänderung verbunden mit der Drohung, dass sonst eine Kündigung erfolge.

*Welche Konsequenzen resultieren aus einer gerechtfertigten fristlosen Kündigung? [→Rz. 600 ff., 678 ff., 723 ff.]*

– Eine fristlose Kündigung beendet das Arbeitsverhältnis in jedem Fall; unabhängig davon, ob sie durch einen wichtigen Grund gerechtfertigt ist oder nicht.

– Ist die fristlose Kündigung durch einen wichtigen Grund (OR 337) gerechtfertigt, hat die Arbeitgeberin weder den Lohn während der ordentlichen Kündigungsfrist noch eine Entschädigung i.S.v. OR 337c zu bezahlen.

– Liegt der wichtige Grund zur fristlosen Entlassung im vertragswidrigen Verhalten der gekündigten Partei, so hat diese vollen Schadenersatz zu leisten (OR 337b I).

– In allen anderen Fällen, d.h., wenn zwar ein wichtiger Grund vorliegt, dieser aber nicht in einer Vertragsverletzung einer Partei besteht, hat das Gericht unter Würdigung aller Umstände die vermögensrechtlichen Folgen zu bestimmen (OR 337*b* II).

– Durch die Beendigung werden alle Forderungen fällig. Nicht bezogene Ferien dürfen in diesem Fall in Geld abgegolten werden.

– Kündigt die Arbeitgeberin aus wichtigem Grund fristlos, so fällt ein vertragliches Konkurrenzverbot nicht dahin (OR 340*c* II).

**Detailfragen**

*Wer sind nun die Vertragsparteien des Arbeitsvertrags und was sind die Konsequenzen daraus? [→Rz. 99, 171 ff., 329 ff.]*

– Die «Astor und Brückner Holding AG» bleibt ohne andere Abmachung weiterhin Arbeitgeberin, auch wenn die Einschulung an einem anderen Ort erfolgt (entspricht dem Leiharbeitsverhältnis).

– Es ist grundsätzlich keine Rechtsabtretung möglich, sofern der Arbeitnehmer nicht einwilligt (OR 333 IV).

– Das arbeitsvertragliche Weisungsrecht kann jedoch delegiert werden, sonst könnte der Vorsitzende der Geschäftsleitung den übrigen GL-Mitgliedern keine Weisung erteilen, weil nur der VR nach OR 716*a* ein Weisungsrecht hätte.

– Fabian Stocker wird deshalb auch die Weisungen der Tochtergesellschaften bzw. deren Organe zu befolgen haben.

*Wie ist die Rechtslage im Zusammenhang mit dem Konkurrenzverbot zu beurteilen? [→Rz. 703 ff.]*

– Ein Konkurrenzverbot ist nur gültig, wenn es schriftlich vereinbart wird (OR 340 I); zudem muss der Arbeitnehmer im Verpflichtungszeitpunkt handlungsfähig sein, d.h., ein Minderjähriger kann kein gültiges Konkurrenzverbot vereinbaren.

– OR 340 II setzt für ein verbindliches Konkurrenzverbot voraus, dass der Arbeitnehmer Einblick in den Kundenkreis oder in Fabrikations- und Geschäftsgeheimnisse hat. Im vorliegenden Fall hat dies Fabian Stocker im Vertrag ausdrücklich anerkannt. Ein allfälliger Gegenbeweis dürfte schwierig zu erbringen sein.

– Ein Konkurrenzverbot muss sachlich, örtlich und zeitlich beschränkt sein; es darf nur unter besonderen Umständen 3 Jahre überschreiten (OR 340*a* I).

– Fehlt es an der gesetzlichen Beschränkung, ist das Konkurrenzverbot herabsetzbar (OR 340*a* II).

– Für die Einräumung eines Konkurrenzverbotes kann eine Entschädigung vereinbart werden (sog. Karenzentschädigung), doch ist eine solche in der Schweiz nicht gesetzlich vorgeschrieben.

– Das Konkurrenzverbot fällt weg, wenn die Arbeitgeberin nachweisbar kein Interesse mehr daran hat oder wenn sie das Arbeitsverhältnis auflöst, ohne dass der Arbeitnehmer ihr dazu einen begründeten Anlass gegeben hätte (OR 340*c*).

– Die Absicherung eines Konkurrenzverbotes erfolgt regelmässig durch Konventionalstrafe; falls nichts anderes vereinbart wurde, kann sich der Arbeitnehmer durch Leistung der Konventionalstrafe vom Konkurrenzverbot befreien.

– Im vorliegenden Fall ist eine Konventionalstrafe von CHF 100'000 für die Missachtung des Konkurrenzverbots geschuldet. Bei einem Mitarbeiter frisch ab Studium erscheint dieser Betrag als deutlich zu hoch und könnte vom Richter herabgesetzt werden.

– Die Vereinbarung eines Konkurrenzverbotes mit einer Dauer von einem Jahr für das Gebiet der Schweiz ist grundsätzlich möglich. Als Jurist sollte es Fabian Stocker möglich sein, auch ausserhalb der Branche seines bisherigen Arbeitgebers eine Stelle zu finden. Trotzdem erscheint ein Verbot für die gesamte Schweiz als streng, da örtlich äusserst schwach begrenzt.

*Muss die Arbeitgeberin Fabian Stocker eine Entschädigung für den Kauf des Laptops leisten?*

– Ist nichts anderes verabredet oder üblich, so hat die Arbeitgeberin den Arbeitnehmer mit den Geräten und dem Material auszurüsten, die dieser zur Arbeit benötigt (OR 327 I).

– Stellt im Einverständnis mit der Arbeitgeberin der Arbeitnehmer selbst Geräte oder Material für die Ausführung der Arbeit zur Verfügung, so ist er dafür angemessen zu entschädigen, sofern nichts anderes verabredet oder üblich ist (OR 327 II).

– Im vorliegenden Fall stellt sich die Frage, ob es notwendig ist, dass Fabian Stocker gewisse Arbeiten zu Hause erledigt und deswegen auf einen Laptop angewiesen ist. Grundsätzlich ist der Arbeitnehmer auch räumlich in die Arbeitsorganisation der Arbeitgeberin eingeordnet.

– Solange die Arbeitgeberin nicht verlangt, dass Fabian Stocker auch von zu Hause aus arbeitet, muss sie weder an den Kauf des Laptops einen Beitrag noch eine Entschädigung für dessen Verwendung leisten. Stimmt die Arbeitgeberin jedoch der auswärtigen Arbeit zu, so ist im Sinne von OR 327 II eine Entschädigung zu leisten.

*Für welche Betriebe gilt das Arbeitsgesetz und wie ist darin die Arbeitszeit geregelt? [→Rz. 931 ff., 944 ff.]*

– Dem ArG unterstehen alle öffentlichen und privaten Betriebe, die nicht explizit vom Gesetz ausgenommen sind; ein Betrieb liegt vor, wenn eine Arbeitgeberin einen oder mehrere Arbeitnehmer dauernd oder vorübergehend beschäftigt (ArG 1).

– Das Arbeitsgesetz ist nicht anwendbar auf öffentliche Verwaltungen, auf Betriebe des öffentlichen Verkehrs, auf Betriebe der Seeschifffahrt, auf Betriebe der landwirtschaftlichen Urproduktion und des Gartenbaus, auf Fischereibetriebe und auf private Haushaltungen.

– Das ArG gilt grundsätzlich für alle Arbeitnehmer der unter das ArG fallenden Betriebe.

– Selbst wenn der Betrieb dem ArG untersteht, ist es nach ArG 3 nicht anwendbar auf kirchliche Mitarbeiter, Personal öffentlicher Verwaltungen ausländischer Staaten oder internationaler Organisationen, die Besatzungen von schweizerischen Flugbetriebsunternehmen, auf Arbeitnehmer, die eine höhere leitende Tätigkeit oder eine wissenschaftliche oder selbstständige künstlerische Tätigkeit ausüben; auf Lehrer an Privatschulen sowie auf Lehrer, Fürsorger, Erzieher und Aufseher in Anstalten; auf Heimarbeitnehmer und auf Handelsreisende.

– Es besteht eine wöchentliche Höchstarbeitszeit von 45 Stunden für Arbeitnehmer in industriellen Betrieben sowie für Büropersonal, technische und andere Angestellte, mit Einschluss des Verkaufspersonals in Grossbetrieben des Detailhandels sowie von 50 Stunden für alle übrigen Arbeitnehmer (ArG 9).

– Gemäss ArG gilt die 5½-Tagewoche, da neben dem Sonntag zusätzlich ein freier Halbtag zu gewähren ist, wenn die Arbeit auf mehr als 5 Tage verteilt wird (ArG 21). Der freie Tag ist in der Regel der Sonntag, oder wenn dies nach den Verhältnissen nicht möglich ist, ein voller Werktag (OR 329 I).

# Fall 15: Treuhandfirma Emil Etter AG

## Allgemeine Fragen

*Wie kann ein unbefristeter Arbeitsvertrag beendet werden?*

*Was ist unter Akkordlohnarbeit zu verstehen?*

## Detailfragen

Kathrin Schmid ist kaufmännische Angestellte bei der Treuhandfirma Emil Etter AG. Sie ist wie ihr Arbeitskollege Stefan Tobler, der im gleichen Team arbeitet, 26 Jahre alt und verfügt über die gleiche Ausbildung wie er. Beide haben vergleichbare Aufgaben zu erledigen. Auf dem Betriebsausflug erfährt Kathrin von Stefan, dass er monatlich CHF 1'500 mehr Lohn erhält als sie selbst.

*Wie ist die unterschiedliche Entlöhnung rechtlich zu beurteilen?*

Empört beschwert sich Kathrin am nächsten Tag beim Personalchef. Diesem gefällt die ungehaltene Kritik aber gar nicht. Eine Woche später kündigt er Kathrin Schmid, ohne dabei eine Begründung abzugeben.

*Was sind die Konsequenzen dieser Kündigung und welche Möglichkeiten hat Kathrin, sich dagegen zu wehren?*

Stefan Tobler füllt neben seinem Job für die Emil Etter AG noch Steuererklärungen für seine Kollegen vom Tennisverein aus. Dafür erhält er pro Jahr im Durchschnitt total rund CHF 6'500 Honorare.

*Wie ist diese Nebenarbeitstätigkeit rechtlich zu beurteilen?*

Als der Chef der Emil Etter AG von Stefan Toblers Nebenerwerb erfährt, verzichtet er zwar vorerst auf die Verhängung einer Sanktion, verwarnt seinen Mitarbeiter jedoch. Stefan Tobler ist sich allerdings nicht sicher, ob er seinen Job bei der Emil Etter AG nach diesem Vorkommnis noch lange behalten wird. Deshalb hätte er gerne ein Zwischenzeugnis. Doch er befürchtet, dass dann auch der Fehler darin erwähnt würde.

*Ist die Befürchtung von Stefan Tobler betreffend Arbeitszeugnis gerechtfertigt?*

## Antworten

### Allgemeine Fragen

*Wie kann ein unbefristeter Arbeitsvertrag beendet werden?*
*[→Rz. 520 ff., 576 ff., 600 ff.]*

- Folgende Möglichkeiten bestehen: ordentliche Kündigung, fristlose Kündigung, Aufhebungsvereinbarung, Pensionierung, Tod des Arbeitnehmers.

- Die ordentliche Kündigung ist ohne Grund möglich:
  - während der Probezeit mit einer Kündigungsfrist von 7 Tagen (OR 335*b*)
  - im 1. Dienstjahr mit einer Kündigungsfrist von 1 Monat (OR 335*c*)
  - im 2.–9. Dienstjahr mit einer Kündigungsfrist von 2 Monaten (OR 335*c*)
  - ab dem 10. Dienstjahr mit einer Kündigungsfrist von 3 Monaten (OR 335*c*)

- Die fristlose Kündigung bedarf eines wichtigen Grundes (OR 337), ist aber auch ohne solchen wirksam.

- Die Aufhebungsvereinbarung ist im Arbeitsvertragsrecht nicht speziell geregelt und richtet sich nach OR AT.

- Die ordentliche Pensionierung gilt als Maximalbefristung. Das Arbeitsverhältnis wird aber ohne Kündigung nur automatisch beendet, wenn die Pension im Arbeitsvertrag oder Pensionskassenreglement vorgesehen ist.

- Der Tod des Arbeitnehmers führt im Allgemeinen zur Unmöglichkeit der persönlichen Arbeitsleistung und beendet damit das Arbeitsverhältnis. Die Arbeitgeberin hat jedoch den Lohn für einen weiteren Monat und nach fünfjähriger Dienstdauer für zwei weitere Monate, gerechnet vom Todestag an, zu entrichten, sofern der Arbeitnehmer den Ehegatten, die eingetragene Partnerin, den eingetragenen Partner oder minderjährige Kinder oder bei Fehlen dieser Erben andere Personen hinterlässt, denen gegenüber er eine Unterstützungspflicht erfüllt hat (OR 338 II).

*Was ist unter Akkordlohnarbeit zu verstehen? [→Rz. 394 ff.]*

– Es werden grundsätzlich Zeit- und Akkordlohn unterschieden (OR 319 I).

– Beim Zeitlohn erfolgt die Entlöhnung nach Zeitabschnitten ohne Berücksichtigung von Quantität und Qualität des Arbeitsergebnisses.

– Beim Akkordlohn erfolgt die Entlöhnung nach der geleisteten Arbeit unabhängig von der aufgewendeten Zeit.

– Der Akkordansatz muss vor Arbeitsbeginn bekannt gegeben werden (OR 326*a*).

– Die Arbeitgeberin ist verpflichtet, dem Arbeitnehmer so viel Arbeit zuzuweisen, wie er bewältigen kann, sonst gerät sie in Annahmeverzug (OR 326 I).

– Es kann Mischformen zwischen Akkordlohn und Zeitlohn geben, z.B. bei Akkordlohn mit Mindestlohngarantie.

**Detailfragen**

*Wie ist die unterschiedliche Entlöhnung rechtlich zu beurteilen? [→Rz. 384 ff., 472, 651 ff.]*

– Grundsätzlich kann der Lohn zwischen Arbeitgeberin und Arbeitnehmer frei vereinbart werden. Es gibt keine gesetzlichen Mindestlöhne; allenfalls sind aber solche gemäss GAV zu beachten.

– Die Vertragsfreiheit betreffend Lohnhöhe wird aber bezüglich Mann und Frau durch das Diskriminierungsverbot eingeschränkt:

– BV 8 III: gleicher Lohn für gleichwertige Arbeit für Mann und Frau

– GlG 3: Verbot von direkter Benachteiligung bzgl. Entlöhnung aufgrund des Geschlechts

– Im vorliegenden Fall besteht eine Lohndiskriminierung zwischen Mann und Frau. Kathrin hat Anspruch auf den gleichen Lohn wie Stefan und kann insbesondere die Nachzahlung der Lohndifferenz für die letzten 5 Jahre (OR 128) verlangen (GlG 5 I).

*Was sind die Konsequenzen dieser Kündigung und welche Möglichkeiten hat Kathrin, sich dagegen zu wehren? [→Rz. 624 ff., 651 ff.]*

- Die Kündigung ist gültig und beendet das Arbeitsverhältnis.

- Kathrin kann eine missbräuchliche Kündigung im Sinne von OR 336 geltend machen, doch auch dann bleibt die Kündigung gültig.

- Konkret könnte ein Fall einer missbräuchlichen Kündigung gem. OR 336 I lit. d vorliegen (sog. Rachekündigung). Dazu muss Kathrin allerdings beweisen, dass die Kündigung nur erfolgte, weil sie die Lohndiskriminierung nach Treu und Glauben geltend machte.

- Gelingt Kathrin der Beweis, dass die Kündigung missbräuchlich ist, so hat die Arbeitgeberin eine Entschädigung in der Höhe von maximal 6 Monatslöhnen zusätzlich zum Lohn während der ordentlichen Kündigungsfrist zu zahlen (OR 336*a*).

- Um ihren Anspruch auf eine Entschädigung geltend zu machen, muss Kathrin gemäss OR 336*b* I gegen die Kündigung längstens bis zum Ende der Kündigungsfrist schriftlich Einsprache beim Kündigenden (hier beim Personalchef) erheben.

- Kann sich Kathrin trotz Einsprache nicht mit der Emil Etter AG einigen, muss sie innert 180 Tagen nach Beendigung des Arbeitsverhältnisses eine Klage anhängig machen. Versäumt sie diese Frist, ist ihr Anspruch gemäss OR 336*b* II verwirkt.

- Der Richter kann gemäss GlG 10 III die provisorische Wiedereinstellung verfügen, sofern es wahrscheinlich erscheint, dass die Voraussetzungen für die Aufhebung der Kündigung erfüllt sind.

- Im vorliegenden Fall kann davon ausgegangen werden, dass Kathrin der Beweis einer missbräuchlichen Kündigung wegen Lohndiskriminierung gelingt und der Richter eine provisorische Wiedereinstellung verfügen würde.

*Wie ist diese Nebenarbeitstätigkeit rechtlich zu beurteilen? [→Rz. 350 ff.]*

- Grundsätzlich darf der Arbeitnehmer ausserhalb der Arbeitszeit für sich oder Dritte Arbeit leisten, sofern er dadurch seine Treuepflicht nicht verletzt.

- Die Treuepflicht wird verletzt, wenn eine entgeltliche Nebentätigkeit ohne Zustimmung der Arbeitgeberin oder in Konkurrenz zu dieser ausgeübt wird (OR 321*a* III).

– Auch eine unentgeltliche Nebentätigkeit kann die Treuepflicht verletzen, wenn die Kräfte des Arbeitnehmers dadurch so strapaziert werden, dass er seiner Arbeitspflicht nicht mehr voll nachzukommen vermag.

– Im vorliegenden Fall ist davon auszugehen, dass auch die Emil Etter AG als Treuhandfirma das Ausfüllen von Steuererklärungen anbietet. Bei der Nebentätigkeit handelt es sich deshalb um eine entgeltliche konkurrenzierende Nebentätigkeit und somit um unerlaubte Schwarzarbeit.

*Ist die Befürchtung von Stefan Tobler betreffend Arbeitszeugnis gerechtfertigt? [→Rz. 695 ff.]*

– Gemäss OR 330*a* I kann ein Arbeitnehmer jederzeit von der Arbeitgeberin ein Zeugnis verlangen.

– Ein Arbeitszeugnis muss schonend, aber dennoch wahrheitsgetreu sein.

– Grundsätzlich kann sich eine Sorgfaltspflichtverletzung auf das Arbeitszeugnis auswirken, dieses darf aber das wirtschaftliche Fortkommen des Arbeitnehmers nicht erschweren. Einmalige Vorkommnisse dürfen deshalb nicht erwähnt werden.

– Es ist grundsätzlich zu unterscheiden zwischen der inhaltlichen Dimension (Vollzeugnis und Arbeitsbestätigung) und der zeitlichen Dimension (Zwischenzeugnis und Schlusszeugnis).

– Stefan Tobler kann verlangen, dass sich das Zwischenzeugnis nur auf Angabe der Beschäftigungsdauer und Beschäftigungsart beschränkt (Arbeitsbestätigung).

# Fall 16: Übernahme durch die Spiel und Spass GmbH

## Allgemeine Fragen

*Wie lässt sich ein Werkvertrag von einem Arbeitsvertrag abgrenzen?*

*Wie kann ein Handelsreisendenvertrag beendet werden?*

## Detailfragen

Die Spielwaren-Versand AG war durch dubiose Werbemethoden in die Schlagzeilen geraten. In der Folge gingen die Umsätze der Firma derart zurück, dass ihr Verwaltungsrat die Bilanz deponieren musste. Im anschliessenden Konkurs übernahm das Konkurrenzunternehmen Spiel und Spass GmbH alle Aktiven und Mitarbeiter, sodass der Versandbetrieb weitergeführt werden konnte. Die Gewerkschaft fordert nun von der Spiel und Spass GmbH, dass sie den früheren GAV zufolge Betriebsübergangs weiter einhalte.

*Wie ist die Weitergeltung des GAV beim Betriebsübergang zu beurteilen?*

Georg Kaufmann ist sich bewusst, dass die Büroabteilung der Spiel und Spass GmbH, in welcher er arbeitet, dem Arbeitsgesetz unterstellt ist. Er hält deshalb die Pausen und Ruhezeiten sehr genau ein und bemüht sich, nie mehr als die im Betrieb üblichen 38 Stunden pro Woche zu arbeiten. Da im Moment jedoch gerade ausserordentlich viel Arbeit anfällt, muss auch Georg Kaufmann länger arbeiten als gewohnt. Er arbeitet während zwei Wochen je 48 Stunden pro Woche. Als er von seinem Chef eine entsprechende Entschädigung verlangt, wird allen Mitarbeitern die Weisung erteilt, allfällige zusätzlich geleistete Stunden im Verhältnis 1:1 durch Freizeit zu kompensieren.

*Wie ist diese Weisung zur Kompensation rechtlich zu beurteilen?*

Die Weisung zur Kompensation der zusätzlichen Arbeitsstunden passt Georg Kaufmann überhaupt nicht. Er möchte die Weisung deshalb gerne missachten. In der Lehre wurde er jedoch immer wieder darauf aufmerksam gemacht, er habe die Weisungen seiner Arbeitgeberin strikte zu befolgen.

*Wie ist die Rechtslage bezüglich der Weisungsbefolgungspflicht und wie soll sich Georg Kaufmann verhalten?*

Die Mitarbeiter der Spiel und Spass GmbH haben das Recht, auf Kosten der Arbeitgeberin im Personalrestaurant zu essen. Der GAV, in welchem dieses Recht der Arbeitnehmer bisher festgehalten ist, läuft allerdings in absehbarer Zeit aus. Danach wird es an einer Regelung über den vergünstigten Essensbezug fehlen.

*Kann die Spiel und Spass GmbH dann geltend machen, dass die gewährte Kost einen Teil des Lohnes bilde?*

## Antworten

### Allgemeine Fragen

*Wie lässt sich ein Werkvertrag von einem Arbeitsvertrag abgrenzen? [→Rz. 125 f.]*

– Allgemeine Kriterien für die Qualifikation als Arbeitsvertrag: Pflicht zur Arbeitsleistung, Entgeltlichkeit, Subordinationsverhältnis, Dauerschuldverhältnis (OR 319).

– Auch beim Werkvertrag verpflichtet sich der Unternehmer zu einer Leistung, doch besteht diese in der Herstellung eines Werkes (Erfolg geschuldet) (OR 363).

– Hauptunterschied ist demnach das Dauerschuldverhältnis; ist das Werk vollendet, endet der Werkvertrag automatisch.

– Auch bezüglich des Subordinationsverhältnisses besteht ein wesentlicher Unterschied; der Unternehmer ist nicht in die Arbeitswelt des Bestellers eingebunden, obwohl der Unternehmer im Allgemeinen für die gleiche Sorgfalt haftet wie der Arbeitnehmer (OR 364 I).

– Hinsichtlich Leistung besteht dahin gehend ein Unterschied, dass der Arbeitnehmer lediglich eine sorgfältige Arbeitsleistung, nicht aber einen Erfolg schuldet. Der Werkhersteller dagegen schuldet dem Besteller einen Erfolg in Form eines Werkes.

*Wie kann ein Handelsreisendenvertrag beendet werden? [→Rz. 162 ff., 536 ff., 541 ff., 556 ff., 576 ff.]*

– Grundsätzlich kann ein Handelsreisendenvertrag (wie jeder andere unbefristete Arbeitsvertrag) durch die Arbeitgeberin und den Arbeitnehmer ordentlich gekündigt werden. Während der Probezeit beträgt die Kündigungsfrist 7 Tage.

– Ist der Handelsreisendenvertrag befristet, endet er mit Zeitablauf.

– Jederzeit ist auch eine Aufhebungsvereinbarung möglich.

– Der Vertrag endet auch mit dem Tod des Handelsreisenden.

– Beträgt die Provision mindestens einen Fünftel des Lohnes und unterliegt sie erheblichen saisonalen Schwankungen, so darf die Arbeitgeberin dem Handelsreisenden, der seit Abschluss der letzten Saison bei ihr gearbeitet hat, während der Saison nur auf das

Ende des zweiten der Kündigung folgenden Monats kündigen (OR 350 I).

– Unter den gleichen Voraussetzungen darf der Handelsreisende der Arbeitgeberin, die ihn bis zum Abschluss der Saison beschäftigt hat, bis zum Beginn der nächsten Saison nur auf das Ende des zweiten der Kündigung folgenden Monats kündigen (OR 350 II).

– Bei Beendigung des Arbeitsverhältnisses ist dem Handelsreisenden die Provision auf alle Geschäfte auszurichten, die er abgeschlossen oder vermittelt hat, sowie auf alle Bestellungen, die bis zur Beendigung der Arbeitgeberin zugehen, ohne Rücksicht auf den Zeitpunkt ihrer Annahme und ihrer Ausführung (OR 350*a* I).

– Auf den Zeitpunkt der Beendigung des Arbeitsverhältnisses hat der Handelsreisende die ihm für die Reisetätigkeit zur Verfügung gestellten Muster und Modelle, Preistarife, Kundenverzeichnisse und anderen Unterlagen zurückzugeben; das Retentionsrecht bleibt vorbehalten (OR 350*a* II).

**Detailfragen**

*Wie ist die Weitergeltung des GAV beim Betriebsübergang zu beurteilen? [→Rz. 524 ff.]*

– Werden ganze Betriebe oder zumindest Betriebsteile übertragen, so gelangen grundsätzlich die Regeln des Betriebsübergangs (OR 333) zur Anwendung. Die Arbeitgeberin hat die Arbeitnehmervertretung oder, falls es keine solche gibt, die Arbeitnehmer rechtzeitig vor dem Vollzug des Übergangs zu informieren (OR 333*a*).

– Im Konkurs jedoch geht das Arbeitsverhältnis nur dann mit allen Rechten und Pflichten auf den Erwerber über, wenn dies mit dem Erwerber so vereinbart wurde und der Arbeitnehmer den Übergang nicht ablehnt. Die bisherige Arbeitgeberin haftet mit der neuen Arbeitgeberin nicht solidarisch für alle Verpflichtungen aus dem Arbeitsvertrag bis zum Zeitpunkt, zu dem ordentlicherweise das Arbeitsverhältnis hätte aufgelöst werden können (OR 333*b*).

– Der Arbeitnehmer kann die Übernahme ablehnen, dann endet das Arbeitsverhältnis mit dem nächsten gesetzlichen Kündigungstermin (OR 333 II).

– Besteht ein GAV, so gilt dieser auch für den neuen Betriebsinhaber noch während eines Jahres weiter, selbst wenn die Arbeitgeberin weder Vertragspartei noch Mitglied des entsprechenden Arbeitgeberverbandes ist (OR 333 I$^{bis}$).

– Im Fall des Konkurses ist die Solidarhaftung gemäss OR 333 nicht anwendbar; die übrigen Bestimmungen des Betriebsüberganges bleiben grundsätzlich unverändert anwendbar. Die Spiel und Spass GmbH ist deshalb verpflichtet, den GAV weiterhin einzuhalten (OR 333 I$^{bis}$).

*Wie ist diese Weisung zur Kompensation rechtlich zu beurteilen? [→Rz. 313 ff., 945 ff.]*

– Der Arbeitnehmer hat bei angeordneten oder notwendigen Überstunden Anrecht auf Lohn mit 25 % Zuschlag, sofern nicht schriftlich eine andere Vereinbarung getroffen wurde (OR 321c).

– Überstunden sind alle Zusatzstunden, welche die vertraglich festgelegte oder die übliche Arbeitszeit übersteigen und notwendig sind (OR 321c).

– Überzeit beginnt dagegen dort, wo die vom ArG vorgeschriebene Höchstarbeitszeit überschritten wird.

– Im Gegensatz zu Überstunden ist bei der Überzeit der Zuschlag von 25 % zwingend und kann nicht wegbedungen werden.

– Die Höchstarbeitszeit beträgt 45 Std. bei Industrie und 50 Std. bei übrigen Betrieben (ArG 9 ff.).

– Eine Kompensation ohne Zuschlag ist sowohl bei Überstunden als auch bei Überzeit nur mit Einverständnis des Arbeitnehmers möglich.

– Da keine Vereinbarung betr. Überstunden vorliegt und Georg Kaufmann nicht in eine Kompensation einwilligt, hat er Anrecht auf Lohn zuzüglich 25 % Zuschlag.

*Wie ist die Rechtslage bezüglich der Weisungsbefolgungspflicht und wie soll sich Georg Kaufmann verhalten? [→Rz. 329 ff., 641, 645 ff.]*

– Die Arbeitgeberin kann Weisungen erteilen und diese sind vom Arbeitnehmer aufgrund des Subordinationsverhältnisses grundsätzlich zu befolgen (OR 321d).

– Das Weisungsrecht darf jedoch das Prinzip von Treu und Glauben sowie das Persönlichkeitsrecht des Arbeitnehmers (OR 328) nicht verletzen; ein Missbrauch des Weisungsrechts wird nach ZGB 2 II nicht geschützt.

– Da es sich um eine gesetzeswidrige Weisung handelt, muss Georg Kaufmann sie nicht befolgen; sollte ihm deswegen gekündigt werden, so würde eine missbräuchliche Kündigung vorliegen (OR 336 I d).

– Wird Georg Kaufmann wegen seiner Weisungsverweigerung gekündigt, so muss er gegen die Kündigung längstens bis zum Ende der Kündigungsfrist schriftlich Einsprache erheben. Kann danach keine Einigung gefunden werden, so hat er seinen Anspruch auf Entschädigung innert 180 Tagen durch Klage geltend zu machen (OR 336*b*).

– Anders als die Klage (Datum des Poststempels) ist die Einsprache gegen eine missbräuchliche Kündigung fristgerecht, wenn sie vor Ablauf der Kündigungsfrist beim Kündigenden eintrifft (OR 336*b*).

*Kann die Spiel und Spass GmbH dann geltend machen, dass die gewährte Kost einen Teil des Lohnes bilde? [→Rz. 373 ff.]*

– Kost und Logis bildet ohne gegenteilige Abmachung nur dann Teil des Lohnes, wenn der Arbeitnehmer in Hausgemeinschaft mit der Arbeitgeberin lebt (OR 322 II); dies ist bei der Spiel und Spass GmbH als juristische Person sicher nicht der Fall.

– Die Spiel und Spass GmbH kann keinen Arbeitnehmer zwingen, sein Essen im Personalrestaurant einzunehmen und ihm dafür einen fixen Lohnabzug machen.

– Hatten die Mitarbeiter bisher gemäss GAV Anrecht auf einen vergünstigten Essensbezug, so fällt dieses Recht bei Vertragsende des GAV dahin.

# Fall 17: Programmierer Severin Bischof

## Allgemeine Fragen

*Welche Bedeutung hat die berufliche Vorsorge im Arbeitsrecht, wie wird sie finanziert und wie werden die Leistungen gegliedert?*

*Was ist unter einer Kündigung zur Unzeit zu verstehen und welche Konsequenzen ergeben sich daraus?*

## Detailfragen

Severin Bischof arbeitet bei sich zu Hause als Programmierer im Monatslohn für die Softwarefirma Super-Soft AG. Vom Geschäftsführer erhält er am Anfang jedes Monats per E-Mail einen Programmierauftrag, in dem die Eckdaten für das zu erstellende Programmmodul, die Ablieferfrist und die maximal verrechenbare Programmierzeit angegeben sind. Für seine Tätigkeit hat sich Severin Bischof einen eigenen Computer angeschafft. Die Entwicklungssoftware mit entsprechenden Updates wird von der Super-Soft AG geliefert. Zweimal jährlich kann der Programmierer zudem auf Kosten der Firma an Weiterbildungskursen und Computermessen teilnehmen.

*Wie ist das Rechtsverhältnis zwischen den Parteien zu qualifizieren?*

Severin Bischof ist meistens mit seiner Programmierarbeit viel schneller fertig, als vom Chef der Softwarefirma vorgegeben. Er hat deshalb Zeit, auch noch für das Industrieunternehmen SCF Programmieraufträge gegen Entgelt auszuführen.

*Was könnten die Konsequenzen dieser Zusatztätigkeit für Severin Bischof sein?*

Der Chef der Super-Soft AG macht Severin Bischof den Vorschlag, dass er ihn nicht mehr im Monatslohn entschädigt, sondern nach Anzahl erledigter Programmieraufträge. Da die einzelnen Aufträge in der Regel etwa gleich viel Arbeit erfordern, soll Severin Bischof für jeden ausgeführten Auftrag CHF 500 brutto erhalten.

*Ist diese Lohnform zulässig und was passiert, wenn die Super-Soft AG nicht mehr genügend Programmieraufträge für eine ausreichende Beschäftigung ihrer Programmierer anwerben kann?*

Ein Jahr später erklärt Severin Bischof bei einem Gespräch mit seinem Chef, zukünftig als selbstständig Erwerbender gelten zu wollen. Damit könne er Steuern und Sozialabgaben sparen und endlich seine Geldsorgen vergessen. Sein Chef willigt ein. Severin Bischof arbeitet wie bisher weiter, stellt jedoch monatlich Rechnungen von sich als Einzelunternehmer an die Super-Soft AG. Er meldet sich auch bei der zuständigen Ausgleichskasse als selbstständig Erwerbender an.

*Ist dieses Vorgehen zulässig und welches sind die Konsequenzen dieser neuen Situation?*

## Antworten

### Allgemeine Fragen

*Welche Bedeutung hat die berufliche Vorsorge im Arbeitsrecht, wie wird sie finanziert und wie werden die Leistungen gegliedert? [→Rz. 1024 ff.]*

- Die zweite Säule versichert nur Erwerbstätige, in erster Linie die Arbeitnehmer (BVG 2) und in kleinerem Masse auch die Selbstständigerwerbenden (BVG 3) gegen Alter, Tod und Invalidität.

- Die *Finanzierung* erfolgt ausschliesslich durch Beiträge von Arbeitnehmer und Arbeitgeberin. Die Arbeitgeberin hat mindestens 50 % dieser Beiträge zu finanzieren. Die Beiträge werden in Form von Lohnprozenten erhoben.

- Die *Leistungen* werden in Altersleistungen (BVG 13 ff.), Hinterlassenenleistungen (BVG 18 ff.), Invalidenleistungen (BVG 23 ff.) und Freizügigkeitsleistungen (BVG 27 ff.) gegliedert.

- Es werden zwei Arten von Leistungsberechnungen unterschieden:

  - *Beitragsprimatskassen* berechnen die Leistungen streng nach den einbezahlten Beiträgen. Die kumulierten Beiträge einschliesslich der Zinsen bilden das Altersguthaben gemäss BVG 15. Die Altersrente wird in Prozenten des Altersguthabens (Umwandlungssatz) berechnet, welches der Versicherte bei Erreichen des Rentenalters erworben hat (BVG 14) und lebenslänglich ausbezahlt.

  - *Leistungsprimatskassen* berechnen Leistungen nach einem bestimmten, in den Statuten festgesetzten Ziel. Auch hier kann aber nicht mehr ausbezahlt werden, als früher eingenommen worden ist.

*Was ist unter einer Kündigung zur Unzeit zu verstehen und welche Konsequenzen ergeben sich daraus? [→Rz. 612 ff.]*

- Die Kündigung zur Unzeit fällt unter den zeitlichen Kündigungsschutz gemäss OR 336c.

- Während gewissen Zeiten (sog. Sperrzeiten) ist trotz der allgemeinen Kündigungsfreiheit keine ordentliche Kündigung durch die Arbeitgeberin möglich.

– Der zeitliche Kündigungsschutz gilt erst nach Ablauf der Probezeit (OR 336c I).

– Eine Kündigung während der Sperrzeiten ist nichtig. Der Arbeitnehmer hat in diesem Fall keine Massnahmen zu treffen. Die Arbeitgeberin muss nach Ablauf der Sperrfrist eine neue Kündigung aussprechen.

– Als Sperrfristen zählt das Gesetz auf: Militär-, Zivil- und Schutzdienst, behördliche Hilfsaktionen, unverschuldete krankheits- oder unfallbedingte Arbeitsunfähigkeit, Schwangerschaft und 16 Wochen nach Niederkunft.

– Die Sperrdauer im Falle von Krankheit oder Unfall ist begrenzt, wobei nach Bundesgericht mit jeder neuen Krankheit/Unfall eine neue Frist eingeräumt wird. Im ersten Dienstjahr beträgt die Sperrfrist 30 Tage, vom 2. bis 5. Dienstjahr 90 Tage und ab dem 6. Dienstjahr 180 Tage (OR 336c I lit. b).

**Detailfragen**

*Wie ist das Rechtsverhältnis zwischen den Parteien zu qualifizieren? [→Rz. 100 ff., 125 f., 127 ff., 168 ff.]*

– Allgemeine Kriterien für die Qualifikation als Arbeitsvertrag (OR 319) sind: Pflicht zur Arbeitsleistung, Entgeltlichkeit, Subordinationsverhältnis, Dauerschuldverhältnis.

– Auch beim Auftrag verpflichtet sich der Auftragnehmer zur Erbringung einer Dienstleistung (OR 394 I), doch fehlt das Subordinationsverhältnis.

– Auch beim Werkvertrag verpflichtet sich der Unternehmer zu einer Leistung (OR 363), doch besteht diese in der Herstellung eines Werkes, bei dessen Vollendung der Vertrag automatisch beendet ist.

– Im vorliegenden Fall endet der Vertrag nicht mit der Vollendung eines Werkes. Es kann sich deshalb nicht um einen Werkvertrag handeln.

– Da die Super-Soft AG eine klare Weisungsbefugnis (Zeit und Art der Arbeit) hat, kann es sich auch nicht um einen entgeltlichen Auftrag handeln.

– Vielmehr liegt ein Arbeitsvertrag i.S.v. OR 319 vor.

– Zu prüfen ist noch, ob es sich allenfalls um einen besonderen Einzelarbeitsvertrag handelt. Infrage kommt nur ein Heimarbeitsvertrag gemäss OR 351 ff. Da die Super-Soft AG sicher nicht damit einverstanden ist, dass Severin Bischof bei seinen Programmierarbeiten Familienangehörige beizieht, liegt jedoch kein Heimarbeitsvertrag vor, auch wenn Severin Bischof mehrheitlich zu Hause arbeitet.

*Was könnten die Konsequenzen dieser Zusatztätigkeit für Severin Bischof sein? [→Rz. 350 ff., 369 ff.]*

– Grundsätzlich darf der Arbeitnehmer ausserhalb der Arbeitszeit für sich oder Dritte nur Arbeit leisten, sofern er dadurch seine Treuepflicht nicht verletzt.

– Die Treuepflicht wird verletzt, wenn die entgeltliche Nebentätigkeit ohne Zustimmung der Arbeitgeberin erfolgt und dazu führt, dass der Arbeitnehmer nicht mehr die volle Arbeitsleistung erbringen kann.

– Im vorliegenden Fall könnte Severin Bischof trotz seiner zusätzlichen Tätigkeit immer noch die volle Arbeitsleistung für die Super-Soft AG erbringen. Gemäss OR 321a III wird die Treuepflicht jedoch auch dann verletzt, wenn der Arbeitnehmer seine Arbeitgeberin konkurrenziert.

– Aus dem geschilderten Sachverhalt wird nicht klar, ob zwischen der Super-Soft AG und dem Industrieunternehmen SCF überhaupt ein Konkurrenzverhältnis besteht. Weitere Abklärungen wären notwendig, um die Frage einer unerlaubten Schwarzarbeit definitiv klären zu können.

– Würde es sich um eine treuwidrige Schwarzarbeit handeln, so würde dies einen wichtigen Grund für eine fristlose Kündigung darstellen (OR 337). Zudem hätte die Super-Soft AG gegebenenfalls Anspruch auf Schadenersatz gemäss OR 321e.

*Ist diese Lohnform zulässig und was passiert, wenn die Super-Soft AG nicht mehr genügend Programmieraufträge für eine ausreichende Beschäftigung ihrer Programmierer anwerben kann? [→Rz. 393 ff., 421 ff.]*

- Auf den ersten Blick scheint es, als liege ein Akkordlohn vor; tatsächlich kann aber auch eine faktische Umsatzbeteiligung vorliegen (OR 322*a*).

- Das Betriebsrisiko darf nicht vollständig auf den Arbeitnehmer abgewälzt werden; da ein fester Lohnbestandteil hier fehlt und kein angemessenes Entgelt mehr gewährt werden kann, ist diese Lohnform unzulässig.

- Kann die Arbeitgeberin nicht mehr ausreichend Programmieraufträge zuweisen, gerät sie in Annahmeverzug; in diesem Fall hat der Arbeitnehmer nach Gerichtspraxis weiterhin Anspruch auf Lohn entsprechend dem Durchschnitt der letzten 12 Monate (OR 324 I).

*Ist dieses Vorgehen zulässig und welches sind die Konsequenzen dieser neuen Situation? [→Rz. 100 ff., 134a ff., 1072 ff., 1076]*

- Zur Qualifikation eines Vertrags als Arbeitsvertrag ist nicht entscheidend, wie dieser von den Parteien bezeichnet wird.

- Relevant sind folgende vier Kriterien:
  - Angebot einer Arbeitsleistung
  - Dauerschuldverhältnis
  - Eingliederung in eine fremde Arbeitsorganisation
  - Entgeltlichkeit

- Im vorliegenden Fall sind alle vier Kriterien erfüllt, insbesondere auch die Subordination. Damit liegt weiterhin ein Arbeitsvertrag vor.

- Die Arbeitgeberin könnte sich wegen Beihilfe zum Steuerbetrug i.S.v. DBG 186 strafbar machen.

- Vorliegend handelt es sich nämlich um einen klassischen Fall von Scheinselbstständigkeit.

- Die Ausgleichskasse wird von der Super-Soft AG die Sozialversicherungsabgaben in voller Höhe verlangen. Die Super-Soft AG kann dann ihrerseits den Arbeitnehmeranteil von Severin Bischof zurückfordern.

# Fall 18: Paul Steinmann bei der Belimport AG

## Allgemeine Fragen

*Welche Lohnformen sind im Arbeitsrecht zulässig?*

*Trifft den Arbeitnehmer eine Sorgfaltspflicht?*

## Detailfragen

Paul Steinmann arbeitet als Handelsreisender für die Firma Belimport AG. In seinem Arbeitsvertrag ist neben dem monatlichen Fixlohn und der Umsatzprovision noch ein Anteil von 1,5 % am Geschäftsgewinn vor Steuern und Abschreibungen vereinbart. Er bemüht sich deshalb nach Kräften, möglichst grosse Umsätze zu machen. Doch am Ende des Geschäftsjahres teilt ihm der Finanzchef mit, es werde kein Gewinnanteil ausgerichtet, da viele der ausstehenden Debitoren unsicher seien und deshalb die Delcredere-Position zulasten der Erfolgsrechnung erhöht werden musste.

*Wie ist die Rechtssituation im Zusammenhang mit dem Delcredere zu beurteilen?*

Nach fast zweijähriger Berufstätigkeit von Paul Steinmann für die Belimport AG möchte diese die Provisionsregelung mit den Handelsreisenden für die Zukunft ändern, da die Umsätze der einzelnen Mitarbeiter und damit der Firma stark im Ansteigen begriffen sind. Es ist aber für die Belimport AG auch vorhersehbar, dass Paul Steinmann mit einer Vertragsänderung nicht einverstanden sein wird. Deshalb soll eine Änderungskündigung auf den nächstmöglichen Termin erfolgen.

*Per wann kann die Belimport AG frühestens kündigen?*

Zwischen Paul Steinmann und der Belimport AG kommt es in der Folge zu einem Streit über die Zulässigkeit der Änderungskündigung. Der Handelsreisende fühlt sich ausgenutzt und ist zudem der Ansicht, er hätte noch mehr Forderungen aus dem Arbeitsverhältnis als bisher bezahlt wurde.

*Wie kann Paul Steinmann vorgehen und welche Kosten würden ihm aus einem Rechtsstreit erwachsen?*

Paul Steinmann hat sich zur Sicherheit bei einer anderen Firma beworben. Völlig überraschend wird ihm beim ersten Vorstellungsgespräch bereits ein Arbeitsvertrag zur Unterschrift vorgelegt. Er traut sich nicht, die Offerte abzulehnen, und unterzeichnet den Arbeitsvertrag. Am nächsten Tag schon bereut er seinen Entschluss und entscheidet, einfach nicht an der neuen Arbeitsstelle zu erscheinen.

*Welche rechtlichen Konsequenzen können aus dem Nichtantritt der Arbeitsstelle entstehen?*

## Antworten

### Allgemeine Fragen

*Welche Lohnformen sind im Arbeitsrecht zulässig? [→Rz. 158 ff., 373 ff., 393 ff.]*

– Grundsätzlich werden Zeitlohn und Akkordlohn unterschieden; zusätzlich gibt es aber noch die Erfolgsvergütung (OR 322a), die Provision (OR 322b) und die Gratifikation (OR 322d).

– Der Lohn muss grundsätzlich als *Geldlohn* in gesetzlicher Währung ausbezahlt werden, sofern nichts anderes verabredet oder üblich ist (OR 323b I). Er kann aber mit entsprechender Vereinbarung auch als *Naturallohn* ausgerichtet werden. Lebt der Arbeitnehmer in Hausgemeinschaft mit der Arbeitgeberin, bildet der Unterhalt im Hause mit Unterkunft und Verpflegung auch ohne besondere Verabredung einen Teil des Lohnes (OR 322 II).

– Beim *Zeitlohn* erfolgt die Entlöhnung nach Zeitabschnitten ohne Berücksichtigung von Quantität und Qualität des Arbeitsergebnisses; der Zeitraum der Berechnung kann Stunden, Tage oder Monate sein.

– Beim *Akkordlohn* erfolgt die Entlöhnung nach der geleisteten Arbeit unabhängig von der aufgewendeten Zeit; es kann Mischformen zwischen Akkordlohn und Zeitlohn geben, z.B. bei Akkordlohn mit Mindestlohngarantie.

– *Erfolgsvergütungen* kommen in Form einer Beteiligung am Geschäftsergebnis oder in Form einer Umsatzbeteiligung vor und liegen zwischen Zeitlohn und Akkordlohn; trotz ihrer leistungsorientierten Berechnungsgrundlage gehören Erfolgsvergütungen zum Zeitlohnsystem.

– Die *Provision* ist die Beteiligung am Wert eines einzelnen vom Arbeitnehmer vermittelten oder abgeschlossenen Geschäftes (OR 322b I); der Provisionsanspruch entsteht im Zeitpunkt des Geschäftsabschlusses, fällt aber dahin bzw. muss zurückerstattet werden, wenn der Dritte den Vertrag nicht erfüllt oder das Geschäft ohne Verschulden der Arbeitgeberin nicht ausgeführt wird.

– Eine Vereinbarung über die Ausschliesslichkeit des Lohnes in Provision ist nur in Schriftform zulässig und auch dann nur, wenn die

Provision ein angemessenes Entgelt für die Tätigkeit des Handelsreisenden ergibt (OR 349*a* II).

– Die *Gratifikation* ist eine freiwillige Sondervergütung der Arbeitgeberin; ein Rechtsanspruch auf die volle oder Pro-rata-Gratifikation besteht nur, wenn dies verabredet ist (OR 322*d* II).

– Nicht im Gesetz geregelt ist der *Bonus*. Es muss im Einzelfall abgeklärt werden, um welche Lohnform es sich dabei konkret handelt.

– Am 1. Januar 2014 trat die Verordnung gegen übermässige Vergütungen bei börsenkotierten Aktiengesellschaften (VegüV) in Kraft. Sie findet Anwendung auf Aktiengesellschaften gemäss OR 620 ff., deren Aktien an einer Börse im In- oder Ausland kotiert sind. Vorausgesetzt ist weiter, dass der Vergütungsempfänger ein Mitglied des Verwaltungsrates, der Geschäftsleitung oder des Beirates (sowie allenfalls eine den Aufgezählten nahestehende Person) ist oder war. Die Auszahlung von Boni ist auch nach Inkrafttreten der VegüV bei börsenkotierten Unternehmen immer noch zulässig. Lediglich die Ausrichtung von Eintritts- und Abgangsentschädigungen wurde beschränkt.

*Trifft den Arbeitnehmer eine Sorgfaltspflicht? [→Rz. 348, 466 ff.]*

– Der Arbeitnehmer hat die ihm übertragenen Arbeiten sorgfältig auszuführen (OR 321*a*).

– Er hat Maschinen, Arbeitsgeräte, technische Einrichtungen und Anlagen sowie Fahrzeuge der Arbeitgeberin fachgerecht zu bedienen (OR 321*a* II).

– Die Sorgfaltspflicht ist Vertragspflicht, deren Verletzung eine Schlechterfüllung darstellt und sich auf das Arbeitszeugnis oder auf die Kündigung auswirken kann, zudem besteht evtl. eine zivil- oder strafrechtliche Haftung.

– Das Mass der Sorgfalt bestimmt sich gemäss OR 321*e* II unter Berücksichtigung des Berufsrisikos, des Bildungsgrades und der Fähigkeiten des Arbeitnehmers (subjektiver Sorgfaltsmassstab).

– Der Arbeitnehmer haftet nach OR 321*e* I.

– Für die Haftung des Arbeitnehmers gilt als Faustformel:
  – bei leichter Fahrlässigkeit: bis max. 1 Monatslohn
  – bei mittlerer Fahrlässigkeit: bis max. 2 Monatslöhne

- bei grober Fahrlässigkeit: bis max. 3 Monatslöhne
- bei Vorsatz: voller Schadenersatz
- Eine Kürzung des Lohnes kommt bei Verletzung der Sorgfaltspflicht nicht infrage, da der Lohn grundsätzlich nicht von der Güte der Arbeitsleistung abhängt.

**Detailfragen**

*Wie ist die Rechtssituation im Zusammenhang mit dem Delcredere zu beurteilen? [→Rz. 396 ff.]*

- Hat ein Arbeitnehmer vertraglich Anspruch auf einen Anteil am Gewinn oder am Umsatz, so ist die Berechnung nach den gesetzlichen Vorschriften und allgemein anerkannten Grundsätzen vorzunehmen (OR 322a I).
- Die Arbeitgeberin hat dem Arbeitnehmer die nötigen Aufschlüsse über die Berechnung zu geben und Einsicht in die Geschäftsbücher zu gewähren, soweit dies zur Nachprüfung erforderlich ist (OR 322a II).
- Im Streitfall hat der vom Gericht bestellte Sachverständige zu beurteilen, wie hoch die Delcredere-Position zu bemessen ist; diesen Abzug beim Gewinn hat sich der Arbeitnehmer mangels anderer Abrede gefallen zu lassen.
- Im vorliegenden Fall kann allein aufgrund des Sachverhaltes nicht entschieden werden, ob die Erhöhung der Delcredere-Position wirklich notwendig ist oder nicht.

*Per wann kann die Belimport AG frühestens kündigen? [→Rz. 162 f., 583 ff.]*

- Im ersten Dienstjahr kann mit einer Kündigungsfrist von einem Monat gekündigt werden, im zweiten mit einer Kündigungsfrist von 2 Monaten (OR 335c).
- Ist nichts anderes vereinbart, so kann nur auf das Ende eines Monats gekündigt werden (OR 335c).
- Handelt es sich um einen Handelsreisenden, bei dem die Provision mindestens ein Fünftel des Lohns beträgt und unterliegt dieser Lohn saisonalen Schwankungen, so darf die Arbeitgeberin während der Saison nur auf das Ende des zweiten der Kündigung folgenden Monats kündigen (OR 350).

– Im vorliegenden Fall kann dem Sachverhalt nichts über saisonale Schwankungen des Lohns entnommen werden. Trotzdem kann nur mit einer Frist von zwei Monaten auf das Ende eines Monats gekündigt werden, da sich Paul Steinmann im zweiten Dienstjahr befindet (OR 335*c*).

*Wie kann Paul Steinmann vorgehen und welche Kosten würden ihm aus einem Rechtsstreit erwachsen? [→Rz. 79 ff.]*

– Mit Inkrafttreten der neuen schweizerischen Zivilprozessordnung wird OR 343 aufgehoben, welcher bisher besondere Vorschriften zum Arbeitsgerichtsprozess enthielt.

– Für arbeitsrechtliche Klagen ist das Gericht am Wohnsitz bzw. Sitz der beklagten Partei oder alternativ am Ort der gewöhnlichen Arbeitsverrichtung zuständig (ZPO 34 I).

– Dem Gerichtsprozess ist von Bundesrechts wegen grundsätzlich zwingend ein Schlichtungsverfahren vorgelagert (ZPO 197). Mehrere Kantone sehen dazu spezielle Schlichtungsstellen vor. Bei einem Streitwert von über CHF 100'000 kann auf das Schlichtungsverfahren verzichtet werden (ZPO 199).

– Bis zu einem Streitwert von CHF 30'000 gilt ein vereinfachtes Verfahren mit folgenden Besonderheiten (ZPO 43 ff.):

  – Die Klage kann auch mündlich zu Protokoll gegeben werden.

  – Eine Begründung der Klage ist nicht erforderlich.

  – Der Sachverhalt wird von Amtes wegen festgestellt.

– Sowohl im Schlichtungs- als auch im Entscheidverfahren dürfen grundsätzlich keine Gerichtskosten, wohl aber Parteientschädigungen (i.d.R. Anwaltskosten) auferlegt werden.

– Im vorliegenden Fall sollte Paul Steinmann seine Forderung zuerst mit eingeschriebenem Brief geltend machen. Führt dies nicht zum Erfolg, so hat er das Schlichtungsverfahren (ZPO 197) einzuleiten.

*Welche rechtlichen Konsequenzen können aus dem Nichtantritt der Arbeitsstelle entstehen? [→Rz. 326, 466]*

– Tritt Paul Steinmann die Arbeitsstelle nicht an, so hat die Arbeitgeberin Anspruch auf eine Entschädigung von einem Viertel des Monatslohns (OR 337*d* I).

– Die Arbeitgeberin kann überdies weiteren Schadenersatz fordern, sofern sie diesen belegen kann.

– Ist der Arbeitgeberin kein oder nur ein geringer Schaden entstanden, kann der Richter den viertel Monatslohn als Schadenersatz kürzen (OR 337*d* I).

– Kann der Schadenersatzanspruch nicht verrechnet werden, muss er von der Arbeitgeberin innert 30 Tagen durch Klage oder Betreibung geltend gemacht werden (OR 337*d* III).

# Fall 19: Zu hohe Kosten bei der Kona AG

## Allgemeine Fragen

*Gibt es im Arbeitsrecht besondere Formvorschriften, die zu beachten sind?*

*Was ist unter einer missbräuchlichen Kündigung zu verstehen?*

## Detailfragen

Sylvia Sommer hat eben ihre neue Stelle als Mitarbeiterin im Personalbüro der Konservenfabrik Kona AG angetreten. Die Kona AG leidet an zu hohen Personalkosten wegen Lohnfortzahlungen bei Krankheit. Sylvia Sommer soll deshalb die Arbeitsverträge aller Mitarbeiter dahin gehend ändern, dass nur noch das gesetzliche Minimum während Krankheit bezahlt wird.

*Wie kann sie die Arbeitsverträge ändern?*

Bisher wurde allen Mitarbeitern bei Krankheit der Lohn während 6 Monaten weiterbezahlt. Nun soll nur noch das gesetzliche Minimum gelten. Gleichzeitig soll in den Arbeitsverträgen explizit stehen, welche gesetzlichen Konsequenzen eine Krankheit sonst noch hat.

*Wie sollte demnach die Krankheit in den Arbeitsverträgen geregelt werden?*

Über 2/3 der Belegschaft der Kona AG sind Mitglieder bei der Gewerkschaft Nahrungsmittelindustrie (GNI). Für die Konservenfabrik gilt deshalb auch ein Gesamtarbeitsvertrag.

*Welchen Einfluss hat dieser GAV auf die Regelung von Krankheit im Individualarbeitsvertrag, insbesondere bei den Mitarbeitern, die nicht der Gewerkschaft angehören?*

Ein weiterer bedeutender Kostenfaktor bei der Kona AG sind Produktionsausfälle bzw. die Produktion von nicht verkäuflicher Ausschussware. Viel zu häufig kommt es vor, dass Mitarbeiter durch unsorgfältige Überwachung der Produktionsanlagen der Firma finanziellen Schaden anrichten, da die entstandenen mangelhaften Produkte nicht verkauft werden können. Auch verschwinden in den Lagern der Kona AG zuweilen erhebliche Mengen an Konserven, wobei vermutet wird, dass sich gewisse Mitarbeiter selbstständig und ohne Erlaubnis bedienen. Nun soll Sylvia Sommer in den Arbeitsverträgen eine «knallharte Klausel» einführen, welche die Haftung der Arbeitnehmer auf das Maximum ausdehnt.

*Wie ist die Haftung des Arbeitnehmers im Arbeitsrecht geregelt und besteht eine Möglichkeit zur Verschärfung?*

## Antworten

### Allgemeine Fragen

*Gibt es im Arbeitsrecht besondere Formvorschriften, die zu beachten sind? [→Rz. 269 ff.]*

– Es gilt im Arbeitsrecht grundsätzlich Formfreiheit (OR 320 I).
– In diversen Artikeln wird jedoch die Schriftlichkeit zur Gültigkeit vorgeschrieben. Die wichtigsten davon sind:

| | |
|---|---|
| – Art. 321c Abs. 3 OR: | Abweichungen von der gesetzlichen Überstundenvergütung |
| – Art. 323 Abs. 2 OR: | Aufschub der Fälligkeit der Provision |
| – Art. 324a Abs. 4 OR: | Abweichende Vereinbarungen betreffend Lohn bei Verhinderung des Arbeitnehmers |
| – Art. 330b OR: | Informationspflicht der Arbeitgeberin |
| – Art. 332 Abs. 2 OR: | Erwerb von Erfindungen und Designs durch die Arbeitgeberin |
| – Art. 335b Abs. 2 OR: | Abweichende Vereinbarung betreffend Probezeit |
| – Art. 335c Abs. 2 OR: | Abänderung der Kündigungsfristen |
| – Art. 335f Abs. 3 und 4 OR: | Information der Arbeitgeberin bei Massenentlassungen |
| – Art. 336b Abs. 1 OR: | Einsprache bei missbräuchlicher Kündigung |
| – Art. 340 OR: | Vereinbarung eines Konkurrenzverbotes |
| – Art. 344a Abs. 1 OR: | Lehrvertrag |
| – Art. 347a Abs. 1 OR: | Handelsreisendenvertrag |
| – Art. 348b Abs. 1 OR: | Tätigkeit des Handelsreisenden über die Vermittlung von Geschäften hinaus |

- Art. 349a Abs. 2 und 3 OR:     Ausschliessliche Entlöhnung des Handelsreisenden durch Provision
- Art. 351a Abs. 2 OR:     Bekanntgabe des Lohnes und der Entschädigung für das vom Heimarbeitnehmer selbst zu beschaffende Material
- Art. 353a Abs. 2 OR:     Lohnabrechnung beim Heimarbeitsvertrag
- Art. 19 Abs. 1 und 3 AVG:     Anstellungsvertrag des Leiharbeitnehmers

*Was ist unter einer missbräuchlichen Kündigung zu verstehen? [→Rz. 624 ff.]*

- Ein unbefristetes Arbeitsverhältnis kann von jeder Vertragspartei gekündigt werden (OR 335).
- Wird jedoch aufgrund spezieller Gründe gekündigt (OR 336, bspw. persönliche Verhältnisse oder rechtmässiges Verhalten des Arbeitnehmers), so kann eine missbräuchliche Kündigung vorliegen.
- Die Liste in OR 336 ist nicht abschliessend. So kann beispielsweise auch die Kündigung eines Arbeitnehmers kurz vor der Pensionierung als missbräuchlich qualifiziert werden.
- Der Arbeitnehmer hat das Vorliegen eines solchen Kündigungsgrundes zu beweisen.
- Die Arbeitgeberin hat diesfalls eine Entschädigung in der Höhe von maximal 6 Monatslöhnen zu zahlen (OR 336a), die Kündigung bleibt aber gültig.
- In der Lehre war lange die Frage umstritten, ob der sachliche Kündigungsschutz auch schon während der Probezeit gilt. Das Bundesgericht hat dies im Sinne der herrschenden Lehre bejaht. Demnach kann auch während der Probezeit eine Kündigung missbräuchlich sein.
- Erfolgt eine fristlose Kündigung aus einem Grund, welcher gleichzeitig unter den sachlichen Kündigungsschutz gemäss OR 336 fällt, so resultiert daraus kein kumulierter Entschädigungsanspruch gemäss OR 336a II und OR 337c III. Vielmehr kann der betroffene

Arbeitnehmer lediglich eine Entschädigung für die ungerechtfertigte fristlose Entlassung geltend machen.

**Detailfragen**

*Wie kann sie die Arbeitsverträge ändern? [→Rz. 594 ff., 666 ff.]*

– Bestimmungen eines Arbeitsvertrags können nicht einseitig geändert werden.

– Um Anstellungsbedingungen zu ändern, kann die Arbeitgeberin rechtmässig Änderungskündigungen aussprechen bzw. androhen.

– Bei der Änderungskündigung wird unterschieden zwischen eigentlicher und uneigentlicher Änderungskündigung.

– Bei der eigentlichen Änderungskündigung erfolgt tatsächlich eine Kündigung; diese ist entweder bedingt (gilt nur bei Nichtzustimmung zur Änderung) oder unbedingt in Kombination mit der Offerte zum Abschluss eines neuen Vertrages (geänderter Vertrag).

– Die uneigentliche Änderungskündigung ist rechtlich eine Offerte zur Vertragsänderung verbunden mit der Drohung, dass sonst eine Kündigung erfolge.

– Mehrere Änderungskündigungen können eine Massenentlassung sein.

– Bei einer Änderungskündigung ist zu beachten, dass die geänderten Bestimmungen erst nach Ablauf der Kündigungsfrist in Kraft treten dürfen.

*Wie sollte demnach die Krankheit in den Arbeitsverträgen geregelt werden? [→Rz. 425 ff., 612 ff.]*

– Wird der Arbeitnehmer durch Krankheit an der Erbringung der Arbeitsleistung gehindert, trifft die Arbeitgeberin eine Lohnfortzahlungspflicht (OR 324a I).

– Die Lohnfortzahlungspflicht beträgt im 1. Dienstjahr mindestens 3 Wochen, nachher ist der Lohn für eine angemessene längere Dauer zu entrichten, wobei Dienstdauer und Umstände des Einzelfalles zu berücksichtigen sind (OR 324a II).

– Zur Wahrung der Rechtssicherheit haben die Gerichte von Bern, Zürich und Basel Skalen erarbeitet, die im Regelfall gelten sollen.

Am bedeutendsten ist die Berner Skala, die unter anderem auch von den St. Galler Gerichten angewendet wird.

- Neben der Lohnfortzahlungspflicht bewirkt die Krankheit das Entstehen einer Kündigungssperrfrist (OR 336c I b) während 30 Tagen im 1. Dienstjahr bzw. 90 Tagen ab dem 2. bis und mit 5. Dienstjahr und während 180 Tagen ab dem 6. Dienstjahr.

- Erfolgt eine Kündigung zur Unzeit während der Kündigungssperrfrist, so ist sie nichtig (OR 336c II).

- Es wäre für die Kona AG allenfalls sinnvoll, wenn in die Arbeitsverträge eine Klausel integriert würde, wonach die Arbeitnehmer der Arbeitgeberin ein Arztzeugnis vorzulegen haben, wenn die Krankheit länger als 3 Tage dauert (3 Tage als in der Praxis übliche Frist, nach welcher ein Arztzeugnis verlangt wird).

- Ebenfalls könnte in die Arbeitsverträge eine Klausel eingebracht werden, wonach die Kona AG bei begründeten Zweifeln an der Korrektheit des vom Arbeitnehmer vorgelegten Arztzeugnisses befugt ist, den betreffenden Mitarbeiter von einem Vertrauensarzt (der Kona AG) untersuchen zu lassen.

*Welchen Einfluss hat dieser GAV auf die Regelung von Krankheit im Individualarbeitsvertrag, insbesondere bei den Mitarbeitern, die nicht der Gewerkschaft angehören? [→Rz. 259 ff.]*

- Normative Bestimmungen wirken für Gewerkschaftsangehörige unmittelbar. Somit gelten die GAV-Regelungen, ausser der EAV hätte noch günstigere Bestimmungen.

- Der GAV gilt grundsätzlich nur für die Arbeitgeberinnen und Arbeitnehmer, solange sie Mitglied der vertragsschliessenden Verbände (Gewerkschaften) sind.

- Es gibt jedoch auch Möglichkeiten, den Anwendungsbereich des GAV auf Nichtverbandsmitglieder auszudehnen:
  - formeller Anschluss (OR 356b, direkte Wirkung der normativen Bestimmungen)
  - ausdehnende Klauseln (die einzelne Arbeitgeberin hat die Pflicht, Organisierte und Aussenseiter gleich zu behandeln und alle dem GAV zu unterstellen)
  - Unterstellungserklärung (durch Arbeitnehmer)
  - einzelvertragliche Abrede

- Allgemeinverbindlicherklärung durch Bund oder Kantone

- Solange der Anwendungsbereich des GAV nicht ausgedehnt wurde, können sich Mitarbeiter, welche nicht der Gewerkschaft angehören, nicht auf den GAV berufen.

*Wie ist die Haftung des Arbeitnehmers im Arbeitsrecht geregelt und besteht eine Möglichkeit zur Verschärfung? [→Rz. 348, 369 ff., 466 ff.]*

- Der Arbeitnehmer hat die ihm übertragenen Arbeiten sorgfältig auszuführen (OR 321*a*).

- Er hat Maschinen, Arbeitsgeräte, technische Einrichtungen und Anlagen sowie Fahrzeuge der Arbeitgeberin fachgerecht zu bedienen (OR 321*a* II).

- Die Sorgfaltspflicht ist Vertragspflicht, deren Verletzung eine Schlechterfüllung darstellt und sich auf das Arbeitszeugnis oder auf die Kündigung auswirken kann, zudem besteht evtl. eine zivil- oder strafrechtliche Haftung.

- Der Arbeitnehmer haftet für den Schaden, den er der Arbeitgeberin absichtlich oder fahrlässig zufügt (OR 321*e* I).

- Das Mass der Sorgfalt, für die der Arbeitnehmer einzustehen hat, bestimmt sich nach dem einzelnen Arbeitsverhältnis, unter Berücksichtigung des Berufsrisikos, des Bildungsgrades oder der Fachkenntnisse, die zu der Arbeit verlangt werden, sowie der Fähigkeiten und Eigenschaften des Arbeitnehmers, die die Arbeitgeberin gekannt hat oder hätte kennen sollen (subjektiver Sorgfaltsmassstab).

- Für die Haftung des Arbeitnehmers gilt als Faustformel:
  - bei leichter Fahrlässigkeit: bis max. 1 Monatslohn
  - bei mittlerer Fahrlässigkeit: bis max. 2 Monatslöhne
  - bei grober Fahrlässigkeit: bis max. 3 Monatslöhne
  - bei Vorsatz: voller Schadenersatz

- Eine Klausel im Arbeitsvertrag darf diese Haftung des Arbeitnehmers nicht verschärfen (OR 362).

# Fall 20: Zusammenschluss mehrerer Gewerkschaften

## Allgemeine Fragen

*Wie kann ein befristeter Arbeitsvertrag beendet werden?*

*Wie ist die Lohnzession, Lohnverpfändung und Lohnpfändung im Arbeitsrecht geregelt?*

## Detailfragen

Am 25. August 2003 schlossen sich die Gewerkschaften VHTL, SMUV, GBI und UNIA zur neuen interprofessionellen Gewerkschaft UNIA mit rund 200'000 Mitgliedern zusammen. In der Folge kündigte die Migros den L-GAV mit der VHTL auf den nächstmöglichen Termin.

*Kann eine Arbeitgeberin wie die Genossenschaft Migros einen Gesamtarbeitsvertrag kündigen, nur weil sich eine der Gewerkschaften, welche am GAV beteiligt sind, mit anderen Gewerkschaften zusammenschliessen will?*

Der Zusammenschluss zur verbundenen Gewerkschaft UNIA wird noch vor dem Kündigungsende des bestehenden L-GAV stattfinden.

*Ist die Migros nach der Fusion noch verpflichtet, sich an den L-GAV zu halten?*

Als Chef der Abteilung Produkteeinkauf ist Herbert Reutlinger häufig auf Geschäftsreise im Ausland. Dabei entstehen Kosten für Auto, Bahn, Flugzeug und Hotels. In seinem Arbeitsvertrag steht, dass allfällige Spesen mit dem Lohn abgegolten seien.

*Muss ihm seine Arbeitgeberin die Reisekosten und Hotelrechnungen wirklich nicht bezahlen?*

558

Die Migros ist aufgrund des wachsenden Konkurrenzumfelds stets bemüht, die Personalkosten tief zu halten. Am Hauptsitz in Zürich stellt sie deshalb eine Ungarin als Sekretärin an. Als ehemalige Mitarbeiterin eines Reisebüros verfügt sie über eine gute Ausbildung und spricht mehrere Sprachen. Auf die entsprechende Frage hin hat sie versichert, dank der bilateralen Abkommen über die Freizügigkeit könne sie jederzeit in der Schweiz arbeiten.

*Hat sich die Migros bei der Beschäftigung der ungarischen Sekretärin korrekt verhalten?*

## Antworten

### Allgemeine Fragen

*Wie kann ein befristeter Arbeitsvertrag beendet werden? [→Rz. 536 ff., 541 ff., 556 ff., 580 ff., 600 ff.]*

– Ein befristeter Vertrag endet in jedem Falle automatisch auch ohne Kündigung bei Ablauf (keine Verlängerung erfolgt bei Krankheit oder Unfall).

– Im befristeten Vertrag kann vorgesehen werden, dass das befristete Arbeitsverhältnis innert einer gewissen Frist aufgelöst werden kann.

– Eine allfällige Aufhebungsvereinbarung richtet sich nach OR AT.

– Durch fristlose Kündigung aus wichtigem Grund (OR 337), wobei auch eine solche ohne wichtigen Grund wirksam ist.

– Durch ordentliche Kündigung in der Probezeit, welche gemäss OR 335b I grundsätzlich einen Monat dauert. Die Kündigungsfrist beträgt grundsätzlich sieben Kalendertage. Durch schriftliche Abrede, GAV oder NAV können allerdings abweichende Vereinbarungen getroffen werden (OR 335b II). Die Probezeit darf jedoch drei Monate nicht übersteigen und die Kündigungsfrist während der Probezeit darf nicht länger als die Probezeit selbst sein.

– Der befristete Arbeitsvertrag endet auch mit dem Tod des Arbeitnehmers.

– Ein auf über 10 Jahre abgeschlossener befristeter Arbeitsvertrag kann mit Ablauf von 10 Jahren mit einer 6-monatigen Kündigungsfrist gekündigt werden (OR 334 III).

*Wie ist die Lohnzession, Lohnverpfändung und Lohnpfändung im Arbeitsrecht geregelt? [→Rz. 414]*

– Im Sinne einer Schutznorm für den Arbeitnehmer, dem die Mittel für seinen Unterhalt erhalten bleiben sollen, verbietet das Arbeitsvertragsrecht die *Abtretung und Verpfändung* künftiger Lohnforderungen (OR 325 II) sowie die *Verrechnung* mit Forderungen der Arbeitgeberin (OR 323b II).

– Lohnzessionen und Lohnverpfändungen sind nur zur Sicherung familienrechtlicher Unterhalts- und Unterstützungspflichten und selbst dann nur im Umfang des pfändbaren Anteils des Lohns (OR

325 I), also auch nur für maximal ein Jahr (SchKG 93 II), gestattet. Gehen sie betragsmässig darüber hinaus oder wurden sie zu anderen Zwecken eingegangen, ist die Vereinbarung nichtig.

- Das Betreibungsamt kann die Arbeitgeberin anweisen, den gepfändeten Teil des Lohnes direkt dem Gläubiger auszuzahlen.

**Detailfragen**

*Kann eine Arbeitgeberin wie die Genossenschaft Migros einen Gesamtarbeitsvertrag kündigen, nur weil sich eine der Gewerkschaften, welche am GAV beteiligt sind, mit anderen Gewerkschaften zusammenschliessen will? [→Rz. 737 ff., 833 ff.]*

- Jeder Vertrag kann gekündigt werden, es gibt keine ewigen Verträge.

- Auch ein GAV kann grundsätzlich ohne Grund gekündigt werden (OR 356c II), doch können vertraglich Sanktionen bei Rachekündigungen vereinbart werden, wie bei der missbräuchlichen Kündigung im Arbeitsrecht.

- Gemäss BV 28 steht die Koalitionsfreiheit nicht nur den einzelnen Arbeitnehmern, sondern auch ihren Organisationen zu.

- Im vorliegenden Fall ist deshalb die Kündigung des GAV durch die Migros zulässig und rechtswirksam.

*Ist die Migros nach der Fusion noch verpflichtet, sich an den L-GAV zu halten? [→Rz. 777 ff.]*

- Ein GAV ist für beide Parteien bis zum Vertragsende gültig und demnach einzuhalten.

- Geht eine Vertragspartei noch während der Vertragsdauer unter (Auflösung, Konkurs), so kann diese Vertragspartei auch keine Rechte aus dem Vertrag mehr geltend machen.

- Ist der Untergang einer Vertragspartei allerdings auf eine echte Fusion zurückzuführen, so tritt die übernehmende Fusionsperson in alle Rechte und Pflichten des GAV ein und die andere GAV-Partei hat sich weiterhin an den Vertrag zu halten.

*Muss ihm seine Arbeitgeberin die Reisekosten und Hotelrechnungen wirklich nicht bezahlen? [→Rz. 416 ff.]*

- Die Arbeitgeberin hat dem Arbeitnehmer Spesen im Zusammenhang mit der Arbeit zu erstatten (OR 327a I).

- Die gegenteilige Abrede ist nichtig, weil Herbert Reutlinger andernfalls die Spesen selber tragen müsste (OR 327a III).

- Zulässig ist höchstens die Abrede, wonach der Arbeitnehmer für die Auslagen eine feste Entschädigung erhält, die jedoch alle Auslagen abdecken muss (OR 327a II).

- Benützt der Arbeitnehmer seinen Privatwagen, so hat er Anspruch auf Spesen entsprechend den Kosten für Betrieb und Unterhalt nach Massgabe des Gebrauchs für die Arbeit (OR 327b).

- Die Spesen sind jeweils zusammen mit dem Lohn auszurichten (OR 327c I).

- Herbert Reutlinger kann demnach zusammen mit der nächsten Lohnzahlung die Entschädigung der Reise- und Hotelkosten verlangen.

*Hat sich die Migros bei der Beschäftigung der ungarischen Sekretärin korrekt verhalten? [→Rz. 289 ff., 299, 978 ff.]*

- Ausländer dürfen nur eingestellt werden, wenn eine entsprechende Aufenthalts- bzw. Arbeitsbewilligung vorliegt.

- Trotz der bilateralen Abkommen besteht eine Meldepflicht der Arbeitgeberin bezüglich Ausländer, die sie beschäftigt. Für Ausländer aus Nicht-EU/EFTA-Staaten gilt weiterhin eine Bewilligungspflicht.

- Im vorliegenden Fall handelt es sich um eine Ausländerin aus einem EU-Mitgliedsland. Damit muss die Migros zwar keine Bewilligung einholen, doch muss eine entsprechende Meldung an das kantonale Arbeitsamt erfolgen.

- Dem Sachverhalt lässt sich nicht entnehmen, dass die Migros eine entsprechende Meldung an das Arbeitsamt des Kantons Zürich gemacht hat. Trotz der fehlenden Mitteilung an das kantonale Arbeitsamt ist der Arbeitsvertrag mit der ungarischen Sekretärin gültig. Die Migros läuft hingegen Gefahr, wegen Beschäftigung einer Schwarzarbeiterin gebüsst zu werden.

– Am 9. Februar 2014 nahmen Volk und Stände die «Initiative gegen Masseneinwanderung» an. Damit fanden die Art. 121*a* und 197 Ziff. 11 Eingang in die Bundesverfassung. Darin vorgesehen ist eine Begrenzung der Bewilligungen für den Aufenthalt von Ausländerinnen und Ausländern in der Schweiz durch jährliche Höchstzahlen und Kontingente. Beschränkt werden soll auch der Anspruch auf dauerhaften Aufenthalt, auf Familiennachzug und auf Sozialleistungen. Schweizerinnen und Schweizer sollen auf dem Arbeitsmarkt wieder einen Vorrang erhalten. Sowohl nach Ansicht des Bundesrates als auch der wohl überwiegenden Lehrauffassung verstösst Art. 121*a* BV gegen das Freizügigkeitsabkommen.

# Fall 21: Ruedi König beim Reisebüro Far East Tours

## Allgemeine Fragen

*Wann kann ein Arbeitsverhältnis fristlos aufgelöst werden?*

*Welche Bedeutung hat die AHV im schweizerischen Arbeitsrecht?*

## Detailfragen

Das Reisebüro Far East Tours beschäftigte bis zum Ausbruch der SARS-Epidemie je nach Saison zwischen 19 und 23 Mitarbeiter. Dann gingen die Kundenanfragen und Buchungen derart drastisch zurück, dass 4 Mitarbeiter entlassen und weitere 4 Mitarbeiter vorübergehend freigestellt werden mussten. Unter den Betroffenen befinden sich auch eine Teilzeitangestellte und ein kaufmännischer Lehrling.

*War die Freistellung dieser Mitarbeiter zulässig und wie stand es mit dem Lohn während der Dauer der Freistellung?*

Der entlassene Mitarbeiter Ruedi König will sich an eine der schweizerischen Gewerkschaften wenden und dort die Verletzung eines GAV geltend machen. Er weiss zwar, dass bisher nur eine Reisebürogruppe, zu welcher Far East Tours nicht gehört, einem GAV untersteht, doch hat er vernommen, dass Gesamtarbeitsverträge allgemeinverbindlich sind, weshalb sie sicher auch für seinen Arbeitgeber gelten.

*Werden Gewerkschaften und GAV hier rechtlich korrekt angeführt?*

Die SARS-Krise dauerte bekanntlich länger als erwartet. Das Reisebüro Far East Tours musste deshalb 20 Tage nach den ersten Entlassungen weiteren 7 Mitarbeitern kündigen. Um möglichst jeden Ärger und Auseinandersetzungen vor einem Arbeitsgericht zu vermeiden, wurde mit allen diesen Mitarbeitern ein Aufhebungsvertrag abgeschlossen.

*Gelangten in diesem Falle die Vorschriften über die Massenentlassung nicht zur Anwendung?*

In den Medien wurde darauf berichtet, dass ein Verwaltungsratsmitglied der Far East Tours für sein Ausscheiden eine Abgangsentschädigung von CHF 1,4 Mio. erhalten habe. Da der 55-jährige Ruedi König auch 21 Jahre für die Far East Tours arbeitete, ist er überzeugt, seinerseits auch Anspruch auf eine hohe Abgangsentschädigung zu haben.

*Hat Ruedi König Anspruch auf eine Abgangsentschädigung?*

## Antworten

### Allgemeine Fragen

*Wann kann ein Arbeitsverhältnis fristlos aufgelöst werden? [→Rz. 600 ff.]*

– Entgegen dem Wortlaut von OR 337 kann jederzeit ohne Voraussetzung fristlos gekündigt werden, wodurch in jedem Falle eine sofortige Beendigung des Arbeitsverhältnisses bewirkt wird.

– Die fristlose Kündigung beendet demnach auch während Krankheit, Unfall, Militärdienst oder Schwangerschaft das Arbeitsverhältnis mit sofortiger Wirkung, unabhängig vom Grund der Kündigung.

– Erfolgt die fristlose Kündigung ohne wichtigen Grund, ist sie ungerechtfertigt und bewirkt eine Ersatzpflicht in Höhe des Lohnes während der Kündigungsfrist (OR 337c, mit Anrechnungspflicht von Ersatzlohn) und einer Entschädigungspflicht bis zu 6 Monatslöhnen (OR 337c III).

– Bei einer ungerechtfertigten fristlosen Kündigung während Krankheit oder Unfall hat die Arbeitgeberin den Lohn während der Sperrfrist gemäss OR 336c I lit. b und der nachfolgenden Kündigungsfrist zu bezahlen.

– Bei einer ungerechtfertigten fristlosen Kündigung während der Schwangerschaft hat die Arbeitgeberin nicht nur den Lohn während der gesamten Schwangerschaft und 16 Wochen nach der Niederkunft (Sperrfrist) zu bezahlen, sondern zusätzlich auch noch den Lohn während der Kündigungsfrist danach.

– Als wichtig ist ein Grund anzusehen, der es der anderen Partei unzumutbar macht, das Arbeitsverhältnis fortzuführen. Dabei muss mit Blick auf die Möglichkeit einer ordentlichen Kündigung immer gefragt werden, ob es der anderen Partei zumutbar wäre, bis zum Ablauf der ordentlichen Kündigungsfrist das Arbeitsverhältnis fortzuführen.

– Erfolgt die fristlose Kündigung aus einem Grund, welcher gleichzeitig als missbräuchlich i.S.v. OR 336 zu qualifizieren wäre, so gelangen nur die Regeln über die ungerechtfertigte fristlose Kündigung zur Anwendung.

*Welche Bedeutung hat die AHV im schweizerischen Arbeitsrecht?*
*[→Rz. 1011 ff., 1019 ff., 1053 ff.]*

–  Die AHV ist die bedeutendste Sozialversicherung in der Schweiz
   und zusammen mit IV sowie Ergänzungsleistungen gleichzeitig die
   1. Säule im Sozialversicherungssystem. Die 2. Säule ist die berufliche Vorsorge und die 3. Säule das individuelle Sparen.

–  Die 1. Säule bezweckt die Existenzsicherung nach Aufgabe der
   Erwerbstätigkeit im Pensionsalter. Genügen die ordentlichen
   AHV-Renten nicht, können Ergänzungsleistungen beantragt wer-
   den.

–  Vor dem Pensionsalter kommen zur Existenzsicherung die Ver-
   wandtenunterstützung und die Sozialfürsorge zum Tragen.

–  Alle Personen mit zivilrechtlichem Wohnsitz in der Schweiz sowie
   alle Personen, die in der Schweiz eine Erwerbstätigkeit ausüben,
   sind obligatorisch versichert (AHVG 1*a*).

–  Ein AHV-Abzug am Lohn ist bei jeder Lohnzahlung vorzunehmen
   und von der Arbeitgeberin zusammen mit dem Arbeitgeberbeitrag
   periodisch zu entrichten (AHVG 14 I).

–  Die Arbeitgeberinnen haben sich einer Ausgleichskasse anzuschliessen, die Beiträge abzurechnen und abzuliefern. Soweit sie
   die Abrechnung gegenüber dem Arbeitnehmer vorgenommen haben, aber die Beiträge nicht abliefern, gelten sie für die Ansprüche
   des versicherten Arbeitnehmers gegenüber der AHV als bezahlt.

–  Die Hälfte der Beiträge ist von der Arbeitgeberin zu bezahlen. Die
   Überwälzung auf den Arbeitnehmer ist rechtlich nicht zulässig.

**Detailfragen**

*War die Freistellung dieser Mitarbeiter zulässig und wie stand es mit
dem Lohn während der Dauer der Freistellung? [→Rz. 655 f.]*

–  Im schweizerischen Arbeitsrecht gibt es kein Recht auf Arbeitszuweisung.

–  Grundsätzlich kann deshalb eine Arbeitgeberin jeden Arbeitnehmer
   jederzeit freistellen.

–  Eine Ausnahme bilden die Lehrlinge, welche ein Anrecht auf die
   Ausbildung haben (OR 344).

- Während der Freistellung ist der Lohn im gleichen Umfange wie vorher zu bezahlen, da die Arbeitgeberin die vom Arbeitnehmer angebotene Arbeitsleistung nicht annehmen will.
- Die Lohnfortzahlungspflicht gilt auch beim Akkordlohn oder unregelmässiger Teilzeitarbeit. In diesen Situationen ist der Durchschnittslohn der letzten 12 Monate als Grundlage der Berechnung anzunehmen.

*Werden Gewerkschaften und GAV hier rechtlich korrekt angeführt? [→Rz. 746, 759, 777 ff., 846 ff.]*

- Gewerkschaften sind Verbände, die sich gemäss Statuten für die Arbeitnehmerinteressen einsetzen und durch die Statuten zum Abschluss von GAV ermächtigt sind.
- Ein Gesamtarbeitsvertrag ist eine Vereinbarung zwischen Arbeitgeberinnen oder deren Verbänden und Arbeitnehmerverbänden zur Regelung der einzelnen Arbeitsverhältnisse (OR 356 I).
- Nur wer tariffähig ist, kann GAV-Partei sein, z.B. Gewerkschaften.
- Die Allgemeinverbindlicherklärung von GAV soll die Ausdehnung des persönlichen Geltungsbereichs des GAV auf alle Arbeitnehmer und Arbeitgeberinnen des Berufes oder des Wirtschaftszweiges bewirken.
- Nicht jeder GAV ist allgemeinverbindlich. Vielmehr bedarf es dazu einer Allgemeinverbindlicherklärung gemäss dem BG über die Allgemeinverbindlicherklärung von GAV (AVEG).
- Im vorliegenden Fall muss deshalb zuerst geprüft werden, ob der für die eine Reisebürogruppe geltende GAV allgemeinverbindlich erklärt wurde. Dies ist jedoch nicht der Fall.

Anmerkung: Für die Hotelplan-Gruppe (Migros) gilt seit 1.1.2011 der erste GAV der Reisebranche

*Gelangten in diesem Falle die Vorschriften über die Massenentlassung nicht zur Anwendung? [→Rz. 594 ff.]*

- In den Artikeln 335*d* bis 335*g* OR finden sich besondere Vorschriften bezüglich Massenentlassung.
- Folgende Punkte kennzeichnen eine Massenentlassung (OR 335*d*):
  - Mindestens 10 Arbeitnehmer sind betroffen.

- Mindestens 20 Arbeitnehmer wurden im Durchschnitt beschäftigt.
- Maximal 30 Tage liegen zwischen den Kündigungen.
- Bereits die Absicht einer Massenentlassung löst die Pflicht zur Konsultation der Arbeitnehmer aus (OR 335*f*); diese müssen Gelegenheit erhalten, innert angemessener Zeit Vorschläge zur Vermeidung oder Milderung der Massenentlassung zu unterbreiten.
- Das kantonale Arbeitsamt ist über die Massenentlassung zu informieren (OR 335*g*).
- Wird das Verfahren betr. Massenentlassung nicht eingehalten, so sind die Kündigungen rechtsgültig, gelten jedoch als missbräuchlich und bewirken einen Entschädigungsanspruch von bis zu 2 Monatslöhnen (OR 336*a* II).
- Erfolgt gar keine Anzeige der Massenentlassung an das kantonale Arbeitsamt, sind die Kündigungen nichtig, denn nach OR 335*g* IV endet das Arbeitsverhältnis, welches im Rahmen einer Massenentlassung gekündigt worden ist, erst 30 Tage nach der Anzeige an das kantonale Arbeitsamt.
- Im vorliegenden Fall kommen die Vorschriften der Massenentlassung zur Anwendung, da letztlich innert 30 Tagen 11 Mitarbeiter entlassen wurden in einem Betrieb, der durchschnittlich 21 Mitarbeiter beschäftigte.
- Nicht anwendbar sind die Vorschriften über die Massenentlassung für Betriebsschliessungen aufgrund eines gerichtlichen Entscheides und – seit dem 1. Januar 2014 – bei Massenentlassung im Konkurs oder bei einem Nachlassvertrag mit Vermögensabtretung (OR 335*e* II).
- Der ebenfalls seit dem 1. Januar 2014 in Kraft getretenen Sozialplanpflicht gemäss OR 335*h–k* unterliegen Arbeitgeberinnen, die mindestens 250 Arbeitnehmer beschäftigen und beabsichtigen, innert 30 Tagen mindestens 30 Arbeitnehmern aus Gründen zu kündigen, die in keinem Zusammenhang mit ihrer Person stehen.

*Hat Ruedi König Anspruch auf eine Abgangsentschädigung?*
*[→Rz. 556 ff., 688 ff.]*

–   Endet das Arbeitsverhältnis eines mindestens 50 Jahre alten Arbeitnehmers nach 20 oder mehr Dienstjahren, so hat ihm die Arbeitgeberin eine Abgangsentschädigung auszurichten (OR 339*b* I).

–   Stirbt der Arbeitnehmer vor Beendigung des Arbeitsverhältnisses, ist die Entschädigung dem überlebenden Ehegatten, der eingetragenen Partnerin, dem eingetragenen Partner oder den minderjährigen Kindern oder bei Fehlen dieser Erben anderen Personen auszurichten, denen gegenüber der Arbeitnehmer eine Unterstützungspflicht erfüllt hat (OR 338 II).

–   Insoweit Leistungen von einer Personalfürsorgeeinrichtung von der Arbeitgeberin finanziert oder zugesichert wurden, wird die Abgangsentschädigung gekürzt (OR 339*d*).

–   Im vorliegenden Fall ist davon auszugehen, dass Ruedi König keinen Anspruch auf eine gesetzliche Abgangsentschädigung hat. Für ihn dürfte nämlich aufgrund der Lohnhöhe die berufliche Vorsorge obligatorisch sein. Arbeitnehmer mit einen Jahreslohn von mehr als CHF 21'150 unterstehen der obligatorischen Versicherung (BVG 2).

# Fall 22: Marketingchefin Karolina Hammer

## Allgemeine Fragen

*Wie ist die Kündigung in der Probezeit geregelt?*

*Welche Bestimmungen gelten für Ruhezeiten und Pausen?*

## Detailfragen

Karolina Hammer ist Marketingchefin der Verpackungsgesellschaft Optipack AG und als solche vom schweizerischen Hauptsitz der Gesellschaft aus tätig. Der Geschäftserfolg hängt massgeblich von ihrem Verkaufsengagement ab. Deshalb erhält sie neben ihrem monatlichen Fixum noch eine Provision. Da in der betreffenden Industrie Jahresverträge üblich sind, wurde die Provisionsfälligkeit im Arbeitsvertrag schriftlich auf jedes Semesterende festgelegt.

*Ist die Festlegung einer Provisionsfälligkeit auf das Semesterende zulässig?*

Im Übrigen ist in Karolina Hammers Arbeitsvertrag mit der Optipack AG vorgesehen, dass auf diesen deutsches Recht anwendbar ist. Die Holdinggesellschaft K&N Holding an der Spitze des Konzerns habe ihren Sitz nämlich in Deutschland.

*Ist die Klausel betreffend anwendbares Recht in dieser Form durchsetzbar?*

Die Auftragslage der Optipack AG ist schlecht. Sie offeriert deshalb auch im grenznahen Österreich. In der Folge erhält die Optipack AG zwar Aufträge, doch werden diese ausschliesslich in Euro bezahlt. Um den Verlust bei der Kursumrechnung nicht auf die Arbeitnehmer abzuwälzen, erhält der aus Italien stammende Optipack-Produktionsmitarbeiter Silvio Bernasconi 50 % seines Lohnes in Euro ausbezahlt.

*Wie ist diese Fürsorge der Arbeitgeberin rechtlich zu beurteilen?*

Als Marketingchefin hat Karolina Hammer immer wieder Probleme mit den Anstellungsbedingungen ihrer Handelsreisenden. Sie schlägt deshalb der Geschäftsleitung vor, die Verpackungsgesellschaft solle sich dem Gesamtarbeitsvertrag der Schweizer Maschinenindustrie anschliessen.

*Kann sich eine einzelne Arbeitgeberin einfach einem bestehenden GAV anschliessen und damit die bestehenden Einzelarbeitsverträge ändern?*

## Antworten

### Allgemeine Fragen

*Wie ist die Kündigung in der Probezeit geregelt? [→Rz. 281 ff., 580 ff., 612, 627]*

– Während der Probezeit ist eine Kündigung jederzeit mit Frist von 7 Tagen möglich (OR 335*b* I).

– Bei unbefristetem Arbeitsverhältnis wird eine Probezeit von 1 Monat vermutet (OR 335*b* I); diese kann bis max. 3 Monate verlängert werden (OR 335*b* II).

– Beim befristeten Arbeitsverhältnis (zumindest beim unterjährigen) wird keine gesetzliche Probezeit vermutet, kann aber vereinbart werden.

– Solange die Probezeit läuft, ist eine schriftliche Abänderung derselben möglich, aber nicht auf mehr als 3 Monate.

– Beim Lehrvertrag darf die Probezeit nicht weniger als einen Monat und grundsätzlich nicht mehr als drei Monate betragen (OR 344*a* III). Allerdings kann die Probezeit beim Lehrvertrag vor ihrem Ablauf durch Parteiabrede und unter Zustimmung der kantonalen Behörde ausnahmsweise bis auf sechs Monate verlängert werden (OR 344*a* IV).

– Eine Fristverlängerung erfolgt nach Krankheit/Unfall (OR 335*b* III). Ferien in der Probezeit verlängern die Probezeit jedoch nicht.

– Der zeitliche Kündigungsschutz gilt erst nach Ablauf der Probezeit (OR 336*c*).

– Der sachliche Kündigungsschutz gilt auch während der Probezeit (OR 336).

*Welche Bestimmungen gelten für Ruhezeiten und Pausen? [→Rz. 925 f., 944 ff.]*

– Gemäss OR 342 bleiben die öffentlich-rechtlichen Vorschriften des Bundes für die Arbeit und die Berufsbildung vorbehalten (OR 342). Die Ruhezeitvorschriften im ArG gelten deshalb auch für privatrechtliche Arbeits- und Lehrverhältnisse, soweit sie unterstellt sind.

- Vorgeschrieben ist sowohl eine betriebliche tägliche Höchstarbeitszeit von 17 Stunden als auch eine individuelle tägliche Höchstarbeitszeit von 14 Stunden (ArG 10 II) bei einer mindestens 11 Stunden langen Ruhezeit.

- Es besteht eine wöchentliche Höchstarbeitszeit von 45 Stunden für Arbeitnehmer in industriellen Betrieben sowie für Büropersonal, technische und andere Angestellte, mit Einschluss des Verkaufspersonals in Grossbetrieben des Detailhandels sowie von 50 Stunden für alle übrigen Arbeitnehmer (ArG 9).

- Gemäss ArG gilt die 5½-Tagewoche, da neben dem Sonntag zusätzlich ein freier Halbtag zu gewähren ist, wenn die Arbeit auf mehr als 5 Tage verteilt wird (ArG 21).

- Die Pausen sind im ArG (ArG 15) geregelt:
  - eine Viertelstunde ab einer täglichen Arbeitszeit von mehr als 5½ Stunden
  - eine halbe Stunde ab einer täglichen Arbeitszeit von mehr als 7 Stunden
  - eine Stunde bei mehr als 9 Stunden Arbeitszeit

- Wird bei einer Arbeitszeit von über 9 Stunden trotz einer dazwischenliegenden Pause von einer Stunde ein Arbeitszeitblock von mehr als 5½ Stunden geleistet, so ist diese wiederum durch eine Pause von einer Viertelstunde zu unterbrechen.

**Detailfragen**

*Ist die Festlegung einer Provisionsfälligkeit auf das Semesterende zulässig? [→Rz. 270 f., 400, 412]*

- Der Provisionsanspruch entsteht, wenn das Geschäft mit dem Dritten rechtsgültig abgeschlossen ist (OR 322b).

- Erfordert die Durchführung von Geschäften mehr als ein halbes Jahr, kann die Provisionsfälligkeit bei solchen Geschäften hinausgeschoben werden (OR 323).

- Die Vereinbarung muss schriftlich abgeschlossen werden.

- Diese Bestimmung kann zugunsten des Arbeitnehmers abgeändert werden (OR 362 II).

– Im vorliegenden Fall ist die Verschiebung der Provisionsfälligkeit zulässig, da in der Verpackungsindustrie grundsätzlich Jahresverträge abgeschlossen werden.

*Ist die Klausel betreffend anwendbares Recht in dieser Form durchsetzbar? [→Rz. 67 ff.]*

– Das IPRG regelt die Zuständigkeit und das anwendbare Recht bei internationalen Verhältnissen.

– Ein Arbeitsvertrag untersteht dem Recht des Staates, in dem der Arbeitnehmer gewöhnlich seine Arbeit verrichtet (IPRG 121 I).

– Verrichtet ein Arbeitnehmer seine Arbeit gewöhnlich in mehreren Staaten, so untersteht der Arbeitsvertrag dem Recht des Staates, in dem sich die Niederlassung oder, wenn eine solche fehlt, der Wohnsitz oder der gewöhnliche Aufenthalt der Arbeitgeberin befindet (IPRG 121 II).

– Die Rechtswahl wird beim Arbeitsvertrag beschränkt auf das Recht des Staates, in dem der Arbeitnehmer seinen gewöhnlichen Aufenthalt oder in dem die Arbeitgeberin ihre Niederlassung, Wohnsitz oder gewöhnlichen Aufenthalt hat (IPRG 121 III).

– Karolina Hammer verrichtet ihre Arbeit gewöhnlich in der Schweiz.

– Die K&N Holding an der Spitze des Konzerns hat ihren Sitz in Deutschland.

– Vorliegend ist die Klausel im Arbeitsvertrag dahin gehend zu werten, dass eine Rechtswahl zugunsten des deutschen Rechts vorgenommen wurde.

– Fraglich ist, ob der Sitz der K&N Holding oder die Optipack AG, welche ihren Sitz in der Schweiz hat, als Arbeitgeberin gilt. Karolina Hammer ist bei der Optipack AG angestellt. Deshalb ist diese die Arbeitgeberin, nicht die Holding.

– Somit ist die Rechtswahlklausel ungültig, auch wenn damit eine einheitliche Rechtsanwendung im Konzern verunmöglicht wird.

*Wie ist diese Fürsorge der Arbeitgeberin rechtlich zu beurteilen? [→Rz. 374]*

- Geldlohn ist dem Arbeitnehmer in gesetzlicher Währung innert der Arbeitszeit auszurichten, sofern nichts anderes verabredet wurde (OR 323*b* I).
- Auch wenn der Arbeitnehmer aus einem Land kommt, in welchem eine fremde Währung üblich ist, so muss der Lohn dennoch in Schweizer Franken ausgerichtet werden, solange der Arbeitnehmer nicht mit einer anderen Regelung einverstanden ist.
- Im vorliegenden Fall kann sich die Optipack AG nicht auf ihre Fürsorgepflicht berufen. Sie muss den Lohn vollumfänglich in Schweizer Franken auszahlen.

*Kann sich eine einzelne Arbeitgeberin einfach einem bestehenden GAV anschliessen und damit die bestehenden Einzelarbeitsverträge ändern? [→Rz. 594 ff., 666 ff., 838 ff.]*

- Einzelne Arbeitgeberinnen können sich durchaus einem bestehenden GAV anschliessen (OR 356*b* I).
- Voraussetzung ist, dass die übrigen Parteien des GAV dem Anschluss zustimmen.
- Der Anschluss muss schriftlich erfolgen (OR 356*c*).
- Die Bestimmungen des GAV gelten für alle Arbeitnehmer der beteiligten Parteien unmittelbar, doch bedeutet dies für die Mitarbeiter der Verpackungsgesellschaft eine Vertragsänderung, weshalb die Vorschriften des OR AT über Vertragsänderungen gelten.
- Im Fall von Änderungskündigungen sind gegebenenfalls die Vorschriften bzgl. Massenentlassungen zu beachten (OR 335*d* ff.).

# Fall 23: Buchhalter Bernhard Hauser

## Allgemeine Fragen

*Wie ist die Überzeit im Arbeitsrecht geregelt?*

*Was ist unter Schwarzarbeit zu verstehen?*

## Detailfragen

Bernhard Hauser arbeitet schon seit 24 Jahren bei der Firma Regli Treuhand als Buchhalter. Während dieser Zeit arbeitete und rauchte er viel, schlief aber nur wenig. Seine Arbeitskollegen wunderte es deshalb nicht, dass er wegen einer chronischen Bronchitis vom Arzt für 4 Monate in eine Kur geschickt wurde. Zurück an seinem Arbeitsplatz findet er eine Notiz des Chefs vor, wonach sein Ferienanspruch wegen der Kur um einen Drittel gekürzt würde.

*Ist diese Ferienkürzung rechtmässig?*

Bernhard Hauser beschwert sich umgehend beim Chef. Dieser bietet ihm einen Kompromiss an: Er könne die Ferien vollumfänglich beziehen, doch werde sein Gehalt zukünftig um 5% tiefer ausbezahlt. Der Chef droht Bernhard Hauser zudem, falls er nicht in die Änderung des Arbeitsvertrags einwillige, werde ihm gekündigt.

*Wie ist diese Drohung rechtlich zu beurteilen?*

Es ist verständlich, dass Bernhard Hauser nun erst recht protestiert. Doch der Chef begründet seine Forderung zur Lohnreduktion mit dem Lohngleichheitsprinzip. Eine Arbeitskollegin von Bernhard Hauser mit derselben Ausbildung und demselben Alter verdiene 15% weniger als er. Es sei deshalb schon gesetzlich notwendig, dass der Lohn des Mannes reduziert werde.

*Was ist von dieser Argumentation im Zusammenhang mit dem Lohngleichheitsprinzip zu halten?*

Bernhard Hauser weigert sich, die neuen Anstellungsbedingungen zu akzeptieren. Stattdessen verlangt er eine Entschädigung nach den gesetzlichen Vorschriften für von ihm geleistete Überstunden. Kurze Zeit später erhält Bernhard Hauser schriftlich die Kündigung auf den nächstmöglichen Termin mit der Begründung, im Rahmen eines Effizienzsteigerungsprogramms sei eine Personalreduktion unerlässlich.

*Was sind die Konsequenzen dieser Vertragsbeendigung?*

## Antworten

### Allgemeine Fragen

*Wie ist die Überzeit im Arbeitsrecht geregelt? [→Rz. 932 ff., 945 ff.]*

- Überzeit (ArG 9 i.V.m. ArG 13) ist jede Arbeit, welche die Höchstarbeitszeit gemäss ArG überschreitet (45 Std. bei Industrie- und Büropersonal sowie in Grossbetrieben des Detailhandels; 50 Std. bei übrigen Arbeitnehmern).

- Die Überzeit ist mit dem ordentlichen Lohn und einem Zuschlag von 25 % zu entschädigen, wobei der Zuschlag nicht wegbedungen werden kann (ArG 9 i.V.m. ArG 13).

- Eine Kompensation ohne Zuschlag ist nur mit Einverständnis des Arbeitnehmers möglich. Allerdings muss auch der Arbeitgeber die Zustimmung seinerseits zur Kompensation geben.

- Leitende Arbeitnehmer sind dem Arbeitsgesetz nicht unterstellt (ArG 3 d); somit fallen sie auch nicht unter die Höchstarbeitszeitregelung dieses Gesetzes.

- Die Überzeit darf im Kalenderjahr insgesamt nicht mehr betragen als 170 Stunden für Arbeitnehmer mit einer wöchentlichen Höchstarbeitszeit von 45 Stunden und 140 Stunden für Arbeitnehmer mit einer wöchentlichen Höchstarbeitszeit von 50 Stunden (ArG 12 II).

*Was ist unter Schwarzarbeit zu verstehen? [→Rz. 350 ff.]*

- Zu unterscheiden ist zwischen zwei Arten von Schwarzarbeit:
- Unter Schwarzarbeit im Sinne des Bundesgesetzes über die Schwarzarbeit wird die entlöhnte, selbstständige oder unselbstständige Arbeit verstanden, durch welche gegen Rechtsvorschriften (z.B. gegen Sozialversicherungs-, Ausländer- oder Quellensteuerrecht) verstossen wird.

- Im Zusammenhang mit OR 321*a* wird unter Schwarzarbeit der Fall verstanden, in dem der Arbeitnehmer noch während des Arbeitsverhältnisses seine eigene Arbeitgeberin gegen Entgelt konkurrenziert.

- Grundsätzlich ist ein Nebenerwerb erlaubt, nicht aber:
  - eine Nebentätigkeit ohne Einwilligung, welche die Arbeitgeberin konkurrenziert (OR 321*a* III).

- eine Nebentätigkeit, welche die Arbeitskraft des Arbeitnehmers überstrapaziert.
- Auch bei einem 100 % Arbeitspensum darf der Arbeitnehmer grundsätzlich daneben noch einer anderen Arbeit nachgehen, wobei jedoch zu beachten ist, dass dadurch seine Leistung nicht beeinträchtigt werden darf und dass die Ruhezeiten des ArG eingehalten werden.
- Das Verbot der Schwarzarbeit leitet sich aus der Treuepflicht des Arbeitnehmers (OR 321*a* I) ab.

**Detailfragen**

*Ist diese Ferienkürzung rechtmässig? [→Rz. 495 ff.]*

- Eine Kürzung des Ferienanspruchs ist möglich (OR 329*b*).
- Voraussetzung ist aber in jedem Falle mehr als ein Monat Abwesenheit.
- Bei Verschulden des Arbeitnehmers kann für jeden vollen Monat der Verhinderung um $^1/_{12}$ gekürzt werden (OR 329*b* I).
- Der Begriff «Verschulden» wird von der Lehre weit ausgelegt; jedes Versäumnis wird dazu gerechnet, welches der Arbeitnehmer zu verantworten hat und welches in seiner Sphäre liegt; diese Auffassung ist rechtlich zweifelhaft.
- Ist der Arbeitnehmer unverschuldet, aber durch Gründe, die in seiner Person liegen, an der Arbeit verhindert (z.B. Krankheit), kann die Kürzung des Ferienanspruches erst vom zweiten vollen Monat der Arbeitsverhinderung an erfolgen (OR 329*b* II).
- Im vorliegenden Fall ist die Abwesenheit als verschuldet zu qualifizieren und die Kürzung um $^1/_3$ deshalb zulässig.

*Wie ist diese Drohung rechtlich zu beurteilen?*

- Es handelt sich hierbei um eine Änderungskündigung.
- Es wird unterschieden zwischen eigentlicher Änderungskündigung und uneigentlicher Änderungskündigung.
- Bei der eigentlichen Änderungskündigung erfolgt tatsächlich eine Kündigung; diese ist entweder bedingt (bei Nichtzustimmung zur Änderung) oder unbedingt in Kombination mit der Offerte zum Abschluss eines neuen Vertrages (geänderter Vertrag).

- Die uneigentliche Änderungskündigung ist rechtlich eine Offerte zur Vertragsänderung verbunden mit der Drohung, dass sonst eine Kündigung erfolge.

- Eine Änderungskündigung stellt keine strafrechtlich unzulässige Drohung dar, da die Arbeitgeberin jederzeit ordentlich kündigen kann und die Kündigungsfrist nicht verändert wird.

- Die Kündigungsfrist ist für die Vertragsänderung jedoch zwingend einzuhalten.

*Was ist von dieser Argumentation im Zusammenhang mit dem Lohngleichheitsprinzip zu halten? [→Rz. 14, 266, 384 ff.]*

- Das Gebot der Gleichstellung von Frau und Mann ist in BV 8 III fixiert und bewirkt gewisse Einschränkungen der Vertragsfreiheit.

- Aus der Verfassung ergibt sich der direkt zwischen den Vertragsparteien wirkende Grundsatz der Lohngleichheit, welcher im Gleichstellungsgesetz (GlG) konkretisiert wird. Auch das GlG wirkt sich nur im Verhältnis Mann – Frau aus.

- Wird ein diskriminierend tiefer Lohn vereinbart, so ist dennoch der entsprechend höhere Lohn geschuldet (GlG 5).

- Im vorliegenden Fall bewirkt das Lohngleichheitsprinzip nicht eine Reduktion bei Bernhard Hauser, sondern einen Anspruch auf Lohnerhöhung bei seiner Kollegin.

*Was sind die Konsequenzen dieser Vertragsbeendigung? [→Rz. 507, 624 ff., 678 ff., 685 ff., 695 ff.]*

- Mit Beendigung des Arbeitsvertrages werden alle Forderungen aus dem Arbeitsverhältnis fällig (OR 339).

- Der Arbeitnehmer hat bei Vertragsende alles zurückzugeben, was ihm für die Arbeitsleistung überlassen wurde (OR 339a).

- Schon während des Arbeitsverhältnisses, aber insbesondere bei Vertragsbeendigung hat der Arbeitnehmer Anspruch auf ein Arbeitszeugnis (OR 330a).

- Können Ferien- und Überstundenansprüche bei Vertragsende nicht mehr in natura bezogen bzw. kompensiert werden, so sind sie auszuzahlen; dabei gilt gemäss OR 341 i.V.m. OR 128 eine Verjährungsfrist von 5 Jahren.

– Schliesslich könnte es sich hier um einen Fall von OR 336 I lit. d handeln, da Bernhard Hauser vor der Kündigung noch eine Entschädigung für seine Überstunden geltend machte.

– Eine missbräuchliche Kündigung (OR 336) ist dennoch gültig; der Richter kann allerdings eine Entschädigung von bis zu 6 Monatslöhnen zusprechen (OR 336*a*).

## Fall 24: Bummelstreik bei der Smart Soft GmbH

### Allgemeine Fragen

*Welche Pflichten hat eine Arbeitgeberin nach den Bestimmungen des OR?*

*Welche Sondervorschriften bestehen im Zusammenhang mit Arbeitsgerichtsprozessen?*

### Detailfragen

Stefan Gattiker ist als Handelsreisender der Softwarefirma Smart Soft GmbH tätig. Sein Lohn besteht zu 100 % aus Provision, welche nach dem von ihm erbrachten Umsatz berechnet wird.

*Ist ein Lohn zulässig, der zu 100 % aus Provision besteht?*

Der Geschäftsführer eines Grossunternehmens möchte für die Buchhaltungsabteilung 300 Lizenzen des Programms «Easy Accounting» bestellen. Er verlangt jedoch eine umgehende Bestätigung der Bestellung, sonst werde er bei einer anderen Softwarefirma einkaufen. Stefan Gattiker hat bis anhin nur Geschäfte vermittelt, welche dann von der Geschäftsleitung der Smart Soft GmbH bestätigt wurden. Es war nie diskutiert worden, ob er auch Bestellungen entgegennehmen und bestätigen dürfe. Im Hinblick auf seine Umsatzprovision bestätigt er jedoch die Bestellung des Kunden.

*Darf Stefan Gattiker die Bestellung bestätigen und welche Konsequenzen hat dies?*

Als die Geschäftsleitung von dem Vorfall hört, verwarnt sie Stefan Gattiker umgehend wegen der Kompetenzüberschreitung. Gleichzeitig wird allen Handelsreisenden mitgeteilt, dass die alljährliche Gratifikation wegen «Kompetenzüberschreitung einzelner Mitarbeiter» ausfallen müsse. Die Aussendienstmitarbeiter der Smart Soft GmbH sind über diese Massnahme erbost und planen einen Bummelstreik, bis die Gratifikationsstreichung rückgängig gemacht wird.

*Ist der Bummelstreik zulässig und können nun Innendienstmitarbeiter gezwungen werden, im Aussendienst mitzuhelfen?*

Im Arbeitsvertrag von Stefan Gattiker steht, dass allfällige Überstunden mit dem Gehalt abgegolten seien. Da er jedoch regelmässig zwischen 45 und 50 Stunden pro Woche arbeitet, fühlt er sich ausgenutzt.

*Kann Stefan Gattiker Ansprüche aus seiner geleisteten Mehrarbeit geltend machen?*

**Antworten**

**Allgemeine Fragen**

*Welche Pflichten hat eine Arbeitgeberin nach den Bestimmungen des OR? [→Rz. 372 ff., 453 ff.]*

– Die Arbeitgeberin trifft zwei Hauptpflichten: die Lohnzahlungspflicht und die Fürsorgepflicht.

– Die *Lohnzahlungspflicht* ist die Hauptpflicht der Arbeitgeberin (OR 319 I); gemäss BV 8 hat die Arbeitgeberin dabei Mann und Frau gleich zu behandeln.

– Bei Verhinderung des Arbeitnehmers trifft die Arbeitgeberin eine Lohnfortzahlungspflicht (OR 324*a*).

– Die *Fürsorgepflicht* ist nicht explizit im OR geregelt, sie ergibt sich aber aus dem Sinn der Bestimmungen zum Schutz der Persönlichkeit, des Schutzes des Vermögens und zur Förderung des wirtschaftlichen Fortkommens des Arbeitnehmers.

– Die Pflicht zum Schutz der Persönlichkeit umfasst neben dem allgemeinen Schutz (Ehre, Datenschutz, Schutz vor Mobbing) den Gesundheitsschutz (körperlich und geistig) und den Sittlichkeitsschutz (Gleichstellung von Mann und Frau, Schutz vor sexueller Belästigung).

– Bei einer Verletzung ihrer Pflichten haftet die Arbeitgeberin.

*Welche Sondervorschriften bestehen im Zusammenhang mit Arbeitsgerichtsprozessen? [→Rz. 79 ff., 326, 648]*

– Mit Inkrafttreten der neuen schweizerischen Zivilprozessordnung wird OR 343 aufgehoben, welcher bisher besondere Vorschriften zum Arbeitsgerichtsprozess enthielt.

– Für arbeitsrechtliche Klagen ist das Gericht am Wohnsitz bzw. Sitz der beklagten Partei oder alternativ am Ort der gewöhnlichen Arbeitsverrichtung zuständig (ZPO 34 I).

– Dem Gerichtsprozess ist von Bundesrechts wegen grundsätzlich zwingend ein Schlichtungsverfahren vorgelagert (ZPO 197). Mehrere Kantone sehen dazu spezielle Schlichtungsstellen vor. Bei einem Streitwert von über CHF 100'000 kann auf das Schlichtungsverfahren verzichtet werden (ZPO 199).

- Bis zu einem Streitwert von CHF 30'000 gilt ein vereinfachtes Verfahren mit folgenden Besonderheiten (ZPO 43 ff.):
  - Die Klage kann auch mündlich zu Protokoll gegeben werden.
  - Eine Begründung der Klage ist nicht erforderlich.
  - Der Sachverhalt wird von Amtes wegen festgestellt.
- Sowohl im Schlichtungs- als auch im Entscheidverfahren dürfen grundsätzlich keine Gerichtskosten, wohl aber Parteientschädigungen (i.d.R. Anwaltskosten) auferlegt werden.
- Im OR finden sich zusätzlich folgende prozessualen Vorschriften:
- Eine Entschädigung wegen missbräuchlicher Kündigung muss innert 180 Tagen ab Beendigung des Arbeitsverhältnisses geltend gemacht werden, sonst ist der Anspruch verwirkt (OR 336b II).
- Eine Entschädigung wegen ungerechtfertigtem Nichtantritt oder Verlassen der Arbeitsstelle muss innert 30 Tagen durch Betreibung oder Klage geltend gemacht werden, sonst ist der Anspruch verwirkt (OR 337d III).

**Detailfragen**

*Ist ein Lohn zulässig, der zu 100 % aus Provision besteht? [→Rz. 150 ff., 158]*

- Beim Handelsreisendenvertrag handelt es sich um einen besonderen Einzelarbeitsvertrag, bei dem der Arbeitnehmer Geschäfte ausserhalb der Betriebsräumlichkeiten vermittelt oder abschliesst.
- Provisionen sind bei dieser Arbeit deshalb die Regel.
- Gemäss OR 349a II ist eine Vereinbarung über die Ausschliesslichkeit des Lohnes in Provision nur in Schriftform zulässig und auch dann nur, wenn die Provision ein angemessenes Entgelt für die Tätigkeit des Handelsreisenden ergibt.
- Im vorliegenden Fall ist nicht ersichtlich, ob das Entgelt angemessen ist, doch sind solche Vereinbarungen in der Praxis häufig anzutreffen.

*Darf Stefan Gattiker die Bestellung bestätigen und welche Konsequenzen hat dies? [→Rz. 150 ff., 466 ff.]*

- Ist nichts anderes schriftlich vereinbart, so ist ein Handelsreisender nur ermächtigt, Geschäfte zu vermitteln (OR 348b).

- Überschreitet ein Handelsreisender seine Kompetenzen, so haftet er für den daraus resultierenden Schaden (OR 321e).

- Die Geschäftsleitung der Smart Soft GmbH kann das Geschäft nachträglich genehmigen oder ablehnen, sofern der Handelsreisende nicht mit einer Einzelunterschriftsberechtigung im Handelsregister eingetragen ist.

- Keinesfalls verpflichtet sich Stefan Gattiker selbst (OR 38 f.).

*Ist der Bummelstreik zulässig und können nun Innendienstmitarbeiter gezwungen werden, im Aussendienst mitzuhelfen? [→Rz. 13 f., 309, 424, 896 ff.]*

- Das Streikrecht ist kein verfassungsrechtliches Individualrecht des Arbeitnehmers. Folglich hat der Einzelne nur zusammen mit anderen Arbeitnehmern und einer Gewerkschaft das Recht zum Streik.

- In der Verfassung ist die Streikfreiheit als Bestandteil der Koalitionsfreiheit explizit garantiert (BV 28 III).

- Die arbeitswilligen Arbeitnehmer haben einen vollen Lohnanspruch, dagegen entfällt er für die am Streik beteiligten Arbeitnehmer.

- Obwohl auch ein Streik ein betrieblicher Notfall sein kann, ist die Arbeitspflicht bei einem rechtmässigen Streik beschränkt. Dem Arbeitnehmer ist Streikbrecherarbeit, d.h. Arbeit, die er bisher nicht verrichten musste, die aber den durch den Streik ausfallenden Arbeitserfolg ersetzen soll, gegen seinen Willen nicht zuzumuten. Die Solidaritätspflicht gegenüber den streikenden Arbeitskollegen und -kolleginnen ist höher zu gewichten als die Arbeitspflicht, doch sind Notdienste in lebenswichtigen Betrieben immer zu leisten.

- Der Streik ist nur ultima ratio zulässig. Ein Bummelstreik zur Warnung der Arbeitgeberin verletzt dieses Erfordernis und ist demnach unzulässig.

*Kann Stefan Gattiker Ansprüche aus seiner geleisteten Mehrarbeit geltend machen? [→Rz. 313 ff., 945 ff.]*

- Im vorliegenden Fall ist zwischen Überstunden und Überzeit zu unterscheiden.

- Überstunden sind jene Arbeit, welche die vertraglich festgelegte oder die übliche Arbeitszeit übersteigt und notwendig ist (OR 321c).

- Der Arbeitnehmer ist zur Leistung von Überstunden verpflichtet, soweit diese notwendig und zumutbar sind.

- Es ist zulässig, schriftlich zu vereinbaren, dass die Überstunden mit dem Gehalt abgegolten sind.

- Überzeit ist jene Zeit, welche die Höchstarbeitszeit gemäss ArG 9 i.V.m. ArG 13 überschreitet. Hier kann der Zuschlag von 25 % nicht wegbedungen werden.

- Nun gilt das Arbeitsgesetz gemäss ArG 3 jedoch ausdrücklich nicht für Handelsreisende. Stefan Gattiker kann deshalb auch keine Entschädigung für Überzeit geltend machen.

## Fall 25: Isabelle Bergers Stellenwechsel

### Allgemeine Fragen

*Welche Formvorschriften gibt es für Handelsreisenden- und Lehrverträge?*

*Wie werden die Arbeitnehmer, die eine höhere leitende Tätigkeit ausüben, im Arbeitsrecht behandelt?*

### Detailfragen

Isabelle Berger arbeitet als Serviceangestellte im Restaurant Krone. Sie war dringend auf die Stelle angewiesen und erklärte sich deshalb mit einem Stundenlohn von CHF 18 einverstanden. Nun hat sie von einer Kollegin erfahren, dass dieser Ansatz unter dem garantierten Mindestlohn in der Schweiz liege.

*Hat Isabelle Berger Anspruch auf einen garantierten Mindestlohn?*

Isabelle Berger hat sich um eine andere Stelle beworben und soeben die Einladung für ein Vorstellungsgespräch erhalten. Sie rechnet jedoch mit einer Kündigung, wenn sie ihren Chef um einen freien Tag für ein Vorstellungsgespräch bitten würde. Deshalb entfernt sie sich ausnahmsweise ohne Abmeldung von der Arbeitsstelle. Als sie am nächsten Tag wieder zur Arbeit erscheint, kündigt ihr Chef ihr fristlos.

*Welche Rechtsfolgen hat diese fristlose Kündigung?*

Sonja Meier, eine Arbeitskollegin von Isabelle Berger, will nach dem Vorfall ihrer Kollegin nicht mehr im Gastgewerbe arbeiten. Deshalb nimmt sie eine unbefristete Stelle als Heimarbeiterin bei der Firma Mode Keller AG an. Doch schon nach zwei Wochen Heimarbeit plagen sie Bedenken, ob sie am Ende des Monats den ersten Lohn korrekt erhalten wird.

*Wie ist die Ausrichtung des Lohnes bei Heimarbeit gesetzlich geregelt?*

Glücklicherweise wird bei der Mode Keller AG eine Stelle frei, welche Sonja Meier an ihre Kollegin Isabelle Berger vermitteln kann. Isabelle Berger tritt die neue Stelle per sofort an. Zu ihren Aufgaben bei der Mode Keller AG gehört es auch, Kunden zu besuchen, diesen neue Kleiderkollektionen vorzustellen und zu verkaufen. Die Personalchefin des Modehauses hat Isabelle Berger beim Abschluss des Arbeitsvertrags informiert, dass sie die Kleider, welche sie bei den Kundenbesuchen jeweils trägt, im firmeneigenen Laden kaufen müsse.

*Ist diese Weisung zum Einkauf im firmeneigenen Laden rechtlich zulässig?*

## Antworten

## Allgemeine Fragen

*Welche Formvorschriften gibt es für Handelsreisenden- und Lehrverträge? [→Rz. 144 ff., 150 ff.]*

– Grundsätzlich gilt im Arbeitsrecht Formfreiheit (OR 320). Beim Handelsreisendenvertrag und beim Lehrvertrag bestehen aber Formvorschriften.

– Handelsreisendenvertrag:

  – Der Arbeitsvertrag des Handelsreisenden muss schriftlich abgeschlossen werden (OR 347a). Die Schriftform ist beim Handelsreisendenvertrag jedoch keine Gültigkeitsvoraussetzung des Arbeitsvertrags.

  – Der Arbeitsvertrag muss gemäss OR 347a I Bestimmungen enthalten über:

    – Dauer und Beendigung

    – Vollmachten

    – Entgelt und Auslagenersatz

    – das anwendbare Recht und den Gerichtsstand, sofern eine Vertragspartei ihren Wohnsitz im Ausland hat

– Lehrvertrag:

  – Der Lehrvertrag bedarf zu seiner Gültigkeit der schriftlichen Form (OR 344a).

  – Der Vertrag hat die Art und Dauer der Ausbildung, den Lohn, die Probezeit, die Arbeitszeit und die Ferien zu regeln.

  – Zudem sind die Lehrverträge vom zuständigen kantonalen Amt für Berufsbildung zu genehmigen (BBG 12 III). Als Konsequenz davon muss die Auflösung des Lehrvertrages umgehend der kantonalen Behörde mitgeteilt werden (BBG 14 IV).

*Wie werden die Arbeitnehmer, die eine höhere leitende Tätigkeit ausüben, im Arbeitsrecht behandelt? [→Rz. 320 ff., 932 ff.]*

– Leitende Arbeitnehmer sind dem Arbeitsgesetz nicht unterstellt (ArG 3 d). Sie fallen deshalb auch nicht unter die Höchstarbeitszeitregelung dieses Gesetzes.

- Definition «leitender Arbeitnehmer»: Eine höhere leitende Tätigkeit übt aus, wer aufgrund seiner Stellung und Verantwortung sowie in Abhängigkeit von der Grösse des Betriebes über weitreichende Entscheidungsbefugnisse verfügt oder Entscheide von grosser Tragweite massgeblich beeinflussen und dadurch auf die Struktur, den Geschäftsgang und die Entwicklung eines Betriebes oder Betriebsteils einen nachhaltigen Einfluss nehmen kann (ArGV 1 9).

- Die Regelungen des Arbeitsvertrags (OR 319 ff.) unterscheiden grundsätzlich keine «normalen» und «leitenden» Arbeitnehmer, sodass die massgeblichen Bestimmungen auch für leitende Arbeitnehmer zur Anwendung kommen.

- Fraglich ist, ob leitende Arbeitnehmer uneingeschränkt Überstunden geltend machen können. Nach der bundesgerichtlichen Rechtsprechung haben sie nur dann einen Anspruch auf Überstundenentschädigung, wenn:

  - vertraglich eine feste Arbeitszeit vereinbart wurde,

  - zusätzliche Aufgaben über die vertraglich vereinbarten Pflichten hinaus übertragen werden,

  - die ganze Belegschaft während längerer Zeit in wesentlichem Umfang Überstunden leistet oder

  - die Bezahlung von Überstunden ausdrücklich vereinbart wurde.

**Detailfragen**

*Hat Isabelle Berger Anspruch auf einen garantierten Mindestlohn?* *[→Rz. 378 ff., 382 ff.]*

- In der Schweiz gibt es keine gesetzlich garantierten Mindestlöhne. BV 41 definiert lediglich Sozialziele ohne die Möglichkeit, daraus direkte Ansprüche ableiten zu können.

- Die Eidgenössische Volksinitiative «Für den Schutz fairer Löhne (Mindestlohn-Initiative)» wurde am 18. Mai 2014 vom Schweizer Volk abgelehnt. Auf kantonaler Ebene haben sich als Erste die Kantone Neuenburg und Jura für einen Mindestlohn ausgesprochen. Im März 2015 hat auch das Parlament im Kanton Tessin einer Mindestlohn-Initiative zugestimmt.

– Für das Gastgewerbe existiert ein allgemeinverbindlich erklärter Landesmantel-Gesamtarbeitsvertrag, darin werden Mindestlöhne vorgeschrieben.

– In einem GAV können Mindestlöhne fixiert werden. Wenn ein GAV allgemeinverbindlich erklärt wurde, so handelt es sich wohl um einen staatlichen Mindestlohn, da der GAV gegenüber Aussenstehenden als Rechtsordnung gilt.

– Verletzt die Lohnvereinbarung den Mindestlohn nach L-GAV, so hat Isabelle Berger Anspruch auf eine entsprechende Lohnnachzahlung, da der L-GAV dem EAV vorgeht.

– Ein Mindestlohn in einem NAV kann nur auf Antrag der tripartiten Kommission für zwingend erklärt werden.

*Welche Rechtsfolgen hat diese fristlose Kündigung? [→Rz. 562, 600 ff., 624 ff.]*

– Entgegen dem Wortlaut von OR 337 kann jederzeit ohne Voraussetzung fristlos gekündigt werden, wodurch in jedem Falle eine sofortige Beendigung des Arbeitsverhältnisses bewirkt wird.

– Erfolgt die fristlose Kündigung ohne wichtigen Grund, ist sie ungerechtfertigt und bewirkt eine Ersatzpflicht in Höhe des Lohnes während der Kündigungsfrist (OR 337c, mit Anrechnungspflicht von Ersatzlohn) und einer Entschädigungspflicht bis zu 6 Monatslöhnen (OR 337c III).

– Als wichtig ist ein Grund anzusehen, der es der anderen Partei unzumutbar macht, das Arbeitsverhältnis fortzuführen. Dabei muss mit Blick auf die Möglichkeit einer ordentlichen Kündigung immer gefragt werden, ob es der anderen Partei zumutbar wäre, bis zum Ablauf der ordentlichen Kündigungsfrist das Arbeitsverhältnis fortzuführen.

– Im vorliegenden Fall ist Isabelle Berger nur ein einziges Mal unentschuldigt der Arbeit ferngeblieben. Damit wird die Fortsetzung des Arbeitsverhältnisses für ihren Chef noch nicht unzumutbar. Die fristlose Kündigung ist deshalb nicht gerechtfertigt.

– Zulässig wäre im vorliegenden Fall lediglich eine Verwarnung mit Androhung der fristlosen Kündigung für den Wiederholungsfall.

– Isabelle Berger hat Anspruch auf Lohnzahlung während der ordentlichen Kündigungsfrist und eine Entschädigung bis zu max. 6 Monatslöhnen.

*Wie ist die Ausrichtung des Lohnes bei Heimarbeit gesetzlich geregelt? [→Rz. 168 ff.]*

– Der Lohn wird bei unbefristeter Heimarbeit halbmonatlich ausbezahlt.

– Mit Zustimmung der Heimarbeiterin kann der Lohn monatlich ausbezahlt werden (OR 353*a* I).

– Bei jeder Lohnzahlung ist der Heimarbeiterin eine schriftliche Abrechnung zu übergeben mit einer Begründung für allfällige Abzüge (OR 353*a* II).

– In casu sind ihre Bedenken somit nicht gerechtfertigt. Sie ist anderen im Betrieb arbeitenden Arbeitnehmern gleichgestellt, auch als Heimarbeiterin.

*Ist diese Weisung zum Einkauf im firmeneigenen Laden rechtlich zulässig? [→Rz. 375 ff., 416]*

– Es ist das sog. *Truckverbot* zu beachten (OR 323*b* III), wonach der Lohn nicht zwingend zugunsten der Arbeitgeberin eingesetzt werden darf. Gesichert wird die freie Verwendbarkeit des Lohnes, die nicht eingeschränkt werden darf.

– Die Keller Mode AG darf also Isabelle Berger nicht dazu verpflichten, ihre Kleider im Firmenladen zu kaufen.

– Wenn dem Mitarbeiter nicht zugemutet werden kann, in normaler Kleidung zu arbeiten, muss die Arbeitgeberin für spezielle Kleidung aufkommen (OR 327*a* I).

– Für Kundenbesuche mit Verkaufszweck wird Isabelle Berger wohl Kleider anziehen, welche sie auch unabhängig von ihrer Arbeit verwenden kann. Deshalb muss sie die Kleider selbst bezahlen.

# Fall 26: Markus Manella bei der Optiprint AG

## Allgemeine Fragen

*Welche arbeitsrechtlichen Konsequenzen hat eine Schwangerschaft?*

*Was ist unter einer Friedenspflicht im Arbeitsrecht zu verstehen?*

## Detailfragen

Markus Manella ist seit zehn Jahren Angestellter in der Einkaufsabteilung bei der Optiprint AG. Plötzlich erkrankt er an einem Leberleiden und wird arbeitsunfähig. Daraufhin kündigt ihm seine Arbeitgeberin nach Ablauf der Sperrfrist.

*Welche Vorschriften bestehen bezüglich Kündigungssperrfristen bei Krankheit und wann kann die Arbeitgeberin Markus Manella frühestens kündigen?*

Markus Manella besitzt ein Geschäftsauto im Wert von CHF 60'000, welches er jeweils für Fahrten im Zusammenhang mit seiner Berufstätigkeit verwenden konnte. Er behält nun sein Geschäftsauto und macht verrechnungsweise noch ausstehende Ferienansprüche in Höhe von CHF 6'000 geltend.

*Ist dieses Vorgehen zulässig?*

Die Optiprint AG bestreitet die Ferienansprüche von Markus Manella. Vor dem Arbeitsgericht hinterlegt sie jedoch auf Geheiss des Gerichtspräsidenten den strittigen (noch ausstehenden) Lohnbetrag für die Ferien. Nun macht Markus Manella aber plötzlich geltend, es handle sich um eine missbräuchliche Kündigung.

*Wie ist die Rechtslage im Zusammenhang mit der Geltendmachung einer missbräuchlichen Kündigung zu beurteilen?*

Die Stelle von Markus Manella wird nach seinem Ausscheiden nicht mehr neu besetzt. Nun muss sein ehemaliger Arbeitskollege Rolf Romer zusätzliche Arbeiten übernehmen, welche zuvor Markus Manella erledigt hatte. Bereits nach kurzer Zeit muss Rolf Romer grössere Mengen an Druckereimaterial einkaufen. Anstatt beim bisherigen Lieferanten bestellt er das Material nun aber bei seinem Bekannten Moritz Brunner, welcher dafür seinerseits eine hohe Provision von CHF 500 pro Kaufvertrag von seiner eigenen Arbeitgeberin erhält. Die Hälfte dieser Provision überweist er zur Sicherstellung künftiger Geschäfte jeweils Rolf Romer. Auf dem Markt wäre gleichwertiges Druckereimaterial aber deutlich günstiger zu erwerben.

*Wie ist die Zusammenarbeit von Rolf Romer und Moritz Brunner rechtlich zu würdigen?*

## Antworten

### Allgemeine Fragen

*Welche arbeitsrechtlichen Konsequenzen hat eine Schwangerschaft?*
*[→Rz. 425 ff., 536 ff., 612 ff., 945 ff., 967 ff., 1045 ff.]*

– Eine Schwangerschaft hat grundsätzlich in drei Bereichen arbeitsrechtliche Konsequenzen:

  – Beschäftigung/Arbeitszeit

  – Lohnzahlung

  – Kündigung

– Bezüglich Beschäftigung/Arbeitszeit gelten gemäss ArG 35*a* und ArG 35*b* folgende Besonderheiten:

  – Während der Schwangerschaft darf die Arbeitnehmerin nur mit ihrem Einverständnis beschäftigt werden.

  – Sie kann jederzeit der Arbeit fernbleiben.

  – Sie darf ab 8 Wochen vor der Niederkunft keine Nachtarbeit mehr ausüben.

  – Es gilt ein generelles Beschäftigungsverbot ab der Niederkunft während 8 Wochen.

– Bezüglich der Lohnzahlung gelten gemäss OR 324*a* und EOG 16*b* ff. folgende Besonderheiten:

  – Schwangerschaft ist im OR der Krankheit gleichgestellt; es gelten grundsätzlich die gleichen Lohnfortzahlungspflichten wie in OR 324*a* I.

  – Sind der Schwangeren beschwerliche und gefährliche Arbeiten aus gesundheitlichen Gründen untersagt, so hat sie gemäss ArG 35 II und III ohne Befristung Anspruch auf 80 % des Lohnes.

  – Während 14 Wochen nach der Niederkunft besteht durch die EO eine Mutterschaftsversicherung in Höhe von 80 % des Bruttolohnes mit einem Maximum von rund CHF 80'000.

– Bezüglich der Kündigung gelten folgende Besonderheiten:

  – Eine Kündigung während der Schwangerschaft und bis 16 Wochen nach der Niederkunft ist nichtig, und zwar auch dann, wenn die Arbeitgeberin nichts von der Schwangerschaft wusste (OR 336 I lit. c).

– Eine Aufhebungsvereinbarung ist grundsätzlich zulässig. Es ist jedoch die Unverzichtbarkeit und Verjährung gemäss OR 341 zu beachten. Darüber hinaus darf es sich nicht um eine Umgehung (ZGB 2 II) der Mutterschaftsversicherung handeln. Diese bezahlt nicht, wenn im Zeitpunkt der Niederkunft kein Arbeitsverhältnis der Mutter mehr besteht.

*Was ist unter einer Friedenspflicht im Arbeitsrecht zu verstehen? [→Rz. 789, 816 ff.]*

– Zu unterscheiden ist zwischen absoluter und relativer Friedenspflicht.

– Friedenspflicht bedeutet Verzicht auf Kampfmassnahmen zwischen den Vertragsparteien, d.h. auf Streik seitens der Arbeitnehmer und auf Aussperrung seitens der Arbeitgeberinnen.

– Von Gesetzes wegen gilt die relative Friedenspflicht (OR 357a II), d.h., sie ist auf jene Bereiche beschränkt, die im GAV geregelt werden.

– Die GAV-Parteien können eine absolute Friedenspflicht vereinbaren, wonach sie auf jegliche Kampfmassnahmen während der Vertragsdauer verzichten (in der Schweiz die Regel).

– Die Friedenspflicht hat in der Schweiz eine hohe sozial- und staatspolitische Bedeutung. Sie hat weitgehend zum sozialen Frieden in unserem Land beigetragen und stellt für unsere Exportindustrie einen wesentlichen Standortvorteil dar.

– Wird die Friedenspflicht verletzt, so ist ein allfälliger Streik bzw. eine allfällige Aussperrung nicht rechtmässig.

**Detailfragen**

*Welche Vorschriften bestehen bezüglich Kündigungssperrfristen bei Krankheit und wann kann die Arbeitgeberin Markus Manella frühestens kündigen? [→Rz. 612 ff.]*

– Neben der Lohnfortzahlungspflicht bewirkt die Krankheit das Entstehen einer Kündigungssperrfrist (OR 336c I lit. b) während 30 Tagen im 1. Dienstjahr bzw. 90 Tagen ab dem 2. bis und mit 5. Dienstjahr und während 180 Tagen ab dem 6. Dienstjahr.

– Erfolgt eine Kündigung zur Unzeit während der Kündigungssperrfrist, so ist sie nichtig (OR 336c II).

– Die Arbeitgeberin kann Markus Manella nach Ablauf von 180 Tagen kündigen, weil er im 11. Dienstjahr ist.

*Ist dieses Vorgehen zulässig? [→Rz. 161, 362]*

– Unter Umständen kann der Arbeitnehmer entgegengenommene Geldbeträge mit seinen fälligen Ansprüchen verrechnen (OR 126) oder das Retentionsrecht (ZGB 895 ff.) an entgegengenommenen Gegenständen geltend machen. Für den Handelsreisenden ist dies ausdrücklich geregelt (OR 349*e*).

– Voraussetzungen für ein Retentionsrecht nach ZGB 895 ff. sind:

 – bewegliche Sache oder Wertpapier

 – mit Willen des Schuldners im Besitz des Gläubigers

 – Fälligkeit der Forderung oder Zahlungsunfähigkeit des Schuldners

 – Forderung mit Gegenstand der Retention im Zusammenhang

 – keine Rechte Dritter aus früherem Besitz

 – Verwertung möglich

– Vorliegend darf Markus Manella das Auto zurückbehalten, auch wenn der Wert des retinierten Autos die Forderung des Arbeitnehmers massiv übersteigt.

*Wie ist die Rechtslage im Zusammenhang mit der Geltendmachung einer missbräuchlichen Kündigung zu beurteilen? [→Rz. 624 ff., 645 ff.]*

– Bei einer missbräuchlichen Kündigung handelt es sich um eine gültige Kündigung, welche jedoch den sachlichen Kündigungsschutz gemäss OR 336 verletzt.

– Damit ein Arbeitnehmer Ansprüche aus einer missbräuchlichen Kündigung ableiten kann, muss er gemäss OR 336*b* innerhalb der Kündigungsfrist beim Kündigenden schriftlich Einsprache erheben. Wird keine Lösung gefunden, so muss der Arbeitnehmer innert 180 Tagen nach Beendigung des Arbeitsverhältnisses eine Klage anhängig machen. Sonst ist sein Anspruch verwirkt (OR 336*b* II).

– Würde Markus Manella der Beweis einer missbräuchlichen Kündigung gelingen, so hätte ihm die Optiprint AG neben dem Lohn während der ordentlichen Kündigungsfrist auch noch eine Entschädigung in Höhe von bis zu 6 Monatslöhnen auszurichten (OR 336*a* II).

- Eine *Krankheit* kann eine Kündigung nur rechtfertigen, wenn sie sich auf das Arbeitsverhältnis negativ auswirkt, insbesondere wenn sie zur Arbeitsunfähigkeit führt. Nach Ablauf der Sperrfristen (OR 336*c* I lit. b) kann nicht nur aus einem anderen Grund, sondern auch wegen der Krankheit gekündigt werden, wenn nicht die Arbeitgeberin den Ausbruch der Krankheit zu verantworten hat.

- Die Liste der missbräuchlichen Kündigungsgründe in OR 336 ist nicht abschliessend. Dennoch ist im vorliegenden Fall kein Grund erkennbar, welcher unter diese Gesetzesbestimmung subsumiert werden kann.

*Wie ist die Zusammenarbeit von Rolf Romer und Moritz Brunner rechtlich zu würdigen? [→Rz. 349, 355]*

- Der Arbeitnehmer hat die Interessen der Arbeitgeberin in guten Treuen zu wahren (OR 321*a* I); dazu gehört auch, die Arbeit objektiv korrekt auszuführen.

- Der Arbeitnehmer darf aufgrund seiner Treuepflicht keine Vergünstigungen mit dem Zweck annehmen, einem Dritten durch pflichtwidriges Verhalten Vorteile zum Nachteil der Arbeitgeberin zu verschaffen.

- Die Abgrenzung zwischen Trinkgeld und Schmiergeld ist schwierig; im vorliegenden Fall liegt klar ein unrechtmässiges Schmiergeld und damit eine Verletzung der Treuepflicht vor.

## Fall 27: Claudia Simmlers Schwangerschaft

### Allgemeine Fragen

*Welche besonderen Einzelarbeitsverträge werden im OR geregelt?*

*Welche arbeitsrechtlichen Konsequenzen hat die Krankheit eines Arbeitnehmers?*

### Detailfragen

Claudia Simmler arbeitet seit zwei Monaten als Assistentin der Geschäftsleitung einer Bank. Ihre wöchentliche Arbeitszeit beträgt 40 Stunden. In ihrem unbefristeten Arbeitsvertrag finden sich neben dem monatlichen Lohn und einer Probezeit von 3 Monaten noch folgende weitere Klauseln:

a) Die Weisungen der Arbeitgeberin sind in jedem Falle strikte zu befolgen.

b) Allfällige Überstunden sind mit dem Gehalt abgegolten.

c) Nicht bezogene Ferien verfallen am Ende des folgenden Jahres.

d) Falsches Parkieren auf dem Parkplatz wird mit CHF 100 gebüsst.

*Wie sind diese Klauseln rechtlich zu beurteilen?*

Claudia Simmler verspürt plötzlich Schmerzen. Sie ruft ihren Arzt an und erhält einen Termin am Donnerstagvormittag. Donnerstags muss sie aber normalerweise arbeiten.

*Welche Arten von Freizeit gibt es und hat Claudia Simmler Anspruch darauf, den Arzttermin während der Arbeitszeit wahrzunehmen?*

Die Arbeitgeberin möchte wegen Claudia Simmlers Arbeitsunfähigkeit und der zurzeit hohen Arbeitsbelastung den Vertrag per sofort kündigen und eine neue Assistentin einstellen. Sie bietet an, Frau Simmler dafür eine grosszügige Abgangsentschädigung zu zahlen. Claudia Simmler ist damit einverstanden.

*Ist bei einer Schwangerschaft eine Aufhebungsvereinbarung mit einer Abgangsentschädigung zulässig?*

Claudia Simmler erhält nach Beendigung des Arbeitsverhältnisses ein Arbeitszeugnis. Darin sind folgende zwei Passagen zu finden: «Frau Simmler hat alle ihre Fähigkeiten eingesetzt» und «im Umgang mit Vorgesetzten und Mitarbeitern war sie stets freundlich und korrekt».

*Was bedeuten diese Formulierungen und wie sind sie rechtlich zu beurteilen?*

## Antworten

### Allgemeine Fragen

*Welche besonderen Einzelarbeitsverträge werden im OR geregelt? [→Rz. 144 ff., 150 ff., 468 ff.]*

– Im OR speziell geregelte Einzelarbeitsverträge sind:
  – Lehrvertrag (OR 344 ff.)
    – Besonderheiten des Lehrvertrags sind die Pflicht zur Ausbildung und die Befristung auf feste Dauer.
  – Handelsreisendenvertrag (OR 347 ff.)
    – Besonderheiten des Handelsreisendenvertrags sind die Arbeit ausserhalb des Betriebes und die Vermittlung (und bei entsprechender Vereinbarung auch der Abschluss) von Geschäften auf Rechnung der Arbeitgeberin.
  – Heimarbeitsvertrag (OR 351 ff.)
    – Besonderheiten der Heimarbeit sind die Verrichtung der Arbeit zu Hause, die Möglichkeit des Beizugs von Familienmitgliedern auch ohne entsprechende Einwilligung der Arbeitgeberin.

*Welche arbeitsrechtlichen Konsequenzen hat die Krankheit eines Arbeitnehmers? [→Rz. 283, 425 ff., 495 ff., 612 ff.]*

– Wird der Arbeitnehmer aus Gründen, die in seiner Person liegen, wie Krankheit, Unfall, Erfüllung gesetzlicher Pflichten oder Ausübung eines öffentlichen Amtes, ohne sein Verschulden an der Arbeitsleistung verhindert, so hat ihm der Arbeitgeber für eine beschränkte Zeit den darauf entfallenden Lohn zu entrichten, samt einer angemessenen Vergütung für ausfallenden Naturallohn, sofern das Arbeitsverhältnis mehr als drei Monate gedauert hat oder für mehr als drei Monate eingegangen worden ist (OR 324a I).

– Die Lohnfortzahlungspflicht dauert im 1. Dienstjahr mindestens 3 Wochen, nachher ist der Lohn für eine angemessene längere Dauer zu entrichten, wobei Dienstdauer und Umstände des Einzelfalles zu berücksichtigen sind (OR 324a II).

– Zur Wahrung der Rechtssicherheit haben die Gerichte von Bern, Zürich und Basel Skalen erarbeitet, die im Regelfall gelten sollen.

Am bedeutendsten ist die Berner Skala, die unter anderem auch von den St. Galler Gerichten angewendet wird.

- Die Krankheit bewirkt nach Ablauf der Probezeit eine Kündigungssperrfrist: 30 Tage im 1. Dienstjahr, 90 Tage ab dem 2. bis und mit 5. Dienstjahr und während 180 Tagen ab dem 6. Dienstjahr (OR 336c I lit. b).

- Erfolgt eine Kündigung während der Sperrfrist, so ist sie nichtig (OR 336c II).

- Erfolgt die Krankheit während der Probezeit, so verlängert sich diese entsprechend (OR 335b III).

- Erfolgt die Krankheit während der Ferien, hat der Arbeitnehmer Anspruch auf eine entsprechende Nachgewährung, andererseits kann die Arbeitgeberin die Ferien ab dem 2. Monat der Krankheit für jeden vollen Monat der Verhinderung um $^1/_{12}$ kürzen (OR 329b II).

**Detailfragen**

*Wie sind diese Klauseln rechtlich zu beurteilen? [→Rz. 313 ff., 337 ff., 343 ff., 502 f.]*

- Klausel a): Der Arbeitnehmer hat die Weisungen der Arbeitgeberin zwar zu befolgen (OR 321 d II), doch findet das Weisungsrecht seine Grenzen in Treu und Glauben sowie im Persönlichkeitsschutz des Arbeitnehmers (OR 328); insofern ist das «strikte» nicht ganz korrekt.

- Klausel b): Der Überstundenzuschlag (25 %) sowie generell die Überstundenentschädigung können schriftlich wegbedungen werden (OR 321c III). Die Klausel ist demnach rechtsgültig, wenn der Arbeitnehmer die Anstellungsbedingungen gegenzeichnet oder als Vertragsbestandteil erklärt.

- Klausel c): Ferienansprüche verjähren innert 5 Jahren (OR 341 II i.V.m. OR 128), weshalb die Vereinbarung einer kürzeren Verwirkungsfrist gemäss Bundesgericht gesetzeswidrig ist; die Arbeitgeberin bestimmt jedoch den Zeitpunkt der Ferien (OR 329c II).

- Klausel d): Bei den Disziplinarmassnahmen ist zu unterscheiden zwischen allgemeinen und besonderen Disziplinarmassnahmen:

– Allgemeine Disziplinarmassnahmen sind Entlassung, Schadenersatzforderung, Verweise und Verwarnungen; solche Massnahmen sind im Rahmen des Gesetzes auch ohne besonderes
Reglement zulässig.

– Besondere Disziplinarmassnahmen sind insbesondere Geldbussen; als sogenannte Ordnungsstrafen (Betriebsjustiz) bedürfen
sie einer angemessenen Regelung in der Betriebsordnung; fehlt
eine solche, ist die Geldbusse rechtswidrig.

*Welche Arten von Freizeit gibt es und hat Claudia Simmler Anspruch
darauf, den Arzttermin während der Arbeitszeit wahrzunehmen?
[→Rz. 474 ff.]*

– Es gibt zwei Erscheinungsformen von Freizeit:
  – der wöchentliche Freizeitanspruch ausserhalb der üblichen Arbeitszeit (OR 329 I und II)
  – die kurzfristige Arbeitsbefreiung aus besonderem Anlass (OR
  329 III)

– Bezüglich der Freizeit ausserhalb der üblichen Arbeitszeit richtet
sich der Freizeitanspruch nach OR, soweit das ArG keine weitergehenden und anwendbaren Ansprüche enthält. Der Arbeitnehmer
hat Anspruch auf einen freien Tag pro Woche, in der Regel den
Sonntag. Mit Zustimmung des Arbeitnehmers ist ausnahmsweise
eine gleichwertige Regelung möglich (OR 329 I f.).

– Weiter hat jeder Arbeitnehmer Anspruch auf die übliche Freizeit
innerhalb der festgelegten Arbeitszeit (OR 329 III) für besondere
Anlässe wie:
  – Erledigung persönlicher Angelegenheiten (Behördengänge,
  Wohnungswechsel, Arztbesuch etc.)
  – Familienereignisse (Todesfall, schwere Erkrankung oder Hoch-
  zeit naher Angehöriger)
  – Freizeit zur Suche einer neuen Arbeitsstelle

– Claudia Simmler darf also ihren Arzttermin während der normalen
Arbeitszeit wahrnehmen.

– Da Claudia Simmler im Monatslohn angestellt ist, hat der Besuch
beim Arzt keinen Einfluss auf die Lohnhöhe.

*Ist bei einer Schwangerschaft eine Aufhebungsvereinbarung mit einer Abgangsentschädigung zulässig? [→Rz. 536 ff., 612]*

– Auch bei einer Schwangerschaft ist grundsätzlich eine Aufhebungsvereinbarung zulässig.

– Zu beachten ist jedoch das Verzichtsverbot nach OR 341. Danach kann ein Arbeitnehmer während der Dauer des Arbeitsvertrags und eines Monats danach nicht rechtsgültig auf ihm zustehende Forderungen verzichten.

– Darüber hinaus darf es sich nicht um eine Umgehung (ZGB 2 II) der Mutterschaftsversicherung handeln. Diese bezahlt nicht, wenn im Zeitpunkt der Niederkunft kein Arbeitsverhältnis der Mutter mehr besteht.

– Claudia Simmler hat zwar im zweiten Monat des unbefristeten Arbeitsverhältnisses noch keinen Lohnfortzahlungsanspruch, doch hätte sie bei Bestand des Arbeitsvertrages im Zeitpunkt der Geburt Anspruch auf eine Mutterschaftsentschädigung während 14 Wochen in Höhe von 80 % des durchschnittlichen Erwerbseinkommens, welches vor Beginn des Entschädigungsanspruchs erzielt wurde, höchstens aber CHF 196 pro Tag.

– Ist die Abgangsentschädigung geringer als der Lohn für die Dauer der ordentlichen Kündigungszeit und die Mutterschaftsentschädigung, so hat die Arbeitgeberin den Differenzbetrag trotz Aufhebungsvereinbarung nachzuzahlen.

– Im vorliegenden Fall wurde jedoch die gesetzliche Probezeit von einem auf drei Monate verlängert. Die Arbeitgeberin könnte deshalb Claudia Simmler mit einer Frist von 7 Tagen ordentlich kündigen. Während der Probezeit gilt nämlich der zeitliche Kündigungsschutz nicht (OR 336c I).

*Was bedeuten diese Formulierungen und wie sind sie rechtlich zu beurteilen? [→Rz. 695 ff.]*

– Hier wurden sog. Zeugnis-Codes verwendet. Diese sog. «Hidden Messages» verstossen gegen den Grundsatz der Zeugnisklarheit und widersprechen Treu und Glauben. Sie sind deshalb unzulässig, auch wenn sie in der Praxis teilweise noch verwendet werden.

– «Alle Fähigkeiten eingesetzt» bedeutet, dass die Leistungen schwach waren.

– «Im Umgang mit Vorgesetzten und Mitarbeitern stets freundlich und korrekt» bedeutet, die Mitarbeiterin verhielt sich stets korrekt und war im Team beliebt.

– Claudia Simmler hat einen Anspruch auf ein wahres und schonendes Zeugnis. Sie kann ihren Zeugnisanspruch, falls notwendig, gerichtlich durchsetzen.

# Fall 28: Bergführer Sven Holzer

## Allgemeine Fragen

*Welche Arbeitnehmerpflichten werden im OR vorgegeben?*

*Was ist unter einem Gesamtarbeitsvertrag zu verstehen?*

## Detailfragen

Sven Holzer verdient sein Geld seit Jahrzehnten als Bergführer auf Bergtouren rund um den Globus. Dazu hatte er eine eigene Mountain Adventure GmbH gegründet, von der er sich selbst anstellen liess. Das Unternehmen war sehr erfolgreich und beschäftigte bereits über 50 Mitarbeiter, als es vor 16 Jahren an ein kanadisches Konkurrenzunternehmen verkauft wurde. Eine der Bedingungen für den Verkauf war, dass der unbefristete Arbeitsvertrag von Sven Holzer in einen 20-jährigen Arbeitsvertrag umgewandelt wurde.

*Wie ist das Arbeitsverhältnis von Sven Holzer nach dem Verkauf des Unternehmens rechtlich zu qualifizieren?*

Nach mehreren tödlichen Unfällen auf den durchgeführten Bergtouren geht es der Firma Mountain Adventure GmbH finanziell schlecht. Sie möchte deshalb den Arbeitsvertrag mit Sven Holzer vorzeitig auflösen.

*Kann die Firma rechtmässig Gründe zur vorzeitigen Auflösung des Arbeitsvertrags geltend machen?*

Nach zähen Verhandlungen ist Sven Holzer grundsätzlich mit einer Abgangsentschädigung von vier Monatslöhnen einverstanden. Die Firma Mountain Adventure GmbH verlangt jedoch im Gegenzug die Unterzeichnung einer Aufhebungsvereinbarung per saldo aller Ansprüche.

*Ist eine Aufhebungsvereinbarung per saldo aller Ansprüche in diesem Fall zulässig?*

Der neue Geschäftsführer der Mountain Adventure GmbH überlegt sich auch die Entlassung der Raumpflegerin, welche für die Reinigung der Büroräumlichkeiten der Firma verantwortlich ist. Diese wurde vor drei Jahren gemeinsam mit ihrem Ehemann angestellt, als man einen Chauffeur für den Kleinbus der Firma suchte. Damals war nur ein einziger Arbeitsvertrag für das Ehepaar ausgestellt worden.

*Wie beurteilt sich die Rechtslage im Zusammenhang mit der beabsichtigten Kündigung der Raumpflegerin?*

## Antworten

### Allgemeine Fragen

*Welche Arbeitnehmerpflichten werden im OR vorgegeben? [→Rz. 302 ff.]*

- Persönliche Arbeitspflicht (OR 321)
  - Aufgrund einer Vereinbarung oder wenn es sich aus den Umständen ergibt, ist der Beizug von Hilfspersonen möglich.
  - Eine Ausnahme von der persönlichen Arbeitspflicht besteht beim Heimarbeitsvertrag, wo auch Familienangehörige beigezogen werden können.
- Weisungsbefolgungspflicht (OR 321d)
  - Die Arbeitgeberin kann über die Ausführung der Arbeit und das Verhalten der Arbeitnehmer allgemeine Anordnungen erlassen und ihnen besondere Weisungen erteilen.
  - Verschiedene Arten von Weisungen: (Zielanweisungen, Fachanweisungen, Verhaltensanweisungen etc.).
- Sorgfaltspflicht (OR 321a I/II)
  - Der Arbeitnehmer hat die ihm übertragene Arbeit sorgfältig auszuführen, die Instrumente der Arbeitgeberin fachgerecht zu bedienen und diese sowie Material, das ihm zur Verfügung gestellt wird, sorgfältig zu behandeln.
  - Eine Verletzung der Sorgfaltspflicht kann zu einer Haftung führen, wobei sich der Sorgfaltsmassstab nach den subjektiven Verhältnissen richtet (OR 321e).
- Treuepflicht (OR 321a)
  - Die Treuepflicht verpflichtet den Arbeitnehmer, die berechtigten Interessen der Arbeitgeberin in guten Treuen zu wahren (OR 321a).
  - Sie ist eine relative Pflicht, die nur in dem Umfang besteht, wie sie zur Erreichung und Sicherung des Arbeitserfolgs nötig ist.
  - Zur Treuepflicht gehören z.B. das Verbot der Schwarzarbeit (OR 321a III), die Geheimhaltungspflicht (OR 321a IV), das Schmiergeldverbot, die Pflicht zu loyalem Verhalten und die Informationspflicht.
- Rechenschafts- und Herausgabepflicht (OR 321b)

*Was ist unter einem Gesamtarbeitsvertrag zu verstehen? [→Rz. 777 ff.]*

– Der Gesamtarbeitsvertrag ist eine Vereinbarung zwischen Arbeitgeberinnen oder deren Verbänden und Arbeitnehmerverbänden zur Regelung der einzelnen Arbeitsverhältnisse (OR 356 I).

– Die Parteien des GAV müssen tariffähig sein.

– Die Funktionen eines GAV sind:

  – Schutzfunktion

  – Ordnungsfunktion

  – Friedenssicherungsfunktion

  – Durchsetzungsfunktion

  – politische Funktion

  – Schrittmacherfunktion

  – Kartellfunktion

– Ein GAV kann drei Arten von Bestimmungen enthalten:

  – normative

  – schuldrechtliche

  – indirekt-schuldrechtliche

– Ein GAV kann nach den Vorschriften des Bundesgesetzes über die Allgemeinverbindlicherklärung von GAV (AVEG) für allgemeinverbindlich erklärt werden. Die wichtigsten Voraussetzungen dafür sind:

  – Die Allgemeinverbindlicherklärung muss notwendig sein, um erhebliche Nachteile abzuwenden.

  – Mehr als die Hälfte der Arbeitgeberinnen und mehr als die Hälfte der Arbeitnehmer müssen grundsätzlich bereits dem GAV unterstehen.

– Die Allgemeinverbindlicherklärung von GAV soll die Ausdehnung des persönlichen Geltungsbereichs des GAV auf alle Arbeitnehmer und Arbeitgeberinnen des Berufes oder des Wirtschaftszweiges bewirken.

## Detailfragen

*Wie ist das Arbeitsverhältnis von Sven Holzer nach dem Verkauf des Unternehmens rechtlich zu qualifizieren? [→Rz. 100 ff., 541 ff.]*

– Allgemeine Kriterien für die Qualifikation als Arbeitsvertrag sind: Pflicht zur Arbeitsleistung, Entgeltlichkeit, Subordinationsverhältnis, Dauerschuldverhältnis (OR 319).

– Da die Gesellschaft nicht mehr Sven Holzer gehört, ist auch das für einen Arbeitsvertrag notwendige Unterordnungsverhältnis gegeben.

– Mit dem Verkauf des Unternehmens wurde Sven Holzers unbefristeter Vertrag lediglich in ein befristetes Arbeitsverhältnis umgewandelt (OR 334).

*Kann die Firma rechtmässig Gründe zur vorzeitigen Auflösung des Arbeitsvertrags geltend machen? [→Rz. 541 ff.]*

– Ein befristetes Arbeitsverhältnis kann nicht durch ordentliche Kündigung aufgelöst werden (OR 334 I); daran ändert auch das Betriebsrisiko nichts.

– Jedoch kann bei einem auf über 10 Jahren befristeten Arbeitsvertrag jede Vertragspartei nach Ablauf von 10 Jahren mit einer Kündigungsfrist von 6 Monaten auf das Ende eines Monats gekündigt werden (OR 334 III).

*Ist eine Aufhebungsvereinbarung per saldo aller Ansprüche in diesem Fall zulässig? [→Rz. 536 ff., 685 ff.]*

– Sowohl ein befristetes als auch ein unbefristetes Arbeitsverhältnis kann jederzeit durch Aufhebungsvereinbarung aufgelöst werden.

– Ein Arbeitnehmer kann während der Dauer des Vertrages und eines Monats nach seiner Beendigung aber nicht rechtsgültig auf arbeitsrechtliche Forderungen verzichten, welche ihm gemäss Gesetz oder GAV unabdingbar zustehen (OR 341).

– Da es sich bei den Lohnansprüchen bis zum frühestens möglichen Kündigungsendtermin um unabdingbare arbeitsrechtliche Forderungen handelt, ist zwar die Aufhebungsvereinbarung gültig, nicht jedoch die Klausel «per saldo aller Ansprüche».

– Sven Holzer kann seine Lohnforderungen noch während 5 Jahren nach Forderungsentstehung geltend machen (OR 341 II i.V.m. OR 128).

*Wie beurteilt sich die Rechtslage im Zusammenhang mit der beabsichtigten Kündigung der Raumpflegerin? [→Rz. 193 ff.]*

– Da nur ein einziger Arbeitsvertrag für zwei Arbeitnehmer abgeschlossen wurde, könnte es sich um einen Gruppenarbeitsvertrag (Eigengruppe) handeln.

– Eine Eigengruppe liegt dann vor, wenn sich die Arbeitnehmer bereits vor Abschluss der Arbeitsverträge selbst zusammenschliessen und die Arbeitsleistung als Gruppe anbieten.

– Bei der Eigengruppe handelt es sich im Innenverhältnis in der Regel um eine einfache Gesellschaft.

– Die Arbeitsleistungen eines Chauffeurs und einer Raumpflegerin sind völlig unterschiedlich und können anders als z.B. bei einem Hauswart-Ehepaar nicht zusammen angeboten werden; der Vertrag ist demnach so auszulegen, dass seine Bestimmungen für beide Ehegatten gleichermassen gelten.

– Im vorliegenden Fall liegt deshalb trotz eines einzigen Arbeitsvertrags keine Eigengruppe vor. Es gelten deshalb die gesetzlichen Kündigungsregeln (OR 334 ff.).

# Fall 29: Fristlose Entlassung von Dr. Munz

## Allgemeine Fragen

*Welche Konsequenzen hat das Nichtantreten einer Stelle für den Arbeitnehmer?*

*Wie ist der Ferienanspruch im OR geregelt?*

## Detailfragen

Dr. Christian Munz ist 55-jährig und CFO bei einer Bank, für welche er bereits seit 26 Jahren arbeitet. Seit einem Jahr arbeitet er regelmässig 50 Stunden pro Woche, obwohl die übliche Arbeitszeit in dieser Bank lediglich 42 Stunden beträgt. Dies ist darauf zurückzuführen, dass die Bank infolge von Rationalisierungsmassnahmen auch in der Geschäftsleitung Personal abbauen musste und Dr. Munz nun auch noch für das Personalwesen zuständig ist.

*Kann Dr. Munz für seine Zusatzarbeit eine Entschädigung verlangen?*

Als CFO ist Dr. Munz häufig auf Geschäftsreise im Ausland. Dabei entstehen Kosten für Auto, Bahn, Flugzeug und Hotels. In seinem Arbeitsvertrag steht, dass allfällige Spesen mit dem Lohn abgegolten seien.

*Muss ihm seine Arbeitgeberin die Reisekosten und Hotelrechnungen wirklich nicht bezahlen?*

Die interne Kontrolle verdächtigt Dr. Munz, Gelder in Millionenhöhe veruntreut und damit seinen bevorzugten Hockeyclub finanziert zu haben. Als der Verwaltungsratspräsident von der Veruntreuung erfährt, entlässt er Dr. Christian Munz umgehend fristlos, obwohl dieser beteuert, von der ganzen Angelegenheit nichts zu wissen.

*Wie ist die Rechtslage im Zusammenhang mit dieser fristlosen Kündigung?*

Dr. Munz ist überzeugt, Anspruch auf eine Abgangsentschädigung zu haben.

*Was sind Abgangsentschädigungen und wie ist die Rechtslage in diesem Fall?*

## Antworten

### Allgemeine Fragen

*Welche Konsequenzen hat das Nichtantreten einer Stelle für den Arbeitnehmer? [→Rz. 326]*

– Tritt ein Arbeitnehmer die Arbeitsstelle nicht an, so hat die Arbeitgeberin Anspruch auf eine Entschädigung von einem Viertel des Monatslohns (OR 337*d* I).

– Die Arbeitgeberin kann überdies weiteren Schadenersatz fordern, sofern sie diesen belegen kann.

– Ist der Arbeitgeberin kein oder nur ein geringer Schaden entstanden, kann der Richter den viertel Monatslohn als Schadenersatz kürzen (OR 337*d* I).

– Kann der Schadenersatzanspruch nicht verrechnet werden, muss er von der Arbeitgeberin innert 30 Tagen nach dem Nichtantritt durch Klage oder Betreibung geltend gemacht werden.

*Wie ist der Ferienanspruch im OR geregelt? [→Rz. 488 ff.]*

– Jeder Arbeitnehmer hat Anspruch auf Ferien. Dieser Anspruch ergibt sich aus der Fürsorgepflicht der Arbeitgeberin und ist deshalb relativ zwingend (OR 329*a*).

– Bezüglich der Feriendauer gelten folgende Bestimmungen:
  – nach OR 329*a* mindestens 4 Wochen pro Jahr
  – Jugendliche bis zum vollendeten 20 Altersjahr 5 Wochen
  – bei unvollständigem Dienstjahr pro rata temporis
  – Wenigstens 2 Ferienwochen müssen zusammenhängen (OR 329*c*).

– Der Ferienanspruch kann jedoch gekürzt werden:
  – verschuldete Arbeitsverhinderung: Kürzung um $^1/_{12}$ pro voller Monat (OR 329*b* I)
  – unverschuldete Verhinderung: Kürzung um $^1/_{12}$ ab 2. Monat (OR 329*b* II)
  – Schwangerschaft: Kürzung um $^1/_{12}$ ab 3. Monat (OR 329*b* III)

– Die Arbeitgeberin bestimmt den Zeitpunkt der Ferien, doch hat sie dabei auf die berechtigten Interessen des Arbeitnehmers Rücksicht zu nehmen. Betriebsferien gehen im Allgemeinen vor.

– Die Ferien dienen der Erholung des Arbeitnehmers. Verunfallt oder erkrankt der Arbeitnehmer in den Ferien, trifft die Arbeitgeberin eine Nachgewährungspflicht, unabhängig vom Grad der Arbeitsunfähigkeit.

– Während der Ferien hat die Arbeitgeberin den Lohn unverändert fortzuzahlen. Leistet der Arbeitnehmer jedoch während der Ferien entgeltliche Arbeit für einen Dritten, so kann der Ferienlohn verweigert werden (OR 329d III).

– Während der Vertragsdauer dürfen Ferien nicht durch Geld abgegolten werden. Lediglich bei unregelmässiger Teilzeitarbeit lässt das Bundesgericht eine Abgeltung in Form von Lohnprozenten (mindestens 8.33 % für 4 Wochen pro Jahr) zu, wobei dies auf jeder Lohnabrechnung separat auszuweisen ist.

– Der Arbeitnehmer muss lediglich die jährliche Höhe seines Ferienanspruches beweisen, die Arbeitgeberin hat den Bezug der Ferien zu beweisen.

– Ferienansprüche verjähren erst nach Ablauf von 5 Jahren (OR 341 II i.V.m. OR 128); gegenteilige Abmachungen sind nichtig.

**Detailfragen**

*Kann Dr. Munz für seine Zusatzarbeit eine Entschädigung verlangen? [→Rz. 313 ff., 945 ff.]*

– Vorerst ist zwischen Überstunden und Überzeit zu differenzieren:

  – Überstundenbegriff (OR 321c): Jede Arbeit, welche die vertraglich festgelegte oder die übliche Arbeitszeit übersteigt und notwendig ist. Da im vorliegenden Fall die wöchentliche Arbeitszeit üblicherweise nur 42 Stunden beträgt, könnten 8 Überstunden geltend gemacht werden.

  – Überzeitbegriff (ArG 9 i.V.m. ArG 13): Jede Arbeit, welche die Höchstarbeitszeit gemäss ArG überschreitet (45 Std. bei Industrie- und Büropersonal sowie in Grossbetrieben des Detailhandels; 50 Std. bei übrigen Arbeitnehmern). Da für Bankangestellte eine wöchentliche Höchstarbeitszeit von 45 Stunden gilt, könnten 5 Stunden Überzeit geltend gemacht werden.

- Leitende Arbeitnehmer sind dem Arbeitsgesetz nicht unterstellt (ArG 3 d); somit fallen sie auch nicht unter die Höchstarbeitszeitregelung dieses Gesetzes. Ein CFO gehört regelmässig der Geschäftsleitung an und hat wesentliche Entscheidungsbefugnisse. Dr. Christian Munz ist deshalb als leitender Arbeitnehmer zu qualifizieren und kann keine Überzeit geltend machen.
- Fraglich ist, ob leitende Arbeitnehmer uneingeschränkt Überstunden geltend machen können. Nach der bundesgerichtlichen Rechtsprechung haben sie nur dann einen Anspruch auf Überstundenentschädigung, wenn:
  - ihnen zusätzliche Aufgaben über die vertraglich vereinbarten Pflichten hinaus übertragen werden.
  - die ganze Belegschaft während längerer Zeit Überstunden leistet.
  - es ausdrücklich vereinbart wurde.
- Der Arbeitnehmer ist zur Leistung von Überstunden verpflichtet, soweit diese notwendig und zumutbar sind (OR 321c).
- Der Arbeitnehmer hat Anrecht auf Lohn mit 25 % Zuschlag, sofern er die Überstunden und deren Notwendigkeit beweisen kann.
- Im gegenseitigen Einverständnis können Überstunden auch mit Freizeit von gleicher Dauer ausgeglichen werden (OR 321c II).
- Im vorliegenden Fall wurden Dr. Munz zusätzliche Aufgaben übertragen (Personalwesen). Er hat deshalb auch als leitender Arbeitnehmer Anspruch auf Entschädigung für die geleisteten Überstunden inkl. 25% Zuschlag.

*Muss ihm seine Arbeitgeberin die Reisekosten und Hotelrechnungen wirklich nicht bezahlen? [→Rz. 416 ff.]*

- Die Arbeitgeberin hat dem Arbeitnehmer Spesen im Zusammenhang mit der Arbeit zu erstatten (OR 327a I).
- Die gegenteilige Abrede ist nichtig, weil Dr. Christian Munz andernfalls die Spesen selber tragen müsste (OR 327a III).
- Zulässig ist höchstens die Abrede, wonach der Arbeitnehmer für die Auslagen eine feste Entschädigung erhält, die jedoch alle Auslagen abdecken muss (OR 327a II).

- Benützt der Arbeitnehmer seinen Privatwagen, so hat er Anspruch auf Spesen entsprechend den Kosten für Betrieb und Unterhalt nach Massgabe des Gebrauchs für die Arbeit (OR 327*b*).
- Die Spesen sind jeweils zusammen mit dem Lohn auszurichten (OR 327*c* I).
- Dr. Christian Munz kann demnach zusammen mit der nächsten Lohnzahlung die Entschädigung der Reise- und Hotelkosten verlangen.

*Wie ist die Rechtslage im Zusammenhang mit dieser fristlosen Kündigung? [→Rz. 600 ff.]*

- Voraussetzung für die Rechtmässigkeit der fristlosen Kündigung ist nach OR 337*c* das Vorliegen eines wichtigen Grundes, welcher der anderen Vertragspartei die Fortsetzung des Arbeitsverhältnisses als unzumutbar erscheinen lässt.
- Die fristlose Kündigung ist aber in jedem Fall gültig und beendet das Arbeitsverhältnis.
- Hier besteht das Problem, dass die Veruntreuung noch nicht bewiesen ist. Deshalb ist zu differenzieren:
  - Bei einem genügend schweren Delikt und erhärtetem Verdacht ist eine fristlose Kündigung gerechtfertigt. Dies gilt selbst dann, wenn sich der Verdacht im Nachhinein als nicht zutreffend erweist. Die Bank muss nämlich einen solchen Mitarbeiter entlassen, weil sie sonst, wenn Geschäftsleitungsmitglieder nicht mehr den bankrechtlichen Anforderungen genügen, Gefahr läuft, ihre Bankenbewilligung zu verlieren.
  - Bei einem unbegründeten Gerücht oder dergleichen ist eine fristlose Kündigung nicht gerechtfertigt. In diesem Fall kommen die Folgen der ungerechtfertigten fristlosen Entlassung zur Anwendung (OR 337*c*: Lohnzahlung bis zur ordentlichen Beendigung des Arbeitsverhältnisses plus ggf. Schadenersatz von maximal 6 Monatslöhnen).
- Im vorliegenden Fall ist aus dem Sachverhalt nicht ersichtlich, ob genügend und triftige Gründe für eine Verdachtskündigung bestehen.

*Was sind Abgangsentschädigungen und wie ist die Rechtslage in diesem Fall? [→Rz. 688 ff.]*

– Nach Gesetz hat ein mindestens 50 Jahre alter Arbeitnehmer, dessen Arbeitsverhältnis wenigstens 20 Jahre gedauert hat, *Anspruch auf eine Abgangsentschädigung* zwischen zwei und acht Monatslöhnen (OR 339c I und II).

– Hier ist Dr. Munz über 50 Jahre alt und hat schon über 20 Jahre bei der Bank gearbeitet. Grundsätzlich hat er also Anspruch auf eine Abgangsentschädigung.

– Diese Bestimmung ist allerdings seit dem *Ausbau der zweiten Säule* praktisch bedeutungslos geworden. Die Arbeitgeberin kann nämlich von diesem Anspruch abziehen, was der Arbeitnehmer an Freizügigkeitsleistung erhält, soweit diese auf den Beiträgen der Arbeitgeberin beruht (OR 339d I).

– Am 1. Januar 2014 trat die Verordnung gegen übermässige Vergütungen bei börsenkotierten Aktiengesellschaften (VegüV) in Kraft. Sie findet Anwendung auf Aktiengesellschaften gemäss OR 620 ff., deren Aktien an einer Börse im In- oder Ausland kotiert sind. Vorausgesetzt ist weiter, dass der Vergütungsempfänger ein Mitglied des Verwaltungsrates, der Geschäftsleitung oder des Beirates (sowie allenfalls eine den Aufgezählten nahestehende Person) ist oder war. Die VegüV unterscheidet zwischen unzulässigen und bedingt zulässigen Vergütungen, sowie grundsätzlich erlaubten Vergütungen mit Abstimmungsvorbehalt durch die Generalversammlung. Beschränkt wurde v.a. die Ausrichtung von Eintritts- und Abgangsentschädigungen.

– Im vorliegenden Fall ist davon auszugehen, dass Dr. Munz keinen Anspruch auf eine Abgangsentschädigung hat, da nichts Spezielles vertraglich vereinbart wurde. Es handelt sich in casu nicht um eine börsenkotierte Aktiengesellschaft.

## Fall 30: Kündigungen im Restaurant Sonne

### Allgemeine Fragen

*Welchen Geltungsbereich hat das Arbeitsgesetz?*

*Was ist unter Schwarzarbeit zu verstehen?*

### Detailfragen

Bettina Frick arbeitet bereits seit einem halben Jahr im Restaurant Sonne, als sie von ihrem Arzt erfährt, dass sie schwanger ist. Um ihre Stelle nicht zu verlieren, arbeitet sie weiter, ohne ihren Chef zu informieren. Da ihr jedoch immer häufiger schlecht wird, bleibt sie der Arbeit gelegentlich unentschuldigt fern. Schliesslich kündigt ihr der Chef nach zweimaliger Verwarnung fristlos.

*Welche Rechtsfolgen hat diese fristlose Kündigung während der Schwangerschaft?*

Tabea Blatter hört von der fristlosen Kündigung an die abwesende Serviertochter. Als Kollegin von Bettina Frick interveniert sie beim Chef und fordert die Rücknahme der fristlosen Kündigung. Andernfalls werde Bettina Frick wohl beim Arbeitsgericht klagen müssen. Der Chef erachtet dies als klare Nötigung und kündigt Tabea Blatter ebenfalls fristlos.

*Wie ist die fristlose Kündigung von Tabea Blatter rechtlich zu beurteilen?*

Da Tabea Blatter nach der Erfahrung im Restaurant Sonne nicht mehr im Gastgewerbe arbeiten will, nimmt sie eine unbefristete Stelle als Heimarbeiterin des Versandhauses Armando AG an. Auf der ersten Lohnabrechnung sind zum Erstaunen von Tabea Blatter keinerlei Abzüge aufgeführt. Nun hat sie Angst, dass sie als Heimarbeiterin überhaupt keinen Sozialversicherungsschutz geniesst.

*Welche Risiken decken die Sozialversicherungen im Falle von Heimarbeit?*

620

Eines Tages entdeckt Tabea Blatter, dass im Arbeitsvertrag mit der Armando AG vorgesehen ist, dass auf diesen deutsches Recht anwendbar ist. Die Holdinggesellschaft, zu welcher die Armando AG gehört, habe ihren Sitz nämlich in Deutschland.

*Ist die Klausel betreffend anwendbares Recht in dieser Form durchsetzbar?*

## Antworten

### Allgemeine Fragen

*Welchen Geltungsbereich hat das Arbeitsgesetz? [→Rz. 931 ff.]*

– Dem ArG unterstehen alle öffentlichen und privaten Betriebe, die nicht explizit vom Gesetz ausgenommen sind; ein Betrieb liegt vor, wenn eine Arbeitgeberin einen oder mehrere Arbeitnehmer dauernd oder vorübergehend beschäftigt (ArG 1).

– Das Arbeitsgesetz ist nicht anwendbar auf öffentliche Verwaltungen, auf Betriebe des öffentlichen Verkehrs, auf Betriebe der Seeschifffahrt, auf Betriebe der landwirtschaftlichen Urproduktion und des Gartenbaus, auf Fischereibetriebe und auf private Haushaltungen.

– Das ArG gilt grundsätzlich für alle Arbeitnehmer der unter das ArG fallenden Betriebe.

– Selbst wenn der Betrieb dem ArG untersteht, ist es nach ArG 3 nicht anwendbar auf kirchliche Mitarbeiter, Personal öffentlicher Verwaltungen ausländischer Staaten oder internationaler Organisationen, die Besatzungen von schweizerischen Flugbetriebsunternehmen, auf Arbeitnehmer, die eine höhere leitende Tätigkeit oder eine wissenschaftliche oder selbstständige künstlerische Tätigkeit ausüben; auf Lehrer an Privatschulen sowie auf Lehrer, Fürsorger, Erzieher und Aufseher in Anstalten; auf Heimarbeitnehmer und auf Handelsreisende.

– Als leitender Arbeitnehmer gilt, wer eine höhere, leitende Tätigkeit ausübt. Dies wird in ArGV 1 9 konkretisiert. Danach übt eine höhere leitende Tätigkeit aus, «wer aufgrund seiner Stellung und Verantwortung sowie in Abhängigkeit von der Grösse des Betriebes über *weitreichende Entscheidungsbefugnisse* verfügt oder Entscheide von grosser Tragweite massgeblich beeinflusst und dadurch auf die *Struktur, den Geschäftsgang und die Entwicklung eines Betriebes* oder Betriebsteils einen nachhaltigen Einfluss nehmen kann».

– Im Zweifelsfall übt ein Arbeitnehmer keine höhere leitende Tätigkeit aus, um dem Schutzcharakter des ArG gerecht zu werden. Nicht der Titel ist entscheidend, sondern die Entscheidungsbefugnis in wesentlichen Angelegenheiten.

*Was ist unter Schwarzarbeit zu verstehen? [→Rz. 350 ff.]*

Zu unterscheiden ist zwischen zwei Arten von Schwarzarbeit:

- Unter Schwarzarbeit im Sinne des Bundesgesetzes über die Schwarzarbeit wird die entlöhnte, selbstständige oder unselbstständige Arbeit verstanden, durch welche gegen Rechtsvorschriften (z.B. gegen Sozialversicherungs-, Ausländer- oder Quellensteuerrecht) verstossen wird.

- Im Zusammenhang mit OR 321a wird unter Schwarzarbeit der Fall verstanden, in dem der Arbeitnehmer noch während des Arbeitsverhältnisses seine eigene Arbeitgeberin gegen Entgelt konkurrenziert.

  - Grundsätzlich ist ein Nebenerwerb erlaubt, nicht aber:

    - eine Nebentätigkeit ohne Einwilligung, welche die Arbeitgeberin konkurrenziert (OR 321a III).

    - eine Nebentätigkeit, welche die Arbeitskraft des Arbeitnehmers überstrapaziert.

  - Auch bei einem 100 % Arbeitspensum darf der Arbeitnehmer grundsätzlich daneben noch einer anderen Arbeit nachgehen, wobei jedoch zu beachten ist, dass dadurch seine Leistung nicht beeinträchtigt werden darf und dass die Ruhezeiten des ArG eingehalten werden.

  - Das Verbot der Schwarzarbeit leitet sich aus der Treuepflicht des Arbeitnehmers (OR 321a I) ab.

## Detailfragen

*Welche Rechtsfolgen hat diese fristlose Kündigung während der Schwangerschaft? [→Rz. 325, 425 ff., 600 ff., 612 ff.]*

- Die mehrmalige unentschuldigte Absenz trotz Verwarnung würde grundsätzlich als wichtiger Grund für eine fristlose Kündigung ausreichen (OR 337).

- Während der Schwangerschaft kann die Arbeitnehmerin die Arbeit jederzeit auf blosse Anzeige hin niederlegen, ohne ein Arztzeugnis vorlegen zu müssen. Stillenden Müttern ist die erforderliche Zeit zum Stillen freizugeben (ArG 35a II).

– Eine ordentliche Kündigung während der Schwangerschaft ist nichtig, und zwar auch dann, wenn die Arbeitgeberin nichts von der Schwangerschaft wusste (OR 336 I lit. c).

– Eine fristlose Kündigung während der Schwangerschaft entfaltet auch ohne rechtfertigenden Grund sofortige Wirkung.

– Es ist der Arbeitnehmerin aber der Lohn, den sie während der Schwangerschaft und während 16 Wochen nach der Niederkunft (Sperrfrist; OR 336c I lit. c) sowie der ordentlichen Kündigungsfrist verdient hätte (OR 337c I), zu bezahlen. Überdies kann eine Entschädigung in Höhe von maximal 6 Monatslöhnen geschuldet sein (OR 337c III).

*Wie ist die fristlose Kündigung von Tabea Blatter rechtlich zu beurteilen? [→Rz. 600 ff.]*

– Der Hinweis auf die Klage vor Arbeitsgericht ist im vorliegenden Fall keine Nötigung, da nicht Tabea Blatter, sondern Bettina Frick vor Arbeitsgericht klagen würde.

– Die ungerechtfertigte fristlose Kündigung ist im Gegensatz zur Kündigung zur Unzeit keineswegs nichtig, sondern löst das Arbeitsverhältnis tatsächlich per sofort auf.

– In diesem Falle hat der betroffene Arbeitnehmer allerdings Anspruch auf den Lohn während der ordentlichen Kündigungsfrist (OR 337c I).

– Der Richter kann die Arbeitgeberin zudem verpflichten, dem Arbeitnehmer eine Entschädigung von bis zu 6 Monatslöhnen zu bezahlen (OR 337c III).

*Welche Risiken decken die Sozialversicherungen im Falle von Heimarbeit? [→Rz. 1019 ff.]*

– Bezüglich Sozialversicherung hat die Heimarbeit keine besondere Stellung.

– Insbesondere folgende Risiken werden durch die Sozialversicherungen in der Schweiz abgedeckt:
   – Lohneinkommen im Alter (AHV und BVG)
   – Lohneinkommen bei Invalidität (IV)
   – Lohneinkommen bei Arbeitslosigkeit (ALV)
   – Lohneinkommen bei Unfall (UVG)

*Ist die Klausel betreffend anwendbares Recht in dieser Form durchsetzbar? [→Rz. 67 ff.]*

– Das IPRG regelt die Zuständigkeit und das anwendbare Recht bei internationalen Verhältnissen.

– Ein Arbeitsvertrag untersteht dem Recht des Staates, in dem der Arbeitnehmer gewöhnlich seine Arbeit verrichtet (IPRG 121 I).

– Verrichtet ein Arbeitnehmer seine Arbeit gewöhnlich in mehreren Staaten, so untersteht der Arbeitsvertrag dem Recht des Staates, in dem sich die Niederlassung oder, wenn eine solche fehlt, der Wohnsitz oder der gewöhnliche Aufenthalt der Arbeitgeberin befindet (IPRG 121 II).

– Die Rechtswahl wird beim Arbeitsvertrag beschränkt auf das Recht des Staates, in dem der Arbeitnehmer seinen gewöhnlichen Aufenthalt oder in dem die Arbeitgeberin ihre Niederlassung, ihren Wohnsitz oder gewöhnlichen Aufenthalt hat (IPRG 121 III).

– Tabea Blatter verrichtet ihre Arbeit gewöhnlich in der Schweiz.

– Die Holding an der Spitze der Armando AG hat ihren Sitz in Deutschland.

– Vorliegend ist die Klausel im Arbeitsvertrag dahin gehend zu werten, dass eine Rechtswahl zugunsten des deutschen Rechts vorgenommen wurde.

– Fraglich ist, ob der Sitz der Holdinggesellschaft oder die Armando AG, welche ihren Sitz in der Schweiz hat, als Arbeitgeberin gilt. Tabea Blatter ist bei der Armando AG angestellt. Deshalb ist die Armando AG die Arbeitgeberin, nicht die Holding.

– Somit ist die Rechtswahlklausel ungültig, auch wenn damit eine einheitliche Rechtsanwendung im Konzern verunmöglicht wird.

# § 7   Masterprüfungen

## Prüfung Individualarbeitsrecht I

### Fragen

#### 1. Aufgabe

Dr. Ernst Redlich ist Rechtsanwalt in der Kanzlei Überklug & Gross. Er bearbeitet seit fünf Jahren ausschliesslich Rechtsprobleme des Konzerns BAA. In der Hauszeitung der BAA Management AG wurde er deshalb schon als «Legal Counsel» bezeichnet. Zudem hat er auch entsprechende Visitenkarten vom BAA Konzern erhalten und ihm steht am Sitz des Konzerns ein Büro zur Verfügung. Nachdem seine Honorarrechnungen im letzten Jahr auf über CHF 240'000 angestiegen sind, löst der CEO der BAA Management AG das Mandatsverhältnis per sofort in Anwendung von Art. 404 OR auf. Dr. Redlich überlegt sich, ob er nicht unter dem Titel «Arbeitsvertrag» noch Ansprüche wegen ungerechtfertigter fristloser Kündigung stellen könnte.

*Welche vier Kriterien müssten erfüllt sein, damit überhaupt von einem Arbeitsvertrag gesprochen werden könnte? Wo finden sich diese Kriterien im Gesetz? Welche fünf Indizien sind nach Ansicht der Ausgleichskassen wichtig, wenn es um die Beurteilung einer Scheinselbstständigkeit geht? Wie qualifizieren Sie das Vertragsverhältnis im vorliegenden Fall?*

#### 2. Aufgabe

Urs Meier bewirbt sich bei der Maschinenfabrik ABC als Mechaniker. Im Vorstellungsgespräch wird er u.a. danach gefragt, ob er militärdiensttauglich sei und wie viele Diensttage er allenfalls noch leisten müsse. Tatsächlich wurde Urs Meier wegen einer Wirbelsäulenverkrümmung als militärdienstuntauglich befunden. Dennoch erklärt er gegenüber dem Personalchef, er sei militärdiensttauglich und habe bereits alle obligatorischen Diensttage absolviert. Per Handschlag wird Urs Meier daraufhin eingestellt.

*Sind die Fragen nach der Tauglichkeit zum Militärdienst und nach allfällig noch zu leistenden Militärdiensten zulässig? Hat die Lüge von Urs Meier allenfalls arbeitsrechtliche Konsequenzen? Kann ein Arbeitsvertrag per Handschlag abgeschlossen werden? Muss die Ma-*

*schinenfabrik ABC nicht bekannt geben, welchen Lohn sie Urs Meier bezahlen wird?*

## 3. Aufgabe

Miriam Zwahlen hat vor 7 Wochen eine Teilzeitstelle zu 50 % als Sachbearbeiterin bei der Informatik AG angetreten. Gemäss Arbeitsvertrag gelten die ersten beiden Monate als Probezeit. Da sie gestern Geburtstag hatte, feierte sie in der Arch Bar mit Kollegen bis Mitternacht. Heute Morgen hatte sie deswegen Kopfschmerzen und machte prompt bei der Dateneingabe zahlreiche Fehler. Der Geschäftsführer der Informatik AG kündigte das Arbeitsverhältnis kurz vor Mittag ohne Begründung unter Einhaltung einer Frist von 7 Tagen. Miriam Zwahlen geht deshalb heute Nachmittag zu ihrem Hausarzt. Dieser schreibt sie ab heute für 3 Tage zu 50 % krank.

*War Miriam Zwahlen im Zeitpunkt der Kündigung nun krank oder nicht? Ist die Kündigung nun gültig oder nicht? Erstreckt sich die Kündigungsfrist nun um die Dauer der Krankheit oder nicht? Muss die Arbeitgeberin tatsächlich keine Begründung für die Kündigung angeben?*

## 4. Aufgabe

Leo Leuenberger ist Speditionsangestellter im 4. Dienstjahr. Im Arbeitsvertrag zwischen der Fast Spedition AG und Leo Leuenberger ist ein Konkurrenzverbot enthalten. Darin wird festgestellt, dass der Arbeitnehmer durch seine Tätigkeit Einblick in die Kundenlisten erhält. Deswegen sei es ihm während der Dauer eines Jahres nach Vertragsende untersagt, in einem anderen Speditionsunternehmen in der Schweiz tätig zu sein. Für die Verletzung des Konkurrenzverbotes wurde eine Vertragsstrafe von CHF 100'000 vereinbart. Leo Leuenberger würde gerne eine Stelle bei der Import- und Export GmbH [oder bei der Versandhandlung Brunnen GmbH] annehmen, weiss aber nicht, ob er deswegen Probleme mit dem Konkurrenzverbot bekommt.

*Wurde das Konkurrenzverbot gültig vereinbart? Ist die Konventional-strafe von CHF 100'000 zulässig? Würde Leo Leuenberger bei einem Stellenwechsel zur Versandhandlung Brunnen GmbH [oder zur Im-port- und Export GmbH] Probleme wegen seines Konkurrenzverbotes bekommen?*

## 5. Aufgabe

Werner Weber arbeitet schon seit 18 Jahren in der Kartonfabrik KFB AG als Buchhalter. Während dieser Zeit arbeitete und rauchte er viel, schlief aber nur wenig. Seine Arbeitskollegen wunderte es deshalb nicht, dass er wegen einer chronischen Bronchitis vom Arzt für 4 Mo-nate in eine Kur geschickt wurde. Zurück an seinem Arbeitsplatz fin-det er eine Notiz des Chefs vor, wonach sein Ferienanspruch wegen der Kur um einen Drittel gekürzt würde. Werner Weber beschwert sich umgehend beim Chef. Dieser bietet ihm einen Kompromiss an: er könne die Ferien vollumfänglich beziehen, doch werde sein Gehalt zukünftig um 5% tiefer ausbezahlt. Der Chef droht Werner Weber zudem, falls er nicht in die Änderung des Arbeitsvertrags einwillige, werde ihm gekündigt.

*Ist die Ferienkürzung rechtmässig? Auf welchen Gesetzesartikel kann sich die KFB AG dabei stützen? Wie ist die Drohung des Chefs recht-lich zu beurteilen? Ab wann könnte die Gehaltskürzung rechtmässig frühestens in Kraft treten?*

## 6. Aufgabe

Kurt Stricker ist Head of Human Resources in einem Grosskonzern. Jede Konzerngesellschaft hat einen eigenen Personalchef. Diese haben jedoch leider ein sehr unterschiedliches Wissen im Arbeitsrecht. Um abzuklären, wo konkret noch ein Schulungsbedarf besteht, hat Kurt Stricker einen Multiple Choice Test erstellt. Dabei darf bei jeder Frage jeweils nur eine Lösung als richtig angekreuzt werden. Sie werden gebeten, diesen Test nachstehend nun ebenfalls bestmöglich zu absol-vieren. Sollten Sie eine Lösung aus Versehen falsch angekreuzt haben (X), streichen Sie diese durch (X̶), kreuzen Sie die richtige Lösung an und machen Sie einen Rahmen (X) um die korrekte Lösung.

*1. Wann müssen Ansprüche aus Überstunden gegenüber der Arbeit-geberin geltend gemacht werden, damit die Geltendmachung we-der gegen Treu und Glauben verstösst, noch durch Verjährung ausgeschlossen ist?*

*(a) Bis spätestens zum nächsten Zahltag*

*(b) Innerhalb eines Monats seit Entstehung*

*(c) Innerhalb eines Jahres seit Entstehung*

*(d) Innerhalb von fünf Jahren seit Entstehung*

2. *Die Arbeitgeberin ist gemäss OR verpflichtet, den Arbeitnehmer spätestens einen Monat nach Beginn des Arbeitsverhältnisses über diverse Punkte wie z.B. die wöchentliche Arbeitszeit schriftlich zu informieren; um welche Art Gesetzesbestimmung handelt es sich dabei?*

   *(a) Keine zwingende Gesetzesbestimmung, nur Informationspflicht*

   *(b) Relativ zwingende Gesetzesbestimmung*

   *(c) Absolut zwingende Gesetzesbestimmung*

   *(d) Relativ und absolut zwingende Gesetzesbestimmung*

3. *Innert welcher Frist muss die Arbeitgeberin einen allfälligen Anspruch auf Entschädigung durch Betreibung oder Klage geltend machen, wenn ein Arbeitnehmer die Stelle nicht antritt?*

   *(a) Es gibt keine Verwirkungsfrist zur Geltendmachung*

   *(b) Innert 10 Tagen seit Nichtantritt der Arbeitsstelle*

   *(c) Innert 30 Tagen seit Nichtantritt der Arbeitsstelle*

   *(d) Innert 180 Tagen seit Nichtantritt der Arbeitsstelle*

4. *Um wie viele Tage kann die Arbeitgeberin den vertraglich pro Jahr auf 24 Tage fixierten Ferienanspruch eines vollzeitbeschäftigten Arbeitnehmers kürzen, wenn sich dieser im 5. Dienstjahr befindet und wegen eines Gleitschirmunfalles während insgesamt 3 Monaten und 2 Tagen im gleichen Jahr an der Arbeitsleistung verhindert ist?*

   *(a) Es ist keine Kürzung des Ferienanspruches möglich.*

   *(b) Der Ferienanspruch kann um 4 Tage gekürzt werden.*

   *(c) Der Ferienanspruch kann um 6 Tage gekürzt werden.*

   *(d) Der Ferienanspruch kann um 8 Tage gekürzt werden.*

5. *Eine Arbeitgeberin will eine möglichst kurze Kündigungsfrist haben. Deshalb will sie im Arbeitsvertrag für die Kündigung während der Probezeit 7 Tage und danach generell 1 Monat vereinbaren. Ist das zulässig?*

*(a) Nein, ab dem 2. Dienstjahr ist die Kündigungsfrist 2 Monate.*

*(b) Nein, ab dem 2. Dienstjahr ist die Kündigungsfrist 2 Monate und ab dem 5. Dienstjahr 3 Monate.*

*(c) Nein, ab dem 2. Dienstjahr ist die Kündigungsfrist 2 Monate und ab dem 10. Dienstjahr 3 Monate.*

*(d) Ja, diese Kündigungsregelung ist zulässig.*

## Antworten

### 1. Lösung

– Kriterien für einen Arbeitsvertrag (OR 319 I):
  – Arbeitsleistung
  – Dauerschuldverhältnis (auf befristete oder unbefristete Zeit)
  – Subordination (Eingliederung in fremde Arbeitsorganisation)
  – Entgeltlichkeit (gegen Lohn)

– Indizien für Scheinselbstständigkeit:
  – Die Person ist auf Dauer und im Wesentlichen nur für einen Auftraggeber tätig.
  – Die Person tritt nicht unternehmerisch am Markt auf (keine Buchführung, kein Marketing usw.).
  – Die Person hat einen festen zugewiesenen Arbeitsplatz und feste Arbeitszeiten.
  – Andere Personen im gleichen Unternehmen verrichten eine ähnliche Tätigkeit in der Stellung als Arbeitnehmer.
  – Die Person hatte schon früher einen Arbeitsvertrag mit dem gleichen Vertragspartner.

– Beurteilung durch das Bundesgericht:
  – Das Bundesgericht hat in BGE 4A.404/2009 vom 22. Oktober 2009 den Anwalt klar als Arbeitnehmer qualifiziert.
  – Massgebend ist die Einordnung (Subordination) in eine fremde Arbeitswelt mit Büro, Visitenkarte und Bezeichnung als «Legal Counsel»; damit wurde auch Dritten gegenüber der Eindruck erweckt, es liege ein Arbeitsverhältnis vor.

### 2. Lösung

– Frage nach dem Militärdienst:
  – Die Frage nach der Tauglichkeit zum Militärdienst ist unzulässig, da sie keinen Bezug zum Arbeitsverhältnis hat.
  – Die Frage nach allfällig noch zu leistendem Militärdienst ist dagegen zulässig, da die Arbeitgeberin den Einsatz des Arbeitnehmers planen muss.

– Konsequenzen der Lüge:

  – Bei Vertragsverhandlungen haben sich beide Parteien nach Treu und Glauben zu verhalten und dürfen deshalb nicht lügen.

  – Da sich die Arbeitgeberin mit der unzulässigen Frage selbst treuwidrig verhält, kann sie sich später nicht auf ein unrechtmässiges Verhalten von Urs Meier berufen.

  – Die falsche Antwort von Urs Meier hat deshalb keine arbeitsrechtlichen Konsequenzen, zumal er ja tatsächlich keinen Militärdienst mehr leisten muss.

– Vertragsabschluss per Handschlag:

  – Gemäss OR 320 I bedarf es zum Abschluss eines Einzelarbeitsvertrages keiner besonderer Form; auch per Handschlag kann somit ein Vertrag abgeschlossen werden.

– Bekanntgabe des Lohnes:

  – Gemäss OR 330*b* hat die Arbeitgeberin dem Arbeitnehmer u.a. den Lohn und allfällige Lohnzuschläge schriftlich bekannt zu geben, wenn das Arbeitsverhältnis auf unbestimmte Zeit oder für mehr als einen Monat eingegangen wurde.

  – Die Nichtbekanntgabe des Lohnes ändert aber nichts an der Gültigkeit des Lohnes; gemäss OR 322 I hat Urs Meier Anspruch auf einen üblichen Lohn.

## 3. Lösung

– Zeitpunkt der Krankheit:

  – Der Hausarzt hat Miriam Zwahlen ab heute krankgeschrieben. Damit ist die Arbeitnehmerin arbeitsrechtlich heute den ganzen Tag krank.

  – Miriam Zwahlen war somit im Zeitpunkt der Kündigung krank.

– Gültigkeit der Kündigung:

  – Grundsätzlich ist eine Kündigung während Krankheit als Kündigung zur Unzeit nichtig.

  – Gemäss OR 336c I gilt die Sperrfrist während Krankheit aber erst nach Ablauf der Probezeit.

  – Die Krankheit hat somit keinen Einfluss auf die Gültigkeit der Kündigung; die Kündigung ist gültig.

– Erstreckung der Kündigungsfrist:

  – Gemäss OR 335b III verlängert sich die Probezeit infolge Krankheit.

  – Verlängerung der Probezeit bedeutet nicht Verlängerung der Kündigungsfrist.

  – Die Unterbrechung der Kündigungsfrist nach OR 336c II gelangt nicht zur Anwendung, da es sich um eine Kündigung in der Probezeit handelt; die Kündigungsfrist wird deshalb nicht erstreckt und endet nach 7 Tagen.

– Begründung der Kündigung:

  – Die Arbeitgeberin kann ein unbefristetes Arbeitsverhältnis gemäss OR 335 I jederzeit ohne besonderen Grund kündigen.

  – Die Informatik AG muss die Kündigung gemäss OR 335 II dennoch schriftlich begründen, wenn dies Miriam Zwahlen verlangt.

## 4. Lösung

– Gültigkeit des Konkurrenzverbotes:

  – Ein Konkurrenzverbot ist nur dann gültig, wenn es schriftlich vereinbart wird (OR 340 I). Dies muss hier der Fall sein, da es im Arbeitsvertrag «enthalten ist».

  – Zudem muss der Arbeitnehmer im Verpflichtungszeitpunkt handlungsfähig sein; ein Minderjähriger kann kein gültiges Konkurrenzverbot vereinbaren (OR 340 I). Hier kann von der Handlungsfähigkeit ausgegangen werden, da er schon im 4. Dienstjahr angestellt ist.

  – OR 340 II setzt für ein verbindliches Konkurrenzverbot voraus, dass der Arbeitnehmer Einblick in den Kundenkreis oder in Fabrikations- und Geschäftsgeheimnisse hat. Im vorliegenden Fall hat dies Leo Leuenberger im Vertrag ausdrücklich anerkannt. Ein allfälliger Gegenbeweis dürfte schwierig zu erbringen sein.

– Eine Konkurrenzierung muss den Arbeitgeber erheblich schädigen können (OR 340 II). Auch diese Voraussetzung ist hier erfüllt, da er Kunden abwerben könnte.

– Ein Konkurrenzverbot muss sachlich, örtlich und zeitlich beschränkt sein; es darf nur unter besonderen Umständen 3 Jahre überschreiten (OR 340a I); diese Beschränkungen sind gegeben; ob die Beschränkung genügend ist, hat für die Gültigkeit keinen Einfluss (nur für Herabsetzung relevant).

– Für die Einräumung eines Konkurrenzverbotes kann eine Entschädigung vereinbart werden (sog. Karenzentschädigung), doch ist eine solche in der Schweiz nicht gesetzlich vorgeschrieben.

– Das Konkurrenzverbot wurde demnach gültig vereinbart.

– Zulässigkeit der Konventionalstrafe:

– Die Absicherung eines Konkurrenzverbotes durch eine Konventionalstrafe ist gemäss OR 340b II ausdrücklich zulässig; falls nichts anderes vereinbart wurde, kann sich der Arbeitnehmer durch Leistung der Konventionalstrafe vom Konkurrenzverbot befreien.

– Im vorliegenden Fall ist eine Konventionalstrafe von CHF 100'000 für die Missachtung des Konkurrenzverbots geschuldet; bei einem einfachen Speditionsmitarbeiter erscheint dieser Betrag als deutlich zu hoch und könnte vom Richter herabgesetzt werden.

– Problematik des Konkurrenzverbotes:

– Es ist nicht klar, ob die Import- und Export GmbH [bzw. die Versandhandlung Brunnen GmbH] ebenfalls Speditionsleistungen anbietet; sollte dies der Fall sein, wird Leo Leuenberger Probleme wegen seines Konkurrenzverbotes erhalten.

– Die Vereinbarung eines Konkurrenzverbotes mit einer Dauer von einem Jahr für das Gebiet der Schweiz ist möglich; da es im vorliegenden Fall aber praktisch einem einjährigen Berufsverbot in der ganzen Schweiz gleichkommt, erscheint diese Frist ohne Entschädigung als zu lang.

– Nach OR 340a II kann der Richter ein übermässiges Konkurrenzverbot einschränken.

## 5. Lösung

–  Zulässigkeit der Ferienkürzung (OR 329b):

–  Die Kürzung des Ferienanspruchs ist grundsätzlich möglich; Voraussetzung ist aber in jedem Falle mehr als ein Monat Abwesenheit.

–  Bei Verschulden des Arbeitnehmers kann für jeden vollen Monat der Verhinderung um 1/12 gekürzt werden; bei unverschuldeter Verhinderung kann für den ersten Monat der Verhinderung nicht gekürzt werden.

–  Der Begriff «Verschulden» wird von der Lehre weit ausgelegt; jedes Versäumnis wird dazu gerechnet, welches der Arbeitnehmer zu verantworten hat und welches in seiner Sphäre liegt.

–  Auf jeder Packung Zigaretten steht ausdrücklich, dass Rauchen der Gesundheit schadet; wer viel raucht, verschuldet demnach absichtlich eine Abwesenheit, wenn diese auf eine Gesundheitsschädigung durch Rauchen zurückzuführen ist.

–  Im vorliegenden Fall könnte die Abwesenheit demnach mit einem klaren Argument als verschuldet qualifiziert werden und die Kürzung um 4/12 bzw. 1/3 wäre demnach zulässig.

–  Sollte die chronische Bronchitis jedoch nachweisbar nicht auf das Rauchen zurückzuführen sein, würde eine unverschuldete Verhinderung vorliegen. In diesem Fallen könnte nur um 3/12 bzw. 1/4 gekürzt werden.

–  Qualifikation der Drohung:

–  Es handelt sich hier um eine uneigentliche Änderungskündigung, da noch gar keine Kündigung erfolgt ist.

–  Die uneigentliche Änderungskündigung ist rechtlich eine Offerte zur Vertragsänderung verbunden mit der Drohung, dass sonst eine Kündigung erfolge.

–  Diese Änderungskündigung ist zulässig und auch strafrechtlich problemlos, da die Arbeitgeberin jederzeit ordentlich kündigen kann und die Kündigungsfrist nicht verändert wird. Folglich spielt hier auch OR 29 keine Rolle.

–  Gesetzliche Grundlage:

–  Die Kündigungsfrist ist für die Vertragsänderung zwingend einzuhalten.

- Da sich Werner Weber im 18. Dienstjahr befindet, beträgt die Kündigunsfrist nach OR 335c I mindestens 3 Monate.

- Die Lohnreduktion kann deshalb auch mit Einwilligung von Werner Weber erst nach 3 Monaten auf den Beginn eines neuen Monats in Kraft treten.

## 6. Lösung

- 1. Geltendmachung von Überstunden:

- Die richtige Antwort ist (d).

- Fraglich ist, ob im Hinblick auf das Gebot zum Handeln nach Treu und Glauben gemäss ZGB 2 die übliche Verjährungsfrist für periodische Leistungen gemäss OR 128 nicht zur Anwendung gelangt.

- Das Bundesgericht hat sich am 8.1.2003 der liberalen Auffassung angeschlossen und geht in BGE 129 III 171 zugunsten des Arbeitnehmers von der Verjährung innert fünf Jahren nach OR 128 aus.

- 2. Informationspflicht der Arbeitgeberin:

- Die richtige Antwort ist (a).

- Gemäss OR 330b muss die Arbeitgeberin diejenigen Arbeitnehmer, die auf unbestimmte Zeit oder für mehr als einen Monat angestellt sind, spätestens einen Monat nach Beginn des Arbeitsverhältnisses über die folgenden fünf Elemente eines Arbeitsvertrags schriftlich informieren:

  - Namen der Vertragsparteien

  - Beginn des Arbeitsverhältnisses

  - Funktion des Arbeitnehmers

  - Lohn und allfällige Lohnzuschläge

  - wöchentliche Arbeitszeit

- OR 330b ist weder auf der Liste der absolut zwingenden Gesetzesbestimmungen nach OR 361 noch auf der Liste der relativ zwingenden Gesetzesbestimmungen nach OR 362 aufgeführt; es handelt sich demnach nur um eine Informationspflicht ohne Sanktion und somit nicht um eine zwingende Gesetzesbestimmung.

– 3. Verwirkung des Entschädigungsanspruches:

  – Die richtige Antwort ist (c).

  – OR 337*d* schreibt vor: «Erlischt der Anspruch auf Entschädigung nicht durch Verrechnung, so ist er durch Klage oder Betreibung innert 30 Tagen seit dem Nichtantritt oder Verlassen der Arbeitsstelle geltend zu machen; andernfalls ist der Anspruch verwirkt.»

– 4. Kürzung des Ferienanspruches:

  – Die richtige Antwort ist (b).

  – Es handelt sich um eine unverschuldete Arbeitsverhinderung, denn gemäss SUVA gehört Gleitschirmfliegen nicht zu den Risikosportarten (auch wenn es dabei doch relativ viele Unfälle gibt).

  – Bei einer unverschuldeten Arbeitsverhinderung kann gemäss OR 329*b* erst gekürzt werden, wenn die Abwesenheit mind. zwei volle Monate beträgt.

  – Bei einer Abwesenheit von 3 Monaten und mehr kann folglich um 2/12 bzw. 1/6 und somit um 4 Tage gekürzt werden.

– 5. Kurze Kündigungsfrist:

  – Die richtige Antwort ist (d).

  – In der Probezeit kann nach OR 335*b* I mit 7 Tagen gekündigt werden.

  – OR 335*c* I gibt grundsätzlich ab 2. Dienstjahr 2 Monate und ab 10. Dienstjahr 3 Monate vor.

  – OR 335*c* II gewährt die Möglichkeit, die Kündigungsfrist herabzusetzen, jedoch nicht unter 1 Monat (ausser mit GAV).

# Prüfung Individualarbeitsrecht II

## Fragen

### 1. Aufgabe

Die Black GmbH ist bekannt für ihre schlechten Anstellungsbedingungen, da sie keinem GAV untersteht. Im Personalreglement finden sich folgende drei Bestimmungen zu Freizeit, Ferien und Feiertagen:

a) Für besondere Anlässe, konkret nur Hochzeit, Todesfall des Ehepartners oder Umzug, wird den Mitarbeitern die notwendige Freizeit grosszügig gemäss den gesetzlich vorgesehenen Stunden gewährt. Die verlorene Arbeitszeit wird am Lohn abgezogen, sowohl im Monatslohn als auch im Stundenlohn.

b) Alle Mitarbeiter haben Anspruch auf Ferien im vollen gesetzlichen Umfang, also 20 Tage pro Jahr. Fallen Freizeitansprüche gemäss vorstehender lit. a) in die Ferien oder wird ein Mitarbeiter krank, erfolgt keine Ferienverlängerung.

c) Neben Freizeit und Ferien können alle Mitarbeiter an gesetzlichen Feiertagen frei nehmen. Fällt ein Feiertag in die Ferien, verfällt dieser Anspruch. Selbstverständlich erfolgt für Feiertage keine Lohnzahlung, da die Mitarbeiter an diesen Tagen uneingeschränkt feiern können.

*Wie beurteilen Sie diese drei Bestimmungen im Personalreglement aus rechtlicher Sicht?*

### 2. Aufgabe

In einem Betrieb für Gebäudereinigung, welcher ausnahmsweise keinem GAV untersteht, erhalten die Mitarbeiterinnen und Mitarbeiter ihre Einsatzpläne jeweils 14 Tage im Voraus per E-Mail. Es handelt sich dabei um die Aufforderung zur Rückbestätigung und nicht um Arbeit auf Abruf. Auf entsprechende Mitteilung der Einsatzleiterin Nicole Stoffel vom 22.5.2013 antwortet der Mitarbeiter Victor Timoshenko per E-Mail wie folgt: «Hallo Nicole, ich kann Dienste nicht bestätigen, plane mich bitte nicht mehr. Ich muss diese Stelle verlassen. Dir wünsche ich viel Erfolg und Spass. Freundliche Grüsse Victor.»

Die Geschäftsleitung ist unschlüssig, wie diese Antwort zu interpretieren ist und wie nun weiter vorgegangen werden soll. Im Arbeitsvertrag des Victor Timoshenko findet sich keine Formvorschrift bezüglich der Kündigung.

*Wie ist die Antwort rechtlich zu qualifizieren? Wie soll die Geschäftsleitung rechtlich korrekt reagieren? Welche rechtlichen Möglichkeiten hat die Arbeitgeberin, wenn Victor Timoshenko nicht mehr zur Arbeit erscheint?*

### 3. Aufgabe

In den Einzelarbeitsverträgen der KMU Invest AG findet sich folgende Bestimmung: «Die Kündigung des Arbeitsvertrages hat schriftlich zu erfolgen.» Für dieses Unternehmen ist kein GAV anwendbar.

Felix Fröhlich, Sachbearbeiter im 3. Dienstjahr, kündigt sein Arbeitsverhältnis mit der KMU Invest AG per E-Mail am 28.5.2013 unter Einhaltung der ordentlichen Kündigungsfrist per 31. Juli 2013. Am 29.5.2013 wird er deswegen von seinem Vorgesetzten in einem persönlichen Gespräch zu den Gründen der Kündigung befragt. Dabei erörtert Felix Fröhlich, er habe bereits auf den 1. Juni 2013 eine neue Arbeitsstelle.

Nun ist der Vorgesetzte im Zweifel, wie er sich rechtlich korrekt zu verhalten hat.

*Ist die Klausel betreffend Notwendigkeit der Schriftlichkeit zur Kündigung zulässig? Ist die Kündigung von Felix Fröhlich rechtsgültig? Wie sollte sich die Arbeitgeberin rechtlich korrekt verhalten?*

### 4. Aufgabe

Die Muster AG stellte per 1. Juli 2005 Christian Manser als neuen Geschäftsführer ein. Doch als Max Muster, Sohn des Hauptaktionärs, im nächsten Jahr sein BWL-Studium erfolgreich abschloss, wurde das Arbeitsverhältnis mit Christian Manser durch die Arbeitgeberin bereits wieder aufgelöst. Um dem Juniorchef den Einstieg zu vereinfachen, wurde das Arbeitsverhältnis zuerst noch um einen Monat verlängert. Ab 31. März 2006 wurde mit Christian Manser dann nahtlos ein neuer Arbeitsvertrag als Berater der Geschäftsleitung abgeschlossen. Am 24. April 2007 kündigte die Muster AG erneut und stellte Christian Manser umgehend von der Arbeit frei. Mitte November 2007 fand Max Muster heraus, dass Christian Manser bei seinem Vorstellungsgespräch im Juni 2005 gelogen hatte. Auf die Frage des Personalchefs, ob er sich derzeit noch in einem Arbeitsverhältnis befinde, hatte

Christian Manser wahrheitswidrig behauptet, er befinde sich im ungekündigten Arbeitsverhältnis; dabei war ihm schon ein Jahr zuvor wegen Unterschlagung fristlos gekündigt worden. Zudem behauptete er auf Nachfrage des Personalchefs, er habe monatlich CHF 8'700 netto verdient, obwohl es eigentlich CHF 8'700 brutto waren. Die Muster AG machte deshalb am 23.11.2007 Grundlagenirrtum geltend und verweigerte Christian Manser jede weitere Lohnzahlung.

*Waren die Fragen des Personalchefs beim Vorstellungsgespräch zulässig? Ist eine Verlängerung des Arbeitsvertrages trotz Kündigung zulässig? Würde ein Gericht die Geltendmachung des Grundlagenirrtums schützen und welche Begründung könnte ein Gericht für seinen Entscheid anführen?*

## 5. Aufgabe

Im Arbeitsrecht finden sich viele Bestimmungen mit konkreten Zahlenvorgaben. Kreuzen Sie nachstehend die richtigen Zahlen an. Dabei darf bei jeder Frage jeweils nur eine Lösung als richtig angekreuzt werden. Sollten Sie eine Lösung aus Versehen falsch angekreuzt haben (X), streichen Sie diese durch (X̶), kreuzen Sie die richtige Lösung an und machen Sie einen Rahmen (X) um die korrekte Lösung.

1. *Innert welcher Frist kann ein auf unbestimmte Zeit abgeschlossener GAV gekündigt werden, wenn nichts anderes vereinbart wurde?*

   *(a) Jederzeit mit einer Kündigungsfrist von sechs Monaten*

   *(b) Jederzeit mit einer Kündigungsfrist von einem Jahr*

   *(c) Nach einem Jahr mit einer Kündigungsfrist von sechs Monaten*

   *(d) Nach einem Jahr mit einer Kündigungsfrist von einem Jahr*

2. *Innert welcher Frist muss der Arbeitgeber beim Heimarbeitsvertrag allfällige Mängel des Arbeitserzeugnisses nach Ablieferung bekanntgeben?*

   *(a) Innert einer Woche*

   *(b) Innert 10 Tagen*

   *(c) Innert zwei Wochen*

   *(d) Innert einem Monat*

3. *Innert welcher Frist kann ein Arbeitgeber das Arbeitsverhältnis mit einem Handelsreisenden während der Saison kündigen, wenn dessen Lohn zu mindestens einem Fünftel aus Provision besteht und erheblichen saisonmässigen Schwankungen unterliegt?*

*(a) Nur auf das Ende des ersten der Kündigung folgenden Monats*

*(b) Nur auf das Ende des zweiten der Kündigung folgenden Monats*

*(c) Nur auf das Ende des dritten der Kündigung folgenden Monats*

*(d) Nur auf das Ende des vierten der Kündigung folgenden Monats*

4. *Wie hoch ist die maximale gesetzliche Abgangsentschädigung eines über 50 Jahre alten Arbeitnehmers mit mehr als 20 Dienstjahren, wenn dieser keine Leistungen einer Personalfürsorgeeinrichtung erhält?*

*(a) Maximal zwei Monatslöhne*

*(b) Maximal vier Monatslöhne*

*(c) Maximal sechs Monatslöhne*

*(d) Maximal acht Monatslöhne*

5. *Beim Tod des Arbeitnehmers hat der Arbeitgeber den Lohn noch während einer bestimmten Dauer weiter zu entrichten, sofern anspruchsberechtigte Personen vorhanden sind; wie lange muss der Lohn vom Todestag an noch entrichtet werden?*

*(a) Nach einjähriger Dienstdauer noch während einem Monat*

*(b) Nach zweijähriger Dienstdauer noch während zwei Monaten*

*(c) Nach dreijähriger Dienstdauer noch während drei Monaten*

*(d) Nach fünfjähriger Dienstdauer noch während zwei Monaten*

6. *Mit welcher Frist kann bei unbefristeten Einsätzen das Arbeitsver-*
*hältnis zwischen einem Personalverleiher als Arbeitgeber und ei-*
*nem Arbeitnehmer während den ersten sechs Monaten von den*
*Vertragsparteien gekündigt werden?*

*(a) Während der ersten drei Monate der ununterbrochenen Anstel-*
*lung mit einer Frist von mindestens drei Tagen*

*(b) Während der ersten drei Monate der ununterbrochenen Anstel-*
*lung mit einer Frist von mindestens sieben Tagen*

*(c) In der Zeit vom vierten bis und mit dem sechsten Monat der*
*ununterbrochenen Anstellung mit einer Frist von mindestens sie-*
*ben Tagen*

*(d) In der Zeit vom vierten bis und mit dem sechsten Monat der*
*ununterbrochenen Anstellung mit einer Frist von mindestens zehn*
*Tagen*

# Antworten

## 1. Lösung

– a) Beurteilung der Klausel betr. Freizeitanspruch:

– Gemäss OR 329 III hat die Arbeitgeberin dem Arbeitnehmer die üblichen freien Stunden und Tage sowie nach erfolgter Kündigung die für das Aufsuchen einer anderen Stelle erforderliche Zeit zu gewähren. Es gibt keine genaue gesetzliche Vorschrift mit Stundenangabe. Vielmehr sind zur Auslegung dieser Bestimmung Lehre, Rechtsprechung, Übung und Ortsgebrauch zu berücksichtigen. Voraussetzung ist jeweils, dass die Angelegenheit nicht in der ordentlichen Freizeit erledigt werden kann. Bei den angegeben Fällen wäre jedenfalls mindestens je ein ganzer Tag Freizeit zu gewähren.

– Die gesetzliche Formulierung ist allgemein und nicht beschränkt auf Hochzeit, Todesfall des Ehepartners und Umzug. Die Arbeitnehmer der Black GmbH hätten unabhängig vom Personalreglement z.B. auch Anspruch auf Freizeit bei:

   – Besuch beim Arzt

   – Konsultation eines Rechtsanwaltes

   – Absolvierung der Führerprüfung für das Auto

   – militärische Rekrutierung

   – Behördenbesuch

   – Hochzeit naher Verwandter

   – Geburt des eigenen Kindes

   – Todesfall in der engeren Familie

– Unklar ist, ob der Arbeitnehmer die ausfallende Arbeitszeit kompensieren und ob der Arbeitgeber für die ausserordentliche Freizeit Lohn bezahlen muss. Der Gesetzgeber hat dies bewusst nicht geregelt.

– Im Stunden- und Akkordlohn kann eine Pflicht zur Kompensation vereinbart werden, nicht aber im Monatslohn. Die Gleichstellung von Monatslohn und Stundenlohn ist deshalb unzulässig.

– Ist die Verhinderung selbst verschuldet, ist kein Lohn zu zahlen. Ohne Kompensation der verlorenen Arbeitszeit kann deshalb im Monatslohn ein Abzug erfolgen. Im Stundenlohn darf dagegen kein Abzug erfolgen, da der Mitarbeiter sonst doppelt betroffen wäre (kein Lohn, da nicht gearbeitet, und zudem nochmaliger Abzug für die Ausfallzeit).

– Ist die Verhinderung nicht selbst verschuldet, ist der Lohn zu zahlen, und zwar sowohl im Monatslohn als auch im Stundenlohn, da eine Lohnfortzahlungspflicht gemäss OR 324a besteht.

– Die erste Klausel ist somit in Bezug auf den Umfang der Freizeit unzureichend und bezüglich Lohnzahlung widerrechtlich.

– b) Beurteilung der Klausel betr. Ferien:

– Gemäss OR 329a I besteht ein allgemeiner gesetzlicher Ferienanspruch von vier Wochen entsprechend 20 Arbeitstagen bei einer Fünftagewoche. Bis zum vollendeten 20. Altersjahr hat der Arbeitgeber aber fünf Wochen Ferien zu gewähren. Diese Spezialregelung fehlt im Personalreglement.

– Fallen Ereignisse, welche Anspruch auf ausserordentliche Freizeit geben, in die Ferien, so erfolgt grundsätzlich keine Ferienverlängerung. Diesbezüglich ist die Klausel rechtlich korrekt.

– Wird ein Arbeitnehmer krank, dann verlängern sich die Ferien entsprechend (BGE 4A_117/2007). Massgebend ist dabei nicht der Prozentanteil der Arbeitsunfähigkeit, sondern die Möglichkeit zur Erholung. Ist keine Erholung möglich, verlängern sich die Ferien auch bei nicht vollständiger Arbeitsunfähigkeit.

– Die zweite Klausel ist somit bzgl. Dauer der Ferien unzureichend und bezüglich Verlängerung bei Krankheit widerrechtlich.

– c) Beurteilung der Klausel betr. Feiertagen:

– Auch die Gewährung von Feiertagen wird auf OR 329 III gestützt. Die Regelung der Nachgewährung von nicht in die Arbeitszeit fallenden Feiertagen sowie der Lohnzahlung gelten deshalb entsprechend.

– Gemäss ArG 20a I ist der 1. August (Bundesfeiertag) den Sonntagen gleichgestellt. Die Kantone können höchstens acht weitere Feiertage im Jahr den Sonntagen gleichstellen und sie nach Kantonsteilen verschieden ansetzen. Die dritte Klausel widerspricht dieser gesetzlichen Regelung nicht.

– Der Arbeitnehmer ist aber gemäss ArG 20a II berechtigt, an andern als den von den Kantonen anerkannten religiösen Feiertagen die Arbeit auszusetzen. Die dritte Klausel ist in diesem Punkt unzureichend.

- Soweit Feiertage nicht in die Arbeitszeit fallen, z.B. auf einen Sonntag oder bei Teilzeitarbeit auf einen freien Werktag, besteht kein Anspruch auf Nachgewährung. Diesbezüglich ist die Klausel ebenfalls korrekt.

- Da der Bundesfeiertag den Sonntagen gleichgestellt ist, hat er eine Sonderstellung. Der darauf entfallende Lohn ist gemäss BV 110 III ausdrücklich zu zahlen, wenn er nicht auf einen Sonntag fällt. Der Anspruch entfällt dann auch nicht während den Ferien. In diesem Punkt ist die Klausel deshalb widerrechtlich.

- Insgesamt ist auch die dritte Klausel unzureichend und widerrechtlich.

## 2. Lösung

- Rechtliche Qualifikation der Antwort:
  - Aufgrund der vorliegend eher rudimentären Sprachkenntnisse sind verschiedene Auslegungsvarianten der Antwort vorstellbar. Aus dem Sachverhalt ist nicht genau ersichtlich, ob der Mitarbeiter nach erfolgter Antwort per E-Mail noch zur Arbeit erscheinen wollte oder nicht. Insofern sind verschiedene Varianten denkbar.
  - Die Antwort kann sicher als Arbeitsverweigerung qualifiziert werden, da der Mitarbeiter den Einsatzplan einerseits nicht bestätigt und andererseits auch keine Einplanung mehr will. Diese Qualifikation ist mit Sicherheit richtig und muss deshalb angegeben werden.
  - Eventuell könnte die Antwort auch als ordentliche Kündigung qualifiziert werden, da der Mitarbeiter vom Verlassen der Stelle spricht. Allerdings ist diese Interpretation problematisch, da er nur schreibt, er müsse die Stelle verlassen, aber nicht konkret davon, dass er die Stelle nun verlasse. Er lässt insbesondere auch offen, per wann er die Stelle verlassen will (dies kann auch erst in einem Jahr sein).
  - Die Antwort kann somit auch als Vorabinformation einer ordentlichen Kündigung, welche dann erst noch nachgereicht wird, qualifiziert werden.

- Weiter besteht zudem die Möglichkeit, dass der Mitarbeiter eine fristlose Kündigung aussprechen wollte und gar nicht mehr zur Arbeit kommen will.

- Eher abwegig wäre die Qualifikation als Mitteilung der Arbeitsunfähigkeit. Dennoch kann auch diese Variante nicht ausgeschlossen werden (er hat z.B. derart Rückenbeschwerden, dass er deswegen die Arbeitsstelle verlassen muss).

- Reaktion der Geschäftsleitung:

  - In einem ersten Schritt sollte versucht werden, mit dem Arbeitnehmer Kontakt aufzunehmen, um seinen wirklichen Willen zu ergründen (erst wenn dies scheitern sollte, muss die Geschäftsleitung den rechtlich sicheren Weg wählen).

  - Die Geschäftsleitung soll Victor Timoshenko per Einschreiben, mit normaler Post und per E-Mail auffordern, umgehend den vorgesehenen Einsatz zu bestätigen. Gleichzeitig ist eine Verwarnung auszusprechen, dass eine Arbeitsverweigerung nicht geduldet werde, und bei Nichterscheinen werde eine fristlose Kündigung ausgesprochen.

- Möglichkeiten bei Nichterscheinen zur Arbeit:

  - Die Arbeitgeberin kann gestützt auf die Verwarnung und die Unzumutbarkeit der Weiterbeschäftigung gestützt auf OR 337 fristlos kündigen.

  - Die Arbeitgeberin kann zudem gestützt auf OR 337d einen Viertel eines Monatslohnes als Entschädigung sowie den Ersatz des weiteren Schadens für das fristlose Verlassen der Arbeitsstelle geltend machen bzw. mit der letzten Lohnzahlung verrechnen.

## 3. Lösung

- Zulässigkeit der Klausel betr. Schriftformerfordernis:

  - Gemäss OR 320 I bedarf der Einzelarbeitsvertrag zu seiner Gültigkeit keiner besonderen Form, soweit vom Gesetz nichts anderes vorgeschrieben ist. Für die Kündigung nach der Probezeit enthält OR 335c keine besondere Formvorschrift. Somit kann ein Arbeitsvertrag ohne gegenteilige Abmachung so-wohl mündlich als schriftlich oder per E-Mail gekündigt werden.

  - OR 320 I wird in den OR 361 und 362 nicht als zwingende Norm aufgeführt. Es ist den Parteien eines Arbeitsvertrages deshalb unter Vorbehalt von abweichenden GAV gestattet, besondere Formvorschriften zu vereinbaren.

– Da kein GAV entgegensteht, ist die Vereinbarung der Schriftform als Voraussetzung für die Kündigung zulässig.

– Rechtsgültigkeit der Kündigung:

  – Ist für einen Vertrag, der vom Gesetz an keine besondere Form gebunden ist, die Anwendung einer solchen vorbehalten worden, so wird gemäss OR 16 I vermutet, dass die Parteien vor der Erfüllung der Form nicht verpflichtet sein wollen. Wird die schriftliche Form ohne nähere Bezeichnung verabredet, so gelten für deren Erfüllung gemäss OR 16 II die Erfordernisse der gesetzlich vorgeschriebenen Schriftlichkeit. Es gelten damit die Vorschriften von OR 13 für die Form der Schriftlichkeit.

  – Gemäss OR 13 I muss ein Vertrag, für den die schriftliche Form vorbehalten wurde, von jeder Partei unterschrieben werden, die daraus verpflichtet wird. Da bei einer Kündigung nur der Kündigende verpflichtet wird, hätte Felix Fröhlich die Kündigung somit eigenhändig unterschreiben müssen. Eine einfache E-Mail genügt der gesetzlichen Schriftform nicht (BGE 1P.254/2005 Erw. 2.3).

  – Die Parteien können den Formvorbehalt jederzeit formfrei ändern oder aufheben; OR 12 ist nicht anwendbar (BGE 5A_251/2010). Die Abänderung kann ausdrücklich oder konkludent stattfinden. Durch das persönliche Gespräch ohne Widerspruch des Vorsitzenden wurde der Formvorbehalt zweifelsfrei mündlich aufgehoben. Die Kündigung von Felix Fröhlich ist damit rechtsgültig, denn die an sich gültige Formvorschrift wurde durch das Gespräch konkludent aufgehoben.

– Rechtsgültiges Verhalten der Arbeitgeberin:

– Die Arbeitgeberin kann eine Offerte zur Aufhebung des Arbeitsvertrages im gegenseitigen Einvernehmen per 31.5.13 (Aufhebungsvereinbarung) unterbreiten. Da Felix Fröhlich bereits auf den 1.6.13 eine neue Arbeitsstelle hat, besteht kein Risiko einer Rechtsumgehung oder eines unwirksamen Forderungsverzichts gemäss OR 341.

– Die Arbeitgeberin kann aber auch die ordnungsgemässe Erfüllung des Arbeitsvertrages bis Ende Juli 2013 verlangen. In diesem Fall muss Felix Fröhlich mündlich und schriftlich (aus Beweisgründen) aufgefordert werden, seine Arbeit ordnungsgemäss bis zum Ende der Kündigungsfrist zu erbringen. Für ein Fernbleiben von der Arbeit ab 1. Juni 2013 muss im Sinne einer vorsorglichen Verwarnung die fristlose Kündigung angedroht werden.

– Weiter kann die Arbeitgeberin Felix Fröhlich, unter Anrechnung des Lohnes, welchen er an der neuen Stelle verdient, freistellen (dies bedingt, dass er dort mindestens gleichviel verdient).

– Es stellt sich die Frage, ob aufgrund der Treuepflichtverletzung eine fristlose Kündigung angezeigt wäre. Ohne vorhergehende schriftliche Abmahnung wäre dies jedoch nicht zulässig.

## 4. Lösung

– Frage nach einem bestehenden Arbeitsverhältnis:

– Im Bewerbungsgespräch sind grundsätzlich nur Fragen zulässig, welche für die Besetzung der Stelle notwendig sind und keine Persönlichkeitsrechte des Bewerbers verletzen.

– Die Frage nach einem bestehenden Arbeitsverhältnis ist zulässig, da davon die Verfügbarkeit des Bewerbers abhängt (wann kann der Kandidat die neue Arbeitsstelle überhaupt antreten).

– Bei einem bestehenden Arbeitsverhältnis kann meist kein Zeugnis vorgelegt und keine Referenz eingeholt werden, auch deshalb ist die Frage zulässig.

– Frage nach dem früheren Lohn:

– Die Frage nach dem früheren Lohn ist unzulässig. Dies hat nichts mit der neuen Arbeit zu tun.

– Der Arbeitnehmer kann die Antwort verweigern.

- Gibt der Arbeitnehmer eine falsche Antwort, kann ihm dies nicht angelastet werden, da sich der Fragende selbst wider Treu und Glauben verhält.

- Zulässigkeit der Verlängerung trotz Kündigung:
  - Auch ein gekündigtes Arbeitsverhältnis kann verlängert werden, sofern beide Vertragsparteien damit einverstanden sind.
  - Sogar die Aufhebung der Kündigung ist im gegenseitigen Einvernehmen möglich.

- Entscheid des Gerichtes:
  - Das Kantonsgericht St. Gallen hat den Grundlagenirrtum nicht geschützt (KGer SG BZ.2009.36 vom 26.10.2009).
  - Zur Begründung führte das Kantonsgericht zur Hauptsache an, dass sich die falschen Angaben nur auf den ersten Arbeitsvertrag von Christian Manser hätten auswirken können; der zweite Arbeitsvertrag sei ohne Fragen und damit auch ohne falsche Angaben zustande gekommen, weshalb diesbezüglich ein Grundlagenirrtum ausgeschlossen sei.

## 5. Lösung

- 1. Kündigung eines unbefristeten GAV:
  - Die richtige Antwort ist (c).
  - OR 356c II schreibt vor, dass ein auf unbestimmte Zeit abgeschlossener GAV von jeder Vertragspartei nach Ablauf eines Jahres jederzeit auf sechs Monate gekündigt werden kann.

- 2. Mängelrügepflicht des Arbeitgebers:
  - Die richtige Antwort ist (a).
  - Gemäss OR 353 I muss der Arbeitgeber dem Arbeitnehmer innert einer Woche allfällige Mängel bekannt geben.

- 3. Kündigung eines Handelsreisenden:
  - Die richtige Antwort ist (b).
  - OR 350 schreibt vor, dass bei dieser Konstellation dem Handelsreisenden «während der Saison nur auf das Ende des zweiten der Kündigung folgenden Monats» gekündigt werden darf.

- 4. Maximale gesetzliche Abgangsentschädigung:
  - Die richtige Antwort ist (d).
  - Gemäss OR 339c II bestimmt der Richter die Höhe der Abgangsentschädigung, falls nichts anderes bestimmt ist, darf aber den Betrag nicht übersteigen, der dem Lohn des Arbeitnehmers für acht Monate entspricht.

- 5. Lohnnachgenuss im Todesfall:
  - Die richtige Antwort ist (d).
  - Gemäss OR 338 II hat der Arbeitgeber den Lohn noch für einen weiteren Monat und nach fünfjähriger Dienstdauer für zwei weitere Monate, gerechnet vom Todestag an, zu entrichten.

- 6. Kündigung während Krankheit:
  - Die richtige Antwort ist (c).
  - Beim Personalverleih gelten in den ersten sechs Monaten der Anstellung besondere Kündigungsfristen.
  - Gemäss AVG 19 IV (Arbeitsvermittlungsgesetz) gelten folgende Kündigungsfristen:

    a. während der ersten drei Monate der ununterbrochenen Anstellung mit einer Frist von mindestens zwei Tagen

    b. in der Zeit vom vierten bis und mit dem sechsten Monat der ununterbrochenen Anstellung mit einer Frist von mindestens sieben Tagen

## Prüfung Individualarbeitsrecht III

### Fragen

#### 1. Aufgabe

Ein deutscher Arbeitnehmer schliesst einen unbefristeten Arbeitsvertrag mit einer Glarner Bäckerei ab. Darin verpflichtet er sich, in Afghanistan für die dort stationierten internationalen Truppen Brötchen zu backen. Aufgrund des speziellen Einsatzgebietes bietet ihm die Glarner Bäckerei besondere Arbeitsbedingungen wie bspw. 10 Wochen Ferien. Rund zwei Jahre lang verläuft das Arbeitsverhältnis ohne nennenswerte Probleme. Im dritten Jahr jedoch geraten Arbeitnehmer und Arbeitgeber in Streit über Fragen von Überstundenentschädigung, Überzeitentschädigung sowie Nacht- und Sonntagszulagen im Umfang von insgesamt rund CHF 65'000. Beurteilen Sie die Fragen anhand von IPRG, LugÜ und ZPO.

*a) Wo könnte der Arbeitnehmer gegen den Arbeitgeber klagen?*

*b) Falls in der Schweiz geklagt wird, nach welchem Recht wird die Streitigkeit beurteilt und wäre eine Rechtswahl zulässig? Wenn ja, in welchem Umfang?*

*c) Falls in der Schweiz geklagt wird, muss in jedem Fall ein Schlichtungsverfahren durchgeführt werden?*

#### 2. Aufgabe

Murat Ercan arbeitet für die Firma Asia Import und Export AG. Seine Aufgabe besteht darin, interessierte Kunden zu besuchen und mit diesen entsprechende Geschäfte auf Rechnung der Asia Import und Export AG abzuschliessen. In seinem Vertrag ist neben dem monatlichen Fixlohn und der Umsatzprovision noch ein Anteil von 1.5 % am Geschäftsgewinn vor Steuern und Abschreibungen vereinbart. Er bemüht sich deshalb nach Kräften, möglichst grosse Umsätze zu machen. Am Ende des Geschäftsjahres teilt ihm der Finanzchef mit, es werde kein Gewinnanteil ausgerichtet, da viele der ausstehenden Debitoren unsicher seien und deshalb die Delkredere-Position zulasten der Erfolgsrechnung erhöht werden musste. Aufgrund dieser Mitteilung beginnt Murat Ercan, neben den Geschäften für die Asia Import und Export AG auch noch solche für das Geschäft seines Bruders in der Türkei abzuschliessen. Konsequenterweise meldet er dabei gewonnene neue

Kunden nicht an die Marketingabteilung der Asia Import und Export AG.

*a) Wie ist das Vertragsverhältnis zwischen Murat Ercan und der Asia Import und Export AG zu qualifizieren?*

*b) Wie ist die Rechtssituation im Zusammenhang mit dem Delkredere zu beurteilen?*

*c) Verletzt Murat Ercan in irgendeiner Weise seine vertraglichen Pflichten?*

### 3. Aufgabe

Heiri Landolt arbeitet als Flughelfer bei der Firma Helikopter AG. Während einer Mittagspause entwendete er kurzerhand einen der Helikopter, obwohl er überhaupt keine Pilotenlizenz besitzt. Der Start gelang Heiri Landolt überraschend gut und auch die folgenden 20 Minuten ergaben keine Schwierigkeiten. Doch als Heiri Landolt nach diesem kleinen Rundflug zur Landung ansetzte, stürzte der Helikopter in ein Blumenkohlfeld und erlitt Totalschaden. Die nachgewiesene Schadenssumme beträgt rund CHF 94'000. Im Verlauf der polizeilichen Ermittlungen stellt sich heraus, dass Heiri Landolt einen Hirntumor hat. Aufgrund eines psychischen Gutachtens wurde das Strafverfahren gegen Heiri Landolt eingestellt. Im Zeitpunkt des Flugunfalles war er trotz seiner augenscheinlichen Flugkünste urteilsunfähig. Nach dem Absturz mit dem Helikopter und der Diagnose wurde Heiri Landolt eine volle Invalidenrente zugesprochen.

*a) Wie haftet ein Arbeitnehmer grundsätzlich und nach welchen Kriterien?*

*b) Im vorliegenden Fall hat das zuständige Bezirksgericht eine Schadenersatzklage in Höhe von rund CHF 31'000 geschützt. Kann ein urteilsunfähiger Arbeitnehmer überhaupt zur Rechenschaft gezogen werden und wenn ja gestützt auf welche Bestimmung?*

*c) Wann und wie endet das Arbeitsverhältnis von Heiri Landolt?*

### 4. Aufgabe

Der Geschäftsführer eines Lebensmittelgeschäfts stellt fest, dass immer häufiger am Ende des Tages teure Parfümfläschchen fehlen. Er vermutet, dass sich einer der Mitarbeiter an den Parfüms bedient. Er führt daraufhin Einzelgespräche mit allen Mitarbeitenden in diesem Verkaufsbereich. Im Verlauf dieser Gespräche beschuldigt eine Mitarbeiterin eine andere, langjährige Mitarbeiterin (3. Dienstjahr), diese Parfüms gestohlen zu haben. Der Geschäftsleiter überprüft so gut es geht die Angaben der beschuldigenden Arbeitnehmerin (zeitliche Übereinstimmung, Möglichkeit etc.) und stellt die beschuldigte Arbeitnehmerin zur Rede. Obwohl diese alles abstreitet, entlässt der Geschäftsführer die Mitarbeiterin fristlos, stellt per sofort die Lohnzahlung ein und reicht Strafanzeige bei der Polizei ein. Im Laufe des polizeilichen Ermittlungsverfahrens stellt sich heraus, dass die Arbeitnehmerin zum Zeitpunkt der fristlosen Kündigung bereits im vierten Monat schwanger war. Einige Zeit später wird die beschuldigte Arbeitnehmerin im Strafprozess wegen erwiesener Unschuld freigesprochen. Der Verlust der Arbeitsstelle, die Schwangerschaft und der Prozess setzen der betroffenen Arbeitnehmerin zu, sodass sie sich schlechter konzentrieren kann als früher. Infolgedessen verursacht sie 5.5 Monate nach der Niederkunft einen schweren Unfall. Bei der ärztlichen Untersuchung ihrer Verletzungen stellt der Arzt fest, dass sie für die nächsten zwei Monate arbeitsunfähig sein wird. Die Arbeitnehmerin führt alles auf die Anschuldigungen ihres ehemaligen Vorgesetzten zurück und reicht Klage wegen ungerechtfertigter fristloser Entlassung ein.

*a) Wie viele Monatslöhne reine Lohnforderung kann die Arbeitnehmerin geltend machen und wie viel wird ein Gericht zusprechen?*

*b) Kann sie bezüglich der fristlosen Entlassung neben der reinen Lohnforderung noch weitere Entschädigungen geltend machen und wenn ja wie viel?*

*c) Was muss der Arbeitgeber nun im Arbeitszeugnis bezüglich der Auflösung des Arbeitsvertrages schreiben und welches Datum sollte das Arbeitszeugnis tragen?*

**5. Aufgabe**

In der Praxis tauchen immer wieder Fragen im Zusammenhang mit der Probezeit auf. Kreuzen Sie die richtige Antwort bei den folgenden Fragen an. Dabei darf bei jeder Frage jeweils nur eine Lösung als richtig angekreuzt werden. Sollten Sie eine Lösung aus Versehen falsch angekreuzt haben (X), streichen Sie diese durch (X̶), kreuzen Sie die richtige Lösung an und machen Sie einen Rahmen (X) um die korrekte Lösung.

1. *Gibt es bei einem auf ein Jahr befristeten Arbeitsverhältnis eine Probezeit?*

   *(a) Ja, bei befristeten Arbeitsverhältnissen gilt, sofern nichts anderes vereinbart worden ist, der erste Monat als Probezeit.*

   *(b) Ja, der erste Monat des Arbeitsverhältnisses gilt als Probezeit. Eine vertragliche Verlängerung der Probezeit auf drei Monate ist bei den befristeten Arbeitsverhältnissen jedoch nicht zulässig.*

   *(c) Ja, eine Probezeit von max. drei Monaten kann vertraglich vereinbart werden. Ist nichts vertraglich vereinbart worden, besteht keine Probezeit.*

   *(d) Nein, bei befristeten Arbeitsverhältnissen gibt es nie eine Probezeit.*

2. *Ist es möglich, dass bei einem Arbeitnehmer im privatrechtlichen Arbeitsverhältnis und nach der Lehre die maximale Probezeit von 3 Monaten verlängert wird?*

   *(a) Nein, die ursprünglich festgelegte Probezeit kann in keinem Fall verlängert werden.*

   *(b) Ja, die Probezeit wird verlängert, wenn der Arbeitnehmer durch Krankheit, Unfall oder Erfüllung einer nicht freiwillig übernommenen gesetzlichen Pflicht während der Probezeit an der Arbeit verhindert war.*

   *(c) Ja, die maximale Probezeit von drei Monaten kann verlängert werden, wenn der Arbeitgeber noch nicht sicher ist, ob der Arbeitnehmer den Anforderungen der Arbeit tatsächlich gewachsen ist.*

   *(d) Ja, die Probezeit kann verlängert werden, jedoch maximal um einen Monat.*

3. *Hans Meier wird von einem Personalvermittlungsbüro bei der Gerüstbau AG als temporärer Mitarbeiter eingesetzt. Nun will ihn die Gerüstbau AG direkt anstellen. Darf die Gerüstbau AG mit Hans Meier eine neue Probezeit vereinbaren?*

*(a) Nein, da Hans Meier bereits im Rahmen seines Temporäreinsatzes eine Probezeit absolviert hat und er daher die Arbeit und die Arbeitgeberin sowie auch die Arbeitgeberin den Arbeitnehmer und seine Arbeitsweise bereits kennt, darf keine neue Probezeit vereinbart werden.*

*(b) Ja, die Gerüstbau AG darf eine neue Probezeit vereinbaren, jedoch von höchstens einem Monat.*

*(c) Ja, die Gerüstbau AG darf eine neue Probezeit vereinbaren, jedoch von höchstens drei Monaten.*

*(d) Ja, die Gerüstbau AG darf eine beliebige Probezeit vereinbaren.*

4. *Welche Besonderheiten bestehen betreffend Probezeit bei Lehrverträgen?*

*(a) Es muss eine Probezeit von mindestens einem Monat vereinbart werden.*

*(b) Eine Probezeit ist nur gültig, wenn sie ausdrücklich im Lehrvertrag vorgesehen wird und darf drei Monate nicht überschreiten.*

*(c) Durch Parteiabrede kann die Probezeit bilateral auf 6 Monate verlängert werden.*

*(d) Ist nichts anderes schriftlich vereinbart, gelten die ersten zwei Monate als Probezeit.*

5. *Darf ein Arbeitsverhältnis vor Beginn der Probezeit gekündigt werden und wenn ja wann würde die Kündigungsfrist zu laufen beginnen?*

*(a) Ein Arbeitsverhältnis kann erst dann gekündigt werden, wenn die Arbeitsstelle auch tatsächlich angetreten worden ist.*

*(b) Nur der Arbeitgeber kann vor Beginn der Probezeit kündigen. Zum Schutz des Arbeitnehmers beginnt die Kündigungsfrist jedoch erst am Tag des geplanten Stellenantritts zu laufen.*

*(c) Arbeitgeber und Arbeitnehmer können jederzeit, also auch vor Beginn der Probezeit kündigen. Die Kündigungsfrist beginnt in beiden Fällen am Tag des geplanten Stellenantritts zu laufen. (Diese Lösung wird als andere Lehrmeinung als richtig akzeptiert.)*

*(d) Arbeitgeber und Arbeitnehmer können jederzeit, also auch vor Beginn der Probezeit kündigen. Die Kündigungsfrist beginnt einen Tag nach der Zustellung der Kündigung zu laufen.*

6. *Welche Besonderheit bezüglich Kündigungsfrist ist bei unbefristeten Einsätzen im Personalverleih zu berücksichtigen?*

*(a) Während der ersten drei Monate der ununterbrochenen Anstellung kann das Arbeitsverhältnis von den Vertragsparteien mit einer Frist von mindestens zwei Tagen aufgelöst werden.*

*(b) Während der ersten sechs Monate der ununterbrochenen Anstellung kann das Arbeitsverhältnis von den Vertragsparteien mit einer Frist von mindestens zwei Tagen aufgelöst werden.*

*(c) Während der ersten drei Monate der ununterbrochenen Anstellung kann das Arbeitsverhältnis von den Vertragsparteien mit einer Frist von mindestens sieben Tagen aufgelöst werden.*

*(d) Während der ersten sechs Monate der ununterbrochenen Anstellung kann das Arbeitsverhältnis vom Arbeitgeber mit einer Frist von mindestens sieben, vom Arbeitnehmer mit einer Frist von mindestens zwei Tagen aufgelöst werden.*

## Antworten

### 1. Lösung

- a) Wo könnte der Arbeitnehmer gegen den Arbeitgeber klagen?
- Es liegt ein internationaler Sachverhalt vor.
- Bei einer arbeitsrechtlichen Streitigkeit handelt es sich um Zivilsachen (LugÜ 1). Die Schweiz ist ein durch das LugÜ gebundener Staat im Sinne von LugÜ 1 III und es liegt kein Ausnahmetatbestand vor, weshalb das LugÜ zu beachten ist (LugÜ 2 I).
- Ein individueller Arbeitsvertrag ist Gegenstand des Verfahrens, weshalb gemäss LugÜ 18 I der Artikel LugÜ 19 angewendet werden muss. Dieser besagt, dass ein Arbeitgeber, der seinen Wohnsitz im Hoheitsgebiet eines durch das LugÜ gebundenen Staates hat, alternativ wie folgt verklagt werden kann:
    - 1. Vor den Gerichten des Staates, wo er seinen Wohnsitz hat.
    - 2. In einem anderen durch das LugÜ gebundenen Staat,

        a. vor dem Gericht des Ortes, an dem der Arbeitnehmer gewöhnlich seine Arbeit verrichtet oder zuletzt gewöhnlich verrichtet hat, oder

        b. wenn der Arbeitnehmer seine Arbeit gewöhnlich nicht in ein und demselben Staat verrichtet hat, vor dem Gericht des Ortes, an dem sich die Niederlassung, die den Arbeitnehmer eingestellt hat, befindet.
- Der Arbeitnehmer kann folglich gemäss LugÜ 19 I lediglich in der Schweiz klagen. Der Gerichtsstand am Ort, wo der Arbeitnehmer gewöhnlich seine Arbeit verrichtet, kommt nicht infrage, weil Afghanistan nicht durch das LugÜ gebunden ist.
- Die örtliche Zuständigkeit richtet sich nach nationalem Recht des Gerichtsstaates. Das IPRG regelt die örtlichen Zuständigkeiten in internationalen Verhältnissen. IPRG 115 I bestimmt, dass für Klagen aus Arbeitsvertrag die schweizerischen Gerichte am Wohnsitz des Beklagten oder am Ort zuständig sind, wo der Arbeitnehmer gewöhnlich seine Arbeit verrichtet. Für Klagen des Arbeitnehmers sind überdies die schweizerischen Gerichte an seinem Wohnsitz oder an seinem ge-wöhnlichen Aufenthalt zuständig (Abs. 2).

– Demnach sind die Gerichte des Kantons Glarus für diese Klage gemäss IPRG 115 I örtlich zuständig, da sowohl die gewöhnliche Arbeitsverrichtung als auch der Wohnsitz oder der gewöhnliche Aufenthalt des Arbeitnehmers nicht in der Schweiz liegen.

– b) Falls in der Schweiz geklagt wird, nach welchem Recht wird die Streitigkeit beurteilt und wäre eine Rechtswahl zulässig? Wenn ja, in welchem Umfang?

– Der Arbeitsvertrag untersteht dem Recht des Staates, in dem der Arbeitnehmer gewöhnlich seine Arbeit verrichtet (IPRG 121 I). Die gewöhnliche Arbeit wird im vorliegenden Fall in Afghanistan erbracht, womit die Schweizer Gerichte afghanisches Recht anwenden müssen.

– Eine Rechtswahl ist zulässig und im vorliegenden Fall auch zu empfehlen. Die Rechtswahl muss ausdrücklich sein oder sich eindeutig aus dem Vertrag oder aus den Umständen ergeben. Im Übrigen untersteht sie dem gewählten Recht. Die Rechtswahl kann jederzeit getroffen oder geändert werden. Wird sie nach Vertragsschluss getroffen oder geändert, so wirkt sie auf den Zeitpunkt des Vertragsschlusses zurück. Die Rechte Dritter sind vorbehalten.

– Nach IPRG 121 III können die Parteien den Arbeitsvertrag dem Recht des Staates unterstellen, in dem der Arbeitnehmer seinen gewöhnlichen Aufenthalt hat oder in dem der Arbeitgeber seine Niederlassung, seinen Wohnsitz oder seinen gewöhnlichen Aufenthalt hat. Der Normzweck lässt nur die in IPRG 121 III genannten Anknüpfungsmöglichkeiten bei der Rechtswahl zu. Damit sind andere Rechtswahlmöglichkeiten ausgeschlossen. Die Parteien könnten damit den Arbeitsvertrag schweizerischem Recht unterstellen.

– c) Falls in der Schweiz geklagt wird, muss in jedem Fall ein Schlichtungsverfahren durchgeführt werden?

– Dem Entscheidverfahren geht in aller Regel ein Schlichtungsversuch vor einer Schlichtungsstelle voraus. Das Schlichtungsverfahren kann jedoch unter Umständen auch entfallen, so bspw. im summarischen Verfahren, im Scheidungsverfahren etc. (Vgl. ZPO 198).

– Auf das Schlichtungsverfahren können die Parteien darüber hinaus unter Umständen auch verzichten, nämlich immer bei vermögensrechtlichen Streitigkeiten mit einem Streitwert von mindestens CHF 100'000. Einseitig kann die klagende Partei auf das Schlichtungsverfahren verzichten, wenn die beklagte Partei Sitz oder Wohnsitz im Ausland hat, der Aufenthaltsort der beklagten Partei unbekannt ist oder in Streitigkeiten nach dem Gleichstellungsgesetz (ZPO 199).

– Da weder ein Ausnahmefall nach ZPO 198 noch ein Verzichtsgrund nach ZPO 199 I oder II vorliegt, muss ein Schlichtungsverfahren durchgeführt werden.

## 2. Lösung

– a) Wie ist das Vertragsverhältnis zwischen Murat Ercan und der Asia Import und Export AG zu qualifizieren?

– Es liegt ein Arbeitsvertrag im Sinne von OR 319 ff. vor.

– Die vier Voraussetzungen für das Vorliegen eines Arbeitsvertrages sind gegeben. Es ist die Leistung von Arbeit gegen Lohn geschuldet, der Arbeitnehmer hat sich in die Arbeitsorganisation der Arbeitgeberin einzufügen und das Verhältnis ist auf eine bestimmte Dauer abgeschlossen.

– Zusätzlich ist jedoch zu beachten, dass eine bestimmte Art der Arbeitsleistung geschuldet ist. Der Arbeitnehmer wird verpflichtet, auf Rechnung des Arbeitgebers, Geschäfte ausserhalb der Geschäftsräume des Arbeitgebers zu vermitteln oder abzuschliessen. Damit liegt ein besonderer Einzelarbeitsvertrag, nämlich der Handelsreisendenvertrag vor (OR 347 ff.).

– b) Wie ist die Rechtssituation im Zusammenhang mit dem Delcredere zu beurteilen?

– Hat ein Arbeitnehmer vertraglich Anspruch auf einen Anteil am Gewinn oder am Umsatz, so ist die Berechnung nach den gesetzlichen Vorschriften und allgemein anerkannten Grundsätzen vorzunehmen (OR 322a I).

– Die Arbeitgeberin hat dem Arbeitnehmer die nötigen Aufschlüsse über die Berechnung zu geben und Einsicht in die Geschäftsbücher zu gewähren, soweit dies zur Nachprüfung erforderlich ist (OR 322a II).

– Im Streitfall hat der vom Gericht bestellte Sachverständige zu beurteilen, wie hoch die Delcredere-Position zu bemessen ist; diesen Abzug beim Gewinn hat sich der Arbeitnehmer mangels anderer Abrede gefallen zu lassen.

– Im vorliegenden Fall kann allein aufgrund des Sachverhaltes nicht entschieden werden, ob die Erhöhung der Delcredere-Position wirklich notwendig ist oder nicht.

– c) Verletzt Murat Ercan in irgendeiner Weise seine vertraglichen Pflichten?

– Der Handelsreisende darf ohne schriftliche Bewilligung der Arbeitgeberin weder für eigene Rechnung noch für Rechnung eines Dritten Geschäfte vermitteln oder abschliessen (OR 348 I).

– Der Handelsreisende muss die Arbeitgeberin über seine Kunden in Kenntnis setzen (OR 348 III).

– Murat Ercan verletzt demnach seine Pflichten als Handelsreisender gleich doppelt.

## 3. Lösung

– a) Wie haftet ein Arbeitnehmer grundsätzlich und nach welchen Kriterien?

– Der Arbeitnehmer hat die ihm übertragenen Arbeiten sorgfältig auszuführen (OR 321a).

– Er hat Maschinen, Arbeitsgeräte, technische Einrichtungen und Anlagen sowie Fahrzeuge der Arbeitgeberin fachgerecht zu bedienen (OR 321a II).

– Die Sorgfaltspflicht ist Vertragspflicht, deren Verletzung eine Schlechterfüllung darstellt und sich auf das Arbeitszeugnis oder auf die Kündigung auswirken kann, zudem besteht evtl. eine zivil- oder strafrechtliche Haftung.

– Der Arbeitnehmer haftet für den Schaden, den er der Arbeitgeberin absichtlich oder fahrlässig zufügt (OR 321e I).

– Das Mass der Sorgfalt, für die der Arbeitnehmer einzustehen hat, bestimmt sich nach dem einzelnen Arbeitsverhältnis, unter Berücksichtigung des Berufsrisikos, des Bildungsgrades oder der Fachkenntnisse, die zu der Arbeit verlangt werden, sowie der Fähigkeiten und Eigenschaften des Arbeitnehmers, die die Arbeitgeberin gekannt hat oder hätte kennen sollen (subjektiver Sorgfaltsmassstab).

- Für die Haftung des Arbeitnehmers gilt als Faustformel:
  - bei leichter Fahrlässigkeit: bis max. 1 Monatslohn
  - bei mittlerer Fahrlässigkeit: bis max. 2 Monatslöhne
  - bei grober Fahrlässigkeit: bis max. 3 Monatslöhne
  - bei Vorsatz: voller Schadenersatz

- b) Im vorliegenden Fall hat das zuständige Bezirksgericht eine Schadenersatzklage in Höhe von rund CHF 31'000 geschützt. Kann ein urteilsunfähiger Arbeitnehmer überhaupt zur Rechenschaft gezogen werden und wenn ja gestützt auf welche Bestimmung?
  - OR 54 i.V.m. OR 99 III berechtigt den Richter, auch eine nicht urteilsfähige Person, die einen Schaden verursacht hat, zu teilweisem oder vollständigem Ersatz verurteilen.
  - Es ist indes fraglich, ob dies auch bei OR 321e gilt. Nach dem Bundesgerichtsurteil 4C_195/2004 vom 7.9.2004 haftet eine urteilsunfähige Person für die Gefahr, welche aus ihrem Zustand entsteht. Dies gilt auch für den Arbeitnehmer.
  - Das Bundesgericht hat entschieden, dass vom nachgewiesenen Schaden von CHF 94'056 der Arbeitnehmer einen Drittel zu zahlen vermag.

- c) Wann und wie endet das Arbeitsverhältnis von Heiri Landolt?
  - Das Arbeitsverhältnis kann aus verschiedenen Gründen enden. Dazu zählen:
    - Kündigung
    - Aufhebungsvereinbarung
    - Zeitablauf (unter gewissen Umständen)
    - Tod des Arbeitnehmers
  - Keine Beendigungsgründe sind in der Regel:
    - Pensionierung
    - Tod der Arbeitgeberin
    - Konkurs der Arbeitgeberin
    - Übertragung des Betriebes

– Unmöglichkeit der Arbeit
– Invalidität des Arbeitnehmers
– Im vorliegenden Fall wurde nie eine Kündigung ausgesprochen. Auch eine Aufhebungsvereinbarung wurde nicht getroffen. Aus dem Sachverhalt ist zudem nicht ersichtlich, ob allenfalls eine zeitliche Beschränkung des Arbeitsvertrages vorliegt, sodass davon ausgegangen werden kann, dass ein unbefristeter Arbeitsvertrag vorliegt. Der Umstand, dass Heiri Landolt eine volle Invalidenrente zugesprochen erhält, löst das Arbeitsverhältnis ebenso wenig auf.

– Das Arbeitsverhältnis von Herrn Landolt endet damit, sofern der Arbeitgeber nichts unternimmt und nichts anderes vereinbart worden ist, erst mit dem Tod des Arbeitnehmers.

## 4. Lösung

– a) Wie viele Monatslöhne reine Lohnforderung kann die Arbeitnehmerin geltend machen und wie viel wird ein Gericht zusprechen?

– Eine fristlose Entlassung ist immer gültig. Das Arbeitsverhältnis ist damit, auch wenn die Arbeitnehmerin schwanger ist, per sofort aufgelöst. Es stellt sich jedoch die Frage, ob die fristlose Entlassung gerechtfertigt war oder nicht. Gemäss OR 337 I muss für eine gerechtfertigte fristlose Entlassung ein wichtiger Grund vorliegen. Als wichtiger Grund gilt namentlich jeder Umstand, bei dessen Vorhandensein dem Kündigenden nach Treu und Glauben die Fortsetzung des Arbeitsverhältnisses nicht mehr zugemutet werden darf (OR 337 II).

– Eine fristlose Kündigung wäre bei mehrfachen Diebstählen wohl gerechtfertigt. Allerdings wurde die Arbeitnehmerin wegen erwiesener Unschuld von diesen Vorwürfen freigesprochen. Andere Gründe, welche es dem Arbeitgeber unzumutbar machen würden, das Arbeitsverhältnis fortzusetzen, sind nicht ersichtlich.

– Es handelt sich demnach um eine ungerechtfertigte fristlose Entlassung, womit die Rechtsfolgen von OR 337c eintreten.

– Entlässt der Arbeitgeber die Arbeitnehmerin fristlos ohne wichtigen Grund, so hat diese Anspruch auf Ersatz dessen, was sie verdient hätte, wenn das Arbeitsverhältnis unter Einhaltung der

Kündigungsfrist oder durch Ablauf der bestimmten Vertragszeit beendigt worden wäre (OR 337c I).

– Die Arbeitnehmerin befand sich zum Zeitpunkt der Kündigung im dritten Dienstjahr. Die gesetzliche Kündigungsfrist beträgt damit mangels anderer vertraglicher Regelung zwei Monate. Während der Schwangerschaft der Arbeitnehmerin kann die ordentliche Kündigungsfrist jedoch nicht laufen (OR 336c II i.V.m. OR 336c I lit. c). Die Arbeitnehmerin war zum Zeitpunkt der Kündigung im vierten Monat schwanger. Bis zur Niederkunft kann die Kündigungsfrist damit während 5–6 Monaten nicht laufen.

– Ebenfalls steht die Kündigungsfrist während der ersten 16 Wochen nach der Niederkunft still (OR 336c II i.V.m. OR 336c I lit. c), womit die Arbeitnehmerin auch diese vier Monate geltend machen kann. Danach beginnt die zwei monatige Kündigungsfrist zu laufen und wird durch den Unfall nach 1.5 Monaten erneut unterbrochen (OR 336c II i.V.m. OR 336c I lit. b). Die unfallbedingte Unterbrechung der Kündigung dauert zwei Monate, welche die Arbeitnehmerin wiederum geltend machen kann.

– Nach Ablauf der unfallbedingten Arbeitsverhinderung läuft die unterbrochene Kündigungsfrist erneut weiter und endet einen halben Monat später.

– Zusammen ergibt diese:

  – 5–6 Monate bis zur Niederkunft

  – 4 Monate nach der Niederkunft

  – 1.5 Monate Kündigungsfrist

  – 2 Monate unfallbedingte Arbeitsunfähigkeit

  – 0.5 Monate restliche Kündigungsfrist

– Damit kann die Arbeitnehmerin insgesamt 14 (resp. 13 je nach Annahme) Monate reine Lohnforderungen geltend machen. An diese 14 Monate muss sich die Arbeitnehmerin jedoch anrechnen lassen, was sie infolge der Beendigung des Arbeitsverhältnisses erspart hat und was sie durch anderweitige Arbeit verdient oder zu verdienen absichtlich unterlassen hat (OR 337c).

– b) Kann sie bezüglich der fristlosen Entlassung neben der reinen Lohnforderung noch weitere Entschädigungen geltend machen und wenn ja wie viel?

- Gemäss OR 337c III kann die Arbeitnehmerin neben der Lohnforderung beim Richter beantragen, dass ihr eine Entschädigung nach freiem Ermessen unter Würdigung aller Umstände zugesprochen werde, wobei diese Entschädigung sechs Monatslöhne nicht übersteigen darf.

- Darüber hinaus kann unter Umständen Schadenersatz wegen Verletzung der Persönlichkeit der Arbeitnehmerin geltend gemacht werden.

- c) Was muss der Arbeitgeber nun im Arbeitszeugnis bezüglich der Auflösung des Arbeitsvertrages schreiben und welches Datum sollte das Arbeitszeugnis tragen?

  - Ein Arbeitszeugnis muss wahr und wohlwollend sein. Zur Wahrheit gehört, dass ein Arbeitszeugnis grundsätzlich Auskunft darüber zu geben hat, von wann bis wann ein Arbeitsverhältnis gedauert hat. Die Umstände der Auflösung des Arbeitsverhältnisses dürfen jedoch nur dann erwähnt werden, wenn deren Verschweigen irreführend ist. Da es sich im vorliegenden Fall um eine ungerechtfertigte fristlose Entlassung handelt, stellt sich die Frage, welches Datum und welche Begründung zu wählen ist.

  - Bezüglich des Enddatums ist grundsätzlich jenes Datum als Vertragsende anzugeben, an dem aus rechtlicher Sicht das Arbeitsverhältnis tatsächlich beendet worden ist. Das wäre im vorliegenden Fall das Datum der fristlosen Entlassung und nicht der hypothetische ordentliche Endtermin. Bei einer ungerechtfertigten fristlosen Entlassung kann nach Zürcher Praxis das Datum des hypothetischen Ablaufs der ordentlichen Kündigungsfrist als Enddatum eingesetzt werden, was unerwünschte Rückschlüsse auf die fristlose Entlassung vermeidet, sofern dies notwendig ist.

  - Verwandt ist die Frage des Ausstellungsdatums eines Zeugnisses. Auch dieses hat der Wahrheit zu entsprechen, doch sollen zum Schutz des Arbeitnehmers Abweichungen möglich sein, so im erwähnten Fall einer ungerechtfertigten fristlosen Entlassung. (Vgl. zum Ganzen auch MÜLLER/THALMANN/FAVRE, Le certificat de travail en question, Basel 2014, S. 26.)

  - Als Schlusssatz angebracht wäre bspw.:
    - «Wir haben das Arbeitsverhältnis vorzeitig aufgelöst, mussten jedoch feststellen, dass dies zu Unrecht geschah.»

## 5. Lösung

– 1. Probezeit bei einem auf ein Jahr befristeten Arbeitsverhältnis:
  – Die richtige Antwort ist (c).
  – OR 335*b*
  – Ist nichts vereinbart, so wird beim befristeten Arbeitsverhältnis davon ausgegangen, dass keine Probezeit gilt. Dies ergibt sich nicht aus dem Text des Gesetzes, sondern aus seiner Systematik. Denn OR 335*b* gehört ins Kapitel «Unbefristetes Arbeitsverhältnis».

– 2. Verlängerung der maximalen Probezeit über 3 Monate:
  – Die richtige Antwort ist (b).
  – OR 335*b* III

– 3. Vereinbarung einer neuen Probezeit nach Temporäranstellung:
  – Die richtige Antwort ist (c).
  – OR 335*b* II

– 4. Besonderheiten betr. Probezeit bei Lehrverträgen:
  – Die richtige Antwort ist (a)
  – OR 344*a* III

– 5. Kündigung eines Arbeitsverhältnisses vor Beginn der Probezeit:
  – Die richtige Antwort ist (d).
  – Antwort (c) wird als andere Lehrmeinung ebenfalls akzeptiert.

– 6. Besonderheit bzgl. Kündigungsfrist bei unbefristeten Einsätzen im Personalverleih:
  – Die richtige Antwort ist (a).
  – AVG 19 IV

# Prüfung kollektives und öffentliches Arbeitsrecht I

## Fragen

### 1. Aufgabe

Über die Dubiosa AG ist der Konkurs eröffnet worden. Der eingesetzte Konkursverwalter kündigt umgehend allen 50 Arbeitnehmern unter Einhaltung der vertraglichen Kündigungsfristen, jedoch ohne Berücksichtigung des Verfahrens zur Massenentlassung. Glücklicherweise übernimmt die Profunda AG alle Maschinen und Mitarbeiter der konkursiten Dubiosa AG und führt den Betrieb weiter. Nun fordert aber die Gewerkschaft Unia, dass die Profunda AG den früheren GAV zufolge Betriebsübergangs weiter einhalte. Zudem sei den gekündigten Mitarbeitern eine Entschädigung von 2 Monatslöhnen aufgrund von OR 336a III wegen Nichtberücksichtigung der Vorschriften über die Massenentlassung auszurichten, wofür die Konkursmasse solidarisch hafte.

*Wie ist die Weitergeltung des GAV beim Betriebsübergang zu beurteilen und haben die gekündigten Mitarbeiter tatsächlich Anspruch auf eine Entschädigung von 2 Monatslöhnen, wofür die Konkursmasse solidarisch haftet?*

### 2. Aufgabe

Max Meier ist 22 Jahre alt und Werkstudent an der Universität Basel. Regelmässig arbeitet er mit einem kleinen Pensum Teilzeit bei einer Schweizer Bonbonfabrik in der Nähe von Basel, welche sich mit dem Slogan rühmt: «Wer hat's erfunden?» Als er seine Lohnabrechnung nach einer Arbeitsrechtsvorlesung genauer studiert, muss er feststellen, dass vom Bruttolohn zwar zahlreiche Abzüge im Zusammenhang mit AHV, IV und EO gemacht wurden, nicht jedoch gemäss BVG.

*Welche Abzüge (mit Angabe der ungefähren prozentualen Höhe) sind im Hinblick auf das Drei-Säulen-Prinzip der Sozialversicherung gerechtfertigt und wird Max Meier bei seiner Pensionierung tatsächlich keine Leistungen von der Bonbonfabrik erhalten?*

## 3. Aufgabe

Felix Feierabend ist neuer Personalchef des Treuhandbüros Seriosita AG. Von seinem Chef wird er beauftragt, für die Klienten des Treuhandbüros eine kurze Zusammenstellung der Vorschriften im Arbeitsgesetz über die maximalen Arbeitszeiten, die Ruhezeiten und die Pausen zusammenzustellen, damit die Klienten möglichst einfach kontrollieren können, ob sie die gesetzlichen Vorschriften einhalten.

*Welche Bestimmungen gelten für die täglichen und wöchentlichen maximalen Arbeitszeiten, die täglichen Ruhezeiten und die Pausen gemäss Arbeitsgesetz?*

## 4. Aufgabe

Betty Becker ist juristische Mitarbeiterin des schweizerischen Bauernverbandes. Dieser warnt in der Berner Zeitung vor zu viel Abhängigkeit vom Ausland. 60 Prozent der Lebensmittel in der Schweiz stammen aus einheimischer Produktion und dies soll auch künftig so bleiben. Landwirt Kurt Keller will vom Bauernverband wissen, ob nicht der NAV ein geeignetes Mittel zur Unterstützung der Landwirtschaft wäre. Damit könnten doch die Arbeitsverhältnisse in dieser Branche auf vertraglicher Ebene optimal geschützt werden.

*Welche Antwort soll Betty Becker geben, wenn sie Kurt Keller klarmachen will, was ein NAV ist, wer über einen NAV entscheiden und ihn erlassen kann, welche Ziele mit einem NAV verfolgt werden können und welche Art von Normen ein NAV enthält?*

## 5. Aufgabe

Die Druckerei AG hatte im Juli 2008 mit ihrer gewerkschaftlich organisierten Arbeitnehmerschaft einen Gesamtarbeitsvertrag (GAV) geschlossen, der u.a. auch eine Friedenspflicht enthielt. Der GAV (einschliesslich der Friedenspflicht) war bis zum 31. Juli 2011 befristet. Obwohl die Parteien bereits frühzeitig im Januar 2011 die Verhandlungen für den Abschluss eines neuen GAV begannen und sich ernsthaft und intensiv um eine Einigung bemühten, waren die Verhandlungen Anfang August 2011 völlig festgefahren. Um die Pattsituation zu überwinden und ihren Forderungen Nachdruck zu verleihen, beschloss die Gewerkschaft, ab 16. September 2011 in den Streik zu treten. Als Gegenmassnahme kündigte die Druckerei AG in der ersten Streikwoche einer Reihe streikender Arbeitnehmer fristlos. In den Kündigungsschreiben wurde die Teilnahme am Streik ausdrücklich als Grund für die Kündigung angeben.

*Ist der von der Gewerkschaft der Druckerei AG ausgerufene Streik rechtlich zulässig und wie ist die Reaktion der Arbeitgeberin rechtlich zu würdigen?*

## 6. Aufgabe

Frida Fröhlich ist am 1. Juli 1959 geboren und arbeitet als Haushalthilfe bei verschiedenen Familien mit je einem Pensum von 1 1/2 Stunden pro Woche. Insgesamt kommt sie damit auf einen Arbeitseinsatz von 9 Stunden pro Woche. Von ihrem Lohn werden keine Abzüge für Berufs- oder Nichtberufsunfallversicherung gemacht. Am 14. Januar 2012 will Frida Fröhlich auf der Fahrt zur Arbeit am Morgen noch kurz ihre Mutter im Nachbardorf besuchen. Dazu ist mit dem Bus nur ein kurzer Umweg von 8 Kilometern erforderlich. Beim Aussteigen aus dem Bus bricht sie sich aber den Oberschenkel. Nun liegt sie im Spital und macht sich Gedanken darüber, ob sie wohl einen Berufsunfall erlitten hat und wer nun die pauschalen Fallkosten für die Operation und die Behandlung im Spital bezahlen wird.

*Hat Frida Fröhlich einen Berufsunfall erlitten oder gilt der Unfall als Nichtberufsunfall? Wer muss für die Kosten der Operation und der Behandlung im Spital aufkommen?*

**Antworten**

**1. Lösung**

– Die Nachwirkungen eines GAV im Falle eines Betriebsübergangs sind in OR 333 geregelt. Ist auf das übertragene Arbeitsverhältnis ein GAV anwendbar, so muss dieser gemäss OR 333 I$^{bis}$ durch den Erwerber weiter eingehalten werden.

– Die weitere Einhaltung des GAV ist jedoch zeitlich befristet:

– Noch während der Dauer eines Jahres seit Übernahme, sofern der GAV nicht vorher ausläuft oder infolge Kündigung endet.

– Gemäss bundesgerichtlicher Rechtsprechung gilt OR 333 I$^{bis}$ auch im Fall des Konkurses unverändert; somit muss die Profunda AG auch bei einer Betriebsübernahme aus dem Konkurs den GAV weiter einhalten.

– Die Bestimmungen über die Massenentlassung sind bei einer Kündigung durch die Konkursverwaltung nach herrschender Rechtsprechung nicht anwendbar, weil das Konkursverfahren ausreichend Möglichkeiten für die Mitsprache der Arbeitnehmer biete (OR 335e II gelangt nicht zur Anwendung, da der Konkurs nicht zwingend zur Betriebseinstellung führen muss).

– Im Fall des Konkurses ist die Solidarhaftung gemäss OR 333 III nicht anwendbar; selbst wenn also eine Entschädigung geschuldet wäre, würde dafür die Konkursverwaltung nicht soli-darisch haften (OR 333b).

**2. Lösung**

– Das Drei-Säulen-Prinzip umfasst die staatliche Vorsorge mit AHV und IV als 1. Säule, die berufliche Vorsorge als 2. Säule und die Selbstvorsorge mit gebundener und freier Vorsorge als 3. Säule. Nur die 3. Säule ist völlig freiwillig, weshalb hier keine Abzüge gemacht werden dürfen. Für die 1. und 2. Säule sind hingegen Abzüge am Lohn zulässig, da die Beiträge von Arbeitgeber und Arbeitnehmer gemäss Gesetz je zur Hälfte zu tragen sind.

– Für die 1. Säule sind von der Bonbonfabrik folgende Prämien an die Ausgleichskasse zu zahlen:

– AHV: 8,4%

– IV: 1,4%

– EO: 0,5%

– Insgesamt sind somit von der Bonbonfabrik 10,3% zu entrichten, wovon dem Arbeitnehmer die Hälfte, also rund 5%, am Lohn abgezogen werden dürfen.

– Ob von der Bonbonfabrik auch ein Abzug für die berufliche Vorsorge bzw. die 2. Säule gemacht werden darf, hängt vom Alter des Arbeitnehmers und von der Höhe des erzielten Lohnes ab. Der Arbeitnehmer muss gemäss BVG 2 älter als 17 Jahre sein und sein Lohn muss die minimale Eintrittsschwelle von CHF 21'150 erreichen. Gemäss BVG 7 unterstehen Arbeitnehmer, die bei einem Arbeitgeber einen Jahreslohn von mehr als CHF 21'150 beziehen, bereits ab 1. Januar nach Vollendung des 17. Altersjahres für die Risiken Tod und Invalidität und ab 1. Januar nach Vollendung des 24. Altersjahres auch für das Alter der obligatorischen beruflichen Vorsorgeversicherung.

– Da Max Meier nur mit einem kleinen Pensum arbeitet, ist es durchaus möglich, dass er weniger als die Eintrittsschwelle verdient; in diesem Fall darf kein PK-Abzug gemacht werden. Von der Bonbonfabrik selbst erhält Max Meier direkt sicher keine Rente, auch wenn er sein ganzes Leben bei der Bonbonfabrik arbeitet und später viel mehr verdient. Wenn überhaupt, dann richtet die Pensionskasse der Bonbonfabrik allenfalls eine Rente basierend auf den Beitragsjahren aus. Er erhält aber nach dem 65. Altersjahr in jedem Falle eine AHV-Rente von der Ausgleichskasse.

## 3. Lösung

– Die betriebliche tägliche Höchstarbeitszeit beträgt max. 17 Stunden und die individuelle tägliche Höchstarbeitszeit max. 14 Stunden (ArG 10 II).

– Die wöchentliche Höchstarbeitszeit beträgt 45 Stunden für Arbeitnehmer in industriellen Betrieben sowie für Büropersonal, technische und andere Angestellte mit Einschluss des Verkaufspersonals in Grossbetrieben des Detailhandels sowie 50 Stunden für alle übrigen Arbeitnehmer (ArG 9).

– Die wöchentliche Höchstarbeitszeit darf ausnahmsweise überschritten werden (ArG 12), aber nur:

  – maximal zwei Stunden im Tag

  – und nur 170 Stunden bei einer wöchentlichen Höchstarbeitszeit von 45 Stunden

– bzw. nur 140 Stunden bei einer wöchentlichen Höchstarbeitszeit von 50 Stunden.

– Die tägliche Ruhezeit beträgt mindestens elf aufeinander folgende Stunden (ArG 15a); die Ruhezeit kann für erwachsene Arbeitnehmer einmal in der Woche bis auf acht Stunden herabgesetzt werden, sofern die Dauer von elf Stunden im Durchschnitt von zwei Wochen eingehalten wird.

– Die Pausen sind im ArG (ArG 15) wie folgt geregelt:

  – eine Viertelstunde ab einer täglichen Arbeitszeit von mehr als 5½ Stunden

  – eine halbe Stunde ab einer täglichen Arbeitszeit von mehr als 7 Stunden

  – eine Stunde bei mehr als 9 Stunden Arbeitszeit

## 4. Lösung

– Der NAV ist im Gegensatz zum GAV keine vertragliche Vereinbarung, sondern eine durch die Behörde erlassene Verordnung, welche für bestimmte Arbeitsverhältnisse unmittelbar anwendbare Bestimmungen (OR 360 I) über Abschluss, Inhalt und Beendigung (OR 359 I) des Arbeitsverhältnisses aufstellt.

– Grundsätzlich liegt der Entscheid über den Erlass eines NAV bei Bund und Kantonen. Einzig im Bereich der Landwirtschaft und des Hausdienstes sind die Kantone gesetzlich zum Erlass verpflichtet (OR 359 II).

– Erstreckt sich der Geltungsbereich eines NAV über mehrere Kantone, ist der Erlass Sache des Bundes. Ansonsten sind die Kantone zuständig (OR 359a I).

– Ziel des NAV ist es, für bestimmte Arbeitnehmergruppen angepasste und leicht änderbare Regelungen aufzustellen, weil bspw. ein GAV wegen fehlender Organisation der Arbeitnehmer nicht möglich ist, und somit die Lücken zu füllen, die das kollektive Arbeitsrecht sonst nicht deckt. Dies ist insbesondere in Berufszweigen der Fall, in denen die Stellung des Arbeitnehmers besonders gefährdet erscheint und das Lohnniveau tief ist (z.B. Angestellte in Haus- und Landwirtschaft, Erziehungs- und Gesundheitswesen).

– Der NAV setzt grundsätzlich dispositives Recht, d.h., er gilt nur, wenn die Parteien nichts Abweichendes vereinbaren. Der NAV kann somit auch zuungunsten des Arbeitnehmers abgeändert werden, ausser es werden Mindestlöhne vorgeschrieben (OR 360a

Abs. 1). Ein NAV darf aber zwingende Gesetzesnormen nicht verletzen.

## 5. Lösung

- BV 28 erklärt den Streik ausdrücklich für zulässig, aber gemäss Rechtsprechung des Bundesgerichtes nur unter folgenden fünf Voraussetzungen:
  - 1. Der Streik muss von einer tariffähigen Organisation ausgerufen werden (kein Individualrecht).
  - 2. Der Streik muss ein im GAV regelbares Ziel verfolgen (keine Individualinteressen).
  - 3. Es dürfen keine Verpflichtungen entgegenstehen, den Arbeitsfrieden zu wahren oder Schlichtungsverhandlungen zu führen.
  - 4. Streitigkeiten sind nach Möglichkeit durch Verhandlungen oder Vermittlung beizulegen; der Streik muss folglich verhältnismässig sein und darf nur als letztes Mittel (ultima ratio) eingesetzt werden.
  - 5. Die Verfahrensvorschriften nach Eidg. Einigungsgesetz (insb. 45 Tage Friedenspflicht nach EES 6) sind einzuhalten, sofern eine Einigungsstelle eingesetzt wurde.
- Im Fall der Druckerei AG sind alle fünf Voraussetzungen erfüllt und der fragliche Streik ist somit rechtmässig aus folgenden Gründen:
  - 1. Der Streik wurde von einer tariffähigen Organisation, der Gewerkschaft der Druckerei AG, beschlossen.
  - 2. Der Streik dient der Durchsetzung von Forderungen im Zusammenhang mit der Aushandlung eines neuen GAV, er betrifft also Arbeitsbeziehungen.
  - 3. Dem Streik steht keine Friedenspflicht entgegen, da zum Zeitpunkt des Beginns des Streiks (16. September 2011) die Friedenspflicht aus dem alten GAV nicht mehr in Kraft stand (gültig nur bis zum 31. Juli 2011).
  - 4. Der Streik wurde erst ergriffen, nachdem lange und intensive Verhandlungen ohne Erfolg geblieben waren; er genügt damit dem Ultima-ratio-Prinzip.
  - 5. Es wurde keine Einigungsstelle eingesetzt, womit auch keine diesbezüglichen Verfahrensvorschriften zu beachten sind.

– Als Reaktion auf den Streik könnte die Druckerei AG eine Aussperrung vornehmen. Sie darf jedoch wegen der Streikteilnahme keine Kündigungen aussprechen, sonst handelt sie gemäss Bundesgericht (BGE 125 III 285) missbräuchlich, auch wenn OR 336 keinen expliziten Tatbestand der Missbräuchlichkeit einer Kündigung aufgrund der Teilnahme an einem Streik enthält.

– Im vorliegenden Fall kündigt die Druckerei AG einigen am rechtmässigen Streik teilnehmenden Arbeitnehmern sogar fristlos. Diese Kündigungen sind zwar gültig, doch fehlt es an einem wichtigen Grund nach OR 337. Die Druckerei AG muss deshalb gemäss OR 337c diesen gekündigten Arbeitnehmern den Lohn während der ordentlichen Kündigungsfrist nachzahlen sowie eine Entschädigung bis zu 6 Monatslöhnen entrichten.

### 6. Lösung

– Nach UVG 7 I gelten Unfälle auf dem Arbeitsweg grundsätzlich nicht als Berufsunfälle; vielmehr gelten als Berufsunfälle nur jene Unfälle, welche einem Versicherten wie folgt zustossen:

  – a) bei Arbeiten, die er auf Anordnung des Arbeitgebers oder in dessen Interesse ausführt

  – b) während der Arbeitspausen sowie vor und nach der Arbeit, wenn er sich befugterweise auf der Arbeitsstätte oder im Bereich der mit seiner beruflichen Tätigkeit zusammenhängenden Gefahren aufhält.

– Bei Unfällen von Teilzeitbeschäftigten, welche bei ihrer wöchentlichen Arbeitszeit die vom Bundesrat festgesetzte Mindestdauer nicht erreichen, gelten gemäss UVG 7 II ausnahmsweise auch Unfälle auf dem Arbeitsweg als Berufsunfälle im Sinne des Gesetzes.

– Die Mindestbeschäftigung wurde vom Bundesrat in UVV 13 I auf mindestens 8 Stunden pro Woche festgelegt. Allerdings bezieht sich diese Mindestdauer auf die Anstellung bei einem einzelnen Arbeitgeber; Einsätze bei mehreren Arbeitgebern werden nicht zusammengezählt. Frida Fröhlich erreicht diese Mindestdauer bei keinem einzelnen Arbeitgeber; somit hat sie als Teilzeitbeschäftigte einen Berufsunfall erlitten, wenn sich der Unfall tatsächlich auf dem Arbeitsweg ereignet hat.

– Frida Fröhlich hat einen Umweg von 8 Kilometern gemacht. Dies kann nicht mehr als direkter Arbeitsweg bezeichnet werden. Damit liegt trotz Nichterreichens der Mindestdauer kein Berufsunfall vor (vgl. BGE 134 V 412).

– Da es sich nicht um einen Berufsunfall handelt, muss die obligatorische Unfallversicherung die Kosten nicht tragen, denn gemäss UVG 8 II sind Teilzeitbeschäftigte nicht obligatorisch gegen Nichtberufsunfall versichert. Folglich muss die obligatorische Krankenversicherung von Frida Fröhlich die Kosten bezahlen abzüglich einer maximalen Kostenbeteiligung von CHF 1'000 pro Kalenderjahr.

# Prüfung kollektives und öffentliches Arbeitsrecht II

## Fragen

### 1. Aufgabe

Nachdem die Spieler des Fussballclubs Neuchâtel Xamax erst aufgrund einer Streikdrohung ihre Löhne für den September 2011 erhielten, überlegen sie sich nun die Gründung einer Fussballgewerkschaft analog zur österreichischen Vereinigung der Fussballer (VdF) bzw. analog zur deutschen Vereinigung der Vertragsfussballspieler (VDV).

*a) Welche Rechtsformen kämen für die neue Gewerkschaft infrage?*

*b) Welche Aufgaben könnte eine solche neue Gewerkschaft wahrnehmen?*

### 2. Aufgabe

Im Zusammenhang mit der Gewerkschaftsgründung überlegen sich die Spieler des Fussballclubs Neuchâtel Xamax, welche Voraussetzungen erfüllt sein müssen, damit sie zukünftig rechtmässig streiken dürfen, wenn ihre Löhne wieder einmal nicht bezahlt werden. Selbstverständlich machen sie sich dabei auch Gedanken darüber, welche Streikformen in der Schweiz generell unzulässig sind.

*a) Welche Voraussetzungen müssen kumulativ erfüllt sein, damit ein Streik in der Schweiz rechtmässig ist?*

*b) Welche Streikarten sind in der Schweiz generell unzulässig?*

### 3. Aufgabe

Felix Feierabend ist Personalchef einer grossen Bank mit rund 650 Mitarbeitern und einer gewählten Arbeitnehmervertretung. Nach Bekanntgabe eines möglichen Stellenabbaus von 70 Mitarbeitern wird er von der Arbeitnehmervertretung mit folgenden fünf Forderungen konfrontiert:

a) Zukünftig muss die Arbeitnehmervertretung quartalsweise über die Personalentwicklung orientiert werden, um zu allfällig geplanten Personalmassnahmen Stellung nehmen zu können.

b) Die separat geführte Investmentabteilung der Bank mit ihren 30 Mitarbeitern erhält das Recht, eine eigene Arbeitnehmervertretung mit zwei Personen zu wählen, welche zukünftig die Mitwirkungsrechte der Mitarbeiter dieser Abteilung gesondert geltend machen kann.

c) Gewählte Arbeitnehmervertreter müssen in jedem Fall vom Stellenabbau ausgenommen werden; eine allfällige Entlassung eines Arbeitnehmervertreters wäre nichtig.

d) Die Arbeitnehmervertretung hat das Recht, für ihre Sitzungen im Zusammenhang mit der Beratung des bevorstehenden Stellenabbaus einen Besprechungsraum der Bank zu benützen; überdies kann die interne Post zur Verbreitung von Informationen der Arbeitnehmervertretung im Zusammenhang mit dem geplanten Stellenabbau an alle Mitarbeiter benützt werden.

e) Die Arbeitnehmervertreter dürfen ihre notwendigen Sitzungen während der Arbeitszeit ausüben, soweit der Bankbetrieb dadurch nicht beeinträchtigt wird; dies heisst mit anderen Worten, dass die Arbeitnehmervertreter dann für ihre Tätigkeit im Sinne des Mitwirkungsgesetzes von der Bank entlöhnt werden.

*Wie soll Felix Feierabend konkret (mit Angabe der Zustimmung oder Ablehnung und Begründung) zu den fünf Forderungen Stellung nehmen, wenn er der Arbeitnehmervertretung nur die minimalen Ansprüche gemäss geltendem Mitwirkungsgesetz zugestehen will?*

### 4. Aufgabe

Johannes Bach arbeitet in der kantonalen Forellenzucht Nemo GmbH als Fischverkäufer. Er stellt mit Besorgnis fest, dass drei Sekundarschüler im Alter von 14 Jahren von der Nemo GmbH wöchentlich an zwei Nachmittagen beschäftigt werden. Ausser während den Schulferien besorgen die Sekundarschüler am Mittwoch und Samstag jeweils während zwei Stunden zusammen 50 kg Fischfutter mit einem Handwagen von einem Laden in der Nähe. Für Johannes Bach ist das übermässige Jugendarbeit, die gemäss Arbeitsgesetz verboten ist.

*a) Sind im vorliegenden Fall die Bestimmungen des Arbeitsgesetzes bzw. der entsprechenden Verordnungen überhaupt auf den Betrieb der Nemo GmbH anwendbar?*

*b) Wäre die Beschäftigung der Jugendlichen im vorliegenden Fall zulässig, falls das Arbeitsgesetz bzw. die entsprechenden Verordnungen anwendbar sind?*

## 5. Aufgabe

Florina Manser wurde am 3.5.1988 in Heiden/AR geboren, wo sie auch bis heute wohnt. Bis am 31.8.2011 studierte sie an der Pädagogischen Hochschule in Rorschach. Das anspruchsvolle Studium liess ihr keine Zeit für eine Erwerbstätigkeit. Nach erfolgreichem Abschluss der Hochschule konnte sie am 1.10.2011 ihre erste Stelle als Primarlehrerin auf der Unterstufe in Trogen/AR antreten. Da die Schülerzahlen drastisch zurückgingen, musste die Schulleitung mehrere Klassen zusammenlegen. Florina Manser wurde eine Sonderklasse der Mittelstufe mit schwierigen Schülern zugeteilt. Da sie nie auf der Mittelstufe unterrichten wollte, konnte sie sich damit nicht abfinden. Schliesslich kündigt sie per Ende August 2012 das Arbeitsverhältnis. Nachdem Florina Manser bis heute keine neue Arbeitsstelle finden konnte, will sie von Ihnen wissen, ob sie allenfalls Anspruch auf Leistungen der Arbeitslosenversicherung hätte. Denn bei jedem Monatslohn wurden ihr für diese Versicherung entsprechende Abzüge gemacht.

a) *Welche Anspruchsvoraussetzungen müssen grundsätzlich erfüllt sein, damit ein Versicherter Leistungen der ALV beziehen kann?*

b) *Von welcher Ausnahmeregelung kann Florina Manser profitieren, wenn sie Leistungen der ALV geltend machen will?*

c) *Wie viele Taggelder würde Florina Manser maximal von der ALV erhalten, wenn davon ausgegangen wird, dass von der ALV keine Einstellung in der Anspruchsberechtigung verfügt wird?*

## 6. Aufgabe

Max Einstein ist Personalchef bei einer Versicherungsgesellschaft. Er wird vom Verwaltungsrat damit beauftragt, Unklarheiten im Zusammenhang mit einer möglichen Betriebsordnung (BO) zu klären. Die einzelnen VR-Mitglieder haben nämlich zu fünf konkreten Fragen unterschiedliche Ansichten.

Helfen Sie Max Einstein die folgenden Fragen zu beantworten. Dabei darf bei jeder Frage jeweils nur eine Lösung als richtig angekreuzt werden. Sollten Sie eine Lösung aus Versehen falsch angekreuzt haben (X), streichen Sie diese durch (X̶), kreuzen Sie die richtige Lösung an und machen Sie einen Rahmen (X) um die korrekte Lösung.

1. *Sind gemäss ArG alle Betriebe gesetzlich verpflichtet, eine BO aufzustellen?*

   *(a) Ja, alle Betriebe sind verpflichtet*

   *(b) Nein, nur diejenigen Betriebe, die dem Arbeitsgesetz unterstehen*

   *(c) Nein, nur industrielle Betriebe*

   *(d) Nein, nur industrielle und gewerbliche Betriebe*

2. *Was ist zwingender Inhalt einer BO?*

   *(a) Nur Vorschriften über die Unfallverhütung*

   *(b) Nur Vorschriften über den Gesundheitsschutz und die Unfallverhütung*

   *(c) Vorschriften über den Gesundheitsschutz und die Unfallverhütung und, soweit notwendig, über die Ordnung im Betrieb und das Verhalten der Arbeitnehmer im Betrieb*

   *(d) Vorschriften über den Gesundheitsschutz und die Unfallverhütung und, soweit notwendig, über die Ordnung im Betrieb und das Verhalten der Arbeitnehmer im Betrieb sowie über eine Disziplinarordnung*

3. *Sind Ordnungsstrafen ohne BO zulässig?*

   *(a) Ja, ohne Weiteres*

   *(b) Ja, sofern nur allgemeine Ordnungsstrafen vorgesehen werden*

   *(c) Ja, sofern sie in einer Disziplinarordnung angemessen geregelt sind*

   *(d) Nein, Ordnungsstrafen sind nur zulässig, wenn sie in der Betriebsordnung angemessen geregelt sind*

4. Wie kann eine BO erlassen werden?

*(a) Die BO wird zwischen der Versicherungsgesellschaft und einer von den Arbeitnehmern frei gewählten Vertretung schriftlich vereinbart*

*(b) Die BO wird zwischen der Versicherungsgesellschaft und der zuständigen Gewerkschaft schriftlich vereinbart*

*(c) Die BO wird in jedem Falle vom VR erlassen*

*(d) Die BO wird in jedem Falle vom Betriebsrat erlassen*

5. Ab welchem Zeitpunkt ist eine BO wirksam?

*(a) Ab dem in der BO angegebenen Zeitpunkt der Inkraftsetzung*

*(b) Ab Genehmigung durch die zuständige kantonale Behörde*

*(c) Ab der Genehmigung durch die Arbeitnehmervertretung*

*(d) Ab der Bekanntgabe im Betrieb*

## Antworten

### 1. Lösung

- a) Rechtsformen von Gewerkschaften:
  - Nur zwei Rechtsformen kommen gemäss Lehre und Rechtsprechung für eine Gewerkschaft in der Schweiz infrage, da jederzeitiger Aus- und Eintritt gewährleistet sein muss:
    - Verein
    - Genossenschaft
  - Die Stiftung kommt als Rechtsform nicht infrage, da sie keine Mitglieder haben kann.

- b) Aufgaben von Gewerkschaften:
  - Die Aufgaben einer Gewerkschaft in der Schweiz sind unabhängig von Branche oder Berufsgattung sehr vielfältig:
    - Interessenvertretung ihrer Mitglieder
    - Tariffähigkeit bzw. Abschluss von Gesamtarbeitsverträgen (GAV)
    - Auslösung von Arbeitskämpfen (Streikmonopol)
    - Verhandlungsanspruch bei der Wahrung kollektiver arbeitsrechtlicher Interessen
    - Selbstständiges Klagerecht bzgl. Verbandsinteressen oder Mitgliederinteressen
    - Vorschlagsrecht für Vertreter von Einigungsämtern und Arbeitsgerichten
    - Beteiligung an der Verwaltung sozialer Institutionen
    - Anhörungsrecht vor Erlass von bestimmten Gesetzen und Verordnungen

### 2. Lösung

- a) Voraussetzungen für einen rechtmässigen Streik:
  - Folgende Voraussetzungen müssen kumulativ erfüllt sein, damit ein Streik in der Schweiz rechtmässig ist:
    - Tariffähige Organisation: nur Gewerkschaften dürfen zu Streik aufrufen, da nur sie ihn durch GAV beenden können (aber auch Aussenseiter dürfen teilnehmen, da auch sie profitieren)

- Durch GAV regelbares Ziel: Forderungen müssen mit GAV regelbar sein (z.B. Lohn oder andere Arbeitsbedingungen, unzulässige Sympathiestreiks, politische oder individuelle Ziele)

- Einhaltung der Friedenspflicht: Streik darf nicht gegen bestehenden GAV oder gesetzliche Friedenspflicht während Einigungs- oder Schiedsverfahren verstossen (i.d.R. 45 Tage)

- Einhaltung der Verfahrensvorschriften: In vielen GAV wird ein best. Verfahren vorgeschrieben (z.B. Urabstimmung mit Quorum und Durchführung durch Streikkomitee)

- Verhältnismässigkeit: nur ultima ratio, also letztes Mittel, wenn alle anderen Möglichkeiten versagt haben

- b) Unzulässige Streikarten in der Schweiz:

- Wilder Streik: spontane, nur von betroffenen Arbeitnehmern getragene Arbeitsniederlegung

- Generalstreik: ein Streik, der die ganze Wirtschaft eines bestimmten Gebiets umfasst

- Warnstreik: eine auf kurze Zeit befristete Arbeitsniederlegung, die den Arbeitgeber zum Eingehen auf Forderungen zwingen soll

- Sympathiestreik/Solidaritätsstreik: ein Streik, der die Solidarität mit anderen Streikenden zum Ausdruck bringt

- Bummelstreik: eine gezielte Verzögerung der Arbeitsleistung, die den Normalbetrieb stören soll

- Bleistiftstreik: von Arbeitnehmern im Gesundheitswesen entwickelter Boykott von administrativen Arbeiten zugunsten ärztlicher oder pflegerischer Tätigkeit

- Débrayage: verbreitet in der Westschweiz für kurzfristige Arbeitsniederlegungen mit Protestcharakter

## 3. Lösung

- Um die Mindestanforderungen gemäss Mitwirkungsgesetz zu wahren, muss Felix Feierabend wie folgt Stellung nehmen:

- a) Die Forderung ist abzulehnen, denn ein Stellenabbau muss noch keine Massenentlassung bedeuten und gemäss Art. 9 Mitwirkungsgesetz muss die Information nur mindestens einmal pro Jahr erfolgen.

- b) Die Forderung ist abzulehnen, denn gemäss Art. 3 des Mitwirkungsgesetzes können zwar mehrere Arbeitnehmervertretungen gewählt werden, doch müssen diese jeweils gemäss Art. 7 Abs. 2 aus mindestens drei Personen bestehen.

- c) Die Forderung ist abzulehnen, denn gewählte Arbeitnehmervertreter unterstehen zwar dem Kündigungsschutz gemäss OR 336, doch ist danach eine derartige Kündigung zwar missbräuchlich, aber dennoch gültig.

- d) Die Forderung ist anzuerkennen, denn gemäss Art. 11 Abs. 2 des Mitwirkungsgesetzes muss die Arbeitgeberin der Arbeitnehmervertretung im notwendigen Umfang Räume, Hilfsmittel und administrative Dienstleistungen zur Verfügung stellen.

- e) Die Forderung ist anzuerkennen, denn gemäss Art. 13 dürfen die Mitglieder der Arbeitnehmervertreter ihre Tätigkeit während der Arbeitszeit ausüben, wenn die Wahrnehmung ihrer Aufgabe es erfordert und ihre Berufsarbeit es zulässt; Arbeitszeit heisst aber automatisch entsprechende Entlöhnung.

## 4. Lösung

- a) Anwendbarkeit des ArG bzw. der entsprechenden Verordnungen
- Das Arbeitsgesetz und damit auch die Schutzbestimmungen für Jugendliche gemäss ArGV 5 sind aus folgenden Gründen auf die Nemo GmbH anwendbar:
  - Das ArG gilt für alle öffentlichen und privaten Betriebe gemäss ArG 1 I. Die Nemo GmbH beschäftigt mindestens einen Arbeitnehmer; damit handelt es sich um einen Betrieb im Sinne von ArG 1 II.
  - Gemäss ArG 2 I lit. a sind nur kantonale Verwaltungen vom betrieblichen Geltungsbereich des ArG ausgenommen, nicht aber die übrigen öffentlichen Betriebe eines Kantons.
  - Gemäss ArG 2 I lit. f sind zwar Fischereibetriebe vom betrieblichen Geltungsbereich des ArG ausgenommen; gemäss Wegleitung des SECO werden unter Fischereibetrieben aber nur Fischfangbetriebe verstanden. Die Fischzucht und die Fischverarbeitung gehören nur dann dazu, wenn ihnen Nebenbetriebscharakter zukommt. Können sie hingegen wie im vorliegenden Fall klar als eigenständige und selbstständige Einheiten bezeichnet werden, sind sie dem Gesetz unterstellt.

– Gemäss ArG 2 IV sind zudem die Bestimmungen des Gesetzes und seiner Verordnungen über das Mindestalter in jedem Falle anwendbar auf Betriebe im Sinne von Absatz 1 Buchstaben d–g und somit auch auf Fischereibetriebe.

– b) Zulässigkeit der Beschäftigung der Jugendlichen

– Die Beschäftigung der drei Sekundarschüler ist aus folgenden Gründen rechtlich zulässig:

   – Die Sekundarschüler sind erst 14 Jahre alt und damit noch Jugendliche im Sinne von ArG 29 I, da sie das 18. Altersjahr noch nicht vollendet haben.

   – Gemäss Art. 30 Abs. 1 dürfen Jugendliche vor dem vollendeten 15. Altersjahr grundsätzlich nicht beschäftigt werden; ausgenommen sind jedoch Botengänge und leichte Arbeiten ab 13 Jahren gemäss ArG 30 II.

   – ArGV5 8 konkretisiert den Begriff der leichten Arbeiten. Danach dürfen Jugendliche ab 13 Jahren beschäftigt werden, sofern die Arbeit ihrer Natur oder den Umständen nach, unter denen sie verrichtet wird, keinen negativen Einfluss auf die Gesundheit, die Sicherheit sowie die physische und psychische Entwicklung der Jugendlichen hat und die Tätigkeit weder den Schulbesuch noch die Schulleistung beeinträchtigt. Im vorliegenden Fall kann davon ausgegangen werden, dass diese Voraussetzungen erfüllt sind.

   – Vor Vollendung des 16. Lebensjahres dürfen Jugendliche gemäss ArG 31 I nur an Werktagen während höchstens neun Stunden arbeiten. Diese Vorschrift wird beachtet.

   – Gemäss ArGV5 11 lit. a dürfen die Arbeiten während der Schulzeit höchstens drei Stunden pro Tag und neun Stunden pro Woche betragen. Auch diese Vorschrift ist eingehalten.

**5. Lösung**

- a) Anspruchsvoraussetzungen gemäss AVIG
- Der Versicherte hat gemäss AVIG 8 Anspruch auf Arbeitslosenentschädigung, wenn er:
  - a) ganz oder teilweise arbeitslos ist
  - b) einen anrechenbaren Arbeitsausfall erlitten hat
  - c) in der Schweiz wohnt
  - d) die obligatorische Schulzeit zurückgelegt und weder das Rentenalter der AHV erreicht hat, noch eine Altersrente der AHV bezieht.
  - e) die Beitragszeit erfüllt hat oder von der Erfüllung der Beitragszeit befreit ist
  - f) vermittlungsfähig ist
  - g) die Kontrollvorschriften erfüllt

- b) Ausnahmeregelung im AVIG, von der Florina Manser profitiert
  - Gemäss AVIG 13 hat die Beitragspflicht als Grundlage der Versicherung nur erfüllt, wer innerhalb der letzten zwei Jahre vor der Geltendmachung mindestens 12 Monate arbeitete. Diese Voraussetzung erfüllt Florina Manser nicht.
  - Gemäss AVIG 14 wird aber von der Beitragspflicht befreit, wer die Beitragszeit nicht erfüllen konnte wegen einer Schulausbildung, Umschulung oder Weiterbildung, sofern diese Person während mindestens zehn Jahren in der Schweiz Wohnsitz hatte. Diese Voraussetzungen erfüllt Florina Manser und damit profitiert sie von der entsprechenden Ausnahmeregelung.

- c) Maximale Anzahl der Taggelder gemäss AVIG
  - Gemäss AVIG 27 IV hat Florina Manser nur Anspruch auf max. 90 Taggelder, da sie von der Erfüllung der Beitragspflicht befreit ist. Zudem hat sie noch eine Wartefrist von 120 Tagen gemäss AVIV 6 I i.V.m. AVIG 18 II hinzunehmen.
  - Die Beschränkung auf max. 90 Taggelder gilt auch im vorliegenden Fall, obwohl Florina Manser das 25. Altersjahr noch nicht zurückgelegt hat. Denn um einen Anspruch gemäss AVIG 27 V[bis] mit max. 200 Taggeldern geltend machen zu können, müsste sie mindestens eine Beitragszeit von 12 Monaten nachweisen.

## 6. Lösung

- 1. Gesetzliche Verpflichtung der Betriebe zum Erlass einer BO
  - Die richtige Antwort ist (c).
  - ArG 37 I schreibt vor, dass für alle industriellen Betriebe eine Betriebsordnung aufzustellen ist.

- 2. Zwingender Inhalt einer BO
  - Die richtige Antwort ist (c).
  - Gemäss ArG 38 I hat die Betriebsordnung Bestimmungen über den Gesundheitsschutz und die Unfallverhütung und, soweit notwendig, über die Ordnung im Betrieb und das Verhalten der Arbeitnehmer im Betrieb aufzustellen.

- 3. Ordnungsstrafen ohne BO
  - Die richtige Antwort ist (d).
  - Gemäss ArG 38 I sind Ordnungsstrafen nur zulässig, wenn sie in der Betriebsordnung angemessen geregelt sind.

- 4. Vorgehen beim Erlass einer BO
  - Die richtige Antwort ist (a).
  - Gemäss ArG 37 IV wird die BO zwischen dem Arbeitgeber und einer von den Arbeitnehmern frei gewählten Vertretung schriftlich vereinbart oder vom Arbeitgeber nach Anhören der Arbeitnehmer erlassen; die Antwort (c) ist damit falsch, denn die BO wird nicht in jedem Fall einseitig vom VR erlassen.

- 5. Zeitpunkt der Wirksamkeit einer BO
  - Die richtige Antwort ist (d).
  - Gemäss ArG 39 II ist die BO nach der Bekanntgabe im Betrieb für den Arbeitgeber und für die Arbeitnehmer verbindlich.

# Prüfung kollektives und öffentliches Arbeitsrecht III

## Fragen

### 1. Aufgabe

Dr. Willi Waser ist Elektroingenieur und Vizedirektor der Industrial AG. Er ist Leiter der Forschungs- und Entwicklungsabteilung und arbeitet dort bereits seit 35 Jahren. Seine Anstellung erfolgte per Handschlag, weshalb bis heute nie ein schriftlicher Arbeitsvertrag abgeschlossen wurde. Doch mit der Beförderung zum Vizedirektor hat er eine Bestätigung der Direktion erhalten, dass er nun leitender Angestellter der Industrial AG sei. Um die Dienstleistungen preislich attraktiv zu halten, müssen alle Mitarbeiter der Industrial AG bei gleichem Lohn Mehrarbeit leisten. Auch Dr. Waser arbeitet nun regelmässig 47 bis 49 Stunden pro Woche. Als Vizedirektor muss er dabei oft bis zum Ende der Spätschicht um 23.30 Uhr im Betrieb bleiben. Er stellt Ihnen deshalb folgende Fragen mit der zusätzlichen Bitte um Angabe der entsprechenden Gesetzesbestimmungen:

a) *Gelten die Arbeitszeitvorschriften im Arbeitsgesetz nicht für Willi Waser?*

b) *Falls das Arbeitsgesetz anwendbar wäre, ist es dann zulässig, dass ein Vizedirektor regelmässig 47 bis 49 Stunden arbeitet?*

c) *Falls das Arbeitsgesetz anwendbar wäre, ist es dann zulässig, dass ein Vizedirektor auch noch bis 23.30 Uhr arbeitet?*

### 2. Aufgabe

Die Belegschaft des SPAR-Tankstellenshops in Dättwil (AG) trat am 3.6.2013 ab 05.00 Uhr in einen unbefristeten Streik. Sie protestierte damit gegen die vorherrschenden Missstände im Betrieb und die Verhandlungsweigerung der Geschäftsleitung. Die 21 Angestellten forderten mehr Personal, existenzsichernde Löhne und generell mehr Respekt. Unter Ausschluss der Öffentlichkeit sollte das kant. Einigungsamt versuchen, eine Lösung im Arbeitskonflikt zu finden. Die Gewerkschaft Unia unterstützte nachträglich den Streik. In der Folge wurde der Tankstellenshop während elf Tagen blockiert, obwohl SPAR genügend freiwillige Streikbrecherarbeiter gefunden hatte. Als Konsequenz kündigte SPAR 10 Mitarbeiterinnen fristlos. Eine entlassene Mitarbeiterin stellt Ihnen nun folgende Fragen mit der zusätzlichen Bitte um Angabe der entsprechenden Gesetzesbestimmungen:

*a) Welche Voraussetzungen sind für einen rechtmässigen Streik nötig und war der Streik der Belegschaft des SPAR-Tankstellenshops zu Beginn des Streiks demnach rechtmässig?*

*b) Welche rechtlichen Folgen hat die nachträgliche Unterstützung des Streiks durch die Gewerkschaft Unia?*

*c) Muss die Geschäftsleitung des SPAR-Tankstellenshops zu den Verhandlungen vor dem Einigungsamt erscheinen und daran teilnehmen?*

## 3. Aufgabe

Die Genossenschaft Migros Zürich möchte ihre Ladenlokalität im Hauptbahnhof Zürich umbauen. Der Umbau wird von der Bausektion des Stadtrates Zürich unter Auflagen bewilligt. In den Erwägungen dieses Entscheids wurde festgehalten, dass die Fensterflächen der geplanten Arbeitsräume im Untergeschoss nicht den Anforderungen entsprechen und daher kompensatorische Massnahmen gemäss der Wegleitung zur Verordnung 3 zum Arbeitsgesetz des SECO getroffen werden. Unter anderem seien den Arbeitnehmern zusätzliche Pausen von mindestens 20 Minuten pro Halbtag zu gewähren. Ein Vertreter der Migros ist durch diese Auflagen leicht irritiert und bittet Sie um die Beantwortung folgender Fragen mit der zusätzlichen Bitte um Angabe der entsprechenden Gesetzesbestimmungen:

*a) Ist das SECO berechtigt, zusätzlich zu den im ArG und ArGV 3 vorgesehenen Massnahmen in Wegleitungen noch weitere Vorgaben zur Gesundheitsvorsorge zu machen?*

*b) Müssen die zusätzlichen Pausen von der Migros bezahlt werden? Argumentieren Sie!*

*c) Dürfen sich die Arbeitnehmer zu den geplanten kompensatorischen Massnahmen äussern?*

## 4. Aufgabe

Christina Wagner ist verheiratet und Mutter zweier Kinder (12- und 14-jährig). Seit die Kinder die Oberstufe besuchen, hat Frau Wagner deutlich mehr Zeit für sich. Sie entschliesst sich daher, durch eine Teilzeitstelle etwas dazu zu verdienen. Kurz entschlossen bietet sie in dafür passenden Stellenportalen ihre Arbeitskraft als Haushaltshilfe für betagte Menschen an. Nach einiger Zeit meldet sich das Ehepaar Schubert und möchte Frau Wagner für einen Tag pro Woche als

Haushaltshilfe engagieren. Es kommt in der Folge zum Abschluss eines Arbeitsvertrages. Mit dieser Arbeit kann Frau Wagner nun monatlich CHF 900 zum Haushaltsgeld beisteuern. Ein Jahr später melden sich zwei weitere Ehepaare, welche Frau Wagner ebenfalls als Haushaltshilfe je einen Tag pro Woche für CHF 900 engagieren möchten, und auch diesen beiden Ehepaaren sagt Frau Wagner zu. Die Arbeit, insbesondere der Kontakt zu den drei Ehepaaren gefällt Frau Wagner sehr. Umso überraschter ist sie, als wiederum ein Jahr später alle drei Ehepaare praktisch im gleichen Zeitpunkt aus finanziellen Gründen die Kündigung des Arbeitsverhältnisses bekannt geben.

Bitte beantworten Sie folgende Fragen unter Angabe der entsprechenden Gesetzesbestimmungen:

a) *Wie stellt sich die AHV-Situation für Frau Wagner nach Annahme der Anstellung beim Ehepaar Schubert dar?*

b) *Ist Frau Wagner zu einem Zeitpunkt obligatorisch BVG-versichert oder kann sie sich gar freiwillig versichern lassen?*

c) *Kann Frau Wagner nach Beendigung der Arbeitsverträge irgendwelche Sozialversicherungsleistungen beziehen?*

## 5. Aufgabe

Der freie Personenverkehr mit der EU ist für die Schweiz von grosser Bedeutung und hat gleichzeitig erhebliche Konsequenzen für das schweizerische Arbeitsrecht. Beantworten Sie deshalb folgende Fragen, welche von EU-Bürgern sehr häufig gestellt werden.

Dabei darf bei jeder Frage jeweils nur eine Lösung als richtig angekreuzt werden. Sollten Sie eine Lösung aus Versehen falsch angekreuzt haben (X), streichen Sie diese durch (X̶), kreuzen Sie die richtige Lösung an und machen Sie einen Rahmen (X) um die korrekte Lösung.

1. *Braucht ein EU-Bürger, der nicht aus Bulgarien oder Rumänien stammt, für die Arbeitsaufnahme in der Schweiz eine Arbeitsbewilligung, wenn er hier maximal drei Monate arbeiten will?*

*(a) Ja, doch ist dafür die Arbeitgeberin verantwortlich.*

*(b) Nein, er braucht keine Arbeitsbewilligung, muss sich aber innert 14 Tagen nach der Ankunft in der Schweiz und vor Stellenantritt bei der Wohngemeinde anmelden und eine Aufenthaltsbewilligung beantragen.*

*(c) Nein, er braucht keine Arbeitsbewilligung, aber vor Beginn des Einsatzes muss der Arbeitgeber der zuständigen kantonalen Behörde schriftlich den Arbeitnehmer mit Angabe seiner Tätigkeit melden.*

*(d) Nein, er braucht keine Arbeitsbewilligung und es ist auch keine besondere Meldung an eine kantonale Behörde nötig.*

2. *Hat ein EU-Bürger, der nicht aus Bulgarien oder Rumänien stammt, bei einer Arbeitstätigkeit in der Schweiz Anspruch auf die genau gleiche Entlöhnung und die gleiche Feriendauer wie die Schweizer Arbeitnehmer?*

*(a) Ja, er hat ohne weitere Voraussetzungen Anspruch auf die genau gleiche Entlöhnung und die gleiche Feriendauer wie alle anderen Arbeitnehmer, die mit ihm im gleichen Betrieb arbeiten.*

*(b) Ja, er hat Anspruch auf die genau gleiche Entlöhnung und die gleiche Feriendauer wie alle anderen Arbeitnehmer, die mit ihm im gleichen Betrieb arbeiten, sofern für diesen Betrieb ein GAV gilt.*

*(c) Nein, er hat nur Anspruch auf die minimale Entlöhnung und die minimale Feriendauer, wie sie in Bundesgesetzen, Verordnungen des Bundesrates, allgemein verbindlich erklärten GAV und NAV vorgeschrieben sind.*

*(d) Nein, er hat nur Anspruch auf gleichen Lohn für gleiche Arbeit gegenüber Arbeitnehmern des anderen Geschlechts.*

3. *Darf ein EU-Bürger, der nicht aus Bulgarien oder Rumänien stammt und der hier in der Schweiz arbeitet, den Aufenthalts- und Arbeitsort wechseln?*

*(a) Ja, ohne Weiteres*

*(b) Ja, er muss sich aber bei der alten Wohngemeinde abmelden und bei der neuen Gemeinde wieder anmelden*

*(c) Ja, er benötigt dazu aber eine Bewilligung der kant. zuständigen Behörde*

*(d) Nein, er muss zuerst zurück in den EU-Raum und dann erneut einreisen mit entsprechender Aufenthalts- und Arbeitsbewilligung*

4. *Darf ein EU-Bürger, der nicht aus Bulgarien oder Rumänien stammt, hier in der Schweiz eine selbstständige Erwerbstätigkeit ausüben?*

*(a) Nein, die Personenfreizügigkeit mit der EU umfasst nur die unselbstständige Erwerbstätigkeit*

*(b) Ja, aber die selbstständige Erwerbstätigkeit muss nachgewiesen werden, dauerhaft und existenzsichernd sein; zudem braucht es vorab eine Aufenthaltsbewilligung*

*(c) Ja, beim Nachweis einer selbstständigen Erwerbstätigkeit wird eine Aufenthaltsbewilligung für fünf Jahre erteilt; die Bewilligung kann widerrufen werden, wenn die Erwerbstätigkeit nicht effektiv, dauerhaft und existenzsichernd ist.*

*(d) Ja, dies ist ohne weitere Voraussetzungen möglich*

5. *Was gilt für einen Grenzgänger aus dem EU-Raum, der nicht aus Bulgarien oder Rumänien stammt?*

*(a) Eine Grenzgängerbewilligung erhalten nur Personen, die in einer Entfernung von 25 km ab der Schweizer Grenze im EU-Raum Wohnsitz haben.*

*(b) Eine Grenzgängerbewilligung erhalten nur Personen, die in einer Entfernung von 50 km ab der Schweizer Grenze im EU-Raum Wohnsitz haben.*

*(c) Eine Grenzgängerbewilligung erhalten nur Personen, die mindestens einmal pro Woche an ihren Wohnsitz im EU-Raum zurückkehren.*

*(d) Eine Grenzgängerbewilligung erhalten nur Personen, die ein begründetes und dokumentiertes Bewilligungsgesuch vor dem Abschluss eines Arbeitsvertrages an die zuständige kantonale Stelle einreichen.*

6. *Was gilt für einen Subunternehmer aus dem EU-Raum, der nicht aus Bulgarien oder Rumänien stammt und der im Baunebengewerbe Arbeiten für einen Erstunternehmer in der Schweiz erbringt?*

*(a) Der Subunternehmer haftet in jedem Falle zivilrechtlich solidarisch mit den übrigen Arbeitnehmern für die Nichteinhaltung der Netto-Mindestlöhne und der Arbeitsbedingungen.*

*(b) Der Erstunternehmer haftet zivilrechtlich solidarisch mit dem Subunternehmer für die Nichteinhaltung der Netto-Mindestlöhne und der Arbeitsbedingungen, ausgenommen für Arbeiten von geringem Umfang.*

*(c) Der Erstunternehmer haftet zivilrechtlich solidarisch mit dem Subunternehmer für die Nichteinhaltung der Netto-Mindestlöhne und der Arbeitsbedingungen, ausgenommen für Arbeiten von geringem Umfang und ausgenommen für Montage oder erstmaligen Einbau, wenn die Arbeiten weniger als acht Tage dauern und Bestandteil eines Warenlieferungsvertrages bilden.*

*(d) Der Erstunternehmer haftet in jedem Falle zivilrechtlich solidarisch mit dem Subunternehmer für die Nichteinhaltung der Netto-Mindestlöhne und der Arbeitsbedingungen.*

## Antworten

### 1. Lösung

- a) Anwendbarkeit des Arbeitsgesetzes
  - Das Arbeitsgesetz gilt zwar gemäss ArG 1 für alle öffentlichen und privaten Betriebe. Doch gibt es gemäss ArG 2 betriebliche und gemäss ArG 3 persönliche Ausnahmen. Eine betriebliche Ausnahme ist hier nicht auszumachen. Hingegen könnte es sich bei Dr. Willi Waser gemäss ArG 3 lit. d. um einen Arbeitnehmer handeln, der eine höhere leitende Tätigkeit ausübt. Dann wäre er vom Geltungsbereich des Arbeitsgesetzes ausgeschlossen.
  - Eine höhere leitende Tätigkeit übt gemäss ArGV 1 9 aus, wer aufgrund seiner Stellung und Verantwortung sowie in Abhängigkeit von der Grösse des Betriebes über weitreichende Entscheidungsbefugnisse verfügt oder Entscheide von grosser Tragweite massgeblich beeinflussen und dadurch auf die Struktur, den Geschäftsgang und die Entwicklung eines Betriebes oder Betriebsteils einen nachhaltigen Einfluss nehmen kann. Der Titel Vizedirektor und auch die Bestätigung der Direktion sind dabei belanglos. Dr. Willi Waser ist demnach kein leitender Arbeitnehmer und die Arbeitszeitvorschriften sind uneingeschränkt anwendbar, zumal im Zweifelsfall auch ein Gericht von der Anwendbarkeit des Arbeitsgesetzes ausgehen würde.

- b) Zulässigkeit einer wöchentlichen Arbeitszeit von 47–49 Stunden
  - Gemäss ArG 9 I lit. a beträgt die wöchentliche Höchstarbeitszeit für technische Angestellte 45 Stunden. Dagegen gilt gemäss ArG 9 I lit. b eine wöchentliche Höchstarbeitszeit von 50 Stunden für Mitarbeiter in einem Dienstleistungsunternehmen.
  - Für Willi Waser gilt gemäss ArG 9 I lit. a die 45-Stunden-Woche (technischer Angestellter). Die wöchentliche Höchstarbeitszeit darf ausnahmsweise in den Fällen von ArG 12 I lit. a–c (Dringlichkeit der Arbeit etc.) überschritten werden. Dies gilt dann als Überzeit. Die Überzeit darf für den einzelnen AN 2 h im Tag nicht überschreiten, ausser an arbeitsfreien Werktagen oder in Notfällen und darf im Fall von Willi Waser nicht mehr als 170 h im Jahr ausmachen (ArG 12 II). Das regelmässige Leisten von 47 h resp. 49 h pro Woche ist daher nur mit dem ArG vereinbar, wenn der Betrieb darlegen kann, inwiefern das Leisten solcher Überzeit dringlich oder auf Betriebsstörungen

zurückzuführen ist. Das wird im Fall von Willi Waser eher nicht gelingen.

- c) Zulässigkeit einer Arbeit bis 23.30 Uhr
  - Gemäss ArG 10 I ist die Tages- und Abendarbeit von 06.00 bis 23.00 Uhr bewilligungsfrei zulässig. Für die Nachtarbeit nach 23.00 Uhr ist eine entsprechende Bewilligung gemäss ArG 17 nötig. Diese ist aus dem Sachverhalt nicht ersichtlich, weshalb die Arbeit von Willi Waser bis 23.30 Uhr vermutlich unzulässig ist.
  - Gemäss ArG 10 II können jedoch Beginn und Ende der betrieblichen Tages- und Abendarbeit zwischen 5 Uhr und 24 Uhr anders festgelegt werden, wenn die Mehrheit der betroffenen Arbeitnehmer dem zustimmt. Es wäre also theoretisch zulässig, bei der Industrial AG die Arbeit am Morgen erst um 06.30 Uhr zu beginnen und dafür erst um 23.30 Uhr aufzuhören. Da aus dem Sachverhalt auch dazu nichts ersichtlich ist, muss davon ausgegangen werden, dass Willi Waser nur bis 23.00 Uhr arbeiten darf.

## 2. Lösung

- a) Rechtmässigkeit des Streiks
  - Folgende Voraussetzungen müssen kumulativ erfüllt sein, damit ein Streik in der Schweiz rechtmässig ist:
    - Tariffähige Organisation: nur Gewerkschaften dürfen zu Streik aufrufen, da nur sie ihn durch GAV beenden können. Hier haben die Mitglieder selbst den Streik ausgerufen, was nicht rechtmässig ist.
    - Durch GAV regelbares Ziel: Forderungen müssen mit GAV regelbar sein. Löhne sind zwar mit GAV regelbar, nicht aber mehr Personal und mehr Respekt. Die Streikziele sind also mindestens zum Teil nicht rechtmässig.
    - Einhaltung der Friedenspflicht: Streik darf nicht gegen bestehenden GAV oder gesetzliche Friedenspflicht während Einigungs- oder Schiedsverfahren verstossen. Ein GAV ist nicht ersichtlich und im Zeitpunkt des Streikbeginns gab es kein Einigungs- oder Schiedsverfahren. Es liegt also kein Verstoss gegen die Friedenspflicht vor.

693

– Einhaltung der Verfahrensvorschriften: In vielen GAV wird ein best. Verfahren vorgeschrieben. Hier ist kein GAV ersichtlich, also auch kein Verstoss gegen Verfahrensvorschriften.

– Verhältnismässigkeit: nur ultima ratio, also letztes Mittel, wenn alle anderen Möglichkeiten versagt haben. Da die Geschäftsleitung die Verhandlungen verweigerte, dürfte die Verhältnismässigkeit gewahrt sein.

– Da nicht alle Voraussetzungen kumulativ erfüllt sind, muss der Streik der Belegschaft des SPAR-Tankstellenshops als unrechtmässig qualifiziert werden.

– b) Folgen der Unterstützung durch die Unia

  – Ein wilder Streik kann nachträglich durch eine Gewerkschaft genehmigt werden. Sind die anderen Voraussetzungen kumulativ erfüllt, wird der Streik dadurch legal.

  – Durch die Unterstützung des wilden Streiks im Falle des SPAR-Tankstellenshops könnte der Streik rechtmässig geworden sein, sofern die Gewerkschaft Unia den Streik ausdrücklich genehmigte und die Streikziele soweit reduziert wurden, dass sie in einem GAV regelbar sind.

– c) Pflicht zur Teilnahme und zur Verhandlung vor Einigungsstelle

  – Die kantonalen Einigungsstellen werden im Bundesgesetz betreffend die Fabriken (Fabrikgesetz) und im Bundesgesetz über die eidgenössische Einigungsstelle zur Beilegung von kollektiven Arbeitsstreitigkeiten (Eidgenössisches Einigungsstellengesetz) geregelt. Die eidgenössische Einigungsstelle ist nur zuständig für die Schlichtung kollektiver Arbeitsstreitigkeiten, die über die Grenzen eines Kantons hinausgehen. Das ist vorliegend nicht der Fall. Demnach kommen das Fabrikgesetz und die entsprechenden kantonalen Gesetze zur Anwendung.

  – Gemäss Art. 31 Abs. 2 des Fabrikgesetzes sind alle von der Einigungsstelle Vorgeladenen bei Busse verpflichtet, zu erscheinen, zu verhandeln und Auskunft zu erteilen.

## 3. Lösung

– a) Kompetenzen des SECO

– Das Arbeitsgesetz (ArG) schreibt in Art. 6 vor, dass der Arbeitgeber verpflichtet ist, zum Schutze der Gesundheit der Arbeitnehmer alle Massnahmen zu treffen, die nach der Erfahrung notwendig, nach dem Stand der Technik anwendbar und den Verhältnissen des Betriebes angemessen sind.

– In ArGV3 15 wird diese Vorschrift konkretisiert.

– Die Bestimmungen über die Gesundheitsvorsorge sind sehr allgemein formuliert. Konkretisierungen sind deshalb notwendig und hilfreich. Das SECO ist gestützt auf ArGV3 38 grundsätzlich berechtigt, zusätzliche Richtlinien in diesem Bereich zu erlassen.

– Es ist klar festzuhalten, dass die Vorgaben des SECO keinen Gesetzescharakter haben und deshalb auch nicht zwingend sind. Aus Abs. 3 von ArGV3 38 kann geschlossen werden, dass ein Arbeitgeber auch von den Vorgaben des SECO abweichen und andere Massnahmen treffen kann.

– b) Entgeltlichkeit der Pausen

– Variante 1: Verwaltungsgericht des Kantons Zürich:

– Dass zusätzliche Pausen entgeltlich zu sein haben, ergibt sich aus der systematischen Auslegung des Gesetzes. Der Gesundheitsschutz ist Sache des Arbeitgebers und geht zu dessen Lasten. Aus Gründen des Gesundheitsschutzes sind Arbeitsplätze ohne Tageslicht grundsätzlich nicht zulässig. Lediglich, wenn durch bauliche oder organisatorische Kompensationsmassnahmen dem Gesundheitsschutz in anderer Weise genügend Rechnung getragen wird, können solche Arbeitsplätze ausnahmsweise bewilligt werden. Dass die Kosten für bauliche Massnahmen dabei nicht den Arbeitnehmern auferlegt werden können, erscheint klar. Aus den gleichen Überlegungen kann es auch nicht angehen, dass ein Arbeitgeber die wirtschaftlichen Auswirkungen einer organisatorischen Kompensationsmassnahme auf die Arbeitnehmer überwälzt.

– Variante 2: Gegenposition:

– Der Behörde kommt keine Kompetenz zu, in das zivilrechtliche Vertragsverhältnis der Parteien einzugreifen. Ein solcher Eingriff ist vom Gesetzgeber an anderer Stelle des Gesetzes zu Recht als «wichtig» im Sinne von BV 164 I erachtet worden und bedarf deshalb einer entsprechenden Grundlage. Die heutigen gesetzlichen Grundlagen erlauben lediglich eine Beschränkung der Arbeitszeit ohne Tageslicht, nicht aber die Regelung der zivilrechtlichen Folgen dieser Beschränkung. Dazu sind die Vertragsparteien des Arbeitsvertrages aufgerufen, sei es auf einzelvertraglicher Basis, sei es im Rahmen eines Gesamtarbeitsvertrages. Mit Blick auf bestehende Verträge präjudiziert die Behörde mit ihrer Verfügung die zivilrechtliche Wirkung einer behördlichen (öffentlich-rechtlichen) Massnahme. Dazu findet sich im Gesetzes- und Verordnungsrecht keine Grundlage.

- Schliesslich findet die Anordnung der Entgeltlichkeit auch keine Stütze in den gesetzgeberischen Wertungen, da sich das ArG generell nur zurückhaltend zu Lohnfragen äussert und die ArGV 3 insbesondere auch aus gesetzessystematischen Überlegungen nicht als Rechtsgrundlage für die Anordnung der Entgeltlichkeit herangezogen werden kann. Die Massnahme steht auch im Konflikt mit ArG 15. Schliesslich würde eine zwingend entgeltliche Natur von Pausen gemäss ArGV3 15 III weitere systemfremde Auswirkungen, namentlich eine Ungleichbehandlung von GAV- und Nicht-GAV-Betrieben, zeitigen.

- Variante 3: Kompromisslösung:
  - Als Kompromiss zwischen diesen beiden Positionen könnte auch vertreten werden, dass ähnlich wie bei der Arbeit auf Abruf nur ein Teil der Kosten für die zusätzlichen Pausen vom Arbeitgeber zu tragen sind. Demnach muss sich der Arbeitnehmer zwar für den Arbeitgeber grundsätzlich bereithalten, jedoch muss er sich nicht am Arbeitsplatz aufhalten und kann von dieser freien Zeit auch profitieren. So ist es dem Arbeitnehmer bspw. möglich, in dieser Zeit kleinere Einkäufe zu tätigen oder private Telefonate zu führen. Es wäre daher als Kompromiss denkbar, dass der Arbeitgeber diese zusätzlichen Pausen zu 50 % übernimmt.

- c) Mitwirkung der Arbeitnehmer

  - MwG 10 bestimmt, dass der Arbeitnehmervertretung in Fragen der Arbeitssicherheit im Sinne von UVG 82 sowie in Fragen des Arbeitnehmerschutzes im Sinne von ArG 48 nach Massgabe der entsprechenden Gesetzgebung besondere Mitwirkungsrechte zustehen.

  - ArG 48 II bestimmt, dass das Mitspracherecht den Anspruch auf Anhörung und Beratung umfasst, bevor der Arbeitgeber einen Entscheid trifft, sowie auf Begründung des Entscheids, wenn dieser den Einwänden der Arbeitnehmer oder deren Vertretung im Betrieb nicht oder nur teilweise Rechnung trägt.

  - Konkretisiert wird dies durch ArGV3 6, der bestimmt, dass die Arbeitnehmer oder ihre Vertretung im Betrieb über alle Fragen, welche die Gesundheitsvorsorge betreffen, frühzeitig und umfassend angehört werden müssen. Sie haben zudem das Recht, Vorschläge zu unterbreiten. Im Falle der Mitarbeiter der Migros können die Arbeitnehmer daher zu einem gewissen Grad mitwirken.

**4. Lösung**

- a) Frage zur AHV

  - Nach AHVG 1*a* I sind unter anderem alle natürlichen Personen mit Wohnsitz in der Schweiz und alle natürlichen Personen, die in der Schweiz eine Erwerbstätigkeit ausüben, obligatorisch bei der AHV versichert. Erwerbstätige sind beitragspflichtig ab dem 1. Januar nach dem 17. Geburtstag (AHVG 3 II lit. a e contrario). Wer beispielsweise am 15. März 2013 17 Jahre alt geworden ist, bezahlt Beiträge ab dem 1. Januar 2014.

  - Grundsätzlich unterliegt jedes Einkommen, so klein es auch sein mag, der AHV-Pflicht. Ausnahme: Verdient eine Person bei einem Arbeitgeber höchstens CHF 2'300 im Jahr, werden AHV-Beiträge nur abgerechnet, wenn dies von den Arbeitnehmern ausdrücklich verlangt wird. Auf dem Lohn von Arbeitnehmerinnen und Arbeitnehmern, die im privaten Haushalt der Arbeitgeberin bzw. des Arbeitgebers oder im Kunst- und Kulturbereich beschäftigt sind, müssen die Beiträge in jedem Fall bezahlt werden (AHVV 34*d* I und II).

  - Frau Wagner ist damit obligatorisch bei der AHV versichert.

- b) Frage zum BVG
  - Nur Jahreslöhne von mehr als CHF 21'150 werden der obligatorischen beruflichen Vorsorge unterstellt (BVG 2). Die Löhne verstehen sich als Bruttolöhne. Alle Arbeitgeber, die diese Mindestlöhne ausrichten, müssen einer registrierten Vorsorgeeinrichtung angeschlossen werden. Die Ausgleichskassen kontrollieren, ob der betreffende Arbeitgeber einer Einrichtung angeschlossen ist.
  - Frau Wagner verdient zunächst CHF 900 pro Monat. Später verdient sie CHF 2'700 pro Monat. Mit einer Lohnsumme von CHF 32'400 (3x900x12) wäre sie eigentlich obligatorisch versichert, wenn sie diese bei einem einzigen Arbeitgeber erzielen würde. Da jedoch die Grenze von CHF 21'150 bei einem einzigen Arbeitgeber nicht überschritten wird, ist Frau Wagner nicht obligatorisch versichert. Sie kann sich jedoch freiwillig BVG versichern lassen (BVG 4 I).

- c) Bezug von Sozialversicherungsleistungen
  - Wer Anspruch auf Arbeitslosenentschädigung erhebt, muss verschiedene Voraussetzungen erfüllen. AVIG 8 schreibt dazu Folgendes vor:
    - Die Person muss ganz oder teilweise arbeitslos sein. Ebenfalls versichert ist, wer eine Teilzeitstelle hat und eine Vollzeit- oder eine weitere Teilzeitbeschäftigung sucht.
    - Es müssen ein Mindestausfall von 2 Arbeitstagen und eine Lohneinbusse vorliegen. Wer zwar weniger arbeitet, aber nach wie vor den vollen Lohn erhält, erleidet keinen anrechenbaren Arbeitsausfall.
    - Anspruchsberechtigt ist, wer in der Schweiz wohnt. Ausländer und Ausländerinnen müssen eine gültige Niederlassungs- oder Aufenthaltsbewilligung haben. Wer im Ausland wohnt und in der Schweiz gearbeitet hat (Grenzgänger oder Grenzgängerin), bezieht Arbeitslosenentschädigung in der Regel im Wohnstaat nach den dort gültigen Vorschriften.
    - Notwendig ist, dass die obligatorische Schulzeit zurückgelegt und weder das Rentenalter der AHV erreicht worden ist, noch eine Altersrente der AHV bezogen wird.
    - Vorausgesetzt wird im Weiteren, dass eine minimale Beitragszeit erfüllt ist. Innerhalb der letzten 2 Jahre vor der Erst-

anmeldung muss eine mindestens 12-monatige in der Schweiz ausgeübte Beitragszeit nachgewiesen werden. In einem EU/EFTA-Staat zurückgelegte Beitragszeiten als EU/EFTA-Staatsangehöriger oder -angehörige werden angerechnet, wenn zuletzt in der Schweiz eine beitragspflichtige Beschäftigung ausgeübt wurde. Bei in der Schweiz wohnenden Grenzgängern oder Grenzgängerinnen erfolgt die Anrechnung auch, wenn nicht zuletzt in der Schweiz eine beitragspflichtige Beschäftigung ausgeübt wurde.

– Kann infolge von Ausbildung, Krankheit, Unfall oder Mutterschaft, Aufenthalt in einer Strafvollzugsanstalt keine beitragspflichtige Beschäftigung von mindestens 12 Monaten nachgewiesen werden, ist die Person beitragsfrei versichert. Beitragsfrei versichert sind bei einem Arbeitsaufenthalt von über einem Jahr ausserhalb eines EU/EFTA-Staates auch Schweizer Staatsangehörige oder niedergelassene EU/EFTA-Staatsangehörige. Bei niedergelassenen Nicht-EU/EFTA-Staatsangehörigen werden Arbeitsaufenthalte von über einem Jahr ausserhalb der Schweiz berücksichtigt.

– Beitragsfrei ist zudem versichert, wer infolge Ehescheidung, Trennung, Tod des Ehegatten oder der Ehegattin oder Wegfall einer IV-Rente gezwungen ist, eine unselbstständige Erwerbstätigkeit aufzunehmen Das Ereignis darf nicht mehr als ein Jahr zurückliegen und bei Eintritt des Ereignisses muss der Wohnsitz in der Schweiz sein.

– Als weitere Anspruchsvoraussetzung muss die versicherte Person vermittlungsfähig sein. Vermittlungsfähig ist, wer bereit, berechtigt und in der Lage ist, eine zumutbare Arbeit anzunehmen; und an Eingliederungsmassnahmen teilzunehmenden unter 30-Jährigen kann eine Arbeit zugewiesen werden, die nicht auf die Fähigkeiten oder die bisherige Tätigkeit Rücksicht nimmt.

– Schliesslich müssen die gesetzlichen Kontrollvorschriften erfüllt werden, insbesondere die Pflicht zur Vornahme von Arbeitsbemühungen. Eine zugewiesene zumutbare Arbeit muss angenommen werden, ebenso müssen zugewiesene Umschulungs- und Weiterbildungskurse besucht werden.

– Nicht anspruchsberechtigt sind unselbstständig erwerbende Personen, die in ihrer Eigenschaft als Gesellschafter oder Gesellschafterin (z.B. AG, GmbH), als finanziell am Betrieb Beteiligte oder als Mitglieder eines obersten betrieblichen Entscheidungsgremiums die Entscheidungen des Arbeitgebers bestimmen oder massgeblich beeinflussen können sowie ihre mitarbeitenden Ehegatten oder -gattinnen.

– Die Voraussetzungen sind im vorliegenden Fall, soweit aus dem Sachverhalt darauf geschlossen werden kann, erfüllt, womit Frau Wagner Anspruch auf Arbeitslosenentschädigung erheben kann.

## 5. Lösung

– 1. Arbeitsbewilligung für EU-Bürger (ausser Rumänien und Bulgarien) für maximal dreimonatige Arbeit in der Schweiz

– Die richtige Antwort ist (c).

– Gemäss Art. 1 des Freizügigkeitsabkommens soll den Staatsangehörigen aus dem EU-Raum u.a. das Recht auf Einreise, Aufenthalt und Zugang zu einer unselbstständigen Erwerbstätigkeit eingeräumt werden.

– Für Staatsangehörige aus der EU-25 gilt deshalb ein bewilligungsfreies Meldeverfahren bei Aufenthalten von bis zu drei Monaten innerhalb eines Kalenderjahres.

– Solche Personen benötigen keine Arbeits- bzw. Aufenthaltsbewilligung, wenn sie in der Schweiz ein Arbeitsverhältnis von höchstens drei Monaten eingehen.

– Der Arbeitgeber muss sie aber vor Beginn der Tätigkeit über das Online-Meldeverfahren bei der kantonalen Arbeitsmarktbehörde anmelden.

– 2. Entlöhnung und Ferienanspruch eines EU-Bürgers bei Arbeitstätigkeit in der Schweiz

– Die richtige Antwort ist (c).

– Gemäss EntsG 2 müssen die Arbeitgeber den entsandten Arbeitnehmerinnen und Arbeitnehmern mindestens die Arbeits- und Lohnbedingungen garantieren, die in Bundesgesetzen, Verordnungen des Bundesrates, allgemein verbindlich erklärten GAV und NAV im Sinne von OR 360*a* in den folgenden Bereichen vorgeschrieben sind:

– a. die minimale Entlöhnung;

– b. Arbeits- und Ruhezeit;

– c. Mindestdauer der Ferien;

- – d. Arbeitssicherheit und Gesundheitsschutz am Arbeitsplatz;
- – e. Schutz von Schwangeren, Wöchnerinnen, Kindern und Jugendlichen;
- – f. Nichtdiskriminierung, namentlich Gleichbehandlung von Frau und Mann.
- – Wenn die entsandten Arbeitnehmer nicht nur Anspruch auf den minimalen Lohn, sondern sogar auf den gleichen Lohn hätten, dann könnten sie gleich viel verlangen wie der Direktor des Betriebes.

- – 3. Wechsel des Arbeits- und Aufenthaltsortes eines EU-Bürgers in der Schweiz
  - – Die richtige Antwort ist (b).
  - – Auch dies ergibt sich aus Art. 1 des Freizügigkeitsabkommens, wonach die Staatsangehörigen aus dem EU-Raum das Recht auf Einreise, Aufenthalt, Zugang zu einer unselbstständigen Erwerbstätigkeit und Niederlassung als Selbstständiger haben.
  - – Sowohl als Aufenthalter als auch als Kurzaufenthalter haben EU-Bürger das Recht auf geografische und berufliche Mobilität.
  - – Sie können in der Schweiz jederzeit den Aufenthalts- und Arbeitsort wechseln, müssen sich aber bei der alten Wohngemeinde abmelden und bei der neuen Gemeinde wieder anmelden.

- – 4. Selbstständige Erwerbstätigkeit eines EU-Bürgers in der Schweiz
  - – Die richtige Antwort ist (c).
  - – Gemäss Art. 1 des Freizügigkeitsabkommens haben die Staatsangehörigen aus dem EU-Raum u.a. auch das Recht auf Niederlassung als Selbstständige.
  - – Gelingt der Nachweis einer selbstständigen Erwerbstätigkeit, wird dem EU-Bürger eine Aufenthaltsbewilligung mit einer Gültigkeitsdauer von fünf Jahren erteilt.
  - – Die zuständige kant. Behörde kann jederzeit prüfen, ob die selbstständige Erwerbstätigkeit effektiv, dauerhaft und existenzsichernd ist; sind diese Bedingungen nicht gegeben, kann die Bewilligung widerrufen werden.

– 5. Was gilt für Grenzgänger aus dem EU-Raum?

– Die richtige Antwort ist (c).

– Die abhängig beschäftigten Grenzgänger werden in Art. 7 des Freizügigkeitsabkommens geregelt.

– Ein abhängig beschäftigter Grenzgänger ist ein Staatsangehöriger einer Vertragspartei mit Wohnsitz im Hoheitsgebiet einer Vertragspartei, der eine Erwerbstätigkeit als Arbeitnehmer im Hoheitsgebiet der anderen Vertragspartei ausübt und in der Regel täglich oder mindestens einmal in der Woche an seinen Wohnort zurückkehrt.

– Die Grenzgänger benötigen keine Aufenthaltserlaubnis. Der Arbeitgeber (nicht der Grenzgänger!) hat aber ein begründetes und dokumentiertes Bewilligungsgesuch bei der zuständigen kant. Stelle einzureichen.

– 6. Was gilt für einen Subunternehmer aus dem EU-Raum, der im Baunebengewerbe Arbeiten für einen Erstunternehmer in der Schweiz erbringt?

– Die richtige Antwort ist (d).

– Die Haftung der Erstunternehmer für die Subunternehmer ist in EntsG 5 geregelt.

– Werden im Bauhaupt- oder Baunebengewerbe Arbeiten von Subunternehmern ausgeführt, so haftet der Erstunternehmer zivilrechtlich für die Nichteinhaltung der Netto-Mindestlöhne und der Arbeitsbedingungen.

– Gemäss EntsG 4 I gelten die Mindestvorschriften für die Entlöhnung und die Ferien nicht für Arbeiten von geringem Umfang sowie für Montage oder erstmaligen Einbau, wenn die Arbeiten weniger als acht Tage dauern und Bestandteil eines Warenlieferungsvertrages bilden. Diese Ausnahmeregelung gilt aber gemäss EntsG 4 III (durch doppelte Verneinung) für die Bereiche des Bauhaupt- und des Baunebengewerbes sowie des Hotel- und Gastgewerbes.

# § 8    Anwaltsprüfungen

## Anwaltsprüfung I

Die in St. Gallen domizilierte Z-AG ist ein auf den Bau von Brücken spezialisiertes Unternehmen. Es erhielt vom Staat X (Afrika) den Zuschlag, in einer unwegsamen Region eine grosse Brücke zu bauen. Die Gegend ist bekannt für ihre ethnischen Konflikte. Es kommt regelmässig zu kriegerischen Auseinandersetzungen.

Für dieses Vorhaben stellt die Z-AG als Ingenieur den ungefähr 30-jährigen, unverheirateten und kinderlosen Urs Altermatt, wohnhaft in Zürich, an. Sein Arbeitsvertrag sieht einen Monatslohn von CHF 7'000 plus Spesenvergütung nach Spesenreglement vor. Bezüglich der zu verrichtenden Arbeit wird im Vertrag ausdrücklich festgehalten, dass mit der Anstellung auch Einsätze auf Baustellen im Ausland verbunden sein können. Schon beim Anstellungsgespräch wurde festgehalten, dass die Anstellung mit Blick auf dieses Projekt im Staat X erfolgt. Es wird damit gerechnet, dass einschliesslich Vorbereitung dieses Bauvorhaben ungefähr zwei Jahre dauern wird. Im Arbeitsvertrag wird eine Kündigungsfrist von drei Monaten vereinbart.

Urs Altermatt tritt die Stelle am 7. Januar 2008 in St. Gallen an. Nach einer Einarbeitungszeit von 2 Monaten reist er während drei weiteren Monaten regelmässig pro Monat ein bis zwei Mal für ungefähr drei Tage nach X, um die Bauarbeiten weiter vorzubereiten. Am 1. Juli 2008 reist er sodann nach X ab, um während der folgenden Monate das Projekt vor Ort zu leiten.

Trotz Bewachung der Baustelle wird er von einer bewaffneten Bande, die zur Y-Befreiungsarmee gehört, am 20. November 2008 entführt und als Geisel genommen.

Es entstehen Kontakte zwischen den Entführern und der Z-AG einerseits sowie den Eltern von Urs Altermatt andererseits. Nach schwierigen Verhandlungen kommt Urs Altermatt am 29. Oktober 2009 frei. Sein Vater hat ein Lösegeld von CHF 500'000 bezahlt.

**Fragen:**

a) Hat Urs Altermatt für die Zeit seiner Geiselhaft gegenüber seiner Arbeitgeberin Anspruch auf Lohn bzw. auf Zahlungen aus einem anderen Rechtstitel? Wie sähe die Rechtslage aus, wenn der Arbeitsvertrag nicht unbefristet und mit einer Kündigungsfrist, sondern fest auf die Dauer eines Jahres abgeschlossen worden wäre?

b) Kann das Lösegeld von der Arbeitgeberin oder von jemand anderem zurückgefordert werden und wer ist gegebenenfalls anspruchsberechtigt?

c) Wie ist die Rechtslage, wenn Urs Altermatt nicht mehr auftaucht und damit gerechnet werden muss, dass er gestorben ist?

Klären Sie für die jeweiligen Fragen auch ab, welches Recht anwendbar ist. Dabei ist davon auszugehen, dass zwischen der Schweiz und dem Staat X kein Staatsvertrag besteht.

Auch wenn Sie zum Ergebnis kommen, dass ausländisches Recht anwendbar wäre, lösen Sie den Fall nach schweizerischem Recht.

## Antworten

### Lösung a)

1. IPR

*Zuständigkeit:*

Urs Altermatt hat wohl alles Interesse in der Schweiz zu klagen und nicht im Staat X.

IPRG 115: Urs Altermatt kann am Sitz der Z-AG in St. Gallen klagen (IPRG 115 I). Alternativ könnte er auch in Zürich an seinem Wohnsitz klagen (IPRG 115 II). Eine Argumentation mit dem Ort, an dem gewöhnlich die Arbeit verrichtet wird, ist heikel, weil dies wohl eher im Staat X sein wird.

*Anwendbares Recht:*

IPRG 121: Es ist zuerst zu prüfen, ob die Parteien eine Rechtswahl getroffen haben (IPRG 121 III). Die Rechtswahl muss ausdrücklich erfolgen, auch wenn sie keiner besonderen Form bedarf (IPRG 116). Es fragt sich, ob bei einem Arbeitsvertrag der Hinweis auf schweizerische Rechtsregeln als Rechtswahl genügt. Dem Sachverhalt ist nicht zu entnehmen, wie genau die Hinweise auf schweizerisches Recht im konkreten Arbeitsvertrag sind.

Liegt keine Rechtswahl vor, untersteht der Arbeitsvertrag dem Recht des Staates, in dem der Arbeitnehmer gewöhnlich seine Arbeit verrichtet (IPRG 121 I). Verrichtet er die Arbeit gewöhnlich in mehreren Staaten, so erfolgt die Anknüpfung in erster Linie beim Recht des Staates, in dem sich die Niederlassung der Arbeitgeberin befindet (IPRG 121 II). Vorliegend stellt sich die Frage, ob der Arbeitnehmer für Einsätze in verschiedenen Ländern angestellt worden ist oder ob die Anstellung konkret auf den Brückenbau im Staat X ausgerichtet war. Letzteres dürfte anzunehmen sein. Dann bleibt noch zu prüfen, ob die Tätigkeit dort die Einführung und Vorbereitung in der Schweiz so überlagert, dass die Arbeit als gewöhnlich im Staat X verrichtet anzusehen ist. Dann ist das Recht des Staates X auf das Arbeitsverhältnis anwendbar. Diskutiert werden könnte nun noch, ob die Ausnahmeklausel (IPRG 15) zu einem anderen Ergebnis führen könnte. Das ist aber wohl zu verneinen.

Anwendbar ist somit auf das Arbeitsverhältnis wohl das Recht des Staates X.

2. Arbeitsverhinderung nach OR 324 oder OR 324*a*

Grundsätzlich ist der Arbeitnehmer verhindert. Von daher liegt die Anwendung von OR 324*a* nahe.

Fraglich ist, ob die Voraussetzungen erfüllt sind. Es liegt weder Unfall oder Krankheit noch Erfüllung gesetzlicher Pflichten oder Ausübung eines öffentlichen Amtes vor. Die Aufzählung ist aber nicht abschliessend. Von daher könnte auch eine Verhinderung wegen einer Entführung darunter fallen.

Folge wäre, dass Lohnanspruch während beschränkter Zeit besteht. Die Geiselhaft dauerte über 11 Monate. Das ist länger als die Lohnfortzahlungspflichten nach den bekannten Skalen. Mit jedem neuen Dienstjahr beginnt allerdings ein neuer Anspruch.

Wenn Verhinderung nach OR 324 vorliegt, ist der Anspruch grundsätzlich unbefristet.

Die Arbeitgeberin muss Lohn bezahlen, solange sie im Annahmeverzug ist.

Frage nach Risikosphäre:

- Hat sich ein vom Arbeitnehmer oder von der Arbeitgeberin zu tragendes Risiko verwirklicht?
- Argument kann hier sein, wer das Risiko verhindern bzw. einfacher versichern kann.
- Hier wohl die Arbeitgeberin, wenn die Entführung am Arbeitsplatz erfolgt ist. Sie bestimmt den Arbeitsort. Sie muss sich auch über die entsprechenden Risiken informieren.
- Zu gleichem Ergebnis gelangt man auch, wenn mit Nebenpflichten argumentiert wird.
- Die Arbeitgeberin hat gemäss OR 328 die Persönlichkeit des Arbeitnehmers zu schützen.
- Die Arbeitgeberin ist dieser Verpflichtung offenbar nicht genügend nachgekommen. Sie haftet folglich für den dadurch entstandenen Schaden (OR 97). Der Arbeitnehmer hätte Lohnanspruch gehabt, wenn er nicht entführt worden wäre. Folglich ist ihm dieser Schaden zu ersetzen. Bei dieser Argumentation geht es aber nicht um Lohn, sondern um Schadenersatz.

3. Dauer des Anspruchs

– Wenn OR 324*a* zur Anwendung gelangt, dann für eine beschränkte Zeit. Siehe dazu vorn Rz. 425 ff.

– Wenn mit OR 324 argumentiert wird, dann beträgt die Dauer des Anspruchs solange, wie der Arbeitsvertrag dauert.

– Wird mit OR 97 argumentiert, kann der Anspruch länger dauern, weil auch entschädigt werden muss, was der Arbeitnehmer nach Beendigung des Arbeitsverhältnisses bei einer anderen Arbeitgeberin verdient hätte.

4. Kündigungsmöglichkeiten bei unbefristetem Arbeitsvertrag

Kündigungsschutz? Die Aufzählung in OR 336*c* ist abschliessend.[1415] Eine Verhinderung wegen Entführung fällt somit nicht darunter.

Kündigung setzt aber den Empfang der Mitteilung voraus. Der Empfang wird fingiert, wenn ihn der Adressat gegen Treu und Glauben vereitelt hat. Das ist hier aber nicht der Fall. Wenn es in der Verantwortung der Arbeitgeberin liegt, dass der Arbeitnehmer entführt worden ist, trägt sie auch die Verantwortung dafür, dass die Kündigung ihm nicht zugeht. Kündigung ist von daher u.E. grundsätzlich nicht möglich. Es sei denn, sie werde ihm durch Vermittlung der Entführer zugestellt.

5. Kündigungsmöglichkeiten bei befristetem Arbeitsvertrag

Liegt ein befristeter Arbeitsvertrag vor, so endet dieser mit dem Zeitablauf. Ab diesem Zeitpunkt ist kein Lohn mehr geschuldet, aber eventuell Schadenersatz, weil der Arbeitnehmer nicht anderweitig einem Verdienst nachgehen kann (OR 97).

**Lösung b)**

1. Forderung der Eltern gegenüber den Entführern

IPR: Der gesamte Sachverhalt erfolgte im Ausland. Die Entführer sind im Ausland. Der Gerichtsstand dürfte von daher im Staat X liegen. Es handelt sich um eine unerlaubte Handlung (Erpressung), folglich ist das Recht des Staates anwendbar, in dem die Handlung begangen wurde bzw. der Erfolg eingetreten ist (IPRG 133).

---

[1415] STREIFF/VON KAENEL/RUDOLPH, Art. 336c OR, N 5; ZK-STAEHELIN, Art. 336c OR, N 15.

Nach schweizerischem Recht ist ein Anspruch aus unerlaubter Handlung gegeben.

Allerdings wird dies den Eltern nichts nützen, weil sie ihn aus tatsächlichen Gründen nicht durchsetzen werden können.

2.    Forderung der Eltern gegen die Arbeitgeberin

IPR: Beide Parteien sind in der Schweiz. Die Zahlung, um die es geht, ging ins Ausland. Es ist aber fraglich, ob dies genügt, damit überhaupt ein internationales Verhältnis vorliegt. Ist dies zu verneinen, kommt sowieso schweizerisches Recht zur Anwendung. Aber auch andernfalls hat das Verhältnis wohl seinen engsten Zusammenhang mit der Schweiz. Eine schweizerische Zuständigkeit am Sitz der Arbeitgeberin ist sicher gegeben. Zwischen den Eltern und der Arbeitgeberin besteht kein Vertrag.

Es liegt keine unerlaubte Handlung der Arbeitgeberin vor. Es fehlt an der Widerrechtlichkeit. Es geht nur um eine Verletzung der vertraglichen Fürsorgepflicht der Arbeitgeberin nach OR 328 gegenüber dem Arbeitnehmer. Darauf können sich aber Dritte nicht berufen.

Die Arbeitgeberin ist auch nicht ungerechtfertigt bereichert.

Folgerung: Kein Anspruch!

3.    Forderung der Eltern gegen Urs Altermatt

IPR: Beide Parteien sind in der Schweiz. Eine Zuständigkeit am Wohnort des Beklagten ist somit gegeben. Für das anwendbare Recht kommt es darauf an, worauf der Anspruch gestützt wird. Bei einer unerlaubten Handlung ist schweizerisches Recht anwendbar, weil beide Parteien ihren gewöhnlichen Aufenthalt in der Schweiz haben (IPRG 133 I). Das Gleiche ergibt sich bei einer ungerechtfertigten Bereicherung, weil diese – wenn sie gegeben wäre – wohl am gewöhnlichen Aufenthaltsort einer der Parteien eingetreten wäre (IPRG 128 II).

Die Anknüpfung der Geschäftsführung ohne Auftrag ist im IPRG nicht geregelt und in der Lehre ist die Frage umstritten.[1416]

Auch hier kein Vertrag, keine unerlaubte Handlung.

---

[1416] SCHMID, S. 520 ff.

Ungerechtfertigte Bereicherung ist auch kaum gegeben. Der Arbeitnehmer ist nicht bereichert. Es ist nicht eine bestehende Forderung gegen ihn bezahlt worden.

Demgegenüber dürfte eine Geschäftsführung ohne Auftrag vorliegen (OR 422).

– Geschäftsbesorgung für den Arbeitnehmer
– war im Interesse des Arbeitnehmers
– Folge: Anspruch auf Ersatz der Auslagen! Vgl. aber unten unter 4.
– Die Eltern werden aber an der Durchsetzung dieses Anspruchs nur interessiert sein, wenn ihr Sohn das Geld auch irgendwo wieder zurückerhält.

4.  Forderung von Urs Altermatt gegen die Arbeitgeberin

Wenn der Arbeitnehmer gegenüber seinen Eltern rückerstattungspflichtig ist, so hat er einen Schaden. Wenn die Arbeitgeberin wegen ihrer Fürsorgepflicht (OR 328) verantwortlich ist, besteht ein Anspruch aus Vertrag auf Rückvergütung (OR 97).

5.  Grundsätzliche Beschränkung des Forderungsrechts

Fraglich ist, ob eine solche Forderung nicht generell der öffentlichen Ordnung widerspricht (OR 19 II i.V.m. OR 20). Wenn solche Beträge zurückverlangt werden können, können letztlich auch beliebige Beträge gefordert werden, weil die Bezahlenden das Risiko nicht tragen. Das ist mit Blick auf die Generalprävention auch nicht im Interesse der potenziellen Entführten.

**Lösung c)**

1.  IPR

Es geht um einen Schweizer, der überdies seinen letzten Wohnsitz in der Schweiz hatte. Folglich ist eine Zuständigkeit in der Schweiz gegeben (IPRG 41 I). Voraussetzungen und Wirkungen der Verschollenerklärung richten sich sodann nach schweizerischem Recht (IPRG 41 III).

2.     Berechtigung zum Antrag auf Verschollenerklärung

Die Eltern können aufgrund des Umstandes, dass sie einzige Erben (ZGB 458 I und II) sind, verlangen, dass ihr Sohn für verschollen erklärt wird.

Da die Arbeitgeberin bis zum Tod von Urs Altermatt den Lohn schuldet, hat sie ein rechtliches Interesse an der Verschollenerklärung. Sie kann deshalb ebenfalls die Verschollenerklärung verlangen (ZGB 35).

3.     Wirkung der Verschollenerklärung

Die Eltern erben die Hinterlassenschaft ihres Sohnes Urs gemäss ZGB 458 I und II.

Die Arbeitgeberin schuldet Urs Altermatt keinen Lohn mehr, da das Arbeitsverhältnis mit dem Tod des Arbeitnehmers erlischt (OR 338 I). Der Tod wird auf den Zeitpunkt der Todesgefahr oder der letzten Nachricht zurückbezogen (ZGB 38 II).

Allenfalls schuldet die Arbeitgeberin Personen, denen gegenüber Urs Altermatt eine Unterstützungspflicht erfüllt hat, einen bis zwei Monatslöhne.

# Anwaltsprüfung II

## Einführung

Ab dem Jahr 2002 sollte die Burgruine Waldeck in mehreren Etappen restauriert werden. Die Bauherrschaft lag bei der Stiftung «Pro Ruine Waldeck», welche auch Eigentümerin der Ruine ist. Die entsprechenden Bauarbeiten wurden der ARGE Ruine Waldeck als einfache Gesellschaft, bestehend aus der Firma A. Berger Erben, der Firma Meier-Müller (beide in Sargans) und der Zehnder Bau AG mit Sitz in Zürich, zugeschlagen.

Ein wichtiges Kriterium der Vergabe der Arbeiten an die ARGE Ruine Waldeck bildete deren Einsatz eines auf Natursteinbearbeitung spezialisierten Mitarbeiters der Firma A. Berger Erben als Polier, Herrn Mathias Albanese. Die Firma A. Berger Erben lieh Mathias Albanese an die Zehnder Bau AG aus, weil diese die Bauleitung innerhalb der ARGE Ruine Waldeck für die fragliche Bauetappe übernommen hatte. Mathias Albanese war während der gesamten Bauarbeiten als Polier im Einsatz und Ansprechperson für den ganzen Betrieb auf der Baustelle.

Der auf der Baustelle beschäftigte Arbeitnehmer Albino De Bernardi hatte einen Arbeitsvertrag mit der Firma Fricker, Zürich, geschlossen, welche einen Personalverleih betreibt. Sie lieh Albino De Bernardi an die Bauunternehmung A. Berger Erben aus, welche ihn bei den Restaurationsarbeiten an der Burgruine Waldeck im Rahmen der ARGE Ruine Waldeck einsetzte.

## Arbeitsort Ruine Waldeck

Die Burgruine Waldeck steht auf einem Bergkamm ausserhalb des öffentlichen Strassennetzes. Sie ist ausschliesslich auf einem steil ansteigenden Fussweg zu erreichen. Von der Strasse aus besteht aber auch ein Warentransportlift zur Ruine Waldeck, welcher allerdings aus Sicherheitsgründen nicht von Personen benutzt werden darf und ausschliesslich für den Transport von Material geeignet und zugelassen ist. Der Lift gehört wie die Ruine der Stiftung «Pro Ruine Waldeck». Mathias Albanese wusste vom Verbot, Personen mit dem Lift zu transportieren. Am Lift selber war überdies ein Hinweis angebracht, dass der Transport von Personen verboten ist.

Die Arbeitnehmer wurden regelmässig mit einem Wagen einer der Baufirmen bis zur Talstation des Lifts gefahren. Anschliessend fuhren sie mit dem Lift zur Burgruine. Am Abend gelangten die Arbeitnehmer dann wieder mit dem Warentransportlift zurück zur Strasse und von dort mit dem Firmenwagen zurück ins Dorf. Der Zeitpunkt des Verlassens der Baustelle wurde jeweils von Mathias Albanese als Polier bestimmt. Nach der Ankunft des Warentransportlifts an der Talstation war es zudem seine Aufgabe, den Stromgenerator, welcher an dieser Stelle stand, abzuschalten. Dieses Stromaggregat musste jeweils nicht nur für die Benutzung des Lifts, sondern auch für die Arbeiten auf der Burgruine eingeschaltet werden.

Die Bauunternehmen berechneten die den Arbeitnehmern vergütete Arbeitszeit erst ab dem Eintreffen bei der Burgruine und auch nur bis zum Verlassen derselben. Der zurückzulegende Weg von der Burgruine bis zur Strasse wurde demgegenüber nicht als Arbeitszeit vergütet.

**Unfallereignis vom 3. Oktober 2005 und dessen Folgen**

Am 3. Oktober 2005 zwischen 16.30 und 17.00 Uhr betraten Albino De Bernardi und zwei weitere Bauarbeiter den Warentransportlift an der Bergstation bei der Ruine Waldeck. Der Polier, Herr Mathias Albanese, stiess wenig später zu den Arbeitnehmern und wollte ebenfalls den Lift betreten. Er war noch damit beschäftigt, Glasscheiben auf den Lift zu laden, welche mit zu Tal transportiert werden sollten. Als sich der Lift ruckartig in Bewegung setzte, trat Mathias Albanese unvermittelt einen Schritt zurück. Der Lift selbst setzte sich in Richtung Talstation in Bewegung, wobei er nicht von den sich auf der Liftplattform befindlichen Bauarbeitern gebremst werden konnte. Um sich zu retten, sprangen alle drei Arbeiter von der Plattform des Liftes ab in die Böschung.

Beim Sprung in die Böschung verletzte sich Albino De Bernardi sehr schwer. Er ist seither vollständig pflegebedürftig, geistig schwerst behindert und damit 100 % arbeitsunfähig. Daran wird sich auch in Zukunft nichts ändern.

**Fragen:**

Die Ehefrau von Albino De Bernardi kommt nun zu Ihnen und will wissen, welche Schadenersatzansprüche bestehen und wie diese geltend gemacht werden können.

Namentlich sind folgende Fragen zu klären:

a) Kann die Ehefrau von Albino De Bernardi Schadenersatzansprüche geltend machen?

b) Sowohl die Firma A. Berger Erben wie auch die Firma Meier-Müller und die Firma Fricker, Zürich, haben keine Haftpflichtversicherung abgeschlossen und die Solvenz dieser Unternehmen ist zweifelhaft. Können Ansprüche von Albino De Bernardi und gegebenenfalls seiner Ehefrau gegen die Zehnder Bau AG erhoben werden und gegebenenfalls mit welcher rechtlichen Konstruktion?

c) Wo sind diese Ansprüche gegebenenfalls einzuklagen?

d) Wie ist für die Geltendmachung der Ansprüche von Albino De Bernardi vorzugehen?

e) Wie berechnen sich die Ansprüche? (Es werden nur die Berechnungsgrundsätze und keine konkreten Berechnungen erwartet.)

## Antworten

### Lösung a)

Schadenersatzansprüche werden bereits am Umstand scheitern, dass die Ehefrau keinen Schaden erlitten hat. Allenfalls fragt sich, ob in der Pflege, die sie erbringt, ein Schaden zu sehen ist.

Bezüglich einer Genugtuung fragt sich, ob die Ehefrau nach OR 47 einen Anspruch geltend machen kann, obgleich der direkt Geschädigte noch lebt. Daneben fragt sich, ob sie durch die vollständige Umwandlung der Beziehung zu ihrem Ehemann in ihrem eigenen Persönlichkeitsrecht verletzt ist und deshalb ihr Genugtuung zusteht (OR 49). Die neuere Lehre und Rechtsprechung bejaht dies (Vgl. dazu HEIERLI/ SCHNYDER, Basler Kommentar, N 6 zu OR 49 und N 13 zu OR 47; BGE 108 II 422; 112 II 220).

Der Anspruch kann sich nur aus unerlaubter Handlung ergeben, weil die Ehefrau zu keinem der Unternehmen und auch nicht zum Verantwortlichen selber in einem vertraglichen Verhältnis steht. Massgeblich ist bezüglich Mathias Albanese als Haftungsgrundlage OR 41. Gegenüber den Unternehmen ist es OR 55. Wer kommt als Geschäftsherr infrage?

- Schaden: Vgl. Bemerkungen oben.
- Widerrechtlichkeit: Verletzung in ihrem Persönlichkeitsrecht (vgl. oben). Absolutes Recht. Widerrechtlichkeit folglich gegeben. Widerrechtlichkeit lässt sich auch mit der Benutzung eines nicht zugelassenen Lifts und der Verletzung arbeitsrechtlicher Unfallverhütungsvorschriften (ArG 6) begründen (beides Schutznormen).
- Kausalzusammenhang: Benutzung eines nicht für Personentransport zugelassenen Liftes, Verletzung von arbeitsrechtlichen Unfallverhütungsvorschriften führen klassisch zu solchen Schädigungen. Natürliche Kausalität und Adäquanz sind gegeben.
- Für Haftung von Albanese: Verschulden: Er hätte wissen müssen und wusste wohl auch, dass die Benutzung des Liftes nicht zulässig war und hätte folglich die Arbeit anders organisieren müssen.
- Für Haftung der ARGE bzw. ihrer Gesellschafter: OR 55: Albanese stand im Unterordnungsverhältnis zur ARGE, weil sie ihn einsetzte. Entlastungsbeweis konnte nicht erbracht werden. Es fehlte offenbar an der Überwachung. Es ist ziemlich evident, dass die Arbeiter nicht den Fussmarsch antreten werden, wenn dies nicht

kontrolliert wird. Die Arbeitgeberin vergütete diese Zeit ja nicht einmal.

Zur Frage, wer innerhalb der ARGE haftet, siehe die Frage b).

**Lösung b)**

De Bernardi war von der Temporärfirma Fricker angestellt worden. Er hat folglich mit der Zehnder Bau AG keinen Vertrag. Einsatzbetrieb war die Firma A. Berger Erben. Der Einsatzbetrieb übernimmt im Einsatzvertrag im Sinne eines echten Vertrages zugunsten Dritter, nämlich des Arbeitnehmers, die Fürsorgepflicht und haftet dem Arbeitnehmer entsprechend auch für deren Verletzung solidarisch mit der Arbeitgeberin. Schutzpflichten des Einsatzbetriebes ergeben sich auch aus dem ArG. Die Firma A. Berger Erben haftet aufgrund von OR 101 für die Handlungen von Albanese.

Hier sind Ausführungen zur Frage, ob die Fürsorgepflicht verletzt wurde, sinnvoll. Es kann streitig sein, ob die Fahrt mit dem Lift überhaupt noch zur Arbeit gehörte oder ob es sich da bereits um den individuellen Arbeitsweg handelt, für den jeder selber verantwortlich ist. Wenn aber ein Firmenbus die Arbeitnehmer von der Talstation des Lifts abholt und zum Firmensitz fährt (oder sie auch unterwegs bei einer Haltestelle des öff. Verkehrs aussteigen lässt), lässt sich dies nicht als individueller Arbeitsweg bezeichnen. Es handelt sich offenbar um eine von der Arbeitgeberin organisierte An- und Abreise. Arbeitsrechtlich zählt der Weg von der Firma bis zum Einsatzort auch als Arbeitszeit, weil arbeitsvertraglich der Sitz der Arbeitgeberin bzw. deren Betriebsstäte als Arbeitsort anzusehen ist, an dem der Arbeitnehmer seine Leistung anzubieten hat (Erfüllungsort). Zudem hat die Arbeitgeberin auch für den sonstigen Arbeitsweg ein Minimum an Sorgfaltspflichten und muss jedenfalls den Arbeitnehmer abmahnen, wenn aufgrund des Arbeitsortes besondere Gefahren auf dem Arbeitsweg bestehen.

Liegt eine Fürsorgepflichtverletzung vor, fragt sich nun, ob die Zehnder Bau AG auch haftet. Das lässt sich entweder damit konstruieren, dass die A. Berger Erben Albanese an die Zehnder Bau AG weiter ausgeliehen hat, da diese ja mit ihrem Polier die Führung der Baustelle hatte. Eine andere mögliche Konstruktion ist mit Blick auf die einfache Gesellschaft möglich (ARGE): Verpflichtet die A. Berger Erben alle Gesellschafter solidarisch auch bei einer unerlaubten Handlung oder nur mit einem rechtsgeschäftlichen Verhalten?

- Bezüglich des Personalverleihs gilt wiederum, dass die Sorgfaltspflichten nach ArG 6 nicht nur die Arbeitgeberin, sondern auch
den Einsatzbetrieb treffen.

- Gesellschaftsrechtlich ist zu beachten, dass es sich bei der ARGE
um eine einfache Gesellschaft handelt. Nach OR 543 haften die
Gesellschafter für die von einem Gesellschafter für alle eingegangen Rechtsgeschäfte solidarisch. Sobald ein Gesellschafter einen
Mitarbeiter für die Gesellschaft einsetzt, handelt er bezüglich dieses Arbeitnehmers im Rahmen des Arbeitsvertrages und damit
rechtsgeschäftlich. Auch Weisungen sind rechtsgeschäftliche
Handlungen, für die die Vertretungsregeln gelten. Diese Handlungen sind folglich allen Gesellschaftern anzurechnen. Alle Mitglieder der ARGE müssen dafür geradestehen, unabhängig davon, wer
den Arbeitsvertrag mit dem handelnden und dem verletzten Arbeitnehmer abgeschlossen hat.

**Lösung c)**

Gegen die Zehnder Bau AG kann in Zürich geklagt werden (ZPO 10 I
Bst. b) oder an dem für den Ort zuständigen Gericht, an dem sich die
Ruine Waldeck befindet (ZPO 34 I).

Weil die Ehefrau von Albino de Bernardi nicht aus Arbeitsvertrag,
sondern aus unerlaubter Handlung klagt, richtet sich für sie der Gerichtsstand nach ZPO 36. Hier ist Klage am Sitz bzw. Wohnsitz des
Beklagten, am Ort des Geschehens und an ihrem eigenen Wohnort
möglich. Letzteres, weil die Persönlichkeitsverletzung dort eingetreten
ist (Erfolgsort).

**Lösung d)**

Er ist urteilsunfähig und kann folglich den Anwalt nicht mandatieren.
Weder ZGB 166 noch ZGB 374 geben dem Ehegatten diesbezüglich
eine Vertretungsmacht. Allerdings kann der Ehegatte sich von der
Erwachsenenschutzbehörde ermächtigen lassen, eine Handlung im
Rahmen der ausserordentlichen Verwaltung vorzunehmen (ZGB
374 III). Die Ehefrau kann folglich mit Ermächtigung der Erwachse-
nenschutzbehörde die nötigen Handlungen zur Geltendmachung der
Ansprüche von Albino De Bernardi vornehmen.

Eine andere Möglichkeit ist die Ernennung eines Beistandes. Dieser
wird von der KESB ernannt.

Die KESB kann unter Umständen auch gemäss ZGB 392 auf die Errichtung einer Beistandschaft verzichten und den Anwalt direkt bevollmächtigen. Sie könnte auch den Anwalt als Beistand ernennen.

**Lösung e)**

De Bernardi wird Leistungen der Unvallversicherung und der IV erhalten. Es geht folglich nur um den Direktschaden.

Es ist in erster Linie der künftige Verdienstausfall bis zur mutmasslichen Pensionierung zu berechnen. Zudem gibt es den Rentenschaden. Eventuell kommen auch noch Behandlungskosten und solche für Hilfsmittel dazu, soweit diese nicht von der Sozialversicherung abgedeckt werden.

Daneben kann auch noch eine Genugtuung aufgrund von OR 47 infrage kommen. Es ist streitig, ob eine solche auch jemandem zustehen kann, der bleibend im Koma liegt. (Vgl. dazu HEIERLI/SCHNYDER, Basler Kommentar OR Bd. I, N 13 zu OR 47; BGE 108 II 422; 112 II 220).

**Anhang**

Ausführungen zur Haftung einer an einer ARGE im Bauwesen beteiligten Unternehmung bei einem Arbeitsunfall:

a. Allgemeine Grundsätze der einfachen Gesellschaft

Häufig erfordern Bauaufträge das Zusammenwirken mehrerer Baufirmen. Diese schliessen sich regelmässig zum Zweck der gemeinsamen Durchführung des entsprechenden Auftrages zu einer Arbeitsgemeinschaft (ARGE) zusammen.[1417] Zweck dieses Zusammenschlusses ist es, die Kräfte von Unternehmen zu bündeln, die einzeln für das entsprechende Bauvorhaben zu klein sind. Dabei geht es nicht nur um die Bündelung der Arbeitskapazitäten, sondern ebenso um die Verbindung der wirtschaftlichen Kräfte. Mit dem Zusammenschluss und dem gemeinsamen Auftreten werden die meist mittelständischen Unternehmen für die Bauherrschaft interessanter, weil für die Gewährleistungsansprüche und andere Haftungsfragen die Konsortialpartner gemeinsam einzustehen haben und damit eine höhere Sicherheit bieten.[1418] Der Solidarhaftung kommt somit zentrale Bedeutung zu.

---

[1417] BK-FELLMANN/MÜLLER, Art. 530 OR, N 242.
[1418] BK-FELLMANN/MÜLLER, Art. 530 OR, N 243.

Mit Blick darauf, dass diese Arbeitsgemeinschaften regelmässig ein nach kaufmännischer Art geführtes Gewerbe führen, fragt es sich, ob eine einfache Gesellschaft (OR 530 ff.) oder eine Kollektivgesellschaft (OR 552 ff.) vorliegt, welche ins Handelsregister eingetragen werden muss. Bei der einfachen Gesellschaft verbinden sich zwei oder mehrere Personen zur Erreichung eines gemeinsamen Zweckes mit gemeinsamen Kräften oder Mitteln (OR 530). Liegt der Zweck im Betreiben eines Handels-, Fabrikations- oder anderen nach kaufmännischer Art geführten Gewerbes und treten die Personen unter einer gemeinsamen Firma auf, liegt eine Kollektivgesellschaft vor (OR 552 I), welche ins Handelsregister eingetragen werden muss (OR 552 II). Die Annahme einer Kollektivgesellschaft scheitert aber in aller Regel daran, dass diese Rechtsform nur natürlichen Personen offensteht (OR 552 I). Deshalb gehen Lehre und Praxis davon aus, dass diese ARGE regelmässig eine einfache Gesellschaft im Sinne der OR 530 ff. darstellen.[1419]

Die einfache Gesellschaft belässt den Gesellschaftern weitestgehende Vertragsfreiheit. Insofern kommt Entscheidendes darauf an, wie die Parteien ihren Gesellschaftsvertrag ausgestaltet haben. Dabei ist der Vertrag regelmässig als Ganzes nach dem Vertrauensprinzip auszulegen. Zudem ist zu beachten, dass die Gesellschafter auch nach aussen als Arbeitsgemeinschaft auftreten. Soweit es um Aussenbeziehungen geht, kommt es folglich nicht nur darauf an, was die Gesellschafter unter sich vereinbart, sondern auch, wie sie sich gegenüber Dritten verhalten haben.

b. Solidarische Haftung der Konsortialpartner

Bei der einfachen Gesellschaft ist das Innen- und das Aussenverhältnis zu unterscheiden. Ersteres betrifft die Haftung der Gesellschafter untereinander. Zweiteres behandelt die Frage, unter welchen Voraussetzungen ein Gesellschafter gegenüber Dritten für die Handlungen eines anderen Gesellschafters einstehen muss.

Gemäss OR 543 ist im Aussenverhältnis danach zu unterscheiden, ob ein Gesellschafter ein Rechtsgeschäft im Namen der Gesellschaft bzw. sämtlicher Gesellschafter abgeschlossen hat (OR 543 II) oder nur auf Rechnung der Gesellschaft, aber in eigenem Namen (OR 543 I). Ein Vertragsabschluss im Namen der Gesellschaft bzw. sämtlicher Gesell-

---

[1419] BK-FELLMANN/MÜLLER, Art. 530 OR, N 248 und 516 ff.

schafter ist nur rechtswirksam möglich, wenn der handelnde Gesellschafter über eine entsprechende Ermächtigung verfügt.[1420]

Das Recht der einfachen Gesellschaft kennt keine gesetzliche Vertretungsmacht der Gesellschaft durch einen einzelnen Gesellschafter. Vielmehr muss sie dem Gesellschafter durch die anderen rechtsgeschäftlich eingeräumt worden sein. Eine entsprechende rechtsgeschäftliche Ermächtigung wird aber vermutet, wenn einem Gesellschafter die Geschäftsführung überlassen ist (OR 543 III).

Liegt eine Vertretungsmacht vor und handelt der Gesellschafter im Namen der einfachen Gesellschaft oder aller Gesellschafter, so werden alle Gesellschafter aus dem Vertrag berechtigt und verpflichtet, einschliesslich des selber handelnden. Die Handlung muss nicht ausdrücklich im Namen der Gesellschaft oder der Gesellschafter erfolgen. Das Handeln für die Gesellschaft kann sich vielmehr auch stillschweigend ergeben. Es genügt, wenn der Dritte aus den Umständen auf die Vertretung schliessen durfte[1421] oder es dem Dritten gleichgültig war, mit wem er den Vertrag abgeschlossen hat.

Anders sieht es demgegenüber aus, wenn entweder der Gesellschafter im eigenen Namen handelt oder aber keine Vertretungsmacht hat. Handelt er dennoch auf Rechnung der einfachen Gesellschaft, so liegt eine sog. indirekte Stellvertretung vor. Die Wirkungen des Rechtsgeschäfts treten diesfalls nur beim handelnden Gesellschafter ein. Das Rechtsgeschäft lässt keinerlei rechtsgeschäftliche Beziehung zwischen dem Dritten und der Gesellschaft bzw. den nicht handelnden Gesellschaftern entstehen.[1422] Namentlich entsteht daraus keine solidarische Haftbarkeit der anderen Gesellschafter mit dem handelnden gegenüber dem Dritten.

Weder um direkte noch um indirekte Vertretungsmacht geht es schliesslich, wenn eine ausservertragliche Haftung der Gesellschafter zur Diskussion steht. Eine Vertretungsmacht ermöglicht es nicht, unerlaubte Handlungen für den Vollmachtgeber zu begehen. Mangels eigener Rechtspersönlichkeit der einfachen Gesellschaft ist auch ZGB 55 II nicht anwendbar, der eine Zurechnung zur juristischen Person auch anderer als rechtsgeschäftlicher Handlungen der Organe vorsieht. Zu beachten ist aber, dass selbstverständlich andere Normen

---

[1420] BK-FELLMANN/MÜLLER, Art. 543 OR, N 59.
[1421] BGE 49 II 208 ff.
[1422] BK-FELLMANN/MÜLLER, Art. 543 OR, N 33.

dazu führen können, dass das Verhalten eines Gesellschafters oder auch Dritter einem oder allen Gesellschaftern zuzurechnen ist. Es ist insbesondere an OR 55 und 101 zu denken.

# Anhänge

## Übersicht über die besonderen Einzelarbeitsverträge

| Lehrvertrag (OR 344 ff.) | Handelsreisendenvertrag (OR 347 ff.) | Heimarbeitsvertrag (OR 351 ff.) |
|---|---|---|
| **Merkmale:** | **Merkmale:** | **Merkmale:** |
| Ziel ist umfassende und systematische Ausbildung | Vermittlung oder Abschluss von Geschäften ausserhalb der Geschäftsräume | Erbringung der Arbeitsleistung im eigenen Arbeitsraum evtl. mithilfe Dritter |
| **Besonderheiten:** | **Besonderheiten:** | **Besonderheiten:** |
| – Schriftform<br>– Lehrmeister nötig<br>– 5 Wochen Ferien<br>– Zeit für Unterricht<br>– Lehrzeugnis<br>– Dauer der Lehrzeit | – Schriftform<br>– kein Hausierer<br>– kein Agent (OR 418a)<br>– Delcredere-Verbot<br>– Provisionsregelung<br>– Kündigungsregelung | – schriftlich Lohn / Entschädigung Material<br>– Regelung im HArG/VO<br>– Terminvorgabe<br>– Nachbesserung<br>– beso. Lohnfortzahlung<br>– Kündigungsregelung |

## Lohnhöhe bei Überstunden/Überzeit

| Überstundenarbeit | Überzeitarbeit |
|---|---|
| Jede Arbeit, welche die vertraglich festgelegte oder die übliche Arbeitszeit übersteigt. | Beginnt da, wo die vom ArG vorgeschriebene Höchstarbeitszeit überschritten wird. |
| – auch bei Teilzeitarbeit<br>– Verpflichtung des Arbeitnehmers soweit notwendig und zumutbar<br>– 25 % Zuschlag nach OR 321c<br>– schriftl. Wegbedingung möglich<br>– pauschaler Lohnzuschlag möglich<br>– Kompensation nur mit Einverständnis des AN; dann aber im Verhältnis 1:1<br>– kein nachträglicher Verzicht möglich | – Höchstarbeitszeit 45/50 Std. (ArG 9)<br>– 25 % Zuschlag nach ArG 13<br>– keine Wegbedingung möglich<br>– Kompensation möglich, aber nur im Einverständnis mit AN, dann aber im Verhältnis 1:1<br>– keine Kumulation mit Überstunden |

# Arbeitsrechtliche Probleme bei Schwangerschaft

| Arbeitszeit | Lohnzahlung | Kündigung |
| --- | --- | --- |
| – ArG 35*a* und 35*b*<br>– Beschäftigung nur mit Einverständnis AN<br>– jederzeitiges Fernbleiben der AN möglich<br>– keine Nachtarbeit ab 8 Wochen vor Niederkunft<br>– Beschäftigungsverbot von 8 Wochen ab Niederkunft | – OR *324a* / EOG 16*b* ff.<br>– Schwangerschaft ist im OR gleich Krankheit<br>– gem. EOG 16*f* 80 % vom Bruttolohn (max. CHF 196 pro Tag) während 98 Tagen ab Geburt | – OR 336*c* I lit. c<br>– Kündigungsverbot während Schwangerschaft und 16 Wochen nach Niederkunft<br>– Kündigung nichtig, auch bei Unkenntnis<br>– Aufhebungsvereinbarung zulässig, aber OR 341 verlangt Ausgleich |

# Übersicht Probleme bei Kündigung

| Missbräuchliche Kündigung (OR 336) | Kündigung zur Unzeit (OR 336*c*) | Ungerechtfertigte fristlose Kündigung (OR 337*c*) |
| --- | --- | --- |
| **Rechtsfolgen:** | **Rechtsfolgen:** | **Rechtsfolgen:** |
| – Beendigung des Arbeitsverhältnisses<br>– Bezahlung einer Entschädigung von max. 6 Monatslöhnen | – Kündigung während Sperrfrist ist nichtig<br>– das Arbeitsverhältnis dauert fort | – Beendigung des Arbeitsverhältnisses<br>– Lohn während ordentlicher Kündigungsfrist<br>– Entschädigung von max. 6 Monatslöhnen |
| **Beispiele:** | **Beispiele:** | **Beispiele:** |
| – Zugehörigkeit zu Rasse oder Religion<br>– Homosexualität<br>– Gewerkschafter | – oblig. Militärdienst<br>– unverschuldete Krankheit<br>– Schwangerschaft | – einmalige Absenz<br>– Unvermögen<br>– Wirtschaftlichkeit |

## Arbeits- und Ruhezeiten
(ohne Berücksichtigung der Ausnahmen gemäss ArGV2)

| | |
|---|---|
| **Wöchentliche Höchstarbeitszeit** für die Arbeitnehmenden (ArG 9 / ArGV1 22–24) | • 45 Stunden in der Produktion, im Büro und generell im Betrieb<br>• 50 Stunden im Aussendienst (z.B. Kundenbesuche, Montage oder andere)<br>• Die wöchentliche Arbeitszeit kann unter der Beachtung der max. Zeitgrenzen auf die einzelnen Arbeitstage frei verteilt werden. Bei 5-Tageswoche können die 45 Std. um 2 Std. bzw. 4 Std. verlängert werden, sofern sie im Durchschnitt von 8 Wochen bzw. 4 Wochen nicht überschritten werden. |
| **Grenzen der Tages- Abend- und Nachtarbeit** (ArG 10, 16, 17, 17a–e / ArGV1 27–33)<br><br>Nur in ganz bestimmten Sonderfällen sind vorübergehende Arbeiten in Notfällen (z.B. Piketteinsätze in Schadensfällen) als Überzeit bewilligungsfrei auch nachts und sonntags zulässig (ArGV1 26). | • Tagesarbeit 06.00–20.00 Uhr<br>• Abendarbeit 20.00–23.00 Uhr<br>• Nachtarbeit 23.00–06.00 Uhr<br>• Tages- und Abendarbeit sind bewilligungsfrei, Nachtarbeit ist untersagt, kann jedoch bewilligt werden. Es gelten spezielle neue gesetzliche Bestimmungen und Ausnahmeregelungen.<br>• Der höchstens 17 Std. lange Zeitraum der Tages- und Abendarbeit kann zwischen 5 und 24 Uhr anders festgelegt werden.<br>• Beginn und Ende der Arbeitszeit des einzelnen Arbeitnehmenden müssen mit Einschluss der Pausen und allfälliger Überzeit innerhalb von 14 Std. liegen (d.h. tägliche Arbeitszeit und Überzeit zusammen je nach Lage der Pause höchstens 13 Std.). |
| **Ruhezeiten** (ArG 15a, 18–20, ArGV1 19 und 21)<br><br>freier Halbtag und Ersatzruhetag für Sonn- und Feiertagsarbeit (ArG 21 und ArGV1 20, 21) | • Allen Arbeitnehmenden ist in der Regel eine tägliche Ruhezeit von mind.11 aufeinanderfolgenden Stunden zu gewähren (Ausnahme Pikett und Notfälle sowie bei allen einmal pro Woche 8 Std., wenn am nächsten Tag keine Überzeit geleistet und im Schnitt von 2 Wochen 11 Std. Ruhezeit eingehalten werden).<br>• Bei wöchentlicher Arbeitszeit von mehr als 5 Tagen Anspruch auf freien Halbtag von 8 Std. vor oder nach Ruhezeit, wobei Zusammenlegung für max. 4 Wochen möglich ist. Ein wöchentlicher Ruhetag und die tägliche Ruhezeit ergeben zusammen mind. 35 Std. |
| **Überzeit** (ArG 12 und 13, ArGV1 25 und 26) | • Überschreitung der wöchentlichen Höchstarbeitszeit in unvorhergesehenen, ausserordentlichen Situationen. Ausnahmsweise Überzeitarbeit ist von der Überstundenarbeit (Überschreitung der vertraglichen Arbeitszeit nach Art. 321c OR) zu unterscheiden.<br>• max. 170 Std. bzw. 140 Std. pro Jahr bei 45 Std. bzw. 50 Std./Woche, nur |

| | |
|---|---|
| **Pausen** (ArG 15, ArGV1 18) | • 15 Min. bei einer tägl. Arbeitszeit > 5.5 Std.<br>• 30 Min. bei einer tägl. Arbeitszeit > 7.0 Std.<br>• 60 Min. bei einer tägl. Arbeitszeit > 9.0 Std.<br>• Pausen gelten nur dann als Arbeitszeit, wenn der Arbeitsplatz nicht verlassen werden darf (d.h. Arbeitsbereitschaft bestehen bleibt). |
| **Nachtarbeit** (23.00 bis 06.00 Uhr) (ArG 16–17e, ArGV1 27–33) | • ist untersagt und erfordert eine Bewilligung und Einverständnis des AN<br>• Zuschlag mind. 25 % bei vorübergehender Nachtarbeit<br>• bei dauernder oder regelmässig wiederkehrender Nachtarbeit erfolgt dagegen ein 10 % Zeitzuschlag (6 Min. pro Std., max. 42 Min./Nacht) |
| **Sonntagsarbeit** (SA 23.00 bis SO 23.00 Uhr) ArG 18–21, ArGV1 21) | • ist untersagt und erfordert eine Bewilligung und Einverständnis des AN<br>• Zuschlag bei vorübergehender Sonntagsarbeit mind. 50 %<br>• dauernde oder regelmässige Sonntagsarbeit keine Zuschlagspflicht<br>• bei Sonntagsarbeit nicht mehr als 6 aufeinanderfolgende Arbeitstage, 35 Std. Ruhezeit<br>• innert 2 Wochen mind. ein ganzer Sonntag als wöchentlicher Ruhetag, 35 Std. Ruhezeit |
| **Sonderschutz für Jugendliche** bis zum vollendeten 18. Altersjahr (ArG 29–32, ArGV5) | • Jugendliche dürfen nicht für gefährliche Arbeiten beschäftigt werden<br>• Mindestalter für Beschäftigung grundsätzlich vollendetes 15. Lebensjahr, Ausnahmen nur unter besonderen Voraussetzungen erlaubt (ArGV5 7–9)<br>• spezielle Arbeits- und Ruhezeiten (ArGV5 10–17) |
| **Schwangere Frauen und stillende Mütter** (ArG 35, 35a–b, ArGV1 60–66) Mutterschutzverordnung betr. gefährliche und beschwerliche Arbeiten: richtige Risikobeurteilung und Information. Anspruch auf Ersatzarbeit und bei Fehlen auf 80 % des Lohnes ohne allfällige Zuschläge. | • Sind so zu beschäftigen und die Arbeitsbedingungen sind so zu gestalten, dass ihre Gesundheit und die Gesundheit des Kindes nicht beeinträchtigt werden.<br>• Dürfen nur mit ihrem Einverständnis und höchstens 9 Std. pro Tag beschäftigt werden. Ab dem 4. Schwangerschaftsmonat 12 Std. Ruhezeit und Kurzpausen 10 Min. alle 2 Std.; ab dem 6. Monat nur noch max. 4 Std. stehende Tätigkeit.<br>• Schwangere ab der 8. Woche vor der Niederkunft dürfen keine Abend- und Nachtarbeit leisten.<br>• nach Niederkunft 8 Wochen Beschäftigungsverbot, danach bis zur 16. Woche nur mit Einverständnis |

## Unterschiede zwischen privatrechtlichem und öffentlich-rechtlichem Arbeitsverhältnis im Überblick

| Kriterium | Privatrechtliche Anstellung | Öffentlich-rechtliche Anstellung (Bund) | Öffentlich-rechtliche Anstellung (Bsp. Kt. SG) |
|---|---|---|---|
| Gesetzesgrundlagen | OR, ArG und ArGV 1–5 (sofern anwendbar, siehe ArG 2–4), ev. GAV | ArG, ArGV 1–5 (sofern anwendbar; siehe ArG 2–3a) tlw. Verweis auf OR; Bundespersonal: BPG, GAV | ArG, ArGV 1–5 (sofern anwendbar, siehe ArG 2–3a); Kt. Personalgesetz[1] (PersG SG) inkl. VO. Sachgemässe Anwendung von OR 319 ff., wo das PersG SG und die darauf gestützten VO sowie besondere gesetzliche Bestimmungen keine abweichenden Regelungen aufstellen |
| Judikatur und Literatur | ausführlich | wenig vorhanden | wenig vorhanden |
| Kategorien von Arbeitnehmern | keine Unterscheidung im OR | Grundsätzlich: «Beamtenstatus» ist abgeschafft. | • Mitarbeiter<br>• Von Volk oder Kantonsrat gewählte Mitarbeiter<br>• Magistratspersonen (PersG SG 89 ff.) – Abweichende Regelungen durch VO möglich, i.Ü. sachgemässe Anwendung des PersG SG |
| Begründung des Arbeitsverhältnisses | privatrechtlicher Vertrag | BPG 8 I: schriftlicher öffentlich-rechtlicher Arbeitsvertrag oder Verfügung (mitwirkungsbedürftig) | • Generell durch Abschluss eines schriftlichen Vertrages (PersG SG 15)<br>• Speziell bei von Volk oder Kantonsrat gewählten Mitarbeitern: gültige Wahl plus Abschluss des schriftlichen Arbeitsvertrages (PersG SG 16) |
| Probezeit | Gemäss OR 335b I: 1 Monat; kann aber gänzlich wegbedungen oder bis 3 Monate erweitert werden | Gemäss BPG 8 II, BPV 27: grundsätzlich 3, höchstens 6 Monate (in begründeten Fällen); bei befristeten Verträgen oder bei Wechsel in andere Verwaltungseinheit ist Verkürzung bzw. gar keine Probezeit möglich. | Gemäss PersG SG 18: 3 Monate (gilt für befristete und unbefristete Arbeitsverhältnisse); kann aber verkürzt oder wegbedungen werden.<br><br>Keine Probezeit bei Arbeitsverhältnissen auf Amtsdauer |
| Änderung von Arbeitsbedingungen | Änderung des Vertrags nur in gegenseitigem Einverständnis | • Bei Anstellung durch Verfügung: einseitig möglich (z.B. Lohnkürzung); durch Gesetzesänderung auch per sofort möglich<br>• Bei Vertrag: nur im gegenseitigen Einverständnis; kommt keine Einigung zustande, muss der Vertrag gekündigt werden (BPG 8, 13, BPV 30) | Änderung des Vertrags nur in gegenseitigem Einverständnis |

[1] Das Personalgesetz des Kantons St. Gallen (sGS 143.1) trat am 1. Juli 2012 in Kraft, ABl 2011, S. 1811.

| Gesetzliche Vorgaben | | Bindung der Arbeitgeberin (Staat) an: | Bindung der Arbeitgeberin (Staat) an: |
|---|---|---|---|
| **Gesetzliche Vorgaben** | Grundsatz: Vertragsfreiheit punktuelle Bindungen der Arbeitgeberin: <br>• generell: zwingendes Recht (vgl. OR 361 f.) <br>• keine Diskriminierung (GlG) <br>• best. Einschränkungen bzgl. Lohnmodalitäten (bei Provision bspw.) | Bindung der Arbeitgeberin (Staat) an: <br>• Grundrechte <br>• generell Legalitätsprinzip <br>• öffentliches Interesse <br>• Verhältnismässigkeit <br>• Rechtsgleichheit <br>• Willkürverbot <br>• Vertrauensschutz | Bindung der Arbeitgeberin (Staat) an: <br>• Grundrechte <br>• generell Legalitätsprinzip <br>• öffentliches Interesse <br>• Verhältnismässigkeit <br>• Rechtsgleichheit <br>• Willkürverbot <br>• Vertrauensschutz |
| **Arbeitszeit** | Gemäss Arbeitsvertrag; max. 45/50 Std. pro Woche (ArG 9) | 41.5 Std. pro Woche (BPG 17, BPV 64) | 42 Std. pro Woche (PersV SG 27) |
| **Überzeit/Überstunden** | **Überstunden:** <br>Überstundenentschädigung: Lohn + 25% Zuschlag (OR 321c III). Dispositiv, Arbeitsvertrag kann Abweichung vorsehen für AN mit höherer leitender Tätigkeit: Wenn keine Arbeitszeit vereinbart, gemäss BGer-Rsp. nur Anspruch auf Überstundenentschädigung unter besonderen Voraussetzungen <br><br>**Überzeit:** <br>Gemäss ArG 9, 12, 13: Entschädigung für Überzeitarbeit: normaler Lohn +25% Zuschlag <br>AN mit höherer leitender Tätigkeit sind vom ArG ausgenommen, deshalb kein Anspruch auf Überzeitentschädigung | Gemäss BPG 17, BPV 65: <br>• Bei ausserordentlicher Geschäftslast oder wegen dringender Arbeit: Anordnung von Überzeit möglich <br>• Arbeitszeit über der vertraglich vereinbarten Grenze eines Vollzeitpensums kann bei Ausschöpfung der Zeitreserven der gleitenden/flexiblen Arbeitszeit als Überzeit anerkannt werden <br>• Mehrarbeit und Überzeit sind durch Freizeit von gleicher Dauer auszugleichen. Ist der Ausgleich durch Freizeit nicht möglich: in begründeten Fällen Barvergütung möglich <br>• Max. 100 Stunden Mehrarbeit/Überzeit können auf folgendes Kalenderjahr übertragen werden | • Es wird in den Gesetzesgrundlagen immer von *Überzeit* gesprochen. Eigentlich sind aber *Überstunden* gemeint <br>• Vom Vorgesetzten angeordnete Überzeitarbeit wird ausgeglichen, aber grundsätzlich nur bis Lohnklasse 22 (PersV SG 55) <br>• Der Ausgleich erfolgt grundsätzlich in Freizeit <br>• Kann Überzeit aus betrieblichen Gründen nicht mit Freizeit ausgeglichen werden, wird sie entschädigt <br>• Überzeitregelung ab Lohnklasse 23 in PersV SG 55 II |
| **Lohn** | Es besteht weder ein gesetzlicher Mindest- noch Maximallohn. <br>GAV können aber Mindestlöhne vorsehen, allgemeinverbindliche GAV-Mindestlöhne sind zwingend von der ganzen Branche zu beachten. | • Oberstes Kader und VR: Bundesrat erlässt Grundsätze der Besoldung (BPG 6a) <br>• Bundesrat erlässt Mindestlohnvorschriften, Lohnklassen (BPG 15, BPV 36 ff.) <br>• Lohn bemisst sich nach Funktion, Erfahrung und Leistung (BPG 15) <br>• I.d.R. bestimmt das Departement den genauen Lohn (BPV 2) <br>• Höhere als im Gesetz/VO vorgesehene Löhne sind nicht zulässig. | • Der Lohn bemisst sich nach Anforderung der Stelle und persönlichen Eigenschaften (PersG SG 36) <br>• Regierung gestaltet die Bemessungsordnung <br>• Variabler Lohnbestandteil möglich (PersG SG 41; PersV SG 75) <br>• Es bestehen diverse Zulagen (PersG SG 39 ff.; PersV SG 79 ff.), bspw. Geburtszulagen, Funktionszulagen, Inkonvenienzentschädigungen |

| | | | |
|---|---|---|---|
| **Versicherungsschutz, Lohnfortzahlung bei Krankheit, Unfall, Mutterschaft** | Gemäss OR 324a:<br>• Mindestens 3 Wochen im 1. Dienstjahr<br>• danach für angemessen längere Dauer<br>• Praxis: ZH/BS/BE-Skala<br>• Versicherungsleistung anstelle Lohn ist zulässig, sofern «gleichwertig»<br>• Für den AN bessere Regelung ist zulässig | Gemäss BPG 29; BPV 56, 60:<br>• **Arbeitsverhinderung wegen Krankheit / Unfall:** Voller Lohn nach Artikel 15 und 16 BPG während 12 Monaten. Danach während 12 Monaten 90 % des Lohnes.<br>• **Mutterschaft:** 4 Monate voller Lohn zzgl. Sozialleistungen; kantonale Regelungen bleiben vorbehalten. | • **Krankheit:** Lohnfortzahlung für 24 Monate innert drei Jahre; 100 % während der ersten 12 Monate, danach 80 % des Lohnes (PersG SG 47; PersV SG 104)<br>• **Unfall:** Lohnfortzahlung während 12 Monaten voll und während weiteren 12 Monaten im Umfang von 80 Prozent des Lohnes (PersG SG 48; PersV SG 105)<br>• **Mutterschaft:** 16 Wochen (PersG SG 50); im Übrigen ist das EOG sachgemäss anwendbar |
| **Feiertage** | Gemäss ArG 20a: 1. August sowie maximal 8 weitere, von den Kantonen zu bezeichnende Feiertage | Als ganze Feiertage gelten Neujahr, Berchtoldstag, Karfreitag, Ostermontag, Auffahrt, Pfingstmontag, Bundesfeiertag, Weihnachten und Stephanstag.<br>Als halbe Feiertage gelten 24. und 31. Dezember. (BPV 66 II) | Als *Ruhetage* gelten die Sonntage sowie Neujahr, 2. Januar, Karfreitag, Ostermontag, Auffahrt, Pfingstmontag, 1. August, 1. November, Weihnachts- und Stephanstag. Als halbe Ruhetage gelten die Nachmittage des 1. Mai, des 24. und des 31. Dezember (PersV SG 59)<br><br>Arbeitsfreie Tage: Fällt der Weihnachtstag auf einen Mittwoch, ist der folgende Freitag arbeitsfrei; Fallen Weihnachtstag und Neujahr auf einen Dienstag, sind der 24. und der 31. Dezember arbeitsfrei (PersV SG 60) |
| **Geschenke** | Nur indirekte gesetzliche Vorschriften über Treuepflicht (Schmiergeldverbot; OR 321a); ggf. weitere Vorschriften in GAV/EAV | Verbot der Annahme von Geschenken oder sonstigen Vorteilen (BPG 21, BPV 93) | Verbot der Annahme von Geschenken (PersG SG 68) |
| **Sanktionen/Haftung** | Gemäss Gesetz zulässig: Verweis, Verwarnung, Kündigung<br>Haftung des AN gemäss. OR 321e<br>Zusätzliche Sanktionen gem. Betriebsordnung (z.B. Busse) | • Sanktionen: Verwarnung gemäss BPG 25/BPV 99<br>• Haftung des Arbeitnehmer gemäss VG nur bei grober Fahrlässigkeit (VG 7) | • Ermahnung und Beanstandung gemäss PersG SG 71 ff. Ergänzung durch Bewährungsfrist; Zuweisung anderer Arbeit bei gleichem Lohn, Androhung der Kündigung; Administrativuntersuchung<br>• Personalrechtliche Massnahmen in PersG SG 75 ff.: Versetzung mit Lohnkürzung, Freistellung, Kündigung, fristlose Kündigung<br>• Haftung des Arbeitnehmers nur bei Vorsatz oder grober Fahrlässigkeit (Kt. Verantwortlichkeitsgesetz 7)<br>• Disziplinarrecht nur noch für gewählte Mitarbeiter |
| **Streitigkeiten** | Zivilprozess gemäss ZPO; vorgeschaltetes Schlichtungsverfahren | Verfahren gemäss BPG 34 ff:<br>1. Einigung anstreben | Gütliche Erledigung (Dienstweg) oder Ombudsstelle (nicht möglich bei |

| | OR / BV | BPG / BPV | PersG SG |
|---|---|---|---|
| | 2. AG erlässt Verfügung<br>3. Beschwerde an BVerwGer<br>4. Tlw. Weiterzugsmöglichkeit ans BGer (vermögensrechtliche Angelegenheiten sowie GlG) | | • personalrechtlichen Massnahmen oder Kündigung); (PersG SG 60)<br>• Kostenloses Schlichtungsverfahren vor der Schlichtungsstelle in Personalsachen (PersG SG 83 ff.)<br>• Personalrechtliche Klage am Verwaltungsgericht (PersG SG 78 ff.)<br>• Das Verfahren richtet sich sachgemäss nach dem Verwaltungsrechtspflegegesetz (sGS 951.1)<br>• Weiterzugsmöglichkeit ans BGer gemäss BGG |
| **Streik** | Unter Voraussetzungen zulässig (BV 28) | Einschränkung des Streikrechts (BPG 24) | Einschränkung des Streikrechts (PersG SG 69) |
| **Beendigung des Arbeitsverhältnisses durch Kündigung** | Grundsatz: Kündigungsfreiheit<br>• Verbot missbräuchlicher Kündigung; solche Kündigungen sind aber dennoch gültig (Entschädigung)<br>• Verbot der Kündigung zur Unzeit; Kündigungen während Sperrzeit sind nichtig | Gemäss BPG 10; BPV 31 ff.: Erfordernis der Schriftlichkeit; zudem Kündigung nur bei Vorliegen eines Kündigungsgrundes: (Erfordernis des Grundes gilt nur für den Arbeitgeber)<br>• die Verletzung wichtiger gesetzlicher oder vertraglicher Pflichten<br>• Mängel in der Leistung oder im Verhalten<br>• mangelnde Eignung, Tauglichkeit oder Bereitschaft, die im Arbeitsvertrag vereinbarte Arbeit zu verrichten<br>• mangelnde Bereitschaft zur Verrichtung zumutbarer anderer Arbeit<br>• schwerwiegende wirtschaftliche oder betriebliche Gründe, sofern der Arbeitgeber der betroffenen Person keine zumutbare andere Arbeit anbieten kann<br>• der Wegfall einer gesetzlichen oder vertraglichen Anstellungsbedingung | Gemäss PersG SG 20 ff.: Erfordernis der Schriftlichkeit; nach Ablauf der Probezeit: Kündigung nur bei Vorliegen eines ausreichenden sachlichen Grundes: (Erfordernis des Grundes gilt nur für den Arbeitgeber); (PersG SG 21):<br>• wirtschaftliche oder betriebliche Gründe<br>• Arbeitsunfähigkeit aus gesundheitlichen Gründen<br>• ungenügende Arbeitsleistung oder unbefriedigendes Verhalten<br>• schwerwiegende oder wiederholte schuldhafte Verletzung von Pflichten aus dem AV<br>• schwerwiegendes schuldhaftes Verhalten ausserhalb des AV, das mit diesem offensichtlich nicht vereinbar ist<br>• Ausnahme für die vom Volk oder Kantonsrat gewählten Mitarbeiter (PersG SG 26) |
| **Sperrfristen** | Gemäss OR 336c: Militär, Krankheit, Unfall, Schwangerschaft, behördliche Hilfsaktion im Ausland | Es gelten Sperrzeiten gem. OR 336 c (Militär, Krankheit, Unfall, Schwangerschaft, behördliche Hilfsaktion im Ausland) | Während Krankheit oder Unfall kann das Arbeitsverhältnis erst nach Ablauf des Lohnfortzahlungsanspruchs gekündigt werden. Ausser bei Missachtung der Meldepflicht oder bei fehlender Mitwirkung. Ausnahmen: Probezeit, fristlose Kündigung (PersG SG 25)<br>Im Übrigen sachgemässe Anwendung des OR |
| **Folgen missbräuchlicher / ungerechtfertigter fristloser Entlassung** | Die Partei, die das Arbeitsverhältnis missbräuchlich kündigt, hat der anderen Partei eine Entschädigung auszurichten (OR 336a; max. 6 Monatslöhne)<br>Entlässt der Arbeitgeber den Arbeitnehmer | BPG 14, 34c<br>• AG hat bisherige oder wenn nicht möglich zumutbare andere Arbeit anzubieten, wenn AN innert 30 Tagen nach Kenntnisnahme eines mutmasslichen Nichtigkeitsgrundes beim AG schriftlich und glaubhaft geltend macht, die | Fristlose Kündigung bei Unzumutbarkeit der Weiterführung des AV möglich (PersG SG 22)<br>Verstösst eine (fristlose) Kündigung gegen PersG SG 20 bis 23, so können die vermögensrechtlichen Ansprüche mittels |

| | | | |
|---|---|---|---|
| | fristlos ohne wichtigen Grund, so hat dieser Anspruch auf Ersatz dessen, was er verdient hätte, wenn das Arbeitsverhältnis unter Einhaltung der Kündigungsfrist oder durch Ablauf der bestimmten Vertragszeit beendigt worden wäre (OR 337c) | Kündigung sei nichtig, weil sie wichtige Formvorschriften verletzt, nicht begründet ist oder zur Unzeit erfolgt ist.<br>• Verlangt AG bei der Beschwerdeinstanz nicht die Feststellung der Gültigkeit der Kündigung, ist die Kündigung nichtig und die betroffene Person wird mit der bisherigen oder, wenn nicht möglich, mit einer anderen zumutbaren Arbeit weiterbeschäftigt. AG bietet der betroffenen Person die bisherige oder wenn unmöglich eine zumutbare andere Arbeit an, wenn er oder die Beschwerdeinstanz die Kündigung aufgehoben hat, insbesondere weil sie missbräuchlich oder diskriminierend nach GlG ist.<br>• Für die Kündigung zur Unzeit durch die angestellte Person gilt Artikel 336d OR.<br>GlG 10 ist anwendbar; Rechtsweg nach BPG | personalrechtlicher Klage eingefordert werden (PersG SG 78 ff.)<br>• Gemäss Botschaft zum PersG SG soll in geg. Einvernehmen eine bereits ausgesprochene Kündigung komplett aufgehoben werden können, wenn eine Weiterbeschäftigung erfolgen soll, z.B. wenn die Schlichtungsverhandlung gezeigt hat, dass die Kündigung allenfalls missbräuchlich ist. (S. 33)<br>• Die rechtsstaatlichen Grundsätze sind zu beachten, OR sachgemäss anwendbar |
| **Kündigungsfristen** | Gemäss OR 335 c:<br>• Probezeit: 7 Tage (dispositiv)<br>• 1. Dienstjahr: 1 Monat<br>• 2.–9. Dienstjahr: 2 Monate<br>• ab 10. Dienstjahr: 3 Monate<br>abweichende Vereinbarung möglich; nicht unter 1 Monat | Gemäss BPG 12 und BPV 30a:<br>Während der Probezeit kann das Arbeitsverhältnis mit einer Kündigungsfrist von sieben Tagen ordentlich gekündigt werden.<br>Nach Ablauf der Probezeit kann das unbefristete Arbeitsverhältnis auf Ende jedes Monats ordentlich gekündigt werden. Dabei gelten folgende Kündigungsfristen:<br>a. zwei Monate im ersten Dienstjahr;<br>b. drei Monate im zweiten bis und mit dem neunten Dienstjahr;<br>c. vier Monate ab dem zehnten Dienstjahr.<br>Vereinbarung einer kürzeren Frist ist möglich | Gemäss PersG SG 20<br>• Probezeit: 7 Tage (nicht abänderbar)<br>• Nach der Probezeit: 3 Monate<br>• Abweichende Vereinbarungen möglich, keine untere oder obere Grenze<br>• Bei den vom Volk oder Kantonsrat gewählten Mitarbeitern werden die Bestimmungen über die Kündigung durch den Arbeitgeber nicht angewendet (PersG SG 26) – keine Kündigung möglich |
| **Aufhebungsvereinbarung** | Gemäss OR AT; Grundsätzlich auch bei befristeten Arbeitsverträgen zulässig Verzichtsverbot beachten (OR 341) | Sinngemässe Anwendung des OR AT (BPG 6 II) | • Vereinbarung zulässig (abzuleiten aus PersG SG 20) |
| **Konkurrenzverbot nach Beendigung des Arbeitsverhältnisses** | Zulässig (OR 340 ff.); muss aber zeitlich, örtlich und sachlich beschränkt sein | Im BPG/BPV keine Regelung, es gilt demnach OR. Allerdings ist eine konkurrenzierende Tätigkeit nur in seltenen Fällen möglich (z.B. Post). | Keine Regelung im PersG SG, es gilt demnach OR simgemäss. Es fragt sich aber, ob eine konkurrenzierende Tätigkeit vorstellbar und ein KV sinnvoll ist. |
| **Arbeitszeugnis** | AN hat jederzeit Anspruch auf ein Zeugnis (OR 330a); Zwischenzeugnis oder Schlusszeugnis; Vollzeugnis oder Arbeitsbestätigung | Im BPG/BPV keine Regelung. Deshalb OR-Regelung anwendbar (OR 330a) | Keine Regelung im PersG SG, es gilt demnach OR simgemäss. (OR 330a) |
| **Pensionierung** | Bedarf der Kündigung, ausser Ende des Arbeitsverhältnisses sei im Vertrag oder PK-Reglement vorgesehen | Arbeitsverhältnis endet automatisch bei Erreichen des AHV-Alters (BPG 10) | Arbeitsverhältnis endet automatisch beim Erreichen der Altersgründe (65. Altersjahr). Andere Vereinbarungen sind jedoch zulässig (PersG 28) |

# Sachregister

(Verweist auf Randziffern)